◎ 窦应泰 著

最后的蒋家

蒋经国传承计划夭折记

团结出版社

UNITY PRESS

图书在版编目（ＣＩＰ）数据

最后的蒋家 ：蒋经国传承计划夭折记 / 窦应泰著--北京 ： 团结出版社， 2013.7
ISBN 978-7-5126-1879-4

Ⅰ．①最… Ⅱ．①窦… Ⅲ．①蒋介石（1887～1975）一家族-史料 Ⅳ．①K820.9

中国版本图书馆 CIP 数据核字(2013)第 121725 号

出　　版：团结出版社
　　　　　（北京市东城区东皇城根南街 84 号　邮编：100006）
电　　话：（010）65228880　65244790　（出版社）
　　　　　（010）65238766　85113874　65133603（发行部）
　　　　　（010）65133603（邮购）
网　　址：http://www.tjpress.com
E-mail：65244790@163.com（出版社）
　　　　　fx65133603@163.com（发行部邮购）
经　　销：全国新华书店
印　　装：三河腾飞印务有限公司

开　本：170X240 毫米　　　1/16
印　张：26.25
字　数：460 千字
印　数：6000
版　次：2014 年 1 月　第 1 版
印　次：2014 年 1 月　第 1 次印刷

书　号：978-7-5126-1879-4/K・853
定　价：48.00 元

1955 年，蒋介石、宋美龄、蒋经国合影

作为蒋介石之子，蒋经国自幼就在众人的睽睽目光下成长。他曾是个向往共产主义的叛逆青年，之后他选择了蒋介石的路线。在台湾，他是蒋介石的继任者，父子二人的政治性格均具有争议性，但他得到的赞誉与肯定多过父亲。

蒋介石与蒋孝文

蒋介石与蒋纬国

蒋介石与少年时的蒋孝文、蒋孝武在一起，谈笑间尤显祖孙之情。

蒋介石与蒋孝勇在一起登山

蒋孝武回到台湾后，蒋经国就相当有系统、有章法地让他在国民党中央各部门担任要职。

20世纪60年代，一身抖擞，穿上军服的蒋孝勇和父亲蒋经国合影。蒋经国脸上写着以子为荣的神情。

蒋孝勇成了父亲蒋经国晚年的生活助手

从商的蒋孝勇

20世纪60年代初，聚会上大家欢愉留念，背景的中国挂图和女士们的旗袍，烘托出浓郁的中国味。蒋经国和蒋孝文坐在中央，孝文身边的是妻子徐乃锦。蒋方良坐在儿子正后方。

任台湾"立委"的蒋孝严

蒋经国夫妇当年与儿孙们的合影

李登辉在蒋经国面前恭敬谦卑

蒋经国提拔李登辉，为其亲自授勋。

1982年，蒋经国发表谈话，由宋楚瑜（左）等幕僚协助安排电视录像。

1986年，蒋经国会见客人，由英文秘书马英九（中）担任翻译。

晚年宋美龄

晚年宋美龄

年轻时的蒋方良

蒋孝章、宋美龄、蒋方良合影

年过半百，蒋经国与蒋方良拍起照来仍颇为亲昵。

20世纪80年代，蒋经国与蒋方良，两位福态而慈祥的老人，一对可爱恩爱的老夫妇。两个人充满着"少年夫妻老来伴"的恩情。

拥有甜美爱情却一生坎坷，晚景凄凉的蒋方良。

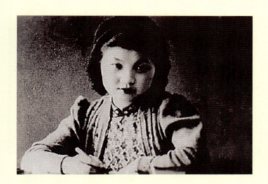

蒋孝严的母亲章亚若

蒋孝文夫人徐乃锦

蒋孝武第一任夫人汪长诗

蒋孝勇夫人蒋方智怡，蒋友柏、蒋友常之母。目前是国民党中常委，手里保存着蒋介石和蒋经国的日记。她也是目前惟一活跃在公众视野中的蒋家女性。

蒋孝武第二任夫人蔡惠媚

蒋孝文之女蒋友梅

蒋孝勇长子蒋友柏

蒋孝勇次子蒋友常

目　录

卷序　从蒋经国用人之道谈起 ……………………………… 1

卷一　蒋孝文，蒋家"立嗣"计划的第一步 ……………… 001

　A章　"立嗣计划"始作俑者是蒋介石 ……………… 002

　01. 蒋介石临终叮嘱："宁可百日无钱，不可一日无权！" …… 002

　02. 蒋经国担心的"八旗子弟"出现在眼前 ……………… 009

　03. 军校生涯因屡犯戒规而夭折 ……………………… 016

　04. 俄国出生的爱伦染上了陋习 ……………………… 021

　05. 在异国幸遇青梅竹马的女友 ……………………… 027

　B章　蒋孝文在美"飚车"生祸 ……………………… 039

　06. "超速事件"祸起青萍之末 ……………………… 039

　07. 蒋经国把"罚款"视为"政治事件" ……………… 041

　08. 蒋经国不惜尊严，低三下四求告驻旧金山领事 …… 046

　09. 蒋孝文少爷脾气大发，当庭怒斥美国法官 ……… 052

　C章　蒋介石"立嗣计划"流产 ……………………… 065

　10. 回台再次肇事，驾车辗死了军官张惠云 ……… 065

　11. 酗酒成了"植物人" ……………………………… 071

卷二　蒋孝武，一度为"世袭接班"的最佳人选 ………… 081

　D章　慕尼黑高材生归来前后 ……………………… 082

　12. 二公子蒋孝武，一度攀上权力顶峰 ……………… 082

　13. 作家江南遇刺，世界舆论直指蒋氏父子 ……… 087

　14. 《蒋经国传》让蒋氏父子引火烧身 ……………… 091

15. 不成器的逍遥子弟，如何承袭蒋家政权？ ┄┄┄┄ 095

16. 堕入爱河并非为了爱情 ┄┄┄┄┄┄┄┄┄ 100

W章 "江南命案"与蒋孝武的仕途 ┄┄┄┄┄┄ 107

17. 香港媒体洞穿蒋经国心中隐秘 ┄┄┄┄┄┄ 107

18. 蒋经国"集体接班"计划外泄 ┄┄┄┄┄┄ 113

19. 曲终人散，蒋孝武外放新加坡 ┄┄┄┄┄┄ 121

卷三 蒋孝勇，回避"接班"的经商者 ┄┄┄┄┄ 137

N章 人各有志，不羡官场爱商海 ┄┄┄┄┄┄ 138

20. 三子能成为蒋家接班人吗？ ┄┄┄┄┄┄┄ 138

21. 从政还是经商？蒋孝勇竟放弃高官厚禄 ┄┄ 144

P章 蒋家"接班美缺"为外人所窃 ┄┄┄┄┄ 156

22. 悄然进入蒋经国视线的"接班人" ┄┄┄┄ 156

23. 蒋经国父子对继任者曾有不同歧见 ┄┄┄┄ 159

V章 蒋夫人干政未遂，蒋经国猝然离世 ┄┄┄ 169

24. 宋美龄归来与蒋家接班相关吗？ ┄┄┄┄┄ 169

25. 蒋经国在众人面前跌了一跤 ┄┄┄┄┄┄┄ 175

26. 平日隐瞒病情，猝逝时民间大惊 ┄┄┄┄┄ 182

27. 盛况空前的蒋经国大殓 ┄┄┄┄┄┄┄┄┄ 192

卷四 失去权势后的蒋家 ┄┄┄┄┄┄┄┄┄┄ 205

F章 第一位"接班人"早夭 ┄┄┄┄┄┄┄┄ 206

28. 眨眼一年，蒋孝文追父赴阴府 ┄┄┄┄┄┄ 206

29. 傅仁义医生披露蒋孝文死因 ┄┄┄┄┄┄┄ 213

P章 蒋孝勇远避北美 ┄┄┄┄┄┄┄┄┄┄┄ 222

30. 想寻找一个"鸟儿不生蛋"的地方 ┄┄┄┄ 222

31. 蒋家辉煌已逝，遗孀独立创天下 ┄┄┄┄┄ 229

32. 在第三代画了个"休止符" ┄┄┄┄┄┄┄ 233

Q章 两昆仲浪迹天涯 ┄┄┄┄┄┄┄┄┄┄┄ 240

33. 蒋经国殁后，二公子曾赴日履新 ……………………… 240

34. 变成了新贵手中的一枚棋子 …………………………… 246

35. 为调回台湾，蒋孝武不惜"大义灭亲" ……………… 252

36. 在蒙特利尔的风雪中 …………………………………… 256

Y章 蒋家二公子猝亡 ……………………………………… 272

37. 死前曾请慧济寺法师"相面" ………………………… 272

38. 履新的前夜死在医院里 ………………………………… 278

39. 章孝严发表公开信《哭孝武》 ………………………… 287

L章 强权势微如残阳 ……………………………………… 296

40. 淡化"两蒋"影响 ……………………………………… 296

41. 50多座蒋介石铜像被毁 ……………………………… 301

42. 蒋家媳妇首次"登陆" ………………………………… 310

43. 宋美龄遥望祖国大陆 …………………………………… 315

K章 最后的第三代 ………………………………………… 324

44. 一口血，死亡的信号！ ………………………………… 324

45. 死神已至，他竟格外平静 ……………………………… 332

46. 117病室，艰难的化疗 ………………………………… 339

47. 蒋家最后的心愿——移陵 ……………………………… 348

48. 死前要去大陆看一眼 …………………………………… 356

49. 从北京到奉化溪口，终于见到了祖坟 ………………… 366

50. 遗言和"两蒋"日记 …………………………………… 372

51. "移陵"计划无疾而终 ………………………………… 385

52. 历史帷幕徐徐而落，蒋家第四代远离政治 …………… 393

从蒋经国用人之道谈起

　　蒋介石在世的时候，蒋经国就是一个擅权的能手。有关他急于想抓权继位一事，在当时的台湾政坛并不是什么了不起的机密。譬如 1950 年蒋经国在其父蒋介石的精心安排下，出任了台湾"国防部"的总政战部主任。当时的蒋介石意在让文官出身的儿子染指军事，继而直接参与指挥大陈岛和舟山群岛所有国民党军事力量的撤退。如此重任，蒋介石显然寓意深远。

　　按照国民党官场的一般规律，蒋经国当时担任"政战部主任"一职，虽然并不十分显赫，在台湾军界属于"中将"阶级，然而蒋经国其人问鼎此职，其实际含意就不可能与普通人相提并论。如果不信，不妨从以下一事，就可见端倪。当时蒋经国的直接领导，是台湾的"国防部长"高魁元。此人深知蒋介石刻意把长子蒋经国安排在他麾下所寄予的特殊期许，高魁元当然知道蒋介石不会只满足儿子得一个微不足道的"中将"，因而，高魁元在一次"国防部"高官的每月例会上，出人意料地公开提出一个动议：要把"政战部主任"升格为国民党的陆军上将。当然，高魁元这一巴结取悦蒋介石的伎俩，蒋经国事前肯定是清楚和默许的，至于蒋介石，据说也曾经默许此事。蒋经国一个文官，对国民党军队的"上将"军衔也是孜孜以求。不过高魁元在"国防部"的正式会议上忽动此议，突然把此前在大陆时期并无任何军职的蒋经国破格提为"上将"，肯定会引起一些国民党老将们的强烈震惊与反感。只是那些赴会的军界元老们心知肚明蒋经国想当上将，与他背后的父亲蒋介石显然有关，故而一个个都是敢怒不敢言。惟有国民党老将黄杰看不下去，可又自知孤掌难鸣，一人难以推翻高魁元的动议。于是黄杰一怒之下，愤然拂袖退场，以示抗议。尽管黄杰等人如此不满，其结果依旧让从没有兴兵打仗经历的蒋经国，获得了一个金闪闪的"上将"军衔。从而为他后来问鼎国民党军政两界，铺平了一条平坦的道路。

　　据知情者透露，蒋介石就是从那时开始，为自己的身后"接班"事宜在悄悄

做着准备了。龙中天在台湾《天下》杂志撰稿《蒋介石的继任者蒋经国》中说："蒋介石刚到台湾不久，就开始安排后事了。他自知年事已高，而打下的江山必须要由蒋家人继承，为了树立蒋经国的威信，只要有人前来拜见或请示蒋介石何种事情，蒋介石一般都当场下达手谕称：'这样的事你可与经国商量'，或者说'此事最好让经国来处理解决。'蒋介石有时也会有口头指示，或以书面形式通知中山北路四条蒋经国住所，……此为蒋介石成就蒋经国成为政治继承人之始。"

蒋经国在高魁元的支持下成为国民党陆军"上将"以后，尚能自重，从没有穿上将军服在公众场合露面。这并不是他不喜欢穿军装，而是蒋经国自知资历甚浅，而反对者较多。为了不引起更多人对他晋升军职的妒忌，所以行事较为低调。国民党中央在报上发布此消息时，同时与蒋经国晋升为"上将"军衔的还有国民党空军司令周至柔。周至柔为一级上将，而蒋经国则为二级上将。两人虽有一级与二级上将之差别，可周至柔毕竟是多年在国民党空军任职，事实上的国民党军创始人。因此，周至柔在晋升宴会上借有人向他敬酒时发泄心中不满，周对祝贺他"荣升上将，可喜可贺"的人解嘲地说："现在连老百姓都可以当上将了，我在沙场上拼了几十年才升了这么一个上将，想想也没有什么可喜可贺的！"此话很快就悄悄传开，惹得蒋介石不悦，认为周至柔是对提拔蒋经国心怀不满。幸好周至柔是宋美龄多年心腹，才没有受到冷遇和处罚。而蒋经国自得知黄杰、周至柔等人对他的不满以后，行事更加小心。在担任"国防部总政战部主任"期间，几乎从没有穿上将军服公开露面。如今唯一流传世间的一幅蒋经国穿军装的照片，是他当年在国民党政工干校讲话时，不慎被他的心腹王升偷偷所拍，不久又悄悄流传到新闻界手中的。

蒋经国任江西省第四区行政督查员时留影

1975年蒋介石病逝后，蒋经国顺理成章地成为蒋氏家族的第二代继任人。此后不久，一个"蒋经国时代"便拉开了帷幕。纵观蒋经国执政数十年间，他别出心裁的用人之术，一度让国民党军政界猜测不已。据美国出版的《纽约时报》亚洲版上发表的赵达中所撰《蒋经国的用人牌理——天威难测 朝秦暮楚》一文披露：在蒋经国成为"蒋氏后主"的漫长日子里，他用人方面神秘的行事轨迹曾经被人称为"天威难测"，意指蒋经国的用人哲学与蒋介石截然不同，常有出人意料之处。有人甚至幽默地比喻，蒋经国用人的招数独特，且又没有固定的牌理。官场人士说蒋经国这种用人之术和行事作风是："没有牌理，就是蒋经国先生的牌理！"此言甚妙，因为它确实说到了蒋经国用人的特点上，真可谓一针见血！

赵达中举例说："很多人都认为蒋经国在用人方面，很忌讳舆论的猜测。往往先行曝光的人选，就'见死光'了。的确，从领导权威而言，越是神秘，越能显示权威的魅力。但这'见死光'的观点并不必然。因为1984年蒋组阁正在酝酿之际，《联合报》就已先行公布了名单，结果大致相符。倒是来自高层人士的透露，蒋经国在安排好名单时，相当善变。政坛皆知'朝秦暮楚'，当年他决定文工会主任人选时，早晨还是秦孝仪，晚上就变成了楚崧秋；还有在上次孙内阁（指孙运璇组阁——引者注）小幅度改组时，中午时的消息是连战被安排为台北市长，可到了晚上却改变成为交通部长。……有一次，蒋任命'政大'某名教授担任'内政部次长'，当事人根本事先没有什么消息，甚至来自高层的暗示都没有。在公布的前一天晚上，他还和几位教授在'摸八圈'到天明。回到家里抱枕大睡；因为他是单身汉，待正式发表时，连他自己都不知道，弄了一个不大不小的笑话。"

有关蒋经国时常出奇不意地安排任用官员的趣闻，还有一例："由于蒋经国有他自己的牌理，所以在用人方面，他虽会征询一些大老的意见，但他有自己的主见。若是心意已定，往往会运用权威去贯彻。例如上次关于'副总统'人选，在国民党二中全会召开的前夕，党内高层人士根本不知道谁是幸运者，当蒋经国以李登辉为候选人的看法，征询一二大老时，他们都表示保留意见，建议主席斟酌，蒋经国不置可否。等到第二天下午，提名'副总统'候选人时，蒋经国以十分权威而稳重的语调说：'我提名李登辉同志，你们认为如何？'全场在愕然中，响起了热烈的掌声。于是问题解决了，大家都没话说了。正因为这种特殊的牌理，所以许多汲汲营营于仕途的人，经常会面临一而再、再而三的挫折。……蒋经国先生用人，固然考虑才德兼备，但在道德方面，他并不斤斤计较部属的私德。只要不贪污枉法，至于'寡人有疾'，他倒很开明。政坛要人中，不少人有'红粉知己'，似乎对他们的仕途也并无大碍。……"

蒋经国用人不重德，可是对于贪污受贿者，却是极其憎恶和痛恨。有时候，他原准备任命某位心腹出任高官要职，只因为他在任命之前突然发现此人幕后曾有不轨行迹，往往就会马上断然改变自己的主意，有时甚至因蒋经国震怒，会让

这些有贪污行迹的亲信从此官运戛然而止。一次，蒋经国决定提拔一位具有军事资历的人出任国民党军队中的高级职务。然而当时人选共有两位，两人势均力敌，素质亦相差无几。而且蒋经国事前认真倾听了两人各自的介绍，两人的口碑，大有不相上下之势。就在蒋经国对任用两人举棋不定的时候，忽然决定对两人进行家庭走访。意在通过对两人家庭的观察，来最后选定其中哪一人当选。当时，第一号候选者的资历声望甚佳，绝对具有首当其冲的优势。就连蒋经国身边的谋士和老臣们，也都异口同声地向蒋举荐，称赞此人如何如何好。不料，当蒋经国意外来到此人家中时，他发现这个素有朴素美誉的军人居然住一幢宽敞的豪宅，家中的子女，也都开着美国进口的高档轿车。特别是这位军官的夫人，衣饰华美，雍荣华贵。浑身珠光宝气的她，在举手投足之间，都有一种挥金如土的豪气。这让蒋经国对此人雄厚的家资来源产生了大大的怀疑；然而当蒋来到第二号候选人家中时，却发现此人的妻子穿一件灰旧的裤子，当时她正坐在阳台上打毛线。蒋经国上前询问，才知她是给在美国留学的儿子准备秋衣。蒋经国再次打量其人之家，发现与前次去过的那幢豪宅无法同日而语。甚至在家中见不到几样好家具。于是，蒋经国断然任命此人为军队的高级首长，而把众人口中皆说大有前途的官员，自此降职贬用，打入了冷宫。

关于蒋经国的用人之道，香港著名报人卜少夫生前曾撰有《蒋经国浮雕》一书，其中有一段话，十分得体，因他说中了蒋经国与麾下亲信之间的关系："蒋经国可以说是没有干部的（嫡系或亲信）。他和部属之间始终保持着某种距离。他时时警惕着匆匆为部属所利用，或匆匆为部属所包围。这一念头使他手下的工作者，刻刻紧张、揣摩，而难以捉摸他的意向。……据当年和蒋经国在江西起家的亲信王升提供的情况看，蒋经国即便对王升也处处设防，再加上他感情冲动，所以任何人与他相处都感到若即若离，如履薄冰。"在部属们的眼里，蒋经国确实既容易接近，又难以接近。古来就有"伴君如伴虎"之说，那些在蒋经国身边供职的人，他们的体会甚深。把蒋经国比作为随时可以变脸的"虎"，确也不足为过。任何近代政治权贵，相信都不敢漠视此理？

王升早年在江西时，曾经一度被蒋经国引为至友和股肱。仅从蒋经国与章亚若婚外恋败露一件事中，便可看出蒋、王两人的私交。当时，蒋介石在重庆忽闻蒋经国与章亚若的恋情后，大为震怒。他为保儿子的政治前途，决计派人暗杀章亚若。此后蒋经国在处理善后事宜时，不仅要有人替他在桂林安葬章亚若，还要有人安置两个失去母亲的遗孤。这时，只有王升能替蒋经国解燃眉之急。王升正因为与蒋经国当年在江西的旧谊，所以他到台湾后，始终把蒋经国视若背后靠山。因而他才身居高位，行事霸道。王升手中之权，一度朝野皆惧，人人闻之避让三分。王升弄权的若干年间，蒋经国对其百般信赖。不想王升不知进退，越闹越大，最后弄到遭人忌恨的地步。而这时蒋经国对他也戒意顿起，最后导致王升从权势顶峰突然滑向了低谷，最后王升落魄到台湾没有存身之地的窘境。蒋经国本想重治王升，怎奈旧情宛在，又听信几位国民党元老的建议，最后才派他到巴拉圭这个南美小国去当了"大使"。所谓"大使"，也不过只管十几人的差使罢了。王升本人也清楚，在南美洲的巴拉圭只是经济贫困的小国。而王升连一句西班牙语也不懂，蒋经国竟让他跑到那里去办外交，显然是苦不堪言的"闲职"。

　　旅美华人作家江南在遭台湾"竹联帮"刺杀身死之前，在美国曾发表一篇文章，其中就谈到蒋经国与他至友王升的最后分手。江南说："王升最大的败笔，是过分拉拢章孝严、章孝慈兄弟。章是蒋经国的龙种，固然不错。但古代朝庭有嫡庶之分，近代有正副之别。蒋方良总是维护她自己的儿子为首要，岂能容忍王升这样胡来吗？……"江南据此推测说：蒋经国把从前的亲信远派巴拉圭，"就是蒋经国不连任的征兆。所以派王升去南美，以免他兴风作浪给新接班人添麻烦。这个说法，很难成立。蒋是否连任，王升没有任何决定性的力量。蒋经国的地位、权威，在台湾根深蒂固，无人可以挑衅。王升只是个空架子，披了老虎皮的狐狸。蒋经国嘴唇一动，王升就下台矣。……"

王升

　　尽管王升的乐极生悲，猝然下台，在台湾政界激起一层层热议。可是，在涉及蒋经国用人策略一事上，也自有他的妙处。绝不能因为一个王升的去职，就彻底否认蒋经国的无情。对此，《蒋经国的用人之道》一文作者对蒋经国有进一步的评价："蒋经国效法他的父亲，在生活方面十分俭朴。不喜奢华。他一方面身体力行，同时提拔脚踏实地的部属。例如孙运璇当年任经济部长，座车仍然是裕隆旧车，也不染打高尔夫球的贵族气息，深得蒋经国的欣赏。重用俞国华担任要职，也是看他俭朴的个性。从这个角度来看，蒋经国用人还是有他的标准的。蒋经国的人情味，表现在对年长的一辈身上。对于他父亲时代的党国元老，他仍执

后辈之礼，所以中央常会中，如黄少谷、谷正钢、袁守谦等元老派人物，虽已鲞耄仍保有中常委的席次。张群、何应钦虽年已近百，仍然受到尊重。显示他尊老敬贤的风范。……而迁台时陈诚与蒋经国曾经在权力方面有所冲突，但在陈诚逝世后，蒋经国十分看重其公子陈履安，不断地提拔，不仅没有因过去的不快而有所忌恨，反而加倍回报。凡此种种，不仅可见蒋经国的胸襟，而且也看出他用人方面的长处。……"

不过，关于蒋经国在其身后继任者安排一事上，无论在他生前死后，都有着种种猜测与非议。有人甚至指责他不该在人生最后时刻"看走了眼"，错误地把一个脑后有"反骨"的李登辉，选中做他的接班人。事实上，蒋经国最后选中李登辉，也是他在蒋家"传承计划"彻底失败以后，不得已而为之的一步险棋！

1981年5月7日美国《基督教箴言报》上刊载孙梦承的文章《后蒋经国时代的权力组合》，也谈到了对蒋经国生病以后的权力继承问题。该文称："美国研究台湾政治的著名学者康乃利夫在六月前访华（指台湾——引者）时，直言不讳地指出台湾已面临领导层的权力继承问题。他并不担心未来领导素质，而是忧虑权力的分配问题。自1980年以来，蒋经国先生的身体违和之后，台湾领导层的继承问题就成为国际研究台湾问题学者的切实关心课题。最早是康乃利夫在《岛屿中国》一书中提到，接着科柏、张侠女士、白鲁恂等学者都有相关的论文发表，做各种不同情况的预测。至于台湾内部由于传统观念的制约，加上长期权威统治的影响，使最高当局的身体情况成为言论的禁忌，朝野人士讳莫如深。直到徐策先生在《纵横》杂志上打开僵局，以一篇《谁是蒋经国的接班人？》才开启了讨论'继承问题'之门。此后政论杂志风起云涌，多在此问题上大做文章。可是，直到这时仍然没有人敢于直说谁是蒋的继承者。因为谁都清楚，自蒋介石在世的最后几年起，蒋家人继承接班就已经成为定不可移的旧律。因此，坊间的猜测是，蒋家人继承蒋家的执政权仍然可能性极大，问题就在于从蒋家现在的三兄弟来看，蒋孝文、蒋孝武和蒋孝勇，他们当中谁可以继承父位呢？这简直就是一个不可思议的'未知数'？因为三人中没有一人可以与他们的父亲蒋经国媲美。……"可惜的是，此文谈到此处，便戛然而止了。看来外国人在那时谈及此事，也将其视若敏感的"禁区"。

据现可查到的史实记载，海外传媒最早透露蒋经国家族有传承计划的新闻，当属1984年3月香港出版的华文月刊《广角镜》。该刊以《蒋经国的既定方针是传子》为题，发表了特约记者秦凯风撰写并发自台湾的新闻稿。他第一次在蒋经国执政时期向外界公开披露了蒋经国有意交班并把政权传给蒋家后裔的信息。该文这样说："现从相关种种迹象表明，台北政坛已经到了权力嬗变与承接的关键时刻。所以，除了统筹全局的经国先生，因其成竹在胸、智珠在握，丝毫不动声色之外，党政高层的相关人士，大抵都处于焦急的等待之中。而关心这一问题的政治观察家们，也不断揣测或摸索最新的消息。整个台北的政治气候，似乎已经到了'山雨欲来风满楼'的悬宕意味。这两年来，经国先生的身体开始出现危险的信号，不时有官邸人员传出经国先生身边增加医护人员的小道信息，因此整个国民党中央的高层权力结构，也开始逐步向'接班'的方向缓缓蠕动之中。似乎蒋经国'交班于子嗣'一说，也成了不争之事实。先是经国先生政躬违和的消息，引至国人莫大的关注，然后就是五人紧急处理小组的组成。正因其病况，例必召开的执政党全会才一再延顺。而长期追随经国先生的王升将军的外放，激起了一连串的政坛变动，无不让人们联想到国民党权力和蒋氏家族将来的兴衰，因此从中可以看到台湾政权的更嬗已经迫在眉睫。……"

多年来香港就是关注台湾政情变化的窗口。自 1975 年春蒋介石在台湾撒手人寰、宋美龄因政坛失势而远避美国以来，蒋经国作为蒋氏家族的后继人已成定局，到了 1984 年春天，他已在台执政近十年光景。当年初握国民党军政权柄的蒋氏后主，而今早已雄风不再，在他渐露老相的同时，身体也开始每况愈下，有人甚至开始谣传蒋经国的糖尿病已临晚期的不祥之说。正因为如此，《广角镜》杂志的这篇文章，才忽然引起各种人物的广泛关注。因为他们观察的注意力，已经集中在蒋经国的身体状况与他将要面临的"交班"前景。

《广角镜》在罗列一些国民党军政人物可能成为蒋经国眼中的"目标"时，大多语焉不详。这位香港特约记者继续说："经国先生的接班安排之所以会形成这样满城风雨的情势，是因为这一问题，不仅悠关台湾政局未来的发展走向，而且亦与一千八百万居民的福祉息息相连；因为目前所有有望夺取政权的要人，在下一阶段权力核心系统内的进退出处，均将随目前最高当局对权力接班的通盘考虑而趋于明朗。正因为接班问题的重要性无与伦比，在蒋经国的安排上也煞费苦心。在等待中的民众心理，不免随之愈感好奇。"《广角镜》在介绍了当时台湾的"接班形势"以后，话锋忽然一转，很快就触及蒋经国交班的内幕。特约记者称："目前，经国先生的交班计划已经眉目渐显，而且可以坦率地说，经国先生将来的交班计划，总体与他故去的父亲蒋介石先生如出一辙。就是，蒋家的政权仍然要交给他的三个儿子来继承和掌握。"这就一语道出了蒋经国"交班"计划

的实质。

　　该文继续写道："目前，经国先生的诸子均已在台湾各据要津。除长子蒋孝文生病外，'二殿下'蒋孝武现任国家安全会议执行秘书，同时兼台湾广播电视事业协会理事长，他一手掌握着台湾最敏感的部门。章孝严（蒋经国的非婚生子——引者注）现任'外交部'北美司司长，主管全盘对美外交，此子为蒋经国所钟爱。章孝慈现阶段任东吴大学法学院院长，也时常出头露面。蒋经国的三儿子蒋孝勇，现在主要是协助俞国华（'行政院长'、蒋经国的亲信）控制国民党的党营、公营企事业，也是一个很可能承担得任的角色。"《广角镜》在谈到蒋经国正有意把国民党政权移交给有血源关系的子嗣时说："蒋经国的既定方针，显而易见就是传子。但由于他的诸子年纪尚轻，都不是出类拔萃之辈，所以一度准备以家族集体接班的形式来传承蒋介石交给他的权力。蒋经国先生颇感棘手的主要原因，是因为当初蒋介石在世时，蒋氏父子对于爱伦（蒋孝文）所寄予的厚望，不断遭受意想不到的挫折。不然，现在的蒋经国也许就不会为其交班之事备费周章了。……"

　　从以上港台传媒披露的情况所知，蒋介石在20世纪五六十年代酝酿的"交班计划"中，蒋孝文（爱伦）确曾是蒋介石、蒋经国父子一度寄予厚望的人选。有关蒋家的传承内幕，就从这神秘的蒋孝文说起……

卷一

蒋孝文，蒋家"立嗣"计划的第一步

※ 蒋介石对蒋经国说："曹操当年立嗣的时候，为什么犯了大的失误？还不是因为他过于墨守成规？……而我们的国民党如今四分五裂，没有一个有手腕的人来继位，恐怕也是不行的呀！"

※ 蒋经国暗吃一惊："我懂了，阿爸，您老人家是担心我保不住咱蒋家的江山？"

蒋介石唇边浮现一抹苦笑："经国，中国的历史是什么？说穿了，就是权势的历史。胜则王侯，败者贼！宁可百日无钱，不可一日无权啊！……"

※ 自从 1949 年他追随父亲逃台以来，蒋介石就开始着手部署让儿子继承的事情。

那时国民党虽然控制在蒋介石一人之手，可在决定由儿子蒋经国继任的大事时，蒋介石仍然费尽了种种心思。

A 章

"立嗣计划"始作俑者是蒋介石

01. 蒋介石临终叮嘱："宁可百日无钱，不可一日无权！"

这是 1984 年早春。台北，七海官邸一片静谧。

蒋经国正在酝酿"接班计划"的时候，不能不想起早年他对长子爱伦曾经花费的一番心血。让他为之痛心的是，那些美好的设想此时都如泡沫般化为乌有了。自蒋孝文生病以来，蒋经国虽然对这位无法扶持的"太子"不再抱任何希望，可他对当年在苏联出生的长子，仍然怀有爱怜与珍惜的复杂心绪。蒋经国珍惜的是蒋孝文在苏俄生活时期，因他当时的险恶处境所受到的种种困苦。因此只要他有时间，总会设法派车把隐居在阳明山间的患病儿子蒋孝文，接进城内的七海官邸，以便父子共享天伦之乐。蒋经国越是到了晚年，他越想和儿子聚首一处，哪怕在一起吃顿晚饭，蒋经国也从心里感到温暖和慰藉。像这种父子聚首的情况，往往被蒋经国视若暮年的最大乐趣。就在几天之前，蒋经国正忙于筹组国民党"12 人革新小组"，暗中布置"集体接班计划"的时候，他仍不忘派车把蒋孝文接下山来。

3 月 4 日中午，蒋经国亲自给阳明山中的儿子打电话，要他再来七海官邸。他已经好久没听到蒋孝文的声音了，这次他开口便询问儿子病情："爱伦，身体好些吗？"电话那边传来蒋孝文沙哑的声音："阿爸，我近来好多了。"蒋经国听了很高兴："那就好，那就好，爱伦，你能亲自下山来吗？"蒋孝文有些吃惊："阿爸有什么事吗？我当然随时可以下山。"

蒋经国憨然而笑："也没什么大事，我是说，如果你身体还可以的话，最好让乃锦把你送到官邸来。因为……有人弄来一些海蟹，而且都是新鲜的海味，我知道你在苏联的时候，就喜欢吃这些东西。所以，你阿娘叮嘱厨房的师傅，把海鲜烧好。你阿娘也想让你到官邸来吃饭，好不好？"

"好的，阿爸，既然有新鲜的海蟹，我当然是要去的！"

　　电话挂断了。蒋经国微胖的面庞现出了淡淡的微笑。尽管这当年在苏联西伯利亚让他爱怜不已的长子，如今已经变成了一个废人，可当蒋经国得知儿子马上要到官邸吃饭时，他紧蹙的眉宇还是舒展开来。蒋经国放下电话，摒退从人，就独自坐在官邸二楼那光线暗淡的起居室里想心事。他知道早在蒋介石在世时，就已在考虑蒋氏家族的继任大事了。

　　蒋经国非常清楚：自1949年他追随父亲逃台以来，蒋介石就已开始着手安排儿子伺机接班的事情。那时国民党虽然控制在蒋介石一人之手，可在决定由蒋经国继任的大事时，蒋介石仍然费尽了种种心思。因为在论资排辈的国民党内如若让资历尚浅的蒋经国出任要职，仍然面临各种难以克服的阻力。蒋介石初临台岛时，国民党大陆时期的军政要员几乎悉数占据着台湾省和国民党中央的主要位置，而台湾当地人士却因在政府和军队里无法占据地位而对蒋介石反感甚大。那时，蒋介石为平衡"地方和中央"的关系，就不得不启用一批台籍人士出任要职。如此一来，蒋介石只好让台湾当地闻人吴三连、黄朝琴和谢东闵作为台湾省长的后备人选。至于蒋介石真正想提携的爱子蒋经国，在那种人满为患的动荡时期，根本就不可能提到议事日程中来。蒋经国看到了父亲的担心和焦虑，因为他们都知道如果让蒋经国急于上台，必然会激起台湾民众的强烈反感。蒋经国鉴此只好悄然隐居幕后，做些不引人注目的工作。根据父亲的授意，蒋经国先进了"国防部"政治部，准备伺机接任主任一职。

蒋介石与蒋经国父子

蒋介石与蒋经国父子

　　如何才能把蒋经国顺利推上"行政院长"的宝座？这在20世纪50年代几乎是不可实现的梦想。因为陈诚一手控制着"行政院"，而蒋经国资历浅，甚至连党务工作也一知半解。为了化解蒋经国与陈诚的矛盾，蒋介石确实花费了许多心血。他知道如若按国民党的晋升程序，像儿子经国这种早年前去苏联留学，1937

年才回国的人，如果爬上党政高位，至少也得几十年光景。蒋经国也看到眼前的困难，别说像张群这些早年随蒋介石东渡日本学军事的前辈，他无法与之相比，就连在国内战争时期的上将中将，在台湾也有数十名之多，如胡宗南、白崇禧等，都等候在那里无法就任新职，哪里有他蒋经国飞黄腾达的发展空间？可蒋介石为了让蒋经国得以发展晋升，确也不惜斩将杀臣，不遗余力。最后他甚至把吴国桢这样有才能的高官，也都一个个排挤到美国去了。尽管如此，马上让蒋经国上台仍是一大难题。因随蒋来台的黄杰、薛岳等一批党国元老就不可能接受蒋介石"推儿上台"的主意。因此，蒋介石从1950—1972年间，始终让儿子在政坛的阶梯上慢慢地爬行。1954年才让蒋经国当上了"国防会议"的副秘书长。1962年蒋经国再度当选国民党中常委以后，他的接班前景才悄悄得以显现。因为有亲家俞大维的当众举荐，蒋经国才得以升任"国防部长"。蒋介石为了给儿子上台制造舆论，就派他先后出访南朝鲜和美国，与肯尼迪、朴正熙和日本天皇等外国元首频繁接触。其用意是借此提高儿子在国民党内外的威望，为蒋经国的尽快接班做好准备。到了1969年蒋介石决计不顾一切地把儿子推到了"行政院副院长"的显赫位置，意在随

1955年，蒋介石、宋美龄、蒋经国合影

1966年3月14日，蒋经国随同蒋介石参观美国"勇往"号航空母舰

时取代严家淦的院长一职。可是，这一步却并不顺利。一是蒋经国飞得太快，已经惹得朝野共愤；二是严家淦在台湾政坛人脉雄厚，又是行事谨慎的人，如何能让蒋经国取而代之。蒋介石为此昼夜思考计谋，刻意在为蒋经国早日上台加紧谋划。

蒋氏父子心知肚明，现任的"行政院长"严家淦，虽是一个官欲不强的软弱人物，但马上就让他把位置让出，也绝非一件易事。不过蒋介石只要想办的事情，是一定要办成的。在百般无奈中，蒋介石忽然打起了另一位在台湾颇有影响的人物的主意，此人就是台湾省籍的谢东闵。谢东闵在台多年，人望甚高，他曾做过台湾省教育厅厅长、省府秘书长、台湾省议会议长等要职。蒋介石认为如果想让儿子顺利当上"行政院长"，最好有一名有影响的人物出面推荐，

这样他才能顺水推舟地成全儿子美事。

可是，当时蒋介石与谢东闵的关系，还根本不可能直接说明此意。于是蒋介石就想方设法寻找各种机会，不断地接见谢东闵。有时甚至还特意在家中设宴款待谢东闵，以期与这位台湾人联络感情。有时蒋介石到大溪和桃园等地度假巡视，也要设法找借口请谢东闵随行，如此一来，弄得谢东闵疲惫不堪，只是他弄不清蒋介石与他频繁拉关系的真正原由究竟是什么。谢东闵虽不胜其烦，可碍其情面，蒋每次相请，他无论多么繁忙，也必定亲自前来应酬。就这样蒋介石与谢东闵保持热络的联系直到1971年夏天，这才忽然决定要启用谢东闵这枚棋子。因为这时的蒋经国年龄已近六旬，如果此时再不让他进入国民党的军政核心，将来也许就再也没有机会了。因此，蒋介石决定要实施他推儿上前台的"交班计划"了。然而虽然他和谢东闵的感情联络已经十分热络，但真让蒋介石开口对其讲出心中的实情，蒋又感难以启齿。就在蒋介石左思右想、别无他计之时，蒋经国忽然来到士林官邸给蒋介石问安，恰好随同他前来的是早年在江西已结成死党的王升。这时的王升已经升为"陆军中将"，蒋介石见了王升，心中大喜，忽然就有了新的盘算。

蒋经国和王升早在江西就成了死党，彼此感情相投，俨然多一个脑袋差个姓的生死弟兄。如前所述，蒋经国在江西和一个名叫章亚若的女人有私情，章亚若又为他生了两个儿子。蒋介石在重庆听说此事后，决计授意戴笠暗中派人杀之，以防章亚若这女人败坏了儿子的大好前程。当章亚若在桂林意外猝死后，代替蒋经国前往桂林安办后事者，就是这个王升。如今当王升从蒋经国那里获悉蒋介石想假借台湾省议会议长谢东闵之手，达到他在国民党中常会上提名蒋经国就任"行政院长"的初衷时，王升终于寻找到取悦蒋氏父子的机会。在一个雨夜里，王升亲往台南密会谢东闵。开门见山地道出了蒋介石想请他出据一份推荐蒋经国就任"行政院长"公函的意思。自此谢东闵方才恍然大悟，原来老蒋如此厚待于他的用意竟在这里。他也知道如若按蒋的意图出具推荐函，肯定因此得罪此时正在"行政院长"任上的严家淦，而严家淦则是他在台湾省供职时的老上司，对他恩重如山。可聪明的谢东闵更深知蒋氏父子下这着棋的用意深远，如若他敢在关键时候得罪老蒋和小蒋，那么将来他面临的劲敌显然强似严家淦。谢东闵左右权衡。决计支持蒋氏父子而情愿得罪严家淦。如此就由王升代笔写一份《国大代表联名公推蒋经国意见函》，即《劝进书》，此招正中王升下怀。王升连夜执笔，在此函件之中，他极力溢美蒋经国多年来在台湾的政绩功德，并称当今台湾的经济发展，

非有像蒋经国这样杰出的中青菁英出面担纲，不足以让台湾日新月异。谢东闵见到此函后，虽知这并非他之本意，也只好作顺水人情，率先在发起人位置上签署他的名字。然后交给王升带到台北，交给蒋经国本人过目。蒋经国见了这份文件，心花怒放。数十年来，他在蒋介石庇荫之下艰苦奋斗，确也做出许多重大贡献，但他始终得不到梦想多年的官职实权。这些年来他纵然有国民党中常委、国民党中央委员和一系列诸如三青团、"国防会议副秘书长"、退役官兵就业辅导委员会主任委员、"中国青年反共救国团"主任和政战部主任等职，但在蒋经国眼里，这所有一切均不是他渴望的实职实权。而如今乃父为让蒋经国坐上"行政院长"的位置，摆出一个真正让儿子继任接班的架子，早在一年前就把严家淦架空了，给了他一个"副总统"的虚衔。只可恨严家淦这个老学究，尚未明白蒋介石此举的真实意图，总是不肯主动提出辞去"行政院长"一职。鉴于此，蒋介石才不得不想出让台籍人士谢东闵出面逼宫的主意来。如今，万事俱备，只欠东风了。只要谢东闵带头联署这份《劝进书》，那么接着让那些徒有虚名的"国大代表"们在此文件上签名，也就成了一件轻而易举之事。

1972年5月26日，蒋介石亲自召开一次国民党中常会。地点就在阳明山中山纪念堂。这次会议的主要目的，就是要解决蒋经国"行政院长"职务问题，事前蒋介石早已授意"党中央秘书长"张宝树，暗中悄悄让"国代"在谢东闵亲笔写就的《劝进书》上签名，眨眼就有数百人联署之势。开会的前一天，张宝树又根据蒋介石的意思，提前把谢东闵的《劝进书》出示给尚不知情的"行政院长"严家淦过目。严见了此件，大吃一惊，这才发现老蒋原来早就暗中策划让他交出院长职位，而他居然到现在仍蒙在鼓里。严家淦虽对老蒋和小蒋此举心怀不满，可他毕竟是台湾有名的"好好先生"，蒋介石也正因为他的圆滑柔润性格，才让他当上了"副总统"。严家淦也知他的前任陈诚就是"前车之鉴"，当年陈诚就是因为与小蒋对抗，最后彻底失势的。况且，他终究是一个聪明人，于是连夜就向张宝树上了一份马上辞去"行政院长"的呈子。

翌晨在阳明山开会时，张宝树先将严家淦的辞呈在会上宣读，然后才公布谢东闵等议员们上的《劝进书》。就这样，蒋介石和蒋经国精心策划多时的"接班计划"，水到渠成，顺利得以实现了。蒋经国当上"行政院长"后，国民党的党权由蒋介石一手掌管，行政权由蒋经国一手把持。从此开创了国民党党政蒋氏父子一把抓的新格局，而今天当蒋经国主持台湾军政，正在谋划蒋家第三代的接班计划时，忽然感到父亲蒋介石生前的叮嘱对他太重要了，而他无论如何也比不上乃父蒋介石的精明手段。

桃园。慈湖，惨白月影下，悠悠一片碧水。

蒋经国傍晚时分来到蒋介石的灵柩暂厝地，他在一片滔滔水声中，悄悄走进静谧的灵堂。雪白的长明灯，映照着蒋介石那具黑漆的棺木。蒋经国只要有暇，即独来此地，面对幽灵，喃喃自语。父子俩似在冥冥之中彼此对话。而今夜亦是如此，刚才，蒋经国在厢房里查看了他1975年春天在此地所写的《守灵日记》，忽然发现，某一夜他在慈湖中，竟然记下如此文字："父亲去世以后，世局发生大变，亚洲形势急剧恶化，中南半岛反共阵线已经解体。朝鲜半岛时局日趋严重，此乃外有唇亡齿寒之痛时也。自由世界如早能按父亲之远见和计划处事，绝不致遭此危局。……"蒋经国翻阅他的守灵笔记，眼前仿佛又见到老父亲蒋介石那笑微微的身影。其生前与他共在一处交谈的诸多往事，均一一呈现出来。

"经国，我可能不久于人世了，可我要告诉你，咱们蒋家的江山得来不易啊！"忽然，蒋经国耳边又传来一个沙哑稔熟的声音。他知道那是已经作古多年的父亲蒋介石，在临死之前对他的叮嘱。1974年冬天的台北，凄风苦雨，不断袭击着重兵困守的士林官邸。自从蒋介石在阳明山车祸中遭受重创而远离政坛以来，他始终在荣民总医院思源楼和士林官邸的中正楼中休养。特别是到了这一年冬天，蒋介石已经看到自己行将就木，每天守候身侧的御医小组，早对他的疾病束手无策了。因此，蒋介石早把他控制数十年的党政军三权，悉数交给儿子蒋经国手中。这一天，蒋介石郑重地对前来探视的儿子叮嘱说："现在的军政权力虽然表面上仍由严家淦掌握，可谁都清楚他只是个名义上的牌位。而国民党的实权，任何人都休想从蒋家人手中夺去。经国，你可理解我的良苦用心吗？"

"阿爸，我知道，我什么都清清楚楚地知道。"蒋经国凝望着躺在昏暗灯影里的蒋介石，忽然发现老父的眼神有些反常。他知道那是绝望中饱含希冀的目光，数十年来蒋介石始终对自己手中的权力深信不疑，而如今不知何故，刚愎自用的老父，居然在病重中对未来生出了几分担忧与疑虑。

"我这一辈子，都是在权与势的光环中走过来的。"蒋介石把忧郁目光投向幽暗灯影下的长子蒋经国。他从来很少在亲人面前谈到权力，而今夜在窗外的风雨声中，蒋介石终于说出隐藏内心多年的话，他说："如果我手中不握有生杀的权力，时至如今，垂垂老矣的我，也许和奉化山中那些老农没有什么两样。你祖父经营盐业忙碌了一生，到了归终也不过只是个浑浑噩噩的普通老百姓而已。

而我呢，则大大不同了。经国，你要知道，人手里如果没有权，也就失去了他可以主宰一切的根本。因此我对你说，千万不能放弃手中的党军政大权啊！……你可听懂了我的意思吗？"

蒋经国从没见过老父如此郑重，也没想到蒋介石会对他讲这种话。他惊愕地注视着面色惨白、喘息不已的老父，一时有些错愕地连连点头："阿爸，我懂我懂。只是……您老人家为什么要谈这些呢？现在国民党的这三种权力，不是始终握在咱们手里吗？即便严家淦也不敢越雷池一步，我们还怕什么呢？"

"你呀。经国，你其实并不真懂我的话。……"蒋介石咳嗽一声，他的脸色忽然变得格外苍白，但他仍然喘息着说出自己思考多时的意思，"不错，三权如今都还在，军心民心党心也都还在呢。可你要知道，这些权力并不是永远不变地属于咱们蒋家。如果有一天我不在了，经国，你敢保证咱们蒋家拼命得到的权势，就不会潜移默化地消失吗？"

"消失？"蒋经国望着煞有介事的老父，不禁哑然失笑了："不可能吧。阿爸，在我的记忆中，您老人家1927年4月就曾经被当时武汉的国民政府免去了本兼各职，当年8月您又宣布下野，可这一切都没有让您手中的权力有丝毫损失。到了1928年1月，您不仅复得了国民革命军的总司令要职，而且又升任了国民党军事委员会的主席。在国民党的历史上，您老人家曾经三次下野，可每一次下野都没有因为去职而丢权啊！特别是1949年您老人家第三次引退。当时李宗仁可是夺取了'总统'的席位啊，可到了后来，他还不是只得了一虚衔罢了，而真正的军党之权，不是始终操在您老人家手中吗？"

"你呀，真是不懂政治的人！"蒋介石又一阵剧烈的咳嗽，然后在灯影中摇晃着枯瘦的左手，喃喃说道："经国，你可知道我三次下野，为什么仍然有人在暗中捧我？听候着我从奉化不断发出的指令吗？而李宗仁纵然在南京有名正言顺的职位，却无人肯听他的命令吗？就因为我是蒋中正，其他任何人都休想在去职以后仍然可指挥一切。为什么？就因为我实际上始终握有真正的人脉，你可知人脉是什么？那就是我多年经营的班底。这是任何人也替代不了的力量。可如果有一天我不在世上了，别人也会像惧怕我那样，肯于听从你的呼唤和指挥吗？"

"这……"蒋经国唯唯，不敢继续作答了。

蒋介石继续说："如果有一天，你也像我这样，进入人生的暮年，那么又有谁敢保证，将来咱们蒋家经营几十年的半壁江山，永远还姓'蒋'呢？"

蒋经国暗吃一惊："我懂了。阿爸，您老人家是担心我保不住咱蒋家的江山？"

蒋介石唇边浮现出一抹淡淡的苦笑："正是此事！经国。这也是我今夜为什么要对你说这些的原因。我要你知道，权是一切。权可以让咱蒋家人成为神之偶像，也可以让咱蒋家人变得一文不值。甚至有一天如果军政大权从我们手中滑脱，咱们蒋家在中国的历史也将要重写。中国的历史是什么？说穿了，就是权势的历史。胜者王侯，败者贼！宁可百日无钱，不可一日无权啊！经国，古今一理，我要你不可一日疏忽，可懂了我的意思？……"

蒋经国略一迟疑，马上就应诺："您老人家放心，我明白了！"……

窗外秋风飒飒，一勾新月，朗朗当空。慈湖内外，树影参差。蒋经国似从一场梦境中悄然醒来，他步出灵堂，独自漫步，出了中门。只见茫茫月光，早已洒满一泓碧水。而湖面波光闪动，他似乎又回到《守灵日记》所记的场景中来了："静观慈湖水平如镜。有一年父亲率儿乘小舟游于高雄澄清湖上，是日适为中秋。父见水波明月相映，告儿曰：'此即平湖秋月也。'时隔数年，记忆犹新。今日如能陪父共游此湖，将何其乐也？……"这时，蒋经国耳边一阵秋风刮来，吹得平静湖面泛起一层层新波涟漪。

而今天，当蒋经国正准备安排自己身后大事时，不知何故，他眼前忽然再现了去世多年的乃父交代后事的情景。想起蒋介石当年的一番谈话，蒋经国不禁怦然心动，直到这时他才意识到，1975 年春天他从父亲蒋介石手中继承的党政军大权，又到了寻觅继承人的时候了。让蒋经国为之心酸的是，20 世纪五六十年代曾被蒋介石视若继任者的长孙蒋孝文，如今居然沉疴在体，早已无法成为蒋氏家族的继承人了。想起蒋孝文前半生的坎坷经历，蒋经国不由得潸然泪下。

02. 蒋经国担心的"八旗子弟"出现在眼前

蒋经国伫立在窗前，他俯身下望，只见两辆小轿车沙沙地驶出了楼前的小道，直向官邸大门驶去。他知道那是奉他之命前往阳明山接蒋孝文一家前来赴宴的车子回来了。自从半年前他因为糖尿病晚期双腿行走疼痛，在医生们及三子蒋孝勇的多次劝说之下，不得不违心以轮椅代步以来，他已经清醒地意识到疾病的日益严重。蒋经国的体重因行动的日益减少，变得愈发臃肿肥胖了。左眼睛换上了义眼之后，只能依靠视力微弱的右眼来看东西。在这种随时都有病变的时刻，蒋经国自感来日无多。也许正是在这种思想的支配之下，最近以来他不时让住在阳明山的长子孝文下山。似乎父子俩一度曾经发生的不快，都在不知不觉间化为了乌有。

蒋经国把他的目光移向几天前的一张香港报纸，上面刊载着题为《蒋经国将要放弃向家人交权》的文章。显然，这报上说了许多与蒋孝文相关的话。刚才，蒋经国戴上眼镜又读了一遍。报上说："在台湾官场，凡是与蒋经国有过接触的人都知道，蒋经国已经看透了权力的意义。他大半生在权力的倾轧环境下成长，在尔虞我诈的斗争中历练，所以他自己已厌恶权力的诱惑。但他却擅长使用权力，来从事权威性的价值分配。透过名和利的作用，就使百官引颈相待，戮力以赴。这几年，蒋经国在权力分配上私心渐消，原因在于他原本想把党政大权向爱子转移的想法，渐次变为泡影。明显的是蒋孝文已成废人，而蒋孝武又成了不可信任的接班人。蒋孝文的幻灭，据知情者说才是蒋经国心中永久的沉重，当初蒋介石曾提醒蒋经国一定要保证蒋孝文在40岁前不出问题，这样蒋经国百年后便不会为后继者而忧愁。蒋经国也确实遵从父命行事，即便在美国发生法庭诉讼时也千方百计保佑儿子过关。可是他没有想到，蒋孝文竟然在跟随孙运璇学习工程时酗酒出事，最后闹得蒋家如丧考妣。失去了继任者的接班机会。蒋经国为此时时自感愧疚。……"

蒋经国知道，今天，本来没有什么必要请蒋孝文下山吃饭，因七海官邸平时想吃海蟹，原本就不是一件难事。当然，官邸里平时是绝不会接受任何人相赠的海蟹，只有蒋经国的亲家、女儿蒋孝章的公公俞大维将军，或者从前蒋在江西时期的旧部袍泽，才可能派人送来一篓篓新鲜的高雄海蟹，接受送礼对蒋经国当然是谨而慎之的例外。所以，蒋经国才亲自打电话给阳明山上的蒋孝文前来吃饭，这与其说是请他品尝海味，毋宁说醉翁之意不在酒。病体沉重的蒋经国越近晚景，越想和这位后半生始终染病的儿子在一起了。

每当无人的时候，默默呆坐窗前的蒋经国，就会想起年轻时他在苏俄的往事。他眼前总会电影镜头一般浮现西伯利亚那一望无际的漠漠荒野。入冬时节呼啸的寒风，常常让他蓦然惊警。那灰濛濛天际下纷纷扬扬的鹅毛大雪，更让他陷入往事的追思。1935年秋天，蒋经国因为受到打击与排挤，不得不从苏联首都莫斯科来到冰天雪地的西伯利亚，在他最困难的时候，与年轻漂亮的苏俄少女芬娜喜结连理。蒋经国以后数十年间对俄国女人芬娜，即蒋方良之所以痴心不改，很大程度上是由于他珍视那段艰难岁月中凝成的特殊情谊。而当时被称为爱伦的长子孝文，则是蒋经国在人生最艰难岁月里和芬娜的爱之结晶。因而，他越是临近晚景暮年，越对这位染上终身疾病而无法治愈的儿子，从心底滋生了一种怜悯、同情甚至是特别关心的心情。

蒋经国分外兴奋的声音在餐厅里回荡："爱伦，这些螃蟹好鲜呀！你就只管吃，大饱口福吧！"傍晚时分，一桌家宴在楼上小餐厅里摆开了。平时只有蒋经国和夫人蒋方良吃饭的圆餐桌，忽然多了一个神情木然的蒋孝文。蒋孝文呆坐在桌前，在蒋经国面前他显得有些不苟言笑。面对桌上一盘盘色泽金黄、香气四溢的海蟹，他只顾埋头大口吞食。他的吃相有点贪婪，因久病初愈以后，年近五旬的蒋孝文已经很少再注意自己的生活小节了。

"爱伦，你别急嘛，慢慢吃，还有许多海蟹等着你吃呢。你阿爸已经关照了厨师，把俞家送的大海蟹统统都放进冰箱！只要你什么时候想吃，什么时候就煮。"也正在患着重病、

蒋方良

面色枯瘦的俄罗斯夫人蒋方良，喜欢人前背后昵称这生在西伯利亚的爱子蒋孝文为"爱伦"。

"是的，爱伦，你慢慢吃好了！"蒋经国坐在儿子面前，双眼含笑地凝望着儿子。其实，许久以来蒋经国严格遵从医嘱，控制饮食。今天的海蟹他也只象征性地略加品尝。他坐在餐桌前，注视着孝文贪婪地大嚼。蒋孝文在父母关照下，只是微微一笑，继续在那里埋头大吃。

蒋经国幽深的目光凝视着儿子，刹那间，他的思绪仿佛又回到50年前，在那个名叫乌拉尔的边远厂区，有一间破陋的宿舍。在一个寒风凛冽、大雪卷扬的冬日凌晨，一声清脆的婴儿啼哭，划破了黎明前死一般的沉寂！他和芬娜的爱情结晶——爱伦降生人世了。从那时起，寂寞的两人世界又多了一份寄托和乐趣！每当蒋经国见到孝文的时候，会很自然地回想起苏联的艰苦岁月。他在苏俄生活了十几年，可谓艰苦备尝。只在他和芬娜结合后，才真正体味到人生的温暖。爱伦的降生一度让蒋经国沉醉在难得的天伦之乐中。

"爱伦，你将来的志向是什么？"蒋经国手托脸腮，默默注视孝文在那里吃蟹。他想的却是另一件事：1937年春，当遥远的苏俄还是春寒料峭的时候，蒋经国、蒋方良居然神不知鬼不觉地回到阔别多年的祖国。那时蒋孝文刚2岁。1941年孝文随父母由奉化老家来到江西赣州。不久，他被父母送进赣州城东一家小学就

读。一天，也是在晚饭后，蒋经国忽然向刚谙世事的长子提出个郑重的问题来。

"我想弹钢琴，像妈妈那样弹钢琴！"孝文当时不假思索地回答。

不料蒋经国却满面不悦之色，斥道："啊！……你怎么能这样回答父亲？弹钢琴也算志向和职业吗？爱伦，我担心将来你会成为一个花花公子，你为什么从小就喜欢弹钢琴呢？"蒋孝文困惑地眨了眨幽蓝的眸子，茫然望着大失所望的父亲，反问："那……你让我做什么？"

蒋经国郑重地说："中国有句古话：从小看大，三岁看老。爱伦，你不能没有志向，因为你是我们蒋家的第三代。你生活在这样的大家庭里，是好事，可也是一件坏事。如你有志奋发，将来很可能有大出息，可如果你沉溺声色犬马，那你很可能就成了为人不齿的八旗子弟！……"

"八旗子弟！……"少年蒋孝文睁大蓝幽幽的眼睛，一时难以理解父亲这番话的含义。

蒋经国沉下脸来："现在对你说这些，你肯定不懂，将来你就会明白……八旗子弟是咱们这种人家极容易出的败家子，也是咱蒋家绝对不许出现的。我们蒋家是中国的第一政治家庭。政治家庭由于家境优越，因此就很少有奋发图强的子弟。因此我对你不放心。希望你要有志气，从现在起就要有忧怀天下的气度。不然，我和你祖父都不会原谅你的。"蒋孝文怔怔地望着父亲，一时百思不解。……

蒋孝文后来也一直没有真正弄懂什么是"八旗子弟"。蒋经国如今深深引为痛悔的是，自那次他晚饭后轻描淡写地点拨少年孝文后，此后数十年，由于种种原由，他一度疏于对长子的教育。以致他当初在江西赣州对孝文的预言，不久竟让他不幸而言中了！

"唉，这孩子是让我给毁了，当然，也是让这个家庭给毁了呀！"每当蒋经国面对因一场突发疾病造成终生病患的长子时，他心中都会充满难以言喻的悔恨与痛苦。现在，蒋经国在情知自己重病缠身，来日无多的时候，望了一眼神志不清的儿子，情不自禁地自疚自责。在过去大半生中，蒋经国把绝大多数时间，几乎全用在政坛官场的争名逐利上了，蒋孝文不幸的今日，很大程度都该归罪他的疏于教导。"唉唉，子不教，父之过啊！如果当初我能多为孩子们分一点儿心来，如果能多多关怀他、提醒他，他能养成可恶的酗酒习惯吗？如果爱伦不无所顾忌地花天酒地，如果他稍稍懂一些做人的道理，如果他从小不是生在这有特权的家庭里，也许……至少他目前不会重病缠身，不会这样似人非鬼，不会这样一生毫无建树，变成了令人痛心的废人吧？……"在蒋孝文贪婪大嚼海蟹的过程中，蒋经国心潮难以平静。后来因为他痛楚钻心，忽然头晕，险些跌倒，才被副官从餐厅搀扶回他的卧室。

"爱伦，你要给我说清楚，这只铅笔到底是从哪儿来的？"昏昏沉沉躺在席梦思床上的蒋经国，他其实并没有睡去。当医生和护士对他进行每天例行的检查并服药后，蒋经国在昏暗的暮色里还在想着那毕生一事无成的儿子蒋孝文。当自己清醒地意识到将不久于人世之时，这种对子女的负疚感忽然变得比以往更加强烈起来。生来就一表人才的长子蒋孝文，本来可以在蒋氏家族的荫庇下成为将军、成为高官、成为巨商大贾甚至资深学者，可到底是什么原因让他最终成为一个毫无前程的废人呢？难道真应该归罪于他蒋经国吗？不！不能这样说。蒋经国在昏睡中理智依然十分清醒，他迄今还十分清楚地记得起来，少年的蒋孝文并不像后来那样贪玩、好酒，也没有去大酒店里挥金如土的恶习。这个在苏联出生的长子，可谓聪明、好学和循规蹈矩。而那时在赣州任专员要职的蒋经国，不知是出于何种考虑，无论多么繁忙，也时刻没有放松对这爱子的管教。他依稀记得，有一次蒋孝文放学回来，他意外地从儿子文具盒里，发现了一只很特殊的新铅笔。这种每隔几日便要亲自检查书包的习惯，就是在赣州时开始的。少年蒋孝文当时很尴尬，很紧张地望着拿铅笔追问来由的父亲，一时吞吞吐吐地应答不上来："是我……是从我们同学那里借来的！……"

"借来的？你既然是借来的，为什么不还给人家？"蒋经国居然对一支铅笔穷追不舍。

蒋孝文窘迫不安地低下了头。

蒋经国已经发现了其中的破绽，他决心继续追问他："爱伦，在我的印象中，你是一个从不说谎的孩子。既然铅笔是向别人借的，你为什么还要带回家里来呢？"蒋孝文讷讷地说："阿爸，我错了……那只铅笔，是同学送给我的！"

"送给你的？"蒋经国震怒地一拍桌子，继续问道："你要说清楚，同学也是好不容易买来一支铅笔的，又为什么偏要送给你呢？"小孝文终于供出原因："铅笔……是我向那个同学要来的！"蒋经国顿时气得脸面铁青，激怒地训斥蒋孝文说："你为什么无缘无故向同学要东西呢？他又为什么会把自己心爱的铅笔白白送给你？一定是你以为自己的父亲是赣州的最高长官吧？爱伦，你可知道这是一种仗势欺人的坏作风吗？如果你以为自己的父亲是本地的父母官，就可以任意讨要别人东西的话，那你就是个势利小人了！"

蒋孝文在父亲的训责下整整哭了一夜。

　　次日清早，蒋经国亲自陪着蒋孝文去那个同学家里造访。他不但向那位学生和家长道了歉，而且还让小孝文作了检讨。当时，那户普通的平民人家，被蒋经国这位赣州的专员，亲自登门送还儿子讨要去的铅笔一事，深深地感动了。

　　事过多年以后，年逾古稀的蒋经国对这件发生在赣州的小事，记忆犹新。他认为在蒋孝文的少年时代，他所给予的家教是既周到又严厉的。那时他正是出于一种望子成龙的心情，才处处对儿子要求严格的。蒋经国万万没有想到，蒋孝文到台湾以后，特别是他成年去美国留学期间，会逐渐改变了他的人生轨迹，变得怪癖乖张起来。以至于落到今日这种不忍目睹的悲惨结局。"唉，不管怎么说，也是我作为父亲的一种不可饶恕的失职。"

　　"总座。"蒋经国正躺在床榻上辗转反侧，机要秘书王家骅走了进来，他悄声地问道："孝文兄早已经吃完了饭，是否可以将他送回阳明山去？"

　　"不！"蒋经国在昏暗中将手一摆说："不要将他送回去，就让他先在官邸里住几天再说！"

　　"我懂了！"王家骅得到了蒋经国的吩咐，心里有了底数，应诺了一声便转身出门而去。

　　蒋孝文就这样留在七海官邸里，每日蒋经国都叮嘱厨师为自己的残废儿子烹烧各种可口的菜肴。蒋经国让儿子住在他的七海官邸里，心里稍稍安静了许多。夜里无人时，他忽然披衣起床，在幽幽灯光下翻阅从前亲笔写下的《日记》。他企图从那些父亲在世时的记述中，寻觅到与当前"接班交班"相关的某些信息。忽然，他翻到1975年早春的日记，那是蒋介石在世的最后时日。蒋经国凝视当年1月9日他曾经记下的几行文字，写的是："父亲之病，仍无好转迹象。想起前天晚上，父亲在病床上以左手紧握儿之右手良久，语音甚低，儿心忧苦。……"在蒋经国的眼前，又浮现出蒋介石那双忧郁的眼睛。

　　"经国，关于咱们蒋家的未来，我早在刚到台湾时就已经悄悄做了安排，也就是说，尽管我们如今已被共产党赶到这片海岛上来了，可我们仍然还有军事力量和经济实力在手。因此，我们蒋家还有东山再起的余地。"蒋介石倚在病榻上，以孱弱身躯为守在面前的蒋经国撑腰打气，他说，"民国二十七年我让你到江西去办青年服务团，就为的就是让你日后出头有资历。后来我让你在江西主持三民主义青年团和收抚伤病兵工作，也是为了同一目的。等我们到了台湾，我已经知道应该考虑继任人了，所以我才让陈诚培养你，甚至不惜把吴国桢排挤到美国去。到了民国三十九年我决计让你就任国防部总政战部主任的时候，你已经成为了一个可以接班的人选了。经国，现在回想起来，我是一个有远见的政治家，在传承问题上我问心无愧！而且早就看到了百年以后……"

蒋经国默默倾听着父亲的谈话。许多来台以后的往事，这时都如云烟一般在他脑际浮现。他深知自己如今身居国民党中央常务委员和"国防部"部长、"行政院"副院长等要职，都是其父蒋介石为让他顺利地继任和接班，所精心安排的一系列步骤。因而当蒋经国眼望着身体日渐衰弱的老父，他心里蓦然泛起一阵敬佩与感动交织的酸楚。

"我虽自知来日无多，可我已经心安了。"蒋介石忽然伸出一只枯手，紧紧抓住儿子，喃喃地说，"经国，只要有你在，台湾至少在二十年间，国民党的政权党权不会易手他人。我现在所担心的，当然不是二十年内台湾的政局演变。我是担心二十年以后的日子，不知你到时候又该如何应对？我只怕……蒋家后继无人啊！"

"请阿爸您老人家放心。有我！一切都有我呢！"蒋经国没想到老父居然在重病之际，还在考虑那吉凶未卜的将来。他想了想，便信誓旦旦地拍胸表示，"二十年或三十年后的台湾政局，请不必担心才好。我也多次考虑过，我相信只要有您老人家的影响在，国民党绝不至于发生任何逆转。因为三民主义现已深入人心，您老人家的人脉基础深厚，谁敢动摇您老人家数十年打下的江山呢？请您老人家放心，经国绝不会辜负您对我多年的期许和培养，在此后这二十年里，我事必躬亲，沿着您制定的路线行事，党国一心，绝不会让您老人家失望的。国民党毕竟是中国历史上最为悠久的政党，怎么可能后继无人呢？"

蒋介石在灯下默然沉思，忽然他把光秃的头摇了一摇，叹息说："国民党的历史我比你清楚，孙中山在世时国民党人脉雄厚，势力强大。这一点人所共知。原因就在于孙先生的人格魅力绝非寻常政治人物可以替代。可是他死去以后，我们国民党就再也难以找到像孙先生这样的人才了呀。……"

蒋经国却说："您老人家的威望也不可小视嘛。况且……"

"不不，经国，我怎么能和孙中山相提并论呢？"蒋介石头脑清醒，他把手一摇，叹息一声："人死如灯灭。我在世时，政治对手当然不敢与我匹敌，不过这只是暂时的现象。一旦我去世以后，形势很可能就要发生丕变。不过，还好，因为我早就考虑到后事，有你在，党内也许不至于发生什么太大的变化。经国，我现在还是担心，我去世后的二十年、三十年，景况就大不相同了呀！我是说，人都会老的，你现在年轻，做事有魄力，也有这么些年的基础。也许不会出事。

可是，你考虑过有一天你也要步入古稀之年的呀，如果到了那时候，咱们蒋家是否后继有人呢？……"

蒋经国愕然一震。他没有想到蒋介石居然会考虑到遥远的将来，而且还是他执政以后的二十年。这让他闻之震惊，因为此前他从来不曾想到自己的继承人问题。半晌，蒋经国悄声说："您老人家是说……爱伦他们……？"

蒋介石正色地点点头："正是。爱伦，你说他究竟能不能支撑咱蒋家的天下？"蒋经国又是一惊。此前他尽管清楚地知道，蒋介石对长孙蒋孝文钟爱有加，曾经在职业和前途方面寄予厚望，但他没想到在蒋介石眼里，蒋孝文也会列入蒋家继任者的行列。蒋经国呐呐地说："爱伦，他本来是一个有天分的孩子，可惜呀，他不成器。您老人家也非常清楚，特别是他那身体，恐怕无力胜任党国的重任吧？……"

蒋介石与蒋孝文合影

不料蒋介石却不以为然地在床上哼一声，说："先不要把一碗水看到底。在咱们蒋家，只要爱伦还有一线希望，就不要放弃。经国，你可懂我的意思吗？爱伦他毕竟是长子嘛……"蒋经国怔怔地守在病榻前，他认真倾听着蒋介石的谈话，忽然郑重地点头应诺："阿爸，您老人家的意思，我懂了！……"

03. 军校生涯因屡犯戒规而夭折

这一夜，蒋孝文又睡在他父亲蒋经国的身边了。

蒋孝文在昏暗里辗转反侧，他无论如何也睡不稳。七海官邸里的反常情况使他忧心忡忡，蒋经国那已经越见苍老并有些浮肿的面孔，始终在他的眼前闪动。从前，父亲在蒋孝文的记忆中，一直是十分冷漠和严厉的长辈。无论是在江西赣州、山城重庆和从大陆来台之前在上海居住期间，由于蒋经国每日总是在外边忙得不可开交，所以蒋孝文得到的父爱并不多。即便偶尔和父亲见面，蒋经国也是时常板着脸孔，询问他的功课时也不再像赣州时期那么周到细致了。居住台北后，蒋孝文感到他们一家人住在台北长安东路的那一段日子里，还能体察到父亲给他的一些关爱。等到 20 世纪 60 年代他们一家搬到大直地区的七海官邸以后，蒋经国和他见面的机会便越来越少了。不知道为什么，在他突然生病以后，特别是在最近一两年里，父亲对他这个长期患病的人，却越来越表现出一种从前少见的亲昵与体贴。昨天蒋经国又亲自打电话要他来七海官邸吃海蟹，像这样的情况在他年轻的时候是从来没有过的。父亲的性格为何到老年反而变得热情慈祥起来了？蒋孝文对此一直百思不解。

"爱伦，像你这样好吃好玩又怎么能成其大事？你已经大了，功课做得不好，如果是你的智力不够造成功课不佳，我们也不会怪罪你。可你的功课屡屡下降，原来是因为你过分的贪玩，这就让人无法相容了！"在蒋孝文面前又闪现父亲那双严厉的眼睛。即便他现在已过了知天命之年，可蒋孝文仍然惧怕他那双不留情的眼睛。记得 20 世纪 50 年代初，刚来台北不久的蒋孝文在台北市成功中学读书，有一次，蒋经国收到该校发来的一张蒋孝文成绩单。当蒋经国发现儿子的成绩每况愈下，当时就震怒地拍起了桌子。吓得蒋孝文神色大变，战战兢兢。蒋经国忽然挥起手来，怒不可遏地准备狠狠教训他一顿，但当他看见蒋孝文已经吓得浑身发抖，满面冷汗时，蒋经国的心又软了。

"本来，你阿爷想让你去读高中的，将来还要让你读大学．甚至可以让你出国留学。可你连中学的基础也没有打得牢固，将来又怎么能上大学呢？"蒋经国在冲蒋孝文大发一阵怒火后，终于冷静下来。也许就是从那次开始，蒋经国从心里知道，若把蒋孝文当成一个可以接班的学者型人物，那显然是虚无缥缈的幻想而已。经过认真的思索以后，蒋经国叹道："爱伦，既然你无心苦钻功课，生来又那么好玩好动，我看，也只好另外寻找一条生活之路了，不知你能不能吃得起苦？"

蒋孝文说："阿爸，我真不想在学校读书了。那些难懂的代数、几何、物理、化学，已经弄得我每日昏头胀脑了，这样下去别说让我出息，恐怕脑子也要弄坏了！"

"那么……你就去当兵好了！可是，你能吃得苦吗？"蒋经国显然对长子的未来做过深思熟虑，这时终于道出他思考许久的话。

"让我当兵？好啊，阿爸，你放心吧，我是不怕吃苦的！"为了从无涯的学海中逃脱出来，蒋孝文为父亲给他找的另一个新前途欣喜振奋。

"爱伦，决定让你先去当军人，可并不是我一个人的意见。"蒋经国沉吟片刻，这才说出内情原因。"爱伦，这可是你阿爷的主张。他老人家早已看出，你

不是个做学问的材料，因此他早就劝我尽快为你另择他途。因为让你这样继续在学校混下去，是白白浪费时间啊。以你的学习成绩，将来肯定是进不成大学的。既然如此，不如让你早一天到军校去，将来也许还有些希望。只是你必须知道，即便进了军校，也是要学习功课的！"

蒋孝文欣喜异常地说："阿爸只管放心，军校里的功课不比现在的中学，军校只是出操、练射击这类功课，我生来好动，那是求之不得的。"蒋经国叹了一口气："好吧，你可以去。只是你那发起邪来就天不怕地不怕的性子，是一定要改掉不可的。因为军校有军人的纪律，任何人也不得随便违犯军纪，你可听懂了我的意思吗？"蒋孝文立刻兴奋得跳了起来，信誓旦旦地说："阿爸只管放心好了，我不但要守纪律，而且还要不负您和爷爷的厚望，将来我也许会成为了不起的军官呢！"

……

不知不觉，蒋孝文渐渐沉入了梦乡。在迷蒙中他仿佛看见了阳光下的七海官邸，见到了那偌大一片蓊蓊郁郁的铁杉树，看到在初春阳光下盛开的一簇簇艳丽凤梨、芭蕉；看见了那栋呈T型的日本式洋楼；还有楼后面那一泓碧波潺潺的湖水……

"爱伦，你怎么起得这么早呀？"忽然，身后有人叫他。蒋孝文吃惊地回转身来一看，见一丛绿葱葱的棕榈树丛间，健步走出一个人来。他身材矮笃笃的，国字型的红润面庞，八字眉下有一双含笑的眼睛。正是他的父亲蒋经国！

"阿爸，您、您怎么……？"蒋孝文惊愕地打量从树丛深处健步走来的蒋经国，一时有些茫然不知所措。因为半年来始终以轮椅代步的蒋经国，如今居然大病已去，如此轻松地在树丛间健步若飞。蒋孝文急忙问道："您的病莫非真好了吗？"蒋经国轻松地笑笑："是啊，爱伦，你看我如今再不必为糖尿病困扰了，我还能健步如飞地行走了！"

蒋孝文惊呆了。蒋经国来到他面前，关爱地说："爱伦，这些年来，你也是疾病缠身。好在鬼魔终有一日会离开你，不要太多的时日，你也像我一样病体痊愈的！……"蒋经国言讫，朝儿子神秘莫测地一笑，转身便向湖上小木桥走去了。蒋孝文大梦初醒地连叫几声，就快步向蒋经国追来。可当他来到绿草如茵的湖畔，茫然四顾，只见晨雾氤氲，哪有他父亲的影子？

"阿爸！……"蒋孝文一骨碌从床上翻身爬起，揉揉惺忪的睡眼，方知是南柯一梦！蒋孝文已经等不及了，他急忙穿着睡衣下床，趿着两只拖鞋跟跟跄跄地奔了出来。他这才发现已经是次日的天明时分，一缕绚烂的春日霞光，从宽大的落地窗口投映进来，映照得楼上楼下一片光明。蒋孝文跌跌撞撞地跑下楼去，又来到小洋楼门前。忽然，他那双黯淡的眼睛豁然一亮，因为他看见姹紫嫣红的花丛间，静静伫立着一位娴静俏美的小姑娘。她颀长窈窕的身材，穿着一套浅蓝色的学生装，生得十分美丽姣好。冷眼从姑娘的眉眼去观察，几乎与他妻子徐乃锦酷肖一般，只是这小姑娘的眉宇间，有一抹淡淡的忧戚之色。

"友梅！你……你的阿妈呢？"蒋孝文见他女儿蒋友梅丝纹不动地站在楼前的花园里，吃惊地叫道。蒋友梅回过脸来望他，却依然不发一言，只是她的脸腮不知何故却挂着两颗晶莹的泪滴。

"友梅，你为什么不说话？你是怎么了？"蒋孝文困惑不已地连声叫道。当他见女儿神色凄然地呆望着他，默然不语时，蒋孝文蓦然间意识到家中必然发生了什么大事。一抹不祥的预感使他快步地冲到女儿的身旁，将她的手抓住，急问："到底发生了什么事情？"蒋友梅眼里含着泪光，怯怯地望了父亲一眼，忽然扑进蒋孝文的怀里，低声地哽咽了起来。

"友梅，你说，到底是怎么了？"蒋孝文这才惊讶地发现，正在英国剑桥大学读书的女儿蒋友梅，此时扑进他的怀里，肩头耸动地悲哭着。她那乌黑的发辫子不知何故扎上了一朵很刺目的小白花！蒋孝文到这时方才如梦初醒，他急切地问道："友梅，你阿妈……她在什么地方？"

蒋友梅凄迷地抬起头来说："阿妈她昨天夜里，一直是守候在荣民总医院里，因为……"蒋孝文见她欲言又止，急忙追问说："因为什么？你……告诉我发生什么事了？……"蒋友梅哭道："因为阿公他……又犯病了！医疗小组连夜把他送进了医院，现在正抢救呢。阿婆她也犯了病，阿妈她必须要在那里护理阿婆……"

"我的天哪！"仿佛突然遭到晴天霹雳一般，蒋友梅的话使他大吃一惊。原来自己昨天的不祥预感是确确实实的，当这一预感得到证实的时候，蒋孝文心里顿时痛苦至极，他哭叫了一声，就头晕目眩地扑倒在地上了。……

蒋孝文再次醒来时，已经是三天以后了。

"孝文！孝文！……"有人在冥冥之中低声地呼唤着他。蒋孝文睁开那双惺忪的睡眼，渐渐看清了他是躺在自己的卧室里。雪白的四壁、雪白的吊灯和雪白的床榻。在他的床前闪动着几个人的身影，不久他就看清了，那其中有他的妻子徐乃锦和女儿蒋友梅。还有经常出入他家里的两位荣民总医院的医生和两位白衣

女护士。

"妈妈，你看阿爸他到底是醒过来了！"蒋友梅如释重负般地长嘘了一口气。

蒋孝文默默躺在病榻上。在惊悉父亲再次入院治疗的消息后，他很快从震惊痛苦中解脱出来。他在两天三夜的昏厥之中，对世间之事简直一无所知。自20世纪60年代末他染患了那种久治不愈的疾病以后，像这种昏厥，本来就已经习以为常了。可近年来蒋孝文病情逐渐转轻，便极少再有这种昏迷不醒的情况了。现在，蒋孝文静静仰卧在床上，思绪却依然是麻木而呆痴的。

"爱伦，你已经长大成人了，为什么还要让我和你阿妈操心呢？"在冥冥之中，静卧不语的蒋孝文双眼仰望着天棚上悬挂的那盏巨大的鎏金吊灯，耳畔却又响起蒋经国那已经很遥远的话声。那是1959年，蒋孝文被父亲送进凤山"陆军军官学校"学习不久，有一天，蒋孝文被蒋经国一个电话找到家里来。当初，蒋经国将蒋孝文送进凤山"陆军军官学校"时，是寄托着强烈的望子成龙期望的。蒋孝文进凤山陆军军官学校初期，因有一种新鲜感，所以他倒也勤学苦练，遵规守纪。可是旷日持久的艰苦操练与夜以继日的严格军事活动，使得从小娇生惯养、生活在蒋氏豪门中的蒋孝文，渐渐感到难以适应。蒋孝文因有特殊的家族背景，在凤山军校成为了一个桀骜不驯、独往独来的特殊学员。贪睡、嗜酒、打牌、迟到等违纪事情，屡屡发生。一些教官对于蒋孝文的胡作非为，或视而不见，或敢怒而不敢言。终于有一天，肆无忌惮的蒋孝文在凤山陆军军官学校里，做出一桩让全校师生瞠目结舌的事情来，这样，军校的校长不得不向在台北的蒋经国紧急报告情由了。

原来，蒋孝文早在读初中的时候，就十分喜欢驾驶汽车。那时，住在长安东路的蒋经国，家里备有一辆美国军用吉普车。开始时，蒋孝文很想学驾驶，可是畏于乃父的严厉训斥，他只能在夜间，趁蒋经国睡熟以后偷偷地出来练车。不过，他不敢在住宅附近将车发动起来。聪明的蒋孝文为能在不惊动父亲的情况下练习驾驶汽车，只好在月夜的光影里，劝说那些侍卫们帮助他将停在院宅里的吉普车，悄悄地推出大门外。这样，蒋孝文才可以在远离住宅的大街上去练习驾驶汽车。想不到一来二去，蒋孝文利用夜间还真的将驾驶汽车的技术学到了手。后来，当蒋经国察觉此事时，蒋孝文已经将吉普车驾驶得十分娴熟了。

让蒋经国万万没有想到的是，正在凤山陆军军官学校受训的蒋孝文，在那里也不甘寂寞。他居然胆敢在一个月夜里，偷偷将校长专用的一辆小轿车，从校园里私自开出来。在一家酒馆里喝得醺醺大醉后，在驾车返回的半路上，将那辆新拨来的小轿车猛然撞在路旁的一根电线杆上。顿时撞得车灯破碎，车厢报废！

"爱伦，你，你实在是太辜负我和你爷爷对你的一片厚望了，你怎么就改不了你的坏习气呢！"那一次，蒋经国忍不住内心的失望和愤恨，将从凤山军校回来的儿子狠狠地打了一顿。在蒋孝文的记忆中，父亲在他少年和青年时期很少大发脾气，更很少动手打他。在凤山军官学校严重违犯军纪的这一次，气得蒋经国忍无可忍并大发雷霆。后来，蒋孝文渐渐懂事以后，方才知道那次在凤山军校酒后开车引发的事故，为什么让他父亲如此气急败坏。原来只因他的一时失慎，便彻底改变了他祖父和父亲企图让他在军界发展，将来替代祖父执掌军权的计划。这件事情发生不久，蒋介石就授意凤山军校以除名的方式，结束了蒋孝文在那所军校的学籍。一度准备在军界求前程的蒋孝文，便又一次失学了！……

04.　俄国出生的爱伦染上了陋习

位于台北天母地区的荣民总医院，是一座蒋介石时代始建的荣军医院。其规模在台湾是较大的，而且设备先进，医资力量雄厚。几年前蒋介石在前往阳明山避暑，在经过仰德大道时遭遇车祸。此后蒋介石就在这家医院的思源楼11层117病室进行治疗，从此117病室便成为蒋氏家族的特护病室。宋美龄在台湾时也在这里治病，如今当蒋经国病情转危时，他也来到当年蒋介石治病时住过的117病室治疗。

"我看，爱伦既然不是当军人的材料，索性也就不要勉为其难。"蒋经国坐在病床前，一抹惨淡的月影斜射进来，照亮了粉壁上的一幅照片。那是蒋介石20世纪50年代视察高雄港时与蒋经国并肩拍摄的照片。父子俩的背景是高雄西子湾的潺潺波光和远方巍峨的群峦。而今蒋经国便把这桢镶嵌在檀木相框内的黑白照片随身携带，走一地就带一地，总是喜欢在无人时凝视。因为他从这张照片里可以回忆起当年初来台湾时的许多往事。蒋介石就是在高雄这泓悠悠碧水之滨，和他再次谈起长子蒋孝文留学问题的。蒋介石

蒋介石与蒋经国父子合影

对儿子说："我看，在台湾他没有用武之地，不等于这孩子就断了前途。让他到美国去如何？"

蒋经国一惊："让爱伦一个人去美国？那……怎么行呢？他在台湾尚且没有出息，并且不断地闹出乱子，如果让爱伦一人去美国读书，还不知他要闹出什么事情来？"

蒋介石带着儿子沿西子湾继续向前走去，一边成竹在胸般地笑了笑，以过来人的阅历开了口："你不懂。经国，其实如果爱伦不在我们的身边生活，也许对他的成长会有相当的益处。因为在台湾是咱们的天下，他有这个靠山才可能胡作非为。可他一旦到了美国，身边都是一些陌生人。有些人甚至还不了解咱们蒋家，在那种毫无依赖的环境里，反而有利于爱伦的刻苦努力。古人就讲"置于死地而后生"嘛。爱伦在美国求学，肯定要比在台湾好得多，因此我主张让他一个人去陌生的国家求学，这样，将来他很可能成为国家的栋梁之材，不然，我们如果把他始终留在身边，岂不是毁了他？"

蒋经国没想到蒋介石出语不凡，心头也顿时豁然一亮。从小就认为蒋孝文任性闹来，没有造就的蒋经国，这时忽然从内心产生了新的希望。因此他眉宇一展，连连点头说："阿爸说得有道理。当年如果您老人家不放手让我去苏联读书，恐怕我现在才是个毫无用途的废物，既然您说爱伦可以去国外留学，索性就让他去吧。也许，到了国外会让他有所见识。这孩子身上的毛病太多了，只怕很难让您老人家满意。"蒋介石却固执地坚持说："我不认为爱伦有什么不好，如果说有错误，应该是我们有错。因为我们忙于军事大计而忽略了对子女的教育，再加上家族势力这个顽固不化的东西，才助长了爱伦的优越感。所有的不利客观因素，也许都因为他的远离而变成有利于他的条件。"

就这样，在蒋介石的坚持之下，蒋经国才同意把蒋孝文送到美国留学。这在当时的台湾已属凤毛麟角的先例。蒋经国对长子蒋孝文的感情，当然要强过任何子女。因为他心里清楚，蒋孝文出生时是何等艰难。那是1935年12月，苏联西伯利亚刮起了多年未遇的飓风。黎明前，在距"塔哈"车站只有一公里的乌拉尔机械厂工人宿舍里，漆黑的岑寂中突然传来一阵婴儿降生的啼哭。这声啼哭给工厂宿舍区平添了几分生气，因为谁也没有想到在这寒冷的隆冬凌晨，会有一个小生命降生！

这简陋破败的宿舍里住着个年轻的中国人，他的俄文名字叫尼古拉，而此人的真名和来苏前的经历，在刚刚建立不久的苏维埃乌拉尔机械厂还不为人所知，甚至就连与他结为夫妻的俄罗斯少女芬娜，也还一无所知。这是因为战争和国际形势的需要，迫使尼古拉不敢轻易在苏共领导下的红色政权内部，随便暴露自己特殊的身份。

尼古拉尽管早就加入了共产党，可是，到任何时候他都是国民党总裁蒋介石的嫡生之子。尼古拉知道他不会永远生活在冰天雪地的俄罗斯，也不会永远冠以这不伦不类的外国名字。尼古拉早就暗暗盼望，有一天定要逃出这陌生又充满冰刀霜剑的西伯利亚，到那时他会把尼古拉的名字更换为蒋经国的。

蒋经国心里清楚，任何政治信仰归根结底都改变不了中国的姓氏。虽然他从小就对乃父蒋介石的所作所为充满戒意与反感，但他毕竟是那个中国政治强人的血脉。现在，蒋经国就坐在幽暗的油灯下，望着刚刚分娩的妻子芬娜，还有睡在妻身边那黄发茸茸，脸孔枯瘦的男婴，心里有一种说不出的兴奋。他暗暗地用俄语叫道："芬娜，我总算当父亲了呀！……"

这个在苏联西伯利亚荒原诞生的孩子，就是蒋介石家族的第三代——蒋经国的长子！蒋经国当时不敢为他以蒋氏命名，却为他取了个同样有俄罗斯特色的名字——爱伦！爱伦就是在这片陌生的土地上降生，又是在窗外呼啸着凛冽寒风的乌拉尔工厂破陋的宿舍里，熬过漫长的冬春两季，嘴含着芬娜干瘪的乳头，一天天长大了。

爱伦的眉眼相貌是典型的中俄混血儿。他生得很美，黄色头发毛茸茸的，覆盖着他那略显国字型的额头。长长睫毛下，一双明亮的眼里没有普通中国人常见的黑眼仁儿，碧蓝幽深的眸子让蒋经国和芬娜见了，会从心底产生无限的爱意。爱伦很可爱。他出生后第一眼看到的就是户外那冒着浓烟的烟筒和幢幢厂房，听到的是震耳的隆隆机器响声。西伯利亚的冬天漫长而可怕，他就在不断从天边刮来的寒冷飓风里品味着人生的滋味。好在姗姗来迟的春风终于吹到了这个幼小生命的身边，不过，苏联远东地区的春天，并没有蒋氏故乡那明媚诱人的风光。屋檐下的冰凌和门前偌大一片白皑皑的积雪，始终困扰着这艰难的三口之家。爱伦在芬娜的乳汁和稀饭米汤的哺育下，总算熬过了小生命最脆弱的时光。等到爱伦呀呀学语的时候，他发现自己身边竟然又有一个同样黄发茸茸，碧蓝闪亮的女孩儿，她就是爱伦的妹妹。爱伦实在弄不懂在这弥漫呛人煤球气味的低矮宿舍里，为什么每到冬天总会充满让他心烦的婴儿啼哭。他根本不懂黑发浓厚的父亲与黄发碧眼的母亲，为什么老在自己身旁为无法解决他和新降生的妹妹爱理的乳汁而大发其愁。

丕根本不会知道，就在他出生不久，自己身边竟然发生了一次戏剧⋯⋯那就是从中国来到苏联已经十余年的父亲，忽然收到国民党驻苏联大使馆的一封公函。要蒋经国马上从西伯利亚前往莫斯科。自然，当时只有一周岁的孩子更不会知道其父蒋经国之所以引起国民党驻俄大使的注意，原来与1936年12月发生在中国西安的一次兵谏有关。更深一层的原因也只有爱伦的父亲自己清楚，那是1935年1月23日，他在苏联《真理报》上发表的一封信引起了国内的关注。这是爱伦的父亲蒋经国首次在俄罗斯政治舞台上公开亮相，公开向远在中国执政的父亲蒋介石宣布坚决对峙的政治立场。蒋经国的信是写给奉化溪口的母亲毛福梅的：

> 亲爱的母亲：您把我送到莫斯科已经有十年了，我们分离的时候，您说出了您的愿望。您希望我幸福、富有，今天我已经达到了。但是我达到的方式跟您当时说的大不相同，您的儿子已经成了真正富有的人。但这富有既不是田产，也不是银行的钞票，而是人类实际生活的知识和解放被压迫、被剥削的人们办法。⋯⋯

爱伦那时尚在襁褓之中，他不会知道就在父亲写给祖母的这封长信中，公开大骂了他的祖父蒋介石：

> 听许多人说，蒋介石在宣传孔子孝悌和礼义廉耻的学说，这是他迷惑人的惯用手法，以此欺骗和愚弄人民的意识。母亲，您还记得吗？是谁殴打您？抓住您的头发，将您从二楼拖到楼下？那不是他——蒋介石吗？您向谁下跪，请求不要把您赶出家门？那不是他——蒋介石吗？是谁打我的祖母使祖母因此致死？那不是他——蒋介石吗？这就是他对父母和妻子的孝悌和礼义！⋯⋯

呀呀学语、不谙世事的爱伦，那时还不知道他父亲在生下他之前，已经写过这样一封震动俄罗斯，同时也震动他自己祖国的长信。他当然更不能理解父亲为什么要在荒凉的西伯利亚写了这样一封背叛家族的信件，况且又公开刊登在一张俄文报纸上，让那些大鼻子黄头发的俄国人当成新闻来读。爱伦绝不会想到就在蒋经国的这封信被翻译成中文送到中国南京的时候，气得他祖父当场大发雷霆。因为这样的信件在中国、在一个国民党政治要人的家庭里，简直就是一件大逆不道的事情。这对于面对西伯利亚狂风充满着深深迷惘的小爱伦来说，当然是不可思议之事。爱伦怎么会想到生养他的父亲，在苏联竟有过这迷一般的曲折经历。

爱伦后来渐渐长大了，终于回到祖国。他了解这段历史，是在台湾国民党"党史馆"尘封多年的档案室里。爱伦第一次看到那封信的中译本，已是三十岁的成年人了。原来，父亲蒋经国竟然有着让这中俄混血儿大感惊愕的经历。爱伦发现，蒋经国在这封公开信的最后谈到了他在苏联的经历：

> 一九三〇年以前我上过种种学校，一九三〇年以后我在工厂工作。成了工人，后来成了技师，现在是厂长。在这个分厂有四千工人，我有自己的房子，每个月有七百卢布的薪水。当然，对我来说重要的不是生活，而是精神方面的快乐。我对您说这点是因为在中国有一部分人说我被布尔什维克虐待。苏维埃政府把我放逐；所以这些谣言都会使我笑破肚皮。……母亲，最近就会和您相见是值得高兴的，假如您能出国，不管到哪一个国家，我都准备和您见面！

这样言词激烈的信，本可让爱伦的父亲与统治中国国民党的祖父发生彻底的决裂，甚至可能因为政治观点的极端对立导致父子的分道扬镳。然而他那时毕竟是个不谙世事的孩子，他做梦也没有想到就在这封绝情信传到中国不久，爱伦的父亲蒋经国竟然与失和多年的祖父蒋介石，会发生一次戏剧性的悲欢离合。爱伦当然不会知道，在蒋介石和蒋经国中间暗中牵线的人，居然是一位共产党人——当年以哲人的智慧使西安一场剑拔弩张的兵谏得以和平解决的周恩来。当1936年冬天的寒风再次吹遍苏联的西伯利亚荒原的时候，国民党驻苏大使之所以邀请一个乌拉尔工厂副厂长前去莫斯科做客，其原因就是周恩来通过共产国际领导人的从中斡旋，最后才让蒋经国一家顺利得到了回国的机会。这样，在俄国出生的爱伦才得以回到蒋家的故里溪口。……

爱伦如今已成大人了。他身材高大而魁梧，用相貌堂堂来形容他是不过分的。如果他在美国当真能像祖父蒋介石所希望的那样，事事谨慎，努力攻读学业，那么他蒋经国完全有理由相信，不久的将来爱伦回到台湾肯定能出人头地，甚至还可以在祖荫之下飞黄腾达。然而让蒋经国颇为失望的是，他从苏联西伯利亚带回中国的长子蒋孝文，到美国求学以后并非如蒋介石所希冀的那样，在困境中奋发图强地做出一番事业，而是依然如同在台湾时期一样我行我素，独往独来地胡作非为。而这一切的后果则是让蒋经国对这个爱子更加恼恨和失望了。想到这里，他面对从窗外射进的月光，不禁发出一声长叹："唉，本来爱伦是可以作为我们蒋家第三代继承人的，然而没有想到，他竟然如此不成器啊！看起来，过分的珍视其实就是溺爱啊！……"

蒋孝文从荣民总医院父亲的病房回到阳明山以后，当夜病情就转重了。

他忽然发起了高烧。徐乃锦和女儿蒋友梅两人轮流在蒋孝文的床榻前守候。荣总医院见蒋孝文突然发了高烧，不得不再派来两名医生，来阳明山参加紧急治疗。在昏睡之中，蒋孝文仿佛来到一个冥冥世界。白天他看见了再次病发的蒋经国，父子俩虽在病室内相对而坐，彼此却默默无语。他深知这次蒋经国的疾病较为沉重，双腿已经浮肿，而父亲的进食却依旧不听医生的叮嘱，继续喜食肉类。蒋孝文当时的心情过于沉痛，甚至想到父亲如果继续劳累，很可能不久于人世，因而他的眼泪几乎快要掉下来了。从前，由于蒋经国对他的严厉苛责多于温存诱导，所以始终患病中的蒋孝文一直对父亲保持着多年形成的敬而远之态度。对蒋孝文来说，即便在他患病卧床后的十几年里，一贯严厉有余的蒋经国只是在他的晚年，才对蒋孝文渐渐露出了慈父的颜容。然而少年和青年时期蒋经国留给他心灵深处的严厉印象毕竟太刻骨铭心了，即便现在想起来也让他浑身发抖。

"爱伦，你真是太不成样子了，我的左轮手枪怎么也能成了你的玩具呢？"蒋孝文从荣民总医院回到家中后，因头脑中思绪的纷纭错乱，从记忆深井里突然冒出那一段早该忘却的记忆。他记得那是 20 世纪 50 年代，他和父亲、母亲住在台北长安东路那所旧宅的时候。有一天，蒋经国下班回来，猛一推开房门，就看见正在上中学读书的蒋孝文，坐在一张大沙发里，双手举起一支闪亮的左轮手枪。儿子将一只乌黑的枪口正逼向蒋经国的头部，而且双手已经摸到了可怕的枪机。蒋经国见状大吃一惊，慌忙闪开身子。他快步地躲过儿子枪口所瞄准的方向后，就气咻咻地从后边迂回过来，猛然地扑上前去，劈手夺下了蒋孝文手中的左轮手枪。然后，蒋经国震怒地打了儿子一记耳光，怒骂他道："混账！手枪也是你玩的东西？如果不是我跑得快，方才你如果真开了一枪的话，老子这条性命恐怕是要交待在你的手里了！"

蒋孝文立刻扑倒在地上，任性地大哭。他叫道："还我的手枪，还我的手枪！你凭什么把爷爷的手枪给夺了去？"蒋方良闻听儿子的哭叫之声，不知发生了何事，也急慌慌地跑了进来。当这位俄国妇女看懂了眼前所发生的一切时，不料她居然站在维护儿子的立场上，替蒋孝文向丈夫求情说："经国，这支手枪确是他爷爷给的。前几天我带孝文去士林官邸看两位老人的时候，孝文他无意中从爷爷的床上发现了这支手枪，当时就玩得十分开心。所以，爷爷索性就将这支枪给了孝文，并不是他偷了你的枪来玩。"

蒋经国不肯相信："爷爷又怎么能随便把手枪交给他玩呢？这可没道理了。"蒋方良却说："我说的句句实话，当时爷爷不但把手枪给了孝文，而且还对孝文说："你敢玩手枪，就是个男子汉！好，好样的，这支手枪从此就为你所有了。孝文，将来我希望你拿这支手枪闯出个前程来！'经国，你还是把枪还给孝文吧，又何必让孩子不高兴呢？既然爷爷准许他可以玩枪，你就不必多管的为好！"

"唉，枪怎么可以给孩子当玩具呢？"本来，蒋经国当时是想将那支左轮手枪缴下来，再狠狠训斥蒋孝文一顿。然而当他从妻子口中得知此枪原来是蒋介石所赠之后，也就只好顺水推舟，不得不将那支手枪又还给了在地上撒泼大哭的蒋孝文。他哪里会知道，只因为自己的一念之差，这支左轮手枪在儿子的手中又闯下了一场大祸！

两日后的一个炎热中午，在官邸里当侍卫的李之楚，无意中走进了那间客厅。刚好，他所见到的情景与两天前这所院宅的主人蒋经国见到的一模一样：蒋孝文坐在一张大沙发里，双手高高举着一支左轮手枪。而且那乌黑怕人的枪口，就瞄向了侍卫李之楚的胸口。蒋孝文猛一见李之楚走进来，大吼一声："不准动，举起手来！"李之楚大吃一惊，还未等他叫喊出来，蒋孝文已在沙发上扣动了枪机，"砰"的一声枪响，李之楚便"哎哟"一声，倒在血泊中了……

李之楚很快被送进附近一家医院进行急救。幸好，蒋孝文的枪弹击中了他的左肺，只打穿了肺叶，未伤及性命。医生把子弹取出来后，经过两个月的治疗，李之楚渐渐地好转了。然而正因为蒋孝文这一枪，给这位可怜的侍卫留下了终身的气喘痼疾。

此事发生后，蒋经国狠狠地将蒋孝文训了一顿。不久，就将他送进凤山军官学校去了。因为发生了枪击卫士李之楚事件，虽然台北朝野一时闹得沸沸扬扬，但因有蒋介石对长孙蒋孝文的宠爱，其他人也奈何他不得。蒋经国后来颇感沉痛的，倒不仅是因儿子击伤了自己的身边卫士，而是蒋孝文即便在凤山军校，也没有成为一个让祖父母期许的可造之才！

"唉，你是一个扶不起来的阿斗，又让我如何来安排你的今后呢？"蒋孝文记忆深刻的是，他在凤山军校因为出车祸被除名归来后，蒋经国为他的前程终日长吁短叹的情景。蒋孝文的乖张野性，也正是在凤山军校被辞退的日子里，方才略略有所收敛……

05. 在异国幸遇青梅竹马的女友

"孝文，孝文！你看谁来了？"蒋孝文重新沉入昏睡状态后，他的思绪一直纷纭杂乱。脑中的意识流使他在早已逝去的纷纭往事中穿行，这精神近乎麻木的状态，使他又像几年前那样，俨然变成了一个植物人。所以，有时尽管蒋孝文已经清晰听到妻子徐乃锦在床前呼唤他，蒋孝文也无法使自己清醒如初。

"大哥，是我呀！明天……我就要返回美国去了！"蒋孝文只觉得床前晃动着几个女人的身影，除他妻子徐乃锦和女儿蒋友梅外，还有另一位相当时髦的中年女子，此时就俯身在他床前，小心地将一束香气四溢的康乃馨鲜花，放在他的床边。可是，重病中的蒋孝文却无法认出向他送花的女子是何许人。这是一位穿连衣筒裙的文静女子。她不足50岁，但白皙恬静的颜容要比她实际年龄还要年轻许多。这位也像蒋孝文一样，出生在冰天雪地的苏俄西伯利亚的同胞妹妹，名

蒋孝章、宋美龄、蒋方良合影

叫蒋孝章。她的眉眼和母亲蒋方良酷肖，一双蓝幽幽的眼睛深深凹在美丽的眼窝里。两条淡淡的弯眉使孝章平添了几分苏俄女子的娇艳魅力。只是她并不完全像外国人，她的鼻子和口唇，又很像她父亲蒋经国。所以，当蒋孝章在台湾长大成人，并于1957年追随已经先一步前去美国读书的兄长孝文，前往异域求学以后，学识人品双绝双馨的蒋孝章，很快就成蒋经国的掌上明珠。到了后来，蒋经国在台湾继乃父蒋介石执掌军政大权，已经很不容易倾听别人的意见时，只有这位长期定居美国的女儿孝章，可以向父亲进言并往往得到这位台湾政治强人的采纳。

如今已是2月中旬。台北的天气逐渐炎热起来，四季无冬的台湾开始进入令人愁烦的缠绵雨季。就在这时候，专程从美国加州前来台北探望父亲的蒋孝章，即将告别令她留恋的台湾，飞往美国旧金山。因为那里还有她的一个家，还有自己在"中华航空公司"及"中华造船公司"当顾问的丈夫俞扬和，还有她正在求学的儿子俞祖声，急等着蒋孝章回去照顾。此次，蒋孝章是因为父亲的突然发病从美国飞回台湾的。本来，已为人妇的蒋孝章是不轻易返回台湾的。她虽然已经知道父亲蒋经国患病的消息近年已在美国悄悄地传开了。但真正让她忽然返回台北探望老父的主要原因，却是加州一张华文报纸上最近发表的一篇文章，标题是：《蒋经国的病情与交班计划的实施》。蒋孝章发现这篇文章已经向外界透露其父蒋经国将不久于人世的信息，更为引起她不安的是，父亲去世后的蒋氏家族将会出现无人接班的"真空"。这篇海外文章写道："蒋经国的病情虽然极力对外保密，

可是他身边有一支数十人组成的医疗小组的事实已成公开的秘密。因为这其中的御医们大多都是十多年前为蒋介石治病的老御医，如心脏内科专家姜必宁就是这个小组的召集人。当年姜必宁刚从美国留学回台不久，老'总统'蒋介石就发现了心脏病，从而让这位在美留学时成绩优异的高材生得以进入士林官邸，直接为蒋介石服务。现在当蒋经国患病时，姜必宁仍然首当其冲，成为这个医疗小组的临时主持者。此外，台湾一些地方和军队医院里的医务精英，如荣民总医院肠胃科专家罗光瑞、荣总医院内科主任姜洪霆、程寿山、外科主任彭芳谷、泌尿外科专家郑不非、眼科专家林和鸣、刘荣宏等，都一时云集在七海官邸，为蒋经国的不断发病昼夜施治。现在的问题是，蒋经国随时都有病危的危险，这是因为糖尿病晚期患者所面临的最后崩溃，很可能威胁到蒋氏家族的生死存亡。而蒋经国的继任者直到这时仍然没有浮出水面，才是让国民党中央为之焦虑的大事。……"

　　蒋孝章作为被父亲一生钟爱的女儿，她在美国读到这样不祥的消息，其切身感觉自然要比其他人深刻得多。蒋孝章是 1960 年在美国与俞大维将军的儿子俞扬和举行婚礼的，那时虽然意味着她今后返回台北的机会将会越来越少，但是，她这一次坚持要返回台北，主要原因当然不仅仅为着探望生病的父亲，主要的是她关心着台湾的蒋氏家族，万一在蒋经国百年以后，会不会像外界担心的那样，成为"后继乏人"的危局。如果当真那样，祖父在世时打下的半壁江山，岂不要落于他人之手？蒋孝章一个女性，她本人当然对台湾的政权毫无所求，但她对几个弟弟眼看着大权旁落却无法染指的窘局，时时都在为之忧虑。正如她所见到的那篇文章中所言：

　　　　自从民国六十一年六月，现"总统"蒋经国先生组阁开始，台湾进
　　入了国际间所称的"蒋经国时代"。在政治格局上确有了迥然不同的新
　　貌，蒋经国先生由于辗转经历了党、政、军、经、社等各个大权力系统
　　的重要职位，平素又勤于与社会各阶层的密切接触，深切体会到台湾社
　　会转型的趋势。至于在接班一事上他所采取的隐秘策略，只有国民党高
　　层少数人才有所察觉，蒋的本意，当然一如先总统蒋介石在世时一样，
　　政治权柄的交接，当然是传内而不传外。他的三个儿子蒋孝文、蒋孝武
　　和蒋孝勇，据说都是最初钟意的人选。其中蒋孝文是他在苏俄时代养育
　　的爱子，据悉，想把蒋孝文当成蒋家接班人加以重用和培养，乃是蒋介
　　石在世时与其子经国所达成的共识。正所谓传子当传长子长孙的古训，
　　蒋孝文有着留学美国的资本，又是当年在俄国出生的。因此他从美国学

成归来以后，一度被蒋介石安排到孙运璇先生的麾下供职，其深切的谋虑，不言而喻。因为在台湾所有人都敬佩出身东北大学的孙运璇先生。其卓越的工科学识和多年建设台湾经济的才能，深得两蒋的青睐。而蒋经国也同意把他视若接班人的长子孝文送到孙运璇手下，其让权继位的意思早已是司马昭之心，路人皆知了。只可惜蒋孝文性情孤傲，百事不成，闹到后来，竟然成了一个让蒋经国心中发烦的"废物"，也许正因为如此，蒋经国的交班计划才突然变得举棋不定起来。想当初蒋介石和蒋经国父子把蒋孝文送到美国求学，梦想有一天让他在台湾政界飞黄腾达，可哪里知道这个扶不起来的天子，居然把美国仍旧当成了可以肆意横行的台湾，结果他在这里除了谈成一桩婚事外，几乎没有做任何光彩之事。也许，这才是让蒋经国病苦不已的吧？……

在台北逗留期间，蒋孝章前往阳明山看望了她多年不见的兄长孝文。这才发现美国华文报纸上对他的评价确也贴切。看来，蒋孝文将来承袭父辈的权柄事业，已经毫无任何希望了。他的病情也注定了他今生的最后归宿，绝非有人用手中之权可以改变的。蒋孝章从台北离开的时候，蓦然感到有一种难舍难离的怅惘。因为素来以相夫教子为重的蒋孝章非常清楚，父亲如果有一天不在世上了，尽管在台北七海官邸里还有她感情颇深的俄裔老母蒋方良，可她自己还会像从前那样频繁在旧金山与台北之间飞来飞去吗？正是带着这种难言的悲哀，蒋孝章才拨冗从七海官邸驱车上草山，亲自探望病中的胞兄孝文。蒋孝章飞回美国后，心中难以放得下的，除了病重的蒋经国和她苦命的母亲蒋方良外，就是患病多年的蒋孝文了。

凝望着瘦骨嶙峋、脸色蜡黄的蒋孝文，蒋孝章的心里泛起一股难言的酸楚。少女时代的蒋孝章，一度钦佩这位年长自己一岁的兄长。她钦佩的是蒋孝文的勇敢，虽然这个十分贪玩且又功课不佳的兄长，时时会遭到父亲的训斥，可蒋孝章却认为孝文的好动好玩，这本身就是一种向上的性格。

蒋经国与女儿蒋孝章在一起时总是最轻松的。

"孝章，你去美国以后，千万要替我多多关照你哥哥！他是一个很不成器的人。"1957年春天，当正值青春妙龄的蒋孝章，即将搭乘飞机前往那个陌生国度求学深造时，蒋经国在临行时格外

关照这位处事得体的女儿，他说："你哥哥虽
然比你早一年去美国求学，可我却始终放心不
下。他不像你让我处处放心，唉，他这个人从
小就不安分，谁知道他去了美国以后，变得如
何呢？"蒋孝章非常理解蒋经国的心。自从发
生哥哥枪击卫士李之楚的事件，在凤山军校因
车祸休学以后，蒋孝文的前程一时便成为祖父
蒋介石、祖母宋美龄、父亲及母亲忧虑难缠的
事情。很显然，让劣迹斑斑的蒋孝文继续留在

蒋经国钟爱一生的女儿蒋孝章

台湾求学，肯定是不现实的事情。因为蒋孝文如若继续留下，不仅对他本人求学
不利，而且对于已经升任要职的蒋经国也有诸多的不便。

"唉，还是让孝文离开台湾吧！在台湾对他最大的不利，就是他行事上老有
一种特殊的优越感。这不能责怪于他，是咱们蒋氏家族在台湾历史形成的渊源造
成的！"蒋孝章记得，一年前蒋经国与祖父母在士林官邸，计议如何安排蒋孝文
日后前程的时候，祖母宋美龄也认为蒋孝文求学不成，无法马上跻身官场政界，
因而她极力主张马上把孙子送到美国镀金。蒋介石对此自然支持，他认为这对从
小玩世不恭的蒋孝文，是一次难得的机会。

"母亲说得有理！"蒋经国早就知道这是蒋介石的主意，现在没想到宋美龄
也主张此事，因而他十分顺从地表示赞同。说："那就让爱伦去美国吧，我已经
为他在加利福尼亚州联系了一家学校。叫做柏克莱商业学校，将来毕业就让他从
商吧。不知母亲以为如何？"

"事到如今，也只好如此了。不过将来是否当真让他经商，还要看他学成归
来以后的结果如何。在咱们蒋家，经商并不是最好的选择。"宋美龄沉思良久，
才对蒋经国说："你父亲他说得有理，凡是豪门富户家庭，古来便很少能成就人
才。咱们蒋家由于根基显赫，对后来的子子孙孙，既有好处亦有坏处。好处是有
势可倚，坏处是在甜水里泡大的孩子，从小就吃不得苦！"

蒋经国连连点头称是："老早我就告诫过爱伦，千万不能成为'八旗子弟'。
可惜呀，他听不进我的话。因此他从小学到中学，全是一事无成。现在凤山军校
也因为他身份特殊，又屡次违犯校规，才不得不离开。也真该让他到外国体察一
下普通人求学的艰辛了！"

蒋介石说："你能下这个决心就好。经国，孝文他能有今天，全是因为咱蒋

家的特殊地位，这才害了他呀！既然如此，就让孝文尽快去美国吧，到了那里，谁认识他蒋孝文呢？让他也体会体会做普通人的滋味，真正让他知道求学的艰难，也许对他的将来有好处的！"

蒋经国从士林官邸回来以后，把蒋介石、宋美龄夫妇的决定，原原本本地告诉蒋孝文。不久，蒋孝文便被送到大洋彼岸的美国加州，进了柏克莱商业学校求学了。如今，蒋孝章作为蒋家第二个去美国求学的孩子，在她临行之前，蒋经国又不忘再次关照她。蒋经国忧心忡忡地对女儿说："你哥哥爱伦去了美国，我一直很不放心。虽然他到异国他乡，没依没靠，不会倚仗什么政治势力生活，但是，爱伦这个人的性格是一时难以改变的。他从小便是无法无天，做事情也不想一想后果。所以，我现在还在担心他……"

蒋孝章劝慰说："阿爸，您就放心吧！大哥他毕竟已是个大人了，他小时候的那些胡作非为，在渐渐成为大人以后，自己是会认真反省的。特别是去了美国，别人也不认识他，他会在一种受到限制的环境里严格约束自己的。"

蒋经国叹道："但愿如此吧！不过，爱伦那边如果发生了什么不轨的事情，你可要及时地告诉我才是！"不久，姿容俏丽的蒋孝章飞过大洋，出现在美国东部的大都市纽约城中。初临陌生国度的蒋孝章，意外地发现前来机场迎接她的，居然会是两个人。一个自然是她的哥哥蒋孝文，另一个则是身材颀长，打扮得十分洋派的时髦少女，就是后来成为她大嫂的徐乃锦。蒋孝章对徐乃锦并不陌生，早在台北时她就时常与她谋面，因为那时她们蒋家与徐乃锦一家均住在长安东路。徐乃锦与蒋孝文是中学同学，两人时常在一起游泳和做其他一些休闲活动。在蒋孝章的印象里，徐乃锦是一位非常娴静单纯的大家闺秀，她朴素而纯静。可几年不见，想不到徐乃锦竟出落成既美丽俊逸，又有异国风韵的少女了！

"大妹，你没想到乃锦也会来接你吧？她现在也在美国攻读大学！"在纽约曼哈顿中区一家台湾餐馆里，蒋孝文摆了一桌台湾菜肴为远路而来的妹妹接风洗尘。酒过三巡后，他将话题引到身边的女友徐乃锦身上，"咱们从长

娴静俊逸、对蒋孝文不离不弃的徐乃锦

安东路搬到七海官邸以后，就一直很少见到乃锦了。这也真是一种缘分，没想到我到美国求学，不久就在加州意外见到她了！谁能想到乃锦也会追我到美国来呢？"

"孝文，请不要用追你这种字眼！"许久只是默然不语、在蒋孝章面前有些不自然的徐乃锦，这时面露涩色地微嗔道："本来，我是不想到美国来的。孝章也许知道，我当年是在台中静宜文理学院高中部读英文专业的，后来才知道这个学校的高中部上面不承认。没有办法，我的父母双亲就决定送我到国外来。那时，由于我的母亲是德国人，所以我先是去了慕尼黑求学。根本就没想到会在几年后，在加州与孝文你见面。"

蒋孝章默默呷着香槟酒。蒋孝文和徐乃锦之间眉目传情的对话，才使她蓦然想起坐在面前的徐乃锦，原是一位中德混血儿。也知道她是名门之后，其父徐学文是晚清时代江浙有名的革命志士徐锡麟之子。由于徐学文早年留学德国，因此才有了娶一位漂亮德国少女为妻的机会。也正是在曼哈顿台湾餐馆的接风宴上，蒋孝章才恍然意识到，她的家兄在美国留学期间，生活过得很愉快。并不像父亲临行时担忧的那样；蒋孝文在美国加州的柏克莱商校非但没有发生什么越轨违纪之事，而且正与一位少年时两小无猜的女友，进行着痴情的热恋。见到这种情况，蒋孝章如释重负般地嘘出一口气。因为她来到美国前准备向大哥蒋孝文说的话，如今看来已经很不必要了。

"徐小姐，你现在在加州的哪一所学校学习？"蒋孝章很有分寸地向哥哥的女友询问。

"我在加州大学（UC）读心理学系。"徐乃锦谦和地嫣然一笑。"大妹，是这样，我在德国本来是可以读大学的，可是我在慕尼黑读完高中、要去柏林上大学的时候，忽然发现那里没有我所喜欢的心理学专业。况且，德语将来也不是世界上的通用语言，我在台中静宜中学时就喜欢学英语。于是，我在德国学习了7年以后，又决定来到美国。真没有想到天下居然这么小，到了加州大学以后不久，就在一家咖啡店里很意外地见到了你的哥哥。"

蒋孝文哑然失笑："也真是有缘千里来相会！我初来美国那一阵子，生活简直是苦闷极了！在这里没有任何人晓得我蒋孝文是谁，在学校里一点特权也搞不来。课程又紧，也没有车可以玩，我苦闷极了。后来，我每天就到酒吧和咖啡厅里去消愁解闷，没想到那一天我正在那家咖啡馆里喝咖啡的时候，会看见一位很美丽的中国姑娘走进来！oh！my god！真是像在梦里，原来进来的姑娘竟会是

十年前我在长安东路时的小伙伴徐乃锦! ……"

徐乃锦的丰腴面颊顿时羞红了，她在蒋孝章的面前有些手足无措，窘迫不安地嗔道："瞧把你高兴的，我徐乃锦莫非当真让你那么振奋? 也许是在寂寞求学生涯中的他乡遇故人罢了! "蒋孝文郑重地纠正说："你可不能那么说。莫非你把我当成一个无聊的人吗! 我蒋孝文可绝不是可以随便找个女友便能够交心的人! "蒋孝章将两人脉脉含情的对话听在耳里，也将两人深笃的情谊记在心中。她是从内心深处为兄长祝福，因为她没有想到有才有貌、聪明贤慧的徐乃锦，会在美国加州与放荡不羁的家兄重续旧好。蒋孝章于是亲自为徐乃锦斟上一杯醇酒，以祝福的口气说道："徐小姐，我为哥哥在美国能幸遇到你而感到高兴! 因为我们家谁都知道，大哥早年在台北的时候，十分贪玩。谁也休想劝住他，只有你一来，只需要一句话，就可能使他变得循规蹈矩、老老实实的。所以，有你在他的身边，我的父母在台北也可以放心大哥了! "

徐乃锦的心被深深打动了。从前，她与蒋孝文在加州邂逅并潜移默化地发展两人的恋情，一直是心中惴惴的。内中的原因是蒋家毕竟是台湾显赫的第一家庭，作为普通百姓人家的女子，即使当真与她所痴情的蒋孝文产生并滋生友情，将来有一天水到渠成时，到底会不会受到蒋介石、蒋经国等长辈的首肯或接纳，还一直是徐乃锦揣摸不定的。如今她想不到备受蒋经国看重的蒋孝章，出口就对她大加赞赏，就更加使徐乃锦对发展与蒋孝文的爱情充满了信心。

不久，在美国顺利入学的蒋孝章，给在台湾的父母发出了第一封信件。

在女儿的这封家书中，用很大篇幅谈到蒋孝文在美国的求学生活。特别以赞许的口气描述了蒋孝文和徐乃锦之间纯真的恋情。她直言不讳地向蒋经国、蒋方良报告说："徐小姐是一位很难得的女性。她不但有良好的人品，而且学业刻苦，肯于钻研。而她与哥哥在一起，更是一种良好的天作之合，因为哥哥如同一匹脱缰的野马，只有徐小姐才可以驾驭他! ……阿爸，希望你们放心，哥哥在美国的生活很好，用不着你们担心。因为有徐小姐在他的身边，料定哥哥是不会出什么大错的! ……"

蒋经国收到女儿寄自美国的来信后，深为一直放心不下的长子孝文在美变化感到欣慰。尤其对有徐乃锦这样的好姑娘与儿子朝夕相处，备感放心。当日，蒋经国便亲自给蒋孝文写了一封信："爱伦吾儿：顷接孝章来函，始知你在美学习情况，心中十分快慰。其信中提及女友乃锦一节，家中并无任何异议。既是纯情真诚的友谊，吾儿便当格外珍惜之，发展之。无论学业及友情，对于汝均乃十分紧要，凡事宜多思，要冷静，在美国不比在国内，万事当需谨慎。……至于与乃锦婚事，不妨可一边攻读学业，一边组成家庭。只要不妨碍学业，婚事家里当不反对。……"蒋孝文在加州接到父亲的来信，高兴得忘乎所以。当初他与徐乃锦在美国意外邂逅，并逐渐感情日深时，也曾担忧将来这桩婚事能否得到父母的首肯。如今由于妹妹蒋孝章来美国以后，从中的沟通，没想到这么顺利就获得了父母的赞同。

"妹妹真好！"当在加州大学攻读硕士学位的徐乃锦，从蒋孝文手中拿到蒋经国自台北寄来的亲笔书信时，匆匆阅罢，也是大喜过望。坦率而深沉的徐乃锦，自从来美国与蒋孝文重逢，并情不自禁地爱上了他以后，心中所担心的就是蒋经国这一关。如今她见到小妹孝章从中玉成美意，得到了蒋经国的首肯并支持后，一颗悬了许久的心这才放下来了。当时，心情激动的徐乃锦忍不住喜泪婆娑起来。

然而，好事多磨。不久，一件意想不到的事情发生了。一封发自台北的电报送到了徐乃锦的书桌上，电文是："家有要事，速归。"署名是她既慈祥又严肃的父亲徐学文！

"家里会有什么要紧的事呢？"徐乃锦收到电报后，一时感到困惑与茫然。因为她自从十几岁去德国留学迄今，只有每年的假期才能飞回台北的家里，探视父母。一般情况下，家里是从来不打扰她的学业的，打电报来催她返回的事更是绝无仅有。莫非父母哪一位生了病？不会的，父母的身体甚好，而且如有疾病也会在电文里明示的。除此而外，家里还能有什么事情与她商议呢？

当一架夜航的大型波音客机飞过滔滔大洋，在黎明时飞临台北时，徐乃锦忽然记起不久前，她曾经在一封家信中谨慎地提到自己与蒋孝文的爱情。父母会不会是因为这件事才决定要她尽快返回台北的呢？

"乃锦，此事关系重大，你还年轻，根本不知道婚姻大事，将是关系到你一生幸福啊！"果然不出徐乃锦所料，她风尘仆仆地刚回到家里，在台北"樟脑局"任局长的父亲徐学文，便开门见山地反对与蒋家结亲，他一本正经地说道："自从听说你在美国与蒋孝文产生了爱情，我和你的母亲就每日忧虑。担心你因为年轻一步走错，将来后悔便来不及了！"母亲徐曼丽是一位地道的德国妇女，她端庄清丽，心地善良。多年在中国的上海和台湾生活，她已经会说一口很纯熟的中国汉语了。徐曼丽说："中国人的婚姻，是讲门当户对。乃锦，人家蒋家是什么样的人家，莫非你不知道吗？"

徐乃锦正处在与蒋孝文的深深热恋之中，坠入情网的少女又如何能听得进父母双亲的逆耳之言呢。她立刻反对说："我当然知道蒋家是什么样的家庭，可是我所以想与孝文发展这种关系，绝不是考虑他的家庭有没有权势。也不是考虑将来利用他们家庭的势利来达到什么目的，我只是为了孝文这个人！"

"胡说！"徐学文震怒地打断了女儿的侃侃陈述，固执己见地说："你看重了蒋孝文什么？他们蒋家在长安东路住邻居的时候，我们就对这个孝文的人品有了耳闻！正是因为是那个特殊政治家庭里培养出来的后代，才是我们坚决反对与他订婚的原因！因为蒋孝文是个地道的纨绔子弟！"

"爸爸，不许您这样说他！不错，从前的蒋孝文确实是个贪玩又淘气的孩子，可那时他还很小，不懂事。在那样的家庭里他不好好学功课，弄枪伤人，好玩汽车，都是可以谅解的。"徐乃锦平时在这个书香门第的家庭里，良好的家庭教育将她培养成一个温淑孝顺的性格。可在自己的婚姻大事上，性情温柔的少女却不能不采取坚决抗争的态度，她不屈不挠地为蒋孝文辩解说："可是到了美国以后的蒋孝文已经是个很有理智和才能的留学生了。更主要的是你们只了解他的外在东西，很少知道孝文也是个通情达理、性格纯真善良的人。不错，他在外边由于不够检点，形象一直很不好，但是，我相信有我帮助他，他身上许多公子哥儿的毛病，将来是可以改掉的。你们也不能因为他的从前恶名在身，就剥夺他应该得到的爱情！"

"孩子，你从前可是一个最听老人话的孩子，为何到美国去以后，就变得这般固执呢？"徐学文见徐乃锦根本听不进他的劝告，又怒又气地说道："你说蒋孝文将来可以改掉他身上的毛病和怪癖，也许是可能的。我坚决不主张你与他订婚的另一个原因，当然还在于双方的家庭，结亲并不合适。你的祖父当年是浙江有名的革命志士，他老人家是和秋瑾女士一起被砍头的。而蒋家应该是你祖父一生所反对的豪强势力。你又为什么要嫁给蒋家呢？"

徐乃锦说："我的祖父是光复会的会员，他和秋瑾所反对的是晚清封建势力，又与他们蒋家有什么关系呢？那个时候孝文的祖父也是一个反对清政府的人，因为那以后他还是孙中山先生的忠实信徒。再说，我所钟情的只是孝文，至于蒋家的老辈如何，又与我有什么关系呢？"这一次徐乃锦归家，无论如何也不肯听信父母的规劝。双方意见相左，各存己见，很快就不欢而散了。

徐学文仍然不肯罢休。他认为素有花花公子之名的蒋孝文，是永远也难以改变他那贪玩及纵情酒色的惯癖习性。为不让自己视若掌上明珠的女儿一时不慎，误入是非之家，徐乃锦走后，徐学文还多次写信劝阻女儿继续沿着这条危险之路走下去。徐学文一度甚至想让女儿以休学的方式，来隔阻蒋孝文对徐乃锦永无休止的苦苦追求。但徐学文的努力非但没能使徐乃锦紧急刹车，反而从另一侧面促成并加速了女儿与蒋孝文的结合。

徐学文一愤之下，毅然辞去台湾的那个"樟脑局长"，改办私营企业。虽然他十分恼恨女儿的痴情，恼恨不学无术的蒋氏大公子孝文对女儿痴心不改的纠缠，虽然他恼恨蒋家豪门，但是，他的女儿在美国仍然我行我素，甚至与她倾心的蒋孝文到了走火入魔的痴恋程度。就在徐学文为女儿婚事苦恼的时候，一天傍晚，住宅门外的小街上忽然驶来一辆美国高级豪华型小轿车。从车里走下来的，居然会是当时台北政界大权在握、炙手可热的"行政院长"蒋经国！

"亲家，听说您近来身染微恙，我特地前来贵府探望，估计您不会不欢迎吧？"蒋经国手里拎着一袋时鲜的水果兴冲冲地走进徐家，这使徐学文和徐曼丽都立刻大吃一惊，因为像蒋经国这样的极权人物，突然迈进家门的本身就大大出乎意料之外，一时间徐氏夫妇接也不是拒也不是。

"唉唉，像我这样的小人物，偶然患病也是常事，又怎么能劳您的大驾？"徐学文心中对蒋家及蒋经国、蒋孝文父子的敌意与戒备，都因为蒋经国礼贤下士的登门之举，顿时化为烟消。他的心里甚至感到非常不安，也许自己对蒋家固有的成见从一开始就是错误的。徐学文的自省自疚，便是后来由反对女儿的婚事，转变为赞同她嫁给蒋孝文的原因。但是，也正是由于徐学文受不得来自蒋家软硬兼有的压力，才使得如花似玉的女儿在不久之后，便亲自品尝到了爱情的苦果。

"大嫂，这些年真是苦了你！哥哥的任性和胡来害苦了你，有时我甚至暗自的忏悔，当初如果我不从中支持这件事，父亲也许不会那么积极地促成你和大哥的婚事。那样的话，你的生活也许会是另一种样子的！"蒋孝章在昏睡不醒的蒋孝文床边坐了一会儿。她面对着沉疴在体、瘦骨嶙峋的兄长，回想着一段从前的往事。然后，她就决计告辞了。当徐乃锦将她送到小楼门外的天井里时，蒋孝章忽然停住了脚，心怀不安地对她的嫂子说。

"大妹，你别这样说。"徐乃锦心中苦楚被蒋孝章一语触及了要害，她的心里酸酸的。她本来就是一个有品有貌，又有很大抱负的女子，当年在美国经过多年的刻苦奋斗，好不容易拿到硕士、博士两个学位时，她是很希望将来回台湾干出一番属于她自己事业的。可是，她做梦也不曾想到，她等盼得来的却是蒋孝文的花天酒地和无尽无休的长期患病。想到这里，徐乃锦的眼里汪着晶莹的泪，她

说："这又怎么能够怪你呢？当初你完全是一片好心善意，你又怎么能知道孝文后来会得下那么一个难治的怪症？再说，我也认命了，这些年来我始终陪伴着你的哥哥，已经习惯了这样的生活！"

"不，大嫂，你是在讲违心的话。"聪明睿智的徐乃锦所说的话，深深地打动了蒋孝章的心。她知道嫂子当年为什么下苦功在美国攻读博士学位，如果不是为了日后事业的发展，她是绝不会如此的。于是孝章凄然地叹道："你的心情我是知道的，因为女人的心是相通的。如果不是哥哥的病影响和拖累了你，我想即便是凭着你本人的能力，也会干出一番轰轰烈烈的事业来的！"

"大妹，别说了！"徐乃锦极力克制住眼泪，收住了话头。她见蒋孝章已经钻进小轿车里，急忙上前紧紧拥抱她一下，然后用力地将车门碰上，含泪地扬了扬手，目送着蒋孝章那辆乳白色的小轿车沿着大门外的水泥小道，沙沙地驶去了。一串串晶莹的眼泪扑簌簌地打湿了她的面颊。

蒋孝章离开台湾的当天，台湾《星报》上发表了一条新闻：《蒋孝章探视胞兄，对外缄口不提接班事》。文称："即将返回美国的蒋经国大女蒋孝章，昨亲往阳明山看望生病的胞兄，出来时在山口遇上等候的记者，当询问蒋孝文病情时，她以笑容面对采访她的记者说：'爱伦很快就会好起来的。'但当有人向她询问蒋孝文将来是否可以接班时，蒋孝章立刻脸色一变，三缄其口，不肯作答。直到她坐进汽车，记者们仍然包围不休。可蒋孝章却不肯谈及胞兄有无继任接班的事情。显然这是她视若敏感的话题，也昭示着其兄并非外界所传的那样，蒋孝文似乎与蒋经国先生的政治交班彻底无缘了。……"

B 章

蒋孝文在美"飚车"生祸

06.　"超速事件"祸起青萍之末

　　"美国可不是台湾。爱伦，我劝你千万要注意自己的言行！"自从爱子孝文去了美国以后，蒋经国一度从内心产生了希冀。他经常在深夜给美国加州打越洋电话，不断提醒蒋孝文要注意求学的纪律，还叮嘱他不可因一时之兴，违犯了美国的校内外法纪。蒋经国这样做，是因为蒋介石在前往台南视察时，又一次和蒋经国谈到了蒋孝文的未来。那时，蒋经国在蒋介石"传承接班"的计划中早已成为一个引人注目的政治人物。蒋介石到台以后，就为自己的接班人日夜谋划。自1949年底让蒋经国出任国民党"国防部"政战部主任以来，蒋介石就有意让儿子参与各种政治活动和军事行动。如1950年的大陈岛战役，蒋经国就是蒋介石刻意安排他上阵参与指挥的。不久蒋介石又让儿子到舟山列岛，指挥国民党军队的大撤退行动。正因为如此，蒋经国在当年才当上了国民党中央的政治委员；1953年蒋介石有意让儿子与正在朝鲜指挥战事的美国战将麦克阿瑟接触，其用意也在于锻炼蒋经国的应战能力，1958年蒋经国在乃父的授意下，又参加了金门炮战。尽管他不懂战争，不懂带兵，在这次战役中并没有发挥什么指挥才能，可毕竟让蒋经国借此镀了金，因而就得以就任一系列的要职。如国民党中央委员、国民党中常委和"行政院"国军退役主任委员等职，所有这一切，都体现蒋介石精心栽培子嗣的良苦用心。

　　"将来，我们要依靠谁来支撑国民党的天下？不是我，也不是你，而是此时在美国读书的爱伦啊！"蒋经国清楚地记得，那天他和父亲在台南，沙沙细雨之中，父子俩漫步在下榻的馆舍前。当时，翠竹碧水，景色宜人。蒋介石每当心情愉悦之时，总要和儿子谈起自己的孙子。蒋经国对于老父时时不忘蒋家后继有人的提醒，心领而神会。每当蒋介石谈及蒋孝文时，蒋经国内心都有一种沉重感。

他知道现在的老父，已经年逾古稀，再也不是当年在大陆与长征红军"围剿"作战时的蒋介石了。尽管蒋介石现在身体尚健，蒋经国深知只要有场大病，蒋介石必定无法逃过大劫。因此，只要有机会，他就不忘给美国的儿子孝文写信或打电话。随着蒋介石年事渐高，蒋经国也深知肩膀上的重任沉重，因而他无时不在考虑父亲多次叮嘱他的话："有你在，我可以二十年不愁。可是二十年以后呢，这要你替我考虑才是。"蒋经国意识到他身后的事情，早在蒋介石在世时就已经列入议事日程了。因此，他当时是把接班的继承者，首先放在到美国留学的蒋孝文身上了。可让他做梦也没有想到的是，就在1960年春天的时候，蒋介石和宋美龄都颇为看重的孙子蒋孝文，竟然在美国加州的奥克兰（OAKLAND）市附近的华伦大道（WARREN BLVD）上驾车，发生了一件在蒋孝文看来并不严重的事故。因为在他看来，这种超速行驶的事情在台北极为常见，而且在台北非但不算什么"事故"，充其量也不过是被交通警察劝止即可，可他哪里知道这是在交通法规极为严格的美国境内行车。所以，后来发生的事情几乎让蒋孝文无法应对。

当时他是利用星期天的夜晚，开着刚买到的一辆红色跑车，以每小时85公里的时速沿着这条城外公路飞快地疾驶。他是一个有胆量的飚车族，特别是在夜晚公路上车辆稀少的时候，蒋孝文载着他的女友徐乃锦，飞速地沿着这条加州城外的公路向东驶去。由于是大学的礼拜天，当晚他和徐乃锦去了洛杉矶的电影城，所以归校时晚了一些。加之从洛杉矶出城前他又喝了酒，因此夜10时上路时蒋孝文就加大了油门，飞也似地向前赶路。他虽然早就知道在加州这条公路行驶，最高的时速被限制在每小时65公里，而他趁着漆黑的夜色加快了车速。让蒋孝文没有想到的是，当他把汽车驶过奥克兰路段时，忽然发现车前有一个人影一闪，然后就挥手拦住了这辆飞也似疾驶的红色跑车。直到这时他仍然还没有减速，幸亏身边的徐乃锦看清前面拦车的是一个美国警察，慌忙地喝止了双眼发红的蒋孝文，他这才急忙刹了车。不料美国警察威斯特已经不客气地跳上来，喝喊一声就拉开了车门，把手中的警察证件往他们面前一举，就喝令蒋孝文下车。

这时候天色漆黑，正置午夜1时30分，公路上几乎没有任何车辆和行人。

蒋孝文见警察威斯特怒目横眉，心中有气，在台湾没有任何人敢于对他如此无礼，而今晚他竟在女友徐乃锦面前因警察而变得面子大丢。因而他一把推开了美国警察威斯特，重新做上车去，又发动了车子准备继续疯狂飞驰。幸好他身边有头脑清醒的徐乃锦，上前紧紧把他抱住，连呼："孝文，你不能继续发疯了。要知道，这里不是台湾。美国的法律是不会宽赦任何人的！"蒋孝文这才意思到出了事，父亲临行前多次叮嘱他说："到了美国，你必须要夹着尾巴做人，不然，任性就可能毁了你的人生！"

就这样，蒋孝文刹了车，酒也一下子吓醒了。

"警察先生，对不起，我们愿接受任何罚款！"徐乃锦唯恐因蒋孝文的一意孤行闹出事来，所以她马上在警察威斯特面前堆起笑脸，并尽可能化解因蒋孝文不慎而造成的僵局。威斯特警官原想狠狠惩治一下面前这倨傲无礼的中国青年，但见徐乃锦笑容可掬，索性不与蒋孝文计较。就信手撕了一张罚款单，塞进她手里，然后把手一挥，放行了事。

夜色渐深了，蒋孝文经此警察的愤怒拦截，当初他们从洛杉矶出城时飚车取乐的兴奋心绪，忽然不见了踪影。当时他虽然知道收到了警察的一纸罚款单，但他根本就没把此事放在心上。一路上只是愤愤不已地怒骂着警察的无礼，根本没把徐乃锦要他天明时必须把罚款上交的叮嘱放在心上。

这张看来普通的警察罚款单据，在美国却有着无与伦比的法律效力。它按照美国颁发的肇事条款，规定违章超速行驶者务必在收到此单的 15 日内上缴罚款或者前去当地法院进行法律规定范畴内的申述。不然，超速行驶者本人在限期届满后将要接受法院的拘提和拘禁处罚。而这一切，不仅蒋孝文根本没有注意到，即便像循规蹈矩的女学生徐乃锦，当时也没有引起注意。因此在整整 15 天里，蒋孝文不仅没有按法律规定前往相关部门缴纳罚款，而且也没有到法院进行申诉。

让蒋孝文意想不到的是，当 15 天期限刚满，就有一张盖有当地法院大印的传票，突如其来地被送达他所在的大学课堂。这张传票顿时在严肃的校园里激起了轩然大波。毕竟是美国的高等商科学府，哪里容得下一个恣意醉酒飚车的学生，理直气壮地坐在课堂呢？蒋孝文这才感到事情并不简单。当初他做梦也不曾想到，一次普通的开快车，也称得上"肇事"？而且像这种事如果也需要罚款，那么又如何继续驾驶那辆他刚购买到手的跑车呢？

07. 蒋经国把"罚款"视为"政治事件"

如今摆在他面前的形势是严峻的。法院的传票写得非常清楚，要他必须在 1960 年 2 月 5 日到加州的法院参加当庭应训。否则如他继续拒绝出庭，后果将更加严重。徐乃锦询问了法律系的讲师，对方称，蒋孝文如继续执迷不悟，依美国交通等法的规定，他甚至将要遭受拘禁入狱等严厉的处罚。到了那一天，他就

是再强硬，也怕无法保住脸面，甚至学籍也将因他藐视法律而丢失！蒋孝文因此而苦恼，徐乃锦更是束手无策。后来，还是她出面，把蒋孝文出此事故的始末，通过友人报告给国民党当时驻旧金山的领事馆。领事馆闻讯不敢怠慢，火速电告台北当局。蒋经国在台北闻讯，大发雷霆之后，也知此事后果之严重，于是他指示"外交部"马上行动。无论如何也要保住蒋孝文在美国加州商学院的学籍和名誉。至于罚款，完全可以加倍，只要美国法院取消对其子的当庭聆训即可，代价如何高昂也在所不惜。

旧金山国民党的"领事馆"领事名叫孙碧奇，此人在加州颇有人脉。他在接到台湾指令以后，不敢有丝毫马虎，马上找到当时在公路上对蒋孝文实施处罚的警察威斯特，请求他设法收回成命，不料威斯特听说被他处罚的飚车者竟是台湾国民党最高领导人蒋介石的孙子时，哈哈大笑起来，对孙碧奇说："在我们旧金山是没有人认识什么蒋介石的。别说蒋介石的孙子出事要罚，就是罗斯福和杜鲁门总统的孙子飚车，我也是照例罚款的。"孙碧奇知道他遇上了麻烦，而且蒋介石和蒋经国他都惹不起，当前他必须马上进行的是为即将开庭受审的蒋孝文求得网开一面的宽恕，不然，蒋介石和蒋经国的脸面何在？就在他百般烦恼的时候，有人忽然告诉他可以在此时求助于旧金山的市长雷雪尔。理由是雷雪尔就在不久前曾经前往台北进行一次访问，在雷市长访台期间，在"行政院"实际任职的蒋经国，曾经百忙中亲自会见了雷雪尔。相信在台北受到礼遇的雷雪尔，不可能不给蒋家一个脸面。于是孙碧奇紧急求见雷雪尔，雷雪尔听说受到处罚的人竟是曾经礼遇他的蒋经国儿子时，本来表示难以处理此事的他，忽然露出了和悦的笑容。对孙碧奇表示，我想想办法，设法和法院的主审法官通融一下。但是我不敢保证市长这块招牌能否说服法官。孙碧奇总算松了一口气，因为在中国这种事如果市长开口，法官就没有不通融的道理。可是，事情的结局却让孙碧奇大为意外。现在我们可以从孙碧奇领事在拜见雷雪尔市长后发给台北"外交部"的汇报公函中一窥此事处理的端倪。

孙碧奇1960年2月5日发自旧金山的函电中称：

蒋孝文于上月二十三日在奥克兰驰车过速，被交通警察截获。给予通知，嘱于今日出庭。职应孝文之请，事前先洽奥克兰市长设法协助，经其洽商主管法官费雪未获免究。今晨职偕该市府执行秘书面向法官解释，请其从宽发落。该法官执法甚严，坚持因孝文行驶过速，每小时达八十英里，照章应使监禁五日之处分。职再三恳求，告以孝文身份，并

持有外交护照，经美驻华大使馆给予外交签证，如被严厉处分，则报纸
刊登，影响至钜。可授亲共人士以恶意宣传资料。进而影响中美邦交，
及联合反共阵营等语。法官最后允诺缓庭一个星期，以待确定孝文是否
确有外交官身份，再行定夺。查孝文虽持外交护照及签证，但美国移民
局只承认其学生身份，而美国国务院外交名册上亦无此名，照章则无
外交豁免特权。除非我给予正式的外交官职衔，方可以要求豁免。经将
此事电话驻美大使馆许大使（绍昌）商酌，据复此事颇有困难，尚待研
究。又查当地各报已至当地法院获悉此事，明日必有腾载。除继续与大
使馆联络外，谨先电陈，并乞迅速易电示遵。……

台北七海官邸一派紧张气氛。1960年春季发生在美国的交通超速案，更
多的信息，台湾"外交部"不敢向他详报，蒋经国是从美国一些英文报上看到
的。其中《新闻周刊》上发表的一篇题为《谁丢面子？》的文章中，已经把指
责的矛头对准了他这个父亲。当初，蒋经国在得知儿子在美国再次违背他临行
前对自己的许诺时，并没有把这起所谓的超速事件当一回事儿，蒋孝文毕竟是
个年轻人，而且喜欢飚车也并非什么了不起的大事。可是让蒋经国万万没有想
到的是，美国奥克兰地方法院居然对酗酒开车的蒋孝文实施拘禁处罚，在他看
来，美国人未免有些太过分了。甚至当他委派领事前往说项时，法院居然连半
点面子也不肯给他。更让蒋经国痛心的是，蒋孝文是个有待提携和发展的后备
力量，没想到让他到美国读书，非但没有取得什么成绩，却因为这起超速事件
的挫折，给他的人生留下了终生难忘的教训。想到这里，蒋经国真有些欲悲且
恨的感觉。

蒋经国对此事有些束手，不料作为祖母的宋美龄不肯等闲视之。她一个电话
打到"外交部"，要求当时的"外交部长"黄少谷亲自过问此事的进展。宋美龄
说："无论如何，也要美国人网开一面。我就不相信，莫非他们现在连"二战"
时期盟友的关系也不考虑了吗？"

黄少谷自知宋美龄与美国多年的关系，也深知蒋孝文事件不仅事关"私情"，
同时更关系到国民党与美国的外交关系。因此他对蒋夫人的电令不敢轻视。黄少
谷历来是蒋家的亲信，他更清楚此事如果办理不善，很可能会威胁到他的前程。
于是黄少谷当夜就密电华盛顿国民党驻美大使馆，要求当时出任公使的朱抚松，
接电后火速返回台北述职。朱抚松不知发生了何种大事，但于翌日中午在华盛顿
机场匆忙登机。当黄少谷把蒋夫人指示让蒋孝文逃脱美国法院庭审之灾经过说给

朱听时，朱扶松连称："不好办，不好办！"接着，朱抚松便把此前对蒋孝文一案的处置情况，如实向黄进行了汇报。朱抚松说："本来我们都想在蒋孝文的身份上作点文章。可是，让他一个学生得到外交官的豁免权也并非易事。因为蒋孝文来美以后的情况，美国不仅移民局一清二楚，就是外交机构也有他的备案。即便我们想给他弄一个外交豁免权，美国国务院也肯定不会同意的。部长，不信请您看一看这份文件。"

黄少谷听了，心凉了一截。原来朱抚松递上的竟是一份美国移民局给华府外交机构的复函。内称："现查蒋孝文的身份是一名留学生。蒋孝文1958年始来我国，此人先居华盛顿，并没有入任何学校。翌年春始移居加州，就读于柏克莱州立大学。1960年该生因故转学至奥克兰安姆之士特朗商学院专修商科专业。据悉，其胞妹蒋孝章也以同样的方式进入我国求学，现就读在奥克兰梅尔士学院。现查蒋孝文目前仍属学生身份，实在无法与享有外交豁免权之官员联系起来。……"

黄少谷把那份英文函件反复阅读良久，终于以手加额地长叹一声，说："这让我如何向夫人交待呀？"宋美龄听了黄少谷的汇报以后，对于如何让她心爱的长孙蒋孝文摆脱困境仍然不肯罢休。蒋介石当时正在病中，宋美龄不敢把孙子在美国发生的事情告诉他。这样她就只好把蒋经国召进士林官邸，密议如何处理此时仍在美国困窘无力的蒋孝文一事。蒋经国当然希望借助宋美龄的神威，设法在美国求得相应的关系，说服法院给儿子一个解脱。可是当宋美龄把黄少谷转来的函件送到他面前时，一度对外交豁免权寄予希望的蒋经国，顿时心灰意冷，额头上冷汗如注。他深知如果为了儿子的安危而损伤了乃父蒋介石和宋美龄多年苦心经营的台美关系，显然后果严重，甚至有可能造成不可企及的恶果。因此，他哭着对宋美龄说："夫人，孝文既然不肯听信长辈忠告，事到如今，他也只能自作自受了。我们断不可以为此而牺牲国家的信誉啊！"宋美龄纵然仍不甘心，但她也知道依她目前在美国的旧关系，即便她肯出面，也怕无能为力了。于是只能长叹一声，悄悄以帕拭泪了。

当天深夜，漆黑的七海官邸内春风呼啸。蒋经国独困斗室，彷徨无计。一人徘徊灯前，左思右想，茫然无策。延至天明时分，他才忽然展纸提笔，决定为此事专给远在异国的长子孝文写去一封快信。蒋经国在信中这样写道：

孙总领事碧奇兄请转

孝文：

　　余对此事焦虑万分，经多方考虑，此时不宜提出外交豁免权问

题。并应予遵守美国法令，依照规定处理。切勿意气用事，否则必
更将被人利用，扩大影响。其后果实不堪设想。事已至此，惟有以
忍辱负重之态度处之。一切应尊叶大使之决定，就近商洽孙领事与
舅公办理。其他问题，俟此案结束以后，再作处理。务必遵照此意
办理为要。父示。

蒋经国写了此函以后，心潮仍然难以平复。此时黎明之曙色已然临窗，而蒋
经国睡意全无。想起当年他在苏联境内产下的一子，如今事业尚未成功，竟然因
为飚车小事，在美国闹得沸沸扬扬，且随时都有遭受警局羁押的危险。他深知如
果儿子在美国仍然还像当年在台湾时一样任性，或许因此不值之事，闹得他毕生
名誉扫地，甚至永生没了出头之日。想到蒋孝文如今因飚车落得难堪结局，蒋经
国身为人父，自然心潮难平，于是借着窗前的黎明微光，他再次提笔，给此前并
无多少往来的外交官叶公超写了一信。其用意当然是希望叶公超借外交公使的特
殊身份，再为陷入泥淖中的儿子想想办法。

蒋经国给叶公超的信上说：

公超先生大鉴：

犬子孝文在奥克兰驰轩过速，被当地法院传托。照章将受监禁五日
之处分。此事虽小，恐将被人利用扩大制造政治事件，恩请先生鼎力设
法，妥为处理。不敢对小儿有所庇护，实为国誉计不得已而作此请求也。
敬请大安。晚经国敬叩。

当蒋经国写罢这封给叶公超的请求函以后，他搁笔于砚畔，忽然觉得浑身无
力，一个趔趄扑倒在床前，眼泪潸然而下。

孙领事接到蒋经国从台北快递而来的密件以后，先呈送给国民党驻美国大使
叶公超先阅，然后再将此函分别交给蒋孝文和正在美国的宋子安（宋子文之胞弟——
引者注）共阅。宋子安没想到蒋经国如此重视长子在美国的形象，也没有想到蒋
孝文平时气势汹汹，可他一旦遇上突发事件，哪怕仅仅是罚款这类在美国司空见
惯的小事，居然也无法妥善处理，一直闹到非上法院不可的窘迫地步。但他见
不得蒋孝文的惊恐眼泪，更不敢轻视蒋经国这位蒋介石继任者如此兴师动众的电
函，因此他必须马上会见国民党在美国的最高代表、大使馆大使叶公超先生。叶
先生虽与蒋经国只是工作上的泛泛交往，但与他们宋家人的关系却非同一般。叶
公超无论与宋美龄、宋子文，都不是普通交情，而叶大使与他宋子安也决非寻常
友谊。因此，他和孙领事在旧金山紧急蹉商以后，决计马上飞往华盛顿，求见叶

公超。他们都相信凭着叶公超在美国多年和白宫、雾谷（国务院所在地）的交往，肯定能够让蒋经国的担心化为乌有。然而非常不巧的是，当孙碧奇领事连夜叫通了国民党驻华府使馆的专线电话以后，才得知叶公超已在前日前往东部城市纽约。因此，宋子安和孙碧奇两人马上飞华盛顿的计划也只好搁浅了。

08. 蒋经国不惜尊严，低三下四求告驻旧金山领事

但是，台北并没有因为叶公超前去纽约而放弃尽快与美国国务院交涉的计划。"外交部长"黄少谷接连受到宋美龄和蒋经国的双重压力，岂敢小视蒋介石长孙在美国即将受到的磨难？当他得知叶公超已去纽约的消息以后，决定以"外交快电"的方式，火速给国民党派驻在纽约的领事馆发去了一封紧急公函。敦促叶公超马上插手此事，并尽快促使美国雾谷亲自过问蒋孝文的案件。

此时哈得逊河畔的纽约曼哈顿，还是一派子夜的宁谧。幢幢巨厦，灯火澜珊。国民党领事馆的电译员收到黄少谷以英文发拍的急电以后，叫醒了此时正在领事馆内酣睡的叶公超。说明这份电报的重要性以后，睡眼惺忪的叶公超在榻前戴上了花镜，连夜披阅了黄少谷给他的特急公函，黄少谷这样写道：

叶大使公超先生鉴：

关于孝文事，经国兄至为忧虑。昨晚今午部署与书楷（即指国民党"外交部"常务副部长周书楷——引者注）、功权（系指国民党"外交部"美洲司帮办夏功权——引者）及弟长谈，现在惟有采纳许公使（系指国民党驻美国大使馆公使许绍昌——引者注）所提办法，由使馆函美国国务院转法官盼能以缴销执照及缴纳罚金代替监禁处分。如法官坚执判处监禁，也盼能办到无限期缓刑。如法官不准判缓刑，不知能否及宜否上诉。盖照绍昌所言，孝文须对奥克兰法院放弃抗辩。既放弃抗辩，不知在宣判后能否上诉，即能上诉，其影响所及是否较接受处分更糟？又如法官不缓刑，我方复不能上诉，是否可以向法官示意拟自动离境而避免监禁。总望能避免监禁也。凡此均请兄等决策处理。至感至感。……

黄少谷以国民党元老和"外长"的双重至尊，以委婉之言求助于一个派驻国外的外交官，实也堪称国民党外交史上的奇迹。这其中如果没有蒋经国的人情在内，如果没有蒋介石和宋美龄的威严权势作后盾，相信黄少谷定然不可能为了一个蒋孝文的"超速罚款"对叶公超低三下四。

许绍昌公使得到蒋经国和叶公超大使的信赖，心中自是高兴万分。隔日清晨，许绍昌果然乐颠颠地驱车前往雾谷，求见美国国务院的礼宾司司长布坎南。许氏委婉而恳切地向布坎南陈述了如果地方法院监禁蒋孝文以后，可能产生的一系列不利于台湾国民党声誉的后果。当然，许绍昌也暗示着如若产生此种不良后果，对台湾与美国的关系可能发生的不利因素。布坎南是一个熟悉亚洲情况的"中国通"，早年也曾数次访问台湾，因此他对于许绍昌的恳请，当即表示理解。并且他在当日即以国务院的名义给奥克兰地方法院的法官费雪发了一封函件。布坎南称："中国留学生蒋孝文先生系中华民国总统蒋介石将军的嗣孙。此次蒋孝文因超速行驶触及我们法律，理应依法惩治。但因中华民国与我国的国情有所不同，因此该国对我方处理此案时表现出的过分强硬，亦难免生出种种歧议。查蒋孝文先生虽无外交豁免权，但我方仍需从国际形势加以考虑，如你院能够在法律允许条件下优于处理此案，至为感谢！"

按情理而言，一位国务院高官亲自致信一个地方法院的法官，已经是很大的情面了。可是谁也不曾想到，多年默默无闻的法官费雪，认为此次他亲自经手蒋孝文案，正是他可以公开露脸的极好时机了。正如前不久他因此案被美国各报登上头版头条，成为新闻人物时一样，费雪法官认为这才是体现他执法公正、自树形象的佳期。因此，这一次费雪仍然不肯轻易松口。非但如此，他还把得到美国国务院高官布坎南求情函一事，也相机透露给关心蒋孝文案的某报记者，再一次彰显了刚直不阿的形象！

蒋经国每天困坐愁城，日夜思念着远在美国的儿子蒋孝文。

虽然此时蒋经国的职务还仅是"国防部"的副部长，在外界并非一个有实权的政要。然而只有他心里清楚，父亲蒋介石早已在悄悄向他手中转移权力了。可是尽管如此，蒋孝文事件中他仍然感到"外交部"内有些人其实并不真正买他的账。特别是在旧金山领事馆当总领事的孙碧奇，更是让蒋经国心中暗暗怀恨不已。他知道如果当初蒋孝文"超速"这类小事他用心处理的话，也不至于发展到现在这种让蒋家人大丢其脸的地步。其实，早有情治机关的人员向他报告，说像蒋孝文这类超速行驶而被警察罚款的事，在美国几乎每天都有几百起发生。甚至还有一些人根本就不理睬警察的罚款。有些超速者善于巧妙地闪开警察的眼睛。就依旧金山大桥上每日通过的数十万辆汽车为例，在桥上超速者几乎占去了大半，然而只有蒋孝文命运不济，被警察在半路上截住了。如果当初蒋孝文交了这为数不多的罚款，如果当初孙碧奇总领事在得知此事后，能够主动替缴罚款或加倍补

缴的话，也许就是另一种结果了。可让蒋经国气恼的还不仅仅如此。

据情治机关向他报告说：孙碧奇的无能和不尽职责，还体现在他把这桩完全可以避免的小事，有意或无意地扩大成轰动美国全境的"特大新闻"。据香港报人卜少夫向"外交部"提供的资料表明，旧金山总领事孙碧奇是蒋孝文案处理不当的罪魁祸首。该材料称："小事化大事。金山领事馆如果拿了票子就去找警察，就可以晏息解决。谁知领事馆连这一点儿小本领也没有。反而把小事化成大事，城头上出棺材，远兜转，孙碧奇总领事去拜访奥克兰市长，请市长陪他去见法官费雪。结果是市长请其秘书陪孙、蒋去见法官。孙碧奇说蒋孝文持有外交护照（这是事实，他们兄妹的费用向大使馆支取）请求外交豁免撤销此案。那法官问他，蒋孝文做何等外交人员，孙又瞠目不知所对。（饭桶之极！任何名义也可以说一个，尤其是馆长之口）；直说他不过是一个学生，那法官也是混蛋，一看机会到了，就铁面无私地判五天徒刑。而那法官也越有机会扩大新闻，以示自己的铁面无私。新闻界当然是得到了好消息，连发了二三天，让蒋家声威大煞。"

来自新闻界的传闻又说："一波尚未平息，一波又起。可怜蒋孝文，在国内可以肆无忌惮，不怕一切，对此美国官司实在吃不消。他坐在家里，连电话也不敢接。原他准备替他妹妹请客做生日的，如今也无形取消了。对于孙总领事，他当然恨之入骨。原来是芝麻大的小事，到了孙碧奇的手里，就由小变大，成了各报竞相转载的新闻。蒋孝文痛心者，倒不在于去坐牢，他在乎使台湾的父亲、祖父伤心。这孩子据说颇有孝心，所以连蒋夫人也很喜欢他。孙总领事最荒唐的一件事，莫过于向外国记者发表滔滔言论，把蒋氏的身世说得清清楚楚。所以前天晚报，总领事买屋被拒的消息出来了。昨天各大报均以大标题刊载此事，丢尽了黄种人的丑。丢尽了中国人的脸！孙买屋被拒本是三个月前发生的事，知者甚少。孙平时常带蒋孝文到家中吃饭，女儿陪他跳舞，也许是对蒋孝文复仇泄密也尚未可知！……孙总领事的行迹，岂不羞死了我们旧金山的华侨？现在华侨恨此总领事入骨，他自己倒满不在乎，还以接到不少同情信为荣。又在向外国记者发表言论，真让人不敢相信世间还有羞耻二字！……"

蒋经国虽然对孙碧奇其人尚不相熟，但从这些坊间的评论，他已经看到孙碧奇在儿子孝文在美国蒙难期间，所作所为已经让人恼恨。可是，蒋经国现在不敢对此人有任何不悦的表示。毕竟此时蒋孝文尚未脱离牢狱之灾的危险。偏偏就在此时，孙碧奇从旧金山发来的密电又送到了他的桌案上面。

这是一封经由国民党"外交部"转来的密函，孙碧奇总领事向蒋经国报告的情况，虽然表明他仍在为如何让蒋孝文转危为安而奔波努力，但在蒋经国眼里，孙碧奇此信显系以表功邀宠为目的。1960年2月8日的这封密电称：

外交部夏功权先生转经国先生：

兹将办理孝文兄事最近发展情形分陈如下：

（一）职现聘定奥克兰卡瑞（KENNETH CAREY）为辩护律师，其人熟稔联通违禁法令且与本案主审法官熟悉，将于今晚与其晤面。说明孝文自知错误愿遵守法令听候处分。唯中国习俗与美国不同。如被监禁有失体面，影响至巨。拟请法官开恩，处以监禁以外的其他惩戒。该法官是否允诺，明晨当可探明；（二）卡伦律师意见如法官坚欲判决监禁，则彼将嘱孝文于庭审时先不认罪，并要求陪审员会审（JURY TRIAL）；（三）上项办法与大使馆请由国务院函法官一事并无冲突，经大使馆认为可行；（四）十一日庭审时再次为报界所注意，实属无可避免。但我尚未主张外交特权，谅无大碍；（五）职今晨商请诺兰协助，渠允考虑。……

蒋经国对于孙碧奇其人虽有反感于心中，但他此时却仍然感到孙领事不可或缺。因为他不仅可以为儿子在旧金山聘请律师，而且还在谋求诺兰出面相救。这对于蒋经国而言，无疑是求之不得。蒋经国知道孙碧奇所说的诺兰，原是美国国会的著名参议员，早年曾数次访问台湾，诺兰议员与蒋介石和宋美龄均有较深的私交，其情谊自不当多言。蒋经国当时一度甚至感到诺兰先生如果出面，凭他在奥克兰地方的巨大影响，也许会让此时蒙难中的蒋孝文绝处逢生。如果诺兰行事果决，周旋得体，甚至可能发生意想不到的转机。想到这里，蒋经国痛苦无望的心绪，忽然现出了一线希冀的亮光。

也就在蒋经国在官邸里对孙碧奇游说诺兰寄予厚望的时候，"外交部"忽然给他打来了一个电话。原来是黄少谷委托秘书打来的，他首先向蒋经国报告了孙碧奇出师不利的信息。也就是说，孙碧奇虽然请求诺兰出面相救，可是诺兰却很快就表示，他对此案无力可为。理由是："美国的法律不同于中国，而他此时虽然身居奥克兰，却因为议员的身份而无法轻易介入法律！"

"他娘的，都是一些口蜜腹剑的假朋友！什么美国的法律不同于中国，我就不相信美国人当真把所谓的法律当一回事！"蒋经国愤愤然地摔了电话。他从心里更加憎恨孙碧奇，甚至认为孙又是在有意让蒋家在美国出丑。不过，他并没有在电话里说得更多，因为黄少谷的秘书说，马上就有一封从美国发来的密电，要

送到他的府上。须臾，果然有机要员在叩其门，秘书引进一个人来，正是黄少谷派来送函电的人。蒋经国此时对于黄少谷和他麾下的人不敢慢怠。他马上接下文件，然后摒退从人，独自披阅密电，原来是国民党驻华盛顿大使馆许绍昌公使发给黄少谷和他本人的电报，其电文如下：

黄部长并代转蒋经国副秘书长览阅：

今晨已照前报办法函国务院，下午国务院已抄同该函，训令驻旧金山代表明日往谒法官婉陈，望能发生若干作用。一、缓刑一节，国务院意我不宜明提，以免认我过分越俎。事实上法官如愿意帮忙，可能即采此途。二、据孙总领事洽询某律师称，今晚拟访问该法官作类似说词。如不得要领，或可于开庭时申称无罪。俾该案可当然移往其他法庭，但并非上诉性质。此为法律上的技巧。无须解释何以无罪。目的仅在望其他法官惩治较轻云。此项办法弱点在于给报纸以进一步渲染机会。须俟续研商再定。三、本案罪名甚轻，并非须解送出境案件，自请离境一节，法院无从考虑。而一般社会则必认我小题大做，似以暂不提为宜。四、此间必尽全力处理此事，余当续达。……

蒋经国读罢此电，心潮难以平复。

那一天夜里，七海官邸里骚动不安。为了让蒋介石和宋美龄放心，蒋经国几次前去士林官邸，谎报平安信息。他称："爱伦在美国已经平安无事了。超速行驶的事情在那里根本就不是什么大事，只是遇上了不通情理的警察罢了。"蒋介石听到这里，才如释重负地笑了，说："无事就好，如果事情平息以后，我看还是让爱伦回来的好。为什么要寄住在外国呢？难道在台湾就不能求学和就业吗？"只有宋美龄良久无语，她凭着多年在美国留学和交往的经验，再看蒋经国那故意佯装出来的笑脸，对于他的苦衷心知肚明。只是她不想当着蒋氏父子把事情说破，却笑了笑说："是啊，我们蒋家的人，什么时候能受得了西方的刁难？我也同意将来把爱伦请回来，他如果不想求学深造，索性就安排他就业是了。"蒋经国见父母两人都对他的爱子如此关怀，心里更加高兴起来，便说："就按照父母两位老人的主意办，将来还是让爱伦回台湾吧！"

夜深时分，蒋经国才回到大直地区的官邸里，蒋方良早在房间里等急了。这时见蒋经国喜气满面地下了汽车，便迎上前来询问说："黄少谷那边一直在打电话寻你，可就是不知你去了哪里？"蒋经国这才想起事情并没有任何结果，而他居然先到士林官邸去谎报军情了。他慌忙回到后宅的办公室，只见秘书早在那里手持一份文件在等候着他了。蒋经国见黄少谷那边又有了新的消息，急忙拆阅文件，原来是叶公超大使让许绍昌公使给他发来的急电。看时，他刚才还挂在脸上的笑容忽然不见了，原来许绍昌告诉他，尽管美国国务院和旧金山总领事孙碧奇聘请的律师，对法官费雪费尽了唇舌，可是这个美国人却坚决不买账。一定要在法院庭审时判蒋孝文一个五天的监禁不可。气得蒋经国大发雷霆地把那密电撕个粉碎，然后气咻咻地跌坐在椅子上，骂道："美国人真不是东西，跟他们交朋友简直就是对驴弹琴！"

夜已深沉。官邸内外悄然无声，只有黎明前的沙沙风声，不时荡过空旷而寂寞的院井。蒋经国为了儿子在美国的违章驾驶，已经整整折腾了几个昼夜。这几天他为了解救蒋孝文，几乎对平时不加理睬的一些外交人员说尽了好话，特别是对于孙碧奇这类下级"外交官"，他甚至到了敢怒不敢言的地步。蒋经国惧怕的当然不是儿子坐牢，而是他不甘心因为如此一件"超速"小事，就彻底葬送了爱子蒋孝文今生的政治前途。直到现在他仍然记得蒋介石在儿子行前的一番话："我将来百年以后，靠的不是夫人，也不是你，我要靠的人当然还是爱伦啊！因为他才是我们蒋家政治生命的真正延续！……"如今，蒋孝文一朵花儿尚未开放，刚到美国留学，竟然就遇上了这种让人痛断肝肠的事情。想到将来蒋孝文因此不慎之事所要付出的代价，蒋经国恨不得马上就飞到美国去。他就不信如今的美国政府，当真就调不动一个小小的法官？

"急不得，千万急不得。操之过急，反而要坏了大事！"蒋方良进了房门，却不敢轻易向丈夫进言。多年来她与他仅仅只是政治之外的夫妻，凡是涉及政治大事，这位俄罗斯女人是插不上嘴的。而如今她再也不能不说话了，因为这事关她和他在俄国共同生养的儿子安危。蒋方良进言以后，她发现蒋经国的情绪稍稍安定下来，这才悄悄地退出门去。黎明时分，蒋经国在床上辗转难眠，忽然他翻身而起，这才想起蒋孝文目前的危局，仍然需要他心平气和地与国民党在美国的一批"外交"人员"扯皮"和"求助"。不然，蒋孝文必然要吃眼前之亏。即便像孙碧奇这种无能之辈，他也是得罪不起的。

想到这里，蒋经国披衣下床，在破晓前的寒风声中，忽然提笔给在美国的叶公超写了一份急电

叶大使钧鉴：

　　来电拜悉，至为感激。此案发生后自感惭愧，至觉不安。事已至此，如何使小儿不被监禁，是我所最切望也。敬祝安好，晚经国谨上。

写毕电文，蒋经国仍觉心中耿耿，郁气不舒。想起蒋孝文的过去，他心里愈加不安。因为他的四个孩子中，蒋孝文出生时正是他在俄国生计前途最为困难的时期，不管外界对于蒋孝文有何种负面的品评，也不管蒋孝文少年读书时有多少不如意之事，在蒋经国眼里都是可以原谅的。当初在高雄西子湾与父亲蒋介石讨论蒋氏家族的未来前途时，他所以赞成了蒋介石关于让蒋孝文接班的想法，也是基于上述考虑。他从心里不得不承认蒋孝文的性格并不适于当一个政治家，特别是他的好动和好玩，几乎成了他为之烦恼和震怒的宿疾怪病。他也曾为了让蒋孝文改恶从善，对这个长子骂过打过，有时他甚至为了他的一点儿小事也大动家法。一次甚至把蒋孝文打得皮开肉绽，也难以消除心中的烦闷和恼怒。可这一切都是他作为父亲的怒其不争！因为只有他蒋经国知道，表面上顽劣成性，在外界印象甚坏的蒋孝文，其实是一个心性良善的孩子。无论他和蒋方良如何打他骂他，蒋孝文都不把仇恨记在心间，他仍然以良善之心回报父母。仅此一点，也让蒋经国想起来就感到他对儿子的教育不够！闹到如今，把一个本来在台湾有发展前途的

1964年旧历年，蒋经国夫妇与孝文、孝武、孝章和蒋介石夫妇合影

儿子，违心地送到陌生的美国去，本身就并非他之所愿。美国到现在他蒋经国也不曾去过，而宋美龄口中的美国简直就是当今世界最美好的天堂。蒋经国对此并不真正认同。他当年去过苏联，那时的中国国民党一派要人，也对他讲苏联是当今共产主义国家的天堂。可他到了苏联才认识到，苏联其实并没有什么可以吹捧歌颂的。而如今的美国也不过是从前苏俄神话的翻版而已。如果可能，他真想马上就让儿子从那片陌生的土地上回到台湾来。他就不相信，蒋孝文没有得到美国的大学文凭，回到台湾以后就没有政治上的前途？

09. 蒋孝文少爷脾气大发，当庭怒斥美国法官

次日天明，蒋经国因一夜没有睡好，头脑昏昏。他手边虽有大批的文件待批待阅，可蒋经国哪里有精神和兴趣打理公务呢？他再一次驱车前往国民党的"外交部"。他希望从那里继续了解一些有关美国的最新情况。然而黄少谷并不在部里，

而是前往阳明山的中正纪念堂去出席国民党的中常会了。好在并没有让他扑空，夏功权把一份刚刚由机要人员送到的英文电报，送给他批阅。蒋经国看时，原来又是那个行事不敏的旧金山总领事孙碧奇发给黄少谷的密电。其电文为：

少谷部长勋鉴：

关于蒋孝文事，连日与我方律师、国务院驻金山职员及宋子安先生商讨进行方针。主旨在免被监禁，避免张扬。初步接洽结果：（一）要求检察官釜底抽薪未获成功；（二）主管法官坚持司法独立，不愿受国务院函件之束缚。因此本案困难甚多。恐一时难以出现转机。

蒋经国把孙碧奇的电报"叭"地一声摔在桌子上，然后就独自坐在那里生闷气。如果不是因为此时的蒋孝文吉凶难卜，蒋经国完全可能当着夏功权之面狠骂几句孙碧奇的无能，然而当他想到夏功权乃是黄少谷的女婿时，他又不得不变得谨慎起来。此时他毕竟是有事相求于人，而孙碧奇纵然无能，也终究在为他们蒋家在美国到处奔波，又如何可以发牢骚呢？

蒋经国悻悻地返回七海官邸以后，平时极少饮酒的他，不知何故竟然大饮其酒，甚至有点微醉之态。俄罗斯妻子见他如此痛苦，忍不住上前规劝，不料却被醉酒中的蒋经国挥手赶退。弄得蒋方良女士掩面大恸，这乃是夫妻俩从大陆来台以后绝无仅有的争吵。这一天，蒋经国为了儿子在美国的事情烦恼至极。一个人倒在卧房里忽然大睡起来，一连数日不得安歇的蒋经国，总算睡了一个好觉。不料子夜刚至，七海官邸门外便传来一阵汽车刹车的声音，原来深夜造访者，正是白天在"外交部"交谈不爽的美洲司帮办夏功权。

愁苦中的蒋经国，脑际又浮现出一双蔚蓝色的眼睛，那就是他当年在苏俄生下的爱子蒋孝文。直到现在他还清楚地记得，1937年他和蒋方良带着这个苦命的儿子如何从西伯利亚前来莫斯科，又如何从莫斯科回到中国的。那是3月25日下午4点，古老的莫斯科又扬起了小雪。可是这一天爱伦并没有感到寒冷，因为昨天夜里，他和父母及小妹爱理，都是在国民党驻苏联使馆里度过的。大使馆毕竟不比西伯利亚的小屋。在这里爱伦第一次见到富丽堂皇的陈设，第一次喝上香甜的咖啡吃上了奶油面包。当爱伦睡在席梦思床上沉入香甜梦境的时候，他不会想到从此将交上好运。所以，次日下午他和蒋经国、母亲芬娜及小妹爱理一起，乘轿车驶向风雪交加的马路，来到莫斯科火车站的时候，才感到西伯利亚那可怕的飓风与常年不融化的皑皑积雪，早已经彻底远离他们一家了。

火车在荒无人迹的大草原上向东方奔驰。

爱伦瞪着大眼睛观望车窗口疾掠而去的蒿草、荒丘、枯树和惊飞的一群野鸟。那时爱伦仅仅两岁，还无法体会世间人情，也不知这火车将要把自己带到何方。前方一轮昏黄的落日，在暮春灰蒙蒙的天际间冉冉而落，爱伦睁大了愁苦的眸子，面对荒漠落日的雄浑景象，仿佛在观赏一幅吉凶莫测的图画。

几日后他和一家人来到一个叫海参崴的地方。

出现在爱伦面前的是一派混乱的人海。这里汇集中各种肤色、各种语音的陌生人群，他们之中既有从前在西伯利亚早已稔熟的俄罗斯工人，也有一些让他见了就心中紧张的异国男女。爱伦那时还不知自己究竟是哪国人，也许在他幼小的心灵中，自感他和西伯利亚那些黄发碧眼的孩子们都是同宗同族。根本不知道他很快就要来到一个黑头发黑眼睛的古老国度。后来爱伦才知道那些穿长袍马褂的人们，才是他的真正祖宗！

从海参崴港口启程，爱伦就莫明其妙地随父母又登上了一艘巨大的轮船，长大后才知道那是一艘苏联货轮，叫做"乌特洛索夫号"。对刚刚两岁的爱伦来说，在波澜汹涌的大海中航行是万分可怕的。从小就没见过大海的孩子，怎么能在翻腾巨澜狂涛的大海里航行遇事不惊呢？爱伦经常在芬娜的怀抱里惊吓而哭，他那时胆子太小，哪里经受得惊涛骇浪的颠簸？好在这大海中的航程在持续几天后就结束了。那天清晨，爱伦在睡梦中忽听芬娜惊喜地叫着，从外边跑进船舱，他才知道那艘"乌特洛索夫号"已经来到了一个大港口。爱伦不知他们究竟来到了什么地方，只由母亲芬娜怀抱着来到大船的左舷，他眼前忽然出现了一幢幢巨型大厦和灯火尚未熄灭的码头。

"爱伦，香港，这就是香港啊！"多日来愁锁双眉的蒋经国也抱着爱理高兴地来到船头，他面对越来越近的海边城市，情不自禁地呼叫了起来。爱伦哪知道什么是香港，只被眼前忽然出现的海边城市惊呆了，他想哭，可又哭不出，因为他从小就不曾见过这么灯火辉煌的城市。

"爱伦，快到中国了，咱们快到家了！"芬娜竟用俄语随着蒋经国一起欢呼。

在爱伦的记忆中，香港是个五彩缤纷的万花筒。他们一家在那里只做短暂停留，不久就来到一个叫杭州的地方。这里与他熟悉的西伯利亚荒原恰好显然形成了鲜明对比，杭州再也见不到让人厌恶的飓风和纷纷扬扬的鹅毛大雪，尽收眼底的是在春风中盛开的艳丽花朵及碧绿的湖波。当然，那时爱伦还不知这里就是他祖籍故里——祖父蒋介石出生的浙江省。奉化溪口距这素有天堂之称的杭州只有半天的车程，爱伦更不知他和父母之所以从香港回到祖国内地不久就来到这里，全因为祖父蒋介石的一道指令："经国，若想让我认你，首先必须带着你的苏联妻子和一对儿女，先到西湖去拜见你的母亲，然后才允许你们到奉化溪口去！……"

爱伦哪知道蒋氏家族有这特殊的规矩？他更不会知道曾经在苏联报上公开大骂蒋介石的父亲，为什么回到杭州竟然变得如此循规蹈矩。当初在苏联乌拉尔工厂当副厂长时的蒋经国，如今刚回到自己的祖国，竟变得畏首畏尾，事事必须按照乃父蒋介石的意旨行事了。

后来爱伦长成大人，再回忆起初来杭州拜见的祖母时，也是别有一番滋味在心头。原来蒋介石让蒋经国认的母亲，并不是后来被日本飞机炸死在溪口古庙前的毛福梅，而是与蒋经国没有丝毫血缘关系的宋美龄！至于爱伦随蒋经国、

从左至右：蒋经国、毛福梅（手抱蒋孝文）、蒋方良

芬娜和小妹爱理一齐乘车经宁波辗转来到群山起伏中的小镇——奉化溪口，拜见真正的生身母亲毛福梅，则是蒋经国和芬娜在杭州认了宋美龄这个母亲以后的事了。

爱伦在四明山巍峨群峰中的一个小镇渡过了真正的童年。

他在溪口才真正感受到回乡之感。事隔多年后这种印象仍然强烈：因为溪口才是他自己的家，真正的家！溪口镇外青山叠翠，万泉奔涌。古刹雄踞，名胜林立。爱伦无法将眼前山明水秀的小镇与那几十里荒凉不见人影的西伯利亚联系在一起。从前他在睡梦里，常常会被工厂的机器轰鸣声惊醒。现在那震耳的机器声再也听不到了，溪口小镇的丰镐房简直是一处幽雅的别墅。

20 世纪 30 年代，刚从苏联返回中国，蒋经国一手抱着妻子，一手抱着儿子孝文。蒋方良美丽动人，沐浴在感情的暖流之中。

他和母亲就住在"素居"小楼后面的一座院落里，此地环境幽雅而恬静。爱伦就是在这座小院里和威严的祖父见了第一面，蒋介石对他很是喜爱，有时还用

手爱抚着他那毛发茸茸的头，说："爱伦，这个俄国名字一定要改！非改不行！"爱伦还清楚地记得，就在丰镐房前面的"素居"楼上，有时会传来蒋介石威严的咳嗽声，祖父骂人的声音让爱伦听了常常会在梦中惊吓而啼。

爱伦就在浙东奉化的小镇上住了下来。

在溪口他一直长到6岁，当然已是一个能记事的孩子了。在事过多年后，爱伦始终不能忘记那古镇四周环绕的青翠群峰以及悬岩间溪水奔涌的四明山，他特别记得雪窦山上那座巨大的寺院。爱伦记得祖父在离开奉化以前，曾带着他们一家四口来到那建在山岩间的古庙。在古色古香的三层大殿中，爱伦有生以来第一次见到那么多身披红色袈裟的和尚们，在祖父面前咿咿呀呀地哼唱让他感到可笑的经文。距古刹不远的山间，有一个千丈岩，是爱伦最喜欢去的地方。那年夏天，爱伦和母亲就下榻在妙高台。在苏联他从没见过这飞瀑奔流的胜景，千米高的巨瀑在距妙高台不远的山岩间日夜喧响，即便深夜也瀑声如雷。

溪口妙高台留给爱伦的另一个印象是，祖父蒋介石就在这里为他更改了名字，让他改掉在苏联时那不伦不类的"爱伦"，正式延袭了蒋氏家族的姓氏与名号，从那时起，"蒋孝文"三字便与奉化溪口紧密联系在一起了。

当然蒋介石这个国民党总裁，也不希望他儿媳芬娜永远以苏联人姿态出现在国民党军政要人的面前。所以，蒋介石也为芬娜改了中国名字，叫做蒋方良。同时爱伦还知道妹妹爱理的名字，也在溪口变成了地道的中国姑娘蒋孝章！爱伦没有想到一个天真烂漫的小女孩，居然用了个中国男人的名字。此事在多年以后，仍然让蒋孝文感到有些不可思议。他无法理解军人出身的祖父，为什么竟为心爱的孙女取了文章的章字作为名字，也许这就是行武多年的军人喜欢文人的原因吧？

爱伦在溪口另一件难忘的事情，就是他亲眼见到一场隆重盛大的中国古典式婚礼，也是他有生以来见到的最隆重婚礼。尽管从前他在苏联的时候，没有见到父母结婚的场面，也不知苏联究竟以何种规模举办民间的婚礼，可是，已经三岁的蒋孝文却在蒋家故里亲眼目睹了一个全新的盛大仪式。在蒋氏家族的丰镐房内外悬灯结彩，古镇上的商贾政要都纷至沓来。

听说蒋介石要在溪口为蒋经国筹办婚礼，甚至连在南京、上海的国民党军政要员们，也闻讯纷纷经宁波赶到四明山间的小镇子上来。锣鼓的敲打声和唢呐的吹奏声，整整在那古朴的小院里响了三天三夜。蒋孝文就是从那时起，才在潜意识里认识到他竟是降生在这非同一般的大家族中。也许正是这种特殊的政治家族，才在蒋孝文幼小的心灵深处，埋下了超人一等的沉沦基因。……就在蒋经国困守灯下，回首往事的时候，忽然听到有人轻轻地在外叩门，接着侍卫就进来报告说："先生，有客来访！"蒋经国揉揉惺忪的睡眼，猜不到何人在深夜入宅。当听说是"外交部"有人来访时，他急忙吩咐侍卫："请，快请！"

"经国先生，现在总算有一点希望了！"夤夜时分，睡眼朦胧的蒋经国忽见门外闯进一个人来，吃惊不小。见是夏功权，他头脑中忽然一震，自知与在美国吉凶不卜的儿子蒋孝文案有关。于是蒋经国急忙堆上笑脸，把客人迎进宅内客厅。吩咐侍卫献上水果茶点款待。这才进入正题，忙问："有什么希望呢？在我看来，美国人似乎从不把我们台湾放在眼里，他们也许当真要让我们蒋家在他们的国家里出丑啊！"

夏功权笑笑说："经国兄，也并非如此。美国人也并不都像费雪法官这样不通情理。现在他们之所以抓住孝文一事不肯放手，并且以铁面无私的姿态对待我们，一个主要的原因是他们对美国国务院的严厉态度有些反感。因此，费雪他们就拿出司法独立的挡箭牌，拼死地不给我们面子。而现在呢，我们在美国的使馆人员，也决心为中国人争得一个脸面。说什么也不能让蒋孝文坐进他们美国的牢狱之中。别说是五天时间，就是五个小时，我们也是不能从命的。其实也不过是超速行驶这么点小事。何必抓住不放呢？"

蒋经国听了他的话，心情忽然变得和悦起来。便说："功权兄刚才进门就说有一点希望了，我倒很想了解这点希望在哪里？"

"就在这里，经国兄你看，孙总领事又给我们发拍了电报。因为就在今天，奥克兰地方法院已经开庭了。"夏功权从皮包里取出一分刚刚收到的电报，然后把它放在桌几上，兴冲冲地表示："我们也清楚，孙碧奇这个人办事不够得力。但是经过驻美使馆上下的共同努力，奥克兰地方法院终于做出了让步。最鲜明的标志，是他们在决定2月11日开庭的时候，忽然把从前确定的第三法庭审理，改成了由第四法庭进行审理。"

"哦？"蒋经国怔怔坐在幽暗的灯影里，一时尚不明白夏功权一番话的语意，便询问说："第三法庭和第四法庭，究竟有什么不同呢？"夏功权说："当然是有所不同的。原因是，奥克兰的法院不仅更换了审理孝文一案的法庭，重要的是他们也同时更换了法官。也就是说，费雪不再作为此案的主审，而换成一位名叫顾格林的老资历法官来负责此案了。经国兄，这难道不是一个天大的转机吗？"

蒋经国如梦方醒般地露出了笑容，把手在膝头上一拍，说："我明白了！更换法官也就是更换了审案的全部理念。这样的话，也许孝文的五天监禁会有所改变吧？"夏功权笑说："正是此意。经国兄你想，如若让费雪法官继续主持审案的话，他肯定不能更改从前的说法，而且一定要孝文蹲他们的大牢不可。可如今顾林格先生则大大不同了，我们完全可以透过关系让他更改固有的理念。而且，据刚刚收到的电报证明，顾法官在审理此案时，也确实和费雪法官有所不同啊。"

蒋经国听到这里，脸上的阴霾顿扫，说："今天开庭的情况如何呢？"夏功权叹息一声："虽然不很理想，不过总算有所改变。据孙总领事的电报说，今天孝文又发了脾气。谁也没有想到，事情到了这一步，这位老兄竟然仍不把奥克兰法院当一回事，他、他今天居然说什么也不肯出庭呀！……"

"啊……？"刚才还有些喜气的蒋经国，忽听蒋孝文在美国又要起了大少爷的脾气，顿时惊得目瞪口呆。一时不知该说什么好。半晌他愤愤地表示："不成器的东西。事情已经闹到这种地步，他理应自省其羞，可哪里知道他居然仍不把法院放在眼里。哼，如果他继续这样执迷不悟，索性就让他蹲美国的大牢好了。我们又何必为他操心呢？"

夏功权急忙劝慰他说："经国兄不必烦躁。听我把话说完才好。孝文虽然执意不肯出庭，可这也是一件好事，让美国人看看咱们中国人还是有骨气的。并没有被他们吓倒嘛。不过对此驻美使馆早就有所考虑，因此在11日开庭之前，叶大使就事先派人找到了腓勒格先生。"

"腓勒格？他是何许人？"蒋经国对这个陌生美国人一时不解其意。

"是这样，叶大使是个深谋远虑的外交家。这一点相信经国兄也有耳闻。"夏公权振振有词地说，"他为了办好这件事，可谓是煞费苦心呀。腓格勒是奥克兰有名的政治人物，多年来和叶公超先生私交不错。这次孝文事件发生以后，叶公超首先就想到了他。经过腓勒格的帮助，我们在奥克兰当地聘用了一对最为善于打棘手官司的父子，他们就是著名律师李怡生和儿子。有了李怡生父子担任孝文案的律师，当地法院就不得不重新估量审案的难度。这也许才是法院不得不更换主审法官的原因。经过李怡生父子和法院的斡旋，现在主审法官顾林格的口风已经有些松动了。他说像孝文这类超速行驶的普通案子，他从来就没有判过任何肇事者进过监狱。这就明确地告诉了我们，孝文是不可能坐他们大牢的。因此我进门就说，我们很有希望了！"

"这真是太好了！"蒋经国紧蹙的八字眉，忽然舒展开来。几天来一直处于紧张和忧郁中的蒋经国，这时才放下心来，但他仍然不安地说，"话虽如此说，可案子毕竟还没有审理的结果呀。我不知道应该协助你们做些什么？"

夏功权这才说明来意："经国兄，黄部长让我深夜前来，主要是想请您出面说服孝文，一定不要在再次开庭时发生任何问题。因为如果他继续像今天一样，届时拒不到法院去，那么我们和李怡生父子事前商量的所有计划，都可能因为孝文的任性而功败垂成。闹得不好，甚至还要让他坐牢。因此，我想经国兄现在就应该给孝文打电话了。……"

蒋经国听到这里，起身拍胸说："功权，请你转告黄部长和叶大使，我这次一定要好好地训导孝文了。如果他继续胡来，可就不能责怪他人了！"

次日，蒋经国果然在电话中把蒋孝文狠狠地批了一通。蒋孝文虽然仍不想出庭，可是在严厉父亲的苛责之下，他最后违心地应承下来。并保证说："父亲放心，我不能再犯错误了！"

在等待奥克兰法地方法院开庭审理此案的日子里，蒋经国度日如年。此时在美国华盛顿满江秋色大道第231号国民党的驻美大使馆里，叶公超正在考虑如何答复蒋经国，虽然他也清楚蒋介石多年来对他不亲不睦的关系，至于他和蒋经国之间的关系，更是貌合神离，从没有亲近过。但是叶公超必须认真对待蒋孝文的案子。因为他知道宋美龄待他不薄，他和宋子文私谊不错，没有他不加理睬的理由。也正因为如此，叶公超始终不敢疏忽对旧金山方面的责任。现在他决定亲自给蒋经国通报一下信息，以示他对蒋孝文案的关心。到了3月14日晚上，叶公超大使忽然从华盛顿发到台北一封密电。他让机要员特别注明，这封电报一定要让黄少谷部长转给蒋经国参阅。叶公超的电报的内文是："孝文此案，此时正由腓勒格从中主持。如无特殊变化，似已办到免于监禁。便中请切嘱孝文届时随律师出庭。在庭内外发言须接纳律师的意见为祷。……"

叶公超不愧为国民党著名外交家，他发来的电报虽廖廖数语，但却说中了此案要害和可能发生的结局。在蒋经国看来，就宛若久阴之空忽然现出了熹微光亮。蒋经国接到叶公超这封密电以后，不敢怠慢，马上就通过外交途径，火速发去信件一封，以严厉的语气劝戒此时尚未真正服气的儿子蒋孝文说："如果此次审理，你仍然不肯到庭，那么由此而产生的不利结局，只能由你自尝恶果。到那时候我们父子的情分又何在呢？……"如此语气严厉的家书，让在美国陷身案件中的蒋孝文暗吃一惊，他当然只能从命。因为他如继续固执己见，其后果恐怕更为不堪设想。

3月18日，奥克兰地方法院门前从大清早就挤满了闻讯赶来的各方记者。蒋孝文的飚车"超速案"虽然只是一桩微不足道的小案，没有想到开庭时竟引起了各方媒体的高度重视，其原因当然是当事人的身份过于敏感特殊。由于当地华人对蒋介石孙子如何应诉和如何判决关注殊甚，所以四面八方的记者纷至沓来。蒋孝文尽管从心中不想参加这次庭审，但因有父亲的密电在前，加之他又发现自己在美国早已失去作为蒋家人的特殊地位，他身上几乎不见了任何光环。而孙领事和他们聘用的律师们，也一个个都逼迫他必须亲自前去应诉。鉴于此，蒋孝文只好忍辱负重，当天清晨，他和律师及孙碧奇等外交人员一并乘汽车来到法院。当他一下汽车，四面八方拥上来的记者纷纷发问，照相机的镁光灯顿时闪亮一片。记者们的镜头都对准了惊惶失措的蒋孝文，吓得他脸色煞白，六神无主了。他做梦也没有想到，当初他仅仅是为了飚车的惬意，没想到因逞一时之兴，而今竟然落得如此狼狈难堪的下场。好在孙碧奇和李怡生等几位律师左右为其开路，守在门前的法警们见秩序大乱，也都一齐上前赶散记者，这才让蒋孝文得以低头进入法院的大门。

法庭果然不同于学校的讲堂，威严的气氛让蒋孝文顿感惶悚。从小到大，他哪里受到如此冷峻的待遇？特别是傲然端坐在法官席上的主审法官和陪审法官们，一个个在蒋孝文的眼里，俨然就是寺庙里凶神恶煞的泥塑巨像。而他一辈子也不曾受此冷遇，再加上听众席间那些怀有各种不同想法的听众们，嘲笑和讥讽的目光让他如坐针毡。可是，因身边有资深律师李怡生父子，蒋孝文的心绪渐渐稍安了。因为许多将要在法庭上发生的事情，李怡生父子及孙碧奇等人早已在事前对他有过详细的叮嘱，而且法官询问时也无需他过多的应答。只不过是充当一个当事人的角色听审而已。所以，当顾林格不断在庭审中向他们提出各种刁钻古怪的问题时，李怡生父子都能对应如流，而且让蒋孝文意外的是，律师们居然能对于他在公路上的迅速行驶事件，做出各种无利于他的辩护。听众席间正由于李怡生父子精彩的对应而激起不断的惊嘘。顾林格法官似乎有些尴尬，但他毕竟是一位久经复杂案件的主审，面对着蒋孝文这个非凡人物的飚车诉讼，依旧看得泰然自若。

可是，蒋孝文仍然无法逃过最后的尴尬。因为顾林格法官在庭审进入到中途时，忽然向他本人提出了一个重要的问题：是否仍然需要由陪审团参与最后的法庭辩论程序。蒋孝文听了，面色忽然变得惨白。因为他事前已经得到李怡生律师的再三关照："孝文先生，此前你向法院提出要有陪审团参与的请求，其实这是非常错误的。因为这人数众多的陪审团成员，很难保证他们之中就没有反对蒋介石先生的人。也有些人甚至还对国民党持有坚决的反感。所以说陪审团并不一定能都站在你的立场上讲话。你想，如果陪审团有某些人当庭站出来攻击你，甚至反对对你实施轻处，那么，这个陪审团非但对你丝毫无益，反而会对你最后的判决带来相当大的不利。"蒋孝文愕然，因为他此前这样做，是因为听从了孙碧奇总领事和他先期聘请的律师们要求，这才向奥克兰法院递交了一份请求陪审团参加审案的要求书。律师当时的理由是陪审团人数众多，可以对费雪法官的审理造成压力和威胁。而当时主审法官顾林格正因为接受了蒋孝文的上述请求，才做出聘请三十位法律界人士参与并组成陪审团的决定。而如今新聘请的李怡生父子居然提出了与此相反的要求，一时让他手足无措，因为此前蒋孝文对法律几乎一窍不通，只能按照孙碧奇请来的律师们的主意行事。这时他喃喃地表示："可我已经和法官提出请求了呀，又怎么可以出尔反尔呢？"

孙碧奇却说："你不必如此拘谨，孝文兄，到法庭审理的时候，你仍然有权力撤销从前提出的请求。"蒋孝文有些慌恐，连连摇头说："我怎么能出尔反尔，不讲信用呢？"李怡生却笑了笑说："法律上讲的是程序和条文，从来就不讲什么信用。孝文，难怪你遇事惊慌，其实到了法庭上，只要你要求撤销陪审团，法官还是要按你的意愿行事的，因为这是美国法律所允许的。你只管按照我们的意见办好了，其实这没有什么。"

正因为如此，现在当顾林格向他询问是否需要陪审团成员介入庭审的时候，蒋孝文在李怡生父子的目光鼓励下，还是勇敢地站起来应答说："我现在已经不需要陪审团了！……"顾林格大吃一惊："你说什么？不需要陪审团了？为什么？"

"不为什么，我只是感到有律师为我主持正义就可以了。"

顾林格大怒，拍案说："岂有此理！既然你聘请了律师，当初就不该向法庭提出陪审团的要求。结果我们不仅选中了三十位法律界人士，而且还为你最后选中了十二位高级法律界师长赶来参加庭审。可是，我怎么也没有想到你居然如此不讲信义。弄得我们法官非常被动！"听众席间也议论纷纷，蒋孝文额上的汗水也扑簌簌而下。李怡生律师见此，马上起身说："请法官先生注意，是否需要请陪审团人员参加庭审，是当事人的法律权利。他在任何时候都有权向法庭提出申请，当然，他也有权利根据具体情况，申请撤销上述申请。这所有一切，都是我们美国法律所允许的，不应该对此加以指责！"

顾林格对蒋孝文尽管十分不满，但他只能咽下一口气，马上作出解散陪审团的决定。接下来，顾林格法官对蒋孝文又提出了一系列态度强硬的询问，他质斥蒋孝

文说:"你要知道,这里是美国,并不是你可以称王称霸的台湾。"蒋孝文这时竟然不再害怕,而是出人意料地与顾林格对阵抗衡,公开辩别说:"我知道这里是美国,我也知道美国的法律不允许飚车。可我更清楚地知道,无意中的驾车超速、违犯交通法的司机也并非只有我一人。有时候甚至一天就可以在公路上有数以千百计的司机在不同程度地超车,然而真正被警察当场逮住并处以罚款的人,毕竟只有屈指可数的几人而已。因此我认为,美国的法院更应该公平一些,只有对所有超速行驶的司机都能真正做到一视同仁,才会让我们这些中国留学生信服法律的公正!"

所有出席庭审的美国法官都被蒋孝文的一番辩解惊呆了。此前包括孙碧奇在内所有人,都认为蒋孝文只是一个毫无反应能力的公子哥,谁也没有想到他这在别人眼里的纨绔子弟,不仅能在奥克兰的法院里讲一口流利的英语,而且他还敢和顾林格这样资深法官唇枪舌剑地当庭申辩。

顾林格大怒大窘,继续当庭呵斥蒋孝文:"你回答得很好。可是,既然你深谙我们美国的法律,为何却要反其道而行之?既然已经知道超速行驶是一种违法行为,为什么还要故意为我们的庭审制造麻烦呢?"

蒋孝文把脖子一梗,说:"我不明白法官先生何出此言?我一个普通学生怎么能为庭审制造麻烦呢?"

顾林格冷笑:"你是在故意装糊涂!蒋孝文先生,我要正告你,我们是严肃而正直的法官,我们因此绝对不受任何涉及本案压力之影响。我也不希望你认为这些压力在未来对本法庭会产生什么影响力。这是因为,我们美国的司法独立,和你所熟悉的国民党台湾截然不同。"

蒋孝文一怔,他原想反驳,可是,身边的孙碧奇马上以目光劝止。因为他十分清楚顾林格法官这番话的真正含意。这说明顾林格和前任法官费雪一样,都十分反感蒋经国利用国民党的影响,迫使美国国务院对奥克兰法院此前所发来的种种函件和电话指示。也许正因为如此,顾林格和前任法官费雪一样,从此案伊始,他就对蒋孝文案持有明显的戒意和反感。孙碧奇担心蒋孝文不知深浅,继续任性所为,在法庭上和顾林格等法官进行唇枪舌剑般的辩解,从而激起顾林格对他量刑时的尺度。李怡生见蒋孝文几句话已经打灭了顾林格的嚣张气焰,心中反而对这个蒋介石孙子产生了几分敬佩。因此他马上据理对顾林格所说的许多不利之言进行反驳。很快,最初开庭时场面上对蒋不利的局面便发生了微妙的变化。在座的一些华侨甚至对于蒋孝文因普通超速事件而公开受审表示出了极大的义愤。

顾林格等法官纵有多年的庭审经验,却没有想到一个蒋孝文超速案,居然让他们面临如此的尴尬。在众目睽睽之下，顾林格最终不得不改变他原来的意愿，以最为有利于蒋孝文的方式作出了判决："本法庭根据美利坚合众国交通管理法的相关条款，兹判处肇事者蒋孝文监禁三日，缓期两年执行。……"

蒋孝文多时悬挂的一颗心，自此终于放下了。

他做梦也没有想到，美国人原来并不像他从前想象得那么可怕。即便他敢于当场反驳，顾林格法官最后不仅没有对他加以重判，反而由重判的计划改为缓刑。孙碧奇也没有想到此案的终局，竟然如此让他欣慰。因此他在法院判决的当天晚上——1960年3月18日夜里，就火速给在台湾等候消息的蒋经国，写了一封急件。他在密电中称："孝文事法官科以监禁三日之处分。缓刑两年。即两年内孝文兄无重犯则给予注销。此外无任何其他处分。"

蒋经国于3月19日接到孙碧奇从旧金山直发给他的这封密电以后，当天即给国民党驻美国大使叶公超亲自发拍了一封感谢电，蒋经国的电文是：

华盛顿。密。

叶大使钧鉴：

小儿案全赖先生之鼎力协助，得能顺利解决，至为感激。敬致谢意！

但对小儿之过失仍愧疚在心。除嘱其今后益加谨慎外，并请加以管教。

敬祝安康！晚经国谨叩。

蒋孝文的飙车案虽然自此落幕，然而在美国坊间的舆论风潮，并没有因为蒋孝文没有收监严处而发生逆转。一些英文和华文报纸，在得知蒋孝文缓刑的消息以后，反而愈加舆论蜂起，纷纷严辞批判蒋经国和蒋介石为其亲人庇护的劣行。同时一些旅居在旧金山和纽约、芝加哥等地的中国华侨，也开始把指责的锋芒对准了此前为蒋孝文案奔波操劳的叶公超和孙碧奇等人。一致抨击他们在为虎作伥。其中《纽约联合报》1960年3月23日发表的文章，更是一针见血，直指叶公超，该报以社论的方式这样写道：

最使我们引为无限感慨者，蒋介石孙儿犯法，仅判监三天，叶公超使出全力营救，但几多华侨被谋财害命，几多华侨受到非法虐待，几多侨籍船员被无理驱逐，以及被冤死、害死、抢劫、殴打的侨胞无可申诉，惟有暗中饮泣，抱恨终生，从没见过叶公超肯替受害侨胞办一次外交。如最近纽约华侨被劫杀事件频频发生，本报经常刊登实情，国府驻美外交官则充耳不闻。驻外使节护华侨有责，如稍关注华侨生命财产，提出交涉，美国治究当局必严厉缉凶，加强保护。无奈如叶公超之流，

只知权位得自蒋氏父子，其唯一任务便是效忠蒋氏家族，蒋氏家族中人为非作歹，也要包庇交涉，视华侨为应该受苦难的孤儿。试问如此外交官，如何对得起"革命之母"的华侨呢？……

此文一出，纽约全城舆论大哗。继而旧金山、洛杉矶等地的华人报纸，也纷而效之。但是叶公超、孙碧奇等人却对此不为所动。好在蒋孝文案刚刚尘埃落定，台湾"外交部"发来的叶公超去职电报，就已经飞到了华盛顿满江秋色大道231号叶公超的案前。叶公超得知前来继任者竟是当年蒋经国在苏联时的驻苏大使蒋廷黻时，他一度纷乱如麻的心境，忽然变得心若止水了。毕竟在美国为蒋家办外交，并非只是风花雪月的惬意。随着大陆中共政权的日益昌盛，他已经越来越感到力不从心了。于是叶公超于1961年10月13日悄然离开华盛顿，飞回了台北。不多时他就继黄少谷出任了国民党"外交部"的部长。然而叶公超很快就在20世纪60年代末期，因为所谓的"外蒙古事件"，遭到对他仇视已久的蒋介石清算。这一次蒋介石突然罢免叶公超所兼各职的内因，不知与1960发生在美国奥克兰的蒋孝文飚车案有无关系，但蒋介石对叶公超多年的不满，总算得到了彻底的清算。所幸因有宋美龄等人的从中劝阻，叶公超虽然丢了官职，却没有像张学良和孙立人那样落入囚笼。关于蒋介石对叶公超的不满，直到两蒋先后作古，《蒋介石日记》在美国胡佛研究院公开披露以后，才发现了内中的端倪。原来蒋介石早就在他的日记里写满了对叶公超的怨恨和不满，甚至称叶公超是"卖国汉奸"、"媚敌通敌"，等等。

叶公超就这样在委屈和无望中度过了晚年，一直到1981年在台湾病逝。所幸，蒋经国与乃父在对待叶公超一事上，有着截然不同的态度。这也许应该归功于叶公超20世纪60年代在美国曾经力主过蒋孝文的案子。当年蒋介石在世时，对叶公超毫不留情地惩处，蒋经国不敢有任何反对，可是1975年当蒋介石作古，改由蒋经国主政以后，他对叶公超的处境有所和缓。就像他对张学良问题处理的方式一样，在他职权范畴内给叶公超以力所能及的自由。就在叶公超的暮年，蒋经国亲自批准叶公超三次离开台境前往美国与他的亲人会面。而叶公超归来以后，蒋经国又在叶之晚年，给予厚爵——国民党当局的"总统府资政"。依叶公超早年的公职，充其量不过是部长级别，像这种级别的人在从职位上退休以后最高也只能担任"国策顾问"，而蒋经国居然破格给予此人以"资政"级待遇，把他视若国民党的"元老"。显而易见，他数年后仍然没有忘记叶公超当年在美国的相救之谊。

C章

蒋介石"立嗣计划"流产

10. 回台再次肇事，驾车辗死了军官张惠云

桃园县的慈湖。一泓碧水，倒映着蓝天碧云。

蒋经国坐在一艘小舟上，由两个侍卫左右操桨，他面对碧绿的湖波，耳畔水声潺潺。蒋经国是因为在城内心绪烦躁，才悄然离开台北，在一批侍卫的簇拥下，只身来到他父亲蒋介石的慈湖灵寝，心海一派焦灼。这是因为刚才他在出城的汽车里，秘书为他读报时，无意中又听到了来自美国记者的声音。那是一张洛杉矶新闻报上刊载的记者述评《孙运璇崛起的政治意义》。秘书读报无心，而蒋经国听者有意。因为他从美报上的文章，能联想到他眼前的现实。

秘书这样读道："去年六月，当新当选就任的'总统'蒋经国先生，提名当时的经济部长孙运璇出任'行政院长'时，岛内外政界、舆论界始则惊讶，继而议论纷纷。最后一致给予好评。因为从中国的政治发展历程上观之，孙运璇被蒋经国甄拔出任行政机关的最高首长，不单纯是一位杰出的技术官员成为内阁首长，不单纯是一种新的任命，更重要的是意含着一个新的现代化阶段的到临。那就是著名经济学家盖布莱斯所说的'技术结构'。当然，孙运璇并不是第一位出身文官系统、被甄拔进入国民党最高权力结构的技术官员。在他之前的严家淦，这位圣约翰大学化学系第一名毕业的高材生，以其行政能力与财经才华，也曾得到蒋介石的重用，并成为他的左右手。孙运璇的应运而生，说明蒋经国先生也正在步其父蒋介石之后尘，正在任用人才方面做出新的尝试。而据可靠人士披露，孙运璇之所以颇得蒋经国的赏识，也与蒋经国早年把其子蒋孝文送到孙运璇手下供职有关。当年蒋孝文从美国回到台湾时，本来有许多从政的机会在等待他去挑选，可是谁也不曾想到，手握重权的蒋经国先生，居然把他心爱的爱伦，放手送到孙的旗下，企求发展。可是，让蒋经国最后心灰意冷的是，他的爱子竟然并不成器，

纵有孙运璇这样的技术官僚在旁关照抚持，却仍然没有成为人上之人。这不能不是历史的遗事。……"

"住口，不要继续读下去了！"蒋经国听到这里，一挥手，打断了身边的秘书。他的脸上一片铁青。在蒋经国的脑际，立即浮现了蒋孝文刚从美国返回台湾时的往事。那段往事对蒋经国而言，无疑也是一种悲酸和痛苦。……

那一年，因有蒋介石和蒋经国父子的庇护，蒋孝文虽因"飙车事件"名誉扫地，可是，他并没有因此而终止在美国的学业。只是他经此折腾，从此再也不敢开车时喝酒，更不敢疯狂地驾驶跑车在美国各公路上飙车了。就这样他在美国的学业开始走上正轨，与女友徐乃锦的关系也愈加成熟。不多时，由于蒋介石和蒋经国父子的允诺，蒋孝文和徐乃锦在美国结了婚。从此，在蒋孝文的眼前似乎掀开了崭新的一页。摆在他面前的天地仍然十分广阔。而且还有他此时并不知晓的内幕，那就是蒋经国在其父蒋介石的策划下，从20世纪60年代开始，即为蒋氏家族"第三梯队"接班计划，在悄悄地做着紧锣密鼓的准备。到了蒋介石因阳明山车祸住进台北荣民总医院时，这个接班计划忽然大有提前之趋势。其原因是，这时蒋孝文已经毕业，他当初也想像其妹蒋孝章一样，毕业时就在美国谋一职业，从此和妻子徐乃锦在异国共度爱情蜜月。蒋经国坚决反对儿子这样做，在1969年春夏之交，一连通过国民党驻美使馆，给爱子蒋孝文发了几次电报，每一次都要求他们必须马上返回台湾就业。这幕后的原因，当然是蒋介石在病中的极力操纵使然。而蒋孝文作为孝顺之子，根本不知内中情由。

蒋孝文与母亲蒋方良和妻子徐乃锦

蒋经国、蒋方良对徐乃锦疼爱有加。
（中时报系档案照片）

1969年7月，台北炎热如火。刚从美国结束学业返回台湾的蒋孝文，被安排在台湾电力公司的桃园管理处任处长。那时，他不但早已与徐乃锦结婚，并且已经有了他们的爱情结晶——女儿蒋友梅。可以说那时的蒋孝文事业与家庭均处在非常如意的好时光。

当初蒋介石和蒋经国为何将他们准备"立嗣"的蒋孝文，派到台湾的桃园县任职？主要是因为那里有一个大名鼎鼎的孙运璇。孙运璇是何许人，为何会引起蒋氏父子如此重视？并非这孙运璇有多么大的政治人脉，而在于此人具有着可以让台湾经济发达的丰厚经验和极高的人望。孙运璇原来在大陆时期，曾经在张学良办的哈尔滨工业大学读过工科，九一八事变后孙运璇只身从东北来到南方，开始在陇海铁路供职，后来他到南京参与了当时的实委会，主持了湘江电力工厂的筹备工作，从而成为工业精英式的人物。1945年孙运璇奉命前来接收日据时代的台湾电力工业，并从此担任台湾电力方面的主持者。1950年孙运璇以杰出的电工才能，一跃成为台电的总工程师。这时他才为蒋介石所赏识。因为蒋介石率大批国民党溃逃到台以后，首先需要解决的就是全岛的电力大事，而孙运璇无疑就是唯一的技术权威。蒋经国继任抓权以后，也把眼睛盯住了孙运璇，目的在于发展台湾的经济。这样，大溪、桃园、屏东和雾社等地的水电和水库建设，孙运璇都首当其冲。因此，他获得了国民党最高层的信任。就在这时候，蒋孝文归来了，蒋经国左思右想，虽然他很想让儿子的继任接班首先从军政起步，然而蒋介石则认为依蒋孝文的学历（商学院）及性格考虑，认为他先从台湾的实业起步为宜。蒋介石对蒋经国说："曹操当年立嗣的时候，为什么犯了大的失误？还不是因为他过于墨守成规？曹操初时看中的是几个儿子中的才华能力，这样他最先看中的是曹冲，可是曹冲命薄，英年早逝，论说他本该再选曹丕才是，因为谁都知道理应长子为先。可是曹操非要让曹植继其大位，结果如何呢？曹植虽然才华满腹，但却不及曹丕善于弄权，朝中老臣，几乎无一不被曹丕收买，结果曹操重用曹植引起朝臣的纷争，最后曹操在朝臣的压力之下，还是不得不让长子曹丕继其大位。当然，曹丕用现在人的眼光来看，很可能是个佞臣，可是，古今佞臣大多都是一些谋略之才。而我们的国民党如今四分五裂，没有一个有手腕的人来继位，恐怕也是不行的呀！经国，因此我主张从现在起就着眼扶持第三代。在咱们蒋家，不能养些空光政治后裔。你想，如果一个在国人心中没有威信的年轻人，我们即便马上就给他冠以上将军衔，也怕难浮众望。孙运璇在台湾为什么一个工程师就有那么高的人望？还不是因为他在电力方面做出了让人信服的建树吗？因此，我主张让爱伦先跟孙运璇学学经验再说。至于将来他的官职，还不就是我们的一句话吗？"蒋经国不肯违逆乃父训示，遂马上决定派蒋孝文前往桃园县的电力公司任职。

孙运璇对于玩世不恭的蒋孝文久有耳闻，也听说他在美国奥克兰的一场飚车，闹得华侨怨气冲天。可他对蒋孝文的到来不敢轻视，他知道在台湾蒋介石和蒋经国父子的权力倾天撼地，他一个技术官僚岂敢反抗。于是就笑逐颜开地把这位浑身洋气的少爷接收过来，而且不多时就委任蒋孝文为桃园电力管理处的处长。孙

运璇对蒋孝文的工作事无巨细，都要亲自过问，而且他为了提携他，往往都把最为重要的技术项目交给他来承担，意在让蒋孝文早日取得成绩，然后才能不负两蒋所望，让蒋孝文早一天成为"真龙天子"，成为蒋氏家族接班的第三梯队成员。

可是让孙运璇为之不安的是，他发现蒋孝文在工作中虽然十分努力，然而他毕竟对电力工业所知甚少，有些工程他一而再地发生问题。不过孙运璇都为他事事遮挡，即便出错，也都大事化小了。一些责任，他能揽则揽，往往把成绩归功于蒋孝文。如果蒋孝文真能静下心来做事情，孙运璇认为不超过两三年，在他的培养下蒋孝文肯定有所进步，在十年内他准能像蒋经国所期待的那样，成为台湾经济方面的权威人士，这样他也可以放心了。然而让孙运璇不安的是，他看到在桃园供职的蒋孝文，心思根本不在桃园，仍然放在台北的家中。特别是他的业余生活比以前在美国时变得更加堕落了，酗酒、跳舞、打猎，蒋孝文几乎每天都有应接不暇的饭局，开车兜风更是他必不可少的业余雅兴。一次，喝得酩酊大醉的蒋孝文，驾驶着一辆美国军用吉普车从桃园县驰回台北的七海官邸。他在楼前那个小花圃前，竟然在夜色中与迎出来的三弟蒋孝勇相遇。当他从弟弟口中得知严厉的父亲已经回到家里时，担心因为酗酒受到苛责，蒋孝文又急慌慌地驾驶着吉普车驶离了七海官邸。

"大哥，你可要小心！你喝得大醉，驾车很危险的。"蒋孝勇当时确实从内心中为蒋孝文担忧，他见哥哥趔趔趄趄地登上汽车，发动了引擎，急忙追上来企图劝阻。

"少管我的闲事，我这个人越是喝酒，越是敢于开快车！怕个什么？"不料，蒋孝勇的忠告并没有引来蒋孝文的注意，他凭借着酒力，狠狠踩油门，那辆美国吉普便如同射出枪膛的子弹一般，疯也似地冲向通往官邸大门的林阴道。喝得晕晕乎乎的蒋孝文，将那辆车子开得飞快。他本想在士林到大直之间的街道，再寻找一处可供消遣的歌厅或舞榭，以打发他酒后的无聊与寂寞。不料，当时夜幕初临，华灯闪闪，附近街道上大多为达官贵人的住宅，即便有些酒肆舞厅，也大多人群拥塞。蒋孝文一连找了几处，均无他满意的。正在他心绪烦躁之时，忽见前方路上迎面走来一位国民党军官。他手里拿着一把旗帜，很像一个担任警戒的官员。由于士林至大直这一段区间始终是台北高度戒备的地区，所以那个担任夜间警戒的军官，忽然发现一辆开得左歪右斜，如入无人之境的吉普车，亮着两盏明晃晃的车灯疾快地驶来。他便慌忙上前，挥旗大叫，企图把蒋孝文的吉普车扣住处罚。可是，他无论如何也不会料想到车里坐着的竟然是"行政院长"蒋经国的大公子！"停车！快停车……"那军官站到柏油公路的中央，喝叫拦车。

蒋孝文从来也没有遇见过这种情况，心中正在烦恼，哪里肯听那军官的呼喊拦阻？他急忙将方向盘一打，准备从那军官的身边绕过去，谁知已经喝醉了酒的蒋孝文，双手不听使唤。他驾驶的那辆吉普车在公路上情不自禁地画起龙来，就在车子左右闪躲之时，突然失控，"嗖"一下从那挥旗军官的身旁驰过。"啊——"军官被突然加速的吉普车撞倒在地，车轮子竟从他的头上辗过。还不等他呼叫出声，蒋孝文的吉普车早已飞驶而去。公路上留下了一条可怕的血轮印痕！次日查明，被蒋孝文飞车辗死的军官名叫张惠云。士林地区巡察队也通过现场目击者提供的车号，很快就证实肇事者是蒋孝文。

事情很快报告给蒋经国。

"混账东西，谁让你又酒后驾车，莫非你在美国的教训还不够深刻吗？"蒋经国在得到有关蒋孝文酒后辗死国民党下级军官张惠云的详细报告以后，在七海官邸里大发雷霆。对于在苏联西伯利亚艰苦环境出生、一直感情甚深的蒋孝文，蒋经国从来不曾动如此大的肝火。虽然蒋孝文在美国读加州柏克莱商业学校时，曾经因驾车生祸，但他那次并没有辗死人。而今天蒋孝文不仅再一次酗酒，而且他居然胆敢酒醉驾车，发生了让台北震惊的血案，这又让他如何收拾残局呢？

蒋经国气得脸面煞白。他记得早在蒋孝文从美国归来之初，就在儿子前去桃园供职时多次叮嘱他说："孝文，你喜欢驾驶汽车也不一定就是毛病。要紧的是你偏偏又喜欢喝酒，而且每次喝起酒来总不计后果，没有节制地饮酒不仅伤身，而且也会害人。这次让你去桃园，可千万不能再像在美国那样随随便便了。孙运璇是台湾经济界公认的老好人，也是人人敬重的技术楷模，让你到他的手下工作，你一定要认认真真行事。特别是做人一节，更是事事要向孙运璇先生学习，一个年轻人，只要有了良好的道德品质，只要有了高超过人的水电技术，将来你才可能在台湾生根发芽！你祖父把你这次去桃园供职，看成是咱们蒋家人的翻身大仗，我希望你把这一仗一定打好。我要求你一是少喝酒，二是千万别在酒后驾驶汽车。你能记牢阿爸的话吗？"

"我会记得牢的，请阿爸放心，我到桃园以后会遵纪守法的，决不会给您老人家惹麻烦！"蒋孝文当时信誓旦旦地回答。可让蒋经国大失所望的是，蒋孝文到了桃园以后不仅仍然酗酒和开车，而且因身边无人约束，反倒更加变本加厉，今夜他居然在酒后驾车将一名无辜的军官张惠云活活辗死了！

　　"混账东西，我马上就下令把你关进监狱！"蒋经国虽然大动肝火地痛骂了儿子，然而，作为父亲他自然不希望蒋孝文因此事故受到什么处置。当年他在奥克兰的往事让蒋经国痛断肝肠。蒋经国深知，如果依台湾的有关肇事规定，酒后伤人是理当治以重罪的。然而由于肇事者的身份特殊，台湾的有关部门不敢贸然处理。蒋经国情知如果将此事轻轻压埋下去，显然难以堵住世人之口，对于他自己的官途政声亦无益处。于是，在经过几日的思考之后，一位国民党的高级幕僚终于替他的主子蒋经国，想好了一个万全之策。

　　这位幕僚向已经出任"行政院长"的蒋经国建议说："院长，此事如果官方不加理睬，张惠云的家属势必要在社会上到处张扬。那样一来，对院长的声誉不利。依我之见，不如另找一个人来出面，让他替代孝文受过！"蒋经国一怔："另找一个人……代孝文受过？谁肯做这种傻事呢？"

　　幕僚笑说："自然会有人的。院长您也许知道，孝文所开的那辆肇事车，并不是官邸的车。而是桃园电力管理处的车，那必然有它固定的司机。经我的仔细查找，这辆汽车的司机，名叫陶锦藩，依我看，不如就让陶锦藩出面承担此事最为合适！"

　　蒋经国心里一动，但未敢表态。因为将自己儿子辗死他人的罪过，无端推给他人，万一丑闻外泄，后果不佳。那位讨好的幕僚显然已将此事料想周全，便躬下身来，颇为机密地对蒋经国说："此事我已让人和陶锦藩谈过了。他听说是院长的儿子肇事，情愿出面替孝文揽过。我已经答应他，此事过后不久，就可以把他悄悄释放出来。而且，必要时再给陶锦藩一些好处。如此一来，这桩肇事事件便可以妥善处置了！"

　　蒋经国闻言大悦。他认为这样一来既可不让儿子孝文有任何处罚，同时也无损他的政声。但蒋经国所担心的还有一层，他默许此种方案之后，又忧心忡忡地询问那献计的幕僚说："即使陶锦藩可替我消灾，只是那个被辗死的张惠云家属，怕是不会善罢干休！"幕僚不以为然地说："此事我也想过了。不如对其家属软硬兼施，先给他家一些台币，算做补偿。再对他的家属施以威胁，就说张惠云那夜在执行公务中喝了酒，是他不慎站到快行道上才出了事。如此一来，此事便可以风平浪静了！"

　　"好，就按你的主意办！"蒋经国当机立断，一锤定音。不久，由陶锦藩出面承担此事，又暗中付给张惠云的家属20万台币，这桩酒后伤人案件，便不了了之！

11. 酗酒成了"植物人"

士林车祸发生以后，蒋经国把儿子狠狠地臭骂了一通，然后把他关进家中的后院，让他反省。然后又让他认真地写了一篇"检讨"，保证此后回到桃园事事恭谨，凡事小心。蒋孝文经此事件以后，身心也受到深深的自责。毕竟是他让一个无辜者葬身在他飞驰的车轮之下。有时他在梦中被吓醒了，徐乃锦问他为何恸哭，他便泣泪滂沱地说："刚才，我在梦里见到张惠云了，他在阴间正向我索命呢！"从此以后，蒋孝文变得神色漠然，脸色憔悴了许多。在人前背后他极为低调，而且很少再饮酒了，更不敢轻易开汽车上路。只要他开车，就好像有人在路上拦着他大叫："姓蒋的，你还我命来！"

不过，这种萎靡的状况很快就有所好转。1970年春天，从美国回台湾以后一直生活得不得意的蒋孝文，终于找到了可以发挥才能的机会，那是当时任"台电总经理"的孙运璇，亲自找蒋孝文谈一次话。车祸发生不久，蒋孝文又被人拉到桃园县党部去当了几个月的"主委"，因为他不想再看桃园公司那些人的白眼，不料孙运璇却不想让蒋孝文这样灰溜溜地离开他的桃园，因为这样做他对不起曾经对他寄予厚望的蒋介石和蒋经国父子。

孙运璇亲自找蒋孝文谈话，对这位蒋家的大少爷触动甚大。孙运璇希望孝文能够学有所用，他对蒋说："孝文，你爸爸把你托付给我的时候，曾经谈到了对你的希望。他不希望你成为一个空头政治人物，而是想让你将来从实业上得到发展。他说，一个有实业作为基础的政治家，才可能得到民众的高度赞扬。因此，他才决定把你送到桃园来。桃园是个很闭塞的县城，但是这里有我们台湾最大的水电设施。你可以在这里得到发挥才干的机会。因此，我主张你暂时先不要进入政界，而是脚踏实地地做些实际工作。而金门现在就有一个新上马的电力工程，我想派你去金门从事此项目，不知你意下如何？"当蒋孝文听说孙运璇想派他去金门主持一项电力工程时，高兴得难以自持。

"让我去金门独立主持工程，"刚刚出了人命，有些委靡不振的蒋孝文，当然不知道孙运璇此举与他父亲幕后授意相关。因此他格外高兴，甚至不敢相信这是真的。

"是的，孝文，这次我们决定让你去金门独当一面地干事业了，只是，那里要比桃园还要艰苦一些，而且那里是战备基地，随时都有炮声，你敢去吗？"孙

运璇微笑着望着这个事事不顺却又时时想出风头的蒋家大公子。

"不怕，我行！越是艰苦的工程，我越是愿意去干的。"蒋孝文当即就答应下来，他马上返回七海官邸去收拾行李。蒋经国见儿子如此跃跃欲试地前往金门，他悄悄地观察，心里升起了几分兴奋和欣喜。蒋经国甚至认为他的长子绝不像外界所宣扬的那样。蒋孝文也决非是个一味追求享乐的公子哥，因为孙运璇把一项电力工程交给他时的那种欢愉冲动，足以证明蒋孝文是一个有事业心的人。只是他从美国归来之后，学无所用才酗酒开车，到处闯祸。蒋经国后来听说，蒋孝文去了金门以后，受命担任金门电力公司的董事长。他在金门的短短一年间，一改在台北和桃园时的散漫浪荡作风，亲自负责一座现代化发电厂的设计与施工，干得颇为卖力。以后，这座发电厂就是在蒋孝文的具体指挥下施工的，可惜当它正式投入发电运营时，这位金门电厂的设计和指挥者，却因一次意外的酒醉陷入了长久的昏迷之中了……

"你实在太不成器，孙运璇先生那么高看你、重用你，你本来应该很好地干一番事业才是。可谁能想到你居然从金门跑到台中去玩乐，还为我闯下了一场大祸来！真是不该生你养你！"蒋经国在得知蒋孝文再次出事以后肝胆欲裂。他坐在飞驶上山的小轿车中，两眼凝视着公路两旁十分熟悉的花园、洋房、草坪和高尔夫球场，他的心绪有些压抑和悲哀。蒋经国每当看到蒋孝文，都会情不自禁地想起他美好的童年和少年。那一时期，蒋经国一度对爱子产生了莫大的希望。特别是1940年夏天，对于已经七岁的蒋孝文来说，无疑是一个特殊的转折期。这一年，他的生活随着蒋经国地位的改变也发生了变化。父亲先行赴赣，他和母亲及妹妹随后也离开了生活四年有余的溪口镇，来到江西省赣南的一座山城。

在这里蒋孝文看到一个与苏俄十分相近的天地，赣州是他父亲政治发迹的第一个起点。蒋孝文是在江西赣州开始了短暂的求学生涯。他和妹妹蒋孝章就在赣州城东的中心小学接触了国文课本。蒋孝文也是在这里开始理解一个与自己血脉相关的重要宏旨：原来我们是中国人！直到这时蒋孝文才知道苏联的西伯利亚荒漠并不是他们真正的家。难懂的俄文也不是他的母语，古老的中国才是他和妹妹真正的归宿。

本来蒋孝文想在赣州这座群山中的小城长期生活下去，因为他在城东小学结识了一些中国小朋友。可是，他做梦也没有想到他们一家在赣州只生活了5年，就随父亲蒋经国奉命飞往长江边的一座山城去了。

重庆，地处长江和嘉陵江的交汇处，在战争的烽火中此地成为国民党的一座

"陪都"。蒋孝文在城外黄山别墅再次见到祖父蒋介石和祖母宋美龄的时候，才发现两位老人再不是当年在杭州西湖边上见过的那样踌躇满志，战争的烽烟在蒋、宋的脸上也留下了艰辛的烙印，那是战争与官场角逐的标记。不过尽管在蒋孝文这长孙的眼中，蒋介石和宋美龄都已现出老态，然而，黄山别墅毕竟不同于他在赣州见惯的茅舍民宅。重庆终究与他们刚从苏联回国时居住过的奉化和赣州大不相同。这里是战时国民党的大后方，军政要人们聚居的地方，也是入川的重要门户。尚未成年的蒋家第三代长子蒋孝文，在这座山城里开始感受到都市的奢侈与繁华。当蒋孝文的智力逐渐成熟之后，他自恃身后的特殊政治背景，开始展示心灵深处的优越与自命不凡。蒋孝文无论在赣州的小学还是在重庆的中学，都喜欢在有意或无意中显露自己特殊家庭的荣耀，以期高人一等，或者成为学校中的特殊学生，然而他发现父亲蒋经国不知为什么始终反对儿子这样做。

有一次，蒋孝文在赣州小学里无意中说出他祖父的名字，蒋孝文做梦也没有想到，蒋介石的孙子居然在学校里引起了强烈的震动。等蒋经国听说此事以后，已经难以挽回。他到家后就只能用棍子狠狠地教训了蒋孝文一次，从那以后他确实老实了一些，谁能想到，蒋孝文到了重庆以后，竟然又故伎重演，再一次在动手打了同学之后，拍胸表示他就是当今蒋委员长的孙子。自然，这样的爆炸性消息肯定会又一次引起校方的不安。

蒋经国闻讯以后，自然对不听训责的儿子又是暴跳如雷。然而训责归训责，从小就在心底埋有不安分种子的蒋孝文，尽管在蒋经国的训责面前连连表示改悔，然而只要有合适的土壤，他那与生俱来的优越基因与喜欢当众炫耀的本能还会顽固地表现出来。这样一来蒋经国就只好不断地给蒋孝文办转学。他知道如果儿子在一个学校里暴露了自己的身份，非但会给学校教师在施教中带来诸多不便，而且还会因蒋孝文的劣迹影响到蒋介石、蒋经国父子的声誉。同时蒋经国还感到在战时的"陪都"，蒋孝文的不慎行动很可能会给他本人带来无法预见的危险。蒋经国恨铁不成钢，他知道蒋孝文灵魂深处的劣根性，也许与他那顽固的表现欲不无关系。

后来蒋孝文和妹妹孝章终于离开了重庆。那是抗战胜利以后，出于种种考虑，蒋经国决意不在南京这国民党的首都安家，而是有意让蒋方良把孩子们送到上海居住。蒋孝文当然无法理解蒋经国的良苦用心，他这样做是为不让自己几个孩子过多沾染第一政治家族的荣耀。作为长子的蒋孝文偏偏不能理解父亲的良苦用心，来到上海读书时尽管不敢像在赣州、重庆时那样，经常想以蒋家第三代孙子的特

殊身份，在学校中称雄称霸，但是，他在骨子里仍然残留着某种与生俱来的自负和自傲，这主要表现在蒋孝文的学业上。

他不是把全部心思都倾注在学业上的孩子，而是在学习中经常耍小聪明。这样就引起了蒋经国的不满，经常会以棍棒来替代循循善诱。其实这样的家教最终并不能起到良好的作用，所以，蒋孝文在上海读书期间，尽管不敢再做暴露身份的事情，然而他却始终是以毫无追求的心态读完中学课程的。

1948年，国共战事频仍。心事烦乱的蒋经国在看到长子的中学考试成绩单后，曾经无可奈何地仰天长叹，自言自语地说："古人说清朝的八旗子弟个个都是败类，我还以为这是对纨绔子弟的恶意诽谤。现在没有想到竟然轮到我儿子身上，这才知道政治家族带给后人的并不全是荣耀和恩惠，还有更可怕的东西，那就是优越感和不思进取的懒惰思想啊！……"

而今，蒋孝文美妙的青少年时光早已在他的嬉笑怒骂和花天酒地中悄悄逝去了，留学美国的金色岁月也一去不再复返。蒋经国记得那是蒋孝文去金门接任电力公司董事长的一年后，有一天，他把蒋孝文找回了七海官邸，勃然大怒地将儿子狠狠地训斥了一顿。原来蒋孝文这次又发生了意外，原以为儿子这次在金门可以大展身手的蒋经国，没想到他在金门竟又闯下了一场大祸。

蒋孝文在金门电力公司主持一家大型发电厂动工兴建以后，他就渐渐耐不住工区里的寂寞，忽一日，他独自开着一辆公司新购进的英国豪华轿车，在傍晚飞快地驶往台中。蒋孝文这次从金门出来，本意是想沿着金门通往台中的公路兜风试车。也是他的雅兴未改，喜欢玩车的嗜好始终如一。谁知由于路途遥远，当他把汽车开到台中时已近晚九点。疲累已极的蒋孝文决计在台中过夜，次日再将车开回金门去。这样，他就很随意地选中一家名叫"意文"的酒店下榻。当时，由于蒋孝文身穿便装，又是第一次来台中的"意文酒店"，所以，无论是酒店老板还是该店的侍女、保安人员，均对他一无所知。因此，当蒋孝文点菜点歌时，侍女只是一般性的应酬，神情十分漠然。蒋孝文有生以来哪里受到如此轻视？他几杯醇酒下肚，怒从心中起，忽然将桌子一拍，吼道："喊你们的老板来！"

酒店老板初时不肯理睬，后来见蒋孝文在雅座里酗酒拍案的大闹，情知遇上了难缠的人物，不得不匆匆赶来。他也不认识蒋孝文，以店大压客的凶狠口气吼道："哪里来的不讲理家伙，你可知道我们意文大酒店是台中首屈一指的大店，如果谁敢胡闹，可绝不客气！"

蒋孝文正是怒火燃胸之时，却见闯出来个骄横倨傲的老板，立刻勃然大怒，说："你们真是混账，有眼不识泰山，你们的店难道还比台北的圆山饭店大吗？你们也不问问老子是谁，就胆敢如此无礼？"老板也不肯服输嘴软，气咻咻地骂道："不管你是谁，只要进我们意文大酒店的人，都必须守店里的规矩才行。如果谁敢无理取闹，我们酒店的保安可不好惹！"蒋孝文怒不可遏地将手中的酒杯狠狠一摔，在地板上砰然一声粉碎。他霍地跳了起来，拍胸对骂道："老子也不好惹，今天我倒要领教一下意文酒店的规矩，看你们哪个敢动老子的一根毫毛！"

这时，一伙酒店保安人员已经从各个方面向蒋孝文的雅座聚拢而来。老板抓住蒋孝文摔碎酒杯一事不放，要他赔偿损失。蒋孝文自然不肯。双方越吵越凶，后来那酒店的老板一招手："不讲理，你们就给我教训教训他！"保安人员正愁没有向酒店老板效劳取宠的机会，此时见蒋孝文是个西装革履的书生文人，又不知他的身后背景，就呼喊一声，蜂拥而上。七手八脚，直向蒋孝文劈头打来。蒋孝文有生以来，在台湾这个地方，从来都是独往独来，如入无人之境，万没想到在台中一家酒店会被一群保安打得鼻青脸肿。后来，蒋孝文见他寡不敌众，情知一人敌不过那些扑上来的一群保安。他急中生智，双手抱头朝楼上跑去。回到下榻的套间以后，一个电话打给台中市的警备司令鲍步超，叫道："鲍司令，不好了，你如果不来的话，这里快出人命了！"

鲍步超接到蒋孝文的电话大吃一惊，他做梦也没料到蒋介石的孙子此时住在台中的意文酒店，并且又被该店的保安痛打了一顿。吓得他晚饭也顾不得吃，急慌慌率领一批军警驾车驶来。眨眼之间，黑压压的军警已将意文大酒店团团包围。酒店老板这才知道惹下了大祸！他没想到今晚遭他殴打的人，居然是掌管台湾命运的蒋介石的孙子！吓得他急忙向蒋孝文赔礼道歉，然而大祸毕竟闯下了。蒋孝文向警备司令鲍步超吩咐说："一定要让这家酒店停业3日，以示惩罚！"鲍步超岂敢怠慢，只好执行。不久，蒋孝文在台中醉酒大闹意文酒店的丑闻见报了。蒋经国知道这件事情后既痛心又恼恨，他一怒之下免去了鲍步超的台中警备司令，又将儿子孝文从金门找回官邸狠狠地痛骂一顿。

"唉唉，也怪我当初恨铁不成钢，如果当时能冷静处之，也不至于发生后来的事情！"蒋经国坐在飞驶上山的车里，想起蒋孝文长久患病，就为自己那次因意文酒店事件，大骂蒋孝文的事颇感痛疚。他后来才知道儿子孝文自从去金门主持电力公司以后，对自己从前的酗酒贪玩等恶习，确实已经有所痛改。就连性格严肃的总经理孙运璇也不得不承认："孝文自到金门以后，开始自重自警了。看起来，这孩子还是大有前途的！"蒋经国为此自欣喜，觉得从前被人称为纨绔子

弟的蒋孝文，如今在孙运璇的引导之下，已经痛改前非，并且在独当一面地主持金门电厂以后，他在工人眼里的形象大变。也正因为他身边有孙运璇这样严肃的长者，一度纵情酒色、花天酒地的蒋孝文，已经开始走上人生的正常轨道。现在看来，所谓的台中意文酒店事件，也不过是由于蒋孝文当时醉酒失态所致。哪知严格有余的蒋经国当时无论如何也不能容忍儿子的过失，他一顿劈头盖脸的痛骂，非但未能使蒋孝文浪子回头，反而适得其反，使一度好转的蒋孝文从此变得意志委靡，索性破罐子破摔了。

蒋经国的轿车沙沙沙驶向半山坡上的杉林。他下车以后走进了那幢日式的小洋楼。

蒋经国知道蒋孝文患上重病以后，就长期居住在这里，他身边只有在国外取得博士学位却始终无法到外边工作的儿媳妇徐乃锦，蒋经国今晨上山，是听说儿子的病情再次复发了。可让他吃惊的是，当他来到儿子独居的小楼时，却发现此时人去楼空，寂寥无人了。在楼下过厅的缀花地毯上，蒋经国收住了脚步。他望见通往二楼的楼梯处摆满了一盆盆艳红嫣红、争奇斗艳的兰花。他知道这是爱子孝文平时所喜欢的，幽幽花香在过厅中飘荡着。蒋经国的脚步声惊动了楼上，片刻便听到一阵急促脚步声。可从螺旋形楼梯上匆匆奔下来的，却不是他熟悉的儿媳徐乃锦，也不是蒋家的大孙女蒋友梅，而是手拿一块抹布、腰间系着围裙的老女佣。她奔下楼梯的一刹那，惊愕地打量着很少上山的蒋经国，女佣惊喜地叫道："原来是先生上山了！孝文和夫人住进荣民总医院了。这次发病更重了。先生请，快到客厅里坐吧，我这就去给您烧咖啡！"

"不急不急，老人家。"蒋经国这才知道儿子儿媳一家已经住进山下的医院。他已多时不曾走进这座装潢典雅、四壁挂有美国抽象派壁画的小楼了。蒋经国被老女佣请进楼上小客厅，在女佣去张罗咖啡的时候，他悄悄来到隔壁蒋孝文的卧室。这间卧室，对蒋经国来说格外熟悉。几年前蒋孝文刚发病的时候，他不时上山来这里探望缠绵病榻上的儿子。如今却没有想到蒋孝文的病情越来越重，想到儿子的病情他就万分痛悔。

"如果孝文当初不那么狂热地酗酒，也许他不会有如今这凄怆的结局！"蒋经国惘然的目光左右环顾空荡荡的卧室，心里有点酸酸的。他知道孝文虽然性格古怪、暴戾，但如果没有1972年秋天那次醉酒，也许就不会发生后来长期昏迷不醒的病危状况。蒋经国记得那是台中意文酒店事件发生不久———个秋雨连绵的下午，在金门负责电厂工程的蒋孝文忽又返回了台北。当时，有一些追随巴结他的男男女女，非要请他前去圆山大饭店赴宴。就在这次酒席上，由于那些阿谀奉承的友人们频频劝酒，蒋孝文才发了旧病。此前蒋孝文在金门因有孙运璇的监督，他平时很守规矩，几乎是从不饮酒，而今他盛情难却，忽然大开酒戒，接连狂饮数十盏香醇的白兰地。不久，他便在大家的频频劝酒面前大醉酩酊了。

朋友们见蒋孝文已经醉得一滩烂泥，只好将他扶进这家大饭店5楼的一间套房。如此，蒋孝文就一下子坠入了可怕的梦乡。那些酒友们只知在蒋孝文神志清醒的时候，讨他的高兴，而当他们见蒋孝文醉得人事不省时，都纷纷散去。这些人当时谁也不曾知道，平时以酗酒为乐的蒋孝文，其实每次醉酒后必有身边人为他服下控制血糖的特殊药物才行；那是因为蒋孝文早在美国读书时，医生就已确诊他患上了先天性糖尿病。如果饮酒一旦过量，又不能及时服下这种药品，他的血糖就必然失控，甚至可以引起旧病的复发。徐乃锦在蒋孝文的身旁时，无时无刻不关照丈夫戒酒。即使蒋孝文偶尔犯规，徐乃锦也会及时让他服药缓解，可这一次那些阿谀劝酒的人们却彻底地毁了他。直到第二天下午，徐乃锦才知道丈夫早在一天前即已离开金门，又获悉丈夫在圆山大饭店醉酒，并已昏睡了一天一夜！徐乃锦在电话中问清情况后，立刻就有种不祥的预感。当她慌忙驱车从家里直奔剑潭山下的圆山大饭店时，才惊愕地发现蒋孝文早已经昏厥过去。

一辆蓝灯闪亮的救护车，把昏睡20多个小时的蒋孝文送进荣民总医院。医生们经过紧急的抢救，发现已经晚了。蒋经国、蒋方良慌慌赶来，医生向他们报告说：蒋孝文由于有先天性糖尿病，在酗酒过后又进入长久的睡眠状态，致使他的脑部严重缺氧、血糖骤然改变，现在他即便醒来，头脑的记忆力也已基本丧失了。如果继续加强药物治疗，也许可以逐渐改善蒋孝文目前出现的肢体运动障碍，但他的神志与记忆损害恐怕今后难以恢复了！

"也怪孝文本人从来不肯相信我的告诫，这就是他酗酒的恶果啊！"蒋经国想起初次经医生确诊蒋孝文患有先天性糖尿病时，作为父亲他就曾数次提醒儿子必须戒酒。如今蒋孝文就因为酗酒才促成了一场终生难愈的病变，蒋经国对此又气又悔，有些爱莫能助。

"快，快救救爱伦！还是让医生们快些抢救爱伦吧！"蒋方良毕竟是慈善温良的女人，虽然蒋孝文长大成人以后，变得越发桀骜不驯，有时甚至胡作非为，但作为母亲的蒋方良对长子的过错还是憎恨不起来。因有蒋介石和蒋经国的关系，荣民总医院从上至下，对蒋孝文的病情岂敢怠慢。他们在蒋介石夫妇曾住的特别病房——中正楼内特辟出一个特护疗区。蒋孝文从此每日在这里享受医生和护士

们的特级护理。徐乃锦几乎废弃了工作，一连几年守候在荣民总医院中。在蒋经国的印象中，他爱子蒋孝文成了"植物人"状态，大约有四五年的光景。一直到1977年春天，他才从数年的昏睡状态中苏醒过来。后来他能从床上爬起，在妻子的搀扶之下，能够在病室内走路了。不久他也可以说话了，高兴的时候蒋孝文还可以和妻子、女儿愉快地谈心，但让蒋经国痛心的是，蒋孝文从此无法恢复从前的记忆。尽管蒋孝文注定变成为一个废人，可让蒋经国欣慰的是，儿子毕竟大难不死，得以从垂死的边缘被医生们抢救过来，这是他大难之中的万幸了！

蒋经国来到卧室门旁，他面对一张空床，想起那些苦涩的往事，心头不免泛起一股苦涩的酸楚。自1977年春天蒋孝文出院，回到阳明山这幢小楼以后，他就开始了全新生活，可让蒋经国痛苦的是，儿子即便从此再也没有了他的事业，他也希望孝文继续平静地生活下去。当年他所以同意让蒋孝文前去美国读书，一个重要的原因，是因为父亲蒋介石有一个长远的"交班计划"。

蒋经国的苦恼在于，当年蒋孝文去美国留学就是一个错误。他当时如果敢于借用父亲蒋介石的权威，在台湾给儿子安排一个能够发挥他才智的职位，也许蒋孝文如今在政坛上已经露出了头角。可叹蒋经国当时并没有实权，他自知并不像外界盛传的那样，他手中有着特殊的大权。关于这一点，蒋经国很赞同香港著名报人卜少夫在《蒋经国浮雕》中说的一段话，基本上说到了他的痛处。卜少夫说："据我所知，蒋经国也许有此虚声，却没有这样的大权。他也不敢为所欲为……1955年夏，台北一家纺织厂的老板孙元锦，为保安司令部一个职司经济调查的职员勒索而不堪其扰，悬梁自杀。这件令台湾工商界为之发指、人人自危的案子，几乎大家的怨恨都集结到蒋经国一个人身上。可是蒋经国从他的好友处，看到这位老板的亲笔自杀遗书影印照片，才明白此案原委。他也气愤填膺。当时曾请保安司令部将此人扣押，然而他的话并没有立即发生效果。隔了两天，后来又由另一个机关才来执行，他是否令出如山，权威无比，于此可见。蒋经国的寂寞，在明白若干内层来龙去脉之后，我们会认为他是一个可怜的人物。……"

蒋经国并不是怨老父蒋介石，更不敢把蒋孝文今日的结局，全然归于他前往美国留学。只恨当年的蒋孝文，确实没有走一条更加适合他发展的道路。当时作为蒋介石长孙的蒋孝文，无疑就是祖父最好的选择。蒋经国睹物思情，感慨万千。时至如今，蒋介石的叮嘱犹在耳边："孝文是咱蒋家第三代人的希望啊！"然而让蒋孝文接班的计划毕竟已经化作了泡影。蒋经国想到这些逝去的往事，真想倚在儿子门前大哭一场。他痛恨自己作为父亲的失职，也憎恨他的家庭并没有真正培育好自己的儿子。如果蒋孝文当初没有酗酒的习惯，如果他不那么放纵自己的生活，如果客观环境能够严格限制儿子那放荡不羁的行迹，如果他不出生在豪门大户的蒋家，那么，儿子孝文他会染上如此沉重的疾病吗？蒋经国神情黯然地叹了一口气。"蒋先生，咖啡烧好了！"就在他沉思往事的时候，身后传来了女佣急促的脚步声。

卷二

蒋孝武，一度为"世袭接班"的最佳人选

※ 蒋经国望着学成归来的蒋孝武，说出了他思考多时的安排："你是学政治的，按道理你回来以后理当要进入政治系统。可是孝武，我仍然不希望你过早进入政界，我看，为了不显露锋芒，你最好还是先到一个不引人注意的部门供职，暂时锻炼一下再说！"

※ 究竟谁是"江南命案"的幕后真凶？不仅外界众说纷纭，就是陈启礼这个涉案者，案发以后对于蒋家人是否真正涉案也始终不得要领。陈启礼本人并不认识蒋孝武，当然蒋经国更不可能接见他这个"竹联帮"的老大。

※ 蒋经国的这段话就是针对岛内外关于蒋孝武将来可能接班的舆论而说的。当天，蒋经国这样神色严肃、信誓旦旦地当众表示："请在座诸位相信我的讲话，经国的家人中，有没有人会竞选下一任'总统？'我的答复是：不能也不会有！……"他的话音一落，顿时，炸响一片轰然议论之声。

D 章

慕尼黑高材生归来前后

12. 二公子蒋孝武，一度攀上权力顶峰

1975 年 4 月 5 日蒋介石在台湾病逝。

此时的蒋经国羽翼已丰，就在蒋介石去世不久，1978 年 5 月香港出版的《星岛周刊》上，最先发表了一篇涉及时任"总统"严家淦去向的文章，题为：《礼让下的蒋经国时代开始，新继任者人选即将出炉》。这篇署名文稿中披露了蒋经国接任"总统"和他即将开始的"继任者思路"。沈思这样写道：

严家淦的总统任期至六十七年三月告一段落。六十七年一月七日，国民大会第六次会议总统颁布召集会议的前两天，严家淦以国民党中常委的身份，向国民党临时中常会建议提名蒋经国先生为第六届总统候选人。严家淦当时的提议，在中常会上获一致的通过，蒋经国遂于六十七年三月二十一日当选第六任总统，并于五月二十日就职。……据幕后知情者称，早在蒋介石时代，就已经有蒋氏"立嗣"的计划传闻。但具体的继任者人选，当属现在已经再无接班希望的蒋孝文先生。蒋孝文作为蒋介石的长孙，据说在老蒋在世时即格外瞻目其人。一是蒋孝文为蒋经国先生之长子，依中国旧历接班者非此长孙莫属。二因蒋介石先生生前格外看中此孙的相貌。据接近蒋家的人士透露，孝文虽有苏俄血统，但其天性良善，格外孝顺祖父和父辈，尤其为蒋老夫人所钟爱。只因其从美国学成归来后，不慎酗酒毁坏了身体，才致其与国民党的政治舞台彻底绝缘。蒋老先生作古之前，据云开始把继任蒋家政权的注意力，转向了蒋经国先生之次子蒋孝武身上。只是蒋经国担心孝武再步胞兄之前尘，因而在他主持国民党军政要务之后，开始格外严格管束孝武。蒋孝武与胞兄不同处，在于此人较为内敛。据知情者说，蒋经国也正因为次

子轻易抛头露面的特点，才开始重点扶持他成为自己的继任人。……

同年8月台湾《政治周报》又刊出《蒋经国的用人牌理》的文章，作者赵达中在谈论蒋经国有意安排继任者的同时，也侧重谈到他就职以后如何安排可以贯彻执行其思想路线的政治人物的走向。该文称："有人对蒋经国上台不久即考虑继任者一说，持有怀疑态度。不少人说蒋经国不大可能在蒋孝文尚在世间，就考虑让次子蒋孝武成为他接班人的计划。可是，有人却认为蒋家的继任计划，其实早从50年代'老总统'在世的时候，就已经作为百年大计进行运筹了。现在蒋经国先生已近暮年，且近传出他身患宿疾之说。因而此一说法，与其信其无，不如信其有。这就不能不联想到经国先生执政以后的用人特点。"

该文继续写道："有人用'天威难测'来形容蒋经国的用人牌理，可谓一针见血。早在20世纪60年代末期，蒋经国开始掌握政治权力以来，他所采取的用人哲学，常有出人意外的安排。令人难以捉摸。显示出他与他父亲的不同之处。蒋介石在发布重要人事任命之前，往往经过与党国元老的蹉商，观察各方反应以后，再行公布。然而蒋经国对于敏感政治职位的安排，一向是在极隐密的作业下进行，一旦发表，造成朝野震惊的效果，益增主其事者的权威性。蒋经国的用人方式，令人有难以预见之感。所以有人幽默地说：'没有牌理，就是蒋经国的牌理。'这句话倒是有其深刻的意义。然而，当我们深入研究蒋经国在用人方面的布局，在玄妙中隐然露出规则性的政治权术的运用。早在国民党迁台之后，蒋经国政治努力尚处于相对劣势时，他就已经开始培养其政治基础，所谓'政战系统'、'救国团系统'、'辅导会系统'都可视为他培养人才的场所。从过去的事实显示，蒋经国非常照顾部属，从早年江西的同胞，上海打老虎的战友、三青团干部，一直到台湾各单位的同事，他都会提拔其中的德才之士。甚至对他们的家属，都给予关照，显示他是性情中人的特性。蒋经国对于用人，的确有他的特别'模式'。一位研究台湾政治的学人称，蒋经国用人是有不可预见性的，换言之，他不喜欢别人猜测他的政治安排，他施以诡密的人事调整，造成人人都有希望，个个没有把握的情势，自然使领导者成为部属仰望终身之所系。也可以防止部属个人'组党结派'……至于蒋经国现在是否考虑将来的继任人一事，目前还仅仅是坊间的民传而已，而蒋经国本人是从来不涉谈这种极为敏感话题的……"

在20世纪70年代末的几年中，蒋经国在其父作古后初占政治舞台的中心，期间他的形象在台湾朝野甚佳。有人甚至认为蒋经国与蒋介石截然不同，他是一个真正想为国民党努力奋斗的"总统"，也有人甚至认为蒋经国与蒋介石的根本

区别，还在于蒋经国身上有着他早年在苏俄期间共产党对他教育多年而永远洗不掉的影响。因而，一些人开始怀疑蒋经国是否当真有蒋家世袭性质的"交班计划"。1979年台湾《远见》杂志有人发表一篇这样的文章，题为《蒋经国先生的崛起》。文中说："1978年就职的经国先生，上台不久即提名时任经济部长的孙运璿先生出任'行政院长'，届时，内外好评如潮，舆论界则开始是惊讶，继而又议论纷纷。最后则一致给予好评。因为从中国的政治发展历程上观之，孙运璿被提名出任最高行政长官，不单纯是一位杰出的技术官员成为内阁首长，更重要的含意是一个新的现代化阶段的到临。那就是著名经济学家盖布莱斯所说的'技术结构'的出现。当然，孙运璿并不是第一位出身文官系统的国民党人被甄选进入核心的技术官员。在他之前的严家淦，这位圣约翰大学化学系第一名毕业的高材生，以其行政能力与财经才华，见重于蒋介石。在"民国"五十年代中期，成为蒋公所倚重的助手。甚至在蒋公驾崩逝世后，就任了'总统'。但严家淦当时仍在以革命精英为核心的权力结构中，被视为政坛的异数。以及蒋经国时代的来临，严家淦就完成其历史使命，退出了公职的行列。现在蒋经国先生是否当真就在重用孙运璿一事上彻底改变了从乃父蒋公时起暗中执行的家族世袭交班计划呢？显然坊间的各种说法，均无事实的根据。因为据接近蒋经国的人士传出的信息表明，蒋孝文成为政治废人以后，蒋经国先生对是否由其家人子嗣继位的夙愿，已经产生了根本意义上的改变……"

上述说法如果成立的话，那么，蒋经国确实准备开创国民党的新纪元了。而他为了自树"亲民"、"勤政"的良好形象，痛下一番苦心废止他父亲蒋介石在世时惨淡经营的蒋氏天下，也许蒋经国确实另有一番他的政治打算。然而又过了一年，台湾一家政治报纸无意中发出的一条消息，再次把众公的注意力吸引到蒋氏家族的烟火延续一事上来。这条消息说："据可靠信息说，数年前一直在国外留学的蒋经国二公子蒋孝武，最近忽然从德国归来了。蒋家与德国的关系渊源甚远，最早的蒋家人前往慕尼黑留学的是蒋公次子蒋纬国将军。而今经国先生也步其父前尘，又把他的二公子孝武送往那个'二战'期间饱受国际社会抨击的欧洲国家读书。据说，蒋公在世时尤其推崇的军事将才就是希特勒。'二战'结束以后，希特勒的幽灵尽管早已彻底消失，然而东方仍有一些政治人物在痴情迷恋着这一当年燃起欧洲战火的国家，谁也想不到经国先生这一度在苏联成为共产党人的现任总统，竟也会把他珍爱的二子蒋孝武送到希特勒的故乡读书。还有人说，蒋孝武此次学成归来，很可能会成为经国先生实施传承计划的主要角色。因为其兄蒋孝文早已成为了政治废人……"

蒋孝武确实悄悄地飞回了台湾。

他在桃园国际机场走下飞机时，机坪前几乎不见有任何接机的人影。因为这一切都是蒋经国事先的授意和安排，他要求儿子这次归来，一定要改变从前的兴师动众。要他以普通平民的姿态悄然回家。蒋经国托人带话给在国外读书的儿子蒋孝武说："你大哥的失败，一是他的生性狂傲，二是他的不甘寂寞。如果你想回到台湾来做事，首先必须要学会低调行事，夹着尾巴做人！"蒋孝武当然知道现在的台湾，早已不同于蒋介石在世的时代了。国民党尽管仍然牢牢地固守在政治舞台的中央，可是因有一批"台独"势力在蠢蠢欲动，已经有相当的一派势力在暗中筹组所谓的地野党了。蒋孝武纵在海外，也听闻父亲不时地在为如何维持国民党的统治而殚精竭虑了。

"孝武，你从国外留学归来很好。你是知道的，你的大哥孝文，本来也应该是很有前途的。他当年是在美国学过商业的，回到台湾以后我也曾经想让他从政，可是他不行；又让他到台湾电力公司桃园管理处任职，谁知他也干不了。后来他又当上了桃园县的党部主委，原本以为他是会干出点名堂来的，可是谁知道他却不知自爱，无端地弄出一场大病来了。唉，他如今已经变成了一个废人，这又让我有什么办法呢？孝武，你是咱们蒋家的老二，咱们蒋家未来的希望，可全都寄托在你的身上了！"那是1969年的深秋，台北七海官邸秋菊灿烂。艳阳明媚的一个上午，从德国慕尼黑飞回台北的蒋孝武，风尘仆仆地走上楼来。当一位身穿笔挺蓝色西装、身材又高又瘦，既有几分帅气亦有几分傲气的蒋孝武，出现在身穿睡衣的蒋经国面前时，正为长子蒋孝文日益沉重的病情焦灼不安的蒋经国，顿时变得眉开眼笑起来。他把蒋孝武上下打量了许久，终于发出一声由衷的感叹，"孝武，我倒是希望你能为咱们蒋家争一口气，你懂吗？我想让你为咱们蒋家人争气呀！……"

"父亲，我懂您老人家的意思。您看，这是我在德国慕尼黑政治学院毕业的文凭，这是我的毕业论文，这是……"蒋孝武在父亲蒋经国面前俨然一个得胜班师的大将军，以自傲自诩的口气炫耀几年来他在欧洲的所见所闻。蒋孝武这个1945年出生在浙江奉化老家的蒋氏二公子，他的性格持重而沉着，显然与他正在阳明山上养病的胞兄孝文大不相同。当年，蒋介石由于期望孙子辈中能有一位将来替他继承军权的人，所以将他命名为孝武。在他长大后蒋经国又把他送进凤山军官学校就读，蒋介石与蒋经国对他的良苦用心，蒋孝武自然是心领神会的。

然而，由于凤山军校的艰苦，蒋孝武也像他大哥孝文那样，接连的军训让他难以忍受。所以，在蒋孝武接受军事训练不足半年的时候，蒋经国又将他调到台湾大学深造。蒋孝武在那里攻读的是政治系，从中可见蒋介石、蒋经国父子对他所寄予的厚望，这种精心的安排显然是将来让他能够从政。因而，在蒋孝武于台湾大学毕业不久，蒋经国又将他送德国慕尼黑的政治学院去攻读学位。如今，不负蒋经国所望，蒋孝武果真雄赳赳地学成归来了。他在听到蒋经国以失望沮丧的语气哀叹大哥孝文的不幸时，蒋孝武内心滋生了一种从未有过的冲动感。他问道："我回来以后，父亲到底让我做什么呢？"

"你是学政治的，按道理你回来以后理当要进入政治系统。"蒋经国手托着下颊，呆呆坐在沙发上沉吟有顷，忽然说出他早已想好的一个安排："孝武，我仍然不希望你过早地进入政界，我看，为了不显露锋芒，最好还是先到一个不引人注意的部门供职，暂时锻炼一下再说！"

蒋孝武当时心情虽然不悦，但还是在父亲面前表示顺从，说："行，只要父亲高兴让我到哪里去，我就去哪里！"蒋经国很高兴地点点头说："那好吧，你就先到'华欣传播事业有限公司'去干一段时间再说吧！"

"华欣？'蒋孝武一怔，此前他从没有听说过这家公司的名字，他显然对去"华欣文化事业中心"当个小小主任的职位心存反感。因为在他看来文化与政治似乎毫不搭界。但蒋孝武不敢违逆父意，他慢慢才明白蒋经国的良苦用心，父亲是想让他先在文化和宣传这个岗位上树立形象，然后才能在政界官僚们认可的情况下，一步步进入较为重要的角色。1976 年蒋孝武顺利出任台湾"中央广播电台"的主任不久，另外一个对外不公开的任命，也同时送到了蒋孝武的面前。国民党的"中央政策会"委任蒋孝武担任一个委员。这个委员初看也许会被认为是一个"虚衔"，然而，蒋孝武很快就意识到这是父亲让他从实质上进入政界的一个伊始。接着而来的是，蒋孝武在宣传文化界的步步高升：先让他出任"中华民国广播事业协会"理事长和"中国广播公司"的总经理；另外，国民党的党务部门也将一批头衔授予了雄心勃勃的蒋孝武。什么"中央组织委员会"委员、"新闻党部"的常务委员等。后来，蒋经国索性让蒋孝武直接进入政治实体，并且让他不断地充任实职。1977 年春，蒋孝武升任了国民党"中央委员会秘书处"的秘书。这与一年前他已经受到委任的"国安会议"执行秘书职务一样，虽然"秘书"的职务在寻常人眼里并不显赫，可只有知情者才知道，蒋孝武身兼的两个秘书，实则上都是某种特权和实权的重要角色！蒋孝武感到仕途顺畅的时期到来了，尤其是他充任的"国安会议"执行秘书，实质上就是蒋经国让他的次子蒋孝武正式插手国民党情治机关的开端。

"孝武，你可千万不要小看这个秘书啊。"有一次，蒋孝武回到七海官邸，无意中流露出自己对这小小"执行秘书"的不满情绪。蒋经国听了，眼睛一瞪，他索性忍下怒气，便苦口婆心地开导他说："如果你将来真有政治抱负的话，那么你就必须安心从这个秘书给我干起。为什么？就因为在台湾这个地方，谁真正掌握了情报部门，将来谁就是政治上的强人！因为情报部门的耳目灵活，你可以掌握所有军事首长的秘密。而这些情报一旦握在你的手里，你就不仅可以指挥情治机关，也可以指挥军事机关！当年我刚来到台湾的时候，你爷爷就是让我先从抓王升的情治部门入手的，如今，我也这样让你来做这项工作，孝武，你要好好地干下去！你可要知道我用心良苦啊！"

蒋孝武茅塞顿开地频频点头："我懂了！"

13. 作家江南遇刺，世界舆论直指蒋氏父子

后来的事情比较顺利，蒋孝武遵从父亲的旨意默默地在情治机关干了下去，而且他果然步步晋升，重权在握。倏忽几年光景，蒋孝武就发现他已能一手主持台湾的"中广"和"中央"两台的宣传大事，另一手则暗中控制着国民党的情报关。因此，蒋孝武进入20世纪80年代初期，他就成为了国民党政界一个炙手可热的人物。直到这时，他才从心里暗暗地感激父亲当初对他的刻意安排，是完全是有道理，且亦是切实可行的。蒋孝武那时甚至已经隐隐看到一个辉煌灿烂的仕途前景，正在前面等着他。兄长蒋孝文既然重病在身，已是一个扶不起来的天子，那么自己作为蒋家的二公子，他就完全有理由在不久将来衔命上阵，以超人的智能和权力驰骋在国民党的高层政坛上，蒋孝武有时甚至悄悄地想，将来父亲蒋经国百年以后，他肯定有理由万夫莫当地成为蒋氏家族的合法继承人。

蒋孝武的悄悄握取权力，很快就为外界所知。香港传媒最先获得了来自台湾高层的密讯，并且有人把蒋经国扶持蒋孝武上台的信息捅到了一家名叫《百姓》的月刊上。文章的标题是《蒋经国正在效法蒋介石，把权力偷偷传给次子》。这位化名海啸的记者说："蒋孝武是谁？两年前在台湾还无人知道，而今天他已经悄然站在了情治机关的前台。他是蒋经国的次子，刚从德国留学回台不久，称得上是少壮派。蒋孝武归来后就进入了情治机关，他的父亲蒋经国没有让这个从小

习武为乐的儿子进入军队，而是进了比军队更有发展潜力的特务机关。蒋经国为什么让儿子染指为人不齿的情治机关？显然与他此前的从政经历有关。当年蒋介石在世时扶持蒋经国时，也是从抓情治入手，其间蒋经国所任国防会议副秘书长一职，虽然表面上在搞军事，实际也是在抓情况。五十年代陈诚'副总统'与蒋经国屡次发生摩擦，就因为小蒋威胁到了陈诚。当时老蒋对小蒋与陈诚的矛盾心知肚明。以蒋介石长期浸淫权力核心的历练，自然知道若是权力完全控制在陈诚手中，也非长治久安之计。所以早在四十年代，就开始赋予蒋经国一些职务，让他逐步培养权力基础。由于固有的党政军系统，陈诚的力量是牢不可破，蒋经国除了在安全系统发展外，只能另辟人才培养的班底，于是救国团和政战学校就是在这种政治意义下建立的。蒋经国经过十年的权力耕耘，基础开始稳固。从中央党会的排名来看，蒋经国从改造委员会的第八位，屡次晋升到仅次于陈诚的第二名，双方权力摩擦于是生焉。在军界组织方面，黄埔系统与经国的复兴岗系统产生矛盾。在党务方面，也有争权的传闻。只有行政系统尚能维持中立地位，因为蒋介石所提拔的严家淦在这权力冲突的暗流中，颇能维持调和鼎鼐的作用。所幸，陈诚与蒋经国的冲突时间不长，并没有到白热化的地步，才没有发生吴国桢外逃的事件。原因是1963年，陈诚就因肝癌病逝。此后小蒋就有权倾朝野之势了。而现在蒋孝武的演变，也大有当年蒋经国继位上台之先兆旧迹所循。因而，几乎所有官场中人都对蒋孝武的崛起敬畏三分……"

然而乐极生悲。就在蒋孝武仕途突飞猛进的时候，1984年旅美的华裔作家江南却因为出版一本《蒋经国传》，在旧金山遭到了枪杀。这件事情不仅构成了对春风得意蒋孝武的致命打击，而且也彻底毁灭了他大好的仕途。

1984年10月15日上午9点20分，在美国加州旧金山市郊的得利市一幢普通华裔人士的住宅前，忽然闪过两个神秘的黑影。他们就是受陈启礼指派，前往江南寓所踏查多次的"竹联帮"马仔吴敦和董桂森。这时他们来到了几天前就已窥视确定的江南（刘宜良）居所木栅门外，然后悄悄地钻进汽车库伺机开枪。就在这时，吴、董两人发现江南正从房间里走出来，这时正是他每天前往旧金山渔人码礼品店上班的时间，因此，陈启礼命令两刺客预先埋伏在这里，等江南走进车库时准时开枪。就在江南刚迈进车库，尚未发现行刺者时，吴敦已瞄准江南的脑门开了一枪，而董桂森则对准死者的腹部再补两枪，两犯然后迅疾逃离了现场。

江南饮弹后，猝然扑倒在血泊里，等夫人崔蓉芝等赶到现场并报警时，他已经无法说话了。40分钟后抢救的医生宣布江南不治身亡，16天后美国联邦调查局和得利市警局对江南命案作出台湾刺客进行政治性谋杀的结论，当年12月3日，加州圣马刁郡法院对陈启礼、吴敦、董桂森三犯发出拘捕令。然而，陈启礼等三犯早在美国警方发出逮捕令之前，就于当年11月中旬化名购买机票，神不知鬼不觉地逃回当初指令他们行刺的大本营台湾，在情报局局长汪希苓的直接庇护下匿藏在台北郊区的阳明山上。

"江南命案"发生后，台湾情报局原想按兵不动，甚至让刚从美国回来的"竹联帮"人员陈启礼、吴敦隐藏在阳明山上，妄图混过这一关。但台湾当局没有想到美国各界对"江南命案"会如此重视。10月21日上午，在旧金山中国城的丽安殡仪馆举行了隆重的江南追悼会，400多位华人参加，从而造成美国华人去世前所未有的悼念声势。聂华苓、陈若曦、陆铿、龙绳文等知名人士悉数到场，中华人民共和国驻旧金山领事馆及华人团体送了花圈，中国驻美大使章文晋和驻旧金山总领事唐树备均向江南发出了唁电，嗣后，又向美国有关当局提出尽快破案的要求，强烈要求缉拿凶手。一批在美华裔著名人士，也纷纷致电美国邦联调查局和司法部，强烈要求全面调查江南命案及其幕后凶手，洛杉矶和旧金山等主要码头机场，忽然增加了警力，严格排查华裔人士出境，希望逮捕杀害江南的凶手。在这种形势下，台湾最高当局为之震动，蒋经国做梦也没有想到一个小小作家江南之死，居然会引起美国上下震荡。因此他指示"一清专案"等机构，必须火速逮捕早已返回台湾的"竹联帮"涉案人员陈启礼和吴敦两犯，另一凶手董桂森回台后发现不妙，连夜逃到泰国。

事发后，台湾最高当局受到来自美国舆论的强大压力，决定马上着手组织法庭对陈启礼和吴敦两凶手进行审理。当陈启礼在台湾被捕的消息传到美国后，按照他的事前安排，潜伏在美的"竹联帮"成员、参与行刺江南的案犯之一张荣安，向美国媒体公布了陈启礼的录音带。顿时美国舆论大哗。自此，台湾情报机关涉嫌"竹联帮"行刺案的丑闻曝光。1985年1月15日，台湾"国防部"宣布汪希苓中将暂停情报局长之职，并由安全局长汪敬熙将军取代。台湾当局下令逮捕涉案的台湾前情报局长汪希苓，副处长陈虎门等人之后，各方传媒很快就把"江南命案"的幕后操纵者，划定在与情报局有特殊关系的蒋经国次子蒋孝武身上。而作为江南惹祸根苗的传记作品《蒋经国传》的传主蒋经国，当然也就成了人们猜测的江南案主要幕后操纵者。

"江南命案"发生之前，台湾和香港坊间一度有知情者报导称：身体不佳、晚年糖尿病不断发作的蒋经国，让次子蒋孝武接班的计划曾在蒋经国的拟订之中。

许多迹象都已经表明，蒋孝武是蒋家第三代中唯一可以成为蒋经国接班人的人选，其传闻的可信度极高。可是突然之间发生的江南命案，却让蒋家父子感到手足无措，美国和东南亚各地的舆论声浪，更是前所未有。从1月24日台湾出版的《前进广场》杂志发表题为《蒋孝武是否涉案》的文章透露，蒋经国惊闻江南案后病情加重，据称他此前对江南遇害的布置确实一无所知。案发后蒋经国亲自下令缉凶严判。该文写道："一批从美国回台的中央研究院院士集体上书蒋经国，要求蒋孝武应对江南案有所澄清和交待。院士们如此敢触犯龙须，直指太子，乃是手中握有不利于蒋孝武的证据。包括一盘陈启礼的录音带。院士们的结论是，蒋经国需要'大义灭亲'。"隔日出版的《雷声》杂志也说："突然暴发的情报局高级官员涉及江南案的不寻常事件，当经国先生知悉后，连续数夜，即便勉强入睡，也经常惊醒。一夜之间，数度如此，令旁观者心如刀割。（蒋经国睡觉时均有侍从坐在卧室内）由此看出，蒋经国似乎事前不知其情……"

美国出版的《中报》也以《汪希苓代传蒋孝武密令，陈启礼奉谕杀人》为题披露蒋孝武涉案，说："蒋经国身体欠佳，有十个月时间不曾露面，就在这时候，蒋孝武开始接手国家安全会议执行秘书。国家安全会议位列台湾八大情治机关之首，权力浩大。蒋孝武想拉拢陈启礼，便让他进入情报局。………陈启礼曾参加阳明山会议，这次会议果然特别，由汪希苓代传'上级'命令，谁是上级？据陈启礼说'上级'就是'太子'蒋孝武。他的密令是：刘宜良是国民党一手扶持起来的，又是台湾情报人员，却成为了叛徒，应该干掉他。有关阳明山会议的内容，也都包括在陈启礼的录音中，只因蒋孝武本人并没亲自参加会议，录音带中没有提到他的名字。这也是台湾为何敢于公开录音带内容的原因。……"

不过，美国报上透露的蒋孝武涉案，并没有提供足以让人信服的证据，尚不能让公众采信。蒋孝武如果是江南案的指使者，那么其父蒋经国难道当真可以游离于事外？对于两蒋为江南案幕后指使者的猜测，在美国华人世界的反应一度极为强烈，因为谁都知道江南曾经写过一本《蒋经国传》。因此，蒋经国对此书的作者持有的反感态度，当然是毋庸置疑的。不过，台湾当局始终不肯承认两蒋涉案，甚至就连美国某权威机构也在当年2月5日发表的文件中指称："美国政府计划加大压力，催劝国民党把陈启礼和吴敦引渡来美国受审，蒋经国失眠、暴躁，就是上述内外压力而来。其根本原因是蒋经国绝不会法办蒋孝武。而蒋经国的体力也越来越衰弱，如果不让蒋孝武加快接班，蒋氏王朝的覆灭将是指日可待。"当时港台的新闻舆论纷纷把矛头指向蒋经国和蒋孝武，许多人都在询问一个问题：蒋经国和蒋孝武父子当真就是"江南案"的幕后指使者吗？

"他妈的，新闻界太可怕了！如果不是他们大肆鼓噪，父亲他能改变主意吗？"当江南案的风潮正在兴起之时，蒋孝武还没有意识到这场风波对他的前途将要造成致命的伤害，可是，不久当他听说蒋经国正在考虑让他到国外避风的时候，蒋孝武才愤愤地咒骂起香港和台湾的媒体来。蒋孝武做梦也没有想到，在台湾手握重权、一言九鼎的父亲，竟然会在美国和中国台湾、香港地区的报纸舆论面前忽然变得弱不禁风。一个政治要人居然会被几句话或几篇文章所打垮，简直有些让他不可思议。蒋孝武更没有想到蒋经国作为国民党的最高领导人，他老人家的心理防线居然会那样脆弱。

14. 《蒋经国传》让蒋氏父子引火烧身

台北，七海官邸一片愁云惨雾。

蒋经国的书房里几乎彻夜亮着不灭的灯盏。蒋经国闭门谢客，愁锁双眉，这是自他 20 世纪 40 年代步入中国政坛以来，最为难熬的一场灾难。国际上的舆论风潮，压得蒋经国有些喘不上气来，本来他预先策划好的蒋孝武接班计划，没有想到竟然在平静之中突然面临着不得不罢手的挑战。蒋经国下令不许任何人走进官邸，有时即便从外边打进来的电话，也要求秘书必须分明主次，向他报告。只要是有记者采访，都要秘书一律拒绝。那几天，平时恬静寂寞的七海官邸，突然增派了大批荷枪的士兵和军警，似乎担心在台湾闹得沸反盈天的"江南案舆论风潮"，会激起某些反对党的趁机骚乱。

蒋经国在官邸里度日如年。

原来，自"江南事件"发生后，蒋经国几乎每日都在阅读各地报纸对此事件的评论。他发现压力最大的，还是美国那些英文华文报纸上的文章，美国人最初对于"江南案"的态度还是较为温和的。《华盛顿邮报》上发表的消息《国务院表示，无情报显示台湾政要插手江南凶案》说："国务院今天对华侨商会就作家江南遇刺一事发表的声明表示了态度，国务院说：由于本案正在调查中，不宜对可能的动机和凶手妄加评论。至于有人说凶手很可能与江南所著《蒋经国传》有关，而台湾最高 当局很可能插手的指责，国务院发言人表示，目前尚未获悉与台湾当权者涉及此案的任何消息，故暂不评论。"

蒋经国接下来看的美报文电，则一步紧似一步地向他逼来。美国《中报》开

始以《外电传出消息，台湾特工曾潜入旧金山秘密作案》为透露内幕。该报导称："有消息指出，此次江南命案的凶手，很可能与台湾特工有关。有人甚至指出，江南是因为他撰写《蒋经国传》揭了蒋的老底，特别是涉及蒋经国早年在江西和一章姓女子的婚外情，惹恼了台湾的国民党最高领导人。因此才有特工纷纷密潜旧金山。而究竟是何人指使特工前来行刺江南，显然不言而喻了……"蒋经国看到这里，浑身泛起了冷汗。接下去，他看到美国人对此事的表态，则是他心中最为关注的。报载："几名美国官员在接受采访时表示，他们对上述说法目前尚不知情。他们又说对蒋经国涉及江南案的指控缺乏必要的依据。至于江南死于台湾'竹联帮'的说法，他们认为很有可能，不过他们这几位官员又说，'竹联帮'不应该和蒋经国有直接的联系。……"看到这里，蒋经国才吁了一口气。

接下来，蒋经国为了摆脱眼前的困境，下令在台湾境内马上逮捕"竹联帮"涉案分子。不久，远遁到新加坡等地的涉案人员也先后落网。蒋经国心里有些委屈，此案发生之前，他确实一无所知。案发后他发现蒋孝武由于此前主管台湾的情治机关，因而已经不由得陷身于此，他们父子俩甚至到了有口难辩的尴尬地步。就在这极其微妙的时候，蒋经国一边指示相关机构加紧对汪希苓、陈虎门、陈启礼、吴敦等涉及江南命案的当事人进行军事法庭审判，一边不断让新闻界公布审理江南案的内幕，蒋经国这样做的用意，当然是想利用审理案子的机会，公开曝光所有"竹联帮"涉案的细节，以期昭示蒋经国对此案的真实态度。因为只有蒋经国心里清楚，作家江南其人他素不相识，也不曾读过他撰写的《蒋经国传》，这样一来，如果说此前海外华人对江南惨死旧金山的同情，都来源于他生前撰写的《蒋经国传》惹祸，那么当所有看到台湾逮捕和审理汪希苓、陈启礼等案犯的电视传播以后，才大吃一惊地发现所有案犯在庭审时供认的真相，均与蒋经国本人毫无任何关系。尽管如此，人们仍然不肯相信蒋经国在此案中的清白，原因之一，就是次子蒋孝武此前与前往美国的几个"竹联帮"分子有着难以洗清的关系。

1985年1月25日，江南夫人崔蓉芝在旧金山发表《声明》，说："我和我的家庭成员对于《时代周刊》等刊载来自台湾的一些报导感到震惊。我否认这些报道。我的丈夫是一个自由撰稿人和记者，献身于我们这个家庭和他的工作。我知道他有许多朋友，他交游很广，跟许多人谈过他的历史研究，谈论过世界大事……我的丈夫是一位阳光下光明磊落的公开人物，而不是阴暗角落里的秘密人物！……"崔蓉芝在香港发表的《水未全落石未出》一文中说得更为直接："由于'江南命案'的政治性，台湾有人把他说成'乱臣贼子'，但他是吗？我相信台湾有许多有良心的人，对江南命案有自己的独立见解。……至于说：'如果蒋孝武要陈启礼去杀刘宜良，实在没有必要通过汪希苓。'这话大有蹊跷，我真希望蒋经国的那位密友能在台举行一次记者会，坦诚解释这句话的含意……"崔蓉芝和所有对江南案心存疑虑的人一样，她们仍然把蒋经国和蒋孝武父子视为此案的幕后操纵者。

　　究竟谁是"江南命案"的幕后真凶？不仅外界众说纷纭，就是陈启礼这个涉案者，案发以后对于蒋家人是否真正涉案也始终不得要领。陈启礼本人并不认识蒋孝武，当然蒋经国更不可能接见他这个"竹联帮"的老大。因为无论从哪一角度，处于执政地位的蒋家父子都不可能和浪迹江湖的帮派人物搅在一起。可是，由于江南生前最大的遇害疑点就是他出版的《蒋经国传》，因此，陈启礼在美国行刺江南以后，就在他留下准备脱罪的录音带中明确点到了蒋家。陈启礼在录音光盘 A 面开头便说他受命行刺的原由："作家刘宜良本是中华民国一直在培养，从政工干校一直培养到几十年的优秀人员。可他在最近这一两年里作了一本《蒋经国传》，直接污辱了国家元首。因此我们就不能容忍他的存在！……"显而易见，他这些话指明了行刺江南的动机就在于蒋经国和《蒋经国传》。

　　陈启礼回到台湾不久，就因案发遭到"一清专案"的逮捕。1984 年 11 月 23 日晚间，陈启礼在台湾调查局侦讯期间亲笔书写的《自白》中，又一次提到他奉命前往美国行刺江南的原因与蒋经国有关。陈启礼写道：汪局长（台湾情报局长汪希苓）在经人介绍并与陈首次见面时，"就提到美国有一个叛徒，当局培养他而他却投靠了中共，还著了一本书《蒋经国传》，恶意丑化元首。在海外影响侨胞的向心力，也使得一些作家肆无忌惮地攻击当局，而党外杂志摘录了一些《蒋经国传》在岛内到处传播，影响人心，最近他又着手写《吴国桢传》，内文有更多不利元首的地方，如是美国方面可以的话，应该教训或警告他。……"

　　1985 年 3 月 4 日，当江南案在台湾进入司法程序，陈启礼和所有涉案人员面临军事法庭的审理之时，当初对奉派前往美国行刺江南理直气壮的陈启礼，居然在他的书面供词中改变了口气。不过他仍然还提到与江南身亡有着极为密切关系的《蒋经国传》，陈启礼这次开篇竟这样说："当刘宜良命案刚发生时，相信一般人难以接受，并且感到非常震惊，在今天这个民主社会里，竟然会有人因为著述《蒋经国传》而受害，从此以后知识分子还会有保障吗？尤其是新闻从业人员，回想此案，总不免心有余悸吧？"

接着陈启礼话锋一转,又一次点明他去美国行刺江南,是与当时在台湾手握重权的蒋经国有着直接的关系。陈说:"如果你对丑化'蒋经国'先生这件事,抱着淡然处之的态度,那么我必须提醒你,那不是《陈启礼传》,陈启礼只是一个人,而蒋先生的形象,却与这个岛上的每一个人息息相关,他并不是代表个人,换言之,他是我们大家的,'共有的'。就像你我在这个岛上所呼吸的每一口空气一样……在刘宜良拆除了自己心中灯塔的同时,也连带着许多同胞失去了方向,甘于受中共的利用,更积极地着手写《吴国桢传》,以便彻底摧毁蒋先生的形象,让侨胞对我们的政府失望,进而达到中共统战部大量吸收侨胞回归的心愿。"从陈启礼的这一书面《自白》中,看得出他已经把行刺江南的主要原因说清楚了,他是为了保护蒋经国的形象不受"损害"才铤而走险的。而蒋经国和负责台湾情治机关的蒋孝武,对行刺江南的立场,显然就不言而喻了。

到了当年 4 月 2 日,陈启礼作为行凶主犯被解往台北地方法院公开审理的时候,他就开始在法庭上公开叫屈了,甚至不惜把罪责统统推给汪希苓,而汪希苓背后的人物蒋经国父子便有呼之欲出之势。陈启礼在法庭答辩时这样表示:"我和刘宜良往日无仇,近日无怨,没有杀他的必要。汪局长是政府的高级官员,又是情报首长,他下令杀刘宜良,应该是深思熟虑才决定的。怎么可能由我,而且是不熟的人提议要杀他呢?更何况身为情报局长,怎么能随便交给刘宜良的资料,说我主动提出要杀刘宜良的呢?这种说法天下人会相信吗?……"陈启礼为让法庭上的记者都听清他的供词真意,甚至公开在庭上指责法官说:"我看到军事检察官起诉汪局长等人,何必讲汪局长和刘宜良有'私人恩怨'呢?……"这就进一步点出汪希苓背后的指使者是蒋家人。

可是,引人注意的是江南案的另一主角——当初指示陈启礼率"竹联帮"前去美国行凶的台湾情报局长汪希苓,在面临军事法庭审判和新闻媒体包围的重压之下,他宁死也不肯交代谁是他的幕后指使人。到了 4 月 5 日,台湾军事法庭将要对他进行最后判决之前,汪希苓的态度居然有了明显变化,他在法庭上竟推翻了此前他的所有表态,公开表示陈启礼前往美国行刺,并不是他指示的。更具戏剧性的一幕是,此前曾对报界表示要为陈启礼案负责的台湾情报局其他在押官员——陈虎门和胡敏仪等情报官员,也都异口同声地表示,他们从来就没有听到汪希苓指示陈启礼去美国行刺江南。同时陈虎门等人也表示他们都不应该为江南案承担任何刑事责任。似乎陈启礼等人去美国所犯罪行,都是"竹联帮"自身的孤立行为,从而切断了台湾情报局与陈启礼的关系。

　　不过尽管如此，4月20日台湾"国防部"军事法庭仍然宣判汪希苓参与行刺的罪名成立，并依法宣判汪希苓无期徒刑，剥夺公权终身。另一参与此案的台情报局副局长胡敏仪和副处长陈虎门，均以帮助杀人罪各自获刑两年六个月。此前，赴美指挥行凶的"竹联帮"头目陈启礼，也被台北地方法院判决无期徒刑，剥夺公权终身。

　　当时的台湾当局对汪希苓、胡敏仪、陈虎门和陈启礼等罪犯的判决，远在美国旧金山的江南夫人崔蓉芝当即对报界发表谈话，指出此案另有主谋。汪希苓等人只是替罪羊。崔蓉芝说："从法律观点看，依国民党的体系，军法应当比司法要严，且汪希苓是公务人员，是下令给陈启礼的人，居然判处和陈启礼相同的无期徒刑，很不公正。我不在乎对汪希苓怎么判，主要要求找到问题的真相。有太多的疑点和问题没有答案，说汪希苓是因为个人恩怨、个人因素去杀江南，是完全不可能的。"崔蓉芝还进一步指出："杀害江南的人应该是台湾当局中更高层中的一些人下达的命令。我怀疑台湾当局会不会进一步调查案件的真相，我认为案件中的许多政治原因并没有搞清，而汪希苓是不会下令行刺江南的。"

　　关于谁是杀害江南的幕后凶手，江南夫人的代理律师葛其克在美国对报界表示："台湾的审判是不公正的，因为我们现在还不清楚究竟谁下达了杀人的命令。陈虎门卷入很深，他曾经去机场接陈启礼，陈启礼也在旧金山给他打过电话，他还代表情报局长汪希苓给陈启礼发奖金，但是才判了两年半，十分令人吃惊，我们将继续追查事件的真相，希望水落石出。"

15. 不成器的逍遥子弟，如何承袭蒋家政权？

　　蒋经国痛楚万千。

　　他没有想到在长子继承蒋家大业无望以后，原本有希望成为蒋家后主的次子蒋孝武，就在他事业顺遂之时，居然无意间踏上了一颗猝不及防的闷雷，致使父亲蒋介石生前最后交给他的传承任务胎死腹中。

　　蒋孝武让他从小就头痛。作为父亲，蒋经国深知这个不听话的儿子，无论在台北长安东路读小学，还是后来在士林地区的中学时代，蒋孝武都没有把时间用在学业上。他和蒋孝文比试的不是彼此的学业成绩，而是在如何搞恶作剧般的游戏中不懈地进行较量。蒋孝武之所以这样做，就因为他过早地了解自己的生存环境，蒋介石和蒋经国手中过于集中的权柄，让他们的子孙心中自骄自傲，蒋孝武

蒋介石抱着蒋孝武，一家人其乐融融。

蒋孝武自小颇得宠爱。蒋介石每每端坐在沙发上看着孙子们嬉闹时，就常对身边的人说："这个孝武啊！眼睛动不动就眨呀眨的，可见他主意多，是个计谋多端的鬼灵精"。

知道即便他不像贫困学生那样去拼命攻读学业，即便他将来的成绩一无是处，也不必为自己将来的前程担忧。他的前途、他的将来，他的生活前景，其实早有人在暗中替他做好精心的安排。正因为如此，才让在中学里本可争取好成绩的蒋孝武，也像兄长蒋孝文那样，学业始终处于中下等水平，到蒋孝武中学毕业前夕，他的学习成绩已经滑到全班最低的位置。

蒋经国面对蒋孝武这不成器的次子，也多次大发雷霆。他毕竟在苏联生活十几年，毕竟受到过进步思想的熏陶。他毕竟加入过共产党组织，因此在蒋经国头脑深处仍然保留着共产主义进步思想的残余。因此，他尽管已经深深体会到蒋氏家族给儿子们带来的并不都

蒋经国与孝武合影

是值得欣喜的益处，尽管他已看到如若继续在这政治家族的光环下培养子孙，到头来很可能养出一些为人不齿的"新八旗子弟"，但那时的蒋经国眼看着蒋孝武的不成器，也只能无可奈何。

在台北读完中学后，关于蒋孝武将来如何发展，蒋经国曾特意来到士林官邸，求教于父亲蒋介石。蒋经国说："从孝武目前的成绩来看，他继续投考上一级学校，显然有相当的困难。依我观察，像孝武这样的学习态度，恐怕是很难长进的。"蒋介石在官邸客厅里徘徊沉吟着。他也为这几个不争气的孙子心烦意乱，自他和国民党残兵败将逃到台湾以后，已把希望寄予

童年蒋孝武和母亲蒋方良

在蒋经国身上了。他知道好不容易打下的江山，将来只能依靠蒋经国来继承。而蒋经国的三个儿子，只要有一线希望，他都想培养成能继承蒋家基业的有用之才。然而蒋介石也不能不看到，蒋经国的儿子蒋孝文、蒋孝武和蒋孝勇，三人中可资利用的人并不多。特别是蒋孝文在美国读书后的身体状况，显然不能依靠他来继承蒋家和国民党大业。如今当他听蒋经国说蒋孝武在中学读书不肯用功，蒋介石心里难免升起失望与茫然。他叹息一声，说："经国，本来我希望咱们蒋家子孙，一代比一代强。因为只有这样，有一天我才能放心地回归天国。可现在我能放心的只有你一个。将来我闭上了眼睛，你可以把国民党的党政大权都抓过来。可是，我们是政治世家，不能只顾眼前而不顾及身后。如果没有顾及第二代和第三代的战略眼光，那么，你就不是一个成熟的政治人物。"

蒋经国唯唯："父亲所言甚是。孝文和孝武不成才，全是我的过错。因为我的公务甚忙，所以才耽搁了对他们的教育，致使孝武到现在学业不成，甚至连报考大学的希望都没有了。不过，我仍有信心和决心，将来迟早有一天，我会想办法，让孝武的成绩赶上来的。以不负您老人家对他们的期待之心！"

"恐怕来不及了！"蒋介石忧郁忡忡，踱到客厅内那幅巨大的《金陵百代图》前，忧戚的眼神在巨图前茫然地游动。他忽然回转身来，对双手垂立的蒋经国叹息一声："祖宗荫庇毕竟不能造就子子孙孙。依孝武的学业观之，现在让他投考大学，显然力不从心。与其那样赶鸭子上架，倒不如因势利导，顺其自然。经国，我记得孝武小时候喜欢舞枪弄棒，他不是梦想有一天成为军人吗？"蒋经国眼睛蓦然一亮："父亲说得是。孝武从生下那天起，就喜欢当一名军人，所以他名字中才有个武字。让他写字作文，简直就比登天还难！"

"这样就好，这样就好。"不料蒋介石竟欣然大悦地频频点头，忽然喜上眉梢地说："既然孝武喜欢武枪弄棍，为什么不让他到军界寻求发展呢？"蒋经国马上听懂父亲的语意："父亲的意思，莫非想让孝武进军校？"

蒋介石将手一挥："对对，就是这个意思。经国，索性就让孝武进凤山军官学校吧。既然他不喜欢读书，也无意在学术上有所闻达，为何不让他成为一个将才呢？要知道一个人是否有所造就，不在于他是否读过大学，像我当年不也是行伍出身吗？既然他在学业上没有建树，索性就让这孩子从武字入手。这样一来，也许将来他会成为有用之才呢？"

"就按父亲的主意去办吧。"蒋经国始终在为次子将来如何升学和发展费尽心思，现在听了蒋介石的话，脸上阴云顿时一扫。父子俩当即确定了蒋孝武将来

20世纪50年代，蒋介石和孙子和友人的孩子玩游戏。蒋孝武玩得投入，孝勇还小，不太进入状况。蒋经国总是在父亲身后看着父亲和儿子玩耍，把自己当成配角，讨父亲开心。

的发展方向。事隔一个月，在中学成绩江河日下的蒋孝武，忽然得到意想不到的好机会，就来到凤山军校报了到。从此他穿上军衣，又在另一个天地里崭露头角了。

不过，蒋介石和蒋经国的梦想没过多久就幻灭了。蒋孝武如果像普通学员那样，认认真真地参加军校的训练和学习，可以肯定摆在他面前的必是一条平坦光明的前途。但是自由惯了的蒋孝武，哪受得了军校里那严厉的纪律和校规管束？蒋孝武入校不到一个月，就因军事教官的严格训导，发生过一场争执。此前，蒋经国曾经吩咐过教官："在教学上要一视同仁，不要因为孝武是我的儿子，就允许他在军校里搞特殊。如果哪个教官敢放纵他，我就拿他是问。" 谁知当教官们真对多次违犯纪律的蒋孝武进行批评时，这位蒋家二公子居然当众给那不识时务的教官以无情痛责。以后所有教官都长了见识，他们对我行我素的蒋孝武种种违纪劣迹虽看在眼里，却再没有任何人敢当面教训他了。

这样，蒋孝武就成了凤山军校中的特殊学员。他每天睡到太阳老高才起床，到饭厅吃饭时也可以不像普通学员那样排队打饭。更有甚者他还要点自己喜欢的饭菜，让厨师特别为他开小灶。在功课中蒋孝武也是独往独来的"高草"，他只听自己喜欢的课程，凡是不喜欢的功课，他随时可以离开凤山军校，开着小轿车去台北和高雄兜风。

"算了吧，父亲，孝武他不是当军官的材料，我听说，这孩子在军校里不好好上课，又打了教官。我想，还是尽早让他离开军校吧。"蒋孝武到凤山军校刚半年时间，蒋经国的耳朵就灌满了有关儿子在军校里胡作非为的流言。后来鉴于蒋孝武无法继续在凤山求学的现状，蒋经国不得不亲自到阳明山行馆向父亲蒋介石面报详情。蒋介石听了，心里自然十分沮丧。他早就把蒋家的希望寄托在蒋经国三个孩子身上，在蒋介石看来，蒋纬国虽有儿子孝刚，但蒋纬国毕竟不是自己的亲生子，故而就把蒋经国的儿子当成自己的后继人。特别是长孙蒋孝文生病以后，蒋介石把全部希望都寄予在蒋孝武身上。他多么希望依靠手中实权，早一天安排后事。蒋介石当初的打算是，让他的长孙蒋孝文从官场上进入国民党政界的上层，然后再让蒋孝武从军校这个跳板爬上国民党军队的高层。到那时候，即便蒋介石百年病殁西归，已把身后第二代和第三代都做了明确的安排。然而让蒋介石失望的是，他的孙子们竟然一个不如一个，即便他提供了种种便利，却仍然无济于事。

"唉，都是些不成器的东西！"蒋介石在阳明山行馆听说蒋孝武在凤山军校无意继续求学的情况后，心情十分不悦。他望一眼同样沮丧的蒋经国说："孝武在中学就不认真读书，所以才让他进了凤山军校。本想让他在军队里发展，没想到他竟在那里胡作非为，还敢打骂教官，成了无人敢管的人了。经国，事到如今，还有什么办法解决孝武的前途问题呢？"蒋经国也感到对不起父亲："孝武当初进凤山军校也不过是权宜之计，因为将来如若让他们在台湾发展，没有大学文凭恐怕是不行的。所以我想，最好的办法还是让孝武进大学。然后再让他出国深造……"

蒋介石听了这个主意，心情变好许多。他坐在藤椅上沉思良久，点了点头说："这倒是个好主意。不管他本人如何不思进取，但我们当老人的，却不能不考虑他们的今后，我看，索性就让孝武到台湾大学当插班生吧。"蒋经国面有难色地说："问题是，孝武他高中的成绩并不好，投考大学恐怕在分数上……"蒋介石摇了摇手，说："这个，这个嘛你不要多虑，什么成绩不成绩，你可以马上把教育部的人找来，就对他们说，这是我的意思。让孝武马上到台湾大学政治系当插班生。我就不相信，哪个还敢把我的话不当一回事？"

蒋经国巴不得这句话，回到七海官邸后，马上电召台湾大学校长见面。他把蒋介石让蒋孝武进台大政治系的意思委婉地加以透露，校长听了当即拍胸表示："经国先生，没有问题，既然是'蒋总统'的意思，孝武去我们学校读书肯定没有任何问题。"就这样，蒋孝武就顺利地进了台湾最高学府政治系当了插班生。

尽管蒋孝武在台大的功课仍然不敢恭维，可是，这所大学毕竟是国民党的官办大学，哪敢对蒋经国的儿子有丝毫慢怠。蒋介石那时仍把希望倾注在他的三个孙子身上，当1969年春天来到台湾岛的时候，一天，蒋介石忽然把蒋经国和蒋孝武父子召进士林官邸，原来宋美龄有紧要事情和他们父子面谈。

"孝武，在台湾这个地方即便读完大学课程，也很难得到发展空间。现在的台湾出国是风气和时尚。只要有本事的人，没有不出国寻求发展的。所以，我和你祖父商量的结果是，还是早一点把他们送出去。"宋美龄说了上述意见后，高兴得蒋经国和蒋孝武都感激涕零。特别是蒋孝武本人，早已厌烦了台湾大学的学习，正想找一个可以脱离学校的口实，再寻找一个崭新的天地。蒋孝武做梦也没有想到，这时祖母竟然为蒋介石出了个好点子。蒋孝武大喜过望，千恩万谢地对太师椅上的宋美龄躬身："谢谢老祖母，孝武如能出国深造，一定不负您老人家的厚望。"

蒋经国在旁也说："还是母亲想得周全，如果孝武这次能到国外求学，我相信他绝不能无功而返。"蒋介石见宋美龄已经把他的意思说清，这才走过来，爱怜地对孙子说："孝武，这次你到了德国，可不许像在台湾这种浪荡样子，那里可不认识咱们蒋家。那是希特勒当年开办的政治学院啊。你到了慕尼黑，千万要小心谨慎，处处严格管束自己。如果在德国把政治课学好，将来学成回来我才好说话嘛！"那时候，蒋介石所以如此提携蒋孝武，一个很重要的原因是考虑蒋孝文万一因身体原因不能接班，蒋孝武总是可以取而代之的。至少在蒋介石眼里，他的传承计划，不会在他殁后后继无人。可是蒋介石那时并没有想到，若干年后的蒋孝武，也和他的兄长蒋孝文一样，成了让他空喜欢一场的败家子！

16. 堕入爱河并非为了爱情

当 1969 年浓重的秋雾笼罩莱茵河时，蒋孝武只身出现在慕尼黑的政治学院里。蒋孝武接受从前在台湾求学时的种种挫折、教训，加之此次出国前蒋经国又多次叮嘱，所以他初来德国时确实保持着与此前截然不同的低调。为不引起更多的麻烦，蒋孝武不希望任何人了解他的真实历史，他甚至把烟酒也戒掉了。蒋孝武那时真想洗心革面，重新做人。然而，蒋孝武的学业仍不如意。首先他的基础知识薄弱，加之不熟悉德语，所以尽管他一度下了拼搏的决心，谁知一旦真正接触功课他就感到力不从心。到第二年春天，蒋孝武才发现自己的智商无论如何也赶不上那些来自各国社会底层的贫困留学生。尽管那些看来家境平平的留学生们让他不屑一顾，但这些人一旦比起学习成绩来，一个个都肯下苦功，到全班考试时，蒋孝武才发现只有他分数最低。所以从第二年夏天开始，蒋孝武就采取了消极态度，当初来慕尼黑时的热情早已消逝得无

蒋孝武要赴德留学，蒋经国、蒋方良夫妇、蒋孝文、徐乃锦夫妇（左一、左二）带着小儿子蒋孝勇（右）小孙女蒋友梅至机场送行。

影无踪了。

　　1970年秋天，蒋孝武忽然决定去欧洲各地旅行。他觉得在慕尼黑的学习清苦无聊。他万没想到来国外求学后的处境比台湾还难，在台湾他学业好坏都无所谓，在德国如果学业不及格，就要多次受教师的批评。一气之下，蒋孝武决定沿莱茵河溯流而上，以度假旅游来化结心中的不快。蒋孝武做梦也没有想到，在美丽的莱茵河上会有一次意外的情缘。蒋孝武那时当然不会知道，有一个叫汪德官的国民党驻纽约外交官，就在他前往德国深造的同时，也被联合国派往柏林去为联合国处理一件临时性公务。这样，生得标致漂亮、正在美国读书的女儿汪长诗，才有与蒋家二公子孝武在异国邂逅的缘分。

　　"秋天是莱茵河最好的时光，我很想沿河去看看两岸的风景。因为早在瑞士居住的时候，我就想去看那条流经瑞士的河了。可惜那时我还太小，您不允许我去。现在我已经长大了，您肯定不会阻拦吧？"在一个明媚的秋日上午，平时喜欢旅游的汪长诗，向父亲忽然提出一个大胆的请求。

　　"当然可以。莱茵河确实很美，只是我公务太忙，不能陪你同去，怎么办？"汪德官这样地叹息，他面对漂亮女儿的要求有些左右为难。"爸爸，我已经长大了。我可以自己去，您不必担心我的安全。因为游船上像我这样单独外出旅行的女孩多着呢，您又何必如此担心？"汪长诗生得漂亮而娇柔，她向父亲撒娇地笑了笑，然后不等汪德官应允，这位生来就有主见的姑娘，已经开始动手收拾简单的行囊了。"好吧，你要注意安全！"父亲情知汪长诗的主意既定，难以更改，索性顺水推舟地答应下来。

　　翌日清早，头戴草编大草帽，穿着艳丽黄色连衣裙的中国少女汪长诗，与父亲吻别以后，就只身登上一艘名曰"波将金元帅号"的大型游艇，开始了她非同寻常的旅行。

　　"莱茵河真美！"从波恩启程后，汪长诗才真正领略莱茵河那清冽碧波与两岸的雄浑景色。沿着曲折的古老河道溯流而上，汪长诗静静伫立在船舷上。她望见河岸巍巍翠峦间，星罗棋布着一座座残破的古堡，这让她联想起远古的史诗。汪长诗刚读了一首希腊古诗，忽然，她听到有人在用流利的汉语，诵读一首什么人的抒情诗。一阵清凉的河风吹来，把那抑扬顿挫的诵诗声送进伫立在微风中，凭栏眺望远山的汪长诗耳鼓。这位既懂英文又懂汉语的姑娘，闻言不禁大为惊愕。因为在这艘船上搭乘的多为德国游客，英、法、美、意等国游客为数甚少。汪长诗做梦也没想到这艘游船上竟有会说华语的人。正由于她听得懂汉语，因而才备

感亲切。她的心顿时狂跳起来，在古老莱茵河上能听到这样流利纯正的母语，实是不可思议之事。汪长诗急忙回转身去看发现了一位高瘦的青年男子背影。

看不清他的脸孔，但她感到对方身材颀长，伟岸而挺拔。她见他穿着时髦的银灰色西装，皮鞋。但他没戴帽子，只能望见他那浓黑的头发，上面显然涂了发蜡，在秋阳下显得光滑乌亮。他是什么人呢？汪长诗心里充满着困惑。因为那时候在欧美很少见到年轻的中国人。青年男子仍在读诗。他声音宏亮，汪长诗很想与那凭栏诵读诗文的旅伴对话，然而他始终故意将脊背朝向她。这样一来，反倒使矜持的少女产生了一种与他交谈的强烈愿望。遗撼的是，那男子始终不肯回转身来，即便他将那首吟诵莱茵河的优美诗句用汉语读完，也仍然面河而立，一任河风吹拂，无论如何也不回转身来面对她。

汪长诗有心转到那人前面去，然而，从小娇生惯养、有姿色、有才学的待嫁少女，怎么可以轻易前去与素昧平生的陌生异性搭讪？汪长诗这样等待着、企盼着前面的诵诗男子转回身来。这时，她也在默默以自己的阅历猜测着这位陌生男子的相貌，她可以肯定他定会是一个英俊潇洒的人！然而，她盼来的只是碧蓝河水发出的喧嚣，以及从耳际不断掠过的风声。汪长诗忽然变得格外焦灼，她甚至打算不顾少女的娇羞主动上前，与游艇上惟一会说汉语的男子搭话。

忽然，让她更加失望的事情在瞬间发生了。就在游艇将要穿越两岸高耸如削的大峡谷时，伫立在船舷旁的高个中国青年，不仅没有回身面对汪长诗，反而猝不及防地大步向前走去。很快，他颀长的身影便消失在通往客舱的拐弯处，倏然不见了！汪长诗当时气得欲哭。她几次想追上去，拦住那人，问个究竟。可她很快就放弃了这个毫无道理的可笑念头！你与人家素不相识，凭什么去责怪于人呢？

中午时分，汪长诗终于有机会与那男子见面了。游艇的宽大餐厅里浴满秋天艳丽的阳光。一张张餐桌前坐满满面绽笑的男男女女，大家都在贪婪享用游艇免费提供的午餐。汪长诗就借这个机会，很自然地与那诵读诗文的青年人共餐对酌。

"请问，你是从中国大陆来德国的吗？"坐在汪长诗面前的清瘦青年不苟言笑，他说不上英俊，更没有方才汪长诗构思的那与诗文一样的潇洒。不过，这位气质与普通人大不相同的中国青年，不知何故却有着令汪长诗初次见面便为之动情的魅力。绝非因为他那双很像欧洲人的碧蓝眼睛，也不是他高高的鼻梁与棱角分明的口唇有什么魅力。汪长诗后来认真体味，觉得还是他居高临下的举止神态，在少女心中产生了某种共鸣。

"不，我是从台湾来的。"他说。

"中国的台湾？呀，原来咱们都来自同一个地方。"汪长诗顿有他乡遇故知的亲切感。方才见面时的拘谨消失了，又问："你也是来德国旅游的？"

"不，我在德国求学。偶尔有个机会，就从慕尼黑到莱茵河上玩玩！"

"请问，在慕尼黑的什么学校？"

"慕尼黑政治学院！"他显然不想过多地暴露自己的身份，也许担心姑娘进一步的询问，这位青年竟转守为攻地问起汪长诗的身份、年龄、来历等。当听说这位中瑞混血儿、生得姿容典雅的清纯少女汪长诗，原是国民党外交官之女时，他方才那拒人千里之外的倨傲神气才不见了。他热情地为汪长诗斟上美酒，态度也温和起来。这时，一度使两人若即若离的隔阂感消失了，他们愉快地谈谈笑笑。心中距离一旦缩短，彼此便变得轻松起来。

"你母亲是瑞士人吗？这条莱茵河恰好就发源瑞士的巴塞尔，它先向北流入博澄湖，再向前汇入阿勒河，然后河道才渐宽，一直流入德国的境内。"夜晚是美好的，当漆黑夜幕笼罩在幽波潺潺的莱茵河时，汪长诗与那只报了蒋姓而不想多说身世的中国青年，已经混得很熟了。他们仿佛是一对久别重逢的情侣，双双坐在游艇的前甲板上。他们望着游艇下悠悠而去的幽波，以及河两岸黑黝黝向后移去的山峦，彼此谈天说地，十分投机。开始是汪长诗说得多，到后来她只能听那位慕尼黑政治学院的学生，在昏暗中侃侃而谈了。原来，这名姓蒋的学生，不但喜欢外国的优美诗句，也通晓莱茵河的历史。汪长诗不知不觉地被他那文雅的谈吐深深打动了。他指着河岸一丛丛幽黑的树丛，对汪长诗道："这条莱茵河自波恩以下至入海口，都是这条河的下游。它后来在流经荷兰的时候，会形成一个很大的三角洲。汪小姐，你能随我一同到那里看看吗？"

"当然……可以！"她答话时美丽的眼睛在暗夜中闪烁着炯炯光芒。显而易见她已经坠入情网！几天后，汪长诗与蒋姓青年结束了令人难忘的莱茵河之旅，双双出现在阿尔卑斯山麓的德国东南部城市慕尼黑。这时，汪长诗已与蒋姓青年深情依依了。

"慕尼黑这地名令人反感！"他领着汪长诗在慕尼黑游览有名的奥林匹克公园和按钮博物馆。当汪长诗即将返回波恩的前天晚上，蒋姓青年把她请进一家豪华的酒店，请她吃高档德国名菜。在绚烂璀璨的枝型吊灯下，艳妆丽服的汪长诗接过他递来的一杯醇酒，语意缠绵地说："可是，我在这座令人不快的城市里，却找到了一个可以寄托希望的温存港湾！"

"谢谢你对我的信任和寄托!"他神色庄重地举杯劝酒,动情地凝望着在灯影里愈加娇美俏丽的汪长诗:"你厌恶慕尼黑这个城市,也许因为它是纳粹党魁希特勒的发迹之地。可这没有什么关系,你将来仍可经常到这里来,因为在这令人讨厌的城市里,有一颗暗暗垂挂着你的心!汪小姐,你听懂了我的语意吗?"

她的面庞登时羞涩绯红。汪长诗芳心大乱,急忙避开对方火辣辣的眼睛,点一下头说:"蒋先生,既然我们之间的关系已到这种程度,你为什么连个名字也不肯让我知道呢?"

"可以告诉你,我叫蒋孝武!"

"蒋孝武?"汪长诗闻言大吃一惊,立刻抬起头来,像打量陌生人似的,重新注视蒋孝武那张本来很平常的脸孔。好一阵,汪长诗才说:"莫非,你真是出身于……台湾第一家庭?!"蒋孝武无言地点一下头。苦笑说:"你感到吃惊吗?"

"不仅是吃惊,而且实在太意外了!"不知道为什么汪长诗忽然变得拘谨起来。她呐呐地说:"蒋先生,如此看来,我许多话说得冒失了。请您不必计较才好……"

"不,汪小姐,我认为你说的话,没有任何欠妥之处!"蒋孝武见她一改几天来对他无拘无束的真情,忽然产生了敬而远之的神态,急忙郑重地说:"莫非你也像别人那样看待我们蒋家?你也以为蒋孝武是高高在上的人?告诉你,我是个普通的凡夫俗子,我也像普通人一样有七情六欲!汪小姐,如果你不讨厌我蒋孝武,从此我们就做真诚的朋友,如何?"

"这……可能吗?"几天来在不知对方真实身份的情况下,与蒋孝武一见钟情的汪长诗,忽然对自己结识的情人产生了本能的怀疑,她期期艾艾地说道。汪长诗本是江苏省灌云县的名门望族,她父亲汪德官早年出国,在瑞士留学多年。在那个风景如画的国度里,他与名叫琳达的瑞士姑娘结为伉俪,不久便生下一位中瑞混血儿,取名为贾克琳。这当然是个中国名字,后来汪德官到美国联合总部担任新职,这位名为贾克琳的黄发少女,只好随同相依为命的父母双亲,到美国东部城市纽约攻读英文。就是在这里,这位有中国血统、生得黄发碧眼,既俊逸又有些执拗性格的贾克琳,就改名叫汪长诗了。她想到自己的出身,对和蒋孝武这样的人相处,就产生了几分疑虑。

"这为什么不可能?汪小姐,只要我们真诚相处,一切理想都会变为现实!"蒋孝武把斟满醇酒的杯子举起来,对茫然的少女信誓旦旦地表示心意。少女动心了。汪长诗回到美国以后,在相当长一段时间里,与在西德慕尼黑读书的蒋孝武书信频传，鸿雁往来。到了1973年春天，她与蒋孝武的爱情已到了很深的程度。在两三年的相恋时光中，汪长诗两次飞赴慕尼黑，蒋孝武也频繁飞往纽约。随着蒋孝武即将在慕尼黑政治学院毕业日子的临近，他们已到了惊动双方家长，讨论婚嫁的时候了。

蒋经国和蒋方良对儿女的婚事，自然是十分开明。蒋孝武几乎没费唇舌，便得到了老人的首肯，只是汪家对此事顾虑重重。多年担任外交官的汪德官历经宦海沧桑，看惯了官场的尔虞我诈。当他从女儿口中得知未来的郎君竟然是蒋家二公子时，不禁双眉紧锁，迟疑不决。"长诗，如果能与一个有政治权力的家庭结缘，当然会有一定益处。"顾虑重重的汪德官在思考许久以后，终于对女儿道出他的顾虑和担忧，"可你想过没有？在这样的家庭生活久了，难免会产生一些摩擦和矛盾。万一真有矛盾，你想过这种婚姻的后果吗？"

汪长诗毕竟是个清纯善良、涉世未深的姑娘，她对父亲的忠告未及细想，便爽然说道："阿爸实在太多虑了，请您不必为我们的婚事操心。我和孝武之间的关系很好，根本没有任何矛盾。即便将来婚后有些摩擦，也没有什么。我相信孝武是通情达理的人，他很值得我放心！"

"长诗，你为什么这样自信呢？"汪德官毕竟是过来人，平时在台北官场上对蒋氏家族及其子女多有耳闻。所以，他还是苦苦相劝："孝武的性格如何，我不太知情。可你的固执和任性，我是比较清楚的。你可考虑到将来是否能适合在蒋家这特殊家庭里生活？如果有一天因双方性格难以相容，摆在你面前的路，可就不好走了！……"汪长诗惊愕怔住。她没料想到一生为官的父亲，竟会反对她与台湾第一家庭结亲。

"阿爸，请您放心。将来如果真有孝武对我不好的那天，我也会忍受的，我不会再回家里来的！"汪长诗的回答坚决又不留余地。"唉，你将来好自为之吧！"汪德官的话已说尽，见女儿坚心如铁，情知再劝无益，就只好默许了这桩婚事。蒋孝武毕业回到台北之后，不久即飞往美国纽约。蒋经国忙着为儿子操办婚事的时候，住在台北士林官邸的蒋介石和宋美龄也收到孙子孝武从美国寄来的信。就

蒋孝武第一任妻子汪长诗

在这一年圣诞节前，蒋方良代表蒋经国及士林官邸里的祖父母，从台湾岛飞到大洋彼岸的纽约。

不久，在曼哈顿城一家中国餐馆，由蒋方良主持一个既简单又隆重的婚礼。当身披雪白婚纱、满面绽露欣然笑容的汪长诗，由两位美国伴娘左右簇拥走过红地毯、向西装革履的新郎蒋孝武款款而来的时候，她看到的只是嫁进台湾第一家庭以后，享用不尽的富贵荣华，决然不会想到有一天会与面前这位风流倜傥的蒋家二公子劳燕分飞，各奔前程。因为那时她正处于热恋之中，根本无法理解父亲的相劝。事实上在汪德官这样久经宦海的国民党下级官员看来，从女儿汪长诗与蒋孝武结识那一日开始，悲剧的种子就已偷偷埋下了。因为汪长诗和蒋孝武毕竟是两种人，家庭地位相差悬殊决定了汪长诗嫁进第一家庭后的生活，注定是不可能幸福的。

W章
"江南命案"与蒋孝武的仕途

17. 香港媒体洞穿蒋经国心中隐秘

后来，蒋孝武回到台湾。汪长诗当然也随行，他们住在蒋经国的七海官邸里，最初的日子是甜美的。可是，汪长诗做梦也没有想到，当年在莱茵河上一见钟情的蒋家二公子，回台湾以后就开始现出了他那本来的面目。他回台不久即出任台湾"华欣文化事业中心"的主任，开始他干得很卖力，还获得一个"中国文化学院中美关系研究所"法学硕士的学位。谁知不久蒋孝武就厌恶了这种工作，千方百计地想到台湾"中央广播电台"任职，蒋经国满足了他的要求，当上一个什么主任。汪长诗没想到这时的蒋孝武身边开始有了更加艳丽的女人。于是她和蒋孝武便有了矛盾和口角。夫妻俩尽管已有两个孩子，可是她们越吵越凶，后来竟吵到连公公蒋经国也无法劝架的地步。最后，汪长诗只得选择了离异。蒋孝武和汪长诗分手后，事业上并没受到损害，他继续在台湾新闻电视业上寻求发展。因为背后有蒋介石和蒋经国做靠山，不多时他又出任"中华民国广播事业协会"理事长，还兼办一个"欣欣传播事业公司"。尽管蒋孝武在这些领域已有基础，

蒋孝武回到台湾后，蒋经国就相当有系统、有章法地让他在国民党中央各部门担任要职。

可是，这和蒋经国希望的从政之路尚有一段距离。于是，蒋孝武又积极为跻身国民党政治舞台暗暗加劲。

其实，蒋孝武刚从德国回台湾不久，蒋经国就有意为他的政治前途作考虑了，所以才给他这有留学经历的儿子以国民党"中央政策会"委员的头衔。

就在这时候，台湾忽刮起蒋孝武已成为情治机关头目之风。很让蒋经国为之震惊，因为这时的蒋孝武事实上并没真正介入台湾的特务机关，而这一谣传的起因，则起因于1972年5月20日蒋介石和严家淦就任新一届的"总统"和"副总统"。在当天进行的电视实况传播中，"台视"突然发生一次让人震惊的"政治错误"。

事情的起因是，当天上午，蒋孝武的祖父蒋介石和"副总统"严家淦在台北介寿路"总统府"楼外阳台上举行了盛大的就职典礼。当蒋介石和严家淦双双出现在"总统府"阳台上时，大街上已经安排了几十万民众对两位"总统"的就职热烈欢呼。电视台当场进行了转播。可是谁也意想不到，就在摄影机由蒋介石转向身边的"副总统"严家淦时，电视画面上突然跳出一行雪白的字幕："大哥不好了！……"给观众的印象好像是严家淦在对蒋介石报丧。这组一闪即逝的电视画面让无数观看现场转播的观众，自然联想起不久前他们在台湾看到的电视剧中的一组镜头：当宣统皇帝登基时，摄政王载沣忽然跑来向溥仪惊呼："快了，快完蛋了！……"

这一"政治事件"发生后，蒋经国不知出于何种考虑，竟然隔着国民党情治机关，特别委托次子蒋孝武亲自前往台湾电视公司进行调查。蒋孝武来后行迹诡秘，他发现电视出现"错误"，系因电视台转播时值班人员的一时疏忽，把当时正在播放的一部电视剧台词字幕，打印到正在播放的现场录像上，所以才造成这一"政治事故。"但蒋孝武在了解到事情真相后，并没有加以深究。然而，却从这件小事上有人认为，蒋孝武已进入国民党的情治机关，并且他当上了特工人员。其实，蒋孝武此举也绝非无意，而是乃父有意的安排。因为蒋经国当年就是从情治机关，一步步进入国民党中央核心的。如果后来不发生在旧金山行刺作家江南的事件，也许蒋孝武真能成为蒋介石、蒋经国父子期许的"接班人"，然而一次"江南事件"，竟彻底毁了蒋孝武的前程。就在这时，蒋孝武和汪长诗的婚姻也忽然亮起了红灯，当年在莱茵河上结识并相爱的情侣，终于在吵架声中分手离异。汪长诗离开台湾时，把两个孩子——友兰和友松留在七海官邸。蒋孝武一面在"江南事件"激起的政治漩涡中挣扎，一面还要教育两个没有母亲的儿女，这时，又一位姑娘悄悄走进蒋孝武的生活，她就是台湾另一商政家族的女儿，时在七海官邸给蒋友兰和蒋友松当家庭教师的蔡惠媚。

蒋经国为了蒋孝武的事情，几乎到了夜不成眠的地步。只要他想到江南的惨死，就会想起台湾军事法庭对汪希苓等人的公审，而在这公审的背后，遭受指责最烈的人当然就是与汪希苓、陈启礼关系暧昧的次子蒋孝武了。

现在到了蒋经国如何处理次子前途的时候了。

他不可能继续完成从前的"传承计划"了。因为这次因一个作家的惨死，香港的传媒越加大胆地猜测起他数年前计划好的传承接班计划了。从前的秘密计划，如今一旦在公众面前曝光，那么他蒋经国就再也没有能力持续始终了。

就在蒋经国在是否让蒋孝武逃过此劫，以便将来继续东山再起之时，他发现在台港两地的报刊上，又见有人在恶意利用"江南事件"，意在逼迫他改变政权军权的"传承计划"。其中香港《镜报》发表的一篇题为《江南事件与蒋氏嫡庶之争》的文章，让一度准备将次子蒋孝武伺机继续推上显赫地位、并随时接班的蒋经国，再一次受到了沉重的打击。这篇来自香港的文章对于蒋氏父子如何培养接班子嗣一事，分析得入木三分，力透纸背：

> 尽管蒋孝文兄弟有俄国血统，蒋介石恪守"立嫡不立庶"的封建传统，还是从嫡系中考虑接班人。蒋老先生在孙辈中最宠爱长孙蒋孝文，寄望也最殷。可惜蒋孝文不争气，自毁前途。蒋孝文病废以后，蒋孝武从接班人第二顺位提升到第一顺位，受到蒋氏父子的悉心培养。不过，在1982年前，蒋经国对蒋孝武的培养基本上还是按部就班，并不急于给予名位，也不愿让他太多露脸。1981年国民党举行十二大，中央党部在像幕作业时，把孝武、孝勇的名字列入中委会的候选名单。结果被蒋经国划去，一些政治观察家据此曾认为蒋经国无意培养其子接班。但1982年2月蒋氏发现因晚期糖尿病自己已无法正常视事，且来日无多之后，即让蒋孝武走到前台来活动。1982年5月，蒋孝武应邀访韩国，受到全斗焕的接见。1983年台湾广播电视节，蒋孝武在宋楚瑜(新闻局长)、周应龙(文工会主任)陪同下公开亮相，发表讲话。第二天各报发表了他同宋、周合影的照片，人们才观其庐山真面目。去年10月，蒋孝武应日本自民党青年局等邀请访日。自民党政调会会长藤尾正行等前往机场迎接，颇为隆重。通过这些活动，蒋孝武作为台湾新的政治强人已走上了舞台。
>
> 另外，蒋经国通过权力的改组，如放逐实力派人物王升，趁病免去深得人望的孙运璇职务，压制亲美派首脑蒋彦士，让与蒋家有特殊关系的俞国华组阁，由宫廷派人物沈昌焕、汪道渊等出任秘书长、国安会秘书长，都是为蒋经国传子铺路。蒋孝武也安排自己的心腹高居要津。如

情治系统的重镇调查局、原局长壬成章属王升系统；改组后翁文维调任局长，实权落在蒋孝武的心腹陈密烈的手上。蒋孝武还推荐他的拜把兄弟张豫生接管国民党中央组织工作会，据说蒋经国已答应并下条子交蒋彦士办。后以张能力不足以担当辅选重任作罢。据党外传出消息，蒋经国有意任命蒋孝武为"国家安全会议"副秘书长。今春国民党召开三中全会，进行党政改组，预计蒋孝武将更上一层楼。明年如召开十三大将会被选为中央委员甚至中常委……

蒋经国安排以蒋孝武为首的第三代接班，虽获得国民党保守派的支持，但障碍重重，道路极不平坦。蒋孝武接班条件和70年代中蒋经国接班时的条件完全不同。现在台湾的国际处境更加孤立，台湾的地位在美国眼中也大大降低；国民党政权的威信在人们眼中也大大贬值，蒋经国的控制力已大大削弱。蒋经国要搞"家天下"、"蒋三世"，开历史倒车，不仅台湾民众强烈反对，国民党内部开明力量也不赞成。蒋孝武本人是个公子哥儿，靠父祖之荫掌握权力，既无才能，也乏威望，让这样一个宝贝来支撑危局，抗衡北京，即使国民党人士也不看好。他们宁可拥立章氏兄弟，由他们接班，有利于提升对美关系。

其次，基于本身的利益，美国也不愿意台湾再出现蒋氏第三代的统治。美国不愿意放弃台湾，但也不愿意因台湾搞坏同中国的关系，影响它的世界战略。因此，美国希望两岸降低敌意，稳定台海局面。美国特别不愿蒋孝武接班，除了上面说的血缘关系，还因为蒋孝武是特务头子，政治思想保守，为建权威，已经采取很棘手的手段镇压党内开明派和党外民主力量。蒋孝武一旦上台，必将引起台湾民众的强烈反对。届时如冲突升级，失去控制，后果堪虞。因此，即使要在蒋氏第三代中选择继承人，美国大概情愿章氏兄弟上台，也不愿蒋孝武接班。

正在这时候，发生了《蒋经国传》作者、美籍华人作家江南被暗杀事件，行凶杀人的是台湾"竹联帮"的几个头目。发指示的是掌握台湾情治系统的蒋孝武。江南案已使蒋孝武在台湾内外声誉扫地，可以预言，国民党内反对他接班的人会越来越多……

就在蒋经国困居七海官邸，彻夜不眠的时候。他的儿子蒋孝武在痛恨那些在台、港地区及美国各种报纸上刊发文章攻击他的记者们，同时，他也对优柔寡断的父亲蒋经国，充满了深深的抱怨。如果他当年真的狠下心来，不听那些来自台湾朝野间的私议，果敢作出让他接班的决策，那么，他蒋孝武也许当真就像香港《镜报》所估计的那样，当上国民党的中委以后，再当中常委。那时他如果真当上中常委的话，今日就绝不会落得个无人理睬的凄惨结局。蒋氏家族也就不会像如今这样变得萧条冷落、在政坛上彻底息影消失。

"像父亲那样心慈软弱的人，又为什么要当政治决策人物呢？其实，那所谓的'江南事件'又算得了什么？"蒋孝武在心里这样恨恨地咒骂着，在他心里最为苦闷的时候，就会亲自驾车前去台北郊区一条僻街深处的慧济寺。慧济寺，碧瓦璀璨，红墙蜿蜒。几株百年古柏，枝桠参差地雄踞在这座百年古刹的四周。蓊蓊郁郁的树阴，将慧济寺的三层殿阁，团团包围掩映，使初来这里焚香的人有一种世外桃源之感。

蒋孝武走下车来。

出现在他面前的慧济寺雄浑而岑寂。雕梁画栋的大雄宝殿内空无一人，蒋孝武悄然步上青石台阶，这里对于他来说简直是太熟悉了。

"孝武，从今以后你就拜海性大法师为师父吧！"蒋孝武定定地凝望着空旷大殿里的几尊彩雕泥塑像，耳边又响起祖母宋美龄的叮嘱。他记得那是 1972 年的春天，他和蒋孝勇陪同宋美龄第一次走进这座远离台北尘嚣的清寂寺庙。对于这与世隔绝的佛门道苑，蒋孝武平时很少涉足。那时他正处于宦海中春风得意的时候，每日里有应接不暇的酒局饭局，自然不会和这佛门清静之地结缘的。但因为老祖母对慧济寺十分看重，又是宋美龄亲自将他和三弟带来的，所以，蒋孝武对此庙的住持僧海性法师当然要假意地恭维一番。蒋孝武急忙向白发皤然、身披大红袈裟的海性法师深深一拜说："大法师在上，从此您就是我蒋孝武的师父了！请受我一拜！"

"不敢当！不敢当！贫僧乃是佛门闲愚之人，一生庸庸碌碌，又岂敢为二公子枉做师父呢？"海性大法师见宋美龄为他引荐的是蒋经国的次子孝武，又见来人道貌岸然、礼贤下士般地向他拱手，急忙捋须哂笑说："二公子乃是从国外留学归来的蒋家才子，可谓见多识广，又怎么可以拜贫僧为师呢？"

蒋孝武闻听此言，暗暗一惊。他原以为这位隐居在天母街巷深处的老僧道，也不过是终日陪伴晨钟暮鼓的世外之人。可听老僧的一句话，就顿时感到此人的不俗，因为海性法师虽然足不出户，却已对世间之事了若指掌了。因为使蒋孝武颇感吃惊的是海性法师居然知道他蒋孝武从国外留学归来。仅此一句话便使蒋孝

武对他刮目相看了。他急忙又拱手一拜说："老法师确实该是我的师父，从今以后，我会不时来到贵寺求救的。因为世间凡尘，实在是太喧嚣，孝武多么钦羡佛门的清静啊！"

宋美龄见蒋孝武如此虔诚地向海性法师致礼，心中高兴，便在旁随口说道："武孙说得很好。虽然我们如今都在喧嚣的尘世，我们蒋家数十年来又笃信基督，可是佛门也不可不信。当年你祖父在大陆上时，每一次返回奉化的老家，都要必去雪窦寺，参拜太虚法师。为什么呢？就是因为他能预见人间的吉凶祸福，有时还可以点拨前程。你祖父民国年间第一次下野时，当时以为从此再无希望了。可哪知太虚却点拨他隔年便有振翮之机，你祖父当时将信将疑，谁知后来果然应验了。故而，从那时开始，咱们蒋家在笃信基督的同时，也绝不敢不拜佛门道苑的！"

蒋孝武、蒋孝勇两兄弟听了老夫人一番话，不由得对身披袈裟的慧济寺住持海性法师格外肃然起敬。两人均再次向海性拜过，然后他们簇拥宋美龄随那大法师，穿过一条花木扶疏的便道，来到古刹后边的禅房吃茶去了。

这次见面不久，海性大法师便受宋美龄之托，在这青堂瓦舍的慧济寺里，为蒋介石之生母王彩玉女士举办一次规模宏大的百年冥诞大法会。那一天，蒋介石和宋美龄亲自拨冗到场，蒋经国、蒋方良夫妇，携着他们一家子子孙孙，几乎全到场了。蒋氏的第三代中，除蒋孝文有病在身之外，就连在美国定居的蒋孝章，在英国剑桥读书的蒋纬国之子蒋孝刚也到场了。蒋纬国及夫人丘如雪女士，也在被邀之列。此外，台湾的一些军政大员，如张群、薛岳、谢东闵、陈立夫、严家淦等人也云集于此。届时，慧济寺内佛幢飘逸，佛鼓震耳。王太夫人的百岁冥诞在台北举行，一时成为佛门大事。只因为如此，小小慧济寺方才名扬遐迩了。

自从这个大法会以后，蒋孝武就在公余时间时常来慧济寺了。特别是1975年蒋介石殁后，慧济寺又为蒋孝武祖父做了一次"五七"佛事。不久，蒋经国又特别授意海性法师为他早已故去的亲生母亲毛福梅女士，也在这里依江浙习俗办一次过世佛门大醮，两次盛会均十分隆重。然而，蒋孝武之所以对海性法师情有独钟的原因，却远远绝非于此。那是因为在仕途中刚刚起步的蒋孝武，很希望在他遇到意外挫折时，不断得到海性法师的点拨。因有他的指点迷津，蒋孝武往往蓦然悟出许多人间的道理。每次他来到这幢寺院，都想在这里觅到脱离政坛后的清静。因为政坛虽然给他以无限的荣耀与富贵，但尔虞我诈的角逐，有时也确让年轻气盛的蒋孝武无法心安，而慧济寺则成了他视若世外桃源的一块清净之地，成了他心烦时必要前来的地方。

18. 蒋经国"集体接班"计划外泄

1984年"江南事件"发生以后，蒋孝武在不断受到外界舆论指责的困境之中，前来慧济寺的机会变得更加频繁了。蒋孝武每次来寺院，海性法师都对他给予恰如其分的指点。蒋孝武记得，就在"江南案"发生后不久，有一天他急匆匆地驱车赶到了慧济寺。

"大法师，前几次我来贵寺求救，您总是说我在仕途上一帆风顺，在近几年中不会有太大的困厄。可为什么一个小小的江南在美国被人刺杀，竟然有人据此对我大肆地攻击呢？莫非这也是天数使然吗？"蒋孝武一边拭汗，一边随海性法师走进禅房。他接过小僧献上的青豆木樨花茶，吸饮了一口，心绪焦烦地探问说。

"阿弥陀佛，人间宦海，风险难测。孝武，你可知久旱必雨，物极必反的道理吗？"海性法师与神情忧郁、双眉紧蹙的蒋孝武对坐品茗，他只听对方一语，便已窥探出全意。老僧把银髯一捋说道："依你的生辰八字，本来有仕途的宏运。可惜欲速则不达，这几年你从国外回来，一直官运亨通。可惜晋升得太快了，这就难免会有暂时的困厄！"

"莫非师父当时所指的，就是如今这所谓的'江南事件'吗？"蒋孝武猛听一贯为他的官运喝彩鼓励的海性法师，今天一开口便改了腔调，立时有种不吉不祥之感袭来。他联想到美国正在公开缉捕刺杀作家江南的凶手，国际舆论的哗然而来，不由得面色苍白，额头沁汗。

海性法师眨动着深沉的双眼，凝然默坐，似在冥冥中思考运筹着什么。良久，他才叹道："阿弥陀佛，正是正是！你休要小看一个寻常的刺杀事件，或许这就是你仕途上的一场大劫啊！"

蒋孝武心中胆虚，口上却是仍然极其强硬："大法师，莫非天公也不肯讲理吗？那个叫江南的什么作家，他在美国本来可以写些无关紧要的书。可他为了引起轰动，也是为了贪图版税，竟不惜以家父为他描写的对象，居然还胆敢写了一本名叫《蒋经国传》的书！不久，便有人去旧金山把他一枪杀死了！听说是台湾'竹联帮'的人干的，此案其实与我风马牛不相及呀！可是我做梦也没有料到，有些人却无中生有地把火引向我。大法师，这实在也太不公平了！"

海性法师闭目不语，半晌才说："世间之事，多为黑白颠倒，是非混淆。此事即使当真与你无关，有人也会借此时机，大肆鼓噪的。那是因为你孝武才华盖

世人，晋升过速，如此一来，自然就要遭人妒忌。此事又恰好有了可供泄愤之机，人们岂可不煽风点火？"蒋孝武说道："可我本人确实并没有指使'竹联帮'去美国做这种事啊！我这些年来，虽然兼职较多，晋升也如大法师所言有些太快了。然而我与'竹联帮'这类的黑组织，历来是毫无往来的。同时，我也不可能干出这种蠢事。这样对我进行猜测和攻击，也委实没有什么根据和道理。为澄清真伪，端正视听，我已经就江南事件公开发表一个声明了，大法师，我认为是是非非，总是应该澄清的！"

海性法师听了他一番激愤之言，忍不住微微一笑说："孝武，欲加之罪，何患无辞？有人既然看中你是万矢之的，你便是多长几张口，只怕也难以辩诬。"蒋孝武有些方寸大乱，急切地问道："大法师，莫非我只能面对这些攻击而束手无策吗？"

"阿弥陀佛，孝武，你我两人交浅言深，有句话不知当讲不当讲？"仙风道骨的海性法师沉吟半晌，终于想说出他许久想说出来的话。"请讲请讲。"蒋孝武见他吞吞吐吐，迟疑不定，急忙劝说催促道："大法师如若有话不肯直言，可就让孝武我白白拜您为师一场了！"

海性又是微微一笑，舒展双眉说："孝武，人言自是可畏。然而危言可听也可不听，可信亦可不信。至于此事是否就是你仕途之大厄，依贫僧之见，倒也不在于危言如何之多，怕的却是乃父优柔寡断，耳朵之软啊……"

"哦……？"蒋孝武没有想到高深莫测的海性，居然并不责怪岛内外骤然而起的舆论，反倒把他将来的仕途顺畅与否，统统归咎于他父亲蒋经国的身上。一时他难以接受，沉吟有顷，反问："大法师，家父对我多年疼爱有加，视若明珠。我能有今日的位置，也正是家父的鼎力成全。如今的舆论完全是空穴来风，家父自然不会相信的。如若是这种担心，依我看就大可不必了！"

那一次，他与海性法师各执己见，不欢而散。

海性把蒋孝武恭送出寺以后，不由凝望着那辆已经绝尘远去的小汽车，手捋着额下的一绺银须，无声地摇头苦笑了。那笑容蒋孝武自然是无法看到的，但老谋深算的海性法师却早已一叶知秋，仅从蒋孝武方才的手足无措，便已看到他仕途将从此走向颓势！

蒋孝武的前程大事，果真被海性法师不幸而言中了！蒋经国果然在外界舆论的重重攻势下，渐渐从内心里改变了"交班"的主意。当初那个在自知自己先天性糖尿病日渐危重，迫不及待地让可以继承蒋家权柄的次子频频出头露面的蒋经国，每日都在舆论的围攻中忐忑不安。特别是那篇发表在香港《晶报》上署名王竹健的文章：《且看蒋孝武如何上垒？》更是令心中发虚的蒋经国如芒在背。因此，在"江南案"爆发不久，蒋经国确实曾经重新考虑他多年拟定的一套"交班方针"。现在的形象，早与蒋介石在世时大不相同。蒋经国不可能利用一个台湾政客来写劝进书，再利用一次国民党的中常会忽然把蒋孝武推到权力的峰巅，特别是"江南案"发生以后，有人总是把矛头牢牢地对准了蒋孝武。在这样不利的情势面前，蒋经国自知如若继续延用从前的手段，明目张胆地把儿子推上台去，显然朝野共愤，无人肯服。因此，蒋经国就暗中想好了一套"集体接班"的方案。他可以在困难的局势下，列出一批政治菁英人物作为国民党的第三代接班人，而把蒋孝武悄悄塞进这个不引人注目的"集体"中来，然后再授意李登辉等人适时把权力交给儿子手中。这种做法应该是可以在国民党中央全会上通过的。在蒋经国看来，"江南案"的风潮只是一阵风，只要它吹过以后，他马上就可以实施这套"集体交班接班"的计划，可让蒋经国做梦也没有想到的是，如今居然有人早就窥破了他的计划，并且有人出其不意地在香港把他的计划捅了出来。这又让他如何是好呢？王竹健的文章如同犀利的匕首，如同一把尘利的投枪，字字句句都刺中了蒋经国心中的要害，这篇文章说：

　　江南事件发生以后，港台公众的舆论所指，尤其对台湾接班人问题的关注有增无减。坊间纷纷指出，台湾人对前途缺乏信心，原因非止一端。但接班人问题迟迟不解决是重要的因素。他们要求蒋经国早日"交捧"，把权力移交给适当的继承人。第三代接班计划被打乱。其实，指责蒋氏拖延解决接班人问题，是不公平的。蒋经国自1982年因视网膜出血住院治疗后，即着手安排第三代接班。1983年放逐王升，1984年带病蝉联"总统"并起用俞国华代替孙运璇；至今年，用马树礼代替蒋彦士，均为权力的移交清除了障碍。用心甚深。只是因为出现无法控制的情况，爆发"江南案"，把蒋孝武牵涉在内，这才打乱了蒋经国的整个接班部署。

　　另外，在权力转移中预计将起"滑轮"作用的俞内阁，也因流年不利，灾祸频仍，弄得灰头土脸。特别是"江南案"和"十信案"的震撼，使俞内阁长期处在失衡和瘫痪状态。蒋经国对他是否能担负"顾命"的重任，完成将权力转移到蒋氏第三代的使命，不无怀疑。

　　据说，为了克服俞内阁的无力感，蒋经国已决定进行局部改组。甚

至考虑更换揆阁，替下俞国华。据台北政圈传言，在蒋氏的锦囊中，接班内阁的理想人有两个……蒋经国要传子，这是既定方针。但鉴于台湾和海外反对蒋孝武接班的声浪越来越高，华盛顿也不赞成台湾出现蒋三世政权，使接班问题复杂化。加之目前台湾当局遭到一系列政治经济困难，人心涣散，局势动荡，不得不小心从事，避免"呷紧弄破碗"，只好放缓权力转移的步调，并通过国民党外围传媒工具，宣传蒋经国将安排"第三代精英集体接班"，彻底否认蒋氏传子的意图。

蒋经国因客观的形势，暂时把敏感的接班人问题搁一搁，这是明智的做法。对国民党当局来说，当前最大的课题应是在经济方面对付经济衰退。据估计，如果台湾在年底以前能扭转经济下降的趋势，在地方选举中能保持上届的得票率，则蒋氏将以今年底或明年初举行的国民党三中全会为契机，重新着手解决接班人问题，护送蒋孝武兄弟上垒！

蒋孝武接班的可能模式。不过，即使是这样，蒋经国也不可能直截了当地将蒋孝武扶上主席或总统的宝座。为了缓和台湾人民的反对情绪，极可能采取"集体"接班的形式，以掩盖蒋氏第三代的专权。据透露，蒋氏可能的做法是：在时机成熟时，借口清理门户或强化组织，成立一个类似"国民党中央改造委员会"的机构，取代中常会作为党的最高权力机关；被选入该机构的将有严家淦和俞国华、周宏涛等家臣外戚，以及李登辉等地方人士和一两位第三代的精英。而蒋孝武将未名委员入选，这位未名委员将在其他委员的掩护和协助下，实际上行使国民党的最高权力。

人们记得，1949年蒋介石撤到台湾以后，也演过同样的把戏。当时蒋经国就是"改造委员会"的委员之一。蒋介石通过这个机关，清除了异己势力，确立了父子俩的权力基础。很明显，蒋氏是很重视"改造委员会"的划时代作用的，他希望用这个模式，来帮助蒋孝武掌握权力，这是完全可能的。今天同样，蒋经国也可以运用这一模式，解决他身后的"总统"权力问题。蒋经国一旦去世，"副总统"李登辉依法扶正，行使"总统"权力。即使李登辉像严家淦一样谦恭，对总统的权力"眼看手勿动"，蒋孝武也不可能像他老子一样，通过下次选举登上"总统"宝座。因此，比较可行的办法，就是在蒋经国去世后，成立"总统委员会"，行使"宪法"赋予的权力。参加这个委员会的可以有严家淦、谢东闵等前"总统"、前"副总统"。还可以有其他人士和蒋氏的第三代。
李登辉可以担任这个委员会的主席，但只能代表集体行使权力。而且受
到委员会的监督，蒋氏是大可放心的。蒋孝武通过委员会的形式行使权
力，只是一个开端，如果他有造化和出息，他将逐步巩固自己的地位，
扩大势力，最后抛开"集体"的形式，像他祖父和老子一样，行使不受
监督的权力，实行个人的绝对统治……

　　"他娘的，这个王竹健是个什么人？这个《晶报》为什么偏偏与我作对？到
底是什么人将如此绝密的情报，泄露给香港的报界了呢？"蒋经国尤为对香港的
这篇《且看蒋孝武如何上垒？》恨之入骨。这是因为王竹健的文章，有意无意地
已将他对次子蒋孝武的几种可行的安排继位方案，均一一猜到，并且又一一公开
披露于世。这比正在被海外报界炒得沸反盈天的"江南事件"，更让蒋经国一筹
莫展，难以应付。如果说"江南事件"将来可以抛出汪希苓、陈启礼、董桂森等
几个替罪羊，以平息民愤，那么，他想让蒋孝武继位接班的计划，如果在这种紧
要的关口公开曝光，那就势必会使他的传承接班计划中途夭折！

　　"孝武，你的时运确实不济，本来我对你从政是有一定考虑的。同时，这两
年我也是有计划地让你到前台上去亮亮相，准备在将来时机一旦成熟的时候，就
把你列入集体接班的行列中来。可是，谁想到如今竟会闹出一个'江南事件'呢！"
也就是在"江南事件"闹得沸沸扬扬的时候，蒋孝武担心的事情终于发生了。那
一天他被父亲的机要秘书王家骅，用电话请进了七海官邸。蒋孝武还没有见到蒋
经国，心中便产生了强烈的不安，在走进父亲的起居室里时，他就望见坐在灯影
里忧心忡忡、手托腮帮沉思的蒋经国。几天不见，从前一贯慈眉善目的父亲，一
下子忽然变得憔悴苍老许多。他知道这完全是由于作家江南在美国旧金山遭到刺
杀一事造成的。父子俩刚刚见了面，蒋经国就对儿子长吁短叹起来。蒋孝武因为
事前已经请教过慧济寺的住持僧人海性法师，因此他准备以坚决抗争的方式，来
阻止并劝说耳朵软的父亲千万不要改变他的接班计划，便说："阿爸，所谓的'江
南事件'，其实也没有什么大惊小怪的。充其量只是一小撮长期敌视我们蒋氏家
族的人，利用刘宜良（江南）事件发难而已。我想它们折腾一阵子，也就会烟消
云散了。阿爸又何必想得太多？您是一位政治家，不应该因为一点风吹草动，就
轻易改变自己既定的大计才是！"

　　"胡说！"蒋经国本来有满腹苦衷，企图向他一度倚作继承人的次子蒋孝武
倾吐。同时，他也希望蒋孝武能够体谅他的苦衷，然而没有料想到他刚一开口，

蒋孝武便现出不谅解的急躁情绪，于是便把桌案重重一拍说道："你懂什么？'江南事件'说它小就小，说它大也大。如今也不仅仅是海外的舆论于我不利，关键是这个刺杀事件发生在美国。你应该知道美国正在那里缉凶啊，他们抓到凶手并不是目的，而是在追查凶手身后的策划者，你懂美国人追查此事的真正原因吗？"

蒋孝武没料到刚一谈话，蒋经国就满腹牢骚地发起火来。这在他们父子之间是很少见的，所以，蒋孝武只好收声敛气，战战兢兢地再也不敢多言多语了，唯恐一语不慎再将大事弄坏。

"美国人会说我们没有人权，没有民主。"蒋经国终究与儿子所处的地位不同，他所看的问题自然也比年轻的蒋孝武入木三分。他余怒未消地说："现在我感到被动的就是汪希苓这些人干事太不慎重了，为了那本书也值得大开杀戒？即便要杀人，也不能在美国的旧金山下手啊！你们当初为什么就不能顾及一下后果呢？"

"阿爸，这件事情是情报局的人干的，也可以说，与我是没有什么太大关系的。"蒋孝武见蒋经国今天的心情比往常都不好，心里便感到有许多沉重的压力。他担心如果父亲的内心过于恐慌胆怯，将来会不会修改从前已经内定的接班人计划，所以他就强词夺理地辩解说："其实，那个叫刘宜良的什么作家，本来就应该把他杀掉才对的。他写什么不好，为什么偏偏要写一位正健在的政治家呢？"

"唉，这都怪我，都怪我当初不应惧怕那个叫江南的人写的书啊。其实，你爷爷在世的时候，香港不是就有人在写一部什么《金陵春梦》吗？那些无聊的文人，也不过是想靠写名人的传记，弄一点可怜的稿酬花花。如果想开了，索性就不去计较。你要知道江南是在美国写作，在美国发表这类传记，是根本不受干预的，"蒋经国对蒋孝武的话根本听不进耳，他不以为然地挥手打断他的话，说："你说刺杀江南的事情与你毫无关系，可是你的话又有谁肯相信？你那个《声明》，也是不能令人信服的。如果你当真在此事上做得干净，又该多好呢？可惜呀，你实在也是干得太愚蠢了，唉，你已经授人于柄了！陈启礼这个家伙，已经将你给咬出来了！"

"什么？……"蒋孝武闻听此言，不由得大吃一惊。父亲的话简直不亚于一颗巨雷在他的头上猝然炸响，使得这位少年得志、在台湾已经暗中控制着情治特务机关大权的蒋家二公子，顿时目瞪口呆。他心里虽然很虚，可是口气却满硬，连连摇头否认，说："不可能，这根本不可能。阿爸，我在做事时虽然不敢说滴水不漏，可是还是有点先见之明的。请您相信，我不会辜负您对我的信任，我不会那么傻，与陈启礼这样的人有什么往来。阿爸，陈启礼既然与我没有什么往来，他又能够咬我什么呢？"

"你在开玩笑！"不料，蒋经国没等儿子将苦衷诉完，便打断他的话说："好了好了，我们不要去争论这个。陈启礼只是向法庭供述了一些内情，虽然也牵涉到了你，幸好还没有外泄。虽然如此，也不好办了。那就是让你以集体接班的方式进入台湾政治高层的计划，恐怕也是难以实现了！"蒋孝武又有些发急了，说："阿爸，早就有人在说您的耳朵太软，外边的那些话，索性就让他们说去。我们的既定方针不变，因为任何一位政治家都是有他自己的主见的，绝不会因为外界的舆论而轻易改变立场，您说是吗？"

蒋经国站起身来，心情烦躁地绕室踱步。他来到楼窗前，茫然眺望着隐蔽在浓密树丛后面的一泓碧蓝人工湖。那湖水在艳阳之下闪动着粼粼的波光。他心里十分苦恼，也十分矛盾。因为蒋经国在知道自己的身体由于糖尿病的困扰，变得每况愈下之后，自然早已把继承人一事列入他最为重视的议事日程。长子孝文有病在身，自然毫无任何希望了，三子蒋孝勇已经表示他无意于仕途宦场，而是热衷于经商办实业。那么，在继承人的选择上也只有他从小就喜欢，性格内向，平时寡言少语的次子蒋孝武了。蒋经国为了实现这一夙愿，事实上早在多年前就开始这种实质性的准备。派蒋孝武去德国慕尼黑学习政治，就是他培养蒋家继承人的一个明显举措。

蒋孝武从德国学成归来后，初时蒋经国为不使自己选择继承人的计划，过早暴露在台北政界，他不得不采取迂回的手段，先让蒋孝武去从事与政治关系并不太大的广播和电视事业。他的良苦用心在于等蒋孝武在民间渐渐有了良好基础与人望后，再水到渠成地把他拉入政界，伺机扶他上台。令蒋经国为之欣喜的是，最初时期一切进展均佳。特别是由于蒋孝武较为内向的性格，进入台湾的广播电视事业以后，又不太喜欢公开抛头露面，所以外界并无非议。蒋经国正是在这种情况下，才偷偷地让蒋孝武暗中接触国民党中央的政务、而后在情治部门任职，很快，蒋孝武就握住了情治特务机关的权力。然而好景不长，让蒋经国反感与震怒的是，蒋孝武由于性格暴躁，将一位很标致很贤惠的妻子、瑞士籍的华裔女子汪长诗赶出了家门。他和汪长诗女士的不幸离异，一度损害了蒋孝武在政坛上的形象。这类官场婚变最能引来猜测与窃窃私议。蒋经国为汪长诗遗下两个孩子而远走瑞士这件事十分苦恼，而从前初来台北时格外谨慎的蒋孝武，由于在广播电视事业待得久了，也悄悄地染上了花天酒地的恶习。后来，蒋经国隐隐听说，经

常神出鬼没的蒋孝武，身边时常追随着一些浓妆艳抹的时髦女子。她们大多是台湾电视界颇有些名气的演员或节目主持人。

"孝武，我真担心将来你成为你哥哥孝文第二！"蒋孝武现在还清醒地记得，有一次他父亲这样向他发出了严肃的警告："女人是什么东西？女人古来就是红颜祸水啊！我真就不明白，对一个男人来说，有什么东西比权力和地位更重要呢？"

蒋经国的严厉批评，曾经使沉溺酒色之中的蒋孝武收敛了好一阵。可是，事过不久他仍然我行我素，忘乎所以了。这使一度对蒋孝武寄予莫大希冀的蒋经国，内心中充满着深深的失望与痛楚。然而蒋经国还是以仁慈与宽厚的心态，原谅了离异不久的儿子。他并没有因为蒋孝武生活小节的放荡与不检点，轻易改变将他培养成自己继承人的初衷，蒋孝武也没有因此而失去急于接班的热情。看来，一切一切似乎全在蒋经国有条不紊的导演之下，在序幕已经缓缓拉开以后，该演的戏紧锣密鼓地进行下去。如果1984年不发生美籍华人作家刘宜良因《蒋经国传》惨遭杀害一案，再过一小段时间，在台湾情治部门掌管实权的蒋孝武，或许当真如香港报纸上外泄的那样，他会在乃父的精心安排之下，混在一批良莠不齐的新老政客中间，以"集体接班"的名义，堂而皇之地粉墨登场。在蒋经国寿终正寝之后，蒋孝武就可以成为名副其实的蒋家第三世，出现在台湾的政治舞台上。然而，蒋孝武真被那位仙风道骨的海性法师不幸而言中了，由于他父亲蒋经国过于畏惧于海外的抨击，不得不将这台已经拉开帷幕的戏，在演出的中途又拉下了大幕。

"孝武，我更是心痛、更愧疚啊！"蒋经国见儿子在他的面前不再解释，心里反倒感觉到有几分愧疚与不安，他喟然长叹说："如果仅仅发生一个'江南案'，也许我们还能继续把想做而没有做成的事情，坚持地做下去。可如今让我无法将事情做完的另一个原因，是有人将我的全部计划外泄了！这是最致命的事情！唉唉，我也是无可奈何呀！"

蒋孝武默默地伫立在起居室的阴影里，心中充满着愤慨与失望。想到自己将来欲求的高官厚禄，特别是蒋氏家族继承人的身份将不复存在，他的心情痛苦极了，忍不住低声地啜泣了起来。

事隔不久，蒋经国于1985年8月16日，在台北市介寿路的"总统府"办公室里，破例接受了美国颇有影响的杂志——《时代》周刊驻香港特派记者波顿的采访。在这次公开的答记者问中，蒋经国在谈话中明确地否定了蒋孝武有可能成为蒋家及国民党继承人的可能性。

蒋经国当时是这样对新闻界表示的：

"中华民国总统"、"副总统"一直依据宪法及"总统副总统"选举罢免法之规定，由国民大会选举产生。今后亦当如此……至于将来国家元首一职，由蒋家人士继任一节，本人从未有此考虑。……

蒋孝武在台湾报纸上读到父亲这番谈话以后，如同惊闻一声晴天霹雳。此前蒋经国虽然对他的前途有所暗示，可这一次父亲的谈话不仅是公开的，而且他还刻意选择一家美国最有影响的刊物，来公开发表他对于蒋氏家族继任问题的态度。这就足以说明，蒋经国是在经过深思熟虑以后才做出的断然决策，有意在事前事后不给蒋家人以丝毫蹉商考虑的余地。这对于对仕途时时寄予希望的蒋孝武来说，简直就是无法回避的大灾大难。他自知大势已去，忍不住抱头号啕大哭起来。……

19. 曲终人散，蒋孝武外放新加坡

"阿弥陀佛，原来是孝武先生大驾光临，敝寺蓬荜生辉呀！"蒋孝武又一次驱车来到慧济寺。在他思想最为苦闷的时候，只能到这里来寻觅一块净土。台湾政坛在他眼里已经一派漆黑了。从前曾经诱惑他充满非份之想的美妙前景，忽然间都变得黯然失色。因为他的到来，慧济寺内大小僧人又是一片慌乱。海性师此时正在前殿里伫立默想，不料已有小僧道们发现了他的行踪。他回头一看，只见是身披大红袈裟，白发皤然的住持老僧海性法师，在几个小僧道的前呼后拥之下，飘然而来。

"师父，又惊动您了！"蒋孝武在这位德高望重的老僧人面前，永远显出谦恭拘谨的神态。他近前慌忙躬身一拜，施了一个弟子礼。

"不惊不怪，蒋先生，我早就料到你会来的！"海性法师与蒋孝武相偕步出大殿，屏退众僧，两人径直向慧济寺的后殿走来，只听海性法师说道："莫非现在的形势，已经证明此前我曾经对你说的过那些话吗？"蒋孝武不觉大吃了一惊。他没有想到自己的来意居然被料事如神的海性法师未卜先知了，立刻躬身一拜说："哎呀，老师父果是人世间的一位神仙呀，又被您给猜中了。不错，我此次进寺来，一是向您来请安，二是烦请师父在百忙中再给我点拨一下前程吉凶吧。不知师父意下如何？"

"蒋先生不必紧张，其实世间万事，本来都是有定数的。"海性手捋银须，

在一棵树皮龟裂的高大银杏树下驻足，他将双眉一蹙，频频地颔首。半晌，海性法师问道："美国那边的凶案到如今已经过去了风头，可是，风头虽过，先生的灾难其实才刚刚开始啊。"

蒋孝武从海性的神情中似乎感觉到什么，略一沉吟，便摇摇头说："不不，我和美国的凶案其实是丝毫没有关系的，师傅为何一定要这样说？难道佛界之人，也与民间红尘的邪恶相关吗？再说，老师傅遁入空门多年，莫非也和凡尘中人一样在听风就是雨地妄论是非吗？"

"阿弥陀佛，蒋先生言重了！"海性微微一笑，将须点头说："自从蒋老先生故去以后，台湾其实早就成了是非之地。家父如今虽然仍在台上，怎奈他的耳朵发软，听不得民间的歪邪说词，因此我劝先生将来如有可去之处，最好还是离开台湾为宜啊！"

蒋孝武一怔："师傅说些什么？台湾就是我的家，您让我到哪儿去呢？"海性闭目凝神，良久才说："台湾虽是你的家，可如今这里已成是非之地。令尊也怕难以相救。因此我劝先生还是在此少做滞留，远避为宜！"

蒋孝武听了海性发出如此深沉的忠告，深以为然地点了一下头。因为他已经从蒋经国最近的种种反常言行和那些显在眼前的微妙政局变化中，隐隐地体察到什么。他急忙应诺说："师父所言极是，只是如果让我当真离开台湾，也并非易事，再说家父他老人家能同意我在这种非常时期离开台湾吗？"海性嘿嘿一笑，说："依贫僧观之，令尊很快就会做出相关的决定的。也许，我没有猜错的话，他定会和我刚才所言不谋而合。因为无论从家族利益还是党国前途来看，恐怕令尊当今也只有这一条路可走了！"

蒋孝武吃了一惊，困惑地打量面前这位高深莫测的老僧人，半晌他才点头说："也许我的命运真如师傅如言，将要面临灾难了呀！是的，我也感到台湾不仅人在变，情在变，世事也在变啊！"

蒋孝武尽管对海性一番话从心里反感，可是他当时也对自己的前程茫然一片。只得心绪不宁地回到了七海官邸。他刚进了院落，就见新婚不久的妻子蔡惠媚在楼前恭候着他，见面就说："孝武，什么时候了，你怎么还有心思到外边去？阿爸他老人家正有要事和你说呢？"蒋孝武一时猜不透父亲有何事找他，便问："他老人家又要说些什么？莫非还要对我说些抱怨的话吗？其实现在发生的情况，都是我们任何人也难以预见的。"蔡惠媚却劝慰他说："老人家这些天来心气不爽，他也在为你的事情着急呀。你对他说话时，一定要稳妥一点才好。"蒋孝武应诺着便匆匆向内宅走去，他不知蒋经国在这时候又有何事对他讲。

"孝武，本来我还留了一手。以为过了这阵子以后，万一形势有了转机，我还是可以实施从前的既定计划的。可是现在看来，如果让你继续准备接班，几乎是不可能的事情了！"蒋孝武进了书房，发现蒋经国一人孤独地呆坐在沙发上，他面前放着一册刚刚出版的美国《时代》杂志。他知道就在这册薄薄的英文杂志内，刊载着他不久前在介寿馆对美国特派记者波顿公开发表的谈话。也正是父亲的这次谈话，彻底堵住他蒋孝武本来可以东山再起之路。想到蒋经国这般无情，作为儿子的蒋孝武心中忽然泛起了一股抱怨，可是他知道这种抱怨在蒋经国面前是不能流露和发作的。因为他也知道蒋经国之所以公开谈话，也是迫不得已之举。在昏暗的灯影下，他发现蒋经国的脸色似乎比前一次父子相见时还要憔悴，还要烦躁不安。父子俩刚刚见面，从来感情不轻易外露的蒋经国，便对他情不知禁地长吁短叹起来。

"阿爸，您别说了，我知道您心里的苦衷。我……也不再对将来接班当继承人的事情，报什么幻想了！唉，我看索性听天由命吧！"蒋孝武这一次不再像前次在阳明山别墅，为自己的将来苦苦向父亲求情。前次在阳明山和父亲交谈的时候，他对自己因江南案受责难还十分不甘，他不认可一个小小的"江南事件"，竟然可以毁掉他美好的前程，更不相信一个偶发的作家被刺案，会构成对台北当局既定政治方针的严重干扰。因此，那次蒋孝武才决计力争和拼搏一下，以期改变父亲对"江南事件"过于畏怯的情绪。然而，当8月16日蒋经国对美国《时代》杂志公开发表蒋家人士对"继任一节，本人从未有此考虑"的谈话以后，尤其是台湾地方法院在形势逼迫之下，公开审理"江南事件"的杀人凶手陈启礼和吴敦两犯之时，蒋孝武心中仅存的一丝对未来前程的希冀，早已彻底地破灭了。

这次蒋孝武之所以在七海官邸对父亲的话表示默认，完全是因为他已经感知事态的发展，已非蒋经国靠手中权力可以遏止的了。蒋孝武感到失望与绝望的是，如果说台湾公开审理陈启礼、吴敦两犯的事情本身，就是事实上做出了对他本人行为否定的话，那么一位名叫李惠英的女记者，在美国纽约《北美日报》上公开揭露他与江南被刺事件秘密关系的文稿，已经注定断绝了他企图接班的任何奢望！

《北美日报》上的文章标题十分赫然醒目：《陈启礼好友仗义执言，揭露江南案惊人内幕》

　　（编者按：作家李惠英女士，曾与哥伦比亚广播公司《60分钟》节目中出现的"背影人"作过一次彻夜长谈。这位"背影人"是陈启礼的

密友,对陈来美作案的经过巨细靡遗地说了出来。有助于驱散江南案的若干重重迷雾。)

老实说,今年1月20日以前,我并不知道世间有"背影"这么一个人。然而就在他交出陈启礼录音带之后的第十天,也就是1月20日,"背影"突然来访,不仅来到我家,而且如数家珍地提起蒋纬国、蒋孝勇、蒋孝武、陈启礼、董桂森、吴敦等热门新闻人物的名字。虽然他一再表明他不是"竹联帮"分子,却直言不讳他是陈启礼的好友,还说陈启礼作案完毕返回台湾的那天晚上,他便见到了陈启礼。自此以后几乎天天见面,直到陈启礼被捕为止,故而对江南案件的来龙去脉了如指掌。以下是"背影"向我口述的故事。

台湾有个绿岛专门拘禁高级政治犯及类似的罪犯,陈启礼也曾被关押在绿岛一个时期。8年以前,当陈启礼从绿岛出来以后,决定洗手不再去搞江湖勾当。

因此,他另找工作过活。直到"美丽岛事件"发生之后,三太子蒋孝勇自动来找他,陈启礼安分守己的情况才起了巨大的变化。

蒋孝勇找陈启礼的原因,是见到当时"竹联帮"没有人才,希望陈启礼复出领导,重振"竹联帮"声威,将来如果"台独"捣乱,"竹联帮"便可替蒋家打头阵。

对于蒋孝勇的提议,陈启礼当初并未答应,主要原因是生意已上轨道,不想再混迹江湖;另一个原因是没有经费。接着,蒋家的二太子蒋孝武也来找陈启礼,这回是蒋孝武跟前的红人林嘉麟出面担任联络人,将陈启礼介绍给蒋孝武。

原来蒋家早已知道在台湾的岁月不会长久,并到处准备后路。其中一条是在美国,另一条则在菲律宾,蒋家曾在菲律宾购买一个小岛,准备万一台湾有个什么风吹草动,马上就可以就近奔逃。蒋孝武之所以找陈启礼,是想利用帮派的力量,到菲律宾成立一个核心,保证这条后路,由于陈启礼早已洗手不干了,是亦未立即答复。正在这时,电影明星王羽被"四海帮"刺伤,王是陈的故友,四海帮又是"竹联帮"的死对头,林嘉麟便利用帮派仇恨怂恿陈启礼出山,于是陈启礼就在台北"自由之家"召集帮务会议。说到"自由之家",其实真不简单,首先,其地址紧挨着前"总统"严家淦的官邸;其次,此处向来是国民党要员活动的地方，"竹联帮"若无强硬后台，怎敢明目张胆在此聚会呢？

另外，当时蒋孝武开始接手"国家安全会议"执行秘书。"国家安全局"位列台湾八大情治单位之首，权力极大，其他各局都要买账。蒋孝武为拉拢陈启礼，便让他进入情报局，陈启礼在情报局里正式编号，使用"郑泰成"这个名字。从此，陈启礼正式成了情报局人员，这是1983年底的事情。

就在陈启礼加入情报局那年，他又结识了蒋家另一权贵，便是蒋经国之弟蒋纬国，介绍人则是名导演刘家昌。陈启礼与蒋纬国绝非泛泛之交，而且远超过他与两位"太子"的交情。

从1983年底起，直到"江南案"事发为止，只要陈启礼身在台湾，他便很有规律地按照下列方式过生活：一、周一至周五忙于做生意及帮务；二、星期天陪伴父母；三、每星期六，陈启礼都与蒋纬国在一起。去年且花费二十多万元买了一架钢琴，送给蒋纬国。

情报局在台北郊区天母，设有专门训练情报人员的场所。

陈启礼在美旅行35天之后，于5月10日返回台湾。不出一周，帅岳峰便奉情报局长汪希苓之命来找他，说明7月底要送帅、陈去天母受训，此次训练为期10天，内容全是为刺杀江南而安排。

受训完毕之后，陈启礼重返台北。又于8月14日应邀到阳明山情报局招待所参加特别会议，与会人除陈启礼、帅岳峰之外，尚有情报局长汪希苓中将、副局长胡仪敏少将、第三处长陈虎门。这次会议由江希铃代传"上级"命令，谁是上级呢？据陈启礼说"上级"便是"二太子"蒋孝武。他的密令是：刘宜良（江南）是国民党一手培植起来的，却叛党叛国，为惩治叛徒，应该将他干掉。

陈启礼慨然接受命令。至于执行命令的数人，任务分配如下：江希铃——代传蒋孝武除掉江南密令；陈启礼——刺杀任务主要执行人；帅岳峰——充当陈启礼副手；胡仪敏——负协调责任；陈虎门——负联络责任。

以上所说，便是今日脍炙人口的阳明山会议。有关会议的内容也都包括在陈启礼录音带中，只因蒋孝武本人并未亲身参加会议，录音带中没有提到他的名字。这也是为何台湾敢于公布录音带内容的原因。不过陈启礼亦非省油灯，他由汪希苓处接受密令之后，亲身至蒋孝武处印证。

他也将和蒋孝武的对话暗中录了音，这卷录音带如今也在美国。

"江南案"事发之后，警方侦骑四出，情况非常紧张，陈启礼身在外国，备感惊慌，意欲速回台湾备案，孰知他们多次与台湾电话联络，均未获得对方同意，还要他们在海外多逗留一年半载。台湾如此过河拆桥，不理陈启礼3人在美的死活，益使陈启礼心生疑惧。他不禁心想，倘若此刻贸然回台，可能遭到逮捕，亦可能遭致杀身之祸，然而不回台湾又能上哪儿去？为了保护自己，陈启礼便将作案本末录制三盘录音带，一盘随身带回台湾，一盘交给白狼，另一盘交给黄鸟，并再三嘱咐，如果台湾出卖他，就可以用这三卷录音带，设法营救他……

"这个姓李的女人，她这么胡说一通，她娘的，我的政治前途就彻底完蛋了！"蒋孝武反复阅读了李惠英发表的上述文稿以后，他在自己的寓所里痛哭了半夜。

"莫非……再没有什么补救的办法了吗？"他妻子蔡惠媚见丈夫哭得伤心，守在一边有点手足失措。她无法理解一张在美国纽约出版的英文报纸，居然会使一贯不惧任何世间舆论的蒋孝武，精神防线立刻崩溃了！她不理解这究竟是为什么。

"你不懂，这张美国报纸对于我来说，简直就是一颗毁灭性的原子弹啊！"如丧考妣的蒋孝武格外痛心地告诉妻子说："惠媚，你不懂，如果没有人将我与'江南案'的真正关系捅出来，我将来还会有一个东山再起的余地；虽然父亲已经公开对外国新闻媒体说了那种决断的话，可我仍然认为有改变处境的机会。但是现在我真的完了，因为陈启礼这个王八蛋手中居然还保留着和我谈话的录音带，他妈的，这个亡命徒真是阴险啊！谁能想到他当初就留下了证据？"蔡惠媚这才体察到事情的严重性，听了丈夫的话以后，面色顿时吓白了，她叹了口气说："孝武，你当初为什么没想到陈启礼这个人会在身上带有微型录音机呢？"

"你现在说这种话有什么用呢？"蒋孝武自怨自艾地将头痛苦地一摇，说道："当初派他们去美国的时候，我根本没有想到刺死一个什么华人作家，会引起美国当局如此严重的关注。更没有料到这件事会被人利用，在媒体上如此大做文章。其实，台湾的情报局从它建立的那一天起，不就是在执行着一系列的行刺谋

蒋孝武第二任夫人蔡惠媚

杀计划吗？从祖父在大陆上时起，谁会想到执行行刺任务，反会落得今天受舆
论追究的下场？"

蔡惠媚既担心又无奈地叹道："唉，孝武，早知道掌管情治部门有这么大的
风险，当初你真不如去抓其他工作，如党务工作不是也一样可以进入上层吗？"
蒋孝武不理会妻子的话，仍然长吁短叹地摇头："你懂什么？阿爸当年让我插手
情治机关，本来是没有什么错的。因为他是想让我抓住国民党内最有力量的系统，
将来对我在仕途上的晋升大有好处。我现在后悔的是，当初不应该接见陈启礼这
个亡命徒呀！如果他手中没有与我交谈的录音带，我就完全可以将此事推个一干
二净了！"

蔡惠媚只是凄然地陪丈夫痛心疾首的啜泣："你当时做这么大的事情，为什
么不先请示一下阿爸呢？如果阿爸那时点头同意，今日不就有人可以承担罪责了
吗？"蒋孝武痛悔不已地说："惠媚，刘宜良这个人写了那本《蒋经国传》，用
意在于披露阿爸的历史隐私。我用手中的权力除掉这个家伙，本来就是为咱们蒋
家、更是为阿爸负责的。可我没有想到的是，阿爸在事情发生以后，会如此胆怯
和退缩，如此地不敢承担责任！唉，如果阿爸他不惩办凶手，我料定那些大造舆
论的人也是无可奈何的。"

蒋经国见蒋孝武不见了前次在阳明山别墅交谈时的烦躁，而且他面对已经发
生的事实坦荡而冷静，这才放下心来，对他说："如果你能有冷静的态度，我想
你的前途仍然还有希望。孝武，在官场上玩政治的人，每一个人都可能遇上棘手
的难题。你阿爸虽然身居高位，也不是就没有风险。现在这场政治性的灾难，对
我的压力要更甚于你本人。因为这件行刺案发生在美国，而这个国家对外历来号
称是民主自由的国家。因此他们不可能对江南事件等闲视之。如果我对此拒绝惩
治凶手，那么我们将面临着更大的政治损失。我想，你是应该理解阿爸如今的处
境的。"

蒋孝武诚恳地点了头："阿爸，您老人家的心情我懂。您所做的一切都是正
确的，特别是对美国人的谈话，我也能理解它！"蒋经国听到这里，心中的不安
和忧虑稍稍有所化解，他对面前的次子说："我的谈话虽然在你们看来有些武断，
甚至没有给我自己留下任何转圜的余地。可是，孝武，我也是在政治形势面前的
无奈之举。不过我相信，我们蒋家还是有希望的。只要你们肯于继续努力，你和
孝勇在台湾都会有前途的。只是，目前的台湾对你在这里继续工作已经不利了，
因此我想……"

　　蒋孝武见了父亲的脸色有变，心中一震。他蓦然想起刚刚在城郊慧济寺里和老僧海性的那番交谈。一抹不祥的预感已经袭上他的心头。讷讷地望着高深莫测的蒋经国问："莫非阿爸您老人家……当真想让我离开台湾吗？"

　　蒋经国没想到话尚未出口，儿子已经脸色煞白了。他忽然把想说的话咽了下去，沉吟良久又说："你让我再想一想，孝武，你让我再好好想一想吧……"蒋孝武见父亲仍坐在那里沉思不语，就猜测到他在决定儿子命运的时候，也是愁肠百结，一时难以下最后决心的。于是他悄悄出了房门，外面忽然下起沙沙的细雨，铅灰色的天空涌上了一团团乌黑的云朵。七海官邸树叶飒飒飘落，他眼前的小路上积满片片落叶……

　　眨眼 1985 年的深秋将临，正值多事之秋的台北，在几场频繁而至的飓风袭击下，忽然变得更加萧条。蒋孝武在强大的舆论威胁下，再也不敢公开露面，他开始隐藏在自己和蔡惠媚的温暖小巢内。深居简出的蒋孝武进入了远离政治的困境。他知道所有的这一切，都与蒋经国 8 月 16 日对美国《时代》杂志记者发表谈话有关。此前他虽然已经饱受"江南案"的袭扰，但心中仍存一线东山再起的希望。而对他最大的打击，还是从此再无继任接班的可能。至于父亲对美国报刊的谈话，则首次公开否定了一度盛传蒋孝武接班的传言，蒋孝武真想自杀求得解脱。兄长蒋孝文的疾病让他断了接班的念头，这是情有可原的。而他则身受江南惨死的无妄之灾，尽管如此，可有些台湾上层人士仍对他不依不饶，还在暗中大造不利他蒋孝武的舆论。有人甚至说："蒋经国对美国《时代》发表的谈话，实际上是一种障眼法。真心目当然还在于平息风波，将来伺机把蒋孝武捧上台去！"

　　蒋经国非常气恼！为了这件事，一贯不计较民间舆论的蒋经国，开始食不甘味。有时为了苦思对策，甚至几天几夜在床榻上不能合眼。让蒋孝武也不能心顺的是，到了 1985 年的岁末，蒋经国为了使来自民间，特别是民进党内一大批反对派对次子蒋孝武上台的强烈不满情绪有所平息，12 月 25 日那天，在台北市中心纪念堂内举行的"国民纪念行宪 38 周年大会"上，他面对讲坛下黑压压翘首聆听的人群，又一次语气凝重地讲了一段与"讲演"无关的题外话。

　　蒋经国的这段话就是针对岛内外关于蒋孝武将来可能接班的舆论而说的。当天，蒋经国这样神色严肃、信誓旦旦地当众表示："请在座诸位相信我的讲话，经国的家人中，有没有人会竞选下一任'总统'？我的答复是：不能也不会有！……"

　　他的话音一落，刚才还鸦雀无声的偌大礼堂里，仿佛被他突然投进了一颗炸弹，顿时，炸成了一片轰然议论之声。这是因为蒋经国选择在如此严肃的场合，当着既有国民党官僚政客，也有民间各界人士在场的众人之面，讲出这种话来，无疑是一种郑重其事的声明。特别是蒋经国选在"行宪"纪念周年的时候，公开讲这种关系蒋氏家族未来的话，不啻就是一颗炸雷出手！不容任何人将信将疑，或者是继续想入非非。

"第二，我还要说明一点。我们有没有可能实施军政府的方式来统治国家？我的答复是：不能也不会有！"蒋经国坐在那辆镀镍的闪亮轮椅之上，尽量把他略显沙哑的声音送进前面那只送话器里，他忽然把嗓音提高几度，大声地宣称道："这是因为，执政党所走的是民主、自由、平等的康庄大道，绝不会改变宪法。同时，也绝不可能有任何违背宪法的统治方式产生……"

台下没有蒋经国所期盼爆起的如雷掌声，但是那些关注此事的国民党要人们，以沉默与鸦雀无声的特殊方式来回敬蒋经国的郑重声明。事实上是一种来自民间的默认，抑或是一种更深的困惑与怀疑。这使蒋经国的心里更加惶恐！如果仅仅是会场上冷淡的反应，蒋经国也许能够理解，因为他的那些下属与民众们，终究不能真正理解蒋经国这番讲话的用心。对于一个多年就野心勃勃，并且早已摆出接班姿态的蒋家来说，难道真会由于一个偶然的江南被刺事件，就从根本上彻底改变蓄谋已久的初衷吗？

当时，蒋经国在讲台上俯望下面那些冷漠、猜疑、嘲笑和各种表情复杂的面孔时，心中只能是冷笑着说："好吧，既然你们暂时不相信我的话，那么，也就只好将来用事实去印证吧！"蒋经国回到七海官邸以后，病中的国民党执政者始终处于情绪的烦恼中。圣诞节前他在台北中山堂发表讲话不久，各种反应也接踵而至了。当然，国民党内部对他的讲话反应并不强烈。他们也许是担心有某种涉及蒋氏家族后继人问题的评论，会传到蒋经国的耳朵里去，给自己带来不利。而民进党及社会各界的猜测性评论，却是毫无顾忌地大轰大嗡，甚嚣尘上。有些人甚至公开批驳蒋经国两次公开关于蒋氏继承人问题的谈话，是"挂羊头卖狗肉"的政治表演。还有人说："蒋经国8月16日和12月25日的两次谈话，是在施放一种自欺欺人的烟雾弹。因为他两次所声明的，全是说蒋家的人将来不能继任'总统'。其实，蒋家人的接班问题并没有因此而彻底断绝，随时都有突发人事任命的可能性。因为接班不一定就非要接'总统'的班！"还有人说："老蒋在世的时候，当初选定蒋经国当接班人，也没有让他一下子就坐上'总统'的位置。如果将来让蒋孝武当'行政院长'怎么办？"

"是啊是啊，也难怪引起人们的猜测和怀疑。当初我自己不就是从'行政院长'开始接班的吗？"蒋经国在听到来自军政界、反对党及民众的各种负面反应以后，在医院的单间病室里心绪烦乱的绕室徘徊。他尽管从内心强烈反对那些众说纷纭的异议，却又不能不认同那些非议的合理性。蒋经国知道近几年次子蒋孝武公开露面的机会太多了，手中握有的实权也太大了。正由于上述这两个原因，蒋孝武在国民党内，在反对党及社会各阶层中的接班印象，事实上早已经潜移默化地形成了。如果现在他仅仅靠两次简短的谈话，就企图去改变或消除这种固有的印象，显然不是一件轻而易举之事。

"好吧，你们可以往下看！看一看我蒋某人所说的话，到底是真是伪？哼，君子无戏言！"蒋经国只能这样宽慰自己。蒋孝武从接班人的计划中就这样被彻底淡化与排除了。蒋经国不得不另外考虑他自己的身后事。然而、另外一股来自国民党上层的逆流，却在时时困扰着本来已经从蒋氏接班人困境中拔出脚来的蒋经国。当一份郑重请求蒋经国考虑的报告，被送到在介寿路"总统府"办公室内的紫檀木办公桌上时，他方才知道"树欲静而风不止"的千古哲理。原来，他企图让蒋孝武接班一事，被悄悄地扼杀在摇篮内、自消自灭的做法，事实上是根本行不通的。如果说国民党内外反对蒋孝武上台，是从思想上彻底击败了蒋经国的话，那么国民党内一批拼命拥护蒋孝武登台接班的势力，也从另一个侧面迫使蒋经国，必须采取更加实际的行动来证明他自己两次诺言的真实性。

对蒋经国而言，这真是一件头疼的事！

那份报告是为蒋孝武抬轿子的一批野心少壮政客们写的。他们是因为闻听到国民党将于翌年，也就是 1986 年 3 月 29 日，在台北举行一次"中央全会"。为了让他们寄予厚望的蒋孝武能够粉墨登场，这些拥护者们居然联名向国民党中央上书，请求把蒋孝武列入"中央委员"的候选人行列。收到这份报告以后，蒋经国一时愁肠百结，踌躇难决。从感情上说，这份语言诚恳的"劝进书"，恰好迎合了自知来日无多的蒋经国。他多年来苦心孤诣地为蒋孝武将来出山做准备，他所期盼的不正是这类来自党内民间的"劝进书"吗？然而，蒋经国在冷静下来时，才真正体会到这张"劝进书"无论对他，还是对儿子蒋孝武，都是有害而无益的。蒋经国知道这些人的本意，与其说是真正推崇蒋孝武的才能人品，不如说是各怀鬼胎。说穿了，他们是希望以推举蒋孝武上台的办法，来达到他们自己将来攀龙附凤的升迁目的。这种人如果是在"江南事件"发生前，也许是可以利用一下子的。因为有一批人拼命的"劝进"，总比没有人推举蒋孝武上台好得多。然而，现在形势已经大有改变，蒋经国已经先后两次在公开的场合里，表示了蒋氏家族将来无人接班的明确态度。既然如此，他就必须说到做到，否则，如果在次年春天的国民党中央全会上，再给声名狼藉的蒋孝武一个"中央委员"的头衔，这岂不是自己给自己掴了一个耳光吗？

"他妈的，无聊！阴险！"想到这里，蒋经国怒不可遏地劈手撕碎了那份为蒋孝武当"中委"的"劝进书"！

1986年1月1日，元旦那一天。

台北大直地区的七海官邸里，还像往日一样平静。丝毫没有一丝半点节日的气氛。但在那座背靠一泓碧波湖水的"T"字型小洋楼内，蒋经国却刻意命厨房在傍晚的时候，精心烧了一桌奉化家乡菜。厨师们感到格外惊讶的是，从来没有请客宴客习惯的七海官邸主人，为何要叮嘱厨师备席烧菜呢？他们都十分清楚，自从几年前医生确诊蒋经国为晚期糖尿病患者以来，官邸为蒋经国每日所备的菜肴，大多十分简单。遵从以姜必宁为首的医疗小组的关照，蒋经国每日所吃的菜肴，也仅仅是屈指可数的几样，而且即便是那几样，菜中也要禁止放盐和放糖的。可今天到底为什么一改往常的戒规，蒋经国吩咐多烧几种菜，而且每种菜务必放盐放糖，也许是他想在官邸里宴请某位贵宾要人吗？

暮色降临的时候，一辆黑色奔驰600型小轿车，缓缓地从大门外驶了进来。

原来仅仅是一辆侍卫们所熟悉的家车而已！此外并无任何车辆进出官邸！走下车来的是蒋孝武和他的年轻秀美的妻子蔡惠媚。厨师们感到困惑与不解。莫非蒋经国让儿子和儿媳来官邸里吃一顿年饭，也值得别出心裁的关照叮嘱吗？

"孝武，阿媚，来，这是特别为你们准备的几碟奉化家乡菜。"在楼上那间小餐厅，蒋经国用筷箸点戳着大圆餐桌上的菜肴，说道："这是糖醋鲤鱼，你爷爷在世的时候，是最喜欢吃的。我特别记得杭州楼外楼的糖醋鱼，烧得最有浙江特色。从前你爷爷每次到杭州，都要吃楼外楼烧的这种菜。本来我也喜欢，可惜近几年有病，医生不准许让厨师们在这碟菜里放糖放盐。你们说，一条没滋没味的鱼，又怎么能吃呢？"蒋方良也在旁说："因为你们要来家里吃饭，你们阿爸才吩咐厨师破了一次例呀！"

蒋孝武和蔡惠媚面面相觑，尤其是敏感的蒋孝武心中颇感惊诧，因为像今天这类普通的日子——元旦，七海官邸从来是不当成什么节日来过的。他和蔡惠媚也从没有得到过这种礼遇，平时他们即便回官邸来用餐，也是赶上有什么饭，便用什么饭。蒋经国如果没有什么另外的原因，他是绝不会关照厨师特别为他烧菜

的，并且又违背了医嘱，在几味家乡菜中放糖和盐，这件事情的本身，也足以让蒋孝武惴惴不安的了。这种非同寻常的新年家宴的背后，莫非隐藏着什么意想不到的秘密？蒋孝武战兢兢地吃着饭。还好，在饭桌上蒋经国什么话也没有说。他只是大谈一些有关菜肴与疾病的话题。蔡惠媚也猜不到这对政治父子之间的内心秘密。但是聪明睿智的她，已经从蒋氏父子的心照不宣中，隐隐察觉到将有非常重要的话题，在饭后要谈的。因此，蔡惠媚只是陪着小心，依偎在婆母蒋方良的身边，一边吃饭一边悄悄地说着两人的体己话。

"阿爸，您有什么话，就只管说吧！我已经看得出来，您这次让我和惠媚到官邸里来，是有事情要吩咐的。"夜宴散后，聪明伶俐的蔡惠媚，亲昵地陪着俄罗斯婆婆蒋方良到另外一个房间去，说着她们之间的闲话去了。蒋孝武见父亲心事重重，欲吐又止的神情，在饭桌前已将事情猜出些眉目。在他推着蒋经国的轮椅，出了餐厅，来到通往卧室的幽暗廊道上时，蒋孝武已经对父亲将要对他谈的话，或者是将要做出的决定，有了较为充分的精神准备。蒋孝武已经备受"江南事件"带给他的一系列沉重打击，其中包括凶手陈启礼，情报局长汪希苓在法庭审理时，对他暗中参与此事的种种揭露。如果说性格较为内向、不喜欢出风头，亦不喜欢公开表露思想的蒋孝武，从前在领导台湾情治部门时，一直保持低调及良好公众形象的话，那么因为一个"江南事件"的公开曝光，不仅彻底损坏了这种维持多年的形象，同时也使他声名彻底狼藉。在多次反思过后，蒋孝武以痛苦与无奈的心态，强迫着自己接受了这一现实。在蒋孝武看来，既然他的形象与名声均遭到了意想不到的破坏，那么，还有什么更严峻的打击，不能够让他坦然接受呢？

"唉，这个……这件事情……"轮椅推进了卧室。早有侍卫将房间的吊灯、壁灯开亮，又拉严了两扇落地窗的紫红色窗帷。待那个侍卫退出门以后，蒋经国接过儿子递来的一杯茶水，托在手上，许久地托在手上，接着就是良久地沉吟不语。

"阿爸，我知道您心里也很烦恼。"蒋孝武从父亲那愁肠百结的神态中，已经窥探出他内心必是十分痛楚。也许即将要对他说出来的话，具有非同寻常的后果，所以蒋经国在昏黄的灯影下，神情难免有些忧虑与不安。蒋孝武悄悄坐在蒋经国身边的一张单人小沙发上，在难堪的氛围中他不时怂恿蒋经国说："我能够理解您内心的苦痛。不管怎么说，'江南事件'都已经发生了。当初，如果我能看准了人，如果我在事情开始的时候，就有能预知结局的政治远见，如果我能按您从前的那些告诫去做，谨慎小心，不轻易抛头露面，我也许从一开始就不会结识像陈启礼这样的地痞人物。自然，也就不会被这种小人暗中录下与我的谈话，以至于使我如今陷入不可自拔的被动中去。唉，这些事情都责怪不得别人，只该怪我太轻率了……"

"别说这些了，现在说这些又有什么实际的意义呢？"坐在轮椅上的蒋经国吹开浮在杯面的几片淡绿色茶叶，呷了一口热茶，蹙眉长叹一声，说："孝武，现在的问题是你的将来怎么办？莫非你还想继续在台湾待下去吗？"

"不在……台湾……？"方才还不断怂恿蒋经国开口的蒋孝武，突然惊愕地睁大了双眼，定定盯望着呆坐在轮椅上双眉紧蹙的蒋经国。从前一直心心相印的父亲，一刹那间变得高深莫测起来。他无法猜到父亲的葫芦里卖的是什么药，蒋孝武俨然像打量陌生人那样去重新注视陷入困境的父亲。最使蒋孝武吃惊不已、甚至是难以接受的，是蒋经国最后问出的那句话。蒋孝武感到有几分惊讶，更有几分不可理解，甚至让他联想到不久前在慧济寺和那位老僧人的对话。他喃喃地问道："莫非……你老人家嫌我留在台湾有些不方便吗？是不是我有些碍眼？不让我留在台湾，要把我赶出台湾去？"

"唉，孝武，你别这样说。不是有什么碍眼，你是我的儿子，老子莫非还有嫌儿子碍眼的道理吗？"蒋经国许久不忍开口说出他几天来思谋的主意。如今他见话既然已经开了头，并且蒋孝武一下子便将他想说的话题揭开，索性就开门见山地说出他的难言之隐。蒋经国说道，"可是现在，你如果继续留在台湾，也实在是没有什么好处了！"

蒋孝武睁大了眼睛呆望着父亲，一时间他有些发愣。不知道该如何来回应父亲的决定。

蒋经国说："你想，那个倒霉的'江南案'发生以后，它带给你的不利影响，已经远远超出了你自己对此事的想象。台湾是在美国人的压力之下，才不得不把汪希苓、陈启礼这些人逮捕的。而公开地审判他们，更非我之所愿。可是，审判'江南案'的后果是什么呢？除了把你在此案中涉嫌内幕公开之外，也把你近几年来在台湾是情治机关的实际领导者秘密，特别是可能让你将来接班的全盘计划，也统统变成了公开的秘密！唉，这就是对你的最大不利！"

蒋孝武深以为然地点了一下头，颓然地将头耷拉下去。

"还有，"蒋经国显然对儿子的前途大事经过了深思熟虑，他放下茶杯，左手搬弄右手地说道："你既然已经被陈启礼那些嫌犯们咬了出来，在事实上你也就成为了杀害刘宜良的一个主要嫌犯。在这种情况下，如果台湾的法院是在舆论

严密监督下审理此案，理应该也将你列入被逮捕名单的。当然，这个事不会发生！有我在世一天，他们谁也不敢那么做。可是，尽管你可以不受法律的查处，继续留在台湾这是非之地，又有什么益处呢？"

"阿爸说得当然有理，我也知道台湾的法院不可能抓我。"蒋孝武在片刻震惊过后，很快就恢复了平静。他从理性上虽然能够理解父亲的话，但却从内心无法接受让他离开台湾这个事实。蒋孝武把头固执地一摇，说："可是，莫非让我离开台湾，对您、对咱们蒋家就一定会带来什么好处吗？"

"我目前并不求好处，孝武，坦率地说，我只求平安，只求你的平安，你懂我的用意吗？"蒋经国已经预知儿子必然会对他的这一决定持有强烈的异议，因而他苦苦地说道："我这样做主要是为着你好！你应该理解我。暂时脱离是非之地，将来也许还有东山再起之日。如果你继续留下来，你身上将会被一些人泼污。弄得你很不干净，很不体面！……"

"我想……形势也许不像您估计的那么严重。"蒋孝武却不屈从，他委婉地辩解说："我并不想再接什么班，也没有那种将来在台湾成其大事的美梦。但我仍然不认为我经过一个'江南事件'，就彻底地输光了。我仍然在台湾有事业可干，情治部门和党务部门没事可做，我还可以继续留在广播电视这样的事业部门干嘛！当然，明年春天如果召开中央的全会，我想也不至于没有人投我当'中委'的票！"

"不行！那绝对不行！"蒋经国见儿子说来说去，最后还是说到他最为担心、亦最为烦恼的事上来了。他立刻想起不久前在介寿路办公室收到的那份"劝进书"，也许，没有那份"劝进书"，也就不会有蒋经国让儿子离开台湾的这一断然的决定。他那微胖又有些浮肿的脸，顿时变得严峻而冷酷起来，从他那厚墩墩的口唇里吐出来的话，也忽然变得斩钉截铁起来。"孝武，你知道我为什么在这种时候，把你叫进官邸里来，并且关照你要早日离开台湾吗？告诉你，就为你说的那件事。我是想要你在3月29日召开国民党中央全会之前，一定要离开台湾！"

"这又是为什么？"蒋孝武茫然困惑，大失所望且又充满深深的怨恨，他固执地摇摇头反问蒋经国："莫非我如今连出席一次国民党中央全会的资格也被剥夺了吗？"

"问题当然不在于什么资格！"蒋经国在让儿子离开这件事上，口气非常坚决，没有任何讨价还价的余地。傍晚时家宴上的那种慈祥关爱的神情，倏然间都消逝无余。在这一刹那间，在儿女面前一贯慈眉善目的蒋经国，立刻又恢复了他作为国民党最高领导人的冷峻本色。蒋经国振振有词地对坐在对面的儿子说道："我是担心在明年春天召开中央全会的时候，有些人会利用你的某种政治抱负，来达到他们的某种政治野心。我当然希望自己的儿子当上'中委'，甚至当上'中常委'才好。可如今这个美梦已经做不成了，什么原因你也知道。况且，我早已经在公开的场合里，表示过咱们蒋氏家族的人，不会再有人接班的话。现在有很大一批人怀疑我讲话的真实性。孝武，你在这种特殊的环境中，去竞选国民党的'中央委员'，你说这合适吗？"

"我懂了！阿爸，我不要'中委'，我什么也不再要了！既然如此，我就可以下最后的决心，早日脱离台湾这个是非之地！您就说吧，要我离开台湾以后，到什么地方去？您是让我到美国去当一个逃亡者吗？"

"不，去什么美国呀？"蒋经国果决地把手一挥，说出了他思考许久的一个安排，"我是要你到新加坡去！"

"新加坡？"蒋孝武一怔。

"对，是去新加坡担任'商务副代表'。"蒋经国不慌不忙地说出他的全部打算来。"为什么要你到新加坡去呢？不仅仅因为那小地方距台湾近在咫尺，还是因为那里很便于你生活。如果总是陷身在台湾政坛的是非圈子里，对你没有好处的。将来你在新加坡工作一段时间以后，我可以让他们给你转为正式代表！"

"那么，看起来我已经没有任何回旋的余地了？"蒋孝武在内心里百感交集，他当初从德国留学回来以后，做梦也没有想到自己在台湾潜心地苦苦奋斗了一阵，到头来又会被他的父亲赶走。让他去一个既陌生又远离故土的地方去，而且又是去做一个既无名亦无实的什么商务代表，况且又是一个副职。蒋孝武想到这里忍不住地向父亲发问，他的心里还对蒋经国的这种决定抱有一丝幻想。

"你不要再抱任何幻想了，马上就和阿媚去新加坡上任吧！孝武，你走得越快越好，不要给那些对你暗藏杀机的人，以任何可乘之机，"蒋经国断然决然地说道，他的话使蒋孝武心中仅存的一点希冀彻底地破灭了……

"我懂了！"孝武黯然点头。

1986年2月6日，台湾的《中央日报》公布了蒋孝武任常驻新加坡"商务副代表"的决定。

2月18日清早，蒋孝武匆匆向兄长蒋孝文道了别，到七海官邸又为患病的蒋方良做了去"荣总"住院的安排。下午，他便携妻子蔡惠媚搭上一架"华航"班机，飞往他任商务代表的花园城市新加坡去了。一度在台湾政坛昙花一现的蒋

氏二公子蒋孝武，偕同他的爱妻蔡惠媚，还有蒋孝武和前妻汪长诗生的一子一女：蒋友松和蒋友兰，极不甘心地来到桃园国际机场。虽然蒋孝武的凄然离去，事前就准备做低调处理，可这时蒋经国毕竟还在台上，蒋孝武也终究在情治机关掌管过相当一段时间的实权，所以，闻讯前来机场为蒋家二公子送行的官员政客们倒也不少。甚至有些地位相当高的国民党军政要人也纷纷拨冗赶来相送，这些人自然是醉翁之意不在酒。对一个被贬为驻新加坡"商务副代表"的蒋孝武来说，当然是不值得在失意落魄时，还要如此破格隆重相送的。但那些历经宦海浮沉的国民党官员们，深谙宦海素有"三十年河东，三十年河西"的升迁规律。他们并不十分相信蒋孝武会从此在国民党的政坛上消失，也许有一天他还会东山再起。有些人正因为对蒋孝武仍然抱有无限的希望，才不得不在这特殊的情势中尤为表现积极……

卷三

蒋孝勇，回避"接班"的经商者

※ 其实，蒋孝勇并不神秘，更不是故作神秘的隐身人，而是他生来就与两个兄长性格不同。他自知生活在蒋家，身上负有特殊的压力，所以他很早就清醒地意识到，行事必须小心谨慎，这样才能让他获得更大的自由。

※1977 年，蒋孝勇已经成为台湾商界引人注目的新星。那时他不仅手控资金雄厚的"中兴电机公司"人事财经大权，同时又开始向台湾广泛的经商领域寻求拓展。蒋孝勇不仅有财权，又有了党权，如此一来他在台湾就可呼风唤雨了。

※ 这份由医疗小组召集人姜必宁起草的《蒋经国病情报告》在报上公布后，立刻在台湾各界引起种种猜测。就在蒋经国病逝翌日，"台大"的几位医师为此事集聚讨论，他们对蒋经国的健康情况虽然早有耳闻，但对他的猝然辞世也表示怀疑。

N 章

人各有志，不羡官场爱商海

20. 三子能成为蒋家接班人吗？

当"江南事件"渐渐风平浪静，蒋孝武已经远避新加坡以后，台湾政坛再一次泛起了"谁是蒋经国继任人"的猜测风潮。当然，由于蒋经国已经两次公开表示"蒋家人不会再成为国民党首"的许诺以后，关心蒋经国继任人的政界人士，并没有因此天真地相信蒋经国的许诺。因为蒋孝武虽然已经成了"死老虎"，但是蒋经国还有一个三儿子蒋孝勇，而这个儿子与蒋孝文、蒋孝武均有所不同。

数十年来，蒋孝勇在台湾政治家族的光环下，从来行事低调，也没有传出任何风言风语。因此，一家名叫《观察台》的杂志，在 1986 年 3 月 5 日，公开推出了一个名叫"小钢炮"作者所写的文章：《蒋经国想瞒天过海，蒋孝勇才是蒋家的真正后主》。这篇文章刚一出炉，马上就引起关注时局者们的高度关注，因为他所持的一些观点，相当有震撼力。"小钢炮"这样写道：

> 蒋经国先生敢当着美国记者和民进党之面保证他的权柄不传蒋氏后人，听起来有些信誓旦旦。似乎蒋家人不能继任已成定局，可是明眼人还是从他的话里看到了隐藏在幕后的玄机。那就是在蒋孝文和蒋孝武昆仲双双成为政坛"死虎"之后，后面另有一个最大的隐藏者，他就是蒋经国先生的三子蒋孝勇。近几年来，蒋经国身上的包袱实在太重了，甚至有点让人担心他无法完成国民党交班继任的大业。人们无论怎样评价蒋家与"江南事件"的关系，但都必须要承认这样的事实，蒋经国自1972 年主持台湾政治大局以来，他确实在一步步地进行政治改革，推展民主运动，在权力分配本土化、领导层年轻化、现代科技官僚化、政党政治民主正常化、人民政治参与多元化等方面，确有基础性的建树和弥足珍贵的发展。但是，他身上沉重的包裕仍然没有因为上述政绩而稍

稍减轻。原因还是他必须保持已故蒋介石的政治衣钵——那就是蒋经国也绝不可能轻易把蒋介石用数十年打下来的江山，轻易交给与蒋家毫无历史渊源的政客。前此时有人在传说，蒋经国已经看中了一个台湾籍的政客作为他的接班人，这个人就是李登辉。可是，这种猜测其实是不可靠的，任何人都相信这样一个事实，蒋经国是一个忠信之人，他不可能背叛其父蒋介石行事的宗旨。那就是，蒋家的江山必须要留在蒋家人的手里。而这个可能接班的后继者，很可能就是蒋孝勇先生。……原因在于，这些年来，几乎所有关心蒋经国继承者的人们，往往把注意力放在行事暴露的蒋孝武身上，可是谁也没有想到，蒋孝勇也已长大成人，而且他的学识人品，都要高于蒋家已无希望的两昆仲。此人从不抛头露面，更不凭借蒋介石的祖荫而哗众取宠，近年来又有人传出蒋孝勇意在经商的说法，似乎早早就有人把此人排除在蒋经国继任者之外。而这恰好就是蒋经国先生的高明之处，他想的就是当所有人都不介意三子存在的时候，才突如其来地公布他的任命，到那时如果蒋孝勇突然出现在台湾的政治舞台中央，任何竞争都会束手无策的。因为这一招棋，很符合蒋经国数十年来的用人之道！……

蒋孝勇从这时开始，忽然成为了国民党政坛上引人注目的人物！

不久，台湾的猜测风潮也波及了香港地区。而香港传媒的高度自由化，又无形中加速了关于蒋孝勇可能成为蒋经国后继人的猜测。同年4月出版的《政治人物》月刊上又发表了《蒋经国的人事布局扑朔迷离》的文章，内称："前一时期，蒋经国对美国《时代》的谈话确实造成极大的影响力，一些支持蒋的人们有理由相信一个事实：蒋经国的谈话是真实的。从蒋经国的立场出发，他是不可能再'传位'给自己的儿子。因为这对历史，对主义都是无法交代的。所以他才在1985年两次公开否认了'蒋家子弟'的继承谣言。这些举动虽然赢得了海内外人士的赞誉，但并没有解开'继承'的'死结'，因为蒋经国除了否定'蒋家子弟继承'，拒斥了'军人干政'的隐忧，但他并没有给大多数渴望'权威领袖'的台湾人，以更加明晰的答案。在此之前，谁也没想到蒋经国会有如此谈话，一方面依宪法体制来解决'拉'的问题，也就是说万一发生总统缺位的情况，则依靠《宪法》第四九条规定，由'副总统'李登辉继任。完全符合民主政治的程序。另一方面，蒋经国却依非常时期的法制规定，来解决他交权的问题。明白地说，蒋纬国居国家安全会议秘书长的地位。必要时也可以起到其子暂时不能接班的难题，事实上蒋经国还是在非常艰难的政局环境中，为他的第三个儿子蒋孝勇继任，铺平了一条接近国民党最高领导权的可行之路。……"

在这些纷纭四起，众口猜测的舆论风潮中，蒋孝勇仍然没有任何表示。人们都不清楚，蒋孝勇为什么在如此敏感的时候，始终在台湾政坛上不见任何踪影，甚至沉默得让所有关注他的人们都有些不可思议了。有人甚至是只闻其人之名，而从来就不知其人的言行举止。莫非蒋孝勇真就是一个神秘莫测的隐居者吗？

其实，蒋孝勇并不神秘，更不是故作神秘的隐身人，而是他生来就与两个兄长性格不同。他自知生活在蒋家，身上负有特殊的压力，所以他很早就清醒地意识到，行事必须要小心谨慎，这样才能让他获得更大的自由。而蒋孝勇反对的，就是蒋孝文的恃势而娇，蒋孝武的任性放浪。他认为只有把自己当成普通人，自己的身边才会有一些与他有共同言语的朋友。在这方面蒋孝勇曾经获得了许多了解他的朋友们的赞许。蒋经国也因此对这个儿子暗暗地喜爱，曾经对身边的蒋方良说："我看，只有孝勇行事很像我。当年我在俄国的时候，就是像他这样生活和行事，因此才会和你这样的俄罗斯姑娘结成婚姻。"蒋方良嫣然而笑，不说话，但却连连点头："这孩子，真有点像我呀！"

一手抱孝武、一手抱孝勇，看着一对可爱的儿子，蒋方良满意地笑了。（国史馆提供，沈明杰翻拍）

20世纪50年代初，蒋经国的幺儿孝勇，有着混血儿的漂亮脸蛋，笑起来十分可爱。

就在台湾军政两界因"江南事件"纷纷猜测蒋孝勇很可能是蒋经国在次子继位落空以后，时时准备向国民党抛出的最后一张王牌之前，早在几年前他就彻底远离了是非之地的台湾官场，而独自选择一条外界鲜为人知的谋生渠道，蒋孝勇想靠他自身的能力去搏击商海。

1948年10月，蒋经国的三子蒋孝勇，出生在动荡不安的上海。

那时的蒋家及其国民党政权已处于人民解放军摧枯拉朽的重重包围之中。毛泽东指挥的百万雄师在胜利完成辽沈、平津两大战役以后，正在迅速向长江防线集结，随时准备攻占南京。上海也处于风雨飘摇之中。蒋孝勇就是在这种形势下来到这个世界的。

　　当然，蒋孝勇那时还是个襁褓中的婴儿，他不可能知道外面的世界正在发生着于己不利的战争。他是在台湾度过童年并成大的。所以，他记忆中最深刻的就是台北长安东路那个有警卫兵防卫的小官邸。蒋孝勇就是从这条街上走进小学和中学，他和两个兄长不同的是，蒋孝勇虽然也生在政要家庭，但他从小勤奋，好学进取。他从小就有种自强自立的精神，但是尽管如此，蒋孝勇的学业也与两个哥哥一样，始终不能成为他所在学校和班级中的佼佼者。后来，当蒋孝勇中学毕业后，蒋介石和蒋经国又商量许久，竟然又打起了让他进凤山军校学习的打算。

　　出生在上海的蒋孝勇，童年时就颇得祖父蒋介石的珍爱，所以才为他命名为"勇"。在蒋孝勇进台湾的凤山军校之前，他的两个兄长蒋孝文、蒋孝武，已经先后被蒋介石和蒋经国送进这所专门培养国民党军官的学校。让人失望和遗憾的是，孝文、孝武均因各自的原因，在军校里不得不中途辍学。虽然蒋孝文、蒋孝武从军并问鼎兵权的梦想未能成功，但是蒋介石和蒋经国仍然其心不泯。所以，当蒋孝勇刚

20世纪50年代，蒋经国日理万机之余，回到家和小孩笑闹一团。孝勇要骑马，孝武来参一脚，妈妈在旁咯咯笑，但不忘扶着孝勇，怕他跌下。

20世纪50年代，孝勇、孝武和爸爸玩摔跤。蒋经国活力充沛，在外上山下海，在家继续打仗。

20世纪50年代，这对小兄弟和朋友合影。蒋孝武在蒋介石眼中是个"鬼灵精"，蒋孝勇则最受宋美龄疼爱。

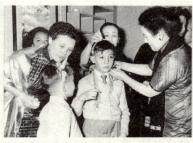

宋美龄和蒋方良分别帮孝武和孝勇打扮，兄弟俩有着快乐的童年。

与母亲甜蜜相拥的童年蒋孝勇。

从中学毕业，蒋经国就亲自去士林官邸面请父亲的指示。蒋介石沉吟一下，说："孝文和孝武本来都能成为军人，可惜他们都没有带兵的机会了。依我看，孝勇将来也许会成为军事将才。咱们蒋家后人，不能光有从政和经商的，更要有领兵打仗的将军才行。所以，孝勇现在是我们的最后希望了，还是让他进凤山军校吧！"

蒋经国自然唯唯从命。

蒋孝勇心里十分清楚，在他祖父蒋介石的眼里，凤山军校始终是蒋家寄予厚望的地方。因为蒋介石始终认为，蒋家第三代孙在他百年之后是否能够继续其行伍征战的衣钵，关键在于是否手中握有兵权。蒋孝勇将来能否在台湾政坛发迹，最好也像他当年跻身政治舞台时一样，首先要从国民党的军界干起。

蒋孝勇就这样放弃考大学，直接进入了凤山军校。果然不出蒋介石和蒋经国所料，蒋孝勇和他两位兄长截然不同。他来军校后既不开汽车闯祸，也不随便触犯校规。他是个精灵懂事的孩子，有一阵子蒋孝勇在凤山军校内接受军事训练确实也十分刻苦。在有关机械化武器课程的考试中，蒋孝勇甚至多次获得高分，名列前茅。然而，苍天似乎注定蒋氏兄弟在他们日后的生活中，不会再有人接过祖父的枪杆，从军官直干到国民党的总裁。就在蒋孝勇正热衷于习练军事的时候，忽然在一次夜间军训时，在教官指挥下他冒险翻越一条深深的沟堑时，不慎扭伤了脚。这样，壮志未酬的蒋孝勇便住进了凤山军校的医院医治脚伤。

蒋介石在台北闻讯忧伤，日夜都在思念着他这个死心孝忠于有父，不惜一切也要专攻军事的孙子。为此蒋介石在士林官邸还曾给蒋孝勇亲笔写信，关注他在凤山军校医治足伤的情况。从现存的几封家信中可以看到，蒋介石对蒋孝勇的用情甚深。蒋介石给勇孙的几封信，早已在杂志上公开发表，这里不再赘述。蒋介石爱孝勇至深，不仅书函互达，而且老先生还不时给他视若掌上明珠的蒋孝勇题写条幅，以示珍爱之情。蒋介石给孝勇题写生日条幅，一次是他20岁时——1968年10月26日，其题词为："孝者必修身爱体，存心养神，不使其长上忧也。勇孙二十岁生日。"其二：1969年10月27日，蒋介石再送亲笔题写的条幅，上书："勇孙二十一岁生日。持志养气，耐心养病。祖父示。"

……

蒋孝勇自知蒋介石此爱的用心。亦深知蒋介石的关爱，显然与蒋家的未来祖业承袭大有关联，因此他把蒋介石的题字视若荣耀。即便后来祖父1975年病逝，他也时时把蒋介石写给他的几封信拿出来捧读再三，这些信和题字容易让他睹物思人，蒋孝勇心里清楚，祖父祖母对他的关切甚至比父亲蒋经国还要周到。在事过多年后，蒋孝勇始终认为祖父在世时是他生活最顺遂的岁月。他记得那次蒋介石的亲笔信由二哥蒋孝武送达不久，蒋介石和宋美龄为关心他的疾病，又从台北专程来到距凤山军校不远的高雄西子湾。蒋孝勇也从军队医院转到那里去继续疗养。蒋介石一道命令，台北荣民总医院一下子就派来几位精通外伤及骨科的医师、护士，在风光如画、碧水激滟的西子湾为蒋孝勇特开一个病房。国民党投入大量精良的设备与人力，千方百计地为蒋孝勇医治足疾。然而，蒋介石和宋美龄对孙子越是这样呵护，医护们越是不遗余力地加以抢救，可谁也没有想到蒋孝勇的脚伤竟然旷日持久地难以治愈，这件事就成了蒋介石的一块心病。

蒋介石与蒋孝勇在一起登山

让蒋孝勇感到终生悔恨的是，在凤山军校的腿骨跌伤，虽没有直接损害他的身体，却让他从此失去了进入国民党军界发展的机会。虽然几个月之后，蒋孝勇的足疾有所好转，他也有重回军校上课的心愿，但因为凤山军校的课程落得实在太多，他已经无法赶得上了，而凤山军校对于这位"太子"的培养也感到有些为难。

20世纪60年代，一身抖擞，穿上军服的蒋孝勇和父亲蒋经国合影。蒋经国脸上写着以子为荣的神情。

这样，蒋经国左思右想，最后他又来到士林官邸，请示蒋介石如何安排蒋孝勇将来的前程。当然，从军人一步步爬上中国政治舞台的蒋介石，当然仍希望自己的孙子能继续步自己后尘，穿上军衣，手中握枪，甚至当上国民党的将军。他认为蒋孝勇只有从军校干起将来才有可能继承自己的权位。然而，蒋孝勇的祖母宋美龄却不以为然，她摇了摇头说："依我看索性就别让孝勇再回军校了，他那只受伤的脚好不容易才治好，万一将来在军校里继续受训，如果再要扭伤了，又

将如何得了呢？"蒋介石想到后果，也点头称是："夫人说得有理。可是，不让孝勇学习军事，又让他做什么才好呢？"

宋美龄终于说出她的意见："咱家三个孙儿既然都不适合当军人，不如将来就让孝勇从政吧。从政也一样能成为蒋氏家族的继承人嘛！"蒋介石频频点头，对蒋经国说："对对，就这样办。你母亲说得也有些道理，既然孝勇身体不适，我看就让他学政治吧！"事已至此，蒋经国只好连连点头应诺："就依两位老人的主意，让孝勇去台湾大学读政治系吧？将来也可让他从另一条路上求发展！"

因宋美龄和蒋介石一锤定音，不久，脚疾痊愈的蒋孝勇便遵从祖父祖母之命，走进了台湾大学政治系的课堂。他在政治系时任教授的连战先生指导下，很快就成为该系一名活跃的学生。那时候，蒋介石多么希望他的孙儿不负所望，早一天成为他的继承者！蒋孝勇在事隔多年后，只要回想起他在凤山军校的经历，每每后悔不及。他写道："在我内心的深处，最最对不起祖父的一件憾事，就是未能从陆军官校毕业……忆及当年要离开台北去凤山报到的那天，他老人家把我叫到书房，除勉励之外，还打开皮包，拿出钱袋，数之再三，给了我两百块钱，说：'你独自到军校去，必有零用之需，这是两百块钱，钱包里也只有这么多，希望你能好好地去应用。'当时除了体会到深切的爱心之外，还有一丝敬重与感慨。……"

蒋孝勇虽然生活在政治家族里，可他与众不同之处就在于，他看惯了国民党官场的尔虞我诈，所以他离开凤山军校，先进了台湾辅仁大学就读，也就是从那时开始，他就喜欢上与政治全然不搭界的商贸。尽管后来他在蒋经国支持下又进了台湾大学政治系，可是蒋孝勇仍然心不在政治上。他不想像一些国民党官僚那样醉心政治官场，所以，1973年当蒋孝勇从大学毕业的时候，他曾为步入与政治家族截然不同的经商领域颇费了一周折。这时蒋介石已经作古，可是蒋经国仍然坚持让他的儿子走从政之路。谁知台大政治系毕业的蒋孝勇，却对终身搞政治丝毫不感兴趣。他认为自己的选择不该从政为官之道，而是想另辟蹊径，走一条与政治风马牛不相及的经商之路。

21. 从政还是经商？蒋孝勇竟放弃高官厚禄

那天，蒋经国在七海官邸前楼办公室，找来刚从大学毕业的三儿子蒋孝勇谈话。蒋孝勇对坐在面前的父亲有些陌生，父子俩虽然一直就在一起生活，然而从蒋孝勇记事时起，蒋经国就是一个忙人。无论在大陆时期的上海，还是后来到台北的长安路居住，在他眼里蒋经国很少有时间和他坐在一起闲聊。小时候的记忆，往往是祖父蒋介石和他接触的机会较多。而今天他没有想到晚年的蒋经国，居然在他毕业回家的那一天下午，把他召进了办公室谈话。因此，他在陌生中又难免有些紧张。

"是这样，孝勇，你现在已经毕业了。"蒋经国说，"既然毕业就意味着从此将要进入社会供职。在台湾这个地方，你究竟做什么工作好呢？这是我想了好久却始终没有想好的事。现在我想听听你自己的要求和想法。你想做些什么呢？"

蒋孝勇半晌无言，良久又说，"我也没有想到毕业后该做什么。我想听听父亲您的意见……"蒋经国见儿子出语得体，不卑不亢，显然与他已经颇感失望的兄长截然相异，因此他才把思考多时的想法说出来，"孝勇，在咱们蒋家，如今也只有你一个人还没有供职了。因此我很想给你说一点咱们蒋家的历史。你也许还不知道，你祖父当年去日本留学之前，咱们蒋家本来是浙江奉化小镇上名不见经传的商家。那时我的祖父是在山中小镇上经营着盐铺维持生计。而你祖父早就看到盐商在民间其实只能维持温饱，而绝对不会扬眉吐气地成为人上之人。现在你学习政治以后，相信你对在社会上只有金钱而无地位的人家，会有较为深刻的理解吧？因此我的理解是，与其拥有金钱过锦衣玉食的生活，不如手有实权，在人前背后可以抬起头来。孝勇，我想，你既然学的是政治，毕业后索性还是学有所用的好吧？"

蒋孝勇听了父亲一席话，默默地沉默有顷，忽然郑重地向蒋经国表明了他几天来思考的问题，说："阿爸，我虽然在台湾大学学了几年政治，可是说真话，我对政治其实没有半点兴趣……"

"你对政治……没有兴趣？"蒋经国闻言一怔，他做梦也没想到刚从台大政治系出来的儿子，居然在他面前出语惊人地说这种话来。直到这时他才蓦然意识到，当初父亲在世时他们共同决定送蒋孝勇进台大政治系，其打算是违背儿子主观意愿的。蒋经国有些茫然，也有些困惑不安，他甚至面对已经有完整世界观和行事理念的三儿子，有些手足失措了。尽管蒋经国对儿子的答复并不满意，但他从心里暗暗欣喜自慰："儿子毕竟长大了！"而且让蒋经国心绪稍安的是，当年被他视为无力抵挡诱惑的小儿子，如今已经有他自己生存做人的理念了，而且他发现蒋孝勇的理念，似乎包含着与蒋家所有人都不相同的自重与自爱。

"是的，阿爸，我不想一辈子吃政治这碗饭，也不想靠政治飞黄腾达，成为凌驾于万人之上的官员或者将军。"蒋孝勇在威严的父亲面前，平生是第一次这

样坦荡相见，而且他终于说出了多年来心中所想的话。

蒋经国沉默有顷，终于说道："孝勇，也许你也从台湾的报纸上看到了，我对国民党实施的政治改革，其中就包括民主和自由两个基本理念；至于在咱们蒋家内部，我历来也主张让家庭所有人员都自由地表达各自的意见，我不搞家长制的'一言堂'。你刚才能直言不吃政治这碗饭，说实话，孩子，我相当的意外，但我又欣赏你说这种话的勇气。只是我感到不可思议的是，你在大学里学的是政治，可你毕业后不搞政治，又会以什么为你的职业呢？"

"阿爸，你既然主张家庭人员畅所欲言，我看，对我的事情，最好还是让我按照自己的意愿择业吧。"蒋孝勇抬头看见了祖父生前为蒋经国亲笔题写的"寓里帅气"金字匾额。他心中忽然又想起当初蒋介石让他进凤山军校的往事。因此，他在军事和政治两种前途反复抉择以后，最终还是决定在关键的时候按他自己的意愿行事

"孝勇，你说吧，爸爸不会强迫你做自己不愿意做的事情的。那么，你就说说看，你究竟想做什么？"蒋经国心中对儿子的主见虽不以为然，但他决定不强迫儿子按自己的主观意愿行事。蒋经国心中的失望，来自于他因蒋孝文和蒋孝武均不能如愿继承蒋家的传承大计所受到的精神打击，因为如果蒋孝勇也不能很好地执行已经作古的老父心愿，那么这样一来他们蒋家的江山，也许就面临后继无人的惨局。蒋经国沉吟许久，说："孝勇，你为什么厌恶政治？政治到底有什么不好，你祖父和你阿爸，多年不就在吃政治这碗饭吗？"

蒋孝勇侃侃地陈述他的道理："祖父和阿爸在官场上能够如鱼得水，说明你们都有从事政治工作的才能和资历，可是我却不行，不仅因为我从小就厌恶官场，重要的是我对为官之道没有任何兴趣！从我小时候开始，接触最多的人都是军政两界的人，可以说我熟悉这些人。他们在我的心里几乎都是说假话、说奉承话起家的。而且这些高官们真能在政治舞台上翻身的，大多都采取了尔虞我诈的手段，最后才能扬名显身。如果说到真才实学，这些人其实是没有的。在台湾大学读政治这几年，我也深切地感受到，社会的进步，主要还是靠生产力的彻底解放。就依我们台湾而言，现在注重发展经济，这就要靠更多有才智的人，靠真才实学的本事推动社会历史的前进。想到那些没有真本事的人竟然窃居要津，我就从心里厌恶；说真话，阿爸，我想做的就是实业，因为实业可以救台湾，可以发展台湾的经济！再说咱们蒋家人毕竟也不能永远占据在政治舞台上，任何事情总会有一个结束。从我这代人开始，我希望咱们蒋家最好不再有人从政了。"

"这样也好。因为人各有志嘛！"蒋经国从瘦削精干的蒋孝勇简短谈吐中，已经体察到他从内心厌恶国民党官场的本性。他虽然有些失望，但蒋经国终究是善解人意的父亲，情知子女的前程择业，不可以违心强求。他喟叹一声说："孝勇，如果让你在经商理财这条路上发展，将来会是一种什么样的前途？"

蒋孝勇见父亲终于松了口，于是他说话就更加坦荡："经商也没有什么不好，阿爸刚才已经说过，咱们蒋家在民国年间，在奉化溪口小镇上不就是经营盐业起家的吗？如果我的曾祖不经营盐业，祖父也就不会想到去日本学军事。我想，当一种职业超过三代以后，就势必需要更迭了。如果我这一代继续延续从政这条老路，肯定不会有更大的造就。早在多年前我就已经听到一些坊间的非议了。说我和孝文、孝武统统都是靠祖父的势力苟活在世上的纨绔子弟。即便我现在进入政界发展，即便我是凭着自己的能力获得了某种地位，总有人会认为我所得到的一切，都是您老人家靠手中之权赏给我的。因此，我实在不想在别人的白眼下得到任何官职。与其那样的生活，倒不如让我经商好了！"

蒋经国苦笑一声："经商？孝勇，古人都说，无奸不商。莫非你当真把经商看得那么容易吗？我看你人品本质，就不是一个当商人的材料。因为你不会奸诈，一个不懂奸诈的人，又怎么可以把商业打理得好呢？"

蒋孝勇不以为然地反唇相讥说："阿爸，您老人家这样评价商人，也许有您的道理。可我却并不认为商人都必须奸诈。现在的台湾社会，经商早已经不再步前人之辙了。新的经商理念本身，更需要有一批有才华的人才进入这个领域。而我这几年虽然在台大的政治系，可我早就在研究经商的哲学了。因此，我很想在这个对咱们蒋家有些陌生的领域寻求发展。我相信经过我的努力，很可能在经商过程中显示我的自身价值。"

蒋经国没想到儿子的生存理念已经在学校里形成了，他知道如若继续和儿子争辩，最后让儿子勉强顺从进入政界，最终的结果也许能达到继任接班的目的，可是，这样一来就会让蒋孝勇一辈子生活在他所厌恶的职业中。蒋经国左思右想，最后只得让了一步，说："好吧，孝勇，现在我才真正发现，你确实已经长大了。经商，既然你喜欢以这种方式来体现你的人生价值，我也不好勉强你再做政治。可是，我想，即便允许你经商，也不能当民间的商人，那样和咱们蒋家的前辈反差太大了。我看，你不妨先在国民党的财务委员会里任个职，怎样？"

蒋孝勇笑了笑："阿爸，我方才不是已经说过，我无意进入官场！"

蒋经国说："财务委员会算什么官场？我要你先在那里挂个虚职的用意，是

为你将来经商时找一个坚实的基础。不然在台湾这种地方，如果没个根基，恐怕做什么事也做不成。从政是这个道理，你想经商也是如此。"

"好吧，挂个虚职就挂个虚职，反正我将来想做的是实业！"蒋孝勇已从蒋经国的神色中看出几分不悦，他知道如果连个虚职也不要的话，肯定会惹来蒋经国不满。于是他点头应允："阿爸，我真是厌恶了台湾的官场，不然，我不会让您老人家为难的。"蒋经国终于首肯："好吧，干一点实事也好！"

就在蒋经国和儿子家中谈话不久，蒋孝勇果然担任了国民党中央的财务委员。就在国民党中央的文件下达几天以后，经过蒋孝勇的要求，他如愿地进入了"中央玻璃纤维公司"——这是一家国民党创办的大型企业，它在当年的台湾一度首当其冲，工业化的程度很高，也是蒋介石执政时期从美国引进的先进设备。因此，蒋经国当然希望儿子先到那里去锻炼锻炼，然后再进更有前程的党营企业。蒋孝勇当然同意，他说："我就是想到乱窝子先打拼一下，因为这家公司不景气，一般有头有脸的人是不想去的，因此他们不会看我是谁的儿子。不给面子的环境，也最容易锻炼人。"就这样，蒋孝勇去了"中央玻璃纤维公司"。他当时的职务，因为年轻，也只是总经理的助理而已，并不负有重大的责任，恐怕这也是蒋经国事前为儿子想好的，此一去他既有进路也有退路，左右不会有什么闪失。

"孝勇，我看你不要继续在'中央玻璃纤维公司'干下去了。如果你继续在那里做下去，将来也就陷进去了，再想跳出来就晚了呀！我看你还是去经营条件较好的公司任职吧？这总比你在这家乱摊子公司要好得多！"国民党元老俞国华在蒋孝勇来"中央玻璃纤维公司"上任不久，就曾多次找他商议退出。原来，蒋孝勇投身商海以后，初期他进"中央玻璃纤维公司"担任总经理助理，就是当时的"行政院长"俞国华亲自安排的。可俞国华从心里并不赞同蒋经国"让孝勇先收拾乱摊子"这一主意，果然他发现蒋孝勇进公司不久，就和总经理在企业经营方针、供销及其他许多问题上，产生了摩擦和矛盾。总经理因为他的身份特殊，因而就处处戒备他，甚至他认为蒋孝勇是公子哥出身，根本就不可能搞企业，所以远避着他。蒋孝勇也因总经理不信任他，事事制造障碍，故而他初来不便发表意见。就这样他在这家公司干了一段，双方都不愉快。俞国华担心蒋孝勇继续在"玻纤公司"干下去，会给蒋经国造成负面的影响，于是蒋经国只好同意俞国华的意见，让他的三儿子离开国民党办的"玻纤公司"，只身前去当民间企业家。

蒋孝勇就这样进了民营机构"鸿霖公司"。在这里他当了公司董事长兼总经理，蒋孝勇是为能独立发挥经营才干才另起炉灶的。因为这家民营公司体系庞杂，人员众多，公司不仅包括台湾旅游、餐饮、娱乐，而且还有货运等，是一家大型的综合民营企业公司。蒋孝勇在"中央玻璃纤维公司"时，他仅是个小小助理，凡事要视总经理眼神行事。不甘屈居人下的蒋孝勇，这一次决心在"鸿霖公司"大展身手。经过他真枪真刀杀砍一阵，一度走下坡路的"鸿霖公司"果然开始起死回生，利润也不断递增。可就在蒋孝勇事业顺遂之时，"鸿霖公司"却发生一桩有损蒋孝勇名望的丑闻！公司的常务董事邱创寿因为涉嫌盗版电影拷贝，从而惹起了一起官司。官司一出，台湾立刻舆论哗然，报纸上的新闻让蒋孝勇和蒋经国大为惊骇，这时候，有人甚至认为蒋孝勇就是这一事件的幕后黑手，而常务董事邱创寿的所作所为被人认为也是蒋孝勇一手操纵，其实蒋孝勇在此事中毫无瓜葛。

　　"怎么样，我当初劝你不要染指民营企业，可你偏偏不听。现在怎么样？你被牵扯进去了吧？"蒋经国听说"鸿霖公司"的出事经过又恼又气。立刻把蒋孝勇叫来训斥一顿。蒋孝勇有种被人愚弄之感，他在父亲面前有苦说不清。

　　蒋经国当初对儿子执意从商就暗怀不满，而今他因为和"中央玻璃纤维股份有限公司"总经理关系紧张，一下子又跳到了民营的"鸿霖公司"任职，蒋经国对此更是一百个不满意。所以，他便借着"邱创寿案"对蒋孝勇大发怒火："你不知道盗版案的本身，就说明你不具备经商的本领。因为你眼皮底下发生的事都不知道，还管什么企业呢？再说，你可以对我说你不涉嫌此案，可社会上谁能相信你的真正清白？"

　　蒋孝勇一时讷讷无言，他心中有许多难言的委屈，更没想到经商会这样坎坷艰辛。民营的"鸿霖公司"原来是一个难以预测的陷阱，想到这里，蒋孝勇有些后悔当初不该不信俞国华的劝阻。

　　"有人现在公开说'鸿霖'这桩案子，是你在背后操纵。而你的背后又是谁？当然指责的就是我！可我到底与你们那个'鸿霖'有什么关系？"蒋经国心里急火腾腾，他想起儿子毕业时的情景就深感后悔。蒋经国认为他没有尽到做老子的责任，致使十分任性的三儿子自投身商海后就接连遭遇不吉不利。

　　"阿爸，我真没想到会牵连我！可我认为迟早有一天，是非曲直可以搞清！"蒋孝勇为自己的"鸿霖公司"惹出案子深深内疚。他见蒋经国气得脸色发白，就唯唯诺诺地表示歉意。蒋经国见儿子进退两难，索性不再责骂。他无可奈何地说："等到搞清是非的时候，你在商界早已经声名狼藉了。孝勇，当初我反对你去民营公司，就因为那里情况复杂。一旦发生什么事情，就要惹来满城风雨。你还年轻，

还不知商界也像政界一样，到处是尔虞我诈，到处是阴险和陷阱！你一时不慎就会出事。轻则被人利用，严重时则被卷进什么案子里去，到那时候也就晚了！"

"既然如此，我愿意离开'鸿霖公司'，再回到党营的公司里去！"蒋孝勇经过几场风波，才知下海经商并非从前想的那样一帆风顺。现在刚来"鸿霖"就发生了一桩"邱创寿案"，他只好违心做出从民营公司跳出来的决定。俞国华只好再一次把失业的蒋孝勇请进"财委会办公室"，笑眯眯地为他斟一杯茶。然后说："孝勇，既然这次你想再回到党营企业去，我劝你别去'中兴公司'。据我所知，近几年这家公司始终不景气。你又何必去收拾那乱摊子呢？"而蒋孝勇知道，这一次他选中了在台湾声名狼藉、经营不善的"中兴电器公司"，仍然还像当初一样，不喜欢听信他人之言，而是他多次在工业企业里反复踏查，最后才毅然决定下来的。因此，俞国华的意见，他并没有听进耳朵里。他不希望选一个安乐窝去享受，而是一心再去创业，并一定要取得成果。

"孝勇，这一次你只能成功，不能失败了！"俞国华作为蒋经国的亲信，总是事事为他考虑。他唯恐蒋孝勇再次误入泥淖，他不好向蒋经国交代。蒋孝勇笑了笑，没有马上反驳俞国华。因为此次前去"中兴电工机械公司"任董事长之前，他已经反复检讨了此前的过错，也是蒋孝勇在台北仅有的几家党营企业中左挑右拣，权衡利弊，最后才选中的"中兴公司"。蒋孝勇没有想到，就在他准备前去"中兴电工"赴任的时候，不料俞国华又来泼冷水。蒋孝勇说："俞先生，在台湾目前的几家党营企业中，比'中兴公司'强的还有吗？"

俞国华却说："党营企业目前确实都不景气，不过哪一家也比你想去的'中兴公司'强一些。孝勇，我劝你还是少碰它为好，以防将来再打退堂鼓！"

"请俞先生放心，这次我绝不再打退堂鼓！我要和'中兴公司'共存亡了！"蒋孝勇的自尊心被俞国华一激，立刻产生了一种强烈的执拗。他语意坚定地说："'中兴公司'就是个火坑，我也要跳下去！……"

那天清早，蒋孝勇的小轿车驶进了"中兴电工"公司的大门。

蒋孝勇抬头看一眼那幢米黄色办公大楼。还有楼下一个千余平方米的停车场。当时让蒋孝勇感到吃惊的是，已经早过了上班时间，可偌大停车场却只有寥寥几辆汽车。他看见"中兴电工机械公司"大院里，空荡荡的毫无生气。这让他非常失望。而整幢办公大楼里，也是人影寥寥，8点钟已过，可是公司只有几个人上班。蒋孝勇走进幽暗的办公楼廊道，看见所有办公室都锁着房门。

"来人啊！"蒋孝勇见"中兴"是以这种冷漠局面欢迎他的到来，不禁心火进蹿。他立刻喊来公司秘书，吩咐说："马上坐着我的车，到所有董事家中，把他们一一给我请到。就说我有话要说！"秘书不敢怠慢，马上乘车一家一家叩门。大约一个小时后，十几位董事都战战兢兢地赶来了。在公司三楼小会议室里，长条桌两侧坐满了诚惶诚恐的董事们，以往委靡不振的董事都被这从未见过的严肃气氛惊呆了。总务部长首先站起来致词，他以恭维的口气娓娓讲道："尊敬的蒋先生来'中兴公司'，将预示着我们公司从此从不景气局面中走出来。因为蒋先生具有非凡经商才能，他在'中央玻璃纤维股份有限公司'和民营'鸿霖公司'里，都曾有过非凡业绩。所以，我们认为蒋先生能引导我们'中兴'走出困境！……"

"请不要这样恭维我！我在'中央玻纤'和'鸿霖公司'，都没做出什么非凡业绩！"蒋孝勇不等总务部长说完，就起来打断他的话。他之所以这样不留情面地打断总务部长的话，是因为他话里含有明显的嘲讽与揶揄。在"中央玻纤"及"鸿霖公司"期间，他始终没能很好发挥才干，特别在"中纤"是因他与总经理配合不睦才不得不离开；而在"鸿霖"则由于一桩倒霉的"盗版丑闻"他最后不能不走。总务部长这样当众夸奖他的"业绩"，与其说吹捧不如说对他进行挖苦。

"请别误会，千万别误会！我只是……"总务部长没想到马屁没有拍好，又悔又慌，急忙欠身解释。"不必解释！"蒋孝勇的开场白不但让总务部长难堪，也让那些从不把董事长和总经理当一回事的董事们大吃一惊。人们面面相觑，人人自危。谁也猜不透蒋孝勇的心思，无法预料"中兴公司"日后的局面。

"坦率地说，我在上述两家公司里，有的只是败绩。"蒋孝勇神态冷峻，出语惊人，"但是，尽管在'中纤'、'鸿霖'两家公司没有轰轰烈烈业绩，我却体会到了许多经营之道！我想到'中兴公司'来，就希望把我从前在上述两家公司所得的教训，都变成动力！因此，作为今天见面礼，我要向各位董事提出一个条件：从明天开始，必须上午8点钟准时上班，否则我将扣发大家的薪水！……"

接着，蒋孝勇大刀阔斧地对"中兴"进行人事改革。他把一些没有能力的部长、处长毫不留情地撤职。同时又把公司底层中有真本事的科员，直接提拔到重要岗位上来。提高一批有经商才能的干部薪水。把总务部长这样惯于阿谀却又不干实事的官员削去职务，降掉薪水，下派到底层去当业务推销员。

"我所主持的中兴电工公司赚钱并不是唯一目的！"蒋孝勇上任两个月后，

召开一次全公司职员大会。他在会上提出一套治理公司的方案。蒋说："有人说'中兴公司'应该办成个综合性大公司。这家公司要生产供全台湾人使用的各类家用电器，将来所有家用电器都应有'中兴'的标志！如果真做到当然很好，可我却认为这件事根本不可能！如果每样都要做的话，'中兴'根本就吃不消。我认为应该重点发展！"

蒋孝勇的经营才能在"中兴"得到了充分的展示。他调整了下属企业的生产线，带领一批技术骨干到欧洲一些国家考察。回来后，蒋孝勇大刀阔斧改变了"中兴公司"从前墨守成规的生产格局。在生产家用电器的基础上，又生产一批可直接卖给官方机关使用的空调设备及发电机。从前一度走向低谷的"中兴电工"，渐渐在蒋孝勇的带领下向上坡爬去。蒋孝勇认为如将"中兴电工"真正带向振兴之路，仅靠家用电器还无法扭转乾坤。于是，他亲自出面到国民党军政机关拉关系，他的特殊身份自然立竿见影。许多与"中兴电工"无关的工程项目，都由蒋孝勇出面包了下来。回来后再由"中兴电工"转包他人，如此一来，额外收入便源源不绝汇到"中兴电工"的账号上来。"中兴"的利润开始猛增，一度萧条冷落的局面不见了！

"要把公司利润拿出一部分，作为福利发给员工！"在一次董事会上，蒋孝勇这一大胆提议立刻得到所有董事的一致赞同。蒋孝勇之所以这样做，全为着使"中兴公司"职工认识到繁荣企业，可直接给每个人带来益处的道理。蒋孝勇的大胆决策，震动了"中兴公司"。因为分掉公司的积累、增加职工的福利，乃是以往任何董事长或总经理所不敢做的。有人在背地指责蒋孝勇这样做，是为"收买人心"！蒋孝勇对此一笑置之，他自有他办企业的哲学。

"董事长，您早！"蒋孝勇正在空荡荡的院子里徘徊着，忽然听到女人的声音。他转身一看，见是一位从前熟悉的女职员，手拎一个玲珑小挎包，款款地向他走来。

"哦，你好！"蒋孝勇已叫不出她的名字来了，只记得她来"中兴"不久，有一次他去欧洲考察，回来时听说一个令他不愉快的事情。一位国民党元老，为欢庆他的65岁寿辰，一个电话打到"中兴电工"公司。要在家支撑日常事务的副董事长，为他派十几名年轻漂亮女职员，去他官邸里陪酒陪舞。副董事长不敢不从，只好从下属职员中挑选十余位姿容清秀的女子，去那位国民党大老官邸里祝寿跳舞，蒋孝勇记得面前这位女职员也在其中。

"这是对我们女职员的轻视，也是对'中兴公司'的轻视！"蒋孝勇对此事非常恼火，他马上驱车前往国民党大老官邸，郑重地对他说："我们'中兴公司'女职员并不是陪酒女，也不是歌妓舞女，她们是值得尊重的企业员工。上次您让她们为您的生日陪舞陪酒，是对我们'中兴公司'的侮辱！为挽回'中兴公司'的声誉，请您必须组织一次规模更大的宴会，然后再请那天来官邸为你陪酒陪舞的女职员们，来当一次宴席上的主宾！"

"好吧！"国民党元老顿感狼狈，由于气愤而涨红了脸。可是，他知道气咻咻站在他面前的是什么人。如果蒋孝勇仅仅是个"中兴公司"董事长，那他完全可以不加理睬。这位元老深深知道，他不敢得罪蒋孝勇身后的蒋经国。想到更为严重的后果，他只好违心应允下来。两天后的傍晚，那位国民党元老只好在台北"来来大酒店"10楼，举办一场规模更加隆重的晚宴。届时蒋孝勇亲自出席。为了体现对公司女职员的敬重，蒋孝勇和那位满面惭愧的国民党元老，亲自迎迓在宴会厅入口处。当每一位女职员进门时，蒋孝勇都亲自握手问候，并接过女职员手中的大衣或帽子。那位尴尬的国民党元老见蒋孝勇如此尊重他手下的女职员，也只好在旁效仿。又一天清晨，当蒋孝勇再来公司时，几位女职员见蒋孝勇从汽车里走下来，她们都急忙上前向他致敬。并说："董事长，你这样尊重我们普通职员，让我们从心里感到自豪，从前的董事长，从来就不把我们当做公司的主人。"蒋孝勇却说："你们不要感谢我，我这样做是对的，因为只有我公司的员工都有主人翁的感觉，我们'中兴公司'才能兴旺发达！"

从此这家党营公司多年来一直处于严重亏损的困难窘境，就在蒋孝勇的领导下悄悄发生了变化。他出人意外地以其老成持重的品格和善于管理企业的灵活手段，再加上他独有的特殊身份，让曾经一度不景气的"中兴公司"第二年利润就翻身，资金活化，员工们的面貌也因为收入的增加而大换其颜。这个时候，也正是他二哥蒋孝武在台湾情治机关走运走红的时候。蒋孝勇独辟蹊径地进入了党营企业，他每天默默无闻地奔波在经商的圈子里，从不过多地了解父亲和兄长的政圈事宜。即便在台湾、"江南命案"时期，蒋孝勇也两耳不闻窗外事，他倾心关注的始终是他所酷爱的"中兴公司"。

"孝勇，听说你这次干得不错，当初你能独出心裁地选中经商，也算你为我们蒋家人争了几分光彩。只是中兴公司现在虽好，可是前景也并不乐观，你纵有浑身才学，一腔热血。也怕难以让这台老掉牙的机器永远运转正常呀！"蒋经国越是为蒋孝武给他带来的麻烦苦恼，越为自己的三子蒋孝勇凭自身能力在商海不断创造奇迹而振奋，只是他作为父亲不能不体会蒋孝勇独自担当企业重任的艰辛。

那时，蒋经国不断地从他身边谋士口中，获悉一些有关蒋孝勇在"中兴"经商的近况。那一时期，台报上人称"左右蒋经国决策的四大元老"的沈昌焕，就多次对他提议说："经国，你再怎么不关心孩子，也该清楚，现在孝勇经营着中兴所付出的心血啊，那家公司如今如果没有孝勇，恐怕早就破产了呀！你该为他谋一个稍好一点的企业，这样才能让孝勇的经商才华得到彻底地发挥！"

沈昌焕的一席话，让蒋经国不得不认真沉思。正如台报上的文章所称："蒋经国和国民党近年来的许多重大决策，大到解除戒严，开放党禁，小到节日补假，都要蒋经国亲自下令决定。但是蒋经国日理万机，加上体力日衰，不可能事事躬亲。显然他的幕后智囊和献策者的影响力不可低估。在台湾国民党高层，真正能够在蒋经国身边进言并左右他大小事断的人，无非有四人。这四位党国大佬分别是谷正钢、黄少谷、沈昌焕和袁守谦。国民党近年的诸多重大决策，一般都是蒋经国决定，然而许多政策和行动决定之前，他首先要倾听这四位国民党大佬的意见。换言之，凡事只要这四人之一向蒋进言，蒋经国无有不相信者。……"这一次，蒋经国决意改变三子蒋孝勇的生存环境，也是事前倾听了四大佬的意见以后，才断然决定协助蒋孝勇真正走上人生的正轨。

如果说两年前当蒋孝勇刚从台湾大学毕业进入商海经商时，蒋经国对他进入党营企业"中央玻璃纤维公司"就任职务，只是迫不得已的信手安排，那么现在当他发现两三年间蒋孝勇就在"中兴公司"的经营过程中崭露了头角，心中已经承认三子并非一个口头说空话的人，他在经商方面的才华，不仅让"中兴公司"内部人人称许，就连党国四大佬之一的沈昌焕也赞不绝口。因此，蒋经国决定再找孝勇谈一谈。

20 世纪 70 年代，蒋孝勇陪老爸泡海水浴场。

"孝勇，当初让你进中兴，抓这个乱摊子，完全是一种权宜之计。现在我也承认，你有经商方面的天赋。"蒋经国这次是在台北郊区的阳明山别墅里，和在山上消夏的小儿子谈这番话的。他说："因此，如你继续准备在商海拼搏，阿爸这次很想再为你选个有利的环境，那样你就更加英雄有用武之地了。"

"谢谢您老人家的关怀，不过，我觉得在'中兴'发展就很不错了。"不料蒋孝勇很快就表示说，"'中兴公司'虽然企业冗员众多，多年来在台湾一直是不死不活地求得生存。可我能在这种环境里起步，也是一种幸事。因为我的面前虽然困难很多，不过这种环境是可以锻炼人的。因此我还不想离开'中兴'。也不希望再到其他党营公司去发展。"

　　蒋经国听了儿子一番话，从心里感到他是可造之才，他点点头并没有再说什么。蒋孝勇上任两年后，经过他重拳出击，彻底改革了旧有的经营方针，撤换一批靠资历混饭的老官僚，大胆提拔了批新生力量，果然在蒋孝勇大刀阔斧的改革动力面前，"中兴"一改以前靠官吃官的营销颓局，大有振兴腾飞之势。由于蒋孝勇的神力，凡是台湾所有大型冷气设备的安装，一律划为蒋孝勇的"中兴公司"承包安装。眨眼几年过去了，从前在实业上没有经验的蒋孝勇，很快就变得名声日隆了！

P 章

蒋家 "接班美缺" 为外人所窃

22. 悄然进入蒋经国视线的 "接班人"

1985 年秋天，就在蒋孝勇在 "中兴" 董事长位置上干得风生水起的时候，不料他的二哥蒋孝武忽然出事了。本来在政海宦途干得大有希望的二哥，不想由于涉嫌 "江南事件"，在此后不久被蒋经国 "外放" 到新加坡当闲职去了。恰恰就在二哥黯然离台不久，蒋经国的先天性糖尿病也越发严重了。老父亲不仅改装一只名存实亡的义眼，又因下肢行走不便，不得不以轮椅代步。如此一来，实业繁忙、日理万机的 "中兴公司" 董事长蒋孝勇，就只好把公务推给手下总经理全权代管，而时常进出于七海官邸。

也就是在这时候，由于蒋孝勇因父亲身体原因而充当了蒋经国与许多国民党中常委们的 "联络员"，因而有一些权高位显的高官要人，需要有事向蒋经国汇报时，也只能通过蒋孝勇的口中捎话，故而坊间才开始渐渐传出蒋孝勇有可能成为蒋经国接班者的消息。其中民进党办的《民进周刊》发表攻击性的言论甚多。一篇题为《蒋经国手中权力正在悄悄转移》的文章，把矛头再次直接指向了已经经商的蒋孝勇。内称："蒋经国生病在家，据说所有中常会大多改由他人代为主持。糖尿病已到晚期的蒋经国，身边早就有一支医疗小组在夜以继日地紧张工作。而能够走进七海官邸的国民党官员寥若晨星。只有蒋孝勇可以随时守候在其父的身边，包括俞国华和李登辉这样的高级僚幕，有要事需要和蒋经国报备，也只能视蒋的病情决定他是否接见。一般时候，都需要求助于蒋孝勇从中传话。因此，蒋孝勇如今成了国民党内最有实权的特殊人物。只要他想做什么，一般都可以水到渠成。他甚至比从前蒋孝武在台湾时的权力还要大得多。就连李登辉这类所谓的 '副总统'，为了得到一见蒋经国其面的殊荣，也必须要仰蒋孝勇的鼻息行事。因此，有人说蒋经国早已选定三子蒋孝勇作为他的接班人一说，绝非空穴来风。……"

事实上，只有蒋经国和蒋孝勇父子清楚，蒋
孝勇如今虽然守候在其父身边，代替蒋经国直接
向"行政院长"俞国华和"副总统"李登辉转达
指示，这都是蒋经国医疗小组集体的决定。原因
是蒋经国目前的身体状况，早已经不宜继续参加
国民党中常会并听取相关要人的汇报了。有人居
然把这些因病情转危而不得不临时采取的措施，
也猜测成是蒋经国在临危交班。

也只有蒋经国本人心里清楚，早在蒋孝武继
任在台湾军政两界引起非议的 20 世纪 80 年代初
期，蒋经国就已经在悄悄地另外寻找他的继承者
了。不过这个继承者不再是蒋介石生前所期许的
蒋家后裔，而是一个地地道道的台湾人。他就是

蒋孝勇成了父亲蒋经国晚年的
生活助手

早年在美国康奈尔大学农经系求学、回台后惨淡经营农艺的水稻专家李登辉。只
是蒋经国想把李氏培养成他的继任人，在相当长的一段时期里，始终处于对外界
严格保密的状态中。

蒋经国早在（1972 年）就任"行政院长"前后，就已悄悄寻觅麾下的四梁
八柱了。早年在江西时就善于扶持党羽的蒋经国，当其父蒋介石病重不能视事并
掌管台湾的实际权力以后，他更加考虑安排自己的班底，而台湾籍官员则更是蒋
经国优先考虑的重点。可他当时纵观台籍官员虽然人数众多，然而蒋经国左右权
衡均不放心，原因在于蒋经国不希望麾下部属过多拥有他自己的人脉势力，这样
蒋经国便开始在中下层台籍公职人员中寻觅目标，而此时刚好有人向蒋推荐李登
辉，并且极为符合蒋经国的选才标准：此人既是台籍出身又没有属于李氏自己的
小团体和私人势力。只知道做学问的李登辉不仅身边没有复杂的人脉关系，同时
还懂得治理农业。这两点在蒋经国看来是极为难得的长处。

一次，蒋经国率领身边侍从驱车前往台中视察的半路上，他忽然喝令车队马
上煞车，他要临时到一片水田去查看秧苗的长势。当蒋经国在侍卫们的簇拥下来
到一片碧绿的水田旁时，发现几个农民正在水中插禾。他看见这些农民中有一个
高个子青年人，居然戴着一架银丝眼镜，而且在官员们的众目睽睽下，依然插禾
认真，似乎不为蒋经国的到来所惊扰。蒋经国发现他是一个知识分子，而且又有

娴熟的插禾技术，忽然对这个插秧人产生了浓厚的兴趣。连忙询问身边陪同的当地官员，说："他是谁呀？怎么插秧那么顺手呀？"当地官员这才报出此人名字："他叫李登辉，是我们当地有名的农艺师，听说还在美国一所名校留过学呢！"

"哦？他是美国留学生？"蒋经国听了当地官员的介绍，对稍远处那埋头插秧的陌生人更加有了兴趣，于是吩咐把此人叫到身边来。李登辉这才放下手里的秧苗，从没膝深的水田里笑嘻嘻地跋涉而至，来到蒋经国面前，诚惶诚恐地施了一个九十度的大礼，低头不敢仰视地叫道："没想到惊动了院长的大驾，登辉在这里有礼了！"

蒋经国没想到李登辉如此谦恭有礼，心中对他的好感便油然而生。便问道："李登辉，有人说你在美国留学，此事可是当真吗？"

"报告院长，这是真的。"他仍然显出一副恭谨之态。

"你在哪一所美国大学留学？你主修的是什么课？"

"报告院长，我在康奈尔大学读书时，主修的就是咱们台湾农民急需的农业经济学。"

蒋经国听到这里，心里暗暗一动，随口便说："好好，在我们台湾如果发展经济，农业是重中之重。特别是台南和高雄一带，农业更是经济的命脉呀！"接着，蒋就站在水田边上，和脚踏进水田秧苗间的李登辉，以闲聊的方式进行着对话。蒋经国正是从这些对话中，进一步了解到李登辉的身世和经历。原来，李登辉当时刚从美国康奈尔大学留学归台不久，在台湾"农复会"以农经博士的身份充任"技正"（技术闲职）。不仅如此，李登辉还在台湾大学兼任教职，自然像李登辉这样地位较低的技术干部能引起蒋经国的注意，也确实极为意外。李登辉那时只想好好搞好农业，确也无从政的任何妄想。可是，只因为一个偶然的机会，却让李登辉从此时来运转，甚至平步青云了。李登辉是在出席一次友人的私人宴会时，意外结识了蒋经国的身边人。这次宴会的主持者是与李氏关系密切的王作荣，此人与李同为美国康奈尔大学农经系毕业，回台后在远东经济学会任职。宴会上不但有李登辉的另一位农经方面的朋友杨鸿游，同时他又意外结识了王升（蒋经国亲信，时任台湾政战部主任）和李焕（时任国民党党部秘书长）。席间李焕和王升两人与李登辉谈到了台湾农业问题，他们都感到李氏正是蒋经国多时感到头痛的台湾农业发展滞后问题的可用之才。嗣后，李、王两人分别在不同场合向蒋经国介绍了李登辉，而蒋经国那时正急寻能够为"行政院"农业问题解困的专家，他再想起不久前在某地水田里和李登辉意外相识的一幕，因而对李的好感倍增，于是李登辉与蒋经国的因缘也由此拉开了帷幕。

不过李登辉本人当时对蒋经国的用人计划一无所知。数月之后，突然有台湾警察总署人员约李登辉到派出所谈话。而且这种没头没脑的谈话，竟然接连不断，每一次警察都要谈到李登辉早年在台湾加入共产党的历史，李登辉为此大感恐慌。更让李心中不安的是，警总的人竟然约谈不断，有时在"农复会"谈话，有时甚至派警车把李押到警总去进行询查，李登辉无法了解这种审问式的谈话背后究竟隐藏何种政治背景，他甚至误以为早已退党的涉共嫌疑，很可能随着这些无休止的谈话逐步升级，最后也许让他遭受牢狱之灾。直到半年以后，他才忽然接到"行政院"的通知，蒋经国要李登辉陪同下乡检查台中地区农业情况，这时候，李登辉才恍然大悟"警总"前期的审查，原来是蒋经国将要重用自己的一个考查程序。当时的蒋经国正为台湾农业生产存在的大量问题而忧虑。尤其是粮食产量过低，农村人口大量外流和土地过于便宜，等等，都让蒋经国陷入难以解脱的困境，而李登辉初次见面即能谈清如何解决"肥料换谷"制度的种种弊端，则让蒋经国对其不能不刮目相看。李登辉在当时（1973年）尚不是国民党员，蒋经国居然破例允许他列席参加国民党的四中全会。嗣后不久，王作荣又受上层之命，主动充当李登辉的入党介绍人，在这些程序走完之后，蒋经国便决定提拔李登辉为"行政院"的"政务委员"。一个名不见经传的普通农学家就这样在蒋经国的刻意提携下进入了台湾政界，而且还是台湾众多从政者所不敢企及的显赫要职。李登辉在六年的"政务委员"任期间采取的韬晦策略是，从不在公众场合张扬自己，而是在暗中不断地向蒋经国提供"农业调研报告"，因此深得蒋氏的信任和垂青。但直到这时，蒋经国对李登辉还仅仅只是利用，利用他在农业方面的一技之长，真正想把原本属于蒋氏家族的权柄转让到这个台湾农学家的手中，还应该是1984年蒋孝武因"江南事件"惹祸，他本人受到来自台湾地区上下的攻击指责，在蒋经国自认为传子计划彻底失去了希望以后。而在这一时期，蒋孝勇已经对经商产生了极大的兴趣，蒋经国自此看到，若想把他手中的权力交给自己的三个儿子，已经全无任何可能。在这时候，蒋经国唯一看中的继任者，就是李登辉了。

23. 蒋经国父子对继任者曾有不同歧见

"孝勇，我现在只能相信一个事实了，那就是从此咱们蒋家人不过问政治了。"1986年初，蒋经国的病情已经十分严重。不过，他仍然不肯相信医疗小

组的诊断，有时他只要病情稍有好转，还是要独自到乡下去视察。至于一度轰传的蒋氏家族后裔接班的传言，在坊间喧嚣一阵以后，再也无人问津了。只是每当清晨或夜晚，蒋经国在官邸里见到匆忙而来的三子蒋孝勇时，仍然怀有深深的愧疚。因为他毕竟没有实现父亲蒋介石在世时对他的特别叮嘱："国民党的权是我从中山先生手里接过来的，数十年来，我南征北伐，击败了多少党内外的对手，方才有了今天这半壁江山啊。经国，将来无论到任何年月，权力都只能交给可靠人。你懂吗？任何人也不如咱们蒋家自己人可靠啊！……"而今，他居然没有固守住父亲临终前对他的遗言，迫于形势，也只能拱手让给家外之人了。

"阿爸，这有什么呢？我早就对您表示过，我对政治从来都没有任何欲望。"蒋孝勇只要涉及这一话题，他总是开朗直言，丝毫没有任何抱怨和委屈。

蒋经国坐在轮椅上，忧郁的神色变得有些舒展了。对儿子如此通情达理，他感到几分欣慰，说："我现在还是担心，你是不是真能把商经好。孝勇，我对你多次说过，无商不奸啊，而我们蒋家的人，都是不是商海中人。因此，我担心你有一天会急流勇退。到了那么一天，你又如何生存呢？"

蒋孝勇听了父亲的话，不禁哑然失笑："阿爸，您老人家放心，在这个世上，相信我不会被饿死的。这是因为这几年在商海里的浮沉，我已经初步积累了经验和信心，而经商虽然也很艰辛，但我相信我可以战胜一切的。"那时的蒋孝勇已经具备了单独经商的条件。蒋孝勇离开"鸿霖"以后，很快就融入国民党党营的"中兴电工机械公司"。这里才是他蒋孝勇为之奋斗的崛起之地。尽管蒋经国初时还对儿子是否能在中兴把企业做大持有几分怀疑，可是很快他就发现，以蒋孝勇的才智能力，完全可以让"中兴公司"彻底翻身。蒋孝勇也确实需要找个可供发挥的跳板，"中兴公司"就是他最为理想的选择。在蒋孝勇看来这家公司的背后，有国民党投下的数百亿台币资产做后盾，再也不比小小的"鸿霖"。"中兴"公司既有可观的不动产，也有供他随意支配的流动资金。在"中兴"任职他可以不计后果，即便做了亏本的买卖，也有国民党在后面为他做靠山。

蒋孝勇很快就在"中兴"站住了脚跟。那时的"中兴公司"正处于无人管理的状态，一盘散沙的总部大楼里，时常在上班时见不到一个人影。蒋孝勇的过人之处就在于，他善于以平和的为人与周到的处世哲学取悦员工，他的谦和态度马上博得了公司上下的好评。也许正由于蒋孝勇在这时候来到"中兴公司"，才使这家濒临破产的党营公司起死回生。蒋孝勇的威信也就是在这种情况下树立起来的。公众眼里的蒋孝勇，很快就彻底改变了。应该说他绝不是一般人眼中的纨绔子弟。蒋孝勇在"中兴公司"当董事长和总经理，既依靠蒋氏家族的余荫，也不可否认他精熟于企业的运作规律，善于以手段收拢下属人心。正因为"中兴公司"的人心集拢于蒋孝勇一身，所以企业才有了起色。

1977 年蒋孝勇已经成为台湾商界引人注目的新星。那时他不仅手中直控着资金雄厚的"中兴电机公司"人事财经大权，同时又开始向台湾广泛的经商领域寻求拓展。蒋孝勇的第二步，是伸手抓住另一党营公司——"中央玻璃纤维股份有限公司"。在短短一年的时间里，他不但成了这家党营公司的董事长，而且又当上了总经理。就这样，蒋孝勇的势力就不可低估了。到了 1980 年，蒋孝勇不仅手抓住两家上市公司不放，而且又成了台湾"中华民国全国工业总会"的常务理事和国民党中委，蒋孝勇不仅有财权，又有了党权，如此一来他在台湾就可以呼风唤雨了。

如果不是因其父蒋经国晚年疾病发展，已到无法亲自视事的地步，那么蒋孝勇在他驰骋的台湾商海，还会有进一步飞升与发展。他那时雄心勃勃，胸中有一整套吞并和扩展国民党党营工业的计划。后来当他面临蒋家执政者不久人世的危局时，才不得不放弃既有名又有利的党营公司，眼看着由他惨淡经营起来的"中兴公司"，落入了他人之手。到了 1986 年底，蒋经国的病情日危，蒋孝勇的大哥孝文病在阳明山间，无法近前来照顾坐在轮椅上的父亲，而二哥蒋孝武远在新加坡任职，也远水难解近渴。再加之母亲蒋方良到了暮年也多病缠身，心脏病不时发作，如此一来，也只有蒋孝勇能够守在父母身边，承担着照料的重责。如此一来，蒋经国便把他当成了与外界沟通的"联络员"。

"阿爸，我可以当好这个联络员，但是我绝对不可能从此融进政界。"在那些在七海官邸照顾父亲的日子里，蒋孝勇有机会与台湾国民党军政要人们频繁地进行接触。一些中常委及各重要部门的首长，他们如若在蒋经国生病期间汇报工作，只能通过蒋孝勇这一渠道。蒋经国遵医嘱，已经不可能参加国民党的重要会议，也不能直接与各重要人物进行接触。这样，蒋孝勇实际上就成了可以代表蒋经国发号施令的重要角色，就连李登辉、俞国华、郝柏村、倪文亚、林洋港、张群、陈立夫、黄少谷、谷正钢、李焕、吴三连、吴伯雄、郑为民、黄尊秋等国民党大员们，也要对蒋孝勇礼让三分，甚至为了让蒋经国顺利地批准他们的报告，有时不得不向蒋孝勇巴结谄媚。也正因为如此，蒋孝勇才忽然感到他事实上又进入了政界。他不安地对父亲说："只要您老人家的身体稍稍好转，我还是马上就回到公司去，因为我的精神早已融入了我的公司。只有在商海我才感到自由和欢畅。"

"好好，我当然同意你将来还回公司。联络员只是暂时的差事嘛！"蒋经国坐在轮椅上，满意地望着身边的儿子，脸上绽露出一丝欣然的微笑。

蒋孝勇却仍然有几分不安，说："可是我在官邸里待的时间久了，有些人是难免发生误会的。甚至有人担心我将来真就参与了政治，到那时我再退出去，恐怕有点晚了吧？"蒋孝勇有些顾虑，当然与不久有台湾媒体又泛起的"蒋家人继任接班"的谣传不无关系。他知道时至今天，坊间对蒋家人是否"接班"仍有种种猜测和非议。他记得两年前的5月24日美国《洛杉矶时报》曾经就此发表过文章，仍然含沙射影地谈到蒋孝勇可能继任的问题。该报称："虽然受到糖尿病的长期拖累影响到视力和行动的蒋经国，五月二十日在台北北部的阳明山上显得气力十足，这是他第二任'总统'的就职典礼。今年初，蒋经国就宣布他的新政策：经济发展必须比政治目标优先。因此，他在简短的就职演说中，大部分还是一以贯之的政治立场。然而在演说中，蒋经国似乎暗示着，台湾在表面上看来例行的权力延续中，正在实现着某些划时代的大事。比如有人传说他的三儿子蒋孝勇很可能利用台湾经济发展的机会，在不久的将来接过乃父手中的权柄，然后继续统治这个党。说蒋孝勇继任，似乎比说蒋孝武继任更具有说服力。其中的主要例证是，蒋孝勇近年来是通过'鸿霖'和'中兴'两家大型党营企业的成绩来说话的。二是蒋孝勇在国民党的十二届二中全会上，已经成功地当选为中央委员。这就表明蒋经国的交班计划不再是一句空话，而蒋孝勇具有国民党中委的身份一项，已经表明他事实上已经进入了国民党高层。蒋经国这次在典礼上提醒所有国民党人说：'有所为，有所不为；有所变，有所不变。'这些话的意思是，蒋孝勇将来能否继任大业，也与蒋经国从前曾经对外界表示的蒋家人不再继承的说法，将要随着时代的变化而改变的。只要他的儿子在商业经营中有所为，那么他就有可能成为国民党的新生代继任者。……"蒋孝勇深知美国评论家的评论，对他们蒋氏家族有害而无益。因此，他再三向轮椅上的父亲表明："我还是想早一天离开官邸，因为现在就已经有人在暗中造我们的谣了！"

"孝勇，你身正不怕影子斜！"蒋经国理解儿子此时的心境，其实他早在几年前就已经着手彻底改变蒋家人永远占据国民党领导地位的格局了。而李登辉这个与蒋家毫无历史渊源的台湾人，早就成了他事实上的继任者。因此，他对美国《时代》杂志关于蒋家人不再继位的说法，完全是发自内心的表明。蒋经国最初也想像其父蒋介石一样，想把国民党的继任人确定在蒋家子嗣上。当然，那时可供蒋经国选择的子嗣十分有限，其长子蒋孝文多年前就患有不治之症，是一个无法扶上台的"阿斗"，三子蒋孝勇又在台湾商界打拼，马上让其进入政界显然有诸多难以逾越的障碍，只有次子蒋孝武在其考虑之列。蒋经国不但确有这种考虑，同时也为蒋孝武有一天顺利进入接班程序做过许多实质性的铺垫。例如，他授意蒋孝武执掌台湾的情治机关，直接插手重要的党务和人事，等等，不过就在蒋经国眼看次子将循着自己从前曾经走过的世袭之路接近接班程序，逐步向国民党政权峰巅循序渐进的时候，竟意想不到发生了震惊中外的"江南事件"。正由于国际媒体无法控制的真相披露，才使得蒋孝武涉嫌"江南行刺案"的内幕曝光于世。因为事件发生在美国，遇刺者江南又是美国国籍，所以美国政府的出面干涉致使蒋经国风雨飘摇的政权几乎无法抵御。在这种不利台湾的国际政局面前，蒋经国不得不忍痛将他在台湾执掌情治机关要任的儿子蒋孝武外派新加坡。正是因此他政权"传子"的世袭交班的计划不得不胎死腹中。

蒋经国不但对媒体这样郑重申明，他还在一系列行动中对接班人问题做出了部署。大量事实表明，蒋经国在接班人一事已经开始走"本土化"、"年轻化"和"务实化"的革新路线。为了安抚那些当年随蒋介石来台的国民党军政高层人物、党内耆宿和军事将官，蒋经国采取一切可以采取的措施加以安抚与照顾，有人就任虚职，有人给予厚禄。另外，他又开始以"年轻化"为由，大力将一批国民党中生代人士提拔为国民党的中常委，例如吴伯雄、李焕、施启扬和陈履安等人。蒋经国这样做的目的，意在让这些忠于蒋家的青年精英牢牢把握国民党的要害部门，与此同时他又让蒋介石时期就进入国民党高层的一批元老，如俞国华、倪文亚、张群、严家淦、邱创焕、沈昌焕、谷正刚、黄少谷等人，无形中形成国民党的中央权力核心，蒋经国认为如果他有这样的坚固班底，即便将来因为身体原因猝然病逝，国民党的政权也不会发生根本性改变。因为这些人都是蒋经国认为可以信赖的国民党中坚力量，他自信有了这批乃父在世时培养起来的力量，让他历来提倡的"革命性"、"忠贞性"和"稳定性"接班人三原则才能得到更为彻底的贯彻。

让蒋经国烦恼的是，就在他彻底排除了子嗣继任的安排以后，又有人在暗中制造新的舆论。如美国《洛杉矶时报》上竟然有外国记者写了一篇《蒋经国的"有所为，有所不为"的启示》，其中就猜测他在子嗣继任失败后，开始准备重用浙江奉化的蒋介石旧部。文章无中生有地写道："某些事情看来可能永久不变，其实不然。蒋经国的传子计划破产后，在他就职典礼后，国民党就推举一位新的'行

政院长'接替病倒的孙运璇；现年七十岁的孙运璇曾被预料终将成为蒋经国的继承人，可是却在今年二月罹患中风。接替孙运璇的人是俞国华，他也是七十岁，一九六九年以来即担任中央银行的总裁，一九七七年以来又担任经济建设委员会主委。俞国华和蒋经国同为浙江省奉化县人氏，曾经担任过蒋介石秘书。假如蒋经国因故不能视事，政治控制权力转移到俞国华是可能的。因为蒋经国在失去了后裔传承的可能以后，只能重用家乡老人，而俞国华的可能性最大。……"

"胡说八道！"蒋经国对于美报上的言论，历来重视，但他却从不认为外国记者的猜测有任何道理，这次他听秘书读报时忽然愤愤地打断了，暗骂了一句，然后他仍然独自想心事。

当然，只有蒋经国心里清楚，他现在重点培养的接班人，就是一个李登辉。蒋经国已经注意到，外界对他启用李登辉有种种说法，港台传媒也有种种臆测与传闻，不过有一点可以肯定，媒体谣传所谓李登辉上台系蒋经国身边重臣蒋彦士、宋楚瑜等人向蒋举荐并进入台湾政界高层的说法，均属没有根据的揣测。真实情况恰如李登辉本人所供认的那样：他所以能进入高层，主要是"事出偶然，恰适蒋经国选人之机。"他只是一个意外的幸运者而已。初时就连李登辉本人，对蒋经国的提携也持异议和戒心。因为他与蒋氏家族根本没有任何私情与往来。

"登辉先生，莫非你对任命你做'行政院'的政务委员这件事感到突然吗？"这是蒋经国的声音。李登辉呆呆地俯望着凉亭下那波光闪动的湛蓝湖光，忽又想到他第一次被召进戒备森严的七海官邸的情景。他依稀记得那是 1972 年 5 月 30 日，傍晚时分，一辆官邸派来的小汽车将他由桃园机场直接接到蒋经国的七海官邸。当时，李登辉作为台湾"农复会"的代表，正在新西兰出席一次国际性的农业发展学术会议。就在会议将要闭幕的前一天，他突然接到蒋经国由台北发来的一份绝密电报，内称：在此次"行政院"的"内阁"改组中，李登辉已经正式被任命为"政务委员"。当时，在新西兰的李登辉大吃一惊，那一年他刚满 49 岁，在台北政界还是个名不见传的人物。一位研究水稻的农业专家，李登辉连做梦也想不到他的名字居然会被升任"行政院长"不久的蒋经国，列入了引人注目的"内阁"名单，与那些在大陆时期就已名噪国民党内的资深要员将领们平起平坐了！这项突然而至的任命令李登辉惊喜万端，他甚至以为是在做梦！直到李登辉搭"华航"班机飞回台北，见蒋经国派来汽车接他去七海官邸谈话，心中的一块石头方才落地。李登辉能有此次惊人的升迁，很容易使他联想到几年前在台中水稻田里与蒋经国那次短暂的、却是决定着后半生命运的谈话。受宠若惊的李登辉在七海官邸蒋经国的书房里，垂手肃立，不敢落座。只是满面堆着感激微笑，连声说："谢谢院长的栽培，登辉一介平民，有何德何才能蒙受此种信任?! 我在新西兰听到任命时毫无思想准备，确实是感到突然……"

"坐！你坐下说话嘛，我们已经不是初次见面，坐下谈嘛！"矮笃肥胖的蒋经国见李登辉这幅恭顺拘谨的模样，心里越加高兴他选中了人。因为自从1972年5月初，前任"行政院长"严家淦向蒋介石正式提交辞呈，并推举蒋经国继任以来，他就决心大刀阔斧地更换严家淦的"内阁"。蒋经国要彻改组与"换血"，他先是将一批与他交往很深的军政界人士拉进内阁，后来，蒋经国感到台湾籍的阁员太少，加之懂农业的人更少，为了扩大台湾籍的人士以加大"改新保台"的基础，蒋经国忽然想起了只有一面之缘的李登辉。虽然蒋经国知道李登辉资历太浅，在台湾政界甚至毫无半点知名度，但是聪明的蒋经国知道越是提拔像李登辉这样无资历、无背景的人进入"内阁"，对他日后巩固自己的班底才最为有利。所以，当蒋经国在组成"内阁"，宣布名单时。几乎所有的政界人士都被李登辉这个陌生的名字惊呆了！现在，李登辉诚惶诚恐地肃立在他面前，这种怯怯懦懦的神态在蒋经国看来是不足为怪的。蒋经国见李登辉终于坐在他面前的沙发上，便说："请不要误会，登辉先生，我提名你做'政务委员'，完全是为了党国的利益。当然，首先考虑到你的台湾籍，因为委座一直在主张由台湾籍人士来管理台湾是今后的方向。还有，就是我看到了你对台湾农业的贡献。李登辉，我们注意到你对农业的建树，特别是1970年和1971年，你不断地向'行政院'提出你对台湾发展农业现代化的建议。特别是你认为台湾如果实现农业的现代化，必须搞好资本的集约，这一点尤为重要。你或许不知道，去年我亲自拍板的《农会信用部纳入金融机构系统的实施方案》，就是受你几封信和论文的影响。可以说你对'行政院'有关农业工作已有了贡献！所以，这次由我提名来让你入阁，绝不是没有道理的！你懂吗？……"

"谢谢！谢谢院长的栽培！"李登辉万没有想到炙手可热、权倾台岛

蒋经国与李登辉

的蒋经国，居然对他这出身低贱的无名学者如此重视。他急忙起身，再次躬下腰来向坐在藤椅上的蒋经国施了个90度的大礼，感激不尽地说："院长对登辉如此知遇之恩，没齿不忘。今后我就是变牛变马，永生永世也难以报答院长的厚爱！……"

蒋经国将手一挥，打断了李登辉肉麻的吹捧，说："不许这样说。李登辉，你刚49岁，正是一个人最有精力的时期。你入阁以后首先想的不是如何报答我，而是关心台湾农业的发展。你懂吗？我对农业是外行，日后你应该是我在农业方面的助手和顾问。当然，更多的时间我还是希望你多多潜心研究美国和欧洲的现代化农业经验。我希望你永远保持学者的风格，不希望你成为官场上的政客。更不要拉帮结伙，搞到帮派中去，可懂我的意思？……""我懂我懂！院长的意思我全懂！"李登辉再次向坐在藤椅上的蒋经国深鞠一躬，毕恭毕敬地说："请院长放心，我李登辉永远不会忘记我的出身。我永远不放弃对农业的钻研，更不能做拉帮结派的政客，我别无所求，只求今生今世永远甘当院长麾下的一个小卒！在您面前我只能是个无知的小学生！……"蒋经国坐在藤椅上，欣然地露出满意的笑容，说："李登辉，好好干吧！你的前程远大！……"

就这样，自1978年蒋经国为了扶持后来者，他就开始经常带李登辉下乡，期间两人几乎无话不谈。一年后蒋经国又把李登辉提到"台北市长"的要位，要李替他解决台北市区经常堵车的问题，李登辉为此每天乘公交车或在早晚高峰时期守候台北的主要路口，最后他终于想出办法控制了主干路严重"塞车"的难题，

蒋经国提拔李登辉，为其亲自授勋。

蒋经国初时对李尚有些不放心，他经常向部下询问对李的评价。非但如此，蒋经国还经常亲自出入李氏的办公室或家中，他每星期至少有两三天在中午或者晚上，亲自来到李登辉家里，直接听取他汇报当"市长"以后每天决策的重大事情。有时蒋经国来李家时连他正在厨房烧菜的夫人也不知情，蒋经国一人坐在客厅里等候李登辉下班归来。直到三个月后，蒋经国才放了心，告诉李登辉说："下次我不来了，你做得不错嘛，我很放心。"直到这时李登辉才明白蒋经国亲自来他家询问情况，是担心学者从政只会说话而不会做事。所以当蒋经国确信

李登辉做事处处按他意旨行事以后，才决定提拔他做"台湾省长"和国民党的"中常委"。一直到1984年蒋氏竞选连任"总统"时破例地提名李登辉为他的"副总统"。

现在早已解密的大量蒋经国时代的"接班计划"表明，蒋经国在眼看家族继位全无任何可能以后，从1985年开始，即公开对外界表明"蒋家人不会也不可能接班"的态度。他这样做并非空话，而是真实接班计划彻底改变的郑重声明。1986年国民党三中全会闭幕后，蒋经国为了彻底断了蒋家继任接班的任何可能，他还决定成立一个"国民党中央革新小组"。这个所谓的"革新小组"，由严家淦、李登辉、谷正纲、黄少谷、俞国华、倪文亚、袁守谦、沈昌焕、李焕、吴伯雄等12位中常委组成。虽然这个"革新小组"名义上是"政治改革小组"，在台湾发生意外危机时期"相机处理大事"。实则是蒋经国为解决多年困扰不休的"交班问题"，而临时采取的一项"集体领导"的"危机处理小组"。换言之，也就是万一蒋经国发生身体的不测时，就由这12人小组"集体接班"，以指挥国民党的党政军应急应变。而让蒋孝武和蒋孝勇为之失望的是，这个小组中几乎和所有蒋家人毫无渊源。同时也意味着蒋介石和蒋经国数十年创下来的"江山"，自此与蒋家第三代无缘了！

"阿爸，我已经多次对您老人家表白，我从来就不想在台湾做官，更不能继任重要的官职。可是，我不能容忍的一件事是，李登辉这个人。他……莫非当真就是您老人家选定的接班人吗？"当蒋孝勇推着轮椅，随父亲沿着官邸绿阴丛中向湖边走去的时候，他终于把思考多时的忧虑说了出来。

蒋经国不语，他的脸色忽然变得冷峻而阴郁起来。因为在他们蒋家，自己的妻子儿女，是从来都不敢向蒋经国直接询问国民党军政大事的，更别说是事关国民党主席继承人这种大事，这种规矩即便是他痴爱的儿子蒋孝勇也是不行的，所以蒋经国并没有回答他的儿子。

蒋孝勇早已经对李登辉的所作所为愤愤不平了，这时也顾不得许多，直言说："阿爸，我知道我作为儿子不应该在您的面前涉及党国人事大事，可是，如今朝野对李这个人的非议，早已沸反盈天了。从前有人说他是一个不结帮拉派的学者，农学家，可是自从此人当上台湾省长以后，就已经变了脸色。一些从前与他相识较深的官僚，开始不断地和李某人暗中往来。据说李这个人的野心也不小。许多人都担心他的脑后有反骨。一旦真让他接了国民党的班，说不定有一天他会改变咱们蒋家和祖父多年的路线，另搞一套他自己的东西。如果到了那么一天，

咱们蒋家人又如何在这岛上生活呢？……"

"住嘴！"蒋经国再也听不进儿子的进言了。这时震怒地吼了一声，说："我早就说过，在咱们家里，任何人都不得谈论党国大事。孝勇，真没有想到，你也敢在我面前破这个例！我要对你说，从今以后，咱们父子之间只能谈应该说的话，任何事关大局的意见，我根本就不想听。如果你有违戒规，你就从此再也不要到我身边来了！………"

蒋孝勇哑然，他这才意识到气愤之余，触碰到了蒋经国心中的戒规。而他对李登辉很可能接任蒋经国就任国民党领导人的许多意见，在严厉的蒋经国面前他只能欲言又止了。

Ⅴ章
蒋夫人干政未遂，蒋经国猝然离世

24. 宋美龄归来与蒋家接班相关吗？

1986 年初秋。当旅居美国已经 11 个春秋的宋美龄，欲回台湾的消息被媒体炒得沸沸扬扬之时，在美国纽约长岛别墅幽居的宋美龄，年已 87 岁高龄了，此时她正在这里为是否返台踌躇不决。

"姨妈！美国的报纸如今也在刊登您的消息了。这是 11 年来极为少有的事情。"长期与宋美龄生活在一处、彼此相依为命的孔二小姐，如今也已 66 岁了。终身未嫁的孔令伟还像从前那样短发男装。前几年她不时穿行在台北和纽约之间，她既要照管台北的圆山大饭店和振兴医院，又要不时飞回纽约，来照看她的姨妈宋美龄。尤其最近几年，孔令伟几乎要长住纽约。

进入耄耋之年的宋美龄，已开始注重修身养性。她不再像住在台湾期间那样操劳，更不会为争权夺位而自找烦恼。如今当她再萌重回台北之心时，也曾有过多次的思考，最后才下了决心。不料这一消息竟然这样快就为报界所知，并且传扬了出去，宋美龄知道这多半是台北方面泄露出去的。去年（1985 年 6 月），当宋美龄在蝗虫谷别墅接待从台湾飞到美国拜访自己的那个所谓"台湾县、市长夫人访问团"的时候，她好像在谈话中无意中流露了回台之意。她说明年是亡夫蒋介石的百年诞辰纪念，届时她极有可能回到台北去。不料宋美龄这一尚未最后定夺的行踪，居然引起了新闻界的广泛关注。现在关于老夫人回台一事，不但台北有人传播，美国报上竟也登了文章。宋美龄见孔令伟拿进几张当日的美国报纸，急忙戴上老花眼镜，颇有兴趣地说："我在这里隐居了整整 11 年，原以为世人早就把我宋美龄给忘记了。哪里知道我这一动，如今还没有成行，媒体就先轰动起来了。令伟，拿来我看，报上都说了些什么？"

"姨妈！您莫看，看了会生气的！"对宋美龄敬爱若母的孔令伟，有些担心

地将那些英文报纸藏了起来。

"令伟！有什么可以生气的？这些年来我已经变成一个心平气和、与世无争的人喽！"宋美龄把报纸从孔令伟手里接过来，超脱地笑了笑说："无所谓！他们能说我一个手中无权的老太婆什么坏话呢？"孔令伟劝道："媒体早就在寻找您老人家的新闻了。这些年来您始终过隐居的生活，可他们并没有忘记长岛这边有一个快到百岁的老人。而且这个中国老人的历史是人人感兴趣的，所以您老人家刚刚想动一下，记者们就高兴得了不得呀！他们造起您老人家的谣来，也就头头是道了！"

"没关系，政治家永远都是新闻人物。当然，如果一个从政的人没有胸襟，见了不真实的新闻就动肝火，那就是没有城府的人。"首先宋美龄读到了纽约《中报》发表的一篇《宋美龄返台所为何事？》。作者是个中国名字：秦怀碧。宋美龄饶有兴味地读起来。那篇文章首先以这样的话点题，写道："宋美龄此时所以回台湾，主要的目的是在国民党的多事之秋，以'国母'之尊，出面调停党内的纷争！……不久前，本报曾得到国际友人的消息，称宋美龄病重，医生嘱其切勿远行。台北的报界前些时也证实宋美龄'最近'身体状况不良，常患感冒，行动不便。也有人说，宋美龄是为蒋介石百岁冥诞才回台北的，这点不能否认。然而，蒋介石去世已经十一周年，包括周年祭及去年的十周年祭这样的大日子，宋美龄皆未回台，这次如果说她只是为百岁冥诞而回台，就是显得有些说不通了。因此，她的回台必然还有其他目的。……"

宋美龄读到这里，心忽然紧张起来，只见下面这样说："宋美龄最早透露今年回台之意，是去年六月。今年七月底，《自由台湾》获得进一步消息，确认她十月必将返台，而且为了配合她返台，由士林官邸到武陵农场的'总统'行馆，乃至中横公路各路段，都已大肆整修。大张旗鼓地整修，只有一个理由，就是宋美龄可能要居住一段时间，不会马上离去……宋美龄今年四月给蒋经国去电祝贺生日，显示双方的不和已成过去。宋美龄在去年六月就透露她今年回台，显示国民党内部在去年六月就已发生了问题，多半与权力或权位继承有关，当时正值江南命案审理终结，党内人心浮动。不久，以郝柏村为首的'郝家班'即控制了调查局及党部以外的所有特务系统。蒋经国在去年底宣布不会出现'军政府'，针对的正是军方权力出现膨胀的情况。今年三中全会前，蒋孝武仓皇去新加坡，之后'蒋家不接陈家接'的呼声高唱入云。黄少谷与蒋经国也接着由暗中较劲到公开分庭抗礼，元老派大抵与黄少谷沆瀣一气。……"

宋美龄果然生起气来，她没想到有人竟在美国说这种话，胡乱猜疑她回台另的企图。她发现还有人这样说："宋美龄的影响力已经今非昔比。可是事关蒋家后继有人的大事，她仍然十分关心。……有关宋美龄部属的撤换及判刑，例如汪希苓为江南案替罪，蒋经国都必须事先备报宋美龄，否则，她这次返台，也不会安排的如此隆重……而且，宋美龄不止与党内元老派共事，1972—1975年，在蒋介石车祸受伤不理政务后，元老派不少人托庇于宋美龄门下，如张群、何应钦、王云五之流。据说郝柏村升任参谋长，也与宋美龄的推荐有关。如此，宋美龄返台，与元老派及郝柏村这批老官邸侍卫'恳谈'，正是不做第二人想的最佳人选。蒋经国要'团结'元老派及郝柏村这些人，宋美龄的话应该说还有一言九鼎之势……"

"胡说，报上都是在胡说八道呀！他们怎么会了解我的心理变化？"宋美龄万没想到报上竟然对她此次回台的动机分析得了若指掌。现在看来，她一动不如一静了。此次回台湾确有某种意图，可是她没想报上的分析竟然另有说法："无论宋美龄是抱着什么心情回台，她的回台对于国民党内斗争必有某种调和作用。如果国民党因此团结，国民党也许会再度联手一致对付党外。而她利用这次回台机会，解开她与蒋经国多年的恩怨，其产生的历史性冲击特别值得重视。那可能意味着另一次的分赃。她在四月二十六日祝贺蒋经国生日的电文中说：'今父亲宾天已十一周年，在此期间，汝亦历履许多惊险艰难崎岖路程，得能安然无恙，至以为慰'这是一种家庭成员的口吻，象征着蒋、宋的重新组合。宋美龄未来将扮演的政治角色，可能不止于调和国民党内争而已……或许与为蒋经国选继承人有关……"

"信口雌黄！"宋美龄将那张英文版《中报》一摔，愤愤地说道，"此人都是从皮表之象，进行胡乱猜测而已！其实，我宋美龄如果真有那么大余威就好了，又何必到美国来呢？而且一住就是11年呀！……"孔令伟见宋美龄对《中报》所登之言，不以为然地发出冷笑，便又来相劝说，"何必再看！"

"不！你不必拦阻！看看各种奇谈怪论无妨，我是不生气的。这些年来无气可生，反倒觉得生活过得太寂寞，太单调了呀！"宋美龄不听孔令伟的劝说，又拿过一张《迈阿密先驱报》来读，上面刊登的是美国记者吉姆·曼所写的文章：《宋美龄返台是帮助蒋经国选择接班人——蒋介石的夫人，再次干预朝政》。宋美龄唇边又浮冷笑，很有兴趣地读下去："现在，蒋夫人十几年第一次要回台湾，此间猜测她试图在选择台湾继承人中发挥作用。……蒋夫人在国民党内仍然拥有两

个职位。她是国民党中央顾问委员会常务委员会中的主要成员，在党内还任一个特别妇女组织的负责人。……一位台湾问题政治分析家说，他认为蒋夫人很可能是为了设法组织对蒋经国儿子蒋孝武的支持，蒋孝武目前担任驻新加坡的贸易官员。同时，也有人说老夫人这次归来，是有意让蒋经国同意蒋孝勇继任。一家反对派杂志的总编辑在台湾表示，他认为蒋夫人回来就是为了蒋家最后的结局而来。蒋经国已经命体屡弱，不久于人世，而老蒋生前的遗愿，是必须让蒋家后裔接班，宋美龄作为蒋介石的未亡人，当然不甘心让蒋家的权势落于他人之手。'……"

"一派胡言！这群无聊的报人，怎么知道我心里在想什么呀？"宋美龄有些愤懑，又有些被人看穿动机的惶惑心情。对于近日美国报刊所登有关她将飞返台湾的消息，既害怕看又急于想看。她拍打着那些报纸，无可奈何地对面前的孔令伟叹道："真是没有办法的事，他们真不愧是些靠窥探政治人物心理来吃饭的记者！莫非他们真能看穿我的心吗？"孔令伟感叹道，"您的一言一行，都一直在受到世人的关注，更何况您此次是在离别 11 年以后，再回台北这样重大的动作呢？又如何不会激起新闻界的种种猜测？只是，您看看倒也可以，千万别在意就是了。更不要为那些莫须有的强加之词伤心！"

"唉！也不能一概说它莫须有。"宋美龄忽然发现一张华文报纸，上面也有关于宋美龄近期返回台湾的报道。她说："我做梦也没有想到，台湾如今被经国搞得一塌糊涂了。他父亲在世的时候，行的是铁腕政策，主张对反对派一律格杀勿论。可他偏偏要搞什么民主、自由？弄得一些反对派公开站出来跟他闹。更让我恼怒的还是把我的几个孙子，一个个都排除在接班人之外了，他还对美国人公开讲，我们蒋家人从此不过问政治。这是什么话，我们蒋家人不问政治，哪个还敢有理由过问？我如果回去，就是要他听我的话，说什么也要让几个孙子都有席位。不然，我们当年在大陆打下的江山，建成的体系，岂不是在为他人作嫁衣裳吗？"

孔令伟对蒋经国也表不满，说："现在蒋经国也只有你老人家可以进言了。别人的话，他现在是根本听不进的。听说就连孝勇在他面前也进不得反对意见了。李登辉这个王八蛋。反而成了他眼中的红人！姨妈，莫非您真想改变他布下的大局吗？……"

宋美龄凄然地冲孔令伟一笑，说道："你别多问了！我现在只是想尽心尽力。再劝他一次。至于将来如何，只有上帝知道。许久以来，我就觉得有许多话，要向经国说一说了，因为这样我的心里才痛快些呀！"

一架大型"华航"包机在茫茫云海中沉浮。宋美龄的专机从纽约起飞以后，经过数十个小时的飞行，已经渐渐飞临台湾岛上空。

坐在椭圆形窗口前，俯望机翼下那翻腾云海的碧空，神情恬淡的宋美龄，不禁又想起以往的辉煌岁月。特别让她留恋的还是她那架四引擎、被人称之为"空中霸王"的"美龄号"专机。从前，无论宋美龄在国内飞行，还是远航美国，都是她个人的专机。而今不行了，台湾只派来一架"中美号"。她记得蒋介石在世的时候，因为她每次所带的随员太多，有秘书、理发师、服装师、医生、护士、女佣、侍卫、厨师等人，还有一大堆行李。可谓前呼后应，喧喧赫赫。所以蒋介石就说："夫人没有专机是不行的。我宁可放弃装备空军，也要为夫人购一架波音客机。"可是如今，尽管蒋经国为她包租"华航"的大型客机，但飞机上不过只有几位女佣和孔令伟而已。空空荡荡的客机，使得宋美龄有些今不如昔的苍凉感。所幸这次她从纽约飞回之前，有三孙儿蒋孝勇偕他的妻子方智怡等人，亲自前往美国迎候。正由于蒋孝勇和方智怡的到来，才给这空虚寂寞的宋美龄带来一丝温暖的慰藉。

"阿婆！孝武前次调往新加坡，又怎能够责怪阿爸呢？这样说是有些不公。这全是孝武他在台湾胡作非为的结果！"蒋孝勇见方智怡与孔令伟等人在座舱里玩纸牌，便倚窗坐在宋美龄面前，一边为她剥荔枝，一边继续着在纽约蝗虫谷尚未谈完的话题。蒋孝勇这次到纽约专程迎接，没有出于他事前所料。祖母此次飞回台湾，确与蒋经国的身后事关系极大。因此，许久便对李登辉继承蒋氏政权存有反感的蒋孝勇，接受了蒋经国的派遣，决定亲自前来纽约迎接。为了说服祖母排斥李登辉进入台湾政界顶峰，蒋孝勇必须在宋美龄面前把台湾政情讲清楚。他讲了许多李登辉进入政界后阳奉阴违的表现，也说明了蒋经国对李的格外信任。可是宋美龄所关心的还是蒋家子孙继任的情况，其中她反复询问蒋孝武去新加坡前后的经过。宋问："不是说……孝武当初在台湾干得很出色吗？"

"干得好什么？阿婆，孝武如果当真忍辱负重，也许就不会到新加坡去了。"蒋孝勇愤愤地说，"当初阿爸真有心扶持他上台，给他很大的权力。谁知他胡来，结交三教九流和黑社会，花天酒地玩女人，把好端端的家拆散了。您是知道的，二嫂汪长诗有什么不好？可还是让孝武连打带骂地赶出家门，致使两个孩子变成了孤儿。听说如今又在新加坡秘密结了婚，新二嫂蔡惠媚，比他小了20多岁，简直可以当他的女儿了。人家本来有朋友，硬让孝武给拆散了，强夺了过来！"

宋美龄蹙眉叹道："他怎么可以如此？强拧的瓜儿不甜！人家既然10年不肯嫁，如今强夺过来又有什么意思？孝勇，那个叫蔡惠媚的新嫂嫂，人品如何？"

"人品？自然是没有说的，人家也是名门闺秀嘛！"蒋孝勇显然不想多谈蔡惠媚，他忽然把话题一转，继续谈他二哥蒋孝武，"阿婆！孝武如果能努力，也许咱们蒋家也不至于落得如今惨局。可惜他在台北闹得太不像话。有一回他在酒店宴请几位菲律宾和新加坡客人，谁知喝到高潮时，他喝醉了。当场就将桌子一掀，对那些外籍客人大吼大骂：'一切帝国主义走狗，统统给我滚！'阿婆，你说孝武他哪还像个有身份的人？他这样胡作非为，在官场上又怎能适应？难怪有人背后说，如果蒋家权力将来真交给蒋孝武，那么台湾就越发要垮了下去！"

"唉，真是一代不如一代呀！"宋美龄情不自禁地哀叹，"孝勇，在美国被闹得沸沸扬扬的'江南事件'，真是你二哥在幕后所为吗？"

"这其中的内幕我一无所知，因此我不敢乱讲！不过，如果不发生那起血腥的恐怖事件，阿爸又如何肯把孝武外放到新加坡呢？"蒋孝勇见祖母问起此事，心里越加恼火，索性说道，"这件事坏就坏在孝武他不该结交陈启礼这种人。我早就劝过他：依你目前这种身份，不能随便结交不三不四的人。可他哪里听得下去？那个陈启礼原来就不是个干净人。八年以前，他因为犯罪被关押在专门囚禁严重刑事犯的绿岛。他被放出来后，孝武不知为什么相中了这个'竹联帮'坏种。听说是由一个叫林嘉琪的人为他牵线，又是给他金钱，又是给他美女，还不时请陈启礼吃饭。娘的，就在这种时候，偏偏在美国有人出了父亲的一本书。在那本书里，这个叫刘宜良的家伙，胡乱披露许多有关祖父和阿爸的丑事，所以孝武一怒之下便要去惩罚那人。惩罚倒也可以，为什么偏要相信陈启礼这种坏人呢？害得咱们蒋家好苦哎！阿婆，你说该不该怪孝武他择人不当？"

"岂止是择人不当，简直是无法无天！那里是美国，不是台湾。你敢到那里去派人行刺，岂不更让咱蒋家脸上无光吗！"宋美龄无限惋惜地叹道，"在美国那种地方，是不可以像你祖父从前在大陆时那样，随便开枪杀人的。孝武真是糊涂透顶！幸亏他没有亲自去美国指挥，否则他的下场就不仅仅是丢官喽！"

"阿婆说得是！阿爸也是这样说他的。谁知他还不服。"蒋孝勇想起蒋家的今日，心中不免泛起几分悲凉，他说，"其实孝武他办事从来不干净。本来，陈启礼、帅岳峰、胡仪敏和陈虎门这四个人。在行刺江南之后，便应该继续留在美国。如果不想灭口，就该马上命他们四个人尽快返回台湾隐藏起来，以防美国警方的追捕。谁知陈启礼几次用电话请示，台北却不许他们四人回来。要他们在海外多逗留一年半载。陈启礼便认为孝武不讲信义，过河拆桥。不顾他们几个行刺人的死活，陈启礼当时想，倘若此刻贸然回台，可能遭到逮捕。然而不回台湾又到哪里去？为了保护自己，陈启礼便将与汪希苓等人的谈话录音带，急忙复制了三盒。他将一盒带回台湾，一盒交给白狼，另一盒交给黄鸟。并且再三嘱咐，如果台湾出卖他，就可以用这三卷录音带去设法营救他。阿婆，你说孝武哪是负责特工的材料！他做这种机密之事，又怎能让刺客握到证据？阿爸也跟着他面上无光。如不将他削职逐出，又如何向台湾军政两界交代呢？"

"荒唐！荒唐！这样的人又如何能成其大事！"宋美龄坐在机窗口与蒋孝勇谈论着有关蒋孝武在台北走麦城的事，不料那边孔令伟却提醒宋美龄道："姨妈！台北，台北到了，您看松山机场上今天来了那么多欢迎您老人家的军政官员，气势好隆重呀！可要比十年前您老人家离开时，不知隆重几倍呢！"宋美龄见飞机已在跑道上降落，她从机窗口外望，在停机坪前那黑压压的人群中，发现许多久违的熟悉脸孔：蒋经国和蒋方良守在机下，病情近期有所好转的蒋经国，现在仍然坐着轮椅，他笑眯眯地恭候宋美龄的到来，此外，还有蒋孝勇刚才谈论的蒋孝武。在他的身边有位穿雪白连衣裙的妙龄少女，莫非她就是那位尚未见过面的孙儿媳妇蔡惠媚？……

25. 蒋经国在众人面前跌了一跤

客机在松山机场跑道上缓缓着陆了。

蒋方良、蒋孝武和蔡惠媚、徐乃锦等人推着蒋经国坐的那辆轮椅，由李登辉和夫人曾文惠等官员们簇拥着，迎上前来。波音客机的舱门缓缓开启，就在这一刹那，机场上所有赶来欢迎宋美龄的人们都屏住了呼吸。特别是和婆母感情较深的蒋方良，她那双焦盼的眼睛定定地盯着那个黑洞洞的舱口，翘望十余年没有见面的宋美龄。她猜不出这位年已九十岁的老妪，如今会变成什么模样了？一阵零零落落的掌声后，宋美龄在舱口一露面，几乎所有眼睛都盯住了她！蒋方良的心狂跳起来，宋美龄远比她想象得要硬朗许多。她的面庞保养得很好，看不出有明显的皱纹。她发髻仍然绾在脑后，依然穿着那件黑色的紧身旗袍。相形之下，宋美龄要比坐在轮椅上来欢迎她的儿子蒋经国硬朗许多。只是她的背微微有点驼了。她由蒋孝勇和方智怡两人左右搀扶着，沿着飞机的舷梯蹒蹒珊珊地走下来。

"夫人好！"半晌，人群外那些国民党军政大员们才得以近前，李登辉、曾文惠、俞国华、郝柏村、秦孝仪等人，依次过来和宋美龄作礼仪性问候。然后，众人搀扶宋美龄走进一辆豪华型高级防弹轿车。蒋方良与宋美龄乘坐的轿车驶离

停机坪后，蒋经国及家人和李登辉等要员的座车，方才缓缓启动。众车都紧紧尾随在宋美龄汽车的后边，驶出戒备森严的松山军用机场，然后径直朝向台北市区开来。

"十多年过去了，台北有些眼生呀！"宋美龄坐在大轿车里朝外边望去，见台北市的楼群比十多年前还要拥挤，高速公路与立体交叉桥下面，新店溪和基隆河水依然如从前那样汩汩流淌着。特别是进入市区以后，那些五花八门的商业广告招牌，便如潮水般向她涌来，无数甲虫般的大小汽车也川流不息。宋美龄看得双眼缭乱，有些头脑发晕了。宋美龄和蒋方良这婆媳俩正在车里谈得投机，长长一列车队已经驶进湖底路的士林官邸。

"母亲！听说您回来，我们已经将士林官邸全部复修了！"蒋经国对伫立在士林官邸前的宋美龄恭顺地说。"哦哦！还是老模样，这么些年了，保护得还好呀！"出现在宋美龄面前的士林官邸，一如十一年前那样宽阔而幽深。由雪杉树、铁杉树和红桧组成的林带，依旧绕环着这座偌大庭院的四周，显得枝叶葱茏，蓊郁苍翠。隐蔽在林阴深处的一排排、一幢幢楼宇屋舍，湖畔的亭台楼阁，也依然如旧。只是屋宇与亭榭经过了精心的彩釉粉刷，雕梁画栋的房舍外观更加显得光彩斑斓，釉漆映人。特别是衡山北麓那些蒋介石活着时修筑起来的许多防御性战略设施，也无一拆毁。当她由众人前呼后拥着，来到湖水之畔的"蒔园"时，宋美龄发现院宅内的许多楼宇厅堂，都已被重新油漆粉刷一新，宋美龄无限欣慰地笑了。

"经国，"宋美龄见李登辉等人推着蒋经国的轮椅进了后宅的月洞门，她无限感伤地走近前来，对蒋经国说道："我这次回来什么都感到顺心，唯独有一件事情心里感到难过……"

"母亲……您为什么事情难过？"蒋经国脸上现出几分困惑的神色。他望望身后的李登辉和俞国华等人，以为是士林官邸有什么地方维修失误，惹来这位多事老妇人的不悦，便问道，"莫非这园中有些什么地方没有修好吗？或是有什么更动？"

"不！士林还像从前那样，没有什么不好的。"宋美龄由蒋方良、徐乃锦扶着走过那条湖面小木桥，她忽然伫立在桥上，回转身来凝望着身材臃肿肥硕、额顶光秃、已经戴上一架高度近视镜的蒋经国，心情怅怅地说道，"物是人非，岁月匆促啊！我伤心的是，当我从飞机上走下来的时候，猛一见你坐在轮椅上来迎接我，当时……我那心里好难过呀！没有想到我还没有坐轮椅，你竟然坐上了！……"

一片寂然，偌大的士林官邸鸦雀无声，只有阵阵秋风从花草间吹掠而过，发出一阵阵的轻响。宋美龄的话，让所有人都变得神情黯然。彼此面面相觑，无言以对。李登辉、俞国华、郝柏村和秦孝仪等一批国民党官员，对这异常敏感的话题，都不好涉及。因为蒋经国已经病到如此地步，这种严酷的现实是任何人也不能回避的。但他们又不好说些相劝之言，以防蒋经国多心。

"是啊，我这糖尿病，越来越重了。……"蒋经国皱了皱眉。蒋方良、徐乃锦和蔡惠媚三位女性，在宋美龄说这话时，也一时无言以对。因为宋美龄说的完全发自内心，没有任何幸灾乐祸之意。蒋孝武和蒋孝勇也面面相觑。方智怡牵着蒋友梅的手，远远伫立在湖畔那一丛葱茏翠绿的修竹下，也显得尴尬难堪。几乎所有人都暗暗责怪宋美龄不该在全家这欢聚的时刻，突发不祥之语，以致大煞风景，使得本来欢愉的场面蓦然变得紧张起来。

"哈哈！母亲……"不料坐在轮椅上的蒋经国听了，不以为然地仰面大笑起来。他十分豁达地说，"其实，我的病情根本没有那么严重。不过是医疗小组的那几位医生，非要我坐上轮椅不可！姜教授说这样一来，对我的身体有很大好处，保险系数增强了，他们的责任自然也减轻许多。母亲，您千万别介意这个。其实，从我目前的体质上看，不过是目力视觉稍差一些，行走是根本没有问题的！……"

"哦？"宋美龄信以为真，向他走近一步，小心探问，"真还能离了轮椅行走？"

"真的嘛！我自己的病我自己最清楚！哪像外边传的那么严重呢？母亲，我说能走便能走的，不信您亲眼来看……"蒋经国说着，居然出人意料地挺身从轮椅上站立了起来。李登辉、俞国华等国民党政要，对蒋经国不用人搀扶便独自站起的举动，有些不知所措。蒋方良、蒋孝武、蒋孝勇、徐乃锦、方智怡和蔡惠媚等家人更无防备。那几位专门负责蒋经国行走的侍从与护士们，因为都在这些亲眷要人的后面，对蒋经国的突然之举更是防不胜防。待护士侍从们意识到自身的职责时，已经晚了。还没等他们从小桥下面跑过来，许久不能独自站立的蒋经国，突然头重足轻，一个踉跄，便猝然扑倒在地上了。

"经国！"宋美龄惊叫起来。"哎呀！国……"蒋方良和徐乃锦、方智怡、蔡惠媚大惊大骇。"阿爸！阿爸！"蒋孝武和蒋孝勇手忙脚乱地冲到前面来，七手八脚地将已经跌倒在轮椅下的蒋经国从地上搀扶起来。

"你们这些人！你们这些人……"见重新被人扶坐在轮椅上的蒋经国眼镜甩

掉了，面颊被跄出一块血印，守在一旁爱莫能助的李登辉等官员，在羞愧难当之际，只好把邪火怨恨发泄在几位神色慌慌、从小桥下跑来的护士侍卫身上。

"不要责怪他们！……没有什么嘛，我平时也是常常独自行走！"蒋经国没有想到，他企图当着宋美龄及李登辉等人的面，显示一下自己体力尚健，却出乎意料地重跌了一跤。他见蒋方良用帕子为他拭去脸上尘土，急忙制止李登辉等人对护士侍从们的责斥。蒋经国变得豁达起来，解嘲似地冲着众人笑道："没什么！本来就没什么嘛！"

须臾，护士、侍从们已将蒋经国的轮椅推进正面那幢小楼的过厅。

"母亲！您看好吗？这里的一切，还像您从前在时那样。我已经吩咐他们：官邸里的一切都不许动！客厅、卧房、书房、琴房，甚至连卫生间里从前的摆设，也不许更动的！"刚才在湖边小桥前出了一回丑、险些跌成重伤的蒋经国，这时又恢复了他那惯有的豁达与诙谐。一边冲宋美龄点点戳戳，一边向簇拥在四周的官员内眷们嘿嘿地笑着。

"唉唉！都怪我哟，都怪我方才不该说那句话呀！如果我不说那句话，哪能让你……唉唉！"宋美龄神色不安，心中充满了深深的愧疚。她无心浏览大厅内那经过粉饰的四壁、天花棚上新换的几盏镀金花蕊形吊灯、地面上新铺的一张巨大英格兰式古朴地毯和厅内四角排列的一排排单人小沙发，她不住地去望蒋经国那张本来已有几分浮肿的脸膛，和他那左颊边上的擦伤。宋美龄连声唉叹着："经国，你跌得不轻吧？"

"不重不重，没什么哟？"蒋经国依然满面堆笑，不以为然，"如今我的病情好多了！最重的时候是1982年。那阵子因为糖尿病的影响，我的两只眼睛几乎什么也看不见了，连在室内行走，也要靠人来搀扶的哟！"

"没什么！"蒋方良见宋美龄还站在那里为自己贸然一句话自生内疚，也过来安慰她说，"母亲！您也许不知道，经国他的病确实好多了，特别是今天听说您回来，他的情绪更好，比以往任何时候都好！"蒋经国蹙蹙眉说："方良说得对。我的病最严重的时候已经过去了。那时我双眼失明，糖尿病折磨得我连从床上爬下来的力气也没有。我曾经想放弃继续蝉联第七任'总统'，只想担任国民党的主席就行了。可同志们都劝我要坚持下去，加之后来对我的病例采取了几种措施：一是遵听医嘱，每天坚持晨练，在七海官邸里走一千米；二是请人来做按摩；还有，俞大维和陈立夫两位老前辈，劝说我服用中草药。这一来，果然见了很大的效果。"

"可是，你最近……又怎么样呢？"等众人簇拥宋美龄和蒋经国来到一楼大客厅时，宋美龄见以往略显陈旧的厅堂，除粉刷之外又新装了美国的进口空调，心里说：蒋经国的用心亦可谓良苦了！这样想着，她口气中对蒋经国病情的关心程度又加重了几分。她坐在楠木朱漆椅上，眼望着蒋经国那张略显苍白的脸，关切地说："我在美国时就听孝勇告诉我说，你在家里还是那么忙。有些事又何必事必躬亲呢？让登辉先生、国华先生他们去操办好了！你凡事都要过问，这有什么好处？非但你的体力精力不允许，同时也使有关人员感到束手束脚，长此以往，于公于私，都有不利之处呀！"

坐在蒋经国身边的李登辉、俞国华、郝柏村等人，都对宋美龄敢当着蒋经国面说这种话产生共鸣。但他们这些在国民党官场混得十分圆滑的政客，只是坐在那里佯装听不懂，闭目不语或是左顾右盼。蒋经国脸上的笑不见了，因为他不希望宋美龄干涉自己的公务政事。在这一点上，病魔缠身、沉疴在体的蒋经国与十多年前几乎没有什么两样。他急忙将话题岔开，说："母亲，我是个好动的人啊！如果真让我每天什么事情也不问，待在家里养起来，怕是我那病情反而要加重几分的嘛！"李登辉等人附和着哄笑起来。

宋美龄却不笑。她以关切的口吻说道："经国！你怎么可以不顾身体？你阿爸当年可不像你这样，抓这问那，事无巨细！唉，经国，如今你是什么年纪啦？再也不是当赣州专员的时候了，可以凭一股子热情，搞什么'虎冈精神'，几天几夜不睡觉！那怎么行呢？我听孝勇说，你病倒以后还像从前那个样子。听说连行政院发一个什么训令之类的小事，你也要过问？如果真的连那类小事也要管的话，还不把你给累死吗？再说，如果事必躬亲，都要由你来决定，别人还做什么呢？"

"母亲说得是！"蒋经国见宋美龄当着李登辉、俞国华这些人面前尽说这类他不喜欢听的话，急忙想结束这种会见，对宋美龄和众人说道，"母亲远路跋涉而来，鞍马劳顿。依我看您老人家该先歇息。过两日，我与方良再过来请安吧！"

"夫人是该休息了！"李登辉、俞国华、郝柏村等一批政客也纷纷站起来告辞。

"也好！过后大家有机会再过来，反正一时半时我还不会走的。"宋美龄确实也想好好洗个澡，睡觉了，见蒋经国、蒋方良及所有内眷、李登辉等一批官员纷纷告退，她只好起身送客……

宋美龄一觉醒来，已是次日凌晨三时。她随手揿亮床边那盏落地灯，这才发现在榻边的小床头柜上，早已放有一沓厚厚的资料报刊。宋美龄方才记起，那是

她昨日傍晚沐浴就寝之前，让孔令伟给荣民总医院的副院长姜必宁教授打了电话，索要来几件有关蒋经国近年病历资料以及与蒋经国病情相关的各种报刊登载的评论等。这位在11年前因为争夺国民党"总裁"职务，与蒋经国闹得不欢而散，最后为避其锋芒不得不远走纽约的"第一夫人"宋美龄，如今回到台北，居然真正关心起这位并非她生养的儿子病情来了。宋美龄向荣民总医院姜必宁索要有关蒋经国所有病历资料一举，绝非仅仅为了以往那样将表面文章做足，或者是为了给蒋经国及其什么人来看。此次她所以这样做，完全是出于对蒋经国本人和他身后事的考虑。昨日蒋经国从轮椅下来时跌的那一跤，已使宋美龄越加担心他将不久于人世。这样，她从美国返回台湾的目的性就更加明确、更加紧迫了。

宋美龄戴上老花眼镜，在凌晨的寂静中开始阅读姜必宁提供的绝秘资料和蒋经国的病历、临床分析、会诊纪要。这些材料在无形中加重了宋美龄的心理负担，因为那些有科学依据的诊断、化验、分析和会诊，已经清楚无误地告诉宋美龄，蒋经国的病情岌岌可危，继续在台湾支撑蒋家王朝的日子，已是屈指可数了。令宋美龄震惊的是，她的这位"儿子"，居然没有她这位"国母"的寿数久长。从前对蒋经国的诸多怨恨与反感，此时都被姜必宁提供的蒋经国注定要死的科学依据冲刷得干净无余了。此时的宋美龄，与其说她关心蒋经国日益危重的病，不如说她在为蒋经国殁后，将先夫蒋介石所创立的江山基业交于何人之手而备感忧虑。

在阅读报刊时，特别引起宋美龄兴趣的，是一篇署名"胡痴"、发表在香港《镜报》月刊10月号上的文章《关于蒋经国的命理和健康》。那个叫"胡痴"的人，看起来对蒋经国近年的病情不但了如指掌，而且又从命理与风水诸方面，对蒋经国必死无疑进行了透彻地剖析。该文写道："1982年，蒋经国因晚期糖尿病入院，爆发权力继承危机。至今接班人问题无法解决，最近又相继发生江南案、石信案，危机从政治领域扩展到经济金融领域，蒋经国真是倒霉透了。不过，最近台湾社会流传，蒋经国已经否极泰来，开始交好运了。据相士推算，今后两年，蒋氏流年大利。因为1986年岁次丙寅，丙属火，寅属木；1987年岁次丁卯，丁属火，卯属木。木火正旺，诸事顺遂。将是蒋氏的黄金时刻……蒋经国近年迷信命相学家仇爱云，奉为座上客。《雷声》这份'民间'刊物放出蒋经国即将交好运的预言，显然是有目的的。至于这些预言能否信于人，却是另一个问题……60年前，岁次丙寅，丁卯，却是蒋经国一生中最暗淡的时光，在苏联受尽折磨。因此，命理之言本来是很难作准的……"

"荒唐！什么命理，什么流年大利？！"宋美龄想起昨日蒋经国在士林官邸当众跌一跤的情景，对刊载在《镜报》上的文稿颇为反感。她本来已不想再看，但是不知何故，宋美龄忍不住又读起来："蒋经国患糖尿病，台湾官方早已承认。蒋经国虽靠药物控制糖尿病，但多种并发症却严重威胁他的健康与生命。他足部的伤口一直未能愈合，不良于行。外国医生曾建议他截去下肢以防感染。他患有严重高血压，1981 年'双十'节检阅时曾摔倒，眼部病变四年中已经三次开刀，据说蒋氏两眼只有 0.2 的视力，要戴特制的眼镜才勉强看东西……但到 1983 年蒋氏的病情却有所好转，政治活动逐渐增多。并着手为权力转移作安排。蒋氏病情好转，台北政圈流传有三种解释：一是蒋氏听从医嘱，坚持晨练。据说他每日早起，便在官邸花园中来回走三千米，并作按摩。蒋氏靠超人的意志力，终于克服病魔。二是服用中药，据说陈立夫介绍，由一位台中的中医治理，病情好转。三是祈祷之功。传说蒋经国曾自印度请来十名西藏高僧，为蒋氏祈祷延寿。因此蒋氏许下宏愿，要在台湾内湖建一东亚最大的喇嘛庙。后一种传说大概是附会之谈，前两种说法是可能的。据透漏蒋经国得以康复，除坚持锻炼外，不使用所谓的'换血疗法'，医治其糖尿病。据《雷声》周刊报道，荣民总医院经过专门试验之后，用定期换血的方法来降低蒋氏血液中的含糖量，这比吃药打针来控制血糖的增高效果更佳。'荣总'替蒋氏换血的要求很严格，既要血型相同，又要血液绝对洁净，浓度低。所以民间和海外流传荣总医院是在抽儿童的血液，来替蒋氏换血……"

"混账！简直是胡说八道！莫非糖尿病也能靠换血来治吗？"宋美龄再也无心去看那些有关蒋经国疾病的种种猜测。她感到这些猜测和传说虽然荒唐可笑，但有一点是真实的：蒋经国的疾病已近不治的危状。在这种情况下，安排蒋经国身后之事，已成当务之急了。宋美龄想到这里，睡意全消。她的心里又急又怕，她急的是蒋经国自知不久人世，为何还不对几个儿子早做安排？她怕的是自己从美国回来得太晚了，蒋经国死期临近，再突然来安排蒋氏的继承人，还来得及吗？

就在宋美龄回台以后，老夫人尚未找到时机和蒋经国谈论蒋家后继人的问题时，1988 年 1 月 13 日蒋经国突然发生了病变。那天夜晚，台北像往常一样平静。晚 8 时 45 分，台湾"华视"正在播放一部电视剧时，五彩缤纷的画面上，突然被一张黑色的插播卡给隔断了。紧接着打出如下一条令人吃惊的白色字幕：

"蒋经国先生于今天下午 3 时 50 分，因心脏衰竭崩逝，享年 79 岁。"

主治医师荣民总医院副院长姜必宁，今晚报告了蒋"总统"经国先生病逝的

经过。

他说："总统"于今日上午 7 时 30 分起床时突感身体不适，并有轻度恶心呕吐现象。经医师检查，血压为 110/70 毫米汞柱，脉搏每分钟 70 次，体温 36℃。由于未进早餐，随即以静脉点滴注射补充营养。不幸于下午 1 时 55 分，突发大量吐血，迅即引发休克及心脏呼吸衰竭，随即立即召集医疗小组以人工心肺复苏术挽救无效，延至 3 时 50 分心跳停止，瞳孔散大，而告崩逝。

在蒋经国猝死的讣告发布不久，两辆黑色的美国凯迪拉克大轿车，便驶进了位于台北市大直地区的七海官邸。蒋经国在蒋介石 1975 年死前，以及此后由他来问鼎台湾军政的若干年间，他和他的一家人，始终居住在这座绿阴环绕、戒备森严的宽大住宅里。早年蒋介石为美国海军所精心建造的招待所，成为了蒋经国的住地。现在，由于这座官邸主人的突然死去，深幽而空旷的宅院里，顿时变得人来车往，一片慌乱。大门以及宅院内外，突然增加了荷枪实弹的警卫，后楼及前宅侍卫们下榻的两层四合院内，灯火通明。医护人员、内侍人员和闻讯赶到的国民党高级官员们，紧张地往来穿梭，这就越加平添了七海官邸里的紧张氛围。两辆凯迪拉克大轿车在蒋经国生前居住的后楼前刹住，从车内跳下几个便衣侍卫，然后从第二辆车里，由两个侍卫搀扶下一位老态龙钟的夫人来，她就是蒋夫人宋美龄。

26. 平日隐瞒病情，猝逝时民间大惊

当 91 岁高龄的宋美龄被人搀扶着出现在二楼的卧房内时，所有在场的医疗小组人员都为之震惊！因为熟知台湾当局高层内幕的人都十分清楚，自从 13 年前——1975 年 4 月 5 日，蒋介石病死以后，这位"台湾的太上夫人"与当政的儿子蒋经国之间一直貌合神离，关系微妙。并且，宋美龄多年为回避加深与蒋经国的矛盾与芥蒂，一直隐居在美国的纽约，直到在蒋经国病逝的一年多前，才神秘地由美国飞回台北。如今，当宋美龄面对仰卧在灵床上的儿子蒋经国时，她悲恸得简直不能言语。只是不断用帕子揩拭那扑簌簌的混浊老泪，宋美龄在蒋经国的遗体前面更多的是想到他对她的好。当初宋美龄由美国飞回台湾的时候，有些人甚至担心她会干扰或阻碍蒋经国的某些政治举措。但蒋经国及其亲信心腹们很快就看到了，宋美龄回到台北以后，每天只幽居在士林官邸里，她根本就不打算涉政。让蒋经国格外放心的是，宋美龄每日无非是与辜振甫夫人、徐柏园夫人及

旧部下钱剑秋、王亚权等人搓麻将以消磨时光。当时，宋美龄如若发挥其政治影响本来并不困难，幸好这位识趣的老夫人除公开发表几篇讲演之外，并未对政治问题，特别是蒋经国的交班决策表示过特殊的关

晚年宋美龄

心。自宋美龄返回台北以后，蒋经国也极力搞好母子关系，他在公务繁忙之中，时常会驱车来到台北湖底路149号的士林官邸，向宋美龄请安。宋美龄有时也挽留蒋经国在官邸里吃饭，并希望他能在身边陪她闲话家常。

蒋经国盛情难却。他也每每热诚应酬，小心奉陪，还像当年他父亲蒋介石在世时那样，不敢有稍微的怠慢。尤其是最近几个月，因蒋经国的身体欠佳，宋美龄便时不时叮嘱她的厨师，烧上几碟奉化家乡小菜，用汽车送到七海官邸，以示她作为长辈的特殊关怀。本来一切都在平安中度过，可如今犹令宋美龄吃惊的是：比她还小12岁的儿子蒋经国居然突然间咯血死去。去年宋美龄在美国时，在4月26日蒋经国生日时，她还不忘给儿子发来一封贺电。宋美龄在电报中说："……今父殡天已十一周年，在此期间，汝亦历履许多惊险艰难崎岖路程，得能安然无恙，致以为慰。"当时，宋美龄的贺电已表示双方不和已成为过去。现在当蒋经国先她而去时，宋美龄连续四天无心饮食。但她身为一家长辈，仍然强忍悲痛，指示安排蒋经国的后事。宋美龄决定将蒋经国的灵体暂厝在台北市郊的"忠烈祠"，然后再移葬到桃园的头寮。

令人吃惊的是，蒋经国的"未亡人"，1935年3月在苏联的西伯利亚《国际歌》声中与蒋经国缔结白首之盟的蒋方良女士，不知何故却始终在蒋经国病逝过程中似乎变成了一个局外人。1月13日下午，当蒋经国在七海官邸里猝然死去之时，蒋方良当时就住在隔壁。在此之前这位异国的孤女，心脏病突然发作了，她没有机会与患难多年的丈夫做最后的诀别。蒋方良戴着为稳定心脏而必须戴的氧气罩，伏在床榻上悲哀地啜泣。不久，隔壁传来了蒋经国猝死的噩耗，蒋方良闻知后大放悲声。但是因为有医护人员在旁劝阻，蒋方良无法去与丈夫见上最后一面。乃

至连在蒋经国《遗嘱》上签字的机会也失去了。

由于蒋经国死得太突然，所以，从他死去的第二天开始，台湾的新闻媒体，便纷纷发表一些文章，对蒋经国的死因提出各种质疑。其中台湾报纸《新新闻》这样写道：

> 蒋经国的健康情形不好，是大家都知道的事。但是，1月13日的逝世，却也显得突然。官方病情报告总共仅有169个字，对蒋经国的死因没有交代清楚，引起社会人士议论纷纷。

> 事实上，姜必宁的报告是有许多疑问值得探究的。最大的疑问是，从蒋经国身体不适到大量吐血之间，有6个小时之久，在这6个小时内，报告中说的血压显然比平时偏低。根据医学上的了解，血压突然降低，应有血崩之虞，随时有输血的需要。那么为什么不即送荣民总医院救治？

> 另外，据过去所知，蒋经国罹患的是糖尿病和心脏病，何以导致后来的大量吐血？再者，在整个医疗报告中，甚至于并没有清楚地说明究竟蒋经国因何种疾病去世。这几天当中，类似这样的疑问在民间流传着，患病许久的蒋经国究竟为什么原因而猝逝呢？……

蒋经国之弟蒋纬国，在1月13日下午获悉胞兄病逝的消息后，连夜便以"国安会"秘书长的身份，在台北阳明山的仰德大道主持紧急会议。他在会议上对蒋经国的死因略作了说明，认为是正常的死亡！

蒋经国的次子蒋孝武，此时正在新加坡任职。他是1月13日晚上8时，突然获悉了他的生身父亲蒋经国在台北病逝的噩耗。当时，蒋孝武根本就不相信两个月前在七海官邸里，设家宴为他饯行的父亲会如此突然地死去。蒋孝武急忙拨通了台北七海官邸的电话。他要找一直守在蒋经国身边的三弟问清情由。可是当时因为蒋孝勇正在忙于为其父办理死后的遗灵事宜，根本无法来听电话。改由蒋经国的机要秘书王家骅来回答。当父亲已经死亡的不幸消息，得到了王家骅的证实后，蒋孝武简直有些惊呆了。当时，他想要马上从新加坡飞回台北去，为猝死的父亲治丧。遗憾的却是，当天晚上已经没有了可以飞往台湾的班机了。

次日上午，当蒋孝武和他的妻子蔡惠媚出现在台北的桃园机场时，居然看见国民党的"参谋总长"郝柏村前来迎接。蒋孝武从新加坡返回台北后，十分关注的是台湾各界对蒋经国死因的各种猜疑。作为儿子，他当然对父亲如此匆忙的死去产生疑惑。当时，反馈到蒋孝武耳里的猜疑无非是这样几点：

"台大"医师、糖尿病专家林瑞祥认为：糖尿病本身并不会直接致命，但是糖尿病所引发的高血压、中风、心脏病、下肢溃烂引起细菌感染，才可能导致患者的死亡。但是，就是糖尿病和心脏病并发也不能造成吐血的现象！

台大内科医师洪启仁说：胃溃疡、十二指肠溃疡、食道静脉瘤破裂、心脏衰竭、静脉压高等病才可能造成大量吐血，而蒋经国并没有这类疾病。

但是有一位有长期行医经验的黄姓医师推测说：肝硬化是使蒋经国吐血的可能原因。蒋经国早上有呕吐的感觉，可能就是吐血的前兆。但依据官方的报告，当时蒋经国的脉搏仍维持 70 次，这是因为患者在使用心律调节器的关系。如果没有使用心律调节器，就会出现因为大量内出血而使脉搏微弱而加速。

蒋孝武特别注意台湾《百姓周刊》上发表的署名文章《死亡原因费人猜疑》：

> 蒋经国虽然已死，但是以往一直盛传的蒋经国脚趾已经切除，以及左眼已瞎，戴着义眼的说法，却依然引人议论。但根据相当接近他的人士说，蒋经国生前十个脚趾完好，并未动过脚趾切除手术。近来也有人说蒋经国左眼已经失明，但据另一项消息说，蒋经国的左眼视力很弱是事实，但并未到失明的程度，更没有装上假眼。……脚趾也没有切除，蒋经国所以坐轮椅，是因为糖尿病引起神经痛，使他走路困难。尽管如此，仍然对蒋经国死前大量的吐血难以理解……

蒋孝武认为他父亲的死因颇有不解之处，就找到蒋经国生前时常守在身边的三弟蒋孝勇追问情由。可是蒋孝勇也连连叫屈，他对蒋孝武说："13 日我是在上午 11 点多钟到官邸的，当时，并没有什么反常。我来的时候，见父亲睡得很好，不但睡着了，还打招呼。后来我就来到楼下小餐厅，见侍卫长吴东明、王家骅和武官们正在用餐。我向他们打了招呼，就离开了官邸！"……

蒋经国的另一个儿子蒋孝文，虽然长期患病，但也对乃父之死充满了深深的疑惑。这个出生在苏联的长子，多年来一直隐居在台北市郊的阳明山。台湾的媒体一直在传闻蒋孝文已经成了"植物人"，台湾《亚洲人》杂志透露：蒋孝文也是染患先天性糖尿病，固定吃药控制。十几年前的聚会酒醉，因为忘记了服药而形同废人。此次，蒋经国猝死那天他居然来到了七海官邸，还在父亲的家里吃了中饭。在蒋经国死后的第三天，他才公开露了面。

蒋孝文是在妻子徐乃锦、女儿蒋友梅的陪同之下，来到台北市的"忠烈祠"瞻观父亲遗容的。在这一刹那，蒋孝文的记忆力变得格外清醒。就在蒋经国病逝的前两天，他在阳明山上突然接到父亲从七海官邸打来的电话，要他到七海官邸吃饭。这些年来，蒋经国一直对长期患病的长子蒋孝文关爱有加，也多次请儿子

下山来家里吃饭，他生前最放心不下的就是这个头脑受伤的儿子，当天，蒋孝文在护士的护送之下，乘车从阳明山来到七海官邸。当时，在与父亲面对面吃饭的时候，蒋孝文并没有感觉到父亲的身体有什么不适。他感到非常困惑的是，父亲他怎么竟会在两日后突然间死去了？

蒋氏三兄弟对蒋经国死因所提出的质疑，立刻引来了新闻界的极大关注。台湾的"媒体战"不断制造异说怪论，众说纷纭，甚嚣尘上。这是因为蒋经国多年深居简出，而他的病情如何，则是台湾国民党最高当局严密封锁的禁区。因而平民百姓，根本就不可能了解他的病情真相。所以一旦他病情危重，猝然而殁，必然会引起民间广泛的震撼。

也正因为如此，蒋经国病逝的次日，台湾《中国时报》便迫于形势发表了蒋经国医疗小组的《病情报告》，该报称：

> 多年来影响蒋经国健康的主要因素是糖尿病和心脏病，由于糖尿病是心脏病的危险因子，两种病加成，使他的健康恶化更为迅速。荣民总医院多年来就有一个高度机动的医疗小组随时待命，小组由副院长姜必宁召集，对外发言则委彭芳谷副院长，荣民总医院院长邹济勋担任总协调指挥工作。除这几位高阶层的医疗专业人士外，医疗小组其他成员，多视蒋的健康状况而调整，这些医师各司专长，平时必须佩戴电信局的传呼器，一旦有紧急情况，必须随传随到，就是偶尔出远门，也得尽量交代去处。荣民总医院这两天就已经进入全面警戒状态，医院外由宪兵指挥交通，三步一岗，五步一哨，昨天下午七八名专属医疗顾问全部抵达"荣总"以后，为突发的紧急状况共谋对策，医院内部人员因医疗顾问的到来，也早于下午嗅到一股不寻常的气氛。

> 蒋经国所罹患的糖尿病属于第Ⅱ型和遗传及摄食习惯有关，也和中年后体重增加有相当关联。除了糖尿病以外，蒋经国近年来也罹患心脏病，两年半前并在胸前锁骨下装入一个迷你打火机般大小的人工心律调节器。调节器有极细的电线经血管通往心脏，万一心脏跳动过于缓慢，电线可随时放出微量电流，刺激心脏再度跳动，以保持全身血液循环的正常功能。蒋经国先生患糖尿病已有20多年，在"民国69年"他到荣总做体检时，体格还十分健朗，医师认为他惟一较严重的问题是摄护腺肥大，"荣总"即进行摄护腺切除手术，由泌尿科医疗顾问郑不非主持。一年半后，蒋经国先生的右眼因为糖尿病而引发玻璃体出血，经当时"荣

总"的眼科主任林和鸣进行止血处理，但是不到一年左眼又出现视网膜病变，在医师的建议下，蒋先生接受了一次历时90分钟的手术。自从"民国71年"2月的这次手术以后，医师就力劝患者减少下身走动等体力过劳的活动，并应积极控制饮食。"民国74年"8月底，患者原来玻璃体出血的右眼又并生白内障。由"荣总"现任主任刘荣宏施行摘除手术，并为其装置人工水晶体。手术过程十分顺利，但是糖尿病却日趋严重，因为糖尿病所引起的足部末梢神经炎，也使其行动不便，且十分痛苦。

昨天，在患者临终的清晨，曾出现恶心、呕吐无法进食的情况。可能与糖尿病末期的肠胃自主神经合并症有关，而最后引起休克的大出血，则是许多重病到了末期共同的现象。熟悉蒋经国先生病情的医界人士都为现代医学无法挽回其病情而哀伤不已……

这份由医疗小组召集人姜必宁起草的《病情报告》在报上公布后，立刻在台湾各界引起议论纷纷及种种猜测。就在蒋经国病逝的翌日，"台大"的几位医师为此事集聚讨论，他们对蒋经国的健康情况不好虽然早有耳闻，但是对他的猝然辞世也表示怀疑。他们尤其对蒋经国突然发生大量的吐血情况表示不好理解，有医师认为：蒋经国在13日下午大量的吐血是无法则的突发性状况，好医生不会等到患者大出血才来处置。

内科医生 ××× 公开表示：胃溃疡、十二指肠溃疡、食道静脉瘤破裂、心脏衰竭等病的晚期均可能发生大出血，但是由糖尿病所引发的大口吐血却是极为少见。

但是一位不愿意透露姓名的肝脏病权威，对新闻记者说：胃溃疡不可能吐血致死，而且也从来没有听说蒋先生患过胃溃疡，肝硬化所引起的食道静脉瘤破裂比较可能造成致命的大量出血。

在台北荣民总医院，也对姜必宁的病情报告众说纷纭。人们的疑问是：从蒋经国身体不适到大量出血之间有6个小时之久，在这6个小时内，姜必宁的报告说血压显然比平时偏低。根据医学上的了解，血压突然降低，应有血崩之虞，随时有输血的必要，那么为什么不尽快采取措施以防止血崩呢？在姜必宁的报告中，甚至没有清楚地说明蒋经国因为何种疾病而发生猝死。曾经为蒋经国装入一个人工心律调节器的心脏内科主任江志恒表示：人工心律调节器的使用寿命至少20年，而他在为蒋经国安装后又做了五六次例行检查，情况一直很好，可他疑惑的是不知何故突然发生问题了！

另一位"荣总"的眼科权威，曾经为蒋经国装置人工水晶体的医师刘荣宏，也对蒋经国的突然死去表示不解。他对来访的记者说：我对蒋先生的死表示怀疑。1月13日本来是蒋先生定期检查的日子，本预定4点钟为他检查，但是接到电话通知说，不用去了！原来蒋先生已经过世了！

台湾军政及医界人士对蒋经国死因的种种猜疑，很快通过新闻媒介波及到民间。一时间舆论哗然，人们的议论除集中在蒋经国是否死于心脏病和糖尿病，为何死前大口吐血之外，甚至盛传蒋经国的脚趾已被切除，左眼已瞎，改戴义眼。

对于这种种谣传，"荣总"一位晓知内情的医师对报界辟谣："有人说蒋先生因糖尿病引起末梢神经炎，导致脚趾溃烂，为了防止糖尿病毒继续扩散和在体内蔓延，所以不得不将左右两脚的拇趾、小趾切除，这是根本没有的事！蒋先生生前十个脚趾完好，从未动过脚趾的切除手术。这句话是可以向事实和历史负责的。"

这位医师又对蒋经国左眼失明一事辟谣说："蒋经国的左眼视力很弱是个事实，但并未到失明的程度。更没有装义眼。同时，据我亲眼所见，从外观上看，两只眼睛在形态上并无不同。只是左眼比较无神而已。以蒋先生凡事不隐瞒的作风，他不会对这件事特别隐瞒。至于他在看文告讲话时所以会用那么大的字体，可能是旁边的人不放心的缘故。而蒋先生之所以要坐轮椅，是因为糖尿病引起的神经痛，使他走路困难。"这位医师在说完上面的话以后，又告诫记者说："你可以把这些都写下来，将来证明谁是对的。但请不要公开我的姓名！"

在台湾舆论风潮的强烈冲击之下，在台湾素有"御医"之称，长期负责蒋经国医疗小组的荣民总医院副院长姜必宁，面对着台北朝野猜疑和指责的重重压力，有些愤慨又有些慌张。尤其是姜必宁教授在蒋经国死后公开发表蒋死前曾大量吐血，鲜血从口、鼻涌出的消息，与三日前国民党"行政院新闻局"发表"'总统'健康如昔"的新闻相悖，更加遭到非议。

台北《民生报》的两位记者到处追访姜必宁，1月16日，姜必宁终于硬着头皮接受采访。下面是这次公开接受记者采访的摘要：

记者：对于经国先生逝世当天的救治过程，医界和民间都充满了困惑，请你再做详细的说明？

姜必宁：在中常会中，我已就当天的情形提出了报告。经国先生的实际病况当然不止于此，但是，我很难作进一步解释。

记者：为什么？

姜必宁：我只能说，经国先生的病因，远比外人了解的复杂而严重。

基于善意的考虑，始终没有向外界公布详情。

记者：13 日的状况是突发？抑或在这段期间经国先生的病情已沉重到相当的程度？

姜必宁：外界只从我在中常会上 3 分钟的报告中了解实情，因而才会对 13 日当天的急救产生误解。事实上，他的病情一直不理想，轮椅已经坐了大半年，他每次都是硬撑着出场。他在轮椅上已累得连头也无法抬起来了。

记者：经国先生突然大量吐血，是什么原因？

姜必宁：这并不足为奇。在糖尿病末期，很多器官的功能已经衰竭，吐血只是逝世前的象征，并非死因。

记者：出血的部位在哪里？

姜必宁未做答复。

记者：经国先生有主动脉瘤吗？还是急性心肺症？

姜必宁：都不是，不要猜了，没有意义。

记者：是上消化道出血吗？

姜必宁：是。

记者：是胃溃疡引起的？

姜必宁：不是。

记者：经国先生在最近几年是否罹患了癌症？

姜必宁：没有。

记者：是食道静脉曲张破裂引起的出血吗？

姜必宁：关于出血，我只能说经国先生的病情有许多未对外公布。我实在不方便多谈。

记者：外界认为，消化道出血并不是一种急症，为什么没有及早预防？

姜必宁：经国先生生病七八年来，病历已经厚得可以堆到腰际这么高。我很难在中常会的 3 分钟内做完整的说明。如果外界只凭那 3 分钟的报告提出异议，我只能说他们没有参加医疗小组，因而会有这些意见。我们已经尽力了。

事实上，经国先生已接受过各方面的详细检查。从 X 光、超声波、CT（电脑断层摄影扫描）到核子医学检查，他的器官包括脑、心、肺、肝、

胰到肾脏，无一遗漏。甚至在13日当天，他的血色素和血压都留有资料。如果不是经国先生的身份特殊，医界可以为此开个病例讨论会。

记者：听说经国先生在一个月前，也曾急救过几次，只是他不住在医院，所以没有人知道。

姜必宁：是的。

记者：听说经国先生在一个月前也曾因内出血，出现血色素下降、解黑便的现象，但在这段时间好像没有住院检查？

姜必宁：他确曾有过内出血，也曾抢救过几次。

记者：可否说明13日当天，你赴官邸抢救的经过？

姜必宁：13日当天我在中部。一接到电话通知，立即与"荣总"台中分院院长罗光瑞联袂赶赴官邸。罗院长是肠胃专家，如果经国先生有任何状况，他会诊断不出来吗？

记者：下午发现总统大出血后，你们做了哪些处理？

姜必宁：除了以人工心肺机急救外，根本来不及做任何处理。

记者：医疗小组的成员是哪些人？当天一直在官邸守候经国先生过世吗？

姜必宁：当然。医疗小组的成员很多，不便对外公布。

记者：身为医疗小组的成员，你对这事有什么感想？

姜必宁：凭良心说，如果不是小组的每位成员悉心照料，依经国先生的健康状况，很难维持到目前的状况。如果外界对此事有误解，对我们实在太不公平。我们在任何时间内都可以放弃手边的事，静候任务，只求专心照顾他，维持他的健康。我真的只能说，我们已经尽力了！

……

自从1月13日台北当局公布蒋经国辞世的讣告以后，蒋经国的死亡原因就成了一个解不开、猜不透的谜。

一曰："蒋经国是累死的。"

说这种话的人，大多是国民党官方的上层人士。他们是出于某种政治的需要，来为台湾纷纷扬扬的猜测风潮画个句号，同时也借此为已故的蒋经国歌功颂德，这些捧场者为了给蒋经国因为"党国事业"寻找累死的根据，利用了台湾荣民总医院内科主任×××的一段话。×××说："蒋先生过世的远因是糖尿病，近因则是胃的血管破裂；而血管破裂是由于胃酸过多；胃酸增加，表示蒋先生一定有烦恼。"

蒋经国的烦恼何来呢？来自他"事必躬亲"的性格！

捧场者举例论证：蒋经国始终紧握着重大事情的决定权，绝不轻易授权他人。例如台湾的石油降价、电价调整，原本不是什么重大的举措，理当由中油和中电两家公司的董事长决定，或者呈报"经济部"核定即可。可是蒋经国却专为此事召开一次"中常会"，他得悉外界对油电降价期盼甚殷，乃决定立即施行油电降价！一句话：蒋经国是个既抓"西瓜"也拣"芝麻"的面面俱到者！

二曰："蒋经国是被民进党气死的。"

说这种话的大多数是保守派的党政大员。他们晓知内情，因为蒋经国在1987年12月25日，他准备前往台北市"行宪纪念大会"会场前一天，已经有人密报他，明天早晨当蒋经国去参加"行宪纪念大会"时，会场外边将有大批民进党组织的游行示威队伍。本来，他可以以有病为由推辞出场，可是，蒋经国却根本不听劝告，坚持准时赴会。蒋经国认为民进党不敢与他为难，而对那些企图示威的民进党员，蒋经国更是不以为然。

次日清早，当蒋经国坐着一架轮椅，乘坐防弹大轿车，在一批荷枪实弹的侍卫们前呼后拥之下，来到台北"行宪纪念大会"的会场上时，他才暗中连呼上当！特别是当蒋经国坐着轮椅来到主席台上，刚到讲台前发表演讲，不料台下那黑压压的人群里，突然跳出十几个民进党的代表，向台上的蒋经国振臂怒吼、喊声如雷。当时，蒋经国大吃一惊，万万没有想到会出现这种意料之外的事情。蒋经国一口恶气吐不出来，就被气昏在台上了。

另外一个令蒋经国十分恼火的原因，是从1987年10月下旬开始，大批的国民党老兵们，包围了位于介寿路上的国民党"总统府"。那些在1949年蒋家王朝兵败如山倒的战乱年月里，跟随蒋介石、蒋经国父子从大陆溃逃到台湾岛上来的国民党士兵们，数十年来，他们一直被严密地困锁在台湾岛上，与世隔绝。这些曾经为蒋氏父子卖过命的国民党老兵们，大多数在祖国大陆上有妻儿老小。老兵们思乡心切，他们在多次申请归乡探亲无望后，就联合起来，突然地将介寿路上的国民党"总统府"团团包围起来，以静坐绝食的办法，来迫使国民党当局准许他们回大陆探亲。

蒋经国原来以为凭靠着自己的"威望和颜面"完全可以说服那些被思乡之火燃红了眼睛的老兵。谁知道当他坐轮椅而来，却遭到了令他难以置信的责骂与驱赶。这两把火在蒋经国的心里燃烧，焉能没有积愤？……

27. 盛况空前的蒋经国大殓

蒋经国在七海官邸溘然长逝的第二天，台湾《联合报》和《中国时报》等相继刊发了蒋经国于 1988 年 1 月 5 日立下的《遗嘱》，全文如下：

经国先生遗嘱：

经国受国民之付托，相与努力于以三民主义统一中国大业，为共同奋斗之目标，务望……并望始终一贯积极推行民主宪政建设……在国父三民主义与先总统遗训指引之下，务须团结一致，奋斗到底，加速光复大陆，完成以三民主义统一中国之大业，是所切嘱。

中华民国 77 年元月 5 日 → 王家骅　　谨记

李登辉　俞国华　倪文亚　林详港　孔德成　黄尊秋　蒋孝勇

蒋经国这份遗嘱是用一张普通的民用信纸书写的。因为遗嘱上没有蒋经国夫人蒋方良的亲笔签名，所以在发布不久即引起许多人对蒋氏遗嘱真伪的猜疑与非议。

1 月 18 日，台湾《民进周刊》率先发表文章：《蒋经国遗嘱似有伪造之嫌》。该文说：从已经公布的蒋经国《遗嘱》上看，是属于代笔遗嘱，依民法[①] 第 1194 条规定："应由遗嘱人指定三人以上之见证人，由遗嘱人口述遗嘱意旨，见证人之中一人笔记，宣读，勘解。经遗嘱人认可后，记明年、月、日及代笔人之姓名，由见证人全体及遗嘱人同行签名。遗嘱人不能签名时，应按指印记之。"但这份《遗嘱》内却没有蒋经国的签名和指印。蒋介石死的时候，蒋夫人宋美龄都有签名，而这次蒋经国去世时，蒋方良女士为何没有签名？此外，蒋经国的遗嘱在 1 月 14 日见报时，出现了《中国时报》和《联合报》两个版本。《中国时报》版的左下角有金山牌字样，《联合报》版则无。而中时版的行间线条整齐，联合版则有扭曲。蒋经国遗嘱是事先预立的历史性官书，将来要纳入国史馆作资料的，纵使不以特制的丝绢绵摺为书写手本，岂可使用坊间的廉价稿纸？……

虽说这份遗嘱是蒋经国临时命机要秘书王家骅写的草稿，但立嘱是 1 月 5 日，而蒋经国逝世是在 1 月 13 日。期间应有足够时间找一张正式的纸张来写。至于负责写遗嘱的王家骅，至今仍没有公开露面。该遗嘱既为第一人称的自述，为何

[①] 1929—1931 年国民党政府颁布的《中华民国民法典》，自 1949 年以后该"民法典"仅在我国台湾地区继续适用。

开首却写道："经国先生遗嘱"。若果以元首身份交遗嘱，标题就不应该这样来写。因为中国人以"经国"命名者很多。若果以自然人身份立遗嘱，何以遗嘱内纯以一国元首之口气，末尾还用隆重程式以副元首和五院院长联名做见证人？……

不久，台湾另一家有影响的报纸《新新闻》，又对蒋经国的遗嘱发表五点质疑。更加怀疑蒋氏遗嘱系他人伪造，背景复杂。《新新闻》的五点质疑是：

1. 用市面上文具店最常见的金山牌 10 行纸而非"总统府"用纸。蒋经国有自己的公文用纸，即使不用公文纸，也不必到街上随便买。此事费人猜疑；2. 从用字遣词上来看，似非遗嘱之用语。蒋经国本人既未在上面签名，其夫人蒋方良女士亦无。且在遗嘱上写"经国先生遗嘱"，此亦非遗嘱之格式；3. 遗嘱注明是"民国 77 年" 1 月 5 日由王家骅记述，但签名的五位院长，却未注明是何时签名的。事实上，他们是在蒋经国去世后当天将近 6 点钟才签名的。亦即在立下遗嘱后的一个星期后才签名。这种未在生前签名的遗嘱，在法律有何效力，是一个问题；4. 如果这是政治遗嘱，则内容太简略，而且蒋孝勇不宜签字。如果是私人遗嘱，则五院院长似乎不必签字；5. 也许除此之外，还有给家人的遗嘱。但据了解，蒋经国除了这份遗嘱之外，对家事并未作任何交代……

尽管外界对蒋经国的突然死亡及病因猜测纷纷，又对他的遗嘱百般怀疑，但晓知内情的人却清楚地知道，蒋经国既非人为暗害也不存在伪造遗嘱的事实——

1988 年元旦过后，蒋经国一直处在极度的烦恼之中。他终日被地价税的调整、田赋的免征、油价电价的降低和民进党的频频挑衅而困扰。特别是 1987 年 11 月初，国民党大批老兵包围"总统府"集体请愿以后，他劝阻无效。"行政院"派出 500 名警察组成人墙，严加防范。更令他烦躁的是，"行政院"已经下令属员一律在次日从后门进出。

蒋经国迫于这种形势，马上命令他的两个"文胆"——张祖诒、马英九起草一个老兵探亲的方案。李登辉在获悉了蒋经国开放大陆探亲的意向以后，很快由国民党的"中常会"正式通过了这个探亲方案。并决定从 1987 年 11 月 2 日起，接受民众申请大陆探亲。蒋经国在他病逝以前，几乎没有再见什么人。仅在 1 月 12 日在七海官邸里召见了国民党中央党部秘书长李焕。由于健康欠佳，蒋经国已经有一个多月没有亲自前去主持国民党的例行"中常会"了。

他在七海官邸里听到自从台北当局公布开放大陆探亲以来，仅仅几天的时间里，位于台北市新生路的红十字会，每天里就有数百名归心似箭的国民党老兵，赶到那里去申请报名。这是蒋经国在临终以前所做出的最后一个有利于海

峡两岸的重大举措。直到这次李焕赶来，蒋经国还在询问每天有多少人去申请回乡探亲。他就在病逝的前几天，再次授意他的机要秘书王家骅，将他每年必要修改一次的"遗嘱"，在1月5日再修改了一次。由于是他秘书所记录下来的遗嘱草稿，又因为蒋经国当时并无垂死的迹象，所以秘书并未当做将付公开的定本，也未能将记录稿誊写成正式的文件，当然这件事情是晓知内情者所不难理解的。

等到蒋经国的病况突然急转直下，当然那份未加誊清的遗嘱，也就来不及由蒋经国签名了。而蒋方良女士未能在遗嘱上签名的原因，是因为她当时也在旧病复发，这是不足为怪的。

1月28日，香港《信报》就蒋经国的遗嘱，发表了一篇题为《从"遗嘱问题"看台湾政风》的文章，它尖锐地指出："像遗嘱问题这类事，自然是'茶杯里的风波'，微不足道。可是由小见大，也可以从这里看出台湾社会两种潮流的病态影响！……"

台湾岛笼罩着一派愁云惨雾。1月14日凌晨2时许。

台北七海官邸内外戒备森严，灯火如昼。在蒋经国居住的后楼中厅内，蒋经国的遗体经过沐浴和化妆整容，已经仿照蒋介石的"大殓"方式，进行入殓。在蒋经国的遗体前，集聚着5个小时前在国民党中常会上被推举并宣誓继任"总统"的李登辉，以及国民党12位元老严家淦、张群、陈立夫、谢东闵、谷正纲、俞国华及林洋港等人。

李登辉显得踌躇满志。昨夜在国民党中常会由俞国华主持的紧急会议上，先是由荣民总医院副院长、蒋经国医疗小组召集人姜必宁汇报了蒋经国逝世的经过。后来又宣读了蒋经国的遗嘱。最主要的一项是由李登辉继任"总统"。半小时后，李登辉即以"总统"的身份发布了两条命令。一是治丧令：

> 蒋经国先生不幸遽逝，薄海同哀。兹派严家淦、俞国华、倪文亚、林洋港、孔德成、黄尊秋、张群、陈立夫、谢东闵、黄少谷、谷正纲、薛岳、沈昌焕、李焕、李璜、王世宪、吴三连、丁懋时、郑为元、郝柏村等大员，敬谨治丧。

李登辉颁布的第二道命令是《紧急处分令》：

> ……经行政院会议决定，爰依据动员勘乱时期临时条款第一项规定，发布紧急处分事项如下：国丧期间，聚众集会、游行及请愿等活动，一

律停止……

现在，一切丧葬准备工作已在李登辉的调动之下，有条不紊地进行着。大直的七海官邸内排列着三队荷枪实弹的军警。在长明灯的映射下，经过整容后的蒋经国遗体置于灵床之上，遗体上加盖透明玻璃罩。他身穿长袍马褂，足蹬华达呢布面软底鞋，胸前佩戴彩玉大勋章，遗体左右置《四库全书》及《三民主义》各一套。

凌晨4时，蒋经国的遗体被送上灵车。前有李登辉、俞国华、李焕执绋，后由张群、林洋港、倪文亚、孔德成等治丧大员们簇拥着。蒋经国的灵床沿着七海官邸中区的水泥主甬道，缓缓地向大门走去。"参谋总长"郝柏村率领的陆、海、空三军仪仗，在前面开路。在黎明时那阒无人迹的街路上，早已实施了戒严。沿着七海官邸通往台北荣民总医院的大街两旁，十步一岗，五步一哨，戒备森严，气氛肃杀。晨5时1刻，蒋经国的灵柩已经顺利地移至荣民总医院的怀远堂里。

1月14日，李登辉宣布蒋经国的治丧办法。

（一）台湾公、军、教人员自1月14日起至2月12日止，应佩缀丧章30日；（二）台湾各部队、机关、学校、军舰及使馆等应自1月14日起至2月12日止，降半旗致哀30日；（三）台湾各娱乐场所自1月14日起至1月16日止停止娱乐3日。

1月15日，"国防部长"郑为元，"行政院秘书长"王章清、"总统府"副秘书长张祖诒，召集了第一次蒋经国治丧会办事处会议；隔日，李登辉又亲自召集蒋经国治丧会第一次治丧大员会议。除十几名治丧委员外，李登辉又请了蒋纬国、蒋孝武和蒋孝勇等蒋经国的家人到会。

这次治丧会议决定：（一）从1月22日起至29日由治丧大员每天下午7时至翌晨7时，分三班为蒋经国守灵；（二）将台北荣民总医院择日更名为"经国纪念医院"，以求永垂纪念；（三）成立"蒋故总统经国先生哀思录编撰小组"。

1月20日，蒋经国治丧会举行第二次治丧大员会议。李登辉决定：

1. 1月30日，蒋经国的大殓奉厝日，各机关学校停止上班上学半日；
2. 奉厝日上午9时启灵时，民众默哀一分钟；警报器将施放一分钟，行人在原地默哀肃立，火车及公共汽车照常行驶，但由服务员通知乘客默哀，私用汽车及计程车自行默哀，各教会寺庙亦鸣钟一分钟；3. 大殓时，将在蒋经国的灵榇覆盖"国旗"及国民党"党旗"。"党旗"由谢东闵、黄少谷、薛岳、沈昌焕、李焕、吴伯雄、丁懋时、郑为元等八位覆盖；"国旗"则由李登辉、俞国华、倪文

亚、林洋港、孔德成、黄尊秋、陈立夫、王世宪等八位覆盖；4.22日移灵及30日奉厝之过程由各电视台及电台现场实况转播。

由于蒋经国生前坚持一个中国的立场，始终坚决反对"台湾独立"。因此他的突然去世，在祖国大陆也引起震撼。1988年1月14日，中国共产党中央委员会就蒋经国病逝致电中国国民党中央委员会，吊唁蒋经国逝世。电文如下：

台北。

中国国民党中央委员会：

　　惊悉中国国民党主席蒋经国先生不幸逝世，深表哀悼。并向蒋经国先生的亲属表示诚挚的慰问。

中国共产党中央委员会

1988年1月14日

与此同时，当时的中共中央总书记也就蒋经国的逝世发表谈话。他说：中国国民党主席蒋经国先生不幸逝世，我们深表哀悼。蒋经国先生坚持一个中国，反对"台湾独立"，主张国家统一，表示要向历史做出交代，并为两岸关系的缓和做了一定的努力。

当此国民党领导人更替之际，我们重申：我党和平统一祖国的方针和政策是不会改变的。我们希望新的国民党领导人，从中华民族的根本利益出发，审时度势，顺应民心，把海峡两岸关系上开始出现的良好势头推向前进，为早日结束我们国家分裂局面，实现和平统一做出积极贡献！台湾人民有着爱国的光荣传统，盼望统一，反对分裂，近年来同港澳同胞、海外侨胞一起，为推动和平统一，促进国共两党和谈做出了努力。我们愿与台湾各界人士共商国是，完成统一祖国，振兴中华的大业。……

同日，民革中央名誉主席屈武致电蒋经国的遗孀蒋方良女上；民革中央主席朱学范致电台北蒋经国治丧委员会，分别对蒋经国逝世表示哀悼。

就在李登辉以"总统"的身份，为蒋经国安葬一事忙得不亦乐乎之时，也正是国民党内部争夺党主席最紧张激烈的关口。李登辉一方面忙着蒋经国的大殓筹备，另一方面争夺党主席的工作也在紧锣密鼓地进行着。1月14日，台湾《联合报》上突然刊登了一篇题为《蒋经国未指定国民党主席的继承人》的文章，称"谁将继任国民党主席，将是极重要之事。中国国民党主席职务，无继承之规定，《国民党章程》第二十三条规定，主席由全国党的代表大会选举产生。执政党考虑于近期内召开临时中全会选举新任主席，蒋先生有充裕的时间指定主席的继任人选，不过，他并没有指定主席的既定人选，而是希望中全会选举产生。……"

不久，《联合报》又向各界透露说："执政党决策方面已初步决定，推举李登辉代理国民党主席。这几天将进行内部协调，如顺利可望于 27 日的中常会上提出讨论。"为了给李登辉当选国民党主席造势，台湾各报连篇累牍地刊登了支持李登辉的电文，其中尤以 42 名不同党派和无党派"监委"的声明最为有影响力。李诗益、许炳南等"监察委员"一致主张按"党政合一"的惯例，吁请李登辉上台。

与此同时，不知由何人操纵，在台湾政界也在吹着另一股风，那就是蒋老夫人宋美龄很有可能上台！1 月 23 日《纽约时报》刊登记者福克斯·巴特菲尔德发自台北的报道——《台湾有人主张让蒋夫人上台》，他这样写道："在蒋经国上周逝世以后，台湾国民党的一些年老的保守派人士，力求让 91 岁的蒋夫人任党主席。但是美国官员和中国问题专家说，这个计划会削弱台湾籍的李登辉的权力，看来不大可能成功。蒋总司令的遗孀蒋夫人在蒋 1975 年死后不久就离开了台湾，自愿到长岛去过流亡的生活。但是在去年 4 月蒋介石诞辰 100 周年的时候，蒋夫人却返回了台湾。有消息说她在撰写一篇文章《我将再起》……"

在李登辉和宋美龄进入微妙的权力之争时，国民党内部围绕主席继任人选的问题，两股势力分别以李焕和俞国华为代表在进行锋芒毕露的争斗，所以造成 1 月 20 日国民党中常会的停开。但是，国民党中央党部"秘书长"李焕等一批"官邸派"人物，决心要把李登辉推上台去。这股实力派人物的力量很大，大有非成功不可的架势。1 月 25 日，他们就通过手中控制的宣传媒介公开声称，27 日的中常会上将一致推举李登辉上台，担任国民党的代主席。但是，就在中常会召开的前一天晚上，一直处于隐居状态的宋美龄，突然致信李焕。她认为目前正处于蒋经国的丧期，选举国民党代主席不是时机，她建议似乎应在 7 月份的国民党代表大会时再选比较合适。

国民党中央党部"秘书长"在收到这位尊贵夫人的来信以后，不敢怠慢。在 26 日傍晚即连夜召开紧急会议进行对策磋商，李焕等人仍然决定按原计划进行推选，根本不顾及宋美龄的委婉抗议。次日在召开的紧急中常会上，当会议主持者余纪忠宣布推举代理主席一项没有被列入会议议程时，宋楚瑜第一个跳起来大发雷霆。他激愤地指责俞国华，说外界对继任代主席一事已经是议论纷纷，诸多猜测。为了安定，此事不可再拖。宋楚瑜发言以后，愤然离席而去，

全场震惊。在这种紧张的情势下，被迫决定当场讨论推举李登辉代理主席的提案。在实力派的发难之下，与会的 27 名国民党中常委表决通过了由李登辉代理主席案！

台北和通往桃园大溪等地的公路两旁，从 1 月 29 日起都悬起了雪白的挽联和挽幛。树梢上也缀满了送行的雪白花朵。远远望去，宛若一层层银白的落雪，台北市区更是一派肃穆。沿路的街口，黎明时即有荷枪的士兵列队守候，准备随时为蒋经国举行路祭仪式。圆山"忠烈祠"是蒋经国举行灵体大殓的地方。大门延至前方路口两侧，均摆满了大大小小的花圈和花篮。

1988 年 1 月 30 日上午 8 时 40 分，圆山"忠烈祠"的主祭堂前，花圈层层，挽联和挽幛在飒飒的早春寒风中飘动。祠堂的大门、中门和左右两个侧门，均悬挂着素绢白花。远远望去，一片白雪。李登辉、俞国华以及国民党的五院院长倪文亚、林洋港、孔德成、黄尊秋、王世宪等人素袍微服，臂佩青纱，沿着卫兵肃立、气氛肃然的灵祭堂青砖甬道走来。李登辉等人来到青砖碧瓦、飞檐翘脊的"忠烈祠"前，在蒋经国的灵柩前鞠躬默祷。蒋经国的遗体早在 1 月 22 日夜里就从台北市的荣民总医院怀远堂移至于此。当天，由李登辉亲自主祭，全体治丧大员们陪祭，国民党元老和党、政、军高级官员百余人参加。当时移灵仪式是在极其秘密的情况下举行的，今天，在这里举行蒋经国的大殓之前，全台北仍然是处于高度的紧张戒备状态之中。

哀乐低回。蒋经国的大殓仪式正式举行。蒋方良身披雪白的孝衫，坐在轮椅上。她的身后是两个儿子蒋孝武和蒋孝勇，刚从美国飞回台北奔丧的女儿蒋孝章，以及蒋孝文的妻子徐乃锦、蒋孝武的妻子蔡惠媚、蒋孝勇的妻子方智怡等眷属，在抚棺悲怆地大哭着。只有蒋经国的长子蒋孝文，因为重病在身，医生及家人禁止他来到台北的"忠烈祠"参加父亲的移灵奉厝葬礼。在这群围棺哭泣的人群里，还有蒋纬国的儿子蒋孝刚，以及蒋经国的孙女儿蒋友梅等。

8 时 48 分，依照奉厝的仪式，蒋经国的灵柩盖上了棺盖。李登辉率领所有的治丧大员们，向蒋氏的棺椁三鞠躬。然后，谢东闵、黄少谷、薛岳、沈昌焕、李焕、吴伯雄、丁懋时、郑为元等人分别以治丧大员的身份，肃立在棺材的两侧。随即由李登辉、俞国华、倪文亚等人在蒋经国的棺材上覆盖青天白日满地红的"国旗"，乐队也奏起了哀乐。不久，由李登辉等人执绋起灵。蒋经国的灵棺上覆盖有黄缎底的棺罩。由 32 名杠夫将棺材抬出了圆山"忠烈祠"正面的忠烈门。从圆山"忠烈祠"至蒋经国的棺椁暂厝之地——大溪头寮，数十里的平坦柏油公路的两旁，清晨就已实施了戒严。大批军警披麻戴孝，荷枪实弹地肃立在公路的两旁，有一种如临大敌的紧张、肃杀气氛。

　　蒋经国的葬礼完全是依照中国古代的方式，无论出灵大殓的仪式，还是参葬者的服饰，均可见一斑。除李登辉等少数洋派人物穿西装而外，大多数官员均穿黑色长袍。蒋家人甚至还穿白色的孝衫，这在20世纪80年代的台湾是十分令人乍眼吃惊的。32名杠夫将蒋经国的棺材抬出"忠烈祠"后，又改换了48人的大杠。将棺椁抬过圆山桥涵，然后出殡的大队在公路上浩浩荡荡地向桃园县进发。

　　殡葬大队由台北特别警察署的警察们、宪兵们以及乘坐摩托的保安大队开路。数百辆摩托车组成的整齐方阵，呈A字型向前方挺进。随后是全部穿雪白孝衫的"总统府"西乐队。陆海空军乐队，数百名乐手吹奏着悲怆哀婉的丧葬乐曲。再后面就是数百名身披大红袈裟的僧人道士，他们手执引幢、经幡、佛鼓和云锣，一路上诵念经文，佛号震天动地。数十位白袍素巾的尼姑，一边哀哀婉婉地诵念经文，一面向路两旁抛撒着纸钱。那雪白的纸钱被风吹卷在雾濛濛的天际间，宛如无数只大大小小的白鸽。

　　台北警备司令部两个营警察所组成的护灵仪仗队，均为蒋经国披麻戴孝。这些士兵们打着香幢、冥旗、鹤伞、明扇，举着雪柳、香亭、彩亭、金山、银鹿，执金瓜、朝天镫和刀、枪、剑、戟、钺、斧等金漆冥器，一路上浩浩荡荡，为蒋经国的灵柩开路向前。在警察们的仪仗后面，便是蒋经国的灵柩。"总统府"侍卫团的侍卫们戎装整齐，腰佩短剑，手持长枪。他们拉开散兵线，团团簇拥着蒋经国的那辆巨大灵车向前进发。最前面的一辆军用吉普上，有四个披麻戴孝的士兵抬着蒋经国的巨幅半身遗像，后一辆敞篷车上供奉着蒋经国的灵位。随后是蒋经国挂满白花的灵车，那是用一辆大型军用卡车改装的，上面那蒋经国灵车的左右，各侍立有20多名白衣侍卫，担任护灵。灵车上青纱垂挂，白花层层。紧紧跟随在蒋氏灵车后面的是，大大小小百余辆进口豪华型小汽车。李登辉和国民党治丧大员们，如严家淦、

1988年1月13日，蒋经国远离人间。无论蒋经国一生有多少毁誉，在历史上无疑是一位影响深远的大人物。图为蒋方良因过于悲伤而坐在轮椅上，蒋孝武（左）、蒋孝勇（右）一旁服侍。

俞国华、张群、倪文亚、薛岳、黄少谷、谷正纲、李焕、李璜、黄尊秋、王世宪、沈昌焕、吴伯雄、丁懋时、郑为元、郝柏村、林洋港、吴三连等人，以及蒋经国的俄国夫人蒋方良、蒋纬国、蒋孝武和蒋孝勇、蒋孝章等眷属，都分别乘坐大小轿车，依次护灵而来。远远望去，公路上已经变成了汽车的海洋，宛如爬虫一般地缓缓向前蠕动。

蒋经国的陵寝选择在桃园县大溪镇的"头寮宾馆"。这里是蒋介石生前的住跸处，其秀丽的山水风光完全可以与蒋氏的灵柩暂厝地慈湖相媲美。"头寮"背倚起伏嵯峨、青峦叠嶂的群山，左侧是一泓碧波清澄的天然湖水，右为绿林掩映，鸟语花香的大溪花园。1949年蒋介石从大陆来台以后，他曾偕蒋经国沿着台湾纵横数百里的地域踏查觅找，终于看中了大溪头寮镇与近在咫尺的角板山下的慈湖。于是，蒋介石下令两地均大兴土木，建造亭台楼阁，其岛上的别墅仿照蒋氏故乡浙江省奉化溪口的故居丰镐房格局而筑。

此次，在决定蒋经国的灵柩奉厝何地时，以李登辉为首的"官邸派"人士，认为应将蒋经国的遗体安放在蒋介石的安灵地慈湖，与十三年前病逝并安放在这里的亡父遗体合葬，以便于日后进行例行的拜谒与悼祭。但是以宋美龄为首的国民党元老派人士却极力反对，他们难以同意将蒋经国的灵棺安放在蒋介石的左侧。宋美龄与其说是与李登辉的主张格格不入，不如说她从内心里始终与蒋经国芥蒂犹存。在宋美龄的坚持下，李登辉等人也只好妥协。为了给蒋经国寻找一个比较理想的奉厝之地，李登辉派出许多风水先生，遍寻全岛的山山水水，最后选中了当年由蒋介石看中并修筑别墅的桃园大溪镇头寮。风水先生认为："头寮这个地方，山水明丽，地脉有龙气，风藏气聚，万派归宗。实在是经国先生最为理想的安葬之地！"

1月30日上午11时，在桃园县大溪镇的"头寮宾馆"，由李登辉主持了蒋经国灵柩的安葬奉厝仪式。大溪头寮陵寝的大门与左右两个边门，均镶缀着黄色素菊，汉白玉门楣上则雕镂有"蒋经国先生陵寝"八个白色的篆字。陵寝仿照蒋介石慈湖陵区的布局，在岛上的四合院里，以正厅为灵堂。四合院内花木扶疏，头寮宾馆的正门两侧，各植有五棵高大的龙柏。碎石甬道的两旁各有一盆大型榕树的盆景，雕梁画栋、古色古香的四合院四周的回廊里，悬挂有中国宫廷式的大红纱灯数盏。进门处的宽敞天井里，有桂花和茶花数盆。天井里的地面，用采自金门岛的大块花岗石镶嵌铺就。正厅的灵台由漆黑的大理石砌成。李登辉致词以后，三军乐队开始吹奏《殡葬安乐曲》，19响丧炮依次响过以后，十余名治丧大员扶着蒋经国的灵柩，由外厅鱼贯地进入了正厅。在大理石的灵座上入位。院井里吹起了最后一声安息号，蒋经国这个蒋家王朝最后一个执政者，从此便寿终正寝了……

　　蒋经国猝然离开人间，他从前居住的七海官邸小楼里，只留下了遗孀蒋方良女士，而他在英国伦敦就业的孙女蒋友梅，在离开一度供职的渣打银行以后，又开始到一所名牌大学攻读美术和绘画。蒋经国去世的三天后，蒋友梅曾经回过台湾，但她没能亲自和祖父做最后的告别。但她在蒋经国吊唁期间，曾经在七海官邸撰写了一篇悼念蒋经国的文章，题为《念祖父》，在蒋经国治丧时期，蒋友梅把这篇文稿交给了台湾一张报纸发表。蒋友梅的悼文这样写道：

　　床是空的。多少次我走进这个房间，坐在床沿，握住您的手，谈天说地。政治、经济乃至哲学，还有好多好多心里的话，多少喜怒哀乐，都在这间突然显得空洞的屋子里。现在手中只能抓住一只已旧的黑布鞋。阿爷，您为什么没有等我？

　　前几天写了一封好长的长信给您。隔天寄了，您却读不到它。我回来了，阿爷，但是我迟了。我们还有好多好多话没有说完。好多好多话。我知道了，您临去时吐了血——那血，好像是从我心里挤出来的，好痛好痛。只愿您没有痛苦太久，只愿您……我从呱呱坠地到咿呀学语，从我上小学，读中学到大学毕业，步入社会做事，您总是耐心地等着我成长，鼓励我、教导我。但是这一次您却没有等，这最后的拥抱都给死神夺去了。要我怎么能忍住泪水？现在我只能抱着那只布鞋和太多的回忆。苦了一生，为什么撒手而去时都无法平安的、无痛的去。阿爷，我好想同您说说话。

　　我坐在您屋里。好久，我感觉，你知道。若我不坚强，打起勇气去面对这事实，安慰阿娘，就愧做您的孙女了。今天我陪阿娘来看您，阿娘她心里好苦。好痛。她含着泪水，摸着您的头，咽咽地唤您。怎么也没有想到，我们祖孙三人，这次竟是如此团聚。我会照顾阿娘的。请您不要挂心。

　　阿爷，您去了。完成了您的任务。带来了

蒋经国夫妇与长孙女蒋友梅

国富民安，带来了那么多的爱，却不带走一片乌云。我不能再写下去了，您在我心里，永远活着，请您安息吧。我永远爱您。……

蒋经国逝世以后，台湾政坛一派萧然。

随着政治强人蒋经国的逝去，台湾又掀开了历史的一页，但是蒋经国的影响似乎并没有因为他的离去而彻底消失。就在蒋经国的葬礼结束以后，台湾《新新闻》周刊便率先发表一篇题为《"蒋家政治"不会消失》的文章。说："蒋经国逝世了，然而，我们不能说这是一个'朝代'的结束。因为，蒋经国虽然'个人'已经不在，然而蒋家仍然长存。他所遗留的'社会关系'和'权力关系'也依然存在。因此，蒋家朝代或许消退，但'蒋家政治'却不会消失。往后，'蒋家政治'对台湾的民主发展有可能'扮演正面的角色'，亦有可能扮演'负面的角色'。正面与负面之间，则有赖于他们家族成员的历史认知与人生智慧了！"

在台湾，对蒋氏家族寄予希望的舆论自然难以杜绝。但是，更多的舆论却以格外明智的态度，来评价与推断蒋氏家族的未来。其中，《香港明报》周刊上发表的一篇题为《蒋家王朝终结》的文章，最独具慧眼卓识。

该文写道："蒋经国的逝世，标志着台湾政治史翻开新的一页。所谓今非昔比，举目四看，甚至整个台湾，都没有像蒋介石和蒋经国这样的政治强人。蒋家王朝已经一去不复返了！蒋经国的遗嘱没有指定谁为继承人，更没有安排蒋家的第三代接他的班。盖棺论定，蒋家王朝的终结可以说是蒋经国先生的重要功绩之一。因为他在任内没有刻意将子侄扶上来，甚至当自己的儿子蒋孝武卷入1984年暗杀江南的丑闻案时，毅然将他调往新加坡，出任台湾驻新的商务代表。此外，蒋经国更曾于1985年对美国《时代》杂志公开表示，他作为'总统'的责任，是维护宪法，促进民主和法制。而且他从来也没有考虑过要将'总统'这个职务传给蒋家成员。他的另一个儿子孝勇，虽是中兴电业机械公司总经理，但与政治无大关联。他最疼爱的独女蒋孝章，现定居在美国。至于大儿子蒋孝文则因多年患病，早已没有涉足政坛的可能。此外，蒋经国与章亚若非婚所生的章孝严和章孝慈，人们亦因他们的身世而剥夺了他们从政的机会。由此可见，蒋家王朝维持了60多年之后，终于随着蒋经国的逝世，而宣告结束！台湾人民曾经为此付出沉重的代价，柏杨先生更曾于20年前因'大力水手漫画'而身陷监狱近10年。我们期待取而代之的是一个民主，更望它能促进中国的统一，何时实现便要看台湾以及北京的努力了！……"

台湾的《雷声》杂志则对蒋经国身后的蒋氏遗族，表示了种种猜测。在一篇题为《蒋氏遗族何去何从》的文章中，作了如下分析：

首先最值得一提的，是最具神秘感的宋美龄了。蒋夫人回台至今已经一年多了，观之蒋夫人这一年来的"举止"，当初台北政治圈的"疑虑"，似属多余。随着蒋经国的逝世，望着不断涌现的新势力，相信蒋夫人对于蒋经国身前不久所说的"时代在变、潮流在变"的话语，在黯然之余，更应该有深沉的体会，如果能在经国先生力行民主宪政的遗志上，多尽一分影响力，相信对于蒋氏家族在历史上的地位，将更添一页辉煌的佳话和功勋。

在蒋氏家族里，另一位扮演举足轻重角色的则属蒋纬国了。蒋经国身前将"国安会秘书长"的重任托付给蒋纬国，其用意当在预见政局变化的不可测，事先筹谋经国身后的政局稳定力量。但是，今后蒋纬国当真可以问鼎政局吗？则是不可预测之事。

蒋孝武、蒋孝勇仍有发展潜力。"江南案"一举影响了蒋孝武的政治行情，两三年前，台北政治圈盛传蒋孝武是蒋经国的接班人，有此一说乃在于当时蒋孝武除身为中广公司总经理之外，又兼安全会议执行秘书一职，得有把持情治系统的权力，在"江南案"后，蒋经国为了向海外澄清蒋家人士"不能也不会"成为蒋经国的接班人，而毅然决然地将蒋孝武外放新加坡，出任"驻新加坡副代表"。然而，蒋孝武外放新加坡之后，是否真正永远的与权力核心疏离了呢？恐怕并不见得。

至于蒋经国的三公子，蒋孝勇在商圈里发展，握有国民党党营事业中最赚钱事业的经营权，除了身兼"中兴电机公司董事长兼总经理"之外，同时也是台湾电工器材同业公会的理事长！另外还兼了不少公司的董事长及总经理的职位。由于政局的变迁，经济局势的改变，在蒋经国身后很多旧有的关系，都将面临重新组合，在此种变局之后，蒋家三公子，可能更需要加倍的努力，才能维持持续的发展。另外，章孝严、章孝慈兄弟，原本给外界的印象颇佳，虽然父亲辞世，却得不到应有的名分，颇令人同掬辛酸。但是以章氏兄弟的努力，在正常的体制之下，一分耕耘，则有一分收获，原属当然，或许"孽子孤臣"当更能体会民主政治的实惠？……

蒋经国死后，台湾岛上各种议论哗然四起。这些议论虽然千奇百怪，但有一件事将会被历史所认同，那就是："蒋家王朝"确实在蒋经国死后彻底地终结了！

卷四

失去权势后的蒋家

※ 关于蒋孝文的病因，傅仁义对记者说：蒋孝文的病，并不像外界传得那么离奇，那么充满刀光剑影。绝没有什么人对蒋孝文先生搞暗杀和谋害。因为他是个得了重病的病人，任何人没有必要对孝文先生施以各种加害。

※ "既然蒋先生与贫僧形同知己，贫僧也就只好直言相告。"海性沉吟半晌，忽然蹙了蹙修长的白眉，叹息一声，决然地说道："蒋先生，从你的面相来看，不久将有一道不吉的大难啊！……"

※ 蒋孝勇在一盏孤灯之下，想着他自己的身后之事。由于对这位父亲生前的私生子渐渐增多的不满情绪，他决定在临死之前对有关章孝严认祖归宗之事，有一个明确的交代，以免在他死后再发生什么意外之事。

F章
第一位"接班人"早夭

28. 眨眼一年，蒋孝文追父赴阴府

1989年4月14日蒋孝文因喉癌在台湾荣民总医院病逝，年仅54岁。

一年前的1月13日，是其父蒋经国的猝死之期，可是谁也不会想到，他去世仅仅一年光景，多年在阳明山上养病的长子爱伦，竟如此之快地紧步其父后尘，在疾病的折磨之下，撒手人寰了。

1988年蒋经国死后，台湾媒体对蒋家后人的情况，曾有多种猜测，其中台湾出版的《雷声》杂志发表莫君天的文章《蒋经国家族的动向》中，在猜测宋美龄为首的"夫人派"走向以后，又猜测蒋经国弟弟蒋纬国可能发生的情况。接下来说到蒋经国的三个儿子时，坚称"蒋孝武、蒋孝勇仍有发展潜力"。说："一般来说，以蒋氏家族长期以来的影响力，用中国传统的政治习气，蒋孝武对于国民党内部的党政军大头，相信仍有一定的影响力，只要蒋孝武愿意，或者说有心人士有意推捧，蒋孝武的动向依然不可轻视；至于蒋经国的三公子，蒋孝勇在商圈发展，握有国民党党营事业中最赚钱事业的经营权，除了身兼'中兴公司'董事长外，同时也是'台电工器材'的理事长。另外还兼了不少公司的董事长及总经理职位。由于政局的变迁，经济局势的改变，在蒋经国身后很多旧有的关系，都将面临重新的组合，在此种变局之中，蒋孝勇可能有新的发展。此外，章孝严、章孝慈兄弟，原本给外界的印象颇佳，虽然父亲辞世却得不到应有的名义，颇令人同掬辛酸。但是以章氏兄弟的努力，在正常的宪政体制之下，一分耕耘，则有一分收获，原属当然，或许'孤臣孽子'当更能体会民主政治的真意。……"然而，在这些对蒋家后裔的众说纷纭中，唯独没有人提到蒋经国的长子蒋孝文，因为这时的蒋孝文已经再也不具备在政治舞台与人相争的能力了。

蒋孝文死后官方没有发表《讣告》。李登辉虽然是蒋经国一手提拔起来的当政者，然而人死势亡，国民党中央对这个此前曾经受到高度重视的病人，并没有表示任何哀悼之意，让民间油然而生一种凄惨的世态炎凉。他死后，台湾只有一家民间小报发表了一条不引人注目的新闻："据接近荣民总医院的人士今晨说，蒋经国大儿子蒋孝文今天病故在这里。他就是早年出生在苏联的爱伦。此间人士都对这个处于盛年的蒋家第三代人的突然死去颇表困惑。谁也不知他会在其父死去一年之后，就这样匆忙地离开了人世。也有人说，如若乃父在世，料定他不会走得如此匆忙。……"

虽然蒋孝文的病死，对那些仍在关注蒋家的人们来说有些突然，甚至还有人认为蒋孝文的突然死去有值得怀疑的地方，但多年和蒋家有渊源的荣民总医院副院长姜必宁，在会见台湾《新新闻》记者采访时，谈到蒋孝文的不幸死去，只轻描淡写说一句："他属于正常死亡"。

虽然国民党官方在蒋孝文死亡与治丧过程中，显示让世人吃惊的低调。但一些对蒋氏家族后人仍寄予同情的人士，仍对蒋经国生前喜爱的长子死亡原因始终猜测不一。其中对他死因提出疑问的，最早始于新加坡《南华晨报》。5月22日一个名叫"阿雯"的记者，在该报第三版发表一篇题为《蒋孝文是病死的吗？》的文章。

她说："国民党当权人物蒋经国病逝刚足一年，他尸骨未寒之际，爱子孝文居然不明不白地在台湾死去。一些接近台湾官方医院的人士说，蒋孝文确实死于疾病，且与他父亲同样，都死于民间常见的糖尿病。可有人却说，是台湾新当权者出于对蒋家后人的忌恨，密派刺客谋害了他。虽然目前从台湾得不到任何有说服力的佐证，然而此说与新当权者上台后，处处排挤蒋家人的行迹联系起来，仍然难让世人释疑。所以，有人说蒋孝文是死于谋杀，也许不是空穴来风。……"

由于"阿雯"文章的出炉，很快引起台湾报界的注意。一些从前对蒋孝文之死不感兴趣的报刊，也因新加坡报上出现的独家新闻而群起转载。不过，真正熟悉蒋家内情的人士，对这篇署名文章不以为然。一位蒋家旧官邸的人士指出：阿雯的文章有些捕风捉影。她是根据民间毫无根据的猜测成文，其实并不具说服力的证据。虽然如此，人们对蒋孝文的死亡原因，仍处于猜来猜去的状态。主要的原因，不外由于官方始终不肯公开蒋孝文的死亡真相。越是这么猜测，越是谣传四起，众说纷纭。后来，又有一种新的死因说法：蒋孝文确属有人加害，但加害者并非国民党哪位新贵，而是蒋经国生前的"帐前红人"所致。这个政坛上的仇者，不是别人，恰好就是蒋经国当年在江西赣州没发迹之前，曾作为他左膀右臂

的情治机关要员王升！

王升何许人也？为什么蒋孝文的死因会牵涉到他？

台湾政界当然对大名鼎鼎的王升并不陌生。此人原名王化行，生于1917年，江西龙南人氏。王升是蒋经国早在江西赣州创业时的亲信和干将，他曾是蒋经国吉安"战干团"的中坚，后又成蒋经国"中央军校第三分校"的主要力量。王升后来能有手握台湾情治机关重权的辉煌，完全和蒋经国的提携支持不无关系。而王升因一生追随蒋经国，所以，早在江西就成了蒋经国最信任的心腹。既然如此，王升为什么要在蒋经国死后，会暗下毒手加害蒋经国的长子呢？

台湾《大晚报》1989年7月6日，曾刊登程一仁撰写的稿件，题为《蒋孝文死因现仍扑朔迷离》。该文疑点仍在"谋杀致死"。而且矛头直指蒋经国赣州时期的挚友王升。文章写道："蒋孝文死后，民间一直猜测他的真正死因。虽然蒋孝文死去，初时没有引人关注，可能由于他是蒋家的第三代，因而他虽在死前没有过多露面，仍会有人说三道四。纵观蒋孝文的死因，目前虽有各种奇怪说法，然而王升参与此事的说法绝不可等闲视之。为什么把蒋孝文之死，和当今已在台湾政坛失势的王升联系在一起？为什么把一件和王升看来风马牛不相及的事情，无端强加在王升的身上？知其历史渊源的人，自然不会将王升排除在蒋孝文的猝死之外。"

程一仁又说："为何说蒋孝文死亡和王升有关？恐怕不能简单观察蒋孝文死前与王升毫无接触这件事上。也不能只看蒋孝文近年深居简出，与政界无缘，如若窥到王升与蒋孝文之死的内在联系，最好追溯远因。谁也不会忘记，蒋孝文当年从美国留学回来，身体非但十分健康，且他在任桃园党部书记长时期，曾大有久后成为国民党接班人之势。那时如日中天的蒋孝文，不亚于当初在江西搞'青干班'一跃龙门的乃父蒋经国。可是，像蒋孝文这样极可能成为蒋家继承人的后起之秀，后来为何在台湾政治舞台上销声匿迹？这与大家现在所说的王升大有关系！只有王升才能真正成为蒋孝文的加害人。有人说王升在蒋孝文要跃上政坛前，就用毒药麻醉蒋孝文的神经，此话绝不是无稽之谈。因为王升早从几十年前，就打算如何在蒋经国身边施行他梦想多年的'清君侧'了！……"

蒋孝文死后，坊间确对其死亡原因生出种种莫须有猜测。在台北剑潭山附近的一所普通公寓里，有位满头白发的退役"外交官"，他几乎每天都处在极度紧张之中，他就是刚从巴拉圭回台湾不久的王升。从前在蒋经国时代红极一时的王升，如今再不见他昔日飞扬跋扈的嚣张倨傲了。王升的头发在出国几年中几乎全白了，在巴拉圭任"外交官"的年月里，他虽然名义上是"大使"官职，但对于南美洲非常陌生的王升来说，这所谓的"大使"，从上任时起就成了个被人画地为牢的囚人。他在巴拉圭任期中因不会西班牙语，在那里没有任何人与他交谈；小小使馆内外只有他和两个参赞、一个秘书维持着清淡无聊的馆务。而他在那里的地位也不受对方重视，因为作为"大使"，王升早已看到巴拉圭周边国家，如智利、巴西、阿根廷等国，都先后与中华人民共和国建交。巴拉圭对他这个台湾来的"大使"始终持轻视的态度，国家首脑对他的到来连理也不理。王升向巴拉圭元首递交"国书"时，该国元首借故不出，让他只向外交部长递交了事。王升在大使任上度日如年，他恨不得马上辞掉这个倒霉的职务，回台湾过寓公生活。

可是那时蒋经国还没有死，他不敢回台湾。如今蒋经国终于故去，王升好不容易回来了。可他没有想到，回到台北以后深居简出，希望永远疏远可怕的国民党政界，想过一种与世无争的隐居生活。但是，就在王升想两耳不闻窗外事的时候，做梦也没有想到，居然有人把他和蒋孝文的死联系在一起了。记者已多次叩门，但王升不想接受采访。

王升越不想说话，报上有关他的各种新闻越多。这是王升心里无限苦恼的根源。当初报上只说蒋孝文死因与王升有关，他并没有在意。在王升看来心中无鬼，不怕鬼叫门。后来发展到有人说蒋孝文当年生病也和王升有直接关系，这就不能不让王升心里害怕。这时，有人在报上发表一个让王升看后大吃一惊的消息：蒋孝文的疾病，系与一位"西贡玫瑰"的妓女发生关系所致。而暗中指使这位"西贡玫瑰"向蒋孝文靠近和设法把身上病毒传染给蒋孝文的，就是对蒋经国时时心存不满的情治机关头目王升！王升对此叫苦不迭。

台湾《新新闻》1989 年 6 月 11 日载文《蒋孝文身边的幽灵》。该文写道："1961 年至 1966 年，是蒋孝文人生辉煌的时期，那时他刚从美国学成归来，受其祖辈的荫庇，本可在孙运璇先生的指导下，在台湾电力公司桃园管理处处长位置上，作出一番惊天动地的伟业。可是，这时蒋孝文忽然萌发进入政界之念。特别当蒋孝文出任桃园国民党部主委后，事业如日中天，这时，有人发现王升正设法让这位蒋家大'太子'入瓮。谁都知道，那时的王升手中操纵的权力有多大。王升时刻想除掉这个可能阻碍自己飞升的人，但一时找不到下手的机会。王升不敢明目张胆向蒋经国的儿子下手，是因为他一时难以找到下手的机会。后来，王升终于发现蒋孝文不是无懈可击的正人君子。他发现，就在蒋孝文春风得意的时候，同时又染上许多恶习。其中最主要的毛病，是他的嗜酒和贪恋女色。这两大

嗜好恰好可以被王升利用。

"据一位靠近王升的人士提供：在那一时期，王升是蒋孝文酒桌边亲密的朋友之一。他可为这位'太子'提供任何供其消遣的场所和资金。据说，有次蒋孝文随王赴阿里山归来途中，相偕去八卦山游览。不料，在山洞里偶遇一位绝色女子。她是越南人，且又生得天姿国色。蒋孝文那时风华正茂，在王升的怂恿下，孝文同意与那陌生女郎跳舞。王升即命人在八卦山酒店开一高级套间，在酒后供其淫乐。就在这次意外艳遇过后，渐渐传出蒋孝文身体不适的消息。后来有人证实，蒋孝文就在八卦山和'西贡玫瑰'的苟合中，无意染上可怕的性病。那是非常可怕的性病，人只要染上它，从此就陷入无边的昏迷。神志不清的蒋孝文，从此疏离他可能跃上国民党情治机关首脑的地位，一个年轻有为的蒋家后继者，就这样缠绵病榻，永无出头之日了。有人说，当年蒋孝文在八卦山幸遇的越南女子，就是有人预先安排在那里的诱饵。这个幕后指使者，就是日后被蒋经国发配到巴拉圭的王升。……"

王升看到这里，气得七窍生烟。他没想到自己失势以后，身边居然会跳出这么多可恶的煞星。他们不但冷淡他，而且中伤和陷害他。特别是把蒋孝文本属正常死亡一事，也无端和他这毫不相干的局外人硬扯在一起。王升本想公开站出来向新闻界辟谣，但王升想想他现在的处境，早已不比以往了。于是他只能面对媒体对自己的指责和无中生有的泼污，以沉默对待一切了。

让王升更不能容忍的，一位署名"坦克"的作者，竟在《金岛旬报》上，把所谓"西贡玫瑰"说得更为离谱，同时对王升的指责也更加放肆。这篇《王升与"西贡玫瑰"》的文中说："诚如各报所载，当年蒋孝文没生病之前，确有位人称'西贡玫瑰'的越南妓女被王升收买。为除掉自己继续升迁中的障碍，有人向王升献策，最好对蒋孝文施以'美人计'，以便把病毒染于孝文一身。此招不可不谓之毒辣也！因那时谁都知道蒋孝文正是事业飞腾之际，又经常出没风花雪月的舞厅酒肆中，身边的美女如云而至。在这种情况下，如若让带有性病的漂亮女人接近蒋孝文绝非易事，因此有人向王升献计，寻一姿色独特的外国女郎。王升之所以采纳，一因外国妓女更能让孝文上当；二是如果万一事情酿成后果，也可把外国妓女送出境外，防止蒋经国的追查。王升此举，不可不妙，不可不称得上一箭双雕之策！……"

由于"西贡玫瑰"事件的出笼，一时视听难辨真假。而且报刊上继续以讹传讹，越传越广，越传越奇。后来居然又有人将王升如何通过手下特务到香港地区引来越南妓女，又如何在台湾圆山大饭店设计诱骗蒋孝文进入圈套，以及"西贡玫瑰"缠上蒋孝文以后，致使蒋孝文沉溺酒色，不思进取，最后当"西贡玫瑰"把性病传染给蒋以后，王升等人又如何设法把那个身染恶性性病的妓女秘密送往马来西亚等情，都说得神乎其神，维妙维肖。简直让那些不明真相的人看后，都在婉惜蒋孝文的不幸，而且也愈加憎恨这"西贡玫瑰"事件的始作佣者王升！

当年 8 月 21 日，王升终于忍不住这无中生有的诬陷栽赃，不得不公开面对新闻记者。王升对记者说："我常检讨我的一生，发现自己最向往的就是读书、做学问或教书。但是当年中国大陆那么乱，百姓的生活那么苦，如果不从军从政的话，个人又如何能生存下去呢？但是说也奇妙，我立志从军以后，从来没有直接带兵用兵。当年我毕业于陆军军官学校第十六期，因为我的成绩好，就被经国先生选到赣南参加青年团的干训班。……我说这些是说经国先生对我有提携之恩。后来经国先生虽然抛开了我，那也是他迫不得已。依当时的政情看来，也只能把我放到地球的那一边去。因此我从不怀恨经国先生，既然如此，我为什么要加害自己的恩人之子呢？……"

王升痛苦地说："所谓'西贡玫瑰'事件，是一个根本就不存在的子虚之事。我从前根本就没听说过这件事，在台湾当时虽有许多越南妓女入境，可是我敢保证，孝文先生的病与越南女人没有任何关系。那时孝文兄的生活确是难免有些放荡，可由于有老先生和经国先生在世，又有老夫人不时管教，我相信孝文不至于公开和一个越南女人姘居，至于他在八卦山宾馆和越南女人开房间，更是不可能的事。那时孝文虽然已在阳明山上安了新家，可他身边有徐女士管得很严，经国先生又不时对他进行垂询。孝文又怎么能像报上说的那么放肆呢？"

王升也为自己辩污洗冤，说："至于我会不会像外界传言的那样，暗中利用女色加害孝文，我想不必自己过多表白。是非自有公论。在从前那种时候，我虽然可以经常和孝文兄在一起，有时也吃吃喝喝。可是，如果我真有那种如报界所说的阴险打算，也无法在孝文兄那里实施。因为我如那样作的话，就等于马上给自己套上一副至死的枷锁了。有头脑的人都理解我这番话的意思。那是根本不可能发生的事情。至于孝文兄的病，究竟如何染上的，只有他自己晓得了。但我可以坦荡地对世人说：'我王升绝没有落井下石，我不可能以恶报德，不可能做任何有害经国先生的事情！……'"

王升的出面澄清，让那些对蒋孝文死于越南妓女的种种奇谈不攻自破。然而，媒体对蒋孝文在蒋经国死后仅仅一年，就出人意料地猝死仍然难以释疑。在有些人看来，蒋孝文正值人生盛年，如果蒋经国不去世，他绝不会在50多岁就悄然死去。特别是那些和蒋家有某种旧交的国民党袍泽们，对蒋孝文的忽然死去更是难以接受。当然，对蒋孝文死因心存疑虑的人们中，也有些人是出于对没落蒋家的心理仇恨。这样的人在台湾不在少数，所以他们在蒋孝文死因上大做文章，尤其对王升所作的解释不以为然。

蒋孝文就像一个神秘的影子，忽然从台北阳明山上消失了。当人们议论蒋家公子到底为什么过早离开人世的时候，有一批香港记者又来到蒋孝文生前住过多年的阳明山别墅。记者们在小楼里没找到死者的妻子徐乃锦，现在她已走出笼罩在她头上的阴影，在台湾的生意场上寻求属于她自己的世界了。据女佣向记者介绍，徐乃锦自蒋孝文病故后，已到一家期货公司供职，因其杰出才能很快得到总经理的青睐，并已成为这家公司的副总。再次走向社会的徐乃锦女士仍然保持低调，她对社会上对夫君蒋孝文死因的种种猜测一律不加理睬，她不接受任何记者的采访。在记者打给她的电话中，徐女士避而不谈有关蒋孝文死因的任何问题。她表示："我对那些猜测感到无聊。因为他们根本不知道我丈夫这些年究竟是怎样过来的。至于他的死因，将来大家会清楚的。何必一定要刨根究底？"

死者蒋孝文的惟一女儿、当时在英国渣打银行供职的蒋友梅，在伦敦对发生在台湾的媒体炒作不以为然，她仍处于父亲殁后的无边悲哀之中。当台湾舆论纷纭之时，蒋友梅在英国一家报上发表一篇题为《父亲的死》的文章，她是以平和的心态回忆已经作古的父亲。从蒋友梅的语气中看不出对父亲的死因有丝毫怀疑。她的文章被台湾报刊转载以后，起到了平息社会舆论的作用。蒋友梅写道：

　　人之生死，如同信仰，全仰仗主、配角人物不同的处事态度而异。万道归宗——天下只有一个死亡，只有一种信仰。……先祖父崩逝，悲怀缠缠至今。多少日夜已去，自知必然去接受死亡的猛兽，不然它会将你无情地咀嚼，贪馋地吞食。悲痛随着时光慢慢化成细细的哀愁，偶尔浮上脑际。流入心头，再化作热泪流下，心中一阵酸涩，又和着多少回忆，吞了下去。仍是不惯在吃饭时，他的位置是空的。如今在生死边缘挣扎已久的爸爸也撒手西归了。他的位子也空了，再也听不到他唤我一声"小宝"，也没有人会再喊我"小宝"了。阿爷走时，也带走了"妞妞"的小名，他们父子应该就快团圆了。那日为爸爸做了头七，我心中直念着他的好，他的仁慈与善良。一群爸爸生前的好友和至亲再聚一堂，送他平安上路。当时心中感到特别宁静，一阵阵爱的暖流注入心灵。是一种十分独特的感悟。诸法因缘而生，亦从因缘而灭。我将凝至眼角的泪水拭去，告诉自己不能哭，活在人世，生死都由不得他，让他安心去吧。被囚禁于水晶屋中的木偶王子是有灵魂的。当玩他的麻绳断了，他很清楚自己被许多愚蠢的人们遗弃，因为他们从他身上似乎得不到什么了。木偶的灵魂比什么都看得清楚，但是他原谅了所有愚人。并用大慈大悲去包容他们。让他们感应到他的光和热。我们尚有一段很好的路要走，只要继续散发光和热。他便能永远不朽。我已经渐渐学会与死亡握手，发现它并不是头猛兽，更不是一个句点，春蚕丝尽躯已废。但是缘生缘灭终不退，死亡是有限生命的终点，却是无限生命的起端。……

阳明山上记者如云。台湾记者、香港记者，还有新加坡《南华早报》的记者，他们都希望见到蒋孝文的未亡人徐乃锦，都希望从她那里得到蒋孝文死去的真正原因。然而不知何故，徐乃锦拒绝接受记者的任何采访，她不希望由于自己的卷入，使有关蒋孝文死因的论争变得更为复杂。

29. 傅仁义医生披露蒋孝文死因

盎然的早春又来到了阳明山。

1990 年——也就是蒋孝文病逝的次年，香港地区一位《香江早报》的资深女记者梦楚，专程从香港维多利亚海边飞到这三面环水的台北来。梦楚此行的目的当然不仅为了搞清一度在台湾众说纷纭的蒋孝文死因，而是为了真正搞清蒋孝文生前留下的许多未解之谜，特别是有关蒋孝文当年生病的原因，究竟是不是因为凤山发生的车祸，以及 20 世纪 60 年代蒋孝文在美国留学时期发生的一场车祸引起的。她决定到台湾亲自面会多年深居简出的蒋孝文夫人徐乃锦。因为在这位负责的女记者看来，世人的诸多说法，大多是捕风捉影，有些甚至是毫无根据的以讹传讹。

草山，这个巍峨雄浑、万木葱茏的台湾名山，由于素来有大批军警守卫，所以遍布在山间的国民党要人别墅区，在明媚春光里显得安谧而宁静。阳明山虽然与车水马龙的现代化城市台北近在咫尺，但这里却有一种世外桃源之感。在距阳明山公园不远的一处山坡上，有两幢造型独特的日式小洋楼。右边一座原是蒋孝勇和妻子方智怡所住。后来因蒋孝勇在"中兴电力公司"任职，为经商的需要，公司为他们夫妇在台北市准备了一处住所。因此，这幢灰色小洋楼暂时空着。蒋

孝勇和方智怡只有夏日炎炎的时候，才可能到山上别墅小住数日。左边那幢白色小洋楼，便是蒋孝文一家的住所。

坐在女记者梦楚面前的徐乃锦，是一位文静典雅的知识女性。她对梦楚的到访颇感意外。自从蒋孝文死后，徐乃锦已经走出蒋氏家族罩在她身上的阴影，她现在不仅再一次成为可以自食其力的女从业者，而且凭她自己的能力，已经成为台北"公元信托投资公司"的副总经理。对于香港记者梦楚的提问，徐乃锦显得很冷静，因为过去一年中，对她丈夫蒋孝文死因惹来的种种猜测和非议，徐乃锦采取不以为然的从容态度。如今，当梦楚正面向她提出有关蒋孝文的病是否与生前遭遇的两次车祸有关时，徐乃锦眼前又出现了蒋孝文那双忧郁的眼睛。徐乃锦想起有关蒋孝文的许多事情，特别是他在蒋经国病逝时的景况，如今宛在眼前。

1988年1月13日，蒋经国病逝的当天，蒋孝文就在七海官邸。可徐乃锦和家人为了不让重病的蒋孝文受此刺激，她便将丈夫悄悄送回阳明山。从台北七海官邸匆匆回来以后，蒋孝文始终满腹狐疑，虽然他长期患有可怕的怪病，但经过十余年的精心治疗，他已经渐渐有所好转了。随着脑疾病的治愈，蒋孝文的神志也渐渐变得清晰起来。此次他下山前往七海官邸，父亲曾经亲自陪他吃了一顿饭。可后来在七海官邸居住的三天中，却再也不曾见到父亲并与他同桌共餐的机会了。

蒋孝文知道官邸里的规矩，蒋经国平时是很少和家人一起吃饭的。特别是蒋孝文得知父亲的晚期糖尿病变得越发严重以后，他的饮食处处受到医生的严格控制。这样，父亲的早、午、晚三餐，时常是单独开在他自己的起居室里。而且，据说蒋经国单用的饭菜里，几乎很少放盐，平来烹饪得色香味俱佳的菜肴，有时由于缺盐，食之无味，气得蒋经国经常发脾气。蒋孝文对蒋经国不再能与他同桌共餐，虽然十分理解，可一连几日见不到住在同一幢楼里的父亲，总是令他暗暗生疑。莫非父亲的病情又转危了吗？蒋孝文不敢在七海官邸里随便打听，只是在无事时呆坐在房间里胡猜乱想。不过，13日那天下午，七海官邸里的反常声响，却使蒋孝文心生疑惑，所以，他回到阳明山后，便不断地追问妻子。

"没、没有什么事情！"徐乃锦支支吾吾，不敢以实情相告。

"不，乃锦，我们刚才从官邸里出来的时候，我发现父亲住的楼前，不知为什么集聚了那么多汽车？这可是从没见过的事情。"蒋孝文余悸未消，心神不安地向妻子发问。徐乃锦心里也很紧张，有几次她想把蒋经国病故的消息向丈夫直言相告。可是，一想到后果就不得不继续以假话来哄他。她说："孝文，你今天到底是怎么了？父亲不是很好的吗？你为什么要疑神疑鬼呢？"蒋孝文说："我是说官邸里一下子来了那么多汽车，有些奇怪。我担心父亲的病会不会发生什么问题？”

徐乃锦说：“你不必再胡思乱想了。”她打断了他的话，惟恐丈夫越想越多，再将已经治好的病因受惊而发作。于是她一边安顿蒋孝文睡下，一边劝他说：“官邸里有那么多车，也不值得奇怪。也许是父亲有什么紧急会议要在家里召开吧？”蒋孝文已经脱衣上床，但他仍然难以入睡，说：“不，在我的印象中，父亲他是从来不在官邸里召开会议的。”徐乃锦把窗帘一一拉严，尽量将房间里的光线变得昏暗一些。以便让丈夫尽快入睡，她说：“也许父亲有什么其他事情，要召集别人到家里来谈话，官邸那边的事情，你还是不要想的为好。”

徐乃锦将灯关了，然后蹑手蹑脚地悄然而去。

那天夜里，蒋孝文在昏暗里辗转反侧，他无论如何也睡不稳。七海官邸的反常情况，让他忧心忡忡。蒋经国那已经愈渐苍老并浮肿的面孔，始终在他眼前闪动。从前，父亲在蒋孝文记忆中，一直是十分冷漠的长辈。无论在江西赣州、山城重庆，还是从中国大陆来台前在上海居住期间，由于蒋经国每天老在外边忙得不可开交，因此蒋孝文得到的父爱并不多。即便偶尔与蒋经国见面，他也是时常板着脸孔，询问他的功课也不像在赣州时那么周到细致了。到台北居住以后，蒋孝文感到父亲变了，只是他们一家人住在台北长安东路的那一段日子，还能体会到父亲给他的一点关爱。等到20世纪60年代他们一家搬到大直地区的七海官邸后，蒋经国与他见面的机会便越来越少。不知道为什么，在他突然生病后，特别是在最近一两年里，蒋经国对他这长期患病的长子，却越来越表现出一种从前少见的亲昵和体贴。

几天前，蒋经国亲自给他打电话，要他去七海官邸吃海蟹。像这样的情况，即便他从前年轻的时候，也从来不曾有过的。

蒋经国的性格为什么到老年竟变得慈爱起来了？蒋孝文对此一直百思不解。

现在，当女记者梦楚问起蒋孝文当年在凤山军校时出车祸的事情时，徐乃锦说：“梦楚女士，孝文他生前确实在凤山军校出过一次车祸，可那绝不是他生病的真正原因。也就是说，孝文那次车祸并没给他本人的身体造成任何伤害，只是撞坏了汽车而已。所以，外面传的那些离奇新闻，都是无稽之谈。”徐乃锦想起蒋孝文的童年和少年，心中就充满着难言的苦涩。她对记者说：“他是个从小就喜欢汽车的孩子。正是因为他喜欢汽车，所以一生的经历都与他开汽车有关。”

徐乃锦告诉记者，蒋孝文决非外界传说的那种依靠蒋家荫庇无恶不作的花花

公子。她始终记得，1988年1月13日她把蒋孝文从七海官邸接回阳明山家中以后，一直都希望蒋孝文远离蒋经国，同时对他封锁蒋经国的死因。她担心如果蒋孝文受到刺激，刚稳定的病情会再次复发。可她没有想到，即便把蒋孝文带上阳明山这世外桃源，也没能让他躲过精神刺激这一关，而且把蒋经国病逝消息告诉蒋孝文的，竟然是她的女儿蒋友梅。

那天，当徐乃锦因事外出时，阳明山别墅里只有蒋孝文和女儿蒋友梅。他以为蒋孝文会在黎明时睡个好觉，为避免丈夫了解外面发生的事情，徐乃锦把电视机有意藏了起来。可她没想到蒋孝文却打开了房间里的收音机，里面忽然传出哀乐。他当时就吓呆了，因为如果台湾不是死了大人物，收音机绝不会播出这种哀乐的。他顿时意识到了什么，急慌慌地奔出房间。

蒋孝文跌跌撞撞跑下楼，忽然，他暗淡的眼睛豁然一亮，见姹紫嫣红的花卉丛中，静静伫立着一位艳美的小姑娘。她就是女儿蒋友梅，当他发现友梅在那里哭泣时，才惊讶地问她为什么哭，台湾有什么人死去了？友梅告诉他："祖父他早已经过世了，莫非您还不知道？"

"我的天啊！……"蒋孝文仿佛遭了晴天霹雳，蒋友梅的话让他如梦初醒，原来自己不祥的预感终于得到了证实。蒋孝文痛苦大叫一声，就扑倒在地上了。

蒋孝文再次醒来的时候，已是三天以后了。

"孝文，孝文！"有人在冥冥之中低唤着他。蒋孝文睁开那双惺忪的睡眼，渐渐看清他是躺在自己的卧室里，雪白的四壁、吊灯和在他床前闪动的几个人影。不久，他就看清了，其中就有他妻子徐乃锦和女儿蒋友梅。还有经常出入他家里的两名荣民总医院医生、两名白衣女护士。

"妈妈，你看阿爸他到底还是醒过来了！"蒋友梅如释重负地长吁一口气。徐乃锦望着好不容易从昏迷中被抢救苏醒的丈夫，苦泪长流地叹息："孝文，你总算醒过来了。都怪我，当初不该让友梅在家里。"

"你们不要拦我，"蒋孝文哪里肯依，他喘吁吁地说："我要去父亲的灵堂，去见他老人家最后一面。"徐乃锦为难地哭了。因为作为儿子，蒋孝文要在父亲安葬之前去见上最后一面，也是情理中的事情。然而，令徐乃锦难以从命的却是，丈夫的病情忽又发生新的反复。如果让他到蒋经国灵堂吊唁，势必让蒋孝文触景生情，他的病情如再受到刺激，必然会愈加严重起来。徐乃锦想到这里，只能苦苦地加以劝阻。守在病床前的医生姜必宁也过来劝："孝文先生，你目前的病情是不能到外边去的。你的病受不得刺激，千万不能任性的。"蒋孝文哪里肯依，他在床上拼命地挣扎着。他说："如果哪一个敢拦我去向父亲告别，我就要死给你们看。"徐乃锦唯唯，姜必宁见状也不敢再劝了。他们无人不知蒋孝文的任性，如果他一旦脾气发作，是什么事情都做得出来的。

深明事理的蒋友梅，终于站在父亲的立场说了几句公道话。她理解蒋孝文此时的急迫心情，也认为许久深居简出、从来不肯公开曝光的父亲，在这关键时刻，不在蒋经国灵堂前公开出场，是有悖于人情常理的。半晌，徐乃锦才说："也好，孝文，既然你想向父亲作最后的告别，我也不拦你，只是你必须要依我一个条件才行。你的病现在没好，如果一定要去，今天也不能去。要等到你的病情稳定，由我亲自陪你去。"蒋孝文听了徐乃锦的话，他没有继续坚持马上去灵堂向父亲吊唁。不久，他再次地昏迷过去了。一直到蒋经国即将举行葬礼的前一天，台湾各报才刊载一条引人注目的新闻：《爱伦亲临吊唁经国先生》。

香港女记者梦楚在台北期间，终于采访到了蒋孝文去世前曾负责过他病情的荣民总医院内科医师傅仁义。傅仁义，早年曾经留学美国，温文尔雅且又从容大度。他给香港女记者的印象很好，既是一位德高望重的医界权威，又是历经国民党上层政治风云的长者前辈。傅仁义对记者提到的蒋孝文死因，以及蒋孝文死后发生的风波，显得坦荡自若。因为蒋孝文的死毕竟与蒋经国有所不同。蒋孝文是个早已与台湾政界疏离的局外人物，况且那时的"蒋家王朝"已经走出了历史舞台。因此一些话对于这位曾为"七海官邸御医"的傅仁义来说，就不再像从前"两蒋"在世时那么敏感了。

傅仁义说：蒋孝文是蒋经国在世的时候就开始患病的，大约他从 1970 年夏天起，就由荣民总医院负责专护医治。即便 1988 年蒋经国先生病逝以后，荣民总医院仍然负责对他的治疗。绝没有因为他的父亲不在了，就疏忽了对他病情的医治。在长达十多年的时间里，蒋孝文的病情时好时坏，但他一直在荣民总医院的关照下进行治疗。绝不像蒋孝文病逝以后外界说的那样，他的病在经国先生病故后，荣民总医院便不再全力进行医治和护理了。事实上，荣民总医院无论是 1971 年蒋孝文病情转重，开始由我们荣总负责治疗，还是后来蒋经国病故后一年多时间里，荣总都始终尽职尽责，没有半点疏忽大意。而且蒋孝文的病，一直都是由我来直接负责。在阳明山别墅每天都有医生和护士在照顾他。

傅仁义说：我们荣民总医院决非有人说的那样，对蒋孝文的病是"人死茶冷"。荣总医院始终不忘记经国先生对医院的关切。医生的职责不是为权势左右，更不会对有权有势者趋炎附势，大家担心的是，一旦蒋家的主人去世了，他们的后人治病就发生了变化。这是一些人的臆断，并不是事实，请相信"荣总"的医德是高尚的。事实上，对蒋孝文先生的病，荣民总医院从 1970 年夏天开始，就投入了极大的医疗力量。虽然蒋孝文先生没有心脏病史，可医院为了慎重对待他的病，一直由从前经国先生的医疗小组，具体负责他病情的医治。也就是说，多年来一直由以姜必宁为首的蒋经国医疗小组负责。姜必宁副院长本人时常亲自过问蒋孝文的病况。除此之外，荣民总医院还为蒋孝文配备了两名主治医师，轮流监护他的病情，傅仁义就是其中的一位。特别是蒋孝文 1979 年病情好转，由荣民总医院的住院治疗改为回家里治疗（阳明山）以后，医院仍然对他的病进行一级特护。不但蒋孝文身边有两名专治糖尿病的医生，而且还配备了四名女护士，昼夜值班，护理的规格相当高，几乎超过了国民党军政要人的护理水平。这种特殊护理规格，并没有因为 1988 年蒋经国的病逝而发生任何改变。荣民总医院善始善终地对待蒋孝文的病，时刻都为治好他的病而不惜代价。

关于蒋孝文的病因，傅仁义对记者说：蒋孝文死后，虽然社会各界传说不一，可是荣民总医院里有蒋孝文自 1970 年迄今的所有医疗档案，在这里可以对他的得病原因及治医过程，找到最为详细的记载。从这个方面来说，荣民总医院不担心任何人的无理非难。因为蒋孝文的病与蒋经国毕竟不同，必要的话，荣民总医院为正视听，随时可以公布蒋孝文的所有病历档案。他又说，蒋孝文的病，并不像其身后外界传的那么离奇，那么充满刀光剑影。绝没有什么人对蒋孝文先生搞暗杀和谋害。因为他是个得了重病的病人，任何人没有必要对孝文先生施以各种加害。

傅仁义表示，但绝不是说外边的传说，都是无中生有的空穴来风。孝文先生 18 年前在台湾得的那场病，确与他从小养成的好胜性格及不节制的酗酒不无关系。1971 年夏天，蒋孝文确在一次圆山饭店的学友聚会中，饮下了过量的烈酒。由于他当时高兴，所以与会的人几乎没有谁敢劝阻他。这样一来，蒋孝文直到喝得熏熏大醉为止，然后被人抬到这家饭店的一间客房休息。在此期间，从小患有先天性糖尿病的蒋孝文，理当按时服用药物，可随侍在身边的副官，却由于不敢叫醒正在酒后熟睡的蒋孝文，从而错过了他服药的最佳时间。如此一来，蒋孝文的血糖发生了急剧下降，而这次由于蒋孝文饮酒过多，使他从当天半夜时分，睡到次日下午才苏醒过来。这个时候，再服药就已经晚了。正是因为这次酒醉忘记了吃药，所以才致使蒋孝文的病情突然恶化。从前，蒋孝文的身体基本上是健康的，从美国回来后荣民总医院曾对他进行过多次检查。每次体检的结果，都报给了他父亲经国先生。一致认为蒋孝文虽然也染患祖传性的糖尿病，可他那时的病情并不严重。傅仁义和荣民总医院共同认为：只要孝文先生能节制饮食和及时服用医生给他特配的药品，那么，他是绝不会发生任何意外的。如果没有那次饮酒过量后陷入的高度昏睡，也就不会发生后来长久不醒的高度昏迷了。

蒋孝文先生发病以后，他很快就转进荣民总医院进行抢救。荣民总医院对他的诊断结论是：酗酒促成的脑部疾患。也就是说糖尿病并不是主因，而是由于蒋孝文过量的饮酒，造成血糖下降，脑部受到意外的严重损害，记忆力也明显衰退。同时，糖尿病也因此发生转危迹象。在长达两年多的时间里，蒋孝文先生始终处于植物人状态，日夜昏迷不醒。即便在药物作用下偶尔醒来，神志也难以恢复到他从前的水平。记忆力的丧失和对病情缺乏抵抗能力，是蒋孝文病至晚期最为明显的症状。傅仁义医生完全否认了社会上传说，即：所谓蒋孝文生前由于纵情酒色，与什么越南妓女"西贡玫瑰"发生性关系，从而染患了当时还极为少见的艾滋病一说，主治医生作出了正面否认。荣民总医院负责地证明：孝文先生生前绝无此类疾病。再说，那时台湾也还不曾出现过这类性病。即便国际上在当时艾滋病也是十分罕见的。同时，也没有越南妓女携带艾滋病毒进入岛内的文献记载。因此外界的上述说法毫无事实根据。

至于蒋孝文的死亡原因，傅仁义对香港记者说：蒋经国先生在世的时候，曾经要求荣民总医院最好对其子孝文的病情，拿出一个较为大胆的医疗方案来。那时，直接负责孝文先生病情的几位大夫，由他执笔，曾经拿出一个十年不发展、二十年内可能达到最初发病水平的长期治疗方案。可即便这样的方案（也是荣民总医院比较乐观的估计），经国先生却仍然认为有些保守。当然，他希望自己的亲人身体早一天康复的心情，是人人都能理解的。然而，那时的蒋孝文虽然靠药物维持着他的生命，却早从生病时起就已埋下了必死的危机。绝不是因为蒋经国一死，他儿子就失去了周到的医疗护理，这才忽然转危转重，最后在无人关心的情况下过早结束了生命。蒋孝文多年前就开始检查出他患有先天性糖尿病，这是世人皆知的事情。这种先天性糖尿病不仅他有，他的父亲经国先生有，就连蒋孝文的弟弟蒋孝武和蒋孝勇先生，也都不同程度地染患了这种疾病，这是没有办法的事情。

傅仁义说：在蒋孝文 1970 年病重以后，五年的时间里，他的病情在荣民总医院的全力医治下，曾经出现过好转的迹象。最好的时期，孝文先生可以回忆起自己童年时代的往事。对所有能做的事情都有相当的适应力，只是谈话时显出他

的语言障碍略重一些。他可以使用简单词句，却不能达到连贯的程度，也不能长时间集中精神去想问题。有些时候与他谈话必须要反复对他询问，他才能想起自己该说什么话。特别是禁酒，因为他当年的病情转重，就是因为过量饮酒才造成的。除此之外，看不出他表面上与常人有什么不同的地方。后来，蒋孝文先生的病情基本上得到了控制，尤其是到经国先生即将病故前的那一段时间，他的病情几乎到了相当稳定的时期。傅仁义最后向香港记者谈到蒋经国死后，蒋孝文为什么突然病情转重的问题。他说，有许多人一直以为蒋孝文既然也患有先天性的糖尿病，那么他一定是和他父亲一样，最后死于糖尿病。其实不然。据荣民总医院在1988年10月蒋孝文再次被送进医院里进行治疗的病历上记载，他这次是发生了新的病变。

傅仁义说：也就是医院在蒋孝文先生再次入院不久，就检查出他的咽喉部位生有一颗不明显的肿物，就是医学上常说的占位性病变。这也是他最后英年早逝的病因。就是说蒋孝文并不是死于他的先天性糖尿病，而是最后死于咽喉癌！当荣民总医院发现蒋孝文有咽喉病变的时候，为慎重起见，由荣民总医院彭芳谷院长主持，召集台湾许多著名的咽喉科专家，先后对他进行了三次会诊。这三次会诊为最后搞清孝文先生的病情，得出了较为明确的结论。由于采用了新式设备，所以不仅从蒋孝文咽喉附近发现了一颗肿瘤，而且又发现他的淋巴腺也有肿大的现象。这样问题就进一步明确了，必须要进行切片检查。检查的结果出来以后，更加验证了大家当初对孝文先生病情的判断：他得了恶性肿瘤！

社会上有许多人对我们的咽喉癌结论感到困惑，有人甚至认为蒋孝文先生已经病了二十几年，在他父亲健在的时期，你们为什么就检查不出他是咽喉癌？而他父亲刚死了不到一年，他就会得上了可以致命的癌症呢？其实这也并不奇怪，任何病也都会发生转移的。孝文先生长病二十年，他身体的抵抗力正在不断地下降，免疫系统的破坏，也许是他最后染上癌症的主要原因。但是，也不能说他的癌症与糖尿病完全没有关系。一个免疫系统被长病而逐渐损坏了的病人，难免在病的晚期发生百病困扰的事情。这也是医生无法逆转的。

但是无论如何，荣民总医院对蒋孝文先生的病尽了最大的努力。这一点他的家属应该比外界更清楚。傅仁义的谈话为长期以来蒙在蒋孝文身上的谜团起到了廓清的作用。傅仁义不仅是代表荣民总医院，同时他也代表一位始终负责蒋孝文病情的主治医师，自我说清原委。因此，他的谈话当然具有相当的说服力。

1991年2月2日，香港《香江早报》刊载了梦楚女士的采访手记：《蒋孝文的死因真相》。她在这篇文章的最后说："台湾喧嚣一时的蒋孝文死于何因的讨论，随着时间的推移，如今早已尘埃落定。现在再也无人想去提起了，可是笔者仍有兴趣，在别人都对他的死因兴趣索然的时候，我还想最后说一句公道的话：这位蒋经国生前就生了重病的大公子，绝不像有人说的那样是死于某种人力不可测的原因。其实，只要人们都有良知，只要那些对蒋家表示关心的人不再抱有偏执的态度，都能够对荣民总医院一碗水端平，都能冷静下来进行思考，同时，也要敢于面对严肃的科学和善良的医术，那么，谁都不会再去为那个正常死亡的癌症患者，生出任何莫须有的鼓噪了！……"

P 章

蒋孝勇远避北美

30. 想寻找一个"鸟儿不生蛋"的地方

1988 年 8 月 13 日。

台北非常闷热，这天深夜，在蒋孝勇的寓所里，他辗转无睡意，便悄悄地从寓所卧室的席梦思床上翻身起来，独自一人来到隔壁的办公室。

在昏黑的夜里，蒋孝勇小心翼翼地从一个大保险柜里，取出一个一尺宽、半尺高的铁皮小皮箱。他用一枚黄铜钥匙将皮箱开启，原来里面均是些写满蝇头小楷的文稿。其中既有他祖父蒋介石生前留下的日记信札，也有亡父蒋经国的日记文稿，都是对外界从来没有公开发表过的。这些东西是他在父亲的晚年，特别是在蒋经国病故之前，因他是惟一守候在床榻的儿子，所以蒋经国便指令这些珍贵的文件，将来都由三子孝勇为其珍藏。

灯光下，瘦削而病弱的蒋孝勇戴上一副眼镜，仔细翻阅着蒋氏祖辈先人留下来的墨迹。其中有两封祖父蒋介石写给他的信。那是 1969 年蒋孝勇在台湾凤山军官学校受训时接到的信。蒋孝勇读着这些往日的信，心中怆然。他很容易睹物思人，蒋孝勇的眼睛不禁湿润了。

"孝勇，你在做什么？"正埋头翻阅那些信札的蒋孝勇，忽然被一个女人的询问声打断了。他在灯下急忙抬起头来，见是妻子方智怡来到了面前。这位当年在台大政治系读书时结识的女友，在蒋经国突然过世后的哀伤时日里，她陪伴在自己的身边，给他平添了许多的温馨与安慰。如今，在半夜里方智怡是发现丈夫数日来郁郁不乐，这才跟踪而至。

"我在读这些文件。"蒋孝勇把那封信小心放进精致的小皮箱里，郑重告诉方智怡说："智怡，这些东西也许就是咱们家最为珍贵的传家宝了！有些日记，将来我们要替祖父和父亲很好地整理一下。如果将来条件允许的时候，我们要将这些从来没有公开的东西，一一发表出来！"方智怡嫣然一笑，说："你不睡觉，半夜到这里来，就为这件事吗？"蒋孝勇说："是的。"方智怡问："莫非马上就要将祖父和父亲的手迹公布吗？"蒋孝勇将头轻轻一摇说："当然不是马上公布。"

方智怡问："既然不是马上公布，你何必夜里要看这些东西？莫非有什么紧要事情要办吧？"蒋孝勇说："你不是曾经几次要求我随你到加拿大去吗？智怡，我现在决定明天就去！"方智怡惊讶地睁大了眼睛，失声叫道："明天？你不是在说梦话吧？去加拿大这么大的一件事，为什么从前就从未听你说起过？"

方智怡依稀记得两年前的一个夏天，台北也是闷热异常，酷暑难忍。一天，方智怡忽然向丈夫提起去加拿大旅行度假的事来。

"孝勇，你知道加拿大有一个叫魁北克的城市吗？"她问。

"听说！"他漠然点头。

"魁北克位于加拿大的东北边陲，就在那条很有名的圣劳伦斯河的旁侧。一年四季，大多数的时间是处在非常严寒的季节里。即便是盛夏的日子里，也是比较凉爽的。也就是说魁北克每年有大半时间是冬季，所以我很想带着友常和友柏两个孩子，去那里旅行！"

"魁北克？你怎么知道那个地方在夏天里很凉爽呢？"

"莫非你真不记得，我姐夫张春旺，不是在那里留过学吗？"

蒋孝勇点了一下头，又摇了摇头说："魁北克是个好地方，我也很想到那里去旅行。可现在不行，智怡，现在阿爸他的病情很沉重，我必须每天要守候在他那里。我们能在他老人家最需要我们的时候，单独离开他，到加拿大魁北克去旅游避暑吗？"

方智怡探询地说："看来，我们暂时是很难走脱的了？"当时蒋孝勇高深莫测地将双手摊开，笑道："很难说！"

从那次以后，贤惠本分的方智怡便再不曾向蒋孝勇提到去加拿大魁北克旅行的事情。两年倏忽过去了，方智怡以为丈夫早已把她那时偶然提起的事忘记了，谁知道蒋孝勇会突然在午夜里提起此事，而且，蒋孝勇要去加拿大旅行的日程就安排在明天，这个决定对于事前毫无思想准备的方智怡来说，无疑是既突兀又不可思议的。方智怡惊愕地望着在盛夏午夜披衣起床的丈夫说："你为何忽然做出去加拿大的决定呢？"

蒋孝勇苦笑："不，不是忽然，这件事我已经想了许久了！"方智怡问他：

"当真明天就走？"蒋孝勇含笑地将头一点："当然，君无戏言！"

次日下午，当一架"华航"客机从台北桃园机场一跃而上晴空时，年轻标致的大家闺秀方智怡，还有她两个儿子蒋友常和蒋友柏，都好像是在梦中。她们母子三人做梦也不曾想到，会如此之快地飞往陌生遥远的加拿大，进行一次夏日的旅行。这对在台北盛夏闷热中过得心烦意躁的方智怡来说，无疑是难得的解脱。只有蒋孝勇对这次飞往加拿大的行动，酝酿并运作已久！只是在时机尚未成熟的时候，蒋孝勇不想向妻儿们宣布罢了。现在，他坐在向北美洲飞去的一架大型客机里心胸怡然。蒋孝勇能感受到的，绝不仅是妻儿们共有的逃脱夏日闷热的惬意，重要的是，还有一种逃脱台北政治环境的解脱感与自由感！后一种解脱对蒋孝勇来说才是他所希求的！因此说蒋孝勇前去加拿大魁北克，与其说是携妻儿消夏旅行，毋宁说正在努力逃离难以忍受的困境。

"孝勇先生，我这次来见你，就是为了和你共同探讨您将来的政治前途！"蒋孝勇记得不久前的一天上午，一位国民党政界元老，突然鬼使神差地来到他"中兴电机公司"的董事长办公室。他就是国民党"中常委"蒋彦士！这一度被蒋经国冷淡的官员，在李登辉继任以后，竟忽然成为了心腹僚臣，而且他很快就红得发紫。蒋彦士的不请自来，使多年来一直潜心办"中兴电工"、远离政治的蒋孝勇有些吃惊。

"我的政治前途！"蒋孝勇意外地盯视着专程拜访的蒋彦士，心中充满了深深的迷惘与困惑。本来，在他大哥蒋孝文因病长期在阳明山休养，形同废人，二哥蒋孝武又因为涉嫌沸沸扬扬的"江南事件"，一下子被外放到新加坡去坐冷板凳，前景变得黯淡无光时，他的父亲蒋经国也有意为蒋孝勇在政坛上谋一位置。然而，在台大政治系毕业的蒋孝勇，却偏偏选中了与政治风马牛不相及的经商之路。1985年，就在蒋孝勇在"中兴"董事长位置上干得有声有色时，他二哥蒋孝武出事了。不久，蒋经国的先天性糖尿病越发严重。不但改装了一只名存实亡的义眼，又因下肢行走不便，被迫坐上了轮椅。这样一来，实业繁忙的"中兴公司"董事长，就不得不把公务推给手下总经理全权代管，他不得不时常进出于七海官邸，充任父亲和一些国民党要人的联络员。蒋孝勇纵然厌恶官场，可他又不得不承认，在父亲生命垂暮岁月的最后几年，他实质上变成了父亲身边最重要的机要秘书。

蒋经国生病以后，许多国民党官员很少能见到他了。深居简出的蒋经国有时因行走不便，甚至连国民党中常会，有时也不得不请假，或委托其他常委代替他来主持会议。这样一来，蒋经国如有什么重要事情，只好由蒋孝勇来从中代为转达。蒋孝勇也不得不频繁出入于台北的高级交际圈。蒋孝勇在那一段时间，政治身价陡增。他头上所罩的特殊光环，使包括李登辉在内的官场要员拼命追逐他、献媚或取悦于他。许多重大的党国军机，蒋孝勇都了若指掌，有时他甚至可参与意见。蒋孝勇对某些高级官员的看法无论好恶，均可直接影响具有最高决策能力的蒋经国。炙手可热的蒋孝勇在蒋经国面前进言的分量举足轻重，李登辉、李焕等人以能够接触蒋氏三公子而沾沾自乐。

但好景不长。1988 年 1 月 13 日下午，蒋经国在七海官邸的床榻上咯血而殁之后，不多时就让蒋孝勇切身体会到官场的冷酷无情。在蒋经国生前，特别是他临死前那几年里，蒋孝勇身边几乎全是国民党上层军政人物巴结的笑脸；可父亲一旦作古，这些司空见惯的阿谀笑脸居然很少再有了。从前那些为得到蒋经国垂青的官员，见蒋氏家族大势已去，都蜂拥到继任者李登辉身边去了。蒋孝勇发现李登辉居住的爱国东路寓所前，一改从前的清冷萧条，几乎每天都车马盈门。这异常热闹的景况，恰好与门可罗雀的七海官邸形成十分强烈的反差。

"唉，真是官场险恶，世态炎凉啊！"每当蒋孝勇回到七海官邸探望生病的母亲蒋方良时，就不禁从内心深处发出这悲凉的感叹。他见年迈的蒋方良所住的地方，不仅没了往日父亲在世时冠盖纷至、车舆盈门的景象，令人心酸的是警卫、勤杂、医务人员也在不断被人以各种借口，一批又一批调走了。留给蒋方良的只有一个越来越空旷、越来越冷清的宽大宅院。蒋孝勇感到悲哀痛恨的是，那些喜欢每日奔忙的高官显贵们，又开始到另一个权力热点周围去巴结、去讨好了！

所以，当蒋彦士这次以国民党中常委的身份，亲自驱车来到他供职的"中兴公司"董事长办公室时，给蒋孝勇的第一个感觉便是意外。因为像蒋彦士这样的资深新贵来找他，本身就是不可思议之事。蒋彦士自然是李登辉派来的，如今已经今非昔比的李登辉，为何忽然想到他这早已没什么实际作用的人呢？

"是这样，孝勇先生。"蒋彦士见蒋孝勇以困惑的眼神在打量他，便开门见山地说明来意。"李先生是想请你到介寿路去谈一谈。因为他始终也没有忘记经国先生生前对他的知遇之恩。当然，你在李登辉先生当国民党代主席时所起的积极作用，他也没有忘记……"

"哦，是这样……"蒋孝勇这才渐渐听懂蒋彦士造访的真正用意。在蒋经国死后，蒋孝勇重又归于沉寂，他回到"中兴公司"后，又开始他从前那引以为乐的实业运作。台湾官场在近几年中他不得不涉足，如今经过亲身的体验，蒋孝勇

更加认清官场中的许多事情，现在他越加感到大学毕业时选择经商是正确的。李登辉所以还没有将他忘记，是因为1988年1月那段非常的日月。那时，李登辉正在一批国民党少壮派的运筹之下，准备在继任"总统"之后，趁热打铁获取国民党代理主席的要职。有人准备在蒋经国举行葬礼的前夕，召开一次紧急"中常会"，以举手表决的方式，突击将李登辉推上台去。就在这一关键的时刻，士林官邸的蒋夫人闻听此事，急忙给国民党部秘书长写了一封信。准备劝阻李氏的代主席提案付诸实施。在这种情况下，李登辉只好请求蒋孝勇在宋美龄面前斡旋游说。蒋孝勇当时确实在宋美龄面前讲了许多好话，李登辉得以以一个普通农学家的身份，继承了蒋家王朝花几十年打下来的半壁江山，在看到蒋氏家族日渐势微的惨景之后，或许是良心大发才想到当初有益于他的蒋孝勇吗？

"李先生的意思很明显，他是希望你能早日辞去'中兴公司'董事长的职务，依您目前刚40岁的好年龄，最好应该弃商为官！"蒋彦士见蒋孝勇坐在椅子上，许久沉吟无语，便将此次来"中兴公司"的全部用意，一股脑和盘托出。

"弃商为官？"蒋孝勇嘿嘿地笑了。他不以为然地把头轻轻一摇，然后委婉地对蒋彦士说："为官当然是一件好事。李先生到如今还能想到我，真是应该感激的事情。可是非常抱歉，李先生的盛情我只能是心领了。因为我不是为官的材料！"

蒋彦士说："你怎么能说不是做官的材料？经国先生生命的最后几年，你在他的身边工作，那实际上不就是为官吗？而且，你做得很好，很练达，与官场各方面人士之间的交往周旋，都很有分寸，也很得体。依我之见，孝勇先生在官场甚至要比在商场驰骋，还要游刃有余！"

"不不，不敢当呀！"蒋孝勇急忙将细瘦的手一挥，打断了蒋彦士的恭维，冷静地说道："蒋先生，那几年我在父亲的身边走动，其实也是一件无可奈何的事情。父亲他病得那么沉重，有许多事情还非要事必躬亲。可是他的身体又不允许，所以我只好在他的身旁。我那时也只不过充当了一个跑腿学舌的角色而已，根本说不上什么官，而且，我也不想成为一个官员。"蒋彦士见蒋孝勇根本不买李登辉的账，有种大失所望之感，说："孝勇先生，你大概也知道，目前想向李先生求官的是大有人在。然而，李先生又不是那种谁想要官便给的人。而你呢，却是李先生主动想到的，又是派我亲自来说项的。这个面子莫非你还能不给吗？"

"绝不是不给面子，请你向李先生转达我的歉意吧。"蒋孝勇实在不想继续与蒋彦士周旋下去，他很客气地结束了这次谈话。"我这个人，其实很迂腐，并不是到官场里做官的材料。……"

　　飞机在夜幕下缓缓航行。机舱里的灯光暗下了去，蒋孝勇发现坐在自己身边的妻子方智怡已倚在座椅上睡熟了。两个儿子友常和友松也是睡意朦胧，蒋孝勇望着全家人都与他一道飞往一个陌生的国度，内心中不禁泛起一股无以言喻的凄楚与茫然。本来，他可以顺水推舟接受蒋彦士的邀请，主动去台北介寿路"总统府"去求见台湾当局的新当权者。毋庸讳言，他会很顺利地得到一官半职；然而，连蒋孝勇当时也弄不清，他为什么未经认真思考，就不留余地地回绝了蒋彦士的好意邀请，毅然放弃一个可以升官发财的好机会。以至于现在蒋孝勇为一种全新的追求，不得不率领妻儿向位于美洲的加拿大飞来。这一切到底为了什么？

　　第二天上午，蒋孝勇一家终于飞临加拿大。

　　首都渥太华是座美丽的城市。这位于北美洲北部、历史上本来是印第安人居住的地方，对蒋孝勇一家人来说，无疑有着陌生的神秘感。他们一家在渥太华逗留数日后，如约来到加拿大东部的魁北克。

　　"这个地方很好！"当蒋孝勇、方智怡带两个儿子友柏、友常，来到那条在夏季里仍然飘浮巨大冰块的圣劳伦斯河畔，望着那条湛蓝湛蓝的河，粼粼的波光中倒映着魁北克古老城墙的倒影时，他们都被这里恬静优美的自然环境陶醉了。

　　当然，魁北克虽风光独具风韵，但这里由于地域的关系，每年将有近二分之一的时间，是处在严冬的低气温下。而且，更令方智怡和两个儿子不习惯的是，这里居住的多是外国人，中国居民寥若晨星。可蒋孝勇却对此地情有独钟，一天，他忽然对方智怡说出了一句令她大吃一惊的话来："智怡，我看这里很好，咱们一家索性就搬到魁北克蒙特利尔来长久定居吧！"

　　"你说什么？长久……定居！"方智怡初时以为蒋孝勇在开玩笑。后来，她见平时很少讲空话的丈夫，是以非常郑重的神情向她宣布这一决定的，她在惊讶之外又产生了许多的困惑。她作为妻子却很难理解在台北既有良好职业，又有家庭与家业的商界头面人物，为何在倏忽之间产生了移民异国的想法。而且由于这一决定预先没有与她商量沟通，使方智怡无法接受，她惊讶地反问说："你开什么玩笑？"

　　"智怡，我从来不习惯在重大事情上开玩笑。这是真的，也是我思考许久的一件事情，从前只因为我没有来过魁北克，现在我亲眼见到这里很适合于我们作长久居住，我才有了一个固定的看法！只是请你和孩子们赞同我们到这里来生活！"性格稳重，平时从不轻易发表观点的蒋孝勇，突然间将他思考许久的决定

说了出来。他在说此话的时候，神态平静安详，有一种泰然处之的神态。

"孝勇，我承认魁北克和蒙特利尔风光宜人。可我始终认为这里只可以作为我们来此度假的好去处，却绝不是一个让我们长久定居的安身之地。"方智怡在那日傍晚，随蒋孝勇来圣劳伦斯河畔散步时，终于发表了她的不同见解。"我认为你的决定有点太轻率了！你应该再多想一想，好吗？"

蒋孝勇停下脚步，无言地凝望那条恬静的圣劳伦斯河出神。那潺潺流动的碧蓝水流，在远方天际投来的一抹夕阳余辉映照下，泛动着金黄色的波光。蒋孝勇很尊重妻子的话，他开导方智怡说："我已经想得很久了，台湾在父亲死后，已经没有再待下去的可能了。你方才说这里只能作为短暂的旅游之地，为什么不能长久生活在这里呢？"

方智怡期期艾艾地说："首先是这里的寒冷气候，恐怕住惯了台湾那种四季无冬环境的人很难适应。再就是这里的人，大多是英国人、美国人、意大利人，中国人太少了。在这里有种被人抛弃的感觉，所以，我觉得……不太习惯！"

"智怡，你慢慢就会习惯的！"蒋孝勇在下定决心之前，显然经过深思熟虑。他听到方智怡明显反对后，并没有过于武断急躁，只是委婉地劝说她。后来，见方智怡不再坚持己见，他才诙谐地说道："我觉得，在这个乱纷纷的世界上，鸟儿不生蛋的地方，就是我们要住的地方！"

河水倒映着蒋孝勇那颀长瘦削的身影，波光在晚霞中不安地抖动。方智怡良久品味丈夫的话，她无论如何也难以理解，一个有事业有前景的人，莫非在他父亲死去以后，在台北就没有生存的余地吗？

"孝勇，我实在难以理解你目前的悲观。"方智怡妩媚的眸子避开丈夫，去眺望河对岸那片隐入茫茫暮霭中的深灰色雪杉林。方智怡知道自蒋经国死后，一度心情愉悦的丈夫变得沉默起来。方智怡当然能理解蒋孝勇的失意与痛苦。长期以来一直以蒋家为轴心的台湾政坛，在蒋介石、蒋经国两个政治强人先后故去以后，忽然另一个与蒋氏家族毫无关系的台湾人，一夜之间成了决策与指挥中心，这对看惯阿谀笑脸，毕生享尽特权的蒋孝勇来说，自然无法接受与容忍这"改朝换代"的巨变！可是，在方智怡看来，蒋氏家族虽然渐渐从台湾的政治舞台上息影消失了，蒋孝勇却仍然有很好的从商前景。于是，方智怡说："莫非你是因为看不惯那当权者的倨傲才远离台湾吗？"

蒋孝勇点点头，又摇摇头："既是又不全是。"

方智怡说："那个当权者不是派人请你去做官吗？如果你真厌烦了经商，去做官也不失为好的退路，可又不知道你为什么不留余地就拒绝了，想不到你对官场厌恶的程度竟是如此之深！"

"也并非如此，"蒋孝勇喟然长叹。在李登辉透过蒋彦士请他做官这件事情上，事后蒋孝勇曾经认真反思过。他很快就理清了思绪，当时他所以那样一口回绝，与其说厌恶黑暗腐败的官场，毋宁说他不愿接受李某人对他的恩赐。在蒋经国当政的若干年里，如果蒋孝勇真像二哥蒋孝武那样，痴情做官弄权的话，他完全可以在父亲的支持下如愿以偿。在蒋经国当政的时候，他尚且对为官之道毫无兴趣，难道会在父亲死后，甘心去在蒋经国当年副手的麾下，去求得那可怜的一官半职？这就是蒋孝勇当时根本不考虑，事后也绝不后悔的原因。如今，妻子苦苦追问他想往加拿大移民的原因，蒋孝勇说："当然，我最不能接受的是台湾目前的那种环境！不能容忍别人的冷眼，我在那种是是非非的指责中生活，又怎么得了呢？智怡，我是想永远远离台北的是非圈子，才决定离开的！"

"好吧，既然如此，我就同意你的主意，远离是非，找一个鸟儿不生蛋的地方生活！"方智怡在深深理解丈夫的心情后，她点头赞同了在加拿大定居的选择。不久，蒋孝勇便通过当地律师，正式向加拿大政府移民局申请前往蒙特利尔定居。

31. 蒋家辉煌已逝，遗孀独立创天下

台北，仍然车如流水马如龙。

徐乃锦从一辆灰色小轿车里走出来，她穿一件黑色的紧身旗袍。由于丈夫殁去已近年余，知晓世情的蒋家未亡人，在近一年的时间里她始终穿着象征为丈夫挂孝的黑色旗袍。只是为了女人的妆饰需要，徐乃锦胸前佩戴着一朵闪亮的塑料小白花。此时，徐乃锦从阳明山来到台北市区内，她是为着前来与台北"公元证券投资信托公司"的董事长，就有关的工作问题进行再一次洽商的。

当徐乃锦风姿翩翩走上"公元证券投资信托公司"大门前高高的台阶时，她很自然地想起，在蒋孝文死后的一年间，自己如何放弃舒适的家庭，毅然投身商海的经历。徐乃锦先是在"捷运昌国际证券投资顾问公司"和"捷运昌国际企业管理顾问公司"，先后担任了副董事长之职，现在，"公元证券投资信托公司"董事长非常欣赏徐乃锦的从商才华，决心重金礼聘她前来该公司任职。徐乃锦步入电梯的时候，会想起不久前一位香港女记者专程来到台北采访的情景。

在那位年轻香港女记者的眼中，徐乃锦作为蒋经国大公子的媳妇，一定是曾

经拥有过与众不同的宠爱、荣耀与尊贵。但如果深谈起来，女记者就惊奇地发现，这位虽年过五旬却仍然比实际年龄年轻的蒋氏未亡人，却有着令人难以想象的辛酸、痛苦与挫折。

"从少女到少妇，一直到现在，我总是很向往'自立'。但是始终也不能如愿，那好像是我一个遥不可及的理想。"徐乃锦在接受访谈的时候，这样向女记者倾吐自己内心的苦衷。她第一次向外界倾诉心曲，语调中充满了悲怆。"本来，我是在重男轻女的家庭中长大的。我的祖父是革命先烈徐锡麟，父亲徐学文早年留学德国，我的母亲也是德国人。我22岁嫁进蒋家的时候，原以为我可以凭着自己的能力，自立于社会。可是，没有想到孝文他在年华最好的时候，突然间病倒了！唉……"

女记者默默凝视着坐在一张宽大老板桌后的徐乃锦。在蒋孝文死后很短的时间里，她居然冲出家庭的困扰，毅然开始了属于她自己的崭新生活，这一切也许与徐乃锦从前的"自立"经历不无关系。女记者早在来台北之前，就已经初步了解到徐乃锦在丈夫生病前的情况。1960年她从美国留学归来，就任过台北"中央电视台"的"国际事务室"执行秘书。由于她多才多艺，人缘又好，徐乃锦不但在电视台里兼任一个名曰"民谣世界"的节目主持人，同时，她又利用业余的时间使自己在美国所读到的法律知识，学有所用。徐乃锦既兼任一家律师事务所的律师，同时又是台北基督教女青年会的董事。多年来，徐乃锦办理案件之余，又主办过许多民间娱乐活动。有一年夏天她代表基督教女青年会所主持的"听涛营"消夏音乐会，曾一度名噪遐迩。徐乃锦卓越的指挥才能与超人的音乐天赋，均得到了社会各界的一致称道。她的事业也在20世纪60年代末期走入了人生的辉煌。徐乃锦万万没有想到的是，就在她准备以充沛的精力，去做成她孜孜以求新事业的时刻，她的丈夫蒋孝文却意想不到地变成了一个"植物人"！

"在我的信念里，两个人组成一个家时，就是要永远生活在一起。然而，他突然病了，又病得很严重，记忆力受损。5个月后，我们都知道他不会完全好，但也不会死去。在难过的情绪之中，我的心底有不同的声音响着：'我是否要离开他，去寻找自己的生活'？"徐乃锦在香港女记者面前，多年来积郁在她心中的许多真实感情，此刻便得到了自然的宣泄。她似乎又回到了丈夫初次患病的难熬岁月之中，一双含泪的眼睛凝视着大楼外蓝天上悠悠的白云。

"不！我不能离开他！否则我会一生都不安的。"徐乃锦不能不将她自己当时的真实思想如实地告诉记者："如果诚实一点地说，我的确是历经人生矛盾的挣扎。但是最后，决定做一生心安的事——尽量去爱护他，全心去照顾他。爱情，已经因为他的病而逐渐消失了。可是我仍然想做他的依靠，而不是依靠他。他真的是非常依赖我的，记得他初病时，度过了昏迷的前几周，后来苏醒时，我一定得在旁边。否则他就会发脾气。那时，我住在医院，但偶尔我也需要外出一下，起先医护人员都好心地要我偷偷溜走，可是我觉得还是要让他知道。于是我试着告诉他，我要出去几小时，几点钟会回来，就这样一天天地让他接受，一直到三四年之后，他终于接受了这样的事实。"

女记者很同情地问道："你认为这一切全是命里注定的吗？"

徐乃锦摇了摇头说："我从不把一切归咎于命运，事实上，别人眼中认为我不幸，而我自己并不见得这样认为。"

女记者问她："您是从什么时候开始，下决心到外边来重新开始自己事业的？"

徐乃锦沉吟了一阵才说："自从一年前，我的公公过世以后，先生孝文当时又在病中。我从那时的许多情况的变化，顿时领悟到了一件事情。如果我自己再不能自立的话，那么，我的后半生就不知道会是个什么样子！因为公公的不幸死去，世态炎凉，已使我猛然发现从前蒋家的那种生活已经永远不会有了。如果我要生活，就必须要依靠自己的努力才行！"

徐乃锦所描述的景况，虽然还不够十分具体。可是采访她的女记者已能想象出蒋氏家族自从蒋经国死后，所面临着的惨况窘境。在蒋家大权旁落，门庭冷清的时候，一个既失去了权势，也失去了丈夫的寡居女人，如果不自强自力，自然是无法生活的。

"在公公死后不久，我就出来做事。那时我先是在'捷运昌国际证券投资顾问公司'里做。我认为我靠着自己的能力可以在社会上找到一只生存的饭碗。我并不怕失去什么势力，因为我从前也没有想利用蒋家的权势生活。"徐乃锦在袒露在蒋孝文死亡前后那一段难过的心路历程时，娓娓地说道："可是我没有想到对我的打击还没有到此结束。就在我刚刚到外边做事的第二个月，久病的丈夫孝文，忽然又被医生们确诊他患上了咽喉癌，而且又已经是晚期。真没有想到，他这么多年都熬过来了，我已经可以外出工作的时候，他居然又要离开我，而且是永远地离开我！可是这又有什么办法呢？自从确诊他的病是癌症，7个半月之后，他就永久地离我而去了！唉，真是太不可思议了！"

记者："自从1972年孝文先生患病，到去年他死去，总共该是十八个年头呀！"

"确切地说是十八年半！"徐乃锦长长地叹息一声。人生实在太短暂，而

十八个春秋又耗去了徐乃锦这个苦命女子最宝贵的青春年华。她回想往事时的表情是无限沉痛的，徐乃锦的忧愁神情很快就消失了，她的脸上现出了长期困厄后的欣慰微笑。她说："仿佛孝文的走，是要让我没有后顾之忧似的。我感到我和他的情缘虽然断绝了，可是情却未了！"

这位采访徐乃锦的香港记者，在后来所写的访问记中，这样描述说："无论对父母或公婆，蒋徐乃锦都非常孝顺。她的父亲生前最后几年因中风行动不便，为了让父亲开心，她常邀自己的好友，到家里陪父亲打打卫生麻将。老人家手脚不灵活，打牌速度慢，而且打了两三圈，如果累了，就随时喊停。这样的牌局持续了很久，直到父亲过世。朋友们有感于她的孝心，也都欣然配合。到今天，无论工作再忙，她仍然每天中午和婆婆吃午饭，陪老人家聊聊天。对于自己的母亲，她也总会尽量抽空去探望。……"

现在，徐乃锦已经走进了位于台北南京东路的一座巨厦 16 楼。这里是"公元证券投资信托公司"的会客室。"请徐女士稍候，董事长很快就会过来的。"一位职员很恭敬地将徐乃锦让到一张单人沙发上落座，又端来茶点，神态甚恭。

"孝文，我要出去做事了。因为如果我再不外出做事，恐怕将来咱们一家子的生活也难以维持了！"在蒋经国死后不久，徐乃锦经过反复的思考，才将这个决定告诉坐在轮椅上的丈夫。

"好……"蒋孝文虽然住在风景秀丽、仿佛世外桃源般的阳明山，可是父亲死后台湾政情的变化，以及对蒋氏家族日渐势衰的近况，他也略有耳闻。蒋经国在时，他和全家每日均有一定的供给，钱虽然不能说很多，但也是衣食不愁的。今后他和妻子从前供职的地方，是否还像从前那样看照蒋经国的面子，照旧发薪水呢？这件事对于蒋孝文来说自然是个威胁。在他神志清醒的时候，理解了妻子的这一提议，点点头说："你去吧！我支持你……"

"谢谢你，孝文！"徐乃锦为得到丈夫的理解与支持而欣喜。因为在此之前的几年中，徐乃锦也多次地向丈夫提出过类似的要求，但是，蒋孝文都坚决地劝止了她。直到1983年，蒋孝文的病情经过几年的医治，略有些好转的时候，有一天，徐乃锦请求公公蒋经国支持自己外出工作的想法，方才得以如愿。就在那一年的年底，徐乃锦回到了她从前工作过的台北"中视"。在以后的两年间，徐乃锦又成为了事业上的佼佼者。谁知好景不长，不多时蒋孝文再次发病，她的工作再次中辍了。可是这一次蒋孝文居然同意她可以外出了，莫非从此自己当真可以从家庭生活中解脱了吗？

"徐女士，我们希望你能在'捷运昌国际证券投资顾问公司'长期地干下去，我们欣赏你的才能！"1988 年下半年，蒋经国殁后不久，徐乃锦受聘于"捷运昌公司"的事务公关部主任。当时，她是凭着一股女性所少有的拼搏精神谋职的，徐乃锦要自食其力。果然，不负总经理所望，她在公关部主任的位置上干得非常得心应手，在短短的两个月时间里，徐乃锦因为她那超乎常人的从商才能，在这家公司里不断地得到擢升。

就在徐乃锦的事业如日中天，正在向副董事长的位置移近时，不幸再一次降临在她的身上：蒋孝文染患了癌症。

万般无奈，徐乃锦只好再次回到她既熟悉又厌恶的"荣总"中正楼去，守在丈夫的床榻边，直至蒋孝文咽下最后一口气。

"徐女士，请问你为什么希望到我们公司来谋职呢？"一位两鬓斑白、手拄藤杖的老人走进客室。他是"公元证券投资信托公司"的董事长兼总经理，他在与徐乃锦进行礼节性的寒暄过后，很快就将谈话切入了正题。

"很简单。"徐乃锦毕竟是蒋氏豪门的年轻遗孀，前半生阅历惊人。加之她的智慧过人，所以回答起董事长的垂问时既得体又有分量。"我并不是单纯谋求财富，我只想活得很有尊严。当然，作为一个知识女性，我所希望的是到贵公司来，可以更好地发挥我的作用。"

"很好！"董事长颇为满意地点了一下头，说："欢迎你来任职，我们公司恰好急需一位像你这样的女干部，来协助我管理证券业务！"

"我只能说先试一试。"徐乃锦的精明在于她善于机敏地应付各种场面。在得到董事长面试首肯之后，她的回答仍然很有分寸："我从前没有机会试，不知道可不可以。现在可以试了，对我来说，到贵公司来任职，无疑等于面对一种全新的挑战！"

"我相信你可以在新的挑战面前，战胜一切困难的。"董事长已经对徐乃锦的人品学识，从内心中充满了信赖，他很快就将一张红色的聘书双手递过来，说："这是本公司的聘书，徐小姐，从今天起你就是本公司的副董事长了！"

32. 在第三代画了个"休止符"

蒋孝勇回到台湾不久，就决定向"中兴电器公司"请长假。他这次要到加拿大定居，暂时还不到最后辞职的时机。为让他们一家到那个"鸟儿不生蛋"、四

季中有三个季节结冰飘雪的蒙特利尔长久生存，他必须先让全家去那里适应一个时期。如果在加拿大确实可以生存，到那时他再正式辞职不迟。正是出于慎重的考虑，蒋孝勇才决定以请一年长假为由，暂且远避台湾。

蒋孝勇再来"中兴公司"，刚下汽车就惊愕地茫然四顾，发现多日不来，公司已经变了模样，几年前他刚来"中兴"人气不旺的旧貌再现于眼前，大清早几乎见不到上班者的身影，只有几个女职员在那里闲聊，她们见了蒋孝勇，难免有些惊诧。一位女员工对他说："董事长，不是说您已经移民加拿大了吗？莫非您又返回公司，如果当真您回来了，那真是我们'中兴公司'上下的福份！"

蒋孝勇一边向大楼玻璃门走去，一边对女职员说："抱歉！小姐，我已经不可能再回来了，我今天回公司，是和我的继任者办接交手读的！"女职员神色黯然："如果那样，我们'中兴电工'从此将回到从前的老路上去，唉，前景实在是太可怕了！"蒋孝勇泰然地说："不能那样悲观！铁打的'中兴公司'，流水般的董事长！小姐，祝你好运！……"

女职员们守在一起，目送蒋孝勇步入电梯，她们顿时感到从前一度生意兴隆的"中兴电工机械公司"，不久将面临一场可怕的危机。

蒋孝勇一人站在"中兴电工"的楼上阳台，居高临下地俯瞰大院。他发现如今的"中兴电工"，又和他当年第一次踏进这家公司时一模一样，已经日上三竿了，可居然连个上班的人影也没有。想起自己早年创业的艰辛，再看看今天衰败的现状，他心里充满深深的痛楚。他不知这家公司将来的命运如何，不过，他如今再不能想那么多了，因为他此时处境艰难，远避国外的他，已经再也无力让"中兴电工"起死回生了。看到眼前的情景，蒋孝勇忽然下定了最后告别台湾的决心。

转眼就到了1989年2月。

台北在这个时节仍然是多云多雨。蒋孝勇已经得到了加拿大的正式移民通知，他一面让方智怡和两个孩子做好飞往加拿大的准备，一面决定公开接受台湾《远见》杂志的采访。蒋孝勇所以在即将告别台湾之前，发表一次坦露心迹的谈话，他认为这是一种必需的表示。

在蒋经国过世一年多时间里，他在台湾受到诸多的冷遇与抨击，其中使他较为耿耿于怀的是来自民进党"民意代表"对他的攻击。尽管有许许多多的不如意，可修养甚好的蒋孝勇始终深居简出，极少有任何公开的行止或谈话。现在他及全家人将要长久避开尘世喧嚣、世风丕变的台湾，总该有语言的最后告别。当然，蒋孝勇不会在记者的访谈中说出他内心的愤懑，只有一个表示便足够了。

那天，台湾《远见》杂志对蒋孝勇的访谈是从他个人的私生活开始的：

记者：能否谈谈你的心路历程？

蒋孝勇：我不否认自己生长在一个政治的家庭里面，如果说没有接触政治，这是骗人的。我很好强，但有个原则：我已经有了基本的，再为别人去做，我会愿意；但如果为了别人与自己的付出不成比例，那我可做不到。

记者：你个人成长过程如何？

蒋孝勇：讲一些片段吧！我自己考到了师大附中，交了学费，后来有个教官把我叫去，"国家、民族、主义、领袖、家庭……"，讲了大半天，回家的时候，我向父亲禀报说："这个学校我不念了。"父亲说："你不念要做什么？"我说："到军校去。"

那个时候我最想进空军幼校，因为空军幼校正步踢得最好，我前去参观参观，一参观不行，"枕头这么小，怎么睡觉？"

就因为这样一个单纯的印象，结果就跑到陆军幼校去念了。那个时候叫预备班，就是现在的中正预备干部学校。在正期生一年级的时候，我的脚跟在单兵攻击训练中扭了，开了两次刀，大约撑到三年级，就转学到台大。

后来出来做事情，也有人问我转到台大是否是不合法的。我说你讲不合法我不承认，因为是按照教育部有关规定来办的。但是我也相信是有人为的因素，因为很可能其他的学生申请而台大不一定接受。

记者：你成长过程中印象最深的事是什么？

蒋孝勇：我大约十五六岁时，有次先父训勉我两句话，这两句话一直影响到我现在。一句是《圣经》上讲的"你把金的锁环挂在猪的鼻子上，有什么意义？"另外一句他说中国人讲："苍劲的松柏永远没有办法在花圃里培植。"这两句话我一直都记得。

记者：可否谈谈经国先生逝世一年来，你对政治、经济、社会环境各种变化的感想？

蒋孝勇：我没有办法跳出去看，这件事情我自己身在其中。以做子女而言，当然没有人愿意祖上被人家做了一些不当的羞辱。我觉得今天我们整个社会上，对于敬老尊贤这个立场，似乎是脱离常轨太远了一点。

当然今天也可以了解到有些人是为反对而反对。在整个问题的反对

过程中间，很多方式都是可以接受的，但是有一点我不能够接受——就是对人的不尊重。你可以用制度、用批评、用方法，但是对于采取羞辱对方的方式，我觉得在今天是个异教，我真的是很不能够接受。

记者：能否谈谈你母亲蒋方良女士，以一个外籍人士到中国来这么多年的感受？

蒋孝勇：家母的确是牺牲很大。我相信这么久以来，你们不曾听到家母在政治上或事务上有任何的影响。在中国的环境里，要做到这一点，我相信不是很容易的事情。以家母来讲，她背井离乡到中国来，虽然她现在中文和其他各方面都很顺畅，但到底不是自己的家乡。我只可以这么讲，就是她对父亲的爱，以及她因为对父亲的爱所做的牺牲，是值得女士借鉴的。

记者：经国先生过世后，报上说令堂想要到国外旅游，但是经费不大充裕，你能否谈谈你准备如何让令堂安度晚年？

蒋孝勇：我没有听闻家母说过要到国外去，今天她喜欢过平和安宁的生活，我也愿意如此，不希望引起人家注目，引起注意并不是好事。所以希望各方面有宁静的安排，以家族而言，我们确实不太愿意为这种问题被人家干扰。

记者：蒋纬国先生把他儿子送到国外念书，希望他能在脱离大的中国政治环境之下成长，你有没有考虑如此？

蒋孝勇：说老实话，我总觉得我们家庭和中国近代史的过往似乎是连在一起的。但总是要打个休止符的。这是我的立场。

很明显可以看到，对我而言，父亲辞世以前，没有办法打一个完全的休止符。不是别的原因，是因为人家总是戴着有色眼镜看我，但是我不愿意我的小孩子跟我有同样的遭遇。

记者：经国先生在世时，曾说过蒋家人不会再从政，当他讲这句话时，不晓得你感觉和反应如何？

蒋孝勇：他这句话讲不讲对我是一样的，因为我根本没做这个打算。如果我没记错，当时似乎是有人在讲"你蒋家是不是要继续当'总统'？"指的是这一类的，并不是从事公务，事实上，家中现在服务公职的人，像家兄就是现成的例子。

先父在世的时候，我就立定了宗旨：第一，不干公务员；第二，不做专职党务工作。到今天还没有做任何的修正。

记者：经国先生在世时曾经大量拔擢了本省籍的青年才俊，参加政治重要工作，称为"本土化政策"。后来很多外省人第二代觉得越来越没有出头的日子，你对这件事情有什么看法？

蒋孝勇：基本上来讲，我觉得这是没有办法的事情。三四十年以前，岛内的人才还没有这么多，以后因为升学机会平等等因素，使得人才都冒出来了。不过，省籍的考虑，我相信有必然性。

对于外省人第二代而言，我也是外省人第二代，我觉得不一定非要当某一个阶层以上的政治官员，自己才能够有其定位，每个人在社会上都有应有的地位。我觉得好像我们自己分化得太厉害。

记者：去年的国民党"十三全大会"中，蒋家的几位先生在中央委员排名都满前面的。社会上一般看法是，一方面是对蒋家过去的贡献给予肯定，另一方面是对目前几位蒋氏家族的人士期望也很高。在这样的反应下，你们对自己的期许是什么？

蒋孝勇：先祖的庇荫是个事实。但是我对于所谓"中央委员"的争取，当时是抱这样的心情，现在还是如此，就是：传承的意义重于实质的意义。我之所以争取，主要原因是先父才过世，就像线断了一般，也不一定是一件对的事情。但是我并不认为我以后在党里面所谓"中央委员"这个途径上会有什么发展。我只是尽我自己的本分，做我自己该做的事情。

……

蒋孝勇对《远见》杂志记者的这番谈话，当时便已与该杂志约定，一定要等着他和他一家人离开台北以后，才能够公开刊登。这家《远见》自然不敢有违前约，是在1989年4月，也就是蒋孝勇、方智怡一家离开台湾一个月以后，才作为一个特别的告别词刊登面世的。从蒋氏三公子的上述谈话中，不难看出他是以悲凉的低调来面对日渐消除蒋家影响的台湾社会。他对国民党的"中央委员"使用了不屑一顾的"所谓"二字。当记者询问他对蒋经国死后台湾的形势看法时，这位颇有修养的蒋三公子，用巧妙的语言回避了直露的评论，但是对当局主政者的不满情绪也溢于言表！

1989年3月9日，蒋孝勇、方智怡偕两个儿子友柏、友常，终于来到加拿大魁北克省的蒙特利尔市。3月天，在台北早已经是莺飞草长，春色盎然了。可

是在这位于加拿大东边陲的蒙特利尔城却仍然是冰封雪裹、朔风凛冽的严冬。

蒋孝勇的生活环境突然间改变了，他在积满皑皑白雪的城郊一处半山坡上，购买到一栋属于他们一家的新居。这所四壁均以大青石块砌垒而成，屋顶上为水泥预制板结构的住宅，宽敞而明亮。只是房间里的暖气需要雇一位当地印第安工人来烧，平时在台北四季如春，过惯了恒温的蒋孝勇，忽然间要与煤炭及取暖等繁琐的事情打起交道来了。

方智怡从前在台北时不会烧饭烧菜，因为她在做台湾"高速公路局局长"的父亲方恩绪家里待字闺中时，有母亲来代为操劳生活琐事。嫁进蒋氏门庭以后，蒋孝勇的小家里，又雇有保姆与厨师。所以，方智怡在台北时几乎从来没有与家庭主妇的繁杂事务搭界。可是她与蒋孝勇来到陌生寒冷的蒙特利尔安家以后，由于蒋孝勇已不再身兼数职，她本人在台北开办的一家幼稚园也移交他人。这样，方智怡便从零开始，学习烧菜。当然，她不喜欢西餐，以中国的台湾菜为主。好在方智怡心灵手巧，悟性又高，不足一个星期，她已经能将色香味俱佳的中国菜，一碟碟地烧好并端到丈夫的饭桌上来了。

蒋孝勇决定将自己封闭在一个冰雪的天地里。在这个被他戏称为"鸟不生蛋"的陌生天地里，几乎没有什么人知道他的身份。谁也不会猜想到他曾经是一个中国岛屿上最大家族的三公子，更不会有人知道他曾经是在第二次世界大战中在中国战场上指挥中国国民党军队的蒋介石之孙。

蒋孝勇厌烦了喧嚣、厌倦了台北官场的尔虞我诈，为了逃避父亲死后遭人冷遇的那种可怕失落感，他才和一家人来到蒙特利尔。平时生活安逸、到处受到某些官员阿谀与捧场的蒋孝勇，在突然间从纷乱的世界走向另一个寂寞的角落时，开始时自然是难以适应。可是，他所刻意寻求的，不正是目前所得到的环境吗？

他开始整理蒋介石、蒋经国的生前手稿。其中有蒋介石的诗词、信函、手札与日记，当然也有蒋经国的各类生前手稿。从前，这些从蒋经国手里遗交给他精心保存的手稿，由于蒋孝勇当时的公务太忙，几乎没有认真翻阅的机会。以往的若干年间，蒋孝勇甚至根本不知道他的祖父蒋介石，行伍出身居然还能写诗。

　　亲率三千子弟兵，鸱鸮未靖比东征。

　　孤军革命成孤愤，挥剑长空涕泪横。

这首七绝诗是写在一张已经泛黄了的红横格纸笺上。上面印有北伐革命军总指挥部的蓝色题头，看来是年深日久了。蒋孝勇用了几天时间翻阅资料，进行考证，最后在这首诗下作了如下的注释："1925年祖父统军东征陈炯明时，在军旅馆偬间写成。此乃祖父军旅之作也。”

蒋孝勇这才真正地领略到，被某些人称为“乱世枭雄”及“法西斯强人”的蒋介石，其诗文中也难免留下他一生强人政治的某些痕迹。譬如蒋介石在他刚刚20岁去日本东渡时，所写的《赴扶桑》一诗中，就有了“腾腾杀气满全球，力不如人肯且休”的诗句。蒋孝勇知道，严格地说来，像“腾腾杀气”之类的语言，还很难称其为诗。因为这种杀气毕露的直露言词，实则并没有任何诗意，充其量也不过只是些当时的政治口号罢了！

但蒋孝勇必须认真对这些几十年前留下来的诗句，系统地加以整理。不论有无文学的价值，他作为中国近代历史上国民党一派的代表人物，作为史料保存整理，总该是有价值的。蒋孝勇正是基于这个出发点，才决计在定居加拿大之初，便开始埋下头来整理这些文稿了。因为他与其是为了不负蒋经国辞世前的嘱托，不如说是以此来排遣隐居蒙特利尔所遇到的寂寞。好在他现在总算脱离了李登辉的阴影，他实在看不惯他那副可憎的伪政治家的嘴脸。

Q 章

两昆仲浪迹天涯

33. 蒋经国殁后，二公子曾赴日履新

1990 年 1 月初，元旦刚过不久的一天上午，西装革履、面色黝黑的蒋家二公子蒋孝武，突然出现在日本古老的城市京都。

这是令外界吃惊、甚至连蒋孝武本人也颇感意外的命运安排。这位已经死去了父亲，又刚死去兄长的台北失意政客，做梦也没想到台湾地区的新当权者，居然会把他从新加坡调到日本来。当初他在蒋经国病故以后，确实是通过几位能和李登辉说上话的人从中沟通，将他希望早日能调回台湾任职的愿望委婉地转达过去。据说，李登辉当时表示得颇为爽快："没有什么太大的问题，经国先生当年因为一个微不足道的'江南事件'就将孝武外放到新加坡去，有些过于谨慎了。一旦将来有机会，我是会将孝武调回来的！"可是，蒋孝武做梦也没有想到，他回到台湾任职的请求非但没有实现，反而将他一纸调令弄到日本来了。略有变化的是，把他由驻新加坡时的"商务副代表"，变为驻日本的"东亚关系协会代表"！

这究竟是何用意呢？

"唉，真是太不可思议了！"鼻梁上戴着一副宽边墨镜的蒋孝武，面对京都城一片明媚绚丽的春光，忍不住发出一声感叹。

"唉，有什么不可思议？有的人就是希望把咱们蒋家的人，流放到天涯海角才好！"蒋孝武身后紧紧相随的，是他那位在新加坡举行婚礼的新夫人蔡惠媚女士。这位台湾富商家族的千金小姐，比在台湾的时候变得越加标致丰腴。她依然喜欢像当年被女伴们称为"蜜雪儿"那样，保持着少女时代所喜欢穿的素色衣裙。今天，蔡惠媚是作为私人旅行，陪着心情不爽的丈夫来到京都的。她在初春的天气里，穿着粉红色的上衣，头戴一顶淡黄色的宽边小草帽。那草帽上又缀有一朵洁白的小花儿。在蒋经国病殁前后，这位从前在蒋孝武的家里，为蒋孝武与前妻汪长诗所生养的一子一女蒋友松和蒋友兰，充任家庭英语教师。后来，蒋经国发现蒋孝武与前妻合好无望，只好同意他和蔡惠媚正式结婚。蔡惠媚也就以妙龄青春的年华，追随已经45岁的蒋孝武，长住新加坡。当年的家庭教师过上了安适而养尊处优的上层人生活。蔡惠媚虽然已经芳龄25岁，可她的丽容艳姿要比她的实际年龄还要年轻许多。只是这位身段窈窕、袖珍型的台湾少女，近两年因为在新加坡过着无忧无虑的生活，体态变得越加丰腴起来。几天前，蒋孝武忽然奉命从新加坡来日本，任"东亚关系协会"驻日代表，蔡惠媚也就随着来到了日本。

对此次调职毫无兴趣的蒋孝武，来到日本东京以后，便丢下公务，携带他视若掌上明珠的娇妻蔡惠媚，在日本从东到西做一次旅行。在几天的时间里，先去了大阪、广岛、名古屋、长崎、富士山，最后来到了京都。

"京都真是古老！听说这里曾经是日本当年的首都，所以名胜古迹实在太多了，远比台北美得多呀！"从小只到过美国，对东方文化并无太多阅历的蔡惠媚，当真被古老的京都迷住了。来到京都以后，她随着蒋孝武游览了京都有名的清水寺、二条城等古迹。今天，她又来到了那建筑恢宏奇伟、古色古香的旧皇宫。当蔡惠媚伫立在六百年前日本德川幕府时期将军所住的紫康殿前，让蒋孝武用相机给她拍逆光风景照的时候，蔡惠媚高兴得难以自持，情不自禁地叹道："武，紫宸殿太辉煌了！"

"阿媚，今天我总算又见到你那可爱的笑容了！自从来到日本，你的脸上老是阴云笼罩，今日难得云绽天开呀！"蒋孝武在那座魏峨高耸、白墙碧瓦的紫宸殿前，选取不同的角度，为这位俏美的娇妻拍摄下几张彩照。然后，他亲昵地挽住蔡惠媚的手臂，游览了旧皇宫内的清凉殿、夜御所、小御所、春兴殿、常御殿和御学问所等多处幕府时代的建筑群。两人在偌大幽深的皇宫内转来转去，不时地摄下两人的合影或蔡惠媚独自一人的倩照。到晌午时分，蔡惠媚又主张再转回到清凉殿来小憩，因为那清凉殿附近的景色太幽雅安谧了。蒋孝武见蔡惠媚今日如此兴致勃发，便一切都由着她。当两人转到清凉殿前时，他再次举起了相机，为她在雕梁画栋的古殿前拍下了一张影照，说："今天的照片如果冲出来，定要比你在东京、名古屋等地拍的照片好得多，因为前几天你总是阴着脸，可是今天有了笑容！"

"是啊，我心里一直高兴不起来，今日是个例外了！"本来欢欣愉悦、满面绽笑的蔡惠媚，因为蒋孝武说了这句话，立刻笑容收敛，重又愁锁双眉了。蒋孝武牵着蔡惠媚的手，来到清凉殿前那块巨大的石碑前坐定，在地上铺开了一张厚

厚的白塑料布巾，又从提包里取出粒粒橙、可乐、人头马等饮料及日本有名的"三明治"盒饭，准备临时用餐。蔡惠媚不知为什么又心绪阴郁，愁苦地叹了口气，说："唉，武，你为什么又让我不高兴呢？我本来很想忘却世间的一切，只想与你云游四方，及时行乐，也就是了。"

"阿媚，你说得很对呀！及时行乐，人生几何呀！"蔡惠媚的喟叹，使蒋孝武立刻意识到自己的失言。他急忙为她开启饮料，并企图挽回他的过错，让妻子重新高兴起来，他说："阿媚，你还在挂念友兰和友松吗！他们两人早已经习惯了在新加坡的生活，就让他们在那里读高中吧。再说，汪长诗又不时地去那里探望他们，你又何必去多想呢？"

蔡惠媚冷眼环顾着清凉殿前那片偌大的宅院。这里游客稀少，南边是一片枝叶葱绿的美竹，北侧是一丛丛青郁的汉竹。微风徐来，竹篁飒飒。她的心里确还挂牵着在新加坡读书的蒋友兰和蒋友松。尽管这两个孩子与她并无血缘，可在她与两个孩童相识的过程中，特别是从她在七海官邸里为两个孩子充当"家庭教师"、习练英文的那些时日，彼此便已经建立起了情同母子的感情。蔡惠媚如今仍没有为蒋孝武生儿育女，她似乎已经将汪长诗所生的友兰和友松，完全视若己出了。所以，在她随蒋孝武离开新加坡来日本时，真有些依依不舍呀！

"阿媚，汪长诗也会不时地给两个孩子以母爱，我们不要再想他们了。"蒋孝武说："如果你认为日本好，我们就长住日本，或者我再给祖母往台北发函，改变那个尽快请求调回台湾的打算，我只求你心里高兴才好！"

"日本虽好，终究不是久留之处呀！武，莫非你当真的情愿毕生在外国沉溺于酒色之中，来打发自己的一生吗？"蒋孝武的话勾起了蔡惠媚的又一块心病。几年前，由宋美龄发起的企图争夺国民党代主席的一番角逐失败以后，她一度对蒋家在台湾的东山再起，不再抱任何幻想。甚至心灰意冷，情愿与蒋孝武默默无闻地生活下去。可是，过了一段时间，蔡惠媚痛定思痛又不肯甘心了。她恨自己是一介女流，且又嫁到蒋家的时间太短，纵有抱负在心，终因人微言轻而不能实现。只有当她想到隐居士林官邸里那位已届耄耋高龄、依然为蒋家王朝再度振兴而拼搏的老妇人宋美龄，她那颗冷却的心才又重新热胀，产生了跃跃欲试的冲动。

"唉，我已经许久没有见到她老人家了。她才真正是个有骨气的女杰呀！"蔡惠媚呷着饮料，凝望着微风中摇曳的修竹，喟然长叹。前一年，她在新加坡阅读到台湾的《自由时报》时，捕捉到了一些有关宋美龄的近况报道："宋美龄自在荣民总医院做完那次卵巢良性肿瘤术后不久，隔两个月后又再次住进医院。

因为老夫人又患上了胆囊炎，同时又伴有肺炎复发。孔二小姐已电请那位名叫 David Habif 的美国医生，再次专程飞台，为宋美龄做手术。……"那条消息又继续这样写道："蒋夫人自那次手术以来，健康情况就是不良好，视力、听力、记忆力均严重衰退……"

读到这些消息，在新加坡的蔡惠媚曾经暗中哭过数次，她认为宋美龄会从此一蹶不振，甚至会病殁归天。那样一来，她心底所残留的一线希望将要彻底破灭。那时，蒋孝武曾几次劝她回台北去探望宋美龄，并催促她协助自己早日调返台湾。可是，蔡惠媚都以在新加坡照料蒋友兰、蒋友松为名，莫名其妙地加以拒绝了。因为蔡惠媚心里清楚，蒋孝武企图重新跻身台湾政界的希望很渺茫。自己再这样频繁地参与执政者的斗争，那后果将是不堪设想啊！所以，每当蒋孝武回到台湾时，她仅仅是向宋美龄问安或送些礼品而已，她自己是既想回台湾，又怕回台湾。蔡惠媚的心始终处在这种矛盾中，这就是她来到日本以后高兴不起来的重要原因。

"阿媚，我知道你还在为没有回台北去给阿婆祝寿，心里有些难过。"蒋孝武见蔡惠媚一双俊逸的大眸子里满含忧戚，连连劝道："其实也没有什么要紧，阿婆她不会误解你的。她老人家知道你初来日本很忙，我每次回到士林官邸时，她老人家都会向我问到你的。她一直喜欢你的聪明和伶俐。她说只可叹你是个女人，如果是个男人将会做出一番大事来的。"

"别说了，武，我心里好烦呀！"蔡惠媚冲动地站了起来，她来到那一片在春风里摇来曳去的汉竹前面，伤感地叹道："我是个无能的女人，只能眼看着咱们蒋氏家族一天天地衰败下去，也难怪世人说女人的名字是弱者。与92岁的阿婆相比，我蔡惠媚充其量也不过是个庸庸碌碌、在人生舞台上只能伺候男人的配角罢了！"

"阿媚，你怎么了？你独自站在那里说什么？你的脸上为什么挂着泪？"被妻子的反常神色惊呆了的蒋孝武，将一听开启了的饮料随手丢掉，快步地来到那片竹篁的前面。他看见神色冷峻、迎风而立的蔡惠媚，双眼炯炯地直视着前方竹林后的紫宸殿闪闪发亮的碧瓦屋檐，粉腮上挂着几滴晶莹的清泪。

"武，你不懂我的心！我是个女人，可是我却长了一颗男人的心。"蔡惠媚似在自言自语，又似在谴责着蒋孝武作为男人的无能与怯懦。她伫立在一方硕大无朋的光滑巨石上，闪动的星眸在俯视着清凉殿四周那数丈深的深壕。里面流淌着清澈透明的泉水，几片嫩绿的竹叶与粉红色的花瓣，在汩汩的清流中随波逐流，潺潺而逝。蔡惠媚忽然转过身来，望着茫然失措的蒋孝武问道："武，你今天带

我到京都的皇宫里来，可知道这座皇宫的历史？"

蒋孝武茫然。

"你是个男子，又是蒋氏之后，不应该永远做空头政治家，你应该多研究历史啊。"蔡惠媚语意深沉，言词恳切。她的精明与才学和蒋孝武的粗野及一心往上爬形成了鲜明的对照。蔡惠媚说："你既然不甘心让你们蒋家的事业就这样半途而废，又为什么不研究历史呢？我劝你不但要研究中国的历史，也要研究日本的历史。武，你读过日本出版的《东洋史》吗？"

他摇头。

她说："《东洋史》里记述的就是日本幕府时期德川家康当政时的政治斗争。当时的日本幕府将军丰臣秀吉死后，其子继位。可是因为他贪图淫乐，纸醉金迷，便将大权旁落。委托他的岳父德川家康代为理政，可后来德川家康为了篡权，就狠心地杀死了他的女婿。武，你就好比丰臣秀吉之子啊，在父亲生前没有谋得本应该属于你的权力，以致今日被逐到新加坡、日本。当年，就在我们此时游览的皇宫里，就在这个清凉殿里，曾经发生过刀光剑影的一场厮杀恶斗。如今，虽然已成历史，可是那种流血失败的惨痛教训，却又是何等的发人深思啊！"

"阿媚，你今天说得真深刻！我从日本当年的幕府政变里，得到的教训是深刻的。唉，想起父亲生前的软弱，我真恨他！当年那个所谓的'江南事件'算个什么，可是他老人家就让我永远地失去了接班的机会，令人终生悔恨啊！"蒋孝武深深地被蔡惠媚的话打动了。他痛心疾首地用拳头当胸狠狠一捣，说："我不甘心！我无论如何也要从日本回到台湾去。我们蒋家的天下，是在我阿爸的手上丢失的，我要在我的有生之年将它夺回来。阿媚，只要我能够回到台湾，还是想从以前的职业干起。阿媚，你知道我从前曾经是'广播电视公司'的总经理。你休要小看了广播电视，那可是传媒和喉舌！我不能不从那里一点一点地抓权。如今大哥已经死去一年了，有人在台湾说我们蒋家彻底的没有希望了。现在就连有希望的三弟也远避加拿大了。可是，我还在，我并不甘心失败！……"

蔡惠媚紧蹙的眉宇舒展开了，她觉得自己方才的一番激将之词，目的已经达到……

两人回到京都下榻的酒店后，发现侍女送来了几张当日的日本报纸。

"武，你来看，今天有令人振奋的好消息！"蔡惠媚很快就从一张《读卖新闻》上，发现了日本记者宫泽木发自台北的电讯。标题为：《蒋纬国不甘寂寞，已内定与林洋港联袂竞选第八任"总统"、"副总统"》

电讯称："中华民国"第八届"总统"、"副总统"大选在即，面对国民党中常委已提名李登辉、李元簇为大选的正式候选人之事实，近据可靠消息，已故蒋经国之弟蒋纬国将军，日前应国民党资深"国代"滕杰等人呼吁敦请，毅然决定和林洋港联袂，竞争正、副"总统"。据可靠消息，蒋纬国将军目前是蒋氏家族唯一有竞争力的人物，他不但长期在军界任职，人缘甚佳。而且又有蒋介石、蒋经国的人脉基础。滕杰等人为了能让蒋纬国上台，正在秘密串联那些蒋氏旧部袍泽，准备联署提名。如果蒋纬国将军当真同意参选，势将构成对李登辉、李元簇无情的挑战。……

"哦？有这样的事情？"蒋孝武没有想到他的叔父蒋纬国，居然会有这样的举动。早在蒋经国病逝后不久，台湾召开国民党"十三全"的时候，他的这位叔父就曾经有意竞选国民党主席，也是由资深"国代"滕杰先生发起了一场攻势。结果到头来蒋纬国非但没有竞选成功，甚至连"中委"的头衔也没有弄到。蒋孝武想到蒋纬国前次企图夺权未果的灰溜溜结局，心中有些猜疑，摇了摇头说："他又何必继续进行这种无效的竞选呢！"

蔡惠媚却不以为然地说："你这种悲观的态度并不值得肯定，不管叔父能否成功，我认为争一争总是应该的。因为蒋家打下来的天下，为什么偏偏让别人坐呢？"

蒋孝武将那张报纸读了又读，心情仍然茫然，将头一摇说："阿媚，你说得或许有理，可是我总认为叔父这种明目张胆地杀上阵来，恐怕也很难取胜的。我对叔父的这种竞选应取什么态度呢？"

"目前，你在日本，对这件事情当然可以装成事不关己。"蔡惠媚嫣然一笑，为丈夫出谋划策说："至于事情发展到非要你表态的时候，你也可以视情况而定。当然，我们还是希望叔父他的竞选能够取胜为好，因为他终究是咱们蒋家的人啊！"

"嗯，对对！"蒋孝武连连点头。他的心里很兴奋，蒋经国虽然早在他被放逐到新加坡之前，公开向美国的一家杂志发表过"蒋家人士继任一节，本人从未有此考虑"的承诺，可是，现在毕竟早已经时过境迁。他感到蒋纬国敢于向台湾执政者挑战，终究也是一件很解气的事情。蒋孝武决心坐山观虎斗，以便届时再出对策。

34. 变成了新贵手中的一枚棋子

"真没有想到，登辉在这种时候会请我回台北去。惠媚，他请我回去究竟为了什么事呢？"1990年3月5日上午，在日本东京的新宿。蒋孝武在他"东亚关系协会"驻东京代表处，手拿一份从台北发来的电报，兴冲冲来到楼上住室，对正坐在梳妆台前梳理乌黑披肩发的蔡惠媚说。

"李登辉……请你回台北？"刚醒来不久、沐浴已毕的蔡惠媚愕然地回转身来。她接过李登辉发来的紧急密电，匆匆掠过一眼，只见电文是：

东京。代表处。

绝密。请蒋孝武代表近日返回台北，有急事商量

……

蔡惠媚将电文看了又看，沉吟不语。

蒋孝武困惑不解地自言自语："自从李登辉接替父亲的位置以后，在台湾可谓权重一时，我几次回台北请求面见，他都以太忙而拒绝接见。这次他是怎么了？李登辉亲自给一个'东亚关系协会'的代表打电报来，不能不是绝无仅有的怪事。他找我能有什么事情好商量呢？"精明的蔡惠媚一声冷笑："这有什么奇怪？李登辉这回是有事相求了！"

"李登辉对我有事相求？你真会开玩笑，他在台湾如今是一言九鼎，手握重权，有什么事情会求到我蒋孝武的身上呢？如果说我有事求他还差不多！"蒋孝武想到他的父亲蒋经国死后，为了能够尽早从新加坡调回台北，他在近两年中，不知托了多少可能接近这位台湾新贵的人士，去说项进言。然而对方老是支支吾吾，既不说可以，也不说不可以。到头来居然又将他一纸调令调到日本的东京来，当一个什么"东亚关系协会"有名无实的所谓代表。如今，他莫非当真对自己有事相求吗？蒋孝武对此事无论如何也不敢相信。

"不，李登辉现在非要求你来替他解围不行了。因为他现在急于要摆脱滕杰先生所发起的竞选攻势呀！"蔡惠媚将那瀑布般的披肩发，用一根红绳在自己的脑后绾了一个髻。然后信手从梳妆台的抽屉里，拣出一张近日的台湾《联合报》来。在蒋孝武的面前一推，说："你怎么不会从最近的台湾政界新闻中发现新动向呢？李登辉如今已经到了四面楚歌的地步，他是不得不搬出你这个有特殊身份的人，来为他救驾的呀！"

"哦？"蒋孝武从来不喜欢读报纸，自然也就更没有研究报纸的习惯。他听妻子这样说，方才急忙凑过来，去认真地阅读《联合报》上近日的新闻，标题为：《李登辉约请陈立夫等八位大老当说客》，文中写道：

李登辉为了在不久的"总统大选"中获胜，必须要全力以赴地击败蒋纬国、林洋港两人的联袂竞选。所以，昨日李登辉在官邸约请陈立夫、谢东闵、黄少谷、袁守谦、倪文亚、李国鼎、蒋彦士、辜振甫等八位党国大老与会，就当前政局纷争与如何整合进行商谈。与会大老和李登辉经过两个多小时的交换意见后达成了可以说服蒋纬国、林洋港退出竞选的一致共识。经过讨论，与会八大老决定分头去协调蒋纬国、林洋港等非主流派人士，化解这场政局危机。

会谈中，八位大老最后决定以三大理由来劝退"蒋、林"搭档：一、联署"蒋、林"搭档的"国大代表"此举是违反党纪的行为；二、尽管蒋纬国、林洋港宣称他们是候选不竞选，但若因此造成国民党的分裂，则将成为"历史罪人"，并会遭到党纪处分；三、国民党当局既已经过最高决策会议通过推举李登辉、李元簇为第八届"总统"、"副总统"候选人，而世界各国也没有召开党的最高决策会议后再予推翻及另外推举第二组候选人的先例，因此，对提名人应予全力辅选。……

"哦，原来台北的政局一下子变得如此热闹了起来？"蒋孝武看到这里，方才恍悟到了什么。他抬起头来，困惑而茫然地望着高深莫测的妻子蔡惠媚说："既然如此，李登辉他又请我回去做什么呢？我们在东京，与在台北的竞选可以说风马牛不相及。叔叔他的事情与我毫无任何关系呀，李登辉到底用意何在呢？"

"他是想搬回你这尊神，去为他所用！"蔡惠媚冷冷一笑，说："你怎么还不明白李登辉的意图？"蒋孝武一怔："原来如此，我就觉得他无事想不起我来的嘛！李登辉没安什么好心，他这是想要利用我？"

"那是当然。"蔡惠媚望着梳妆镜里已经焕然一新的自己，两条弯弯眉毛忽然在眉心处皱成个疙瘩，说："李登辉在他春风得意的时候，你想求见他，也怕是要被他的侍卫给挡驾的。现在他做梦也不会想到，你叔父会和台湾政界很有影响的林洋港一道，来共同争夺'总统'、'副总统'的宝座。现在李登辉的形势一定非常不妙，因为你们蒋家的人，如今还有影响的，就是你的叔父蒋纬国了。从前他虽然始终没有当权，可谁都知道叔父他无论在军界还是政界，都是相当有影响的。现在滕杰这样的资深'国代'，已经为'蒋、林'联署拉到了相当可观

的选票，你想，李登辉他能不害怕吗？"

"对对！原来他是害怕了才想到了我。"蒋孝武认真听罢蔡惠媚的话，经妻子的点拨，一下子使他明白李登辉来电报请自己返回台北的真正用心。蒋孝武想起李登辉刚上台不久的那种踌躇满志，那种以天子自居的倨傲，那种急于摆脱扶他上台的蒋家遗族，那种尽管自己渴望求见却被拒之门外的冷漠，都使蒋孝武从心里感到几分快慰。他离开妻子的梳妆台，踱到一边去，从内心发出幸灾乐祸的冷笑，说："可是，李登辉他请我回去，又有什么用？我也不可能救他的驾呀！"蔡惠媚穿好外衣，又在梳妆镜前认真端详了一番，说："孝武，你也是太轻看李登辉的谋略，也太轻看你自己的作用了。其实，李登辉之所以发电报请你回去，不过是想将你当成一个最有力的石子，狠狠地抛出去。目标自然是打你的叔父！他这是居心叵测啊！"

"做梦！我不干，我绝不当他李登辉的杀手锏！"蒋孝武在恍然悟出对方的真实用心以后，从咬紧的牙缝里迸出这样一句话来，说："我怎么可以去反对我叔父呢？如果叔父和林洋港上台的话，也是我们蒋氏家族的胜利。他想让我去反对我的叔父，实在太可恶了！"

蔡惠媚良久缄默着。她独自地来到楼窗口，透过窗口去俯望着大街上那熙熙攘攘的人流与车河。她知道李登辉目前所面临的危机是从来未有过的，蒋纬国毕竟是蒋介石的儿子。李登辉目前虽然手握重权，可是蒋介石、蒋经国父子的余威尚在，蒋家从前在台湾军界政界所提携安插的人也为数不少。在这种情况下，蒋纬国会得到一些选票是非常可能的。这些直接构成对李登辉威胁的选票，绝大多数是一些不满台北当权者目前的统治，另一些则是出于对蒋氏父子在世时的报恩思想。但是，尽管如此，蔡惠媚在内心里还是顾虑重重。她在暗自询问说：蒋纬国难道真能在"大选"中获胜吗？想到这里，蔡惠媚忽然对丈夫说："武，你不能这样轻率地回绝李登辉，依我看你不但应该回台北去，而且还要全力地支持李登辉竞选成功！"

蒋孝武大吃一惊。他更加困惑、更加茫然，睁大一双眼睛望着妻子，说："你说什么？你让我去支持李登辉，而去拆叔叔的台？真是太笑话了，莫非你不希望咱们蒋家的人重新上台吗！"蔡惠媚说："武，我连做梦都希望你们蒋家的人，能够将权力再夺回来。可是如果认真地想一想，叔父此次和林洋港的联袂竞选，成功的希望实在也是太渺茫！"蒋孝武坐在一张沙发上，点燃了一支雪茄，他将手中的报纸再次摊开，瞟了一眼说："我看，'蒋林'联署的呼声不是很高的吗？"

蔡惠媚却不以为然："呼声能算什么呢？关键是目前台湾的选票还控制在李登辉的手中，你没有见到他现在搬出国民党的八个元老来吗？有这八个人出面，你叔父和林洋港还能顶得住吗？"蒋孝武将头固执地一摇，说："我不相信李登辉有那么大的威力，只要叔父和林洋港咬牙挺住，背水一搏，说不定也有可能取胜的。"蔡惠媚说："也好，不信你可以往后看，我认为叔父和林洋港是顶不住的！"

果然不出蔡惠媚所料，当第二天台湾的报纸送来时，蒋孝武惊讶地从《中央日报》上，见到与蒋纬国共同发起向李登辉进攻的"司法部长"林洋港发表的一封信。那是林洋港"致拥蒋派国大代表滕杰的公开信"。蒋孝武从林洋港公开发表的这封信中，已经看出此人是在临战前先畏怯地打了退堂鼓。信的全文如下：

俊夫先生代表勋鉴：

本月4日先生邀约国民大会代表同仁，在三军军官俱乐部举行餐会，洋港承邀与会，至感荣宠。会中先生暨发言诸代表，对洋港奖勉有加，并将联系代表同仁，联署洋港为"总统"候选人，高谊至情，尤深纫感。洋港原无竞选"总统"之意愿，弟以先生暨诸代表先进之厚爱，本应竭其驽骀，以副雅望。惟近日承陈资政立夫先生，黄资政少谷先生、谢资政东闵先生，暨蒋资政彦士先生等诸先进之往返沟通，对今后党政政策方向，原则上已具共识，日昨更承谢资政东闵先生，暨蔡国策顾问鸿文先生多次恳谈，洋港除仍本不竞选之主张外，敬此函请先生暨原拟联署之请代表先进，打消原议，切勿进行联署。

先生对洋港之关爱，自当永铭五内。今后仍祈时赐南针，俾有遵循，至此感企！

……

"怎么样？武，林洋港这个滑头见势不妙，先退下阵来了！如此一来，两个竞选者先败退一人，你的叔父他怎么可能取胜呢？"蔡惠媚俨然是一位料事如神的占卜家，她望着已经被这条来自台北的新闻惊呆了的丈夫，忍不住地笑了起来。

"真……没想到！"蒋孝武颓然地跌坐在沙发里。自从他在报纸上见到蒋纬国与林洋港两人，准备公开参加竞选"总统"、"副总统"以来，一度在政治上心灰意冷的蒋孝武，顿时变得跃跃欲试起来。因为叔父蒋纬国如果上台有望，那么对他来说自然是一件求之不得的好事。即便他将来不能达到问鼎台湾军政的目的，至少也可以结束这种长久在外奔波的困境。如今他见到林洋港公开发表的这封信，顿时大失所望。蒋孝武已经可以预见到他的叔父蒋纬国，此次张罗了许久的一场夺权竞争，不久就会惨败收场了。想到这里，蒋孝武悲苦地长叹了一声，说："李登辉的手段实在太厉害了，他是利用国民党的八位元老，将蒋、林两人的联署竞选给活活拆散了！唉，完了！……"

"武，你别伤心。其实也没有什么，人生也就是一场戏嘛！胜胜负负，都是常有的事情。李登辉他能够在关键的时候化险为夷，不是因为别的，那是因为他的手里控制着权力！"蔡惠媚见蒋孝武坐在那里愁眉不展，唉声叹气，便走过来开导他说："现在，你应该不要失去这一可供表演的良机，尽快飞回台北去才是呀！"

"回台北？"蒋孝武无精打采地将头一摇，说："没意思！叔父他们既然上台无望，我回去又能怎么样呢？"

"你帮助叔父上台当然已经没什么希望了，"蔡惠媚怂恿丈夫说："可你为什么不能去帮助一下李登辉呢？"

"什么？你说让我去帮助别人来拆叔父的台？"蒋孝武顿时惊呆了。他一时摸不透妻子的葫芦里到底卖什么药。蔡惠媚点了点头说："只好如此了。叔父既然没有半点取胜的希望，你就是支持他也是无济于事的。既然台北的这招棋已成定局，你为什么还不去支持李登辉？武，如果你再按兵不动，将来可就晚了，再没有机会来划清与叔父的界限了！"蒋孝武忽然感到一种压力。妻子的话提醒了他，蒋纬国如此公开地竞选竞争，固然已经站到了李登辉等当权者的对立面，他与蒋纬国是众所周知的叔侄关系，将来自己即便与此事真的无涉也要背上黑锅。想到自己的今后，蒋孝武的脊背不禁泛起了股股寒意。但是，如果让蒋孝武公开地站在台北当权者的立场上去反对叔父，对他来说也绝非一件易事。他喃喃地说："我怎么可以那样做呢？"

"不公开地表明你反对叔父的竞选，又有什么其他的办法来使你脱逃干系？"蔡惠媚为此事也是愁肠百结，左右为难。她长长地叹了一口气，说："武，李登辉从台湾给你发电报的用意，就是希望你在这种关键的时候，能站到他的立场上，拆散'蒋林联盟'。现在'蒋林联盟'已经被李登辉拆散了。你如果回去，李登辉是想通过你的口，使叔父仅有的一点参选热情彻底地消灭，也会使他变得孤立起来。因为你毕竟是蒋家的正统后人，你的话可以让叔父没有半点进攻的勇气。所以，现在有一个非常重要的角色，亟需你去扮演！"

"天哪！让我去扮演这样一个难演的角色，真是太力不从心了！"蒋孝武连连地摇头叹息。他的良心使他无法站在叔父蒋纬国的对立立场上去，公开地指责他或批评他。蒋孝武将头连连地摇了又摇，无法接受这一冷酷现实。

"当然，如果让你公开地表明支持李登辉，也不是没有条件的。"蔡惠媚见丈夫唉声叹气，便说道："武，你懂我的意思吗？"蒋孝武恍然大悟地点点头："我懂了。你是说李登辉必须首先答应将我从日本调回去，才能公开地站在他一边，是吗？"

蔡惠媚嫣然一笑。她为丈夫听懂了她支持他回台湾的真正用心，发出了会心的笑："如果让你公开指责自己的叔父，仅仅答应将你尽快调回去还不够。你还要李登辉同意让你回到从前那个职务上去才行！"蒋孝武一怔："你是说还请求回台湾去负责情治机关？"

"那当然已不可能了。"蔡惠媚叹道："不过，依现在的情势，你回台湾负责电视广播还是办得到的。武，你不要再迟疑了！必须尽快地当机立断。不然的话，叔父他如果也像林洋港那样宣布退出竞选，你的这个角色也就演不成了！"蒋孝武双手抱头地想了许久，终于抬起来，望着焦盼他作出决定的妻子点了一下头，说："好吧，我马上就回去！……"

3月8日的深夜。蒋孝武偕妻子蔡惠媚急匆匆由东京搭乘一架"华航"班机，飞返台北的桃园机场。就在蒋孝武伉俪飞抵台北的同一时刻，他叔父蒋纬国正腹背受敌。他在"八大老"的轮番进攻与林洋港先自宣布退出"竞选"的双重打击之下，仍然决心为自己最初的"竞选"诺言而奋斗到底。

夜色昏黑，可是蒋纬国在台北士林至善路的别墅门前，还集聚着一大群台北的新闻记者。他们是在准备采访外出未归的蒋纬国将军，以便将有关"蒋林"联署竞选的最新消息公布于众。当夜11时，一辆黑色的美国小轿车终于从路口疾驶来了。不久，那辆小轿车便在别墅大门前缓缓地刹住。等候多时的男女记者们便一拥而上，几只话筒举了过来。当车开启，蒋纬国那魁梧消瘦的身影出现在众目睽睽之下时，几个摄像机的镜头立刻频频闪亮。

记者上前问："蒋先生，林洋港已经发出了公开信，你的态度是否会改变？"

蒋纬国将大手一挥，声音宏亮地回答说："我的立场是一贯的，我从不改变！"

记者："你'候选而不竞选'的态度目前有没有改变？"

蒋纬国："从来没有改变！我要是改来改去的话，我还像蒋纬国吗？

对不对？（笑）"

　　记者："会不会宣布退选？"

　　蒋纬国："我没有竞选，我去退选干什么？"

　　记者："会不会发表不候选的声明？"

　　蒋纬国："那除非我发表我不是中国人！"

　　记者："你会不会候选到底？"

　　蒋纬国："我是中国人，就要候选到底的！"

　　他说完便径直向别墅的大门走去，可是记者们却不肯依从，纷纷从后面拥上来，将蒋纬国继续团团围住。

　　有人问："是不是永远候选到底？"

　　蒋纬国："我讲过的话不再重复了。"

　　记者："蒋先生可否再重申你目前的立场和原则？"

　　蒋纬国："我做一个堂堂正正的中国人，遵守'宪法'。我做一个堂堂正正的党员，遵守党纪！……"

　　他说完这句话后，又把手一挥，便不再回答询问，大步地走进别墅的门。一些还想刨根究底的台湾记者们再次想拥进去，却被门卫拦住了。

35. 为调回台湾，蒋孝武不惜"大义灭亲"

　　3月9日的中午，从日本回来的蒋孝武兴冲冲地从台北市介寿路的一幢日据时代的灰色大楼里走了出来。方才，他按照事前的预定，准时地走进这座戒备森严的"总统府"，与李登辉进行了长达一小时的会晤。现在，他在大楼门前的停车场上钻进了汽车。

　　"阿媚，你的估计实在是太对了。李登辉的心思果然被你看穿了。"蒋孝武急匆匆地离开介寿路后，就回到了台北圆山大饭店的临时客房里。这次回来由于来去匆忙，蒋孝武和蔡惠媚只是礼节性地去士林官邸和七海官邸，分别探望了一下宋美龄、蒋方良，然后就住进预先在圆山大饭店里订好的套间里，夫妇俩忙于商议去介寿路的"总统府"里面见李登辉的细节。现在，当蔡惠媚见丈夫一副如愿以偿的兴奋神情，满面春风地走进来，她已经猜到了蒋孝武与李登辉之间的晤谈是顺利和成功的。于是，蔡惠媚便问道："武，莫非你要求回台北的事情，李登辉有态度了？"

"那是自然的。"蒋孝武兴冲冲地脱去了外衣，他不待妻子说完，便连连地点着头说："现在他是要借用我这张嘴来成全他的好事，自然对我所提出来的请求，满口答应！"

"是吗？那就好，那就好呀！"蔡惠媚急忙从大床上起来。不久前她刚刚在隔壁的浴间里沐浴出来，这时姿容俏丽的蔡惠媚穿着浴袍，上前来为喘吁吁而归的蒋孝武递上一杯咖啡。她刨根究底地问道："李登辉谈到将来如何来安排你的工作吗？他可同意你重新回到原来的位置上去？"

"你莫急，你莫急嘛！"蒋孝武坐在椅子上喝了一口热咖啡，他的脑际还闪现着李登辉那双隐蔽在眼镜片后的机敏眼神。在"总统府"内与李登辉近一个小时的会晤，从一开始就使蒋孝武感到格外融洽。这与他在去日本东京赴任之前，几次求见而未得允许的冷淡恰好形成了十分鲜明的对比。也许正如蔡惠媚来前在东京所估计判断的那样，李登辉如今面临着来自朝野的一批反对派的挑战。特别是由于有可以代表蒋氏家族的蒋纬国，在此次竞选中成为他的公开对手，李登辉处于一种难以言喻的惶恐之中。他目前恰好需要蒋孝武，因为由他出面来公开谴责他的叔父蒋纬国，这种来自蒋氏家族内部的内讧，最能够有效地击溃"蒋林联署"。所以，李登辉对远从日本专程飞回来的蒋孝武，不但亲自迎迓到办公室的门边，而且接待甚殷。两个人的交谈非常投机。李登辉无非是向他哭诉在竞选中受到蒋纬国威胁的苦衷；蒋孝武则对他的叔父进行谴责。

当然，李登辉在这种场合里，对蒋孝武长期飘泊在国外一事，必然是颇感同情的。蒋孝武想起刚才在介寿路上与李登辉的交谈，心满意足地对急盼得到佳音的妻子说："当然，李登辉他绝不可能说得太具体。我以为再让我去任从前的'中央委员会秘书处执行秘书'和'中国广播电视公司'的总经理，似乎也不太可能。但是李登辉已经亲口对我说：孝武，只要你能帮助我渡过这道难关，那么你将来调回台北是没有问题的。你的前途包在我身上！阿媚，有李登辉的这个许诺，莫非还不够吗？"

"李登辉如果这样说，我就放心了。"蔡惠媚娇媚地一笑，依偎在丈夫的身边坐下来。半晌又问："可是条件呢？李登辉莫非没有向你提出什么条件吗？"

"对了，你不问我还险些忘记了。"正沉浸在快乐中的蒋孝武，忽然想起了什么。急忙从衣袋里摸出一张纸来，塞进蔡惠媚的手里说："阿媚，你替我看一看，这份文件李登辉要我也一并在将要举行的记者招待会上，公开地抛出去的！我还没顾得上看呢！……"

"什么？让你举行记者会？"蔡惠媚倏然一惊，虽然她在来前已经预见到李登辉如果答应给丈夫解决工作问题，也势必要提出条件的。可是她却完全没有料想到会让丈夫以记者招待会这样公开的方式，来给自己的叔父以打击。蒋孝武显然早已接受了这一在蔡惠媚看来有些残忍的条件。他只是催促妻子说："开记者会就开记者会，反正没有办法回绝了。阿媚，先不说那个，你给我去看看那份已经打印好了的信件吧。也不知道上面尽写了些什么。"

蔡惠媚这才认起真来。

原来这是两件以蒋孝武的个人名义发表的信件。铅字印刷的信函，表明早在她与丈夫从东京飞来台北之前，就已经由人整理好了。

第一件是蒋孝武致国民党中常委的短函，全文是：

本党各位领导同志：

孝武长年奉派驻外，虽常有思亲念乡之苦，总能以工作回报获致慰藉。惟近来眼见国内纷争不已，尤以本党领导同志之间互相猜忌，互不相让。40年在复兴基地辛勤建立之事业，恐将毁于一旦，终日忧心如焚，寝食难安，谨述所感，奉达于诸先进。

忠诚党员　蒋孝武

1990 年 3 月 7 日

第二件是《蒋孝武致中国国民党诸领导的一封信》。该信这样写道：

一年来，一股世界性的"非共化"洪流，波澜壮阔，所向披靡，改变了全球局势。使每一位向往自由、民主统一的中国人感到欢欣鼓舞。……也在此时，创建民国已80年，治理台湾达40年的中国国民党，其领导阶层，也呈现了严重的纷争。对时代潮流所带来的机运不知运用，罔顾目标和理想，不但使党员同志痛心，更让对国民党期望仍殷的海内外同胞扼腕。时代潮流与世界局势的演变是有利于自由民主的，是有利于国家统一的。……一年半以前，十三全大会召开之际，眼见与会人员不顾任何原则，汲汲营取中央委员的名位，那种争名好名的情景，有识之士无不叹息。时至今日，不但名位之争愈演愈烈，而其层面愈来愈广，层次也愈来愈高。假民主程序之名，图夺权之谋，借法规漏洞从事政治投机。明明想当选却扬言不竞选，透过所谓合局形式，从事权位分赃。这样的党内民主，难怪造成党不营，政不正，有选票，却无民意的现象。

在这样的争乱中，如何能够建立共识，如何能内部团结？如何能使台湾安定？……

　　我将终生是三民主义的信徒。个人已再无所求，面对眼前情势，今天以一个中国人的身份，衷心呼吁中国国民党领导同志们，捐弃一己之私，尽速推动党的第二次改造，为创建统一的新中国共同奋斗！……

"啊呀，孝武。"蔡惠媚认真地将两封信的打印件看了又看。当她将这两件将在几小时后公开发表的公开信读懂了之后，心里忽然变得沉甸甸的。这时，这位历来精明的女人，才真正感到了一种紧张。蔡惠媚忍不住说道："李登辉加给我们的条件，原来是很苛刻的呀！如果从前我们想到的仅仅是为了改变目前的环境，不得不顺应一下潮流。那么这样一来，不仅将咱们蒋家内部的矛盾公开了，还要伤一批人的呀！"

"那怎么办？"蒋孝武这时也将那两封信一一看过，他感到一切事情都已经无法更改了。便长长地叹了一口气说："如果咱们当初躲在日本的东京，压根就不回来，也许一切都好办。可是现在我与李登辉已经谈妥了，并且又答应在离开台北之前，一定要为叔父和林洋港竞选的事情，公开表一下态度。莫非我还能够出尔反尔？"

蔡惠媚愣住了。这个处事精明，在许多重大的事情面前颇有主见的女人，此时也一筹莫展了。蒋孝武见妻子黯然无语，索性将桌子一拍，狠了狠心说："我看，这样的信发表也没有什么坏处。阿媚，许久以来我就是过于太沉默了。自从'江南事件'发生以后，许多人的眼睛里，好像根本就没有我蒋孝武这个人了！现在，机会既然已经来了，有人希望我来出这个风头，我为什么偏偏要畏首畏尾呢？……"

沉默许久的蔡惠媚似乎从丈夫的这句话里得到了某种启发。她那蹙紧的双眉忽然舒展开来，深以为然地点了点头说："也好！……"

蒋孝武急忙抬起腕来，看了一下手表，说："阿媚，召开记者会的时间快要到了，我必须马上赶到会场才行！"

两日以后，台湾的《新新闻》杂志上，刊登了记者采写的蒋孝武记者招待会的新闻特写，题目是：《蒋孝武面见李登辉后召开记者会——指责蒋纬国参选不留情面》，该文写道：

　　蒋纬国候选的结果尚未揭晓，已使他在蒋家益现孤立。先是庶系的章孝严公开投了"反对票"，不支持他竞选。这回嫡系的驻日代表蒋孝武，则专程赶回台湾首度公开发表谈话。以"大义灭亲"的姿态，不留

情地指责蒋纬国的竞选不当。

蒋孝武在3月8日深夜抵达台北，3月9日中午即面见李登辉，预定了3月10日中午离台。在见过李3小时之后，蒋孝武立即召开记者会，公开而正式发表书面谈话。其目标正是针对他的叔父蒋纬国竞选之事。

蒋孝武在谈话中对蒋纬国的指责之激烈，显示了蒋氏家族内部对蒋纬国存在一定的疏远感。

3时整，蒋孝武到达会场。表情凝重而略带伤感模样，他在一一与记者握手致意后，开始了他的谈话。

蒋孝武以沉重而平稳的口气解释了他发表谈话的动机。他说："个人心情已经到了必须坦诚讲出来的时候了。这是我参加国民党第一次公开发表谈话。"

蒋孝武除了发表他致国民党诸领导同志的信之外，并以极重的遣词用字批评了他的叔叔蒋纬国。蒋孝武表示他不会参加劝退蒋纬国的工作，因为"我不会去浪费我无谓的时间，对某些人我可以付出一年、二年、三年；但是对某些人，我一秒钟也不会付出去。""我接触许多党政要员，机会较多。所以早知道他的心意，但我很庆幸我没有花时间去劝说他。"

蒋孝武在这个敏感时刻作了他生平第一次类似性质的公开谈话，他仿佛有孤注一掷的心情。

从蒋孝武的行程来看，他仿佛就是临时"奉召"兼程赶回来。他这样一来势必造成蒋纬国的极大尴尬。

蒋氏家族前两代在台湾政局扮演了最重要的角色。在目前历史性的关键一刻，蒋家又再度扮演了如此戏剧性的一个角色。

……

36. 在蒙特利尔的风雪中

"爸，又下雪了！"已经长高了的蒋友柏透过疾驶的小轿车窗口，朝蒙特利尔的大街上望去。只见灰蒙蒙的天穹上聚拢着大团大团的黑云，棉絮般的雪花在天际间飘来荡去，瑟瑟的寒风在雪空间呼啸。

"是啊，下雪好啊！"驾驶着小轿车的蒋孝勇，侧过脸去，望了望大街上渐渐稀少的行人。这座颇有欧洲情调的加拿大东部城市，古老而又狭窄的街道两旁不时地闪过一座座 19 世纪哥特式及巴洛克式的建筑。远方天主教堂灰黑色的塔楼在灰蒙蒙的雪幕后依稀可见。在这个城市已经生活了两年的蒋孝勇，望着天空中飘舞的雪花与楼宇上积满的皑皑白雪，对坐在身旁刚刚放学的儿子苦笑说："在寒冷的气候里生活有很多好处的！"

如今已是 1991 年 3 月底。在台湾此时早已是鲜花盛开，春意盎然，可是在加拿大的蒙特利尔却是大雪飞舞。

"阿爸，听说在寒冷的地方生活，人是可以长寿的。"蒋友常将一只护耳皮帽的护耳拉下来，望着车外那凛冽寒风中的大雪，他条件反射般地双手抱肩。似乎身上顿时袭来了一股寒气。蒋孝勇点了点头，说："严寒的气候不仅可以使人少生病，更主要的是还可以锻炼人的生存能力！友常，这也是当初我主张向加拿大移民的主要原因之一，因为在台湾那样四季无冬的气候里生活，就会使你们的体质渐渐失去了抵抗力的！"

蒋友常和蒋友柏都相视无语。他们兄弟俩似乎在默默地思考着父亲的话意。对于生活在台北蒋氏荫庇下的两个孩子来说，从那种特殊环境中来到蒙特利尔来做一个默默无闻的普通学生，这种变化的本身也许比由温暖的环境来到以冬季为主的蒙特利尔，更加难以接受。但是两个从小在甜水里泡大的孩子，经过两年的坎坷生活，显然已经适应了寒冷，适应了默默无闻的普通平民生活。

"孝勇，你们一家在加拿大生活得习惯吗？那个地方十分寒冷，蒙特利尔我没有去过，在第二次世界大战的时候，我去美国呼吁军援，本来有一次去加拿大访问的机会，可惜因为时间太紧，被我推辞了！"前次蒋孝勇回到台湾的时候，到士林官邸里去探望他的老祖母宋美龄。当时，老夫人就是以担忧的口气向他发出询问的。蒋孝勇恭顺地点了点头，说："那里确实很寒冷，一年中有一半的时间是在冬季里。下雪天是常有的事情，平时在街上开车要小心，因为到了三、四月份，地上还是结满了冰的。很滑，如果徒步走的话，一不小心就会跌倒的。阿婆，可是我们已经习惯了，在冷的天气里生活可以培养御寒的能力呀！"

宋美龄听了很欣慰，笑了笑说："你们能够远离是非，到那种与世隔绝的特殊环境中生活，是有好处的。孝勇，听说你们去年离开台湾的时候，有人还认为你到外国去居住，是一种逃避现实的做法？"蒋孝勇点头称是："确实有许多人对我的移民做法不理解。有一位朋友甚至对我说：'你去加拿大是一种极不负责任的行为。'当时那些人甚至当面对我发出指责，说在大家都想为台湾尽自己力量的时候，你却逃脱了。一个人跑到加拿大去干什么？唉唉，阿婆，这些人又怎么会知道我的处境呢？"

宋美龄冷冷一笑说："也不能责怪。那是因为他们没有你看得更清楚。将来他们也许会知道你为什么要舍弃台湾的优越生活，情愿去一个陌生又寒冷的国家生活！"蒋孝勇说："阿婆说得是。有些人其实并不了解真情。当年我要去加拿大定居时，一位党国的大佬还百般阻挠。可是这次我回来，这位长辈却对我这样说：'孝勇啊，你当初走的时候，我是百分之百地反对。现在我要告诉你，我是百分之百地赞成'！"

宋美龄默默地听着，问道："他如今为什么又改变了态度呢？"蒋孝勇笑了笑，说："阿婆，我也是这样反问那位前辈的，他对我叹息了一声说：'这就是因为台湾变了呀'！"……

小轿车在大雪纷飞中驶出那条每天经过的狭窄长街，不久，蒋孝勇便把轿车拐向城郊一条积雪小路。前方的积满皑皑白雪的半山坡上，那就是他们一家人在蒙特利尔的寓所。

"喔，今天的晚餐为什么这样丰盛呀？"蒋孝勇抖掉了身上的雪尘，和两个孩子推门走进来时，便闻到一股浓郁的香味。待他来到已经开亮了枝型吊灯的餐厅里，探头一看，只见圆圆的餐桌上已经摆满了他所喜欢吃的几碟中国菜肴。

"是呀，阿妈为什么烧这么多菜呢？"蒋友常也凑上来，面对着满桌美味佳肴困惑地问道。蒋友柏见是寻常不多见的火烧鲍鱼、水晶鸡块、糖醋虾仁、人参熊掌，均是母亲的拿手好菜。他也惊诧地呆怔住了。

"来，请入席就是了！"大家正在灯下感到吃惊时，只见笑盈盈的女主人方智怡从厨房里进来，她的怀里抱着个刚刚一周岁的小男孩。那是蒋孝勇和方智怡来到蒙特利尔以后，新添的一个小儿子，名叫友青。

"哦哦，我想起来了！"蒋孝勇坐在桌前，当他看见方智怡向自己投来会心的笑时，方才恍然大悟地一拍膝头，叫道："智怡，如果我没有记错的话，今天当是友青的周岁生日吧？"去年的这一天，蒋孝勇刚好因事返回台北。当时他没有料想到怀孕多时，尚未到分娩时日的妻子，居然会在这种时候，独自一个人在家里分娩！当蒋孝勇从台湾飞回来，乳婴已降生多时。他后来便为这个在异国的冰天雪地里降生的第三个儿子取名为：蒋友青！

原来今天是蒋友青的生日！

"就是的，就是的。"方智怡抱着小友青坐在丈夫的身边。她一边说着，一边吩咐友常去取酒来，说："谁也没想到友青会在异国的冰天雪地里诞生，更不会想到咱们为友青办生日酒席，会在蒙特利尔的郊外！孝勇，你说是吗？"蒋孝勇将友青从妻子的怀里接过来，在幽幽的灯影里，刚刚一周岁的友青，眨动着一双亮晶晶的小眼睛，惊愕地面对着一桌丰盛的酒席与全家人的欢欣笑脸。不知为什么，友青忽然害怕地"哇"一声哭叫出来。蒋孝勇急忙去哄，可是受了惊的小友青却哭得愈加凶了。

"孝勇，还是把孩子给我吧！"方智怡从友常的手里接过一瓶马爹利陈酿，随手送到蒋孝勇的桌前。她急忙将友青接过来说："还是由你来斟酒吧，今晚大家要高兴高兴，让友常和友柏也破例地喝杯酒吧？"蒋孝勇见方智怡忙着去哄哭得很凶的友青，他便亲自开启那瓶马爹利名酒，依次地为方智怡、友柏和友常两弟兄，各自斟满了一杯琥珀色的醇酒。然后，蒋孝勇率先举起了酒杯，动情地说："眨眼之间，咱们全家在加拿大已经生活了整整两年！蒙特利尔的严寒与风雪，并没有奈何我们。倒是又有了新的收获，那就是咱们当初来这里的时候，是四口人！如今两年过去了，咱们已是五口之家，让我们为小弟弟友青的到来，干杯！"

四只酒杯高高举起，在空中砰然地碰了一下。然后，蒋孝勇和方智怡对饮，友柏和友常也略饮少许。在这温馨的雪夜里，一家人都沉浸在幸福之中。

"我觉得这里很好！"蒋孝勇几杯酒下肚，他那张清癯消瘦的面颊上渐渐泛起了淡淡红晕。他那兴奋的目光从身边的友柏、友常两人脸上掠过，投向方智怡怀里那早已止住了哭泣，此时已酣然入睡的友青，蒋孝勇的内心里充满着从未有过的愉快。他像对妻儿，也像对自己喃喃自语地说："在是非圈里待得厌烦了的人，才渴望寻找一个真正的世外桃源。我认为加拿大的蒙特利尔就是最为理想的世外桃源，所以，我们当初决定到这里的主意没有错。现在，我所正在努力解决的是，要搞一个长久性的加拿大护照，你们同意吗？"

方智怡见丈夫的目光向她投来，很快就得到了她认同的回答："孝勇，你是说让我们全家，都加入加拿大的国籍吗？"蒋孝勇点头："一点也不差。如果我们全家都觉得蒙特利尔很好，我就去找律师，出一笔钱，请他尽早去向移民局和有关部门去申请解决国籍的问题。这样一来，我将来就在这里寿终正寝了！"

"如果你认为这里好，我没有任何意见。因为我一向是以你的意志为转移的！"方智怡将杯中酒抿了一口，她在许多重大的问题上从不会提出异议。这种良好的默契早从新婚时就开始，并一直保持到今天的。蒋孝勇又将征询的眼神投向大儿子蒋友柏，说："你的意见呢？"

"我？……"友柏微微地怔了一下，他将浓眉一蹙，叹了口气说："蒙特利尔的寒冷倒不可怕。我感到很不习惯的是，在学校里必须要学会法语。可是我的法语非常糟糕！"

"这并没有什么！"蒋孝勇说："当初你刚来加拿大的时候，英语不是也很糟吗？后来你不是坚持将英语的难关攻下来了？法语也是如此，只要你肯下苦工夫去学习，将来也是可以学会的！"蒋友柏说："既然如此，我同意办加拿大的永久性护照！"

蒋孝勇与蒋方智怡合影于自宅

从商的蒋孝勇

蒋孝勇这才把目光投向埋头吃饭的二儿子蒋友常，问道："友常，你的意见如何？"

"我好说，我随大家的！"蒋友常不假思索地应诺说。

"那么，我们就全家一致通过了！"蒋孝勇为大家在透明的高脚杯里斟满了醇酒，他欣然地将酒杯举起来说："干！"

翌年春天到了！

1990年3月23日，蒋孝勇只身飞返台北。他此次回去的原因有三。一是为他年迈的老祖母、此时仍然住在台北士林官邸旧宅中的宋美龄过生日；二是前往探望独自居住在七海官邸里的生身母亲蒋方良；三是蒋孝勇虽然来到加拿大的蒙特利尔定居已经超过了一年，可是他还担任着台湾"中兴电工公司"的董事长。

一年来，蒋孝勇住在蒙特利尔，对台北"中兴"的诸多事务性工作，完全委托由总经理代管。只有非常重要的事情需要由蒋孝勇决断的时候，双方才通过越洋电话取得联系。蒋孝勇完全是情愿大权旁落，他既然连台北当局的官员也不愿去做，难道还在意"中兴公司"的那点小小的指挥权吗？

"智怡，只好请你暂且留在这里了，你在这里我放心，请记住，我回台北很快就回来的。

最多十几天，少则七八天。我回来后你也快要生产了。"在临分手的前夜，蒋孝勇这样关切的叮嘱有孕在身的妻子方智怡。

"你放心回去吧，已经来这里一年了，我已经过惯了寒冷和寂寞的生活。"身怀六甲的方智怡永远是温柔而又善解人意。这位台北有名的大家闺秀，自从嫁进蒋氏家族以后，还是第一次远离她的父母，与丈夫儿子们过一种世外桃源般的生活。尽管她已经很快就要分娩了，又要照顾两个儿子友柏和友常在附近的一所中学上学，家庭内外，饮食起居，全要仰仗她这样一位待产的孕妇。可是，方智怡却毫无半点怨言，她只是劝说丈夫放心地回台北去，办他想办的事情。

"智怡，友柏和友常每天上学，你千万不能冒险用汽车去接送他们。因为你的身子很重，索性就让他们自己走着去吧！小孩子也应该锻炼一下才好！"蒋孝勇这样说，是因为他知道妻子是如何的关爱两个已经渐渐长高了的儿子。蒋孝勇在家里的时候，每天清早他会亲自驾驶着他们来蒙特利尔定居后所购买的一辆德国产560SEL白色跑车，去护送两个刚刚通晓法语的儿子上学。到了日暮傍晚，蒋孝勇仍然会准时地将那辆德国双门跑车开到距他家十几英里的学校，将友柏和友常接回来。当然，也有极少的时候改由方智怡去接送。不过，自从方智怡的分娩期逐渐临近时，蒋孝勇是绝对禁止方智怡驾车上街的。然而，此次蒋孝勇将要返回台湾去，他担心妻子会不顾自身的风险，去亲自驾车去接送两个孩子上下学的。因为蒋孝勇知道方智怡是多么的爱她的两个儿子。

"你放心好了，我不会开着车去上街的！"在昏暗的灯影里，方智怡凝望着丈夫那双深情依依的大眼睛，她悄声地应诺点头。

第二天上午，即将前往机场搭机的蒋孝勇，又特别关照叮嘱友柏和友常说："你们在爸爸去台北的这几天里，要特别严格要求自己。因为你们的妈妈身体不好，我已经关照她不许驾车去上街。因为如果万一不慎，车子发生什么问题，你们的妈妈她处理不了。所以，这几天，你们要徒步走着到学校去，可以吗？"

"可以，可以！"友柏和友常非常通情达理。蒋孝勇说："只是你们兄弟俩也要特别小心才是，因为这个地方到目前还是冰天雪地，路面上有许多的冰雪。你们走路的时候要格外小心滑倒，懂吗！"

"我懂我懂，请爸爸只管去台北好了！"友柏和友常在父亲深情目光的注视下，连连点着头说。但是，蒋孝勇离开蒙特利尔的家以后，方智怡并没有按照丈夫的叮嘱去办。她根本不顾友柏和友常的劝阻，每天一定要坚持亲自开着那辆德国跑车去接送两个儿子。方智怡是因为担心两个刚来异国一年的孩子，不认识

归家的路，还担心他们在雪中冰上不慎跌倒。在方智怡独自住进那座坐落在蒙特利尔近郊的新居里时，她会时常手托香腮，心念已经飞往台北的丈夫。在那恬静寂寞的环境中，往日的情景便会像一个个电视镜头那样，活灵活现地出现在她的脑际。

"孝勇，我要到美国去求学，这样，我就要将我的女朋友托付给你了！希望她在遇到什么困难的时候，你能够给予帮助！"方智怡依稀记得那是1967年夏末秋初，地点是在台北的"来来大酒店"雅间。说上述这番话的，是她在初中时的一位男友。在他即将赴美就读之前，蒋孝勇为他在"来来酒店"举办一次小型的饯行酒会。当方智怡跟随着那位即将分手的男友，兴冲冲走进"来来"的雅间里时，她第一次见到了身材颀长、消瘦精干的蒋孝勇。他当时给方智怡的印象是，英俊而老实，言谈不多。那时已经在高雄的凤山军校读一年级的蒋氏三公子，并没有穿他所喜欢穿的黄色军装，而是穿了一件很时髦的白色短汗衫。蒋孝勇当时让方智怡感到略略有点反感的是，他那一头棕黄色的头发。

"好，我会尽力的。"蒋孝勇一下子被方智怡端庄娴雅、妩媚可爱的丽容深深吸引。他很客气也很礼貌地伸出一只手来，与略显拘谨的方智怡紧紧相握，自我介绍说："我是蒋孝勇，从此以后我们也是朋友。只要你有什么困难，就给我往凤山军校打电话好了。我会尽力而为的！"

"我叫方智怡，我目前在北二女中读高中！"方智怡嫣然一笑，很得体地自报家门以后，就拘谨地收回了那只被蒋孝勇紧紧抓住的小手。

那次"来来酒店"的暂短集会，温文尔雅，没有一般官宦子弟那种浮华嚣张之气的蒋孝勇，在少女方智怡的内心中留下了一个十分良好的印象。此前，方智怡从男友的口中曾不止一次地听到有关蒋家三公子的介绍。但是那时她根本没有在意，出身于普通台湾技术干部家庭里的姑娘，在自己的潜意识里深知像蒋氏三公子这样的人，与她是毫不搭界的两种人。同时，由于少女对官宦豪门弟子本能的反感与戒备，在她的印象中，蒋孝勇理应是一个盛气凌人、倨傲跋扈的纨绔子弟。但是，在"来来"的两小时相聚，却改变了方智怡从前固有的不良印象。蒋孝勇没有什么不能让人接受的恶习丑行，特别是他那柔中含刚的性格，深深地打动了方智怡的心。

"方小姐吗？你还记得我是谁吗？"自从那次在"来来酒店"见了一面后，不久，方智怡就将那个与自己毫不相干的蒋孝勇淡忘了。在她的男友去美国以后，暂时她还没有什么困难的事情需要打扰那个在凤山军校读书的蒋氏三公子。可是，在初秋的一天中午，刚刚吃了午饭的方智怡忽然接到了一个突如其来的电话。对方是个青年男子，从话筒里传来的声音使方智怡感到陌生。她一时分辨不出是什么人在找她。

"哎呀，我的记性太糟糕！"她只好如实相告。

"真是贵人多忘事。我们在一个月前不是还在'来来'喝过酒吗？"

"哎哟哟，原来是……是蒋先生！"不知为什么，方智怡的心突然怦怦地狂跳了起来，她自己也能感受到她握有听筒的右手在微微发抖。

对方说："我是受人之托，忠人之事！方小姐，不知你近来可有什么事需要我帮忙吗？"

方智怡当初以为她那个男友在赴美之前请蒋孝勇代为照顾她，而蒋孝勇也很爽快地应允下来，这件事情不过是一种朋友之间的客套应酬而已，谁也不会十分认真的。可方智怡却大出意外地发现，蒋孝勇确确实实将朋友的委托当做了一件很严肃的事情。这使方智怡从内心里十分感动，如果说当初在"来来"的酒席上她仅仅对蒋孝勇的性格有些好感，那么，现在方智怡开始对蒋孝勇的品行有了好感。至少他是一个言而有信的人！

"对不起，我目前真的没有什么事情。但我应该先谢谢你，将来万一我有什么困难的事，一定会主动找你的！"方智怡用这样得体的话结束了她与蒋孝勇的第一次单独通话。

两天后，蒋孝勇又来了一次电话。这次他是与方智怡告别的，因为按照已经向军校请下来的假期，次日清早蒋孝勇便要准时返回高雄。凤山军校的校规是任何人也无法违犯的。在这次电话将要结束的时候，方智怡没有想到他会主动地向自己提出一个令少女羞涩的请求。

"方小姐，恕我冒昧，我可以邀请你去看一场电影吗？"蒋孝勇鼓足了勇气这样说。

"……"方智怡的心跳顿然加快了，在一霎间她感觉到自己的双颊有些发热。作为怀春的少女，很敏感地意识到蒋孝勇是在向自己发起感情上的进攻战，因为邀请她共同去看一场电影，实际上已经无形中越过了青年男女，尤其是陌生男女之间的界限。如果方智怡目前还没有男友的话，接受蒋孝勇这样合情合理的要求，本来是不需要有任何迟疑和踌躇的。特别是对于那些羡慕巴结蒋氏家族的普通民间女子来说，蒋孝勇的请求是她所求之不得的。然而，当方智怡意识了"看电影"将有越轨之嫌时，她沉默了。良久，她在电话的另一头以缄默相待。

"冒昧了，方小姐。如果你有什么不方便的话，那就算了吧！反正以后咱们还有相见的机会！"电话那一边的蒋孝勇，似乎立刻悟懂了方智怡以沉默相待的原因。于是，他非常识趣地将自己贸然的请求主动收回。

"不不……"不料，就在蒋孝勇将要挂断电话的时候，奇迹发生了。尽管聪敏过人的方智怡已经意识到对方是一种进攻性的行动，也知道如果一旦接受蒋孝勇的这种邀请，今后在自己的人生之旅中，也可能发生某种改变，但是，她仍然鬼使神差地拉住了稍纵即逝的无形红丝线，马上不假思索地应允下来。"既然蒋先生明天就回军校，今晚我就陪你去看一场电影吧！……"

那天晚上，方智怡当真陪同蒋孝勇到士林附近的一家电影院，看了一场电影。在事情过后，方智怡只记得是香港电影明星夏梦所主演的一部生活片，可电影中究竟描写了什么故事、什么人物，她却毫无印象。她只记得那家地处台北士林湖底路附近的电影院，实质上是国民党上层人物及家眷们出入的高级俱乐部。士林是蒋介石、宋美龄以及其他一些国民党高级军政人员居住的地区。所以，前来此处看电影的本身，对于一位正在读女子高中的方智怡来说，也意味着平生首次步入上流社会。

她的心情在电影的放映过程中，始终处于一种从未体验过的亢奋与激动。蒋孝勇在她的身边不断地与她喃喃交谈着，两个人的话题似乎早已远离了银幕上动人的故事情节。两个人初次交谈便很投机，蒋孝勇向她倾吐的是小时候他在上海与台北长安东路寓所里生活时的趣事；方智怡则很少说话，偶尔介绍自己的时候，也大多说些在女子中学读书时的感受。

电影散场后，月光如水。

蒋孝勇和方智怡沿着一条通往市区的林阴路走着。蒋孝勇的目的是想将方智怡送回家里去，可是方智怡却百般不肯。她坚持说到接近闹市区的某一条道路上，就可以打一辆"出租"，那时她便可以无拘无束地返回她在罗斯福路的家。然而，深情依依的蒋孝勇却百般不肯，方智怡也盛情难却。有时候他们两人已经见到了在夜街上奔来驶去的各色出租轿车，方智怡有一次甚至已经向一辆从身边空车驰过的"的士"高高地扬起手来，"的士"也急忙将车刹住。可惜的是，蒋孝勇却无论如何不准方智怡上车，气得那开"的士"的司机愤然骂了一声，然后又加大了油门疾疾地驶向灯红酒绿的长街。

就这样，一对初次单独接触的男女，便在士林通往市区的一条僻街上送来送去。他与她仿佛有说不尽道不完的话题，一直到月影已在浩瀚的夜空中向西斜去，北斗已经阑干之时，两个人方才各自做出了一种妥协让步。蒋孝勇叫来一辆"的士"，由他亲自相陪着将方智怡护送到位于罗斯福路的方宅。蒋孝勇直到望见方智怡那窈窕的身影，消失在铁栅门内时，他才恋恋不舍而去了。

此后，蒋孝勇每次从高雄港返回台北，他必去北二女中找他心目中的女神方智怡。在与蒋孝勇过多的接触中，方智怡渐渐感到她与他之间的距离不断在拉近。蒋孝勇在她心中早已不再是台湾第一家庭的子孙。他请她吃饭、跳舞、唱卡拉 OK，她有时也回敬他，主张一道去听歌星邓丽君的歌儿。方智怡觉得从前那种对她来说高不可攀的感觉消除了。蒋孝勇的出身虽然很特殊，可是他也是一个很普通的凡夫俗子，也与她同样具有寻常人的喜怒哀乐。方智怡在与他接触的半年后，忽然从内心中产生了一种须臾也不能离开他的奇怪感觉。这种感觉来得突然、来得强烈，甚至是她从前与那位男友相处多年所不曾体验过的。

方智怡在寒假里来到了高雄。距高雄港近在咫尺的西子湾，在冬天里也是波涛汹涌，碧波激滟。这里根本不见半点寒意，在柳丝依依的海堤上，方智怡与蒋孝勇依依不舍。她必须要在当天乘一艘客轮赶回台北，蒋孝勇也必须在傍晚日暮前回到凤山军校。她在行将与蒋孝勇告别的时候，不知为什么，方智怡却情不自禁地从口中吐出几句诗来。也许那几句古人的词句，可以表达她此时恋情缱绻的心态吧？

"智怡！"蒋孝勇不知是从何时开始，改换了对女友的称呼。他有些惊喜地望着俏丽可爱的方智怡说："真想不到，你也喜欢古词？你方才读的可就是欧阳修所作的《浪淘沙》？"

"嗯！"她点一下头。

"想不到你还有学问！"蒋孝勇一霎间俨然像看陌生人一样，打量着身边的方智怡。

"不敢称什么学问，只是有时看一点唐宋诗词而已！有什么值得大惊小怪的？"她侧转身来，朝他娇媚地笑笑："怎么，你也喜欢诗词？"

"是的！"蒋孝勇坦诚相认。然后，他将方智怡没有读完的词句又给接续上了："聚散若匆匆，此恨无穷。今年花胜去年红。可惜明年花更好，知与谁同？"

西子湾碧水悠悠。蒋孝勇与方智怡难舍难分，直到一艘小汽轮启航时，蒋孝勇还伫立在岸边，依依不舍，挥手致意。使站在小轮船舷板上的方智怡良久的翘望着，直到暮色浓重，遮住了她的视线为止。

"智怡，你知道咱们家是开明的，对于你们在外的交友之事，我们是从来并

不干涉的。可是如此一桩婚姻大事，我劝你还是应该谨慎考虑的！"1973年的春节，方智怡自认为她和蒋孝勇之间的恋爱长跑，已经该到了暂时停歇的时候了。当她将与蒋孝勇准备议婚之事，告之于乃父乃母的时候，方思绪夫妇先是惊讶，继而以过来人的口气来劝说女儿务要慎重。

方智怡说："我对孝勇已经有了几年的了解，我想他是个值得信赖的好人。对于婚后可能发生的事情，我都做了反复的考虑，我觉得将终身托付给他是没有后顾之忧的。"方思绪说："你终究还是年轻，婚姻大事不完全是双方情投意合就可以的。我是过来人，我知道结成一桩美满的婚姻，光有良好的愿望也是不行的。你知道你所要托付终身的是什么人吗？你知道蒋家是一个什么样的家庭吗？"

方智怡知道父亲的担心不无道理，老人家是唯恐像她这样普通人家的闺女，嫁进台湾第一家庭以后，也许会遭到冷视。颇有心计的方智怡，又何尝没有这一顾虑呢？蒋介石和蒋经国都是些什么人，她的心里十分清楚。自从与蒋孝勇频繁地约会以后，她就已经在认真地考虑蒋氏家族将来对她是什么态度的问题了。

"孝勇，尽管你对我情真意深，可是你们家的老辈人，能不能接纳我呢？我可是一个普通人家的女子啊！"蒋孝勇结束在凤山军校的三年学习，回到台北的"台湾大学"读政治系以后，方智怡与他之间的感情日深，已发展到如胶似漆的地步。终于有一天她与他一同去游日月潭，在蓝天碧水之间泛舟的时候，方智怡向她的恋人郑重地提起这个话题。

"智怡，你不要那样想！我们蒋家也不会像外边所传说的那样高不可攀。"不料，方智怡担心已久的难题，在蒋孝勇那里竟然迎刃而解了，他娓娓地告诉她说："我的父亲母亲都很通情达理。在婚姻这个问题上，父母一贯是主张我们自己来决定的。因为他们就是在苏俄自由恋爱的嘛，所以，他们并不守旧。不讲求'父母之命，媒妁之言。'这个，就请你放心好了！"

"可是……"方智怡眼睛避开了蒋孝勇热切的目光，凝望着远方那潭边的一丛丛碧绿的棕榈发呆。尽管她相信蒋孝勇所说的全是实话，可是方智怡仍然对非同寻常的蒋氏家族心有余悸，惴惴不安。她喃喃地询问说："你的父母通情达理，也许是真的。可是在台湾这个地方，你的祖父祖母是人人皆知的，他们都是特别的人物，在我们平常人的眼里，全是些高不可攀的。我真有点害怕，他们能够接纳一个平民百姓的女儿，做他们的孙儿媳妇吗？"

"我劝你不要想得太多！"蒋孝勇见她那煞有介事的样子，忍不住哑然失笑起来。他说："智怡，将来有一天你见到他们时，就会明白了。他们是人，不是神。在对待我的婚姻问题上，祖父和祖母也会通情达理的！"

不久，方智怡有一次见到未来公公和婆婆的机会。蒋经国和蒋方良果然像蒋孝勇所说的那样，是一对很慈祥的老人。这也许与他俩早年在苏联西伯利亚共同度过一段非同寻常的艰苦日子有关系。

那一天是蒋经国的生日。3 月 18 日，台北天气晴朗，春风和煦。方智怡是平生第一次随同蒋孝勇来到位于台北大直地区的七海官邸。这里是一座偌大的禁区，大门内外戒备森严，平时寻常百姓当然是无法接近的。给方智怡的印象是，官邸虽然重兵防守，又是占地面积很大的庭院，但是宅舍屋宇却没有她事前想象的那么豪华。平时很少举行家宴的蒋经国夫妇，由于今日有未来的儿媳妇登门，在酒席上略略的奢侈了一些。然而即使如此，在方智怡看来也着实与蒋家在台湾的显赫身份不符。在这个非同寻常的家宴中，聪明睿智的方智怡已经从蒋经国那虽然话语不多，但不时向她投来的欣慰目光中，隐隐地体察到老人对她的默许。蒋方良这位满头棕黄色头发的俄国老妪，更是一位没有太多挑剔的女人。在这一短暂的接触中，方智怡已经感到她事实上已被这一对老夫妇真正地默认与接纳了。

几天后的一个上午，当时任国民党部秘书长的秦孝仪，忽然给方智怡的父亲，当时正在台湾"高速公路局"任职的方思绪打了一个电话："方先生，我非常想前往贵府去拜访一下，不知道方便与否？"方思绪当时且惊且喜。他吃惊的是，像秦孝仪这样有头有脸的知名人物，居然亲自给他打来电话，并且言称前往拜访。这件事情的本身已经使平时在台北以技术工作为事业、默默无闻的方思绪难以相信了。秦孝仪既然如此诚恳地请求上门，方思绪又岂可以谢绝呢？

"方先生，我是代表经国先生来拜访的。既然你家的方小姐与孝勇已经是相处多年的朋友，作为她的父母，又怎么能不玉成这桩好事呢？"一贯在台北高层舞文弄墨的秦孝仪，对于蒋经国所委托的"媒人"差使，做起来自然是得心应手。秦孝仪以这样既不失身份又可以使方家夫妇认可的开场白来道明来意，自然使方思绪夫妇感到体面，也便于认可与接受。

"那是那是，秦先生说得很有道理！"从前对女儿这桩自由恋爱的婚事，始终将信将疑的方思绪，如今从秦孝仪的简短话语中得到了可以放心的承诺。方思绪感到蒋经国派秦孝仪来方宅提媒作伐的本身，就是一种对方家平等相待的尊重。正是以尊重作为基础，才可以有女儿将来婚后的幸福。知识分子出身的方思绪，许久以来所期盼的正是蒋家给予方家的平等与尊重。因为只有如此，他才会答应女儿的这桩婚事。

1973 年 7 月 23 日，在台北士林的凯歌教堂里，著名牧师周联华，亲自为蒋孝勇和方智怡这对小夫妻主持证婚。那一天，方智怡披着粉红色的婚纱，由身穿笔挺西装的蒋孝勇搀扶着，缓步经过一条大红的地毯。在婚礼的正常仪式过后，方智怡、蒋孝勇马上乘汽车离开凯歌教堂，驰往荣民总医院的中正楼。那时，蒋介石由于在两年前去阳明山避暑的半路上，发生了一次意外的车祸，已经躺在"荣总"的病榻上一年有余。如今，方智怡必须在婚礼结束后，与蒋孝勇前往医院，去拜见蒋介石和宋美龄夫妇。蒋孝勇当时告诉方智怡，这样做既是蒋氏家族的固有礼仪，同时也是为了当时的一种政治需要。因为蒋介石阳明山车祸发生后，他长期卧床不起，外界的媒体上已在宣传蒋介石因车祸死亡等。宋美龄为了公开辟谣，所以非常想利用孙儿孝勇与方智怡结婚之机，让台湾的各报发一条消息，同时配发一张蒋介石健在的新闻照片。

方智怡和蒋孝勇匆匆忙忙赶到荣民总医院时，蒋介石和宋美龄早已经等候在病房的会客厅里。一直不能行走，即便坐久了也难以挺直腰杆的蒋介石，身穿长袍，被两个侍卫预先架坐到一张太师椅上。两只手木然地放在椅子上的两个扶手上，从表面上实在看不出他已经是个病入膏肓的垂死之人。宋美龄穿着一袭旗袍，雍荣华贵地坐在蒋介石的身边，两个人的身后是四扇黑漆雕花的檀木屏风。

蒋孝勇带着盛装的妻子方智怡来到后，依照蒋氏家族的传统礼俗，一一向蒋介石和宋美龄施礼。然后，按照宋美龄的叮咛，蒋孝勇站在蒋介石身后，方智怡站在宋美龄身后，让预先恭候在客厅内的官方摄影师，拍下了一张有纪念性质的照片。

隔日，这幅照片就在台湾的《中央日报》、《联合报》上公开发表出来了！在蒋氏三兄弟中，这是绝无仅有的一次公开曝光。以前蒋孝文、蒋孝武结婚时，蒋家都是采取秘密举行的方式。此次乃是由于一种政治的需要，才公开发表蒋孝勇、方智怡结婚照片的。……

方智怡在丈夫飞回台北的几天时间里，她几乎每天夜里都会失眠。在辗转反侧、不能成眠的时候，她就会不断地回想起以往她与蒋孝勇所走过的路。她就是以重温往事的方法来排遣心中难熬的寂寞。

1990 年 3 月 29 日深夜，蒙特利尔城又飘扬起鹅毛大雪。北风在进入春天的时候，反而刮得更加猛烈。就在这一天的夜里，方智怡忽然感到腹中那个小生命正在不断地蠕动。婴儿降生前的阵痛，迫使满头大汗的方智怡拨通了一位与她相熟的加拿大女助产士家宅的电话。

　　"难道孩子真的快要降生了？孝勇，你怎么还不回来！"方智怡在床上发出痛苦呻吟的时候，思绪飞向了令她魂牵梦绕的台北。

　　此时此刻，蒋孝勇伫立在台北七海官邸的楼厅里，他面前是空荡荡的厅堂。蒋经国在世的时候，这间三百平方米的大厅里，那张巨大的俄国纯毛地毯上，每天在大清早的时候，都可以见到匆匆奔忙的秘书、侍从、医生、女侍们的身影。然而今天，却是空荡无人。大批的内勤人员被人以各种借口接连地调出了官邸。往日那种侍卫如云的景况不见了。在这所仍然留给蒋方良女士居住使用的官邸内，也不过只留下四五个内勤女侍而已。蒋孝勇望着大厅地毯上那几盆花草和壁画，顿时从内心中泛起了一股悲凉的今昔之感。蒋孝勇此时正在为他到国外定居后死去的胞兄蒋孝文感到悲哀。

　　"唉唉，这孩子实在是命苦啊！"坐在轮椅上的蒋方良，已经变得满头白发，脸色憔悴了。蒋经国死后刚刚一年多，她的长子蒋孝文便也溘然长逝。这接连而来的沉痛打击，对于一位异国老妪来说，简直是难以承受的。蒋方良呆呆地坐在一架镀镍轮椅上，由她心爱的三儿子蒋孝勇推进了位于这间空阔大厅左侧的一间会客厅里。蒋孝勇知道，父亲在世的时候，他每天清早都会来到这里听秘书王家骅读报的。如今早已人亡室空，可是，正面粉壁上所悬挂的那幅"全家福"，却依然如昨。历经蒋氏家族沧桑巨变的这幅大照片上，依然记录着蒋氏家族兴旺时代的荣耀。那是1970年蒋经国、蒋方良与蒋孝文、蒋孝武、蒋孝勇的合影。在这张照片上唯一的外姓人，便是他的大嫂徐乃锦。那时的大哥蒋孝文生得相貌堂堂，潇洒俊逸。他正处于新婚燕尔的欢愉中，微胖的面腮上泛起了欣然的笑意。

蒋经国一家（左上侧两个是蒋经国与章亚若所生的蒋孝严、蒋孝慈兄弟俩，前左为：蒋孝武、前右为蒋孝勇、后排大哥为蒋孝文）

　　"当时，我们刚刚去加拿大定居一个月光景，房子也是刚刚买下来，所以猛一听到大哥故去的噩耗，只有在那个遥远的国度里为他烧几张纸了！"蒋

蒋经国夫妇当年与儿孙们的合影

孝勇凝望着"全家福"中蒋孝文那含笑的身影，心里有一种难以言喻的遗憾。1989年4月14日，他的胞兄蒋孝文以54岁的英年，猝然病死在荣民总医院的消息，传到加拿大的蒙特利尔时，蒋孝勇一下子惊呆了。虽然他早习惯大哥的长期患病，这一年的3月8日，他及方智怡、友柏、友常一家从台北桃园机场起飞赴加拿大的前两天，蒋孝勇曾经驱车到荣民总医院。他在祖父、父亲生前曾经住过的中正楼特护病房里，见到了已经昏迷不醒的蒋孝文。那时，出现在蒋孝勇面前的兄长，早已失去了儿童时在一起时常戏嬉玩耍、满面笑容的顽皮相。他变得面庞枯瘦，蜡黄又无血色。那一天，蒋孝勇伫立在蒋孝文的病榻前思绪纷纭。他想到许多大哥的往事，当然蒋孝文的种种桀骜不驯，在重病的情况下，都会得到蒋孝勇宽谅的。蒋孝勇将一束艳丽的康乃馨放在蒋孝文的床头，不久，他便起身告辞了。

蒋孝勇记得去年4月14日下午，他和全家人刚离开台湾一个多月，突然收到来自台北的电报，他一时惊呆了。当时，他和妻子方智怡将郊外的那座住宅买下来，房内是一堆零散待装的家具，两个孩子的就读学校还没有头绪。在这种情况下他们夫妻俩是无法匆匆放下两个孩子回台北的。于是，蒋孝勇只好决定暂为病殁的大哥发回一封唁电，待他将加拿大的所有事情安排好，再返回来向英年早逝的兄长吊唁。如今，蒋孝勇终于赶了回来，他伫立在当年的"全家福"面前想起了蒋孝文短暂且又苦命的一生。

翌日清早，一辆豪华型小轿车驶上阳明山的曲折盘山道。蒋孝勇要利用在台北仅有的时间，进山去向大哥孝文的坟墓祭拜，以补偿因滞留国外未能出席大哥一年前的家祭、大殓和葬礼的缺憾。蒋孝勇对草山十分稔熟。早在少年时就时常随父亲上山，那时每年夏天祖父祖母都会来到位于阳明山公园附近的行馆来度假避暑。孝勇便和孝文、孝武两人一道，在蒋经国例行的请安之后，留在阳明山行馆。蒋介石、宋美龄夫妇非常希望与三个小孙儿一齐在草山上消夏。后来，蒋孝勇与方智怡结婚后，蒋经国就为他们在草山蒋孝文住宅的左侧，又购买下一座小楼。这样，蒋孝勇夫妇便可以与长期患病的蒋孝文夫妇共同生活在那风光秀丽的草山上。

蒋孝勇将车停在山坡上。坡上有一座新坟！一方青石镂字的碑后，是一座椭圆形的钢骨水泥坟墓。那里所掩埋的是他那一世事业未成，在疾病里苦苦挣扎了十几年的兄长蒋孝文。这个本来可以成为蒋家第三代的栋梁之材，理应利用祖父、父亲的荫庇，在台湾这块土地上成为国民党的高级军政官员，抑或是手握重权的实业家蒋孝文，却庸庸碌碌地空度一生！在刚满 54 岁的时候，因为咽喉癌匆匆而逝了。这究竟是谁的罪过？蒋孝勇神色阴郁，双手捧着一束从花店买来的康乃馨，步履沉重地沿一条小道，爬向坐落在山坡上的孤坟。他知道哥哥生前喜欢这种花，所以选择了一束花朵艳丽的康乃馨，他小心放在青石墓碑的底座上。然后，蒋孝勇躬下身来，向着哥哥的坟墓深深地鞠了三躬。不久，结束了在蒋孝文墓地祭拜的蒋孝勇，重新发动车子。他在轿车缓缓向山下驶去的时候，还不时侧转身来，透过车后窗眺望蒋孝文那越来越远的坟墓，心中不禁泛起失意的沧桑之感……

丫章

蒋家二公子猝亡

37. 死前曾请慧济寺法师"相面"

1991年7月1日，平静的台湾忽然又出现了波动。

特别是国民党当局上层，都为当天出版的《中央日报》刊载的一条讣告所震惊。因为在这些熟悉蒋家的官员们心中，今天是个特殊的日子。他们都知道，对前一天刚从日本东京飞回履新的蒋经国次子蒋孝武来说，今天应是个大吉大利的好日子，然而，本来应该出现在台湾一家重要新闻媒体就职典礼上的蒋孝武，不知为什么即将东山再起的他，却被一条让世人吃惊的讣告代替了！

国民党"中央社"当日报道说：

"（中央社台北7月1日电）荣民总医院今天上午发表的医疗公报中指出，台湾前'驻日代表'蒋孝武先生，于今天上午5时45分，病逝于荣民总医院。

据荣民总医院人士指出，蒋孝武自1982年起就患有糖尿病及高血脂症，以胰岛素控制尚称稳定，蒋孝武另患有慢性胰脏炎，时有急性发作，以往皆在荣总接受治疗。

蒋孝武于6月30日下午9时住院，诊断为慢性胰脏炎。经药物治疗，略有进展。至7月1日清晨3时及至4时30分医生进行访视时，尚无异状。但5时30分访视时，呼吸及心跳均已停止。经急救无效，于5时45分宣布死亡。

因蒋孝武生前患有糖尿病及高血脂症，其突然发生病故，经医生断定为：急性心脏衰竭所致。蒋孝武夫人为蔡惠媚女士，遗有一子一女。"

蒋孝武突然病逝的新闻，仿佛一颗重磅炸弹突然投向台北，投向台中、台南和台湾各个城市，他的突然猝死当然要比从前蒋孝文死讯传来的时候更加令人吃惊。特别是那些对蒋孝武近况比较熟悉的国民党上层人士，对于蒋经国次子蒋孝武的死讯更是大吃一惊。

蒋孝武毕竟与两年前去世的兄长蒋孝文大有不同。蒋孝文虽然死因一度令人关注，可他毕竟已经患病多年。况且他早在蒋经国在世时就因病远避于政治舞台。蒋孝武则大不相同，蒋孝武毕竟刚刚46岁，正是人生最好的年华。为什么会突然宣告死亡？

那些了解内幕的人，对蒋孝武的突然死去难以接受。还有那些接近蒋家的人们，都对蒋孝武的神秘死去疑惑不解。他们当然最了解蒋孝武这次从日本回台湾的意义。自几年前发生了那桩让蒋经国心烦的"江南遇刺事件"以后，蒋经国为防止蒋孝武继续留在台湾会让他从此失去"良好形象"，所以就忍痛割爱，不得不发下一纸调令，将正在台湾政界走红的次子孝武调往新加坡，降格为一个小小的"商务副代表"。

蒋经国病逝后，蒋孝武无时无刻不希望回到台湾来。他曾不惜一切代价去活动国民党的那位新当权者，他甚至说："如果能将我调回台湾来，即便从此不再涉足政界，我也在所不惜。"正是由于蒋孝武对调回台湾急切而迫不及待，所以李登辉同意他回到台湾后，可以继续出任蒋孝武从前在台时曾经担任过的"电视台董事长"一职。

接到台湾的调令时，蒋孝武正在东京担任"台湾驻日商务代表"。当他得到可以调回台北担任新职的消息时，曾和妻子蔡惠媚高兴得欣喜若狂。他们夫妇为能回到台湾，花费的代价是外界难以知道的。蒋孝武急于调回，不仅是希望回到他所熟悉的岛屿上开始新的生活，也并非因台湾有蒋氏家族多年形成的社会力量，更主要的是蒋孝武希望回台以后，可以不时去七海官邸照料年逾古稀的老母蒋方良！自从三弟蒋孝勇在蒋经国病逝后毅然前往加拿大定居后，在台北这个城市里，就只有他母亲蒋方良一个长辈和亲人了。

蒋孝武是在病逝的前两天，也就是6月29日下午，从东京羽田国际机场起飞，和夫人蔡惠媚双双飞临台北这个向往已久城市的。他想在台湾进行短暂的休息，然后于7月1日上午，前往台湾"中华电视公司"去参加新董事长的履新典礼。可是，谁也不曾想到，就在蒋孝武即将走马上任的当日凌晨，他竟然猝然病殁在荣民总医院的单人病室里。他为什么会在这种特殊的关口突然死去呢？

由于这一事件发生在人们已对他的长辈蒋介石、蒋经国、兄长蒋孝文的死因产生猜疑，迄今仍然谜团不解的时候，所以，人们对蒋孝武这正值人生盛年的蒋家第三代的猝死，产生新的怀疑就更是理所当然的了。有什么理由说蒋孝武会

因慢性疾病可以致死？

荣民总医院的《蒋孝武死亡报告》中，所说的死亡时间、还有他可能死于何种疾病的医学结论，无论如何也难以让世人释疑。因为蒋孝武毕竟刚从日本东京归来，毕竟是死的前一天晚上9点钟，才住进荣民总医院思源楼的病室里，毕竟他刚刚46岁的盛年！毕竟他在凌晨3时至4时30分的时候，还安然地睡在他的病房里。可是，为什么仅仅过了一个小时，清晨时将去"中华电视公司"参加就职仪式的蒋孝武，竟会出人意料地发生了猝死呢？

蒋孝武究竟是怎么死的？他是死于疾病的猝然发作吗？他真是因病而亡吗？如果他当真死于某种疾病，那么荣民总医院为什么在事发前没有对蒋孝武进行必要的抢救？既然蒋孝武在凌晨4时30分尚未发生病情的转危迹象，到底是什么原因使他在一个小时以后就突然发病而亡？所有这一切，都是荣民总医院那个短短不足几百字的《死亡报告》所难以解释清楚的！

原来，6月29日蒋孝武和妻子从东京回到台北以后，他和蔡惠媚在士林官邸和老祖母宋美龄渡过了一个愉快的中午。次日清早，蒋孝武独自驱车来到台北的郊区天母，像每次他回到台北一样，都必来慧济寺拜会住持僧海性法师。

"阿弥陀佛，早知今日要有贵客进寺，不想果然是蒋先生来了！"蒋孝武刚刚从小轿车里走下来，就见大雄宝殿后面的回廊之内，几个光头小僧人簇拥着一位身披大红袈裟、白髯如雪的老僧飘然而来。他定睛看时，正是他阔别已久的海性法师。

"大法师，没有想到吧，我这次回到台湾就不再回日本了！"蒋孝武快步地沿着那条青砖铺就的小甬道走上来。多年来他对天母的慧济寺情有独钟，尤其与这位出生在浙江鄞县的故乡人海性，更是深情依依。蒋孝武见海性正迎着他走过来，便拱手报告情由。

"怎么？蒋先生此次当真不再外出了吗？那将是天大的好事！"海性依旧是仙风道骨，神秘兮兮。他远远地闻听蒋孝武的话，愈加高兴地迎迓上来。可是就在两人相距仅一丈远的时候，海性法师不知为何突然地收住了匆匆的脚步，情不自禁地停住了。脸上的笑容也倏然地消失了，一双瞪圆了的眼睛里流露出惊讶的光。

蒋孝武本来也是兴冲冲地走来，可是，当他看见海性法师忽然收住脚步，正以惊诧与震惊的目光定定地注视着他的面庞时，一时也困惑不安起来。在他与海性法师的多年相交接触中，从来也没见过他会以这样的眼神来打量自己。一时，蒋孝武怔住了，忍不住地问道："海性师父，您这是怎么了？莫非不认得我蒋孝武了？……"

海性法师在刹那间惊愕过后，立刻就意识到了自己的失态。他慌忙掩饰自己的窘态，双手合十地向呆然惊望他的蒋孝武躬身一拜，说道："蒋先生请勿多怪，方才是贫僧一时神经错乱所致，并无什么大事，阿弥陀佛！"

蒋孝武心中泛起疑云。因为1972年与慧济寺的海性法师结识以来，多次进寺与海性相见相晤，从来也没有见到他会以如此惊愕之眼神与他凝视。今天相遇时的反常神色，尤令蒋孝武心中生疑。但是他见海性法师慌忙掩饰，也就不好多问。索性说："前几年在这里多次为我们蒋家的人超度，为死去的人办罗天大醮，也是常事。只是近年来由于我四海飘零，即使每次回到台湾，也是来去匆匆。如今总算好了，从今以后我可以时常到贵寺拜访，只求师父多多指教！"

海性不敢与蒋孝武的目光对视，因为心绪烦乱不宁，他急忙遣散了相随在后面的几个小僧人，只是向古寺的后院走来。在经过雕梁画栋、碧瓦辉煌的藏经阁时，海性法师自言自语地喃喃说："佛门之地，非一般凡人可以涉足。既然常来，必有缘分。回想当年贫僧年幼之时，进入佛门也是偶然。记得那一年的春天，贫僧刚刚9岁，因随家母前往浙江南海普陀上的寺庙里烧香，却被一位师傅当场看中。家母也因一心向善，而将贫僧一人留于寺中。不料眨眼就是50年光阴，倏忽而逝，真乃是梦中注定！……"

蒋孝武愕然地伫立在香烟缭绕的阁内。他的眼睛从壁间神龛中那一沓沓经卷上移过，最后又落在神情反常的海性法师身上。蒋孝武从海性顾左右而言他的慌张神态中，发现了他心中的慌乱。他知道善于看相的海性，方才与他相见时，已经从他的面相中看出了什么。现在他不肯与他对望，避开目光去独自喃喃的反常举止，使蒋孝武立刻意识到几分不祥。他想直问，却又忍住。只是说道："海性师父，从前来时，您多次劝我放弃世间红尘的权欲，皈依佛门。如今历经苦海波折，我总算悟出一点人生的真谛。但是如今让我皈依佛门，仍然心中不甘。我只是想悟出密宗之术，聊作精神寄托，如何？……"

"哦哦……"海性还是不肯转过身来与蒋孝武对视。他将脊背对向蒋孝武，仍然独自喃喃说："佛门虽是清净之地，却也是空门易进，还俗困难啊！回想当初我在浙江南普陀的寺庙里，为一念之差而出家。从9岁开始便不食人间烟火，到如今垂垂老矣。谁知道贫僧我吃过几多人间苦难？我劝凡尘中人，切勿重蹈覆

辙为好，阿弥陀佛！"

"海性师父！"蒋孝武见海性法师语无伦次，心不在焉，越加感到有几分困惑。他决心问个清楚，便问道："往日我来贵寺之中，从未见您如此神色慌乱。莫非今天有什么难言之隐，不好明说吗？"

海性法师被蒋孝武问得一怔，他不好继续支吾，偷偷地斜睨了他一眼，又将脸偏过去。

蒋孝武越加疑惑起来，索性直言相问："我从前就知道师父善看相貌，今天刚见我时吃了一惊，莫非您从我的面上发现什么不好言说的秘密？"

海性不语。

"有什么话师父就只管明说好了。孝武多年与您感情至深，还有什么话不好直说的吗？"蒋孝武从海性的紧张神态中发现他必是有难言之隐，所以就穷追不舍。海性法师回转身来，又一次地将蒋孝武的面庞仔细打量了一遍，忽然牵住他的手，出了藏经阁的门。蒋孝武的心立刻悬了起来，也不知道海性法师究竟从他的颜面上发现了什么反常的征候。他只好紧紧地跟随在海性的身后，两人匆匆地穿过一道月洞门，经过一个小小的天井以后，蹬上青石台阶，来到一排青堂瓦舍的照房前面。海性法师神情紧张地朝向一间禅房相让："蒋先生，请！"

蒋孝武从前对这间由海性法师独居的禅房很稔熟。正面壁上悬有一幅笔酣墨饱的横幅，上书："乐在其中。"左右各有对联，上曰："一明分日月。""下曰："五岳各丘山。"蒋孝武每次来到这里，海性必要吩咐小僧们上茶点以款待，今日却不知何故连小僧也不传唤，便将房门紧闭，来到蒋孝武的对面坐下。隔着一张黑漆八仙，海性又将蒋孝武的面孔认真仔细地打量了一番，沉吟半晌，他手捋着额下的银髯，又神色黯然地将他那光头摇了一摇，无可奈何地叹了一口气。

"海性师父，其实您本是我的故乡人。几年来的交往，可谓彼此心心相通，无话不谈。"蒋孝武见平时与他往来时爽然无私的海性，今日竟然踌躇踟蹰，迟疑不定，可以看得出他的心中必有许多难言之隐。于是便问道："莫非我有什么大灾大难吗？我早就晓知师父不但潜心佛道，而且又对相面摸骨深有研究。既然已经看透了什么真情，师父便应知无不言，言无不尽才对！"

"阿弥陀佛！"海性坐在那里呆呆地想了一想，似乎有满腹的心思。这样彼此静默了好一阵子，海性忽然问道："蒋先生，不知您近年来可生过什么疾病？"蒋孝武感到对方的问话实在有些突兀。初时他误以为料事如神，善观人世间荣辱吉凶的海性法师，也许是他看穿了自己未来在官场仕途上，会有某些难以卜测的险恶。如今沉默了好一阵，海性居然问起了他的疾病，心中的紧张便顿释了大半。他转忧为喜地笑了笑说："病倒是有一点，不过也并不十分严重。我已到了中年，从前一些不很明显的疾病时时会发作的。也许师父早有些耳闻，家父生前便有先天性的糖尿病。几年前去世的兄长孝文，他也有这种先天遗传的糖尿病。我原来的身体本来很好，只是前几年在新加坡时偶尔到医院里去看医生，方才知道我不但也患有这种先天性的糖尿病，而且还患有高血脂和慢性胰腺炎。只是这些病并不常常发作，也并不严重。……师父今日为何忽然问起病来？莫非您看我的颜色不好吗？……"

"既然蒋先生与贫僧形同知己，贫僧也就只好直言相告。"海性沉吟半晌，忽然蹙了蹙修长的白眉，叹息一声，决然地说道："蒋先生，从你的面相来看，不久将有一道不吉的大难啊！……"

"哦？……"蒋孝武倒吸了一口冷气。他的心里虽然感到有些紧张，但是他仔细一想，又觉得海性今天的话有些故弄玄虚。他想了一想，忽然问道："莫非是说我在将来的仕途上有什么不吉的大难吗？"

海性法师避开正面地回答，只是故作深沉地将头一摇，喃喃地默祷了一阵。然后他说道："从前贫僧虽与蒋先生多次谋面，却是一直不曾仔细看相。今日一看，方才看出先生有福也有祸！不知当讲不当讲？"蒋孝武的心里有些好笑。同时从对方所说："有福也有祸"这句模棱两可的话中，也产生了一种受愚弄后的轻松感，索性说："请讲请讲，师父有何见地，只管详细说给我听好了！"

"俗语称：寿长看双耳，鼻乃五岳之岳，亦为肺之灵苗，鼻既为人之中岳，还需有两颧为辅。故而若判断人的荣辱，当以颧骨为主。"海性法师手捋着一绺飘然长须，一双深沉的眼睛定定地注视着神色泰然、一言不发蒋孝武，字斟句酌地说道："蒋先生，古相书上云：井灶不足，人生荣或辱。那所谓的井灶，就是人之鼻孔也！蒋先生，休怪贫僧直言，你的井灶委实太深，必是不吉之相！还有，先生的两颧忽见晦暗之色，此乃大难就在眼前之凶相。所以方才贫僧刚看一眼，便觉吃惊……"

蒋孝武听到这里，将信将疑。他情不自禁地用手去摸了一下左右两颧，并没有感到皮肤上有什么异样。他急忙追问说："海性师父，您所说的凶相是指什么？那个大难又指的什么？我以为初回台湾，此时并没有卷入是非权力之争的。大概也不会有什么人对我蒋孝武心怀仇恨，或者是暗下毒手吧？再说，我此次从日本回到台北来，也不过是接手一个小小的'中华电视公司'，也不是掌管着什么权

力的要害机关，能会有什么大灾大难在等待着我呢? ……"

海性法师见蒋孝武的话中，对他有些怀疑。所以索性缄默以待，双目微闭，不再多说一句话了。

"师父。"蒋孝武见方才还是侃侃而谈的海性法师，忽然闭目垂首，凝然不语，心中一团疑云未消，忍不住继续追问说: "方才您既然已经将所见的面相告之于我，就该将何灾何难点拨清楚才是。以便孝武从此凡事多加小心，少出差错! "不料，这一次海性法师却不肯多说一句话。他微微地睁开双眼，斜睨了蒋孝武一眼，只是低声地喃喃说: "请蒋先生不必多说，该说之言，贫僧均已一一点拨。不该说之言，贫僧将恪守佛规道教，况且天机不可泄露。一切均望蒋先生暗自体味，好自为之。阿弥陀佛! "言讫，海性法师双目紧闭，双手合十，口中喃喃有词，似乎在向冥冥之中的神灵祷告。

蒋孝武见海性法师已经做出送客之状，情知多问无益，也只好讪讪地告辞了。

38. 履新的前夜死在医院里

蒋孝武离开了天母的慧济寺，觉得心中不快。他又独自驱车前往桃园的大溪头寮，那里是他亡父蒋经国的灵柩暂厝之地。座落在桃园县大溪镇的蒋经国陵寝，仍然像前几年那样有重兵在防守。每次从国外回到台湾来必定要来此凭吊父亲亡灵的蒋孝武，此次照例要来的。守候陵寝的官兵见蒋家二公子行色匆匆地来到，都感到他的气色有些异样。因为每次他前来谒陵，必要预先打来电话，有时候还要陪同他的俄裔老母亲蒋方良一道赶来。可是这一次却有些突兀。但是守陵的士兵不敢多问，只好放他进去。

出现在蒋孝武面前的蒋经国陵寝景物依旧。这里原来是有名的"头寮宾馆"。蒋介石在世的时候，此处曾是他的驻跸处。他的祖父死后，蒋经国每年夏季也会来到这座从前为蒋介石所青睐的"头寮宾馆"避暑或休息。所以，蒋孝武对这里的所有屋舍、回廊、湖波、山亭、楼榭，甚至是卫兵们所住的营房等都了若指掌。

"孝武，你将来还是可以再回来的。留得青山在，不怕没柴烧嘛! "蒋孝武虽然心中不快，特别是听了慧济寺老住持僧海性法师那一番没头没脑、不着边际的话后，他的心里沉甸甸的。本来他大清早去慧济寺，心情是满好的。自从"江南事件"发生后，蒋经国忍痛割爱地将他外放到新加坡去，倏忽几年过去了，现在他总算如愿以偿地顺利返回台北。从此以后，也许又可以像从前一样在台北政坛上大展身手。可是，海性法师却突如其来地给自己兜头泼了一盆冷水。蒋孝武不知为什么，在烦躁心情的支配下，鬼使神差地驱车来到了桃园大溪镇的蒋经国陵寝里。他刚走进这座有山有水、景色宜人的偌大院宅，父亲的声音便在他的耳边响了起来："你去新加坡，只是暂时避一避风头，将来当人们淡忘了那可恶的'江南事件'时，你还可以回来！……"

陵寝的大门及边门上，还像当年那样镶缀着黄色的素菊。门楣上蓝地白字镂刻的"蒋故'总统'经国先生陵寝"横匾宛在如昨。蒋孝武脚步轻轻地走进内宅，这里是传统的中国仿古四合院，正房与左右厢房，均青砖为壁，灰瓦碧檐。廊前是一排朱漆红柱和镂雕着仿古图案的古朴回廊。正门两旁是四盆榕树盆景，在夏日下显得绿意盎然。正房是蒋经国的灵室，门前植种四株巨大的龙柏，枝桠参差，绿冠如盖。天井的地面上那些从金门运来的大块花岗石，组成了整齐的图案。龙柏的浓阴在花岗石上晃动。那摇曳的巨大古树的阴影，给蒋孝武带来了某种难以言喻的压抑感。

蒋孝武心中想哭，却又哭不出来。他一步步地穿过那些阴影下的巨大花岗石地砖，朝向父亲厝陵的正厅。一路上他还在回想几年前那桩不愉快的事情，一个小小的作家刘宜良，当初"竹联帮"向他下手的时候，根本就不会想到他的死会爆发出震惊世界的轩然大波。蒋孝武那时手握重权，也实在没有顾及到此案可能带来的后果。

蒋孝武走进了正厅。

他静静伫立在蓝色地毯上，前面不远就是那漆黑大理石所砌成的灵台。上面安放着他已经死去多年的父亲蒋经国的水晶棺。蒋孝武肃然地向仰卧在棺内的亡父遗体，恭恭敬敬地深鞠了几躬。

"阿爸，不负您生前所望，现在我终于回来了！"蒋孝武在心中向静卧在棺椁里的亡灵，默默地说着心里话。他知道蒋经国如今已经不能再像从前那样来左右他，制约他，蒋孝武已经摆脱了当年"江南案"带给他的许多阴影，他这次可以回台湾大干一场了。但是，新的阴影又出现了，就是大清早在天母的慧济寺所遭遇的不快。海性法师作为德高望重的佛门长者，他说出那些话是否危言耸听呢？

"莫非我当真面临一场大难大劫吗？"在从大溪头寮返回台北市的汽车里，蒋孝武忧心忡忡地想着。"不会的，武，你不要过分地相信迷信。"蒋孝武回到他和蔡惠媚在台北市的新宅时，把慧济寺海性法师的话，一一告之。蔡惠媚听了，觉得有些好笑。她见丈夫一副难以释怀的忧愁模样，急忙劝慰他说："你还有什

么大劫大难呀？如果说有，也不就是几年前的'江南事件'。而今这桩事件早已过去多时，有些人早把那个事忘了，听说江南的遗孀已经改嫁了他人。还有什么人去重翻这旧账呢？你莫忧虑，再也不会有人来说三道四了！"蒋孝武见蔡惠媚如此劝解，顿时也心宽不少。他从床榻上一骨碌爬起来，高兴地说："阿媚说得对，既然如此，我就宁可信其无，也绝不信其有了！……"

下午，蒋孝武偕妻子蔡惠媚到台北市的"陶陶酒店"，出席一次别开生面的饭局。那是从前蒋孝武在情治机关时的一批下属旧友，他们闻知从前有恩于他们的老上司调回台北，便在风格独特、典雅清静的"陶陶"后院雅间里，摆下了一桌欢迎酒席。

"恭喜恭喜，孝武兄，恭喜你苦尽甘来！""孝武兄，其实从前你也没半点过错，都是令尊太过于小心了！不然的话，你也大可不必去新加坡！""刘宜良那个不知深浅的家伙，谁让他非要去揭别人的隐私，打死他也是罪有应得！""孝武，祝你重新开始，相信你锐气不减！来，让我们满饮此杯，以快平生！"一群旧日的朋友，在席间纷纷举杯劝酒，喝彩连声。

蒋孝武和蔡惠媚也频频与之碰杯。在友人们热情的祝福中，蒋孝武早已把清早慧济寺里发生的不快丢于脑后。觥筹交错间，因心中高兴，蒋孝武饮了许多醇酒。"陶陶"的这个饭局，热热闹闹，气氛甚佳，不知不觉，从午后3时直喝到暮色四合，灯盏燃起。

夜幕渐渐台北市拉开的时候，酒醉酩酊的蒋孝武才在蔡惠媚的搀扶之下，钻进了小轿车。此次，改由蔡惠媚来驾驶小汽车，蒋孝武醉醺醺地倚在她身边的座位上，有些神志昏迷。

"孝武，你看，今天晚上的灯火多么灿烂。回到了台北就像回到了自己的家里一样。日本的东京不论多么繁华，可是终归没有咱们的台北好！"蔡惠媚兴致勃勃，她并没有感觉不幸正在向她步步地逼近。望着车窗外飞掠而过的高楼大厦、纵横交错的立体交叉桥，还有那在夜色中一簇簇一点点闪烁的灯火，她一边驾车一边说。

"唔唔……"蒋孝武睁不开眼睛。他将头倚在柔软的车座上，在醉意朦胧中只能含含糊糊地应诺着。

"武，你怎么了？"蔡惠媚这才发现蒋孝武的头耷拉下来，唇边流出了涎水。

"没、没什么……"蒋孝武喃喃地说。

蔡惠媚立刻将飞驰的车速尽量放缓，她关心地问："你一定是喝得太多了。

在国外的时候凡是有这样的酒局饭局，我是从来不让你多喝的。喝酒必须要有节制才行，点到为止，特别是你本来就有病！阿爸在世的时候，他老人家多次叮嘱我要管住你。老人家说从前大哥孝文就是由于饮酒过量，才导致他后来的卧床不起！唉唉，今晚都怪我不该不劝你……"

"没、没有什么大事……"蒋孝武虽然还是醉眼乜斜，但是他的神态渐渐变得清醒起来。只是双眼还是睁不开，他说道："难得有这么高兴的时候。大家是为我们摆酒接风的，我又如何可以不喝？……"

"唉唉，武，下不为例！"蔡惠媚悔之不及地叹了一口气，驾起小车飞也似地向一条通往郊区的小街驶来……

夫妻俩回到住处不久，蒋孝武忽然觉得身体不适。特别是他感到胰腺部位有些隐隐作痛。

"武，你怎么啦？"蔡惠媚初时还误以为蒋孝武醉酒，所以并没有十分在意。后来见丈夫躺在床上，手捂住腰部，不断地呻吟，额头上又沁出了淋漓的豆大汗珠，她便心绪紧张了起来。

"没、没有什么……"蒋孝武虽然感到胰腺部位有些隐痛，但是他在尚能够忍耐的时候，以为咬一咬牙便可以挺过去。后来，他觉得实在太难以忍耐时，方才叹了一口气说："阿媚，也许是胰腺炎又犯了吧？不过，也许挺一下就会过去的。这种病在新加坡和日本时，不是也犯过吗？"

"哎，不行！"蔡惠媚在灯光下探头一看，见丈夫的脸庞忽然变得苍白起来。她有些紧张，因为从前蒋孝武无论是在新加坡还是在日本，犯这种病的时候，一般都很轻微。如今见他剧痛难忍，蔡惠媚不敢等闲视之。她说："孝武，我看你的病来得很急，不能耽误的，依我看不如去住院吧？"蒋孝武只能点了点头，旋即又痛苦地呻吟了起来。蔡惠媚很快就接通了荣民总医院的电话。不久，主治医生刘正义便随同荣民总医院的救护车，来到蒋孝武的新寓所。

"是什么病？刘医生，你看他为什么头上流满了冷汗？"蔡惠媚见刘正义今夜值班，又亲自来到蒋寓，她的心绪稍稍安定了下来。

"别急别急，蒋太太。我想，也许是他的老病犯了吧？"刘正义是与蒋孝武十分相熟的医师，多年来因为蒋孝武时常会出入荣民总医院，刘正义与他关系颇为融洽。同时，刘正义对于蒋孝武从前所患的先天性糖尿病也很晓知内情。当年蒋孝武在台湾主持情治机关时，就是这位刘正义受荣民总医院的委托，不时地来为处于神秘禁室中的蒋二公子诊病。今天夜晚，刘正义来到蒋家的新寓所后，又

依照惯例为蒋孝武进行了例行的血压、血糖检验，结果很使刘正义及蔡惠媚吃惊。那就是蒋孝武检查的结果一切均为正常，并没有发现有什么反常。对于蒋孝武所说的胰腺不适，刘正义当时也认为并无大碍。

刘正义走后，恬静的蒋氏新居渐渐恢复平静。彩色电视机正在播映一部电视连续剧。蔡惠媚有意将电视机开启，与其说是为了欣赏，不如说以此来冲淡一些房间的紧张氛围。蒋孝武的胰腺隐痛似乎也由于刘正义的安慰，变得若有若无了。但是他却无心去看电视，倚在床头上似睡非睡。在蔡惠媚看来，一切均为一场虚惊，她哪里知道蒋孝武之所以不再呼叫呻吟，疼得满头大汗，皆是那位刘正义医师叮嘱蒋孝武服下镇静止痛药的结果。

是夜9点许，蒋孝武正欲与蔡惠媚入寝时，忽然又发生了腹部疼痛症状。不久，就疼得蒋孝武在床榻上呻吟滚动。

"武，孝武！你又怎么了？"蔡惠媚见状立刻吓慌了手脚。她凑近了蒋孝武，在灯影里定睛一看，不由大吃了一惊，原来丈夫那张略显微黑的脸庞一下子变得苍白怕人。她的手顿时哆嗦了起来，叫道："武，依我看不能继续住在家里了，还是住到医院里去吧，那里比较安全！"

"你……你看着办吧！"蒋孝武一时也不知道自己到底怎么了，他在床上只觉得头晕目眩，腹部的剧痛似乎一阵紧似一阵。他已经不知道该如何处理此事，只能听由蔡惠媚的安排。

"喂，喂喂，是荣民总医院吗？请给我接通刘正义医师！"蔡惠媚直到这时方才意识到蒋孝武的病情似乎与以往有些不同。所以，她再次拨通了"荣总"的电话，与刘正义在电话中很简短地通告了病情。大约过了半小时，刘正义派来接蒋孝武入院的一辆救护车来到蒋宅的楼下。

"蒋太太，请您别紧张。经我们的检查，蒋先生他不过是患了急性胰腺炎！方才，我们已经施用了镇静止痛剂。估计他的病情很快就能得到控制。"主治医师刘正义在对蒋孝武的病情进行了一番紧急抢救后，又再次对血样等进行了化验，近夜里10点钟时，他对神色颇为紧张的蔡惠媚说："蒋太太，你可以放心地回去了。就让蒋先生住在我的病房里吧，他的病情也许很快就会好的"。蔡惠媚的心情顿时轻松了许多，可是不知何因她还有些放不下，迟迟疑疑地走向门边："要不要我留在医院里，来护理他呢？"

刘正义说："完全没有必要。蒋太太，这里有值班的护士，再说如果有事情还有我来处理。今天夜里恰好是我来值班，你就请回吧！"

"可是，明天清早孝武他还要去出席'中华电视公司'的欢迎仪式。我真担心，他的病明天早晨能好吗？如果去不了的话，那个欢迎的仪式要不要去通知'中华公司'取消？"蔡惠媚在临迈出门去时，又情不自禁地收住了脚。刘正义见蔡惠媚依然不放心，就笑了笑说："请你放心。蒋先生的病明早是会好转的。万一不行，我和护士们可以陪同蒋先生去'中华公司'，这样你总该放心了吧？"

"那就太好了！"蔡惠媚听到这里非常高兴，说："那样，……我就放心了。"

蔡惠媚决定赶回寓所去。她在临行前，在刘正义和女护士们的陪同下，来到了蒋孝武的单人病室内。她看见在柔和的灯光下，病房里显得恬静而安谧。几盆兰花正散发出淡淡的幽香。蒋孝武的病情果然如刘正义所说的那样，趋于稳定了。他神色镇静地静卧在床榻上，刚来时有些苍白的面庞上，此时已经泛起了淡淡的血色。蔡惠媚依依不舍地走到蒋孝武的床前，小心地将一床软被为他盖严，俯下身来问："武，你现在感到如何？腹部还痛吗？"

"不痛了，什么症状也没有了。"蒋孝武望着郁郁不肯离去的蔡惠媚，轻松地笑了笑说："阿媚，你可以回去了。我现在很好，不会出什么问题的……"蔡惠媚点点头，心绪稍安地嫣然一笑，说："孝武，你这样我就放心了。今晚你要在这里好好地休息，明天早晨，你将要去'中华电视公司'出席那个隆重的就职仪式。到时候我会亲自来这里，陪着你去参加的。既然没有什么太大的事，你就早早地休息吧！"

说罢，蔡惠媚又向蒋孝武投去了欣慰的一笑，然后她和医生护士们告别，转身离开了病房。当蔡惠媚驾驶着小轿车离开了荣民总医院，她做梦也不会知道，刚才她在蒋孝武床榻前的温存笑容，会是她今生留给她丈夫的最后一笑！当然，坐在轿车里眼望着台北街头五颜六色霓虹广告、正在对明天蒋孝武将在隆重的典礼仪式上就职做出种种遐思的蔡惠媚，更不会想到明天——1991年7月1日，在台北的各种报纸上刊登的新闻，将不是蒋孝武接任台北"中华电视公司"董事长的消息，而是一则令她及世人震惊的讣告！

子夜更深，熟睡的蔡惠媚忽然醒了！

她方才做了一场噩梦。在可怕梦境中蔡惠媚见到了此时正在荣民总医院的丈夫。

"阿媚，我是来向你辞行的！"在无边的漆黑中，蔡惠媚忽然听到有一个熟悉的声音在轻轻地唤她。她吃惊地睁大双眼，定睛看时，原来是她丈夫蒋孝武飘然而至。

"孝武，你不在医院里治病，又要到哪里去？"蔡惠媚愕然。蒋孝武呆呆地伫立在那里，他的目光充满了对妻子的无限留念。半晌他说："我就要到很远的地方去了，我走后，友松和友兰两个孩子，可要委托你来照顾了。……"

蔡惠媚越加感到惊诧，神色不安地追问说："孝武，你说些什么话，你刚刚从日本回来，为什么又说要到很远的地方？你说呀，你说……"

蒋孝武凄然一笑，忽然一团黑雾袭来。蒋孝武的身影便倏然不见了。蔡惠媚立刻吓醒了，她浑身冷汗，一骨碌从床上翻身爬起来，随手开了电灯。夜，万籁俱寂，四周什么动静也没有。蔡惠媚坐在床上的被窝里，怔怔地想着。她感到方才的噩梦实在有些奇怪，莫非孝武当真会有什么不测吗？可是当蔡惠媚想到几个小时前她在荣民总医院里所见的景况，又感到梦境实在有些荒唐可笑。丈夫的病情根本不重，怎么可能在几小时之后又发生什么不测呢？况且她与丈夫刚刚从东京回来，明晨将有一次非常重要的就职仪式，蒋孝武的新生活实际上是刚刚开始，他又怎么可能离台北远行呢？

蔡惠媚觉得梦境可笑，又关了灯准备重新睡下。可是她却无论如何也难以进入梦乡，在辗转反侧中蔡惠媚又想起白天丈夫对她说的话。慧济寺中的住持海性法师对蒋孝武的一席没头没脑之言，又勾起了蔡惠媚心中的狐疑。莫非孝武当真有什么不测吗？就这样，她在黎明前的微光中无法安眠，不知不觉间，便熬到了天明。

"叮铃铃……"在熹微的晨光里，蔡惠媚正欲悠悠睡去，不料床头柜上的电话突然急剧地响了起来。她揉揉惺忪的睡眼，操起话筒，原来是"荣总"的值班医师刘正义的声音："蒋太太，现在发生了变化，请您最好马上就到医院里来一下……"

"刘医生，莫非……孝武他的情况不好？……"蔡惠媚的心顿时悬了起来，一抹不祥的阴影在她的心中掠过。想起半夜里那个不吉的噩梦，她握住话筒的手在微微地颤抖着。

"蒋太太，请你一定要挺得住！"刘正义在电话的另一端尽量控制住他的激动与紧张，喃喃地说道："真不幸，蒋先生他……刚刚病死在医院里了！……"

"什么？天哪！"蔡惠媚万没有想到她所预感的不幸，居然如此之快地得到了证实。她只觉得眼前一黑，头晕目眩，惨叫了一声就扑倒在沙发上了……

半小时后，从昏厥中醒来的蔡惠媚乘坐一辆汽车驶进了荣民总医院。在从前停厝过亡故公公蒋经国、大哥蒋孝文的"怀远堂"里，她终于见到了刚从日本回台北两天、今天清早便可以出任"中华电视公司"董事长的丈夫蒋孝武！

　　在昏暗的光影里，神色凄然的蔡惠媚由两位女护士搀扶着，蹒蹒跚跚地来到"怀远堂"深处，缓缓地来到冰柜前。

　　刘正义医师也悄悄尾随在身后，他见蔡惠媚已经被突然发生的事情惊呆了，急忙示意女护士们将冰柜拉开。不久，呆然若失的蔡惠媚看见女护士们将冰柜开启，从里面抬出一副担架，白布罩单下面直挺挺地卧着一具僵直的尸体。那是谁？他就是与自己相爱多年，后来在新加坡结婚，又一起度过了几年国外漂泊生活的丈夫吗？本来，她协助丈夫为如何早日调回台湾，并且将来如何通过电视这一媒体的捷径返回政坛而煞费苦心，谁知道当她与他的计划刚刚得以实现，从日本回到台北的两天后，蒋孝武竟然猝不及防地死去了。蔡惠媚无法接受这个冷酷的事实！她感到自己是在一场可怕的梦中，蒋孝武过去虽然有病，可是在她看来那些疾病都是不足以威胁他性命的常见病和慢性病，况且昨天晚上她将蒋孝武护送到医院时，状况良好，主治医师刘正义曾言之凿凿地向她保证：蒋孝武的病情不重，次日清晨不会耽误他去"中华电视公司"出席就职仪式。既然如此，蒋孝武为什么突然不清不白地死去了呢？

　　"蒋太太，这件事真是有些不可思议。蒋先生昨天晚上发病入院的时候，本来没有太大的危险。我们当时对他的血压、血糖等都做了化验。他的腹痛发生后，我们用药物进行治疗，很快就得以控制了。当时蒋先生只是说他的胰脏有些不适，可是也没有发现有导致死亡的征兆。"一群穿白大衣的医生们走过来，刘正义在与那些人进行悄声地交谈后，靠近前来对神色凄楚、木然呆立的蔡惠媚报告病情。

　　蔡惠媚呆望着脚下这副担架上的丈夫遗体，她仿佛什么也没有听到，只有一汪泪水在她的眼睛里打着旋。刘正义继续向她说道："但是，就在你离开医院以后，我们本来想继续为蒋先生再做一些必要的检查，可是蒋先生本人谢绝了，只是说：'我累了，想睡觉。'并且在我们退出他的病房之前，他还叮嘱护士们说，明天早晨5点半必须要叫醒他，因为他要准时参加'中华电视公司'董事长的交接典礼。我们根本就没有想到，蒋先生这一觉睡下，就再也没醒过来。"

　　蔡惠媚凝然不动。她既不哭也不闹，在眼泪扑簌簌地打湿她的面颊后，只是微微地啜泣和哽咽。一双漂亮的大眼睛盯住担架上直挺挺的蒋孝武的尸体，一言不发。她犹如弱柳迎风那般，默默地忍受着揪心的疼痛和亲人死别的折磨。不久，蔡惠媚终于从死一般的沉默中醒过来，她不能再保持沉默了，愤愤地打断刘正义的陈述，说："刘医生，你总该把话说清楚，孝武他究竟是死于何种疾病？昨晚

10点钟我离开的时候，他可是好好的。而且，我当时请求留在这里护理他，你们却百般不同意，还说他的病情并不严重，很快就会好的⋯⋯这到底是为什么？"

"蒋太太，请别急。我会将蒋先生临死前的所有情况都说清的。"刘正义非常理解蔡惠媚此时痛失亲人的痛苦心情，他继续向她报告有关蒋孝武死前的情况："昨夜11点钟我巡视病房的时候，发现孝武先生睡得很好。一直到凌晨3点到4点我再次到病房里去巡查时，也没有发现他有什么异常的情况。直到今天凌晨5点半，护士们按照昨晚孝武先生的吩咐，喊他准时起床的时候，护士们才发现他实际上早已经死去了。我们马上对他进行紧急抢救，可是他的心脏连一点反应也没有，唉唉，现在是回天无术了！"

"刘医生，您还没有正面地回答我的话。"蔡惠媚在极度的悲恸中失去了惯有的冷静，她追问刘正义说："孝武他到底是死于何病？"

"当、当然是心脏。"刘正义对蒋孝武如此之快地猝然死去，有些困惑。特别是对于像蒋孝武这种有特殊身份的病人，在如此之短的时间里死在他所管辖的病区里，也使他有一种惶恐不安之感，他说："也许是心肌梗塞而死！⋯⋯"

"心肌梗塞？这就更加奇怪了。"蔡惠媚以蒋二公子的未亡人身份发出质疑，她说："据我知道，孝武本人从来没有心脏病的病史。他的心脏一贯很好呀，又怎么能够在这么短的时间里发生突然的心肌梗塞呢？您这样的答复，很值得人怀疑。孝武他从来没有心脏病！"

"蒋太太，你别急。对于孝武先生的病死我们也一样感到沉痛。"刘正义哭丧着脸对咄咄逼人的蔡惠媚说："至于孝武先生为什么突然死去，我们作为医生可以说问心无愧。我们是已经尽了力的。至于他为什么会在熟睡中心脏突然停跳，我认为孝武先生长期以来患有糖尿病和高血脂症，与此也许不无关系。他的突然死去，可以断定是因为糖尿病和高血脂症，终于导致或引发了急性心脏衰竭致死⋯⋯"

"这是根本不可能的。你刚才已经亲口对我说过，在凌晨4时查房的时候，孝武他还无任何反常，为什么仅仅1个半小时以后，他就能够突然发病呢？"蔡惠媚显然对刘正义医师牵强又不能自圆其说的谈话，持有深深的怀疑与愤慨。她激愤地质问使得包括刘正义在内的所有医护人员都无言以对。

"蒋太太，不必再这样追问了，孝武的死因，也许将来你会弄清的。"忽然，从医护的人群里闪出一位外着白大褂，内穿西装，戴一副精致眼镜的学者模样的老者。他就是荣民总医院的副院长、从前负责过蒋介石、蒋经国医疗小组的"御医"姜必宁。他关切而同情地劝说蔡惠媚说："有一点我可以告诉你，孝武的死与医生的诊治是没有关系的。因为孝武除此之外，还有其他的疾病……"

方才还愤慨难忍，一定要向刘正义医生追查死因的蔡惠媚，见姜必宁副院长亲自出面，她立刻就不再追问了。因为她知道姜必宁与蒋氏家族的深厚关系，当年39岁从美国留学归来的姜必宁，就成了蒋介石的侍从医生。多年来一直出入士林官邸和七海官邸，蒋家老老少少对姜必宁都十分信任，蔡惠媚见他出面劝解，还能再说什么呢？

"唉，孝武，你死得好惨呀！……"蔡惠媚蹲下身来，轻轻地揭开了那蒙在蒋孝武遗体上的白罩单。下面渐渐露出了她所熟悉的一张脸。那是她相依为命的丈夫蒋孝武！早已停止了呼吸的死者面色蜡黄，双目紧闭，似乎已在尘世纷扰中悄然地进入了梦乡。蒋孝武的脸上在临死以前并没有留下一丝痛苦的神情。蔡惠媚实在无法接受蒋孝武已经死去的事实，往日的音容笑貌都犹如电影镜头般地在蔡惠媚的眼前闪现。她终于忍不住了，猛地抱住蒋孝武的头悲怆地失声大哭了起来……

蒋孝武在荣民总医院猝然病死的消息传出以后，顿时引起了台湾岛上各方的震惊。报界也纷纷发出各种质疑，几乎所有关注蒋氏家族的人们，都对这个刚刚46岁的蒋家二公子突然死去的消息，难以置信。一时间，有关蒋孝武的死因众说纷纭。有人认为荣民总医院所公布的"急性心脏衰竭"与曾经传出的糖尿病、胰腺炎等病因南辕北辙。

一些较为熟知蒋孝武的人士，更是对蒋氏死因议论纷纷。他们认为蒋孝武从前虽然有病，身体状况却没到发病即死的危状。特别是他从日本奉调返回台北后，还可以到处去赴饭局，吃宴请，为什么就在他前去"中华电视公司"履新前的几个小时，就突然发病死去，人们对此表示深深的怀疑。甚至有人怀疑蒋孝武是死于"谋杀"。与此同时，日本的许多报章又危言耸听地传说，蒋孝武是"自杀身死"。这样一来，蒋孝武之死便被人为地蒙上了一层神秘的阴影。

39. 章孝严发表公开信《哭孝武》

在台湾报纸上连篇累牍刊发的各种怀疑文章中，与蒋孝武同父异母的庶出弟兄章孝严所公开发表的《哭孝武》一文，显得尤为引人注目。

此前章孝严为了搞好与蒋家的关系，特别想为完成他们弟兄（与章孝慈）两人认祖归宗的大事，不仅设法与蒋孝武搞好关系，同时也不断与蒋孝勇贴近并联

络感情，然而蒋孝勇与蒋孝武截然不同。他到死也不想与章孝严接近，更不同意他认蒋家这门亲。而章孝严为了达到更姓为蒋的目的，甚至每年都利用"台湾外交官"的身份数次到美国纽约，有意求见幽居在曼哈顿的蒋介石夫人宋美龄，而宋则每一次都予以谢绝。2003年8月来自香港某报的新闻，曾经公开透露了此事。这条新闻的标题是：《章孝严谈蒋家情 六度求见宋美龄都未如愿》。

内称："台北消息：蒋经国仍在世的儿子章孝严，昨日接受台湾电子传媒专访时，敞开心扉畅谈身为蒋家人的心情。章孝严坦言，他很遗憾从没有与蒋经国以'父子关系'一聚，无法接受父亲庭训、享受父子亲情。此外，他因公务多次赴美国时，曾六度求见蒋夫人宋美龄，但都遭身边人阻挡，而无缘得见。章孝严还谈到他在为新出版的《风雨中的宁静》一书作序时，签名为'蒋孝严'，尽管他在认祖归宗后新领的身份证上没有改姓，但签下'蒋孝严'三字时，回想从高中时得知自己的生父是重要人士，他与外婆、弟弟章孝慈抱头痛哭，以至于走过人生风雨至此，他说，签下'蒋孝严'时，心中非常的宁静。针对蒋家媳妇蒋方智怡在上周六的蒋得曦满月宴中，称呼他为'蒋委员'，章孝严表示，他已不在意这些，他也不会主动希望她叫他一声'大哥'，但是，他还是觉得一家人必须团结。章孝严回想当年，只有在会见外宾等场合可以见到父亲蒋经国。谈到他曾在'总统府'会客室与蒋经国四目交会的一刹那，章孝严显得有点感伤。他说，之后在一些'大老'建议下，为避免长得太像的父子两人在外宾接见场合常同台曝光、担心被媒体做文章，他的外交业务遭到更换。……"当然，本书提及此事，都是后话。首先要说的是，当蒋孝武在台湾猝死时，章孝严公开在台湾《联合报》上发表的长文，一度引起台湾关心蒋家的读者们震动。这封信之所以值得一读，不仅章孝严在该文中明显流露对荣民总医院失职的不满，还可从他——这位蒋经国与章亚若女士的私生子的长信中，看出章孝严与蒋孝武生前比较密切的私人往来。章孝严在信中这样写道：

孝武兄：

虽然我比你要大三岁，你属鸡，我属马，可是到你去世的前一天，我还是这样称呼你的。

你这次从日本辞掉代表职务回来，精神比从前好多了。对于日本的工作，你似乎从来就没有喜欢过。去年2月农历春节，你要我和美伦带孩子们到东京去过年。那时，你自己上任未久，和惠媚还暂时住在帝国大饭店。我们一到机场，你就把我们接到同一饭店住下。你说，这样见面的时间可以多些，外出走动也方便。有天晚上，快 10 点了，你邀我到房里聊天，我们谈了好多的事情，你也谈到你出任驻日代表一职的经过和感受。你幽幽地，也带着一丝苦笑说："孝严兄，你想想看，我怎能料到，有一天会被派到日本来工作？祖父和父亲对日本的看法和态度，你是知道的，以前我们吃了多少日本人的亏，上了多少日本人的当，而今天我的责任是要去加强和日本人的关系，还要去看日本人的脸色，……"你说这话时，我脑海里很快就浮现出经国先生在毛太夫人遇难处，亲书并刻碑为念的"以血还血"四个大字。你内心深处的压力和矛盾，又真有几个人能够体会和了解？

两年多前，我们开始彼此接近的时候，起先一两次谈话中，当提到老"总统"和经国先生时，你曾经以"我祖父"或"我父亲"称之，有时，也技巧地以"他老人家"带过；但没过多久，尤其是前年农历年，我带家人到新加坡和你们一道过年以后，凡是和我提到他们两位老人家，你都直接地以"祖父"和"父亲"来称呼了。你的用意，和我们彼此的接纳，极自然也极明显地表露出来了。但是直到现在，在你面前或其他任何人面前，凡是提到"他老人家"，我还都是虔敬地唤为"经国先生"，没有别的，我不愿意逾越。虽然从前多次，我在梦中喊着"父亲！父亲！"而泪流满脸地惊醒过来。

你不止一次地和我谈过"归宗"的事。我感受到，你认为这是一件该办而未办的事。你怕我急，你不愿意我有所抱怨。那次你从新加坡回来，一定是想过好久，也作了深入地思考，所以好认真地告诉我，这件事是一定要做的，你说，也曾和孝章大姐谈过。可是由于你母亲身体不好，怕这件事做了，一定又会引起媒体的渲染，可能对她老人家在精神上再予冲击，所以，能不能再等一等？你更明白地说，是不是可以等她老人家百年之后再处理？我记得，我答复你说，这是一件毫无时间性、更无急迫性的事，你千万不要放在心上；我和孝慈都认为，这件事的发展，要让它越自然越好。不要为难任何人，也不能让任何人受到伤害，包括生者和死者。更要对得起所有有关的人，也包括生者和死者。对你的建议，我是完全的同意。

孝武兄，你知道得很清楚，经国先生在生前曾经交代过，要我和孝慈归宗；这是大约在他老人家过世前一年半的时候，向身边一位长者提

起的。至七十七年（即 1988 年）元月 17 日，经国先生过去后的第 4 天，这位长者约我到他办公室，亲口告诉了我这件事。并且说，在当月 14 日下午就转告了孝勇，同时也告诉了当时政界里的两位大老。你前面的建议，也就向这位长者作了商量，他也认为这样做很好。

这一件事，从最开始，就是没有曲谱也没有剧本的，经过了 40 多年的沧桑，我们此刻没有必要，几乎也没有能力再作人为的修饰、弥补或改变了。还是依顺自然法则进行的比较好。孝武兄，谁又能料到，你却会先令堂而去呢？

这两年多来，很少有人真正知道我们处得多么融洽、多么亲切。这一段日子里，我们两个好像都在尽力想把过去所失去的亲情，能加速加倍地寻回。难道你早就料到来日不多，而那么急着告诉我许多的事情？那么真切地和我商量大、小问题？那么坦诚地让我了解内心深处的你？那么诚挚地要我感受到你对我的手足之情？又那么直接地告诉我你的痛楚和你一直无法开朗的心情？孝式兄，你还是走得太快，我们在一起的时间太短促，我能给你的协助也太少！前年在新加坡，你把经国先生画的一幅梅花交到我手中，你说："这是父亲生前画的，好多幅都在孝勇那里，孝章也分到了，你也要留一幅。"我眼眶充满了泪水，默默地望着那幅画，我真不知道用什么词句才能清楚形容我当时的心情。这是我唯一拥有曾属于经国先生的东西。

……

对三年以前的你，我认识得很有限，就像其他人一样，都是从零星的传闻和报道中描绘出模糊和片断的轮廓。说实话，从前所听到有关你的说法，负面的居多。十几年前，你似乎一度成了所谓特权的代号，好像所有的人，都要畏你三分，让你七分。我也听到不少人在背后骂你，好像很多人都不太喜欢你，当然一定有更多人莫名地妒嫉你，容不下你，甚至于恨你。今年 4 月，在东京的一个深夜，就只我俩在客厅里坐着，你谈到了过去的种种，你承认年轻时曾经放荡不羁过，与人冲突过，也交过一些女朋友，虽然你是笑着讲的，但丝毫没有得意之色，反倒流露出一种昨日非的觉醒。我无意在此文饰你的过去，可是我想让人知道，这三年来你的转变，和我所见到的你。如果过去的你有不少缺失，没有人不同意，那是因为环境所造成的。

从前，你对我的了解也很少，而可笑的，也是从报章、传闻中所获得。我知道，曾经有好事之徒，在你面前搬弄是非，说我的短长，因为也有人当面告诉我，要我对你提防些；这都是十来年前的事了。我从驻美大使馆调回"外交部"北美司后，最先担任一科科长职务，慢慢地升为副司长、秘书长、司长，自然地引起了外界的注意和一些媒体的报道，尤其当时党外杂志还不时以我特殊的成长背景大做文章。有人告诉我，你对这些报道感到非常不自在和不满，甚至于还想法子阻挠我的发展云云。对这些话，我只是听，而从未当真，我从不相信你会这么做，所以也未在心中对你产生任何芥蒂。就是万一你对我有容不下的感觉，那也是由于你周遭的人所挑拨的结果，而绝不会是你的本意。我能体会你所处的环境，我能闭上眼，就看见围绕在你身边那些人的嘴脸。另外还有些人，反过来常在我面前说些风凉话。说我得到蒋家的照顾太少，说什么我从小时候要受那么多不必要的罪，在服公职的过程里，为什么要一步一步的熬？为什么要考这个或那个试？为什么手边那么紧？你看孝武他们多神气，这太不公平了！对这些别有用心之言，我自然是充耳不闻。说真的，我从未对你的日子羡慕过，更从未嫉妒过你。我反而曾产生过同情和关心；对自己所过的平常日子，倒很满足。对过去的种种，也从来不觉得有什么好埋怨的，反而自己常常庆幸在小的时候还承受过煎熬。

……

你最近两年多来的改变相当的大，你好多的朋友都能感觉得到；可是，并没有多少人知道，你一直是在做痛苦的挣扎和极其艰辛的重新调适。自从经国先生过去以后，在和你多次的深谈中，我体察到你所做的一切努力，都是在追求一个自由，这个自由是每个人都与生俱来的，可是，对你而言，却成了一个遥不可及的目标——"做一个自由的平常人"。你好多的痛苦和灾难，几乎都源自于你无法做一个平常的人，无法过平常的日子，无法从事平常的工作，无法交平常的朋友，无法维持平常的思考。于是你失去了一切快乐泉源——拥有一颗平常的心。这可能是为什么你希望皈依佛门，期盼在佛的境界里，能重新争取到成为芸芸众生里一员的喜悦，在佛面前，你与众人平等；我好像一直听到你从内心深处的呐喊——"请还给我做一个平常人的自由！"

7月1日早上，像每个清晨一样，不到6点，我就起床了。漱洗后，

平常我都是换上运动服后立即出门去运动。而这一天，我却没有急于开车出去，很奇怪地走进书房去看一些并不急的资料，不一会儿，电话铃响了，美伦在卧房和我几乎同时拿起了分机听筒，只听到听筒里传来一阵凄厉的男子号哭声，什么话都没有说，只是刺耳的哭声，我听到美伦说了一声"神经病"，就把电话挂断了，而我拿着电话怔在那里，心里透出一种从来没有的不祥预感，心想，怎么会有人这么一大早就触人霉头地在电话里大哭，我还在思索怎么回事时，电话又响了。是你的侍卫周先生的声音，他一边抽泣，一边说："章次长，赶快来'荣总'117病房，孝武先生出事了，快来！快来！"我这才知道第一个电话也是他打来的，只是悲恸至极而无法成话。我匆忙换上衣服，跳上计程车，直奔"荣总"。到达"荣总"才6点18分。一路上，我以为你一定是病危正在急救中，怎么也不能料到……你已经过去了。你真的走了！走得太突然，走得太意外了！前一天下午，你、惠媚、美伦和我，我们4人还在蔡府二楼客厅里有说有笑，从下午4时一直聊到7时，你精神一直是蛮好的。你提到当前的政局，你提到两岸关系，你提到对"华视"的期望，你提到要制作一个有意义的政治访谈节目，你提到4日要到新加坡陪友兰、友松住一段时间，然后送友兰到瑞士去上大学，你也提到友松正要考试，而且成绩一直很好，玩也玩得比你好，个子也长得比你高，你显得好得意；只有在你说到孩子们的种种时，我才能在你脸上看到从内心流露出来真正的欢愉和满足，你对孩子的关爱超过了一般的父亲；惠媚曾告诉美伦说，可能是你属于牡羊星座的缘故。因为这一星座的男人，对家庭的照顾和惦念，比其他星座来得要强烈。你本性是淳朴而善良的，有时你还会显得腼腆，你并不喜欢在大庭广众之前高谈阔论，你其实并不十分善于辞令，你更不属于雄辩滔滔之士，可是你能细心听别人的谈话，而抓住要领，要辩驳时，你会得理不饶人；你的记性特别好，尤其别人好久以前讲的话，你可以一字不差地说一遍；你喜欢帮助别人，你不愿意亏欠别人，而宁愿别人辜负了你。其实，你有一个非常随和的个性，所以，惠媚一家人都那么的喜欢你，尤其她三个哥哥，与你这几年的相处下来，早有浓得化不开的感情。我看得出来，他们对你好，是毫无所求，出自于内心真挚的喜爱。为什么要等经国先生过后，你所触摸到和拥有的情感才能让你感到那么的真实？你走后到现在，有关你好多后事的料理，几乎绝大部分都是由蔡府上下忙着照应的。看到这些情景，我心里真是感受良深，你好像几乎已成为蔡家的一员了。从这件事，我对蔡府感到由衷的钦敬。

我一直知道你的身体很差，4月从日本访问回来后，我曾告诉美伦，我真担心你的身子，你给我的感觉是你几乎是用药物在支撑你所有的体力，可是怎么也不能料到，你会去得那么快。我怎么也忘不掉你离开前一天我们的欢聚。谈到下午7时，你还要我们留下来用餐。可是我说7点半另外有约，而辞谢了；若是知道几小时后你就要离开人世，天大的事我都会推掉而留下来陪你进餐的！你和惠媚送我们下楼直到大门口看我们上车，你对我说的最后一句话却是："明天见！"天啊，怎么料到第二天再见到你时，你已经冰冷地躺在病床上一动也不动了！你那夜前往"荣总"，不是因病急而去，你是想要有更好的体力状况，以应付忙碌的第二天，你原还想很快回家的，所以连病床的罩单都没有移开。你却因为打了两针，就没再醒过来。"荣总"的疏忽对我来说，是存在的。如果，我不把我所知道的说出来，也没有别人会说，那我就对不起你了。

孝武兄，你在世的46个年头里，真可谓充满了风风雨雨，也充满了惊涛骇浪。最后，你走得却十分安详、平静，也没有痛苦或折磨。我感到惟一遗憾的，就是没能和你再多相处些时候，也就未能让经国先生在天上能够更快乐些。我在这里追念你，使我想起韩愈《祭十二郎文》里最后一句话："言有穷而情不可终，汝其知也耶？其不知也耶？"而我相信，孝武兄，你天上有知，一定能体察到我们对你的追思，是深切而久远的。你的突然离去，顿然使我更深一层了解到世事的无常和人情的冷暖。有几个夜里，无法成眠，我就独自低吟宋朝黄大临所填的《青玉案》；这阕词道尽了送弟远别的悲戚，今读之，依旧泫然流涕。

孝武兄，你甩一甩衣袖，已挣脱了这滚滚的红尘；你走得那么宁静，终于可以和平常人一样，带着家人和朋友的祝福，永远在宁静中安息了。安息吧！孝武兄。……

当台湾上下对蒋孝武的猝然死去众说纷纭之时，台北的荣民总医院对此事一直保持着冷静的沉默。他们对于外界的猜测、怀疑甚至是毫无根据的中伤，采取不加理睬的态度。但是，这家台湾最大的医院，却对来自章孝严这个与蒋氏家族有着某种特殊血缘关系，又在台湾政界占有一席之地的人物，在报纸上所说的话，

不能不认真地假以思索。

其中，章孝严在悼念蒋孝武的那封洋洋数千言的长信中，所言"你却因为打了两针，就没再醒过来。'荣总'的疏忽对我来说，是存在的。如果我不把我所知道的说出来，也没有别人会说，那我就对不起你了"这样一段话，特别令荣民总医院吃不消。因为如果"荣总"始终在蒋孝武之死的问题上保持沉默，那么将意味着医疗责任的存在。特别是蒋孝武当时的病情确实并不十分严重，而且又仅仅在这家有名望的医院里住了一夜。在几个小时前还是一个能走、能说话的人，为什么一夜之间竟然会不清不白地死去？这其中到底是医疗的"疏忽"，还是另有什么难以说清的原因？

荣民总医院在相当长的一段时间里，处于舆论的不信任旋涡中。在蒋孝武病殁的一年后，沉默多时的"荣总"终于找到了一个可以公开澄清蒋孝武死因的办法。那就是让年已63岁的台湾荣民总医院的副院长、从1970年起就成为台北当局一批要人、特别是蒋介石、蒋经国等人的"御医"的姜必宁教授，以接受《自立晚报》记者采访的方式，来向民间说清当年蒋孝武死去的情由。

姜必宁毕竟是一位有相当资历的医界要人。他对台湾《自立晚报》的谈话，先是从已故的蒋介石和蒋经国谈起。这位1975年蒋介石医疗小组的成员，谈到蒋介石之死时，坦然承认因为照料蒋介石有功，蒋介石死后，宋美龄曾经亲自授予姜必宁的景星勋章，以示表彰。蒋经国也曾经亲笔致信以表谢忱。可是，在姜必宁谈到蒋经国死后所受到舆论的猜测与抨击时，他的脸上便不加掩饰地露出了忧虑之色。姜必宁回忆这件往事时，这样说：由于事先没有公布蒋经国的病况，所以那次蒋经国发生肠胃大出血而突然过世后，自然会引来社会各界的舆论质疑。时任蒋经国医疗小组召集人的姜必宁，自然就成了"众矢之的"。有人甚至说："这个医生太饭桶，光出血都救不了。"也有人指责他说："一定是医生糊涂了，胃有病怎么不事先查查？"还有人在报纸上刊登启事，说在当晚电视上看到姜必宁的脸就像是个坏人，说不定是被他害死的。当时，姜必宁是受命不要对外多言，他也只好"含冤莫辩"了。蒋经国的过世，几乎使姜必宁声名败坏。他深感从事这项工作的"压力太大"。姜必宁甚至公开对台湾的记者说："再叫我做，给我再多的薪水，我也不要……"

姜必宁在公开披露了蒋介石、蒋经国的死因内情之后，很侧重地讲到了有关蒋孝武之死。在姜必宁谈到蒋孝武之死时，台湾报纸上所使用的小标题是："蒋孝武死亡内幕现在还不能讲。"该报写道：

后来，蒋孝武在荣民总医院也是死得突然，当时社会议论纷纷。至今许多人也还弄不清是怎么回事。对于蒋孝武的死，姜必宁说：现在还不能讲。等我老的时候，可以写回忆录，也许可以透露一点不寻常的信息。他认为，荣民总医院没有过失。要怪就怪蒋孝武自己。蒋孝武不是自杀，他不想死。也不是医院弄错了药方。他的死亡是一个不幸，而这个不幸，含有几分他自己的成分。但也不能讲完全是他自己的问题。因为，蒋孝武还有另外的毛病，常常需要一些特殊的药物，他以前得过胰脏炎，病起来很受不了。需要特殊的药品，这些药可能跟那天晚上有相当的关系。

姜必宁说：这件事到现在还有一点敏感，因为章孝严先生在报纸上写了一篇文章《哭孝武》。提到荣民总医院可能有所疏失，那句话说得很重，我们看了很难过，但是没有提出反驳。我想孝武的死，总有一天有人会把内幕讲出来，现在由我嘴里讲出来恐怕不大好，希望你们不要追问。从姜必宁教授欲言又止的态度上看出，蒋氏家族至今仍然保有几分神秘的忌讳。……

如此看来，蒋孝武在荣民总医院猝然死去，一直还是一个猜不透的谜！

L 章
强权势微如残阳

40. 淡化"两蒋"影响

　　1995 年的春天，美国西海岸华人集居的城市旧金山，春色格外浓重。圣弗兰西斯科湾的海域，碧蓝色的波涛不断地拍岸，发出水冲礁石的喧响。这海潮声似乎在向居住在这里的蒋孝勇，传达着一种令人怦然心动的春的消息。

　　虽然旧金山春意袭人，花香浓郁，可是蒋孝勇的心里盈满了难言的苦涩与烦躁！蒋孝勇早在两年前就把他的家从寒冷的加拿大，迁居到美国的旧金山。这几年他虽身在国外，可他仍然身兼台湾"中兴公司"的职务。只是他在旧金山经营着"中兴"的分公司。这一天他从分公司出来，亲自驾驶那辆崭新的凯迪拉克轿车，经过蒙特马利大街金融区——那条一贯被人称为美国"西部华尔街"的时候，他那忧虑的目光不禁投向了座落在街前的美国最高建筑、52 层的美利坚银行总部巨型大厦。蒋孝勇感到心胸憋闷，感到大街两旁鳞次栉比的巨厦，就俨然像一座又一座陡峭险峻的山峦，压得他透不过气来。在大楼阴影下驾车拼命飞驰的蒋孝勇，如同在山涧沟壑里艰难地蠕动爬行。忍不住胸臆间的怒气，他忽然骂了一声："混账！欺人太甚了……"

　　蒋孝勇自去年 9 月回台北，协助祖母宋美龄安排料理孔令伟后事，返回旧金山后，他就再也没有飞回去。虽然他决心在旧金山潜心于他的"中兴"分公司业务经营，不想分神去问台湾的任何事情，然而，令他烦心的事仍然时时困扰着他。最先从台北传来的不快信息，是台北当局的某要人，答应开放"大溪档案"。蒋孝勇在旧金山听说这件事以后，最初他不敢相信。因为"大溪档案"是他祖父蒋介石私人档案的一部分。蒋经国在世时，曾经公开训令他的那些下属："'大溪档案'不仅是我父亲的私人财富，也是关系党国历史的珍贵资料，绝不能向任何人开放。因为那里面有许多秘密是不能让外界了解的。"这些话是有分量的，蒋孝勇认为蒋经国在发出这样严肃指令时，此时手握台北政权要柄的李登辉，也是亲耳所闻的。蒋孝勇可以设想，依这个人的逢迎特性，当时也定会顺从并赞成他父亲关于不向外界开放"大溪档案"主意。可是，如今，父亲蒋经国早已故去多年，他当年的这些明确训示，莫非当真有人敢于公开违背吗？

蒋孝勇不肯相信，他要在得到确切消息才能承认这样的事实。不久，这一令人难以置信的消息果然得到了证实。因为台湾有影响的《中国时报》，公开以《掀开大溪"总统"档案神秘面纱》为题，向世人也向躲在旧金山经商的蒋孝勇证实了这件事。该文称：

> 一直蒙着神秘面纱的"大溪档案"，昨日首度开放，让立委和新闻界"参观"。这部中华民国建国以来惟一的"总统"档案，共典藏近4万件蒋中正的私人史料，内容包括其亲笔信函、革命文献、蒋氏宗谱、蒋中正家书及各种文物。目前被保管在门禁森严的阳明书屋。被史学界视为"宝藏"的"大溪档案"，由于受到参阅规定的限制，始终无法为史学研究工作者广泛运用。因此，要求开放"大溪档案"的声浪历经二三十载之后，仍旧鼎沸不已。所谓"大溪档案"，计有蒋中正写给当时党政要员的亲笔信函1.7万件；革命文献（包括北伐、统一、抗战、勘乱四个阶段）2.08万件；蒋氏宗谱48册。蒋中正家书12册、照片168册、印信文物33个、书画17件，以及图书379部等。

> 这些史料是1923年至1952年之间的档案。当初运抵台湾时放置在桃园大溪内栅。"大溪档案"之名即因此而来。但由于地处偏僻，不便学者专家参阅，遂经蒋经国指示，搬到阳明山的中兴宾馆，现在则由"总统府"机要室负责保管。"总统府"秘书长蒋彦士昨日表示，将来档案法立法之后，"大溪档案"的管理使用绝对依照档案法规定办理，在此之前，"大溪档案"只由"总统府"暂时保管。蒋彦士说，"大溪档案"是国家的不是私人的，将来一定会公开，不会永远这样放着。……

"他妈的，蒋彦士真是个小人！"蒋孝勇一边飞速地开着车，一边在心中忿忿骂了一声。这个从前备受蒋介石、蒋经国恩惠的国民党僚幕，如今居然也将脸孔一变，在没有征求蒋氏家族任何人的同意，就公开叫喊"大溪档案"不是私人的。好一副势利小人的可憎嘴脸。如果当真将他的祖父蒋介石许多属于私人的信件、家书、家谱、文物、古玩等一古恼解密，确实不是一件小事。自然，如果在适当时机把这些档案面向社会，本来也是可以的。在蒋孝勇看来，让上述本属他

祖父私人的东西，提供给一批史学家来作研究之用，也无可非议。关键的问题是，这些东西的公开，到底需要不需要征求一下蒋家人的同意？像当局这样霸道地称祖父的文物全不是"私人的"，实在太让蒋孝勇难咽这口恶气了！

前方突然亮起了红灯。在通往东湾区的一条大街上，数百辆大大小小的汽车，忽然被红灯拦截在路口上了。蒋孝勇急忙从愤怒的情绪中清醒过来。他刹住了凯迪拉克，一种被红灯截住的烦躁感，油然涌上蒋孝勇的心头。"势利，真是太势利了！"蒋孝勇双目凝望着前面黑压压的车辆，心中仇火越燃越旺。如果说台北当局将"大溪档案"向学术界与史学界开放，是为了更好地让学术界研究蒋介石与国民党的历史，也许是能够说得过去的。那么，将他的祖父和父亲两个人的办公室也一齐迁出位于台北介寿路的"总统府"，则又是一件出尔反尔的事情。

"孝勇，这次请你来'总统府'是为了商量一件事情的！"蒋孝勇迄今还不能忘记去年秋天，他回台北为老祖母安排返台事宜时，那位被人称为"大老"的秘书长蒋彦士，特别邀请蒋孝勇前去介寿路，到"总统府"三楼去参观保留在那里的蒋介石、蒋经国两位前"总统"的办公室。当时，蒋孝勇伫立在他祖父戎装巨幅画像前，面对那落满尘埃的桌椅和沙发，一时对这位老谋士的葫芦里卖的什么药，也茫然无所知了。

"老前辈，有什么话你就只管说吧！"蒋孝勇从蒋彦士那欲说又止的神情上，猜测出他必有什么话想对自己说。蒋彦士是绝对不可能无事请他来参观祖父及父亲的两处办公室的。

"孝勇，有些话确实也不太好说。"蒋彦士亲自用一只鸡毛掸子，将一张双人大沙发上的灰尘拂去，然后故作亲昵地拉住蒋孝勇的手，两人并肩坐在沙发上。蒋彦士支支吾吾一阵，方才说道："不过我想，目前你是蒋家在世的惟一一位后人了。有些事只能和你来商量，我相信你是最通情达理的。从前你在'中兴机电公司'的时候，我们就打过交道。我知道孝勇先生是一位既谦和忠厚，又善于理解对方的人，这与你多年经商有关系……"

蒋孝勇见蒋彦士兜着圈子，顾左右而言他，心中立刻感到必有一桩很尴尬的事情在等着他，可到底会是什么事呢？蒋孝勇环顾这间祖父在世时处理批文、召集一些国民党军政人员议事的办公室，如今虽然各种桌桌椅椅、甚至几只铁皮文件柜也按照蒋介石生前的原样，保存在那里，可毕竟是人亡室空，有一种空荡荡的凄凉感觉，蒋孝勇坐在那里想了又想，一时也难释其疑，便说："蒋先生，你有什么话，不如就直说了吧！只要我能办的事情，没有不通情达理的。"

　　"好好，我就知道，孝勇从来就是个爽快人，办起事来从不给对方出难题。"蒋彦士急忙龇牙笑道："孝勇，我就直说了吧，是这么回事。经过中常会最近的研讨，大家一致认为应该尽快将两位老'总统'的办公室放在适当的地方去……这次我是奉中常委会议的指示，来找你具体地协商一下……"

　　"什么？……"蒋孝勇大吃一惊。虽然他已经预感蒋彦士找他前来，绝不会有什么好事情。然而，蒋孝勇却做梦也不曾想到，原来是为了迄今还保留在介寿路"总统府"内的祖父、父亲两间办公室的事情。因为蒋孝勇在此前对这件事，连一点风声也没有听到，所以也就没有任何思想准备。他一时惊愕地怔住了，喃喃地问道："你是说……要把这两间办公室……都搬出去吗？……"

　　"是的是的！就是把两位蒋'总统'的办公室，都迁移出去！"蒋彦士见蒋孝勇面现惊愕之色，为不让他一开始就将这件本来感到棘手的事情办坏、卡壳，老谋深算的蒋彦士满面堆起殷殷的笑容，他故作友好地说道："孝勇，请你千万别误会。这是国民党中常会上集体做出的一个决定，并不是哪一个人的主意！当然，无论是谁的提议也罢，这样做也是为了两位已故的前'总统'的利益，更是为了整体的利益来作考虑的。相信你会通情达理，不会提出让中常委们感到困难的任何要求的。孝勇，我说的是吧！"

　　蒋孝勇一言不发。他的外部表情几乎看不出有任何愠怒或激愤，可他的心里却是仇火顿燃。他父亲蒋经国在世的时候，像蒋彦士这类国民党高级幕僚，是决然不可能以这样的笑里藏刀来对待他的。他记得祖父蒋介石死后，办公室之所以保存在介寿馆内，是他父亲蒋经国的主意。保存办公室就像保留蒋介石从前担任过的国民党"总裁"名义一样，完全是一种象征性的纪念。然而，1988年1月13日他父亲蒋经国死后，从前那位没有任何政治资历，仅仅作过台湾大学农学系教授出身的李登辉，为了感激蒋经国把他提拔到一人之下、万人之上的"副总统"宝座，是李氏本人为报答蒋经国对他的知遇之恩，才公开宣称："将来在介寿路的'总统府'内，也要像保留蒋介石办公室那样，永远保留蒋经国的办公室。"这样的决定并非是蒋家人所希求的，而是李登辉本人愿意这样做的。可是，蒋经国死去也不过几年的时间，这个以此来炫耀自己知恩必报的执政者，为什么忽然又改变了主意，甚至要以国民党中常委的名义，来达到将"两蒋"办公室移出"总统府"的目的呢？

　　"是这样，孝勇，你不必多想才好。"蒋彦士见蒋孝勇坐在那里不说话，他就猜测到这位惟一健在的蒋氏后裔，当然对这一迁移办公室的突然决定，心中难

以接受。便劝解说："中常会为什么要做出这样的决议呢？主要为了纪念两位前故'总统'。中常会的初步设想是，准备将老蒋'总统'的办公室迁移到台北市的'中正纪念堂'。而将经国先生的办公室搬迁到他大溪头寮的那座陵寝中去。你可赞同吗？"

蒋孝勇气得浑身发抖起来。他的脸色苍白，虽然他对当初那个决定将父亲办公室保留在"总统府"里的人，如今时过境迁，他又为一己之利出尔反尔恨愤不已，但蒋孝勇的脸面上还是堆满了苦涩的笑纹。他仍然不肯说一句话，也许是一时面对棘手之事无言以对，也许是以沉默方式来表示一点消极的反抗。

"孝勇，请你千万理解中常委们的善意决定。"蒋彦士见事已至此，索性把话说得更加清楚。他说："你想，把两位已故的蒋'总统'办公室保留在'总统府'里，其目的无非是一种纪念。可是'总统府'每年只对外开放4次，这样，百姓们不好进来观瞻。但是如若将他们的办公室分别移至'中正纪念堂'和'大溪头寮陵寝'里去，便可以经常性地对外开放了！孝勇，你说这样做有什么不好呢？……"

蒋孝勇在对方陈述动迁"两蒋"办公室的原因时，他渐渐让激愤的心绪变得平静下来。他暗暗地想，这种动移"两蒋"办公室的事情，其实是迟迟早早都必然发生的。由于蒋介石、蒋经国死后的余威随着时间的推移，变得越来越微弱了。而当权的新贵本人随着他羽翼的渐渐丰满，早已不再需要借助这两个死人的影响。在这种局面逐渐改变的新形势下，有人以中常委的集体名义来迁出"两蒋"办公室，本来就不是一件奇怪的事情。蒋孝勇想到这里，唇边浮出一抹冷意，他说："蒋先生，既然国民党的中常会已经有了决议，还问我有何用呢？莫非我一个小小国民党员，能够推翻中常会的集体决议吗？"

"误会了，孝勇，你又误会了！"蒋彦士被蒋孝勇这软中含刚的一句话，问得有些尴尬和狼狈。为了不让蒋孝勇对这一决议有更为明显的反感，蒋彦士决计将他要说的话说得更为透彻："是这样，你不要因此事对某一位领导者产生不必要的恶感。当然，中常会所以做出外迁两位前'总统'办公室的决定，也有另外的考虑。孝勇你想，'总统府'目前的房间实在是有限。李先生虽然做'总统'已经七八年了，可他如今还在他那个'副总统'的办公室里办公，这样长期下去也太不像话了。再说，如果长久保持两位前'总统'的办公室，也不是个办法，我们总不能每死一位'总统'都要保留他的办公室吧！……"

"你不要再说了！"蒋孝勇已经无法继续多听蒋彦士的喋喋之词，他自知迁移"两蒋"办公室已经定不可移，即使他提出不同意见，也将无济于事。所以蒋孝勇便起身告辞说："蒋先生，我什么话也不想多说了。你们认为怎么合适就怎么办！"

不多久，蒋介石和蒋经国两人的办公室果然分迁到仁爱路的"中正纪念堂"与大溪的"头寮陵寝"去了。蒋孝勇想起这种伤心事，心中就忍不住有一股无法排遣的怒火在燃烧。……

绿灯亮了数百辆汽车开始缓缓向前移动。蒋孝勇将他那辆车开得飞快，不久就越过旧金山的蒙哥马利大桥，驶往他居住的东湾区。蒋孝勇似乎是为发泄内心中的积火，才故意将他的车开得飞快。

41. 50 多座蒋介石铜像被毁

"孝勇，你今天的气色为什么这样不好呢？"在旧金山东湾区那幢临靠一片绿茵高尔夫球场的安谧豪宅里，年轻漂亮的方智怡，在铺有猩红地毯的螺旋形楼梯台阶上，含笑迎候着匆匆归来的蒋孝勇。她款款走过来，接过丈夫腋下的皮包，以疑惑的目光凝望着神情不悦的蒋孝勇，担心地问道："莫非是有什么不愉快的事儿吗？公司的生意近来不是一直很好吗？还有什么人能惹得你不快呢？……"

"唉，烦恼的事总是有的。"蒋孝勇走进楼上起居室，由方智怡服侍他更换了衣服，然后他坐在一张楠木躺椅上，有些疲惫地长长吁叹了一口气。

"倒底有什么事令你这样的烦恼？"方智怡与蒋孝勇移民到国外几年间，她已经辞去了台北幼稚园的全部工作，俨然是一位相夫教子的贤妻良母。与蒋孝勇及三个孩子一直生活得非常和睦。如今，她见丈夫的气色不佳，便凑过来询问说："孝勇，你究竟在生意上有什么不开心？你的性格是非常内向的，不喜欢表露当然是优点。可这种性格的坏处也不少，那就是如果弄得不好，你就会生病的！"

"生病？你别来吓唬我，我的身体很好，哪来的病！"蒋孝勇接过方智怡递来的一杯热咖啡，啜了一口。他不喜欢把心中不快告诉方智怡，更不想告诉几个孩子。蒋孝勇不想让不愉快来破坏家中特有的温馨与和谐。方智怡却说："你可要小心哦，孝勇，我似乎是从哪一篇文章中读到的。目前许多人得癌症，大多是精神的因素造成的。心郁而气滞呀，听说这也符合中国医学理论的，咱们既然已经来到了国外，台湾的那些闲乱之事，索性就来一个不闻不问为好。既然祖父和父亲不在了，老祖母又在美国，咱们蒋氏家族也就根本不在意什么权呀势呀，孝

勇，你说我说得对吗？"

"对对，智怡，你说得实在有道理呀！"蒋孝勇频频地点头称是，因为方智怡说的话歪打正着，恰好说到自己的心坎上了。也许方智怡的聪明伶俐，是由于她太了解自己丈夫远避美国的真实原因，所以，她完全能够猜测到此时郁郁寡欢的蒋孝勇，绝不是因为"中兴公司旧金山分公司"的小小生意忧愁生气，必然又是从台北方面听到了什么不快的消息。所以她才来劝。蒋孝勇非常感激地朝向善解人意、温存可爱的妻子淡淡地一笑，然后用手在她的眉头一拍，说："智怡，你让我自己好好地想一想，好吗？"方智怡见丈夫的心绪不好，情知她在此时不该在旁说得过多，便很识趣地退了出来。

起居室里静悄悄的。蒋孝勇透过敞开的百叶窗，可以遥望见小楼后那偌大一片茵茵绿地。中午时分，春日和煦的阳光投映在草地上，只见一对年老华裔夫妇，正在那里打高尔夫球。两人均是白衣白裤白鞋，还戴一顶白色遮阳帽。他们打得很开心，虽然球艺不佳，这对老夫老妻却不时有笑声飘来。

"孝勇，前几年从台北移民国外的时候，你就私下对我说：'台湾正在变！'当时，我还没有认真考虑，也不可能意识到，所以对你的这激流勇退，远避国外之举，还十分的不理解。现在我才明白，你说得对哟！"今天上午，蒋孝勇在他的"中兴公司旧金山分公司"办公室里，接待从前在台湾经商时认识的朋友，名叫刘宗翰。在上午的品茗闲谈中，刘宗翰向蒋孝勇通告了台北政情商情。台北的近况自然全在蒋孝勇意料之中，他只是淡淡一笑，未置可否。

"孝勇兄，你知道吗？目前当局已经下令对慈湖和头寮两座陵寝的守陵兵，进行削减和撤除！"刘宗翰在谈罢生意上的事后，话锋一转，忽然提到不久前他在台湾听到的一桩不得外传的机密。就在宋美龄回台湾探视孔令伟，驱车前往大溪慈湖陵寝谒陵不久，李登辉就已经暗暗下定决心，把从前在慈湖蒋介石陵寝，头寮蒋经国陵寝中，各一个团的守陵兵中，各自撤掉了大部分兵力。公开的说法是精减压缩军队的编制，但晓知内情的人则另有他议。

"哦？有这样的事儿？"蒋孝勇听了刘宗翰的话，心里"咯噔"一下。他自然又将从大溪、慈湖两地同时撤退守陵兵的事，与不久前发生的从介寿馆外迁蒋介石、蒋经国办公室的事情联系在一起。当初，如果仅仅把祖父、父亲的办公室外移，倒也没有什么太大的负面影响，因终究是有了一个可以说得过去的理由。就是美其名曰："便于民众参观。"可又突然下令从两座防守多年的陵寝撤除绝大多数守陵兵，这样做到底是因为什么？莫非仅仅是为了限制军队的编制吗？

"这样的事情确实有，听说两座陵墓的兵已经基本撤空了，只留下城防警察支队的少数人在那里。唉，真不像话，像两位前'总统'陵区那种重要的地方，也变成平民们可以随便出入的场所，将来的后果真是不堪设想呀！"刘宗翰喟然长叹。

"唉，我也是毫无办法呀，当局既然认为那样做合适，也就只好如此了！"蒋孝勇初听刘宗翰传来的陵区撤兵消息，心中一惊。很快，他就变得心绪平静了，因为这几年他在国外已经听到许多这类不幸的消息。一种遇事不惊不怒，息事宁人的处世哲学，是他在无奈的处境中养成的。蒋孝勇对于台北当局这不经蒋家同意，就不断擅自做出的荒唐事，他已经见怪不怪了。

"当局这样做太过分了"，刘宗翰见蒋孝勇呆呆坐在椅子上，脸色一下子变得苍白，便看出他在听到这个消息之后，内心一定非常痛苦和难过。他便凄然长叹一声，摇摇头说："如果说从陵区撤兵是因为军队正在压缩编制的需要，那么开放老'总统'阳明山上的那座秘密行馆，又是为什么呢？莫非真像有些人宣传的那样，是在反对特权吗？……"

"反对特权？好呀，这样的提法实在是可以得到台湾民众的认同！"蒋孝勇心里想哭，可他却满脸堆着让人摸不透的苦笑。面对刘宗翰他不以为然地把头一摇，似乎对台北当局将要开放阳明山祖父那座别墅的事情，没有太大的触动。蒋孝勇只冷冷一笑，以漫不经心的语气，借以掩饰他内心的惆怅。

刘宗翰有些愤愤不平地说："当然，如果他们以'反对特权'的名义，开放老先生生前在阳明山住宅，让游人进去参观一下，也没有什么不好。因为这样可以让民众进一步了解老先生从前的生活，再说人终究早已不在了。旧宅留在那里也没有用，开放是无可非议的。可是，让人很不能理解的，目前已经有人在打士林官邸的主意了……"

"你说什么？有人想打士林官邸的主意？"蒋孝勇听了刘宗翰这句话，再也无法保持他的沉着和稳重，一下子从椅子上坐直身子。对台湾当权者们可能作出来的事情有充分估计的蒋孝勇，没有想到有人会打士林官邸的主意。他急忙将头一摇，说："宗翰兄，那不可能。如果有人主张开放老祖父的阳明山官邸、日月潭行馆、西子湾行馆，我都不会有一句不同意的意见。因为那些官邸是应该利用一下了。惟有士林官邸不行，那是我祖父祖母从大陆来台湾以后，居住时间最长的地方，那里是他们的家呀！再说，我老祖母人还在嘛！即便她住在美国，可她老人家毕竟还活着呢！……"

"怎么，孝勇，你不相信吗？"刘宗翰忙从皮包里拿出几张台湾近来出版的报纸，说："我给你带来的都不是什么好消息，你可以亲自读一读，看看是否有这样荒唐的事。人还没有死，就想开放人家的私人住宅！唉，真是荒唐呀！……"

蒋孝勇尽量使自己沉住气，他接过刘宗翰递来的台湾版报纸，只见其中一张果然公开刊登了《士林官邸即将半开放》的新闻。新闻写道：

民进党人陈水扁在竞选台北"市长"的时候，曾提出向特权开刀的诉求，以博求选民的支持。现在果然把矛头对准已经没落的蒋家势力，先是收回了市内的蒋纬国别墅；接着，又要把象征蒋家"威权统治"的部分士林官邸开放，据称以供民众参观，并提供新的休憩场所。

目前，台北当局已经编印了导游手册，决定于本月底开放部分士林官邸。在蒋家父子当政时代，士林官邸无疑披上了浓重的神秘面纱。蒋氏政权逃至台湾后，在外国武装庇护下，偏安一隅，台北市谈不上有什么"王室"了。然而在蒋家父子的"刻意经营"下，岛内的一些行馆离宫，倒是宝岛风景区中的精华所在。如今，时代已不允许有过分奢华的"行宫"，士林官邸的命运才逐渐回归自然。

士林官邸的神秘性，其实是指军事上的用途。因此，蒋介石的真正居停场馆，还不会在此次开放中曝光。如从远处观之，士林官邸那日本瓦顶的简朴平房，一点也没有显示出高贵的气质。士林官邸被岛内行家称为"战时官邸"，其中知名的福山隧道，可以通行坦克，直达大直官邸（七海官邸），而且当时考虑作为台北的"战时指挥中心"，等等。

此次将开放、供民众参观的面积，包括原来士林官邸园艺所的2公顷多的庭园区在内的占地9公顷的公园。其中的建筑物有各种植栽所构成的中西庭院区、玫瑰花园、草花栽培区、花卉展览区及凯歌堂。士林官邸是隐蔽在一片树阴之中的。因此，它其实是一座城市公园，其间大体可以区隔成自然林花园及温室等。自然林是低海拔常见的林木，当年有许多各式各样的苗木，落地生根。其次是庭园区，以仿西方布局的小庭院，仅有小喷泉等，并无特别之处。温室则是参观的重点，温室内各色花卉，将令参观者大饱眼福。……

"真是太不像话了！"蒋孝勇看到这里，气得他面庞变得煞白，一只拿报纸的手由于激愤而不住地发抖。

刘宗翰见状急忙劝道："孝勇，你也不必过分地在意。其实古往今来，有权的人都是此一时彼一时，逢场作戏罢了！你又何必认真呢？从前你父亲在世的时候，谁又敢不以你们蒋家的马首是瞻？可是人一死则就不同了，唉唉，错就错在你孝勇兄当初不该经商呀！……"

"我经商有什么错呢？"蒋孝勇不能理解刘宗翰的语意，似乎目前台湾发生的所有不愉快之事，均与他无关。刘宗翰见蒋孝勇还是一副大惑不解的样子，便说："你怎么还看不到你们蒋家今日局面的症结所在？孝勇，你可以设想，如果当初你的大哥孝文也像你老子那样，可以从蒋家前辈的手中接得过权来。台湾敢这么胡闹？如果没有'江南事件'，你的二哥孝武也许早当上了'行政院长'，那样的话谁敢从两位老人的陵上撤兵？如果你从前不从商而从政的话，如今身居要位，那么你又何必远避在美国去看台湾这种越来越淡化蒋家的可悲局面呢？……"

蒋孝勇双手抱住了头，他想哭又忍住了。刘宗翰作为至友所说的话，确实打动了他的心。他不得不承认刘宗翰所说的话是正确的，直到现在他才真正地体会到权力的重要，也难怪他的祖父蒋介石一生抓住权不肯放手，早在他进入中年的时候就不断地将儿子经国一步步地提拔起来。待到1975年他死去的时候，蒋经国早已手握实权，接班继位已是水到渠成之事了。而他不能不承认乃父蒋经国在政治远见上不及他的祖父蒋介石。不想将大权移于后人倒也罢了，为什么如此没有眼光的将大权轻易授予一个与蒋家毫无关系的人，而且正是由于父亲的疏忽，方才造成了他身后蒋氏家族凋零四散、飘泊海外的局面。

"虽然如此，我……还是认为自己的经商没有什么错误。"蒋孝勇虽然从内心里不得不承认刘宗翰的话是正确的，而且也是已被无数严酷现实所证实了的。然而他在口头上仍然这样说："我这个人呀，是无法做官的。因为我的心肠太软，无论如何也做不成铁腕政治家。即使阿爸给了我权力，恐怕我也很难掌好权！……"刘宗翰不以为然地把头一摇说："孝勇，我承认你的心肠软。可是今天你如果坐在'总统'的台上，老祖母她会到纽约来居住吗？你们蒋家能有今日这种局面吗？你祖父在台湾的那些铜像，也许是没有什么人敢将它们砸掉或搬走吧！……"

"你说什么？爷爷他老人家的铜像也有人敢动？"蒋孝勇方才还在为台湾有人半开放他老祖母的士林官邸而悲愤。如今一愁未消一愁又起，他听了刘宗翰的话立时吃惊地睁大了眼睛。在蒋孝勇的记忆里，蒋介石似乎是台湾不灭的"偶像"，无论在台北、台中、台南、高雄、基隆，几乎每一地的车站、公园、码头、路口

上，均可以望见他祖父那或坐或立、或扬手或微笑的巨大铜塑像。蒋孝勇无论如何也不会想到，这些从前被某些台湾官员们顶礼膜拜的偶像，如今也成了某些要人心中的厌恶，必砸之搬之毁之而后快！蒋孝勇说："天哪，会有这样的事？"

"确有此事，孝勇，你可以看看，你手中的几张报纸上就有这样不幸的消息。我不是说这次是给你从台湾带来几个不好的消息吗？"刘宗翰指一下蒋孝勇手中尚未阅读的报纸说。

"真是做梦也没有想到啊！……"蒋孝勇这才急忙从报上寻找，果然，在一家民办的报纸上有这样一条消息：

> 来自高雄的电讯说，该县将迁移一些蒋介石的铜像——如果它们阻碍交通建设的话。

> 高雄县的一名官员近日说："我们已通知所有的机构，如果这些蒋介石的铜雕像阻碍交通或影响风景观瞻，我们将下令帮助搬走这些雕像"。高雄县是由反对派民进党主政。在高雄县境内共有400多座蒋介石的雕像。那些被迁移的雕像，将全部安置在该县一个军校附近的纪念公园里。

> 蒋氏家族的影响已经式微，宋美龄晚年的大多数时间都住在美国。在台北市中区有规模宏大的蒋介石纪念堂，但现在已很少有人在家里像过去一样悬挂蒋介石的画像了。据传，高雄县所搬倒的400多座蒋介石铜像里，有50多座已被人砸毁。……

"哎哎，真亏他们干得出来呀！"蒋孝勇读到这里，再也无法读下去了。刘宗翰带来的这些不幸消息，很使蒋孝勇内心震惊和愤恨。但他如今仅仅是一个儒弱的商人，又怎么可以改变目前台湾正在发生的淡化蒋家，甚至反对蒋氏家族的风潮呢？他隔着浩瀚的大洋，也只能凄然长叹。

"孝勇，也不必生气。"刘宗翰见性格内向的蒋孝勇气得脸面铁青、浑身抖动，又转而来劝说他："我把这些情况转告你，只是想让你了解目前的台湾。同时也想让你真正认识某些人的小人嘴脸，并没有其他用意。我看你也不必生气，生气又有什么用呢？"

"是啊是啊，我生气也没有用。'无可奈何花落去'嘛！……"蒋孝勇心海中愁云翻滚，异常悔恨他已故父亲，生前不该不识真人，以致把手中大权轻易交于一个不堪信用的小人。他真想大哭一场，以宣泄内心的凄苦，但由于眼泪已干，无论如何也哭不出来了。

　　回到家以后，蒋孝勇闭门和衣而卧。他一直睡到暮色浓重，夜幕降临时分，方才悠悠地醒来了。忽然一阵轻轻的脚步声传来。蒋孝勇揉揉惺忪的眼睛一看，在光影黯淡的门旁，闪进一个熟悉的女人身影。那是他妻子方智怡。她似在探头朝床上望他。

　　"是智怡吗？……"蒋孝勇从床上倦倦地爬了起来。

　　"孝勇，你醒了。这个觉你睡得好香，好沉，整整一个下午了。"方智怡这才敢开口，她急忙开亮壁灯。快步走过来说："我已经进来两三次，只是见你睡得太沉，没敢叫醒你。该吃晚饭了！"

　　"我一点也不饿。"蒋孝勇伸手舒展一下懒腰，问："三个孩子都吃饭了吗？"方智怡说："友常、友柏他们刚从学校回来，友青也和他们一起吃过饭了！孝勇，你也过去吃吧？"

　　"不不！"心中仍然有无法排遣的愠火，蒋孝勇此时没有一点胃口。他怔怔呆坐在灯影里，独自还在想着上午他在"中兴分公司"会见台湾商界友人刘宗翰时，得知的那些烦躁之事。

　　"孝勇，你又在想什么？"方智怡已经从丈夫不悦的气色上，体察到蒋孝勇必定又是从什么渠道，得到了台湾的什么事情，以致心情不爽。她便劝说道："我没有猜错的话，一定又是为了台湾那边的事儿。我们当初出来的目的，不就是为了不卷入台湾的是是非非吗？既然如此，你就该不听、不信，耳不听心不烦。我们在这里少生气，就可以安安静静地过日子。何必惹烦恼呢？孝勇，饭总是要吃的吧！"蒋孝勇默默地凝望着灯光下脉脉含情的妻子，忧郁的心境不禁平添了许多安慰。妻子既然已经看穿了他的隐衷，也就只好点头认可，随方智怡来到楼下的小餐厅。

　　小餐厅内灯火灿然。三个孩子用过了晚餐，早已各自回房去温习功课。方智怡将几碟中国炒菜端上圆桌，又破例地拿来一瓶人头马，说："孝勇，一酒解千愁，来，我陪你喝一杯！好吗？"

　　"喔，今晚还有龙虾？"整整一个下午处于郁郁状态中的蒋孝勇，忽然间眼睛一亮。因为他见到了妻子最为擅烹的炙龙虾，在灯光的映照之下，一段段龙虾闪烁着诱人胃口的鲜红色，他接过方智怡递过来的一只透明高脚杯，马上斟满澄黄的酒浆。然后，蒋孝勇一连喝了两杯。

　　"智怡，我下午想了一想，决定要回台湾去一次！"蒋孝勇消瘦的面庞上渐渐泛起红晕。他是经过认真的思考以后，才这样将自己的决定说出来。

"你回台湾去做什么呢？"方智怡有几分担心。她知道丈夫的心思很重，上午一定是知道了许多不愉快的事情，才忽然决定要回台湾去的。方智怡说："我劝你还是少回去为好，不久后不是要去纽约为阿婆祝寿吗？"

"不，这是两回事，台湾是应该回去的，我想去公开打一炮，让那些人知道我们蒋家的人没有死绝！"蒋孝勇说出这句憋闷已久的话来，仿佛将一枚炸弹陡然掷进了这间恬静的小客厅，震得方智怡吃了一惊。在妻子的印象中，心性沉着又有涵养的蒋孝勇，从来不发这么大的火气。方智怡不知道台湾那边究竟发生了什么大事，惹得远避国外的丈夫，忽然大发雷霆之怒。方智怡急忙问道："孝勇，你这是怎么了？你到底为什么要回台湾呢？……"

"智怡，有些势利小人太不像话了，他们如今在台湾欺负咱们蒋家，已经到了让人出不来气的地步了！"蒋孝勇将积郁在内心中的怒火，终于一股脑发泄出来了。他将醇酒一杯又一杯地喝干了，又满满地斟上，由于激愤与怒火燃胸，一贯喜怒不形于色的蒋孝勇，忽然间变得满面怒色。他说："智怡，现在台湾做得太离谱了。他们自从去年下半年开始，不但下令从所有公共场所摘下祖父和父亲的照片，而且又砸了爷爷的铜像。从祖父以前居住过的阳明山、日月潭、慈湖等官邸撤出守卫兵。这一切倒可以忍了，如今又有人利用父亲的名义来为他掩丑，这是欺人太甚了！"

"用父亲的名义……掩丑？"方智怡吓呆了。酒也无法喝下去，只是茫然地望着怒火燃烧中的蒋孝勇，心中又急又怕，问他说："孝勇，你冷静一些好吧？气大伤身啊。这么些年我们在外，什么事情没有忍过去？为什么一点点小事就要发这么大的火呢？……"

"一点点小事？哼，他们是拿咱们蒋家不当人了，拿父亲的名字来为己所利用，你让我又如何来忍呢？"

原来事情是这样的：台北的一位主要当权者为了利己的目的，私下命人捐款十亿元新台币给润泰企业集团。其私下的条件则是，该集团公司在得到这批捐款之后，要在这位当局要人的家乡——台北县三芝乡建设一所医院，以彰示这位当局要人的乡梓之情。并以此来歌功颂德，自我树碑立传。不料，此事很快就不慎外泄出去，并且被新闻记者将丑闻在媒体上公开曝光，很快就在社会上激起一片哗然，议论纷纷。

国民党内部也对这位当权者的假公济私行为怨声载道，反对的声浪一日甚于一日。这位当权者一看事情不好，他迫于形势，只好将这所建立在他故里三芝乡的医疗中心，改名为"蒋经国医疗中心"，以平息沸腾的民愤。……

方智怡听了这个情况，心中也十分愤慨。但她担心蒋孝勇回去以后，必会去与这位当权者评理。如果闹将起来，将来势必又会使已有的矛盾加剧加深。同时也很难改变既成的事实。方智怡权衡利弊，劝丈夫说："孝勇，依我看也就算了，我担心你回去以后，必是要招惹是非的。既然人家手中有权，如何去利用名义，我们也是奈何他不得的。唉，谁让阿爸将权柄授给这样的人了……"

"智怡，本来我是一个很安稳的人，到加拿大和美国居住，就是不想招惹是非的。"蒋孝勇不再喝酒，他听妻子的话以后，尽量使自己的心绪平静下来。他的面庞已经因为气恼而涨红了，太阳穴处有一根血管在突突地跳着。他对方智怡说："可是在台湾接连发生这类无法容忍的事情后，你让我又如何来平静？我毕竟是蒋家的后人，目前活着的蒋经国的儿子就只有我一个人。我如果再不说话，那么，别人就会更加肆无忌惮地欺负我们了！所以，我必须要有一个明确的态度。智怡，这件事我已经想了整整一个下午了，我的决心已定，你还是不要劝我为好！……"

方智怡默然，她深深地理解蒋孝勇那颗痛苦的心，在外国几年来，蒋孝勇一贯对来自台湾的种种不利于蒋家的说法，大多一笑置之，从不置辩。可是这一次也许是太过于刺痛了丈夫的神经，甚至已经到了忍无可忍的地步。如果她继续劝阻，非但不能让那些肆意假借公公名义行事的人，行为有所收敛，反而会使蒋孝勇心中郁郁，生出什么病来。方智怡想到这里，就点了一下头，对蒋孝勇回台湾的行动，表示了支持与理解。

不久，美国的《纽约时报》上刊登了一条蒋孝勇即将回台的新闻，标题为：《蒋孝勇将返台湾　政治动向备受注意》，新闻说：

目前居住在美国旧金山湾区，极少公开露面的蒋经国之子蒋孝勇及其夫人，目前在新党举办的"中华民国祈福餐会"中赞助两桌，蒋孝勇的夫人方智怡也出席了餐会。使蒋孝勇的政治动向受到瞩目。目前也是国民党中委的蒋孝勇，这次并未回台出席十四全第二次会议。但据了解，蒋孝勇将于近日返回台湾，并可能参与国民党内"总统"提名选举投票。方智怡在晚宴前接受台"中央社"记者访问时证实，蒋孝勇将于近日回台北。

对于他们夫妇赞助新党的餐会是否会引起外界的不同看法，方智怡认为这没有什么特别，因为目前的社会是很公开的。晚宴的主持人在会

中公开介绍方智怡时表示，蒋孝勇是国民党中委。但未回台参加十四全二次会议，他的夫人代表他支持新党。……

蒋孝勇偕夫人方智怡飞抵台北的第二天，台湾的一些报纸便公开发表了蒋孝勇的署名文章《纪念他还是利用他》。在蒋孝勇的这篇文章中，他一针见血地抨击了李登辉在三芝乡以蒋经国名义建设"医疗中心"一事，他写道："平时反对党人士攻击蒋介石、蒋经国时，从未见有人挺身为这两位已故者辩护，如今捐款事件引起了争议，却打算将医院更名为'蒋经国医疗中心'，以平息风暴，这不仅仅是欲盖弥彰，也是对蒋经国的不恭。……"

与此同时，蒋孝勇的叔叔蒋纬国，也按压不住内心的愤慨，在他的已故兄长蒋经国逝世纪念日那一天，在台湾《中国时报》上刊发署名文章、指责当权者李登辉在"捐款事件"败露后，企图更名"蒋经国医疗中心"以转移民众视线。

报称："国民党中央本来有预算出资新台币10亿元，与润泰集团兴建一所医院的计划，由于受到来自国民党内外的一致反对，不得不临时叫停。而有人企图将这家医院更名为'蒋经国医疗中心'，借以消除反对压力的想法，也因为蒋孝勇的公开反对而作罢。……"

42. 蒋家媳妇首次"登陆"

1995年7月26日。

美国首都华盛顿，在距白宫所在地的宾夕法尼亚大街不远，有一片宽广的绿茵大草坪，那里便是有名的美国国会山。在绿茵草坪的中心地带座落着一座巍巍高耸的圆锥形巨厦，那里便是美国参、众两院的议事之所——国会大厦。

早在两个月前，台湾《中国时报》的一位女记者，便从华盛顿国会山庄，得到了一个非常重要的信息。那就是近年来一直隐居在美国东部城市纽约的宋美龄，可能在7月来到华府的国会山庄，出席一次规模盛大的酒会。

这位女记者很快就用电传的快捷方式，将这条消息迅即发传台北，《中国时报》当即就以《美将举行向宋美龄致敬酒会》为题，公开见报：

(特派记者发自华盛顿) 保罗·西蒙参议员的办公室今天宣布，蒋宋美龄女士已经接受他和参议院多数党领袖多尔的邀请，定于7月下旬在国会山出席一个向她致敬的酒会。

西蒙办公室发布的消息说，这次酒会定于7月26日在国会举行，表彰蒋夫人在第二次世界大战期间，"为加强中美两国友谊所作的极其宝贵的贡献。"

据西蒙在芝加哥办事处的华裔行政主任张秀贤说，她于 5 月 25 日专程前往纽约，亲自把西蒙和多尔的联合邀请函当面送给蒋夫人。张秀贤说，蒋夫人当即愉快地表示接受。并在今天正式复函给西蒙和多尔两参议员。说她欣然赴会。

西蒙办公室说，向蒋夫人致敬的酒会，由"接待蒋介石夫人的美中委员会"主办，西蒙和多尔担任共同主持人。他们将邀请参众两院的议员、美国卸任的总统及特别挑选的一些美政府官员和夫人等参加此一盛会。……

7 月 24 日，蒋孝勇从旧金山搭上了一架大型客机，飞往美国首都华盛顿。他要飞赴这里，与他的老祖母一道去出席在美国国会山庄举行的酒会。蒋孝勇对美国国会议员们为他的老祖母宋美龄举行的这次酒会很重视。他知道这是来美国多年，一直在纽约深居简出的老祖母，在美国的第一次公开活动。所以，他不能不来此祝兴。

"可惜智怡她不能随我一同前来，这是美中不足。"蒋孝勇在心里这样默默地对自己说，"不过，也很好，因为智怡目前正在进行一次非常重要的旅行，她的旅行比起到华盛顿来更为重要！……"

方智怡目前正在北京！

蒋孝勇想到这里，在飞机上依窗外望，他见浩瀚蔚蓝的万里碧空中白云朵朵。那悠远的远方天际深处，就是蒋孝勇多年向往的北京。他随父母来到台湾时，刚刚 2 岁，还是个不谙世事的小娃娃。他是在青少年时才从书本上渐渐知道北京是一个历代古都。北京对蒋孝勇从小就是一个神秘的世界，他多年来都想有机会到那里一游，可惜他没有那样的机会和条件。从前蒋经国在世的时候不可能，即便他父亲在临去世之前曾经大胆地作出了一个开放政策，允许来台多年的国民党老兵们，可以回到大陆去探亲，但他蒋孝勇并不属于这个可以获准旅行的条件范围。1988 年 1 月蒋经国死后，虽然海峡两岸的关系日趋缓和，台湾有大批的同胞可以返回大陆去探亲访友或旅游祭祖，可是蒋孝勇自己由于身份的特殊，仍然无法实现回到大陆去观光旅游的夙愿。

"智怡，我说你可以先回去！"在客机的浮沉中，蒋孝勇倚在椭圆形的机窗口在想着心事。大约在 4 月份，也就是他偕方智怡从旧金山飞回台北去不久，在

他的岳父方恩绪的家里，蒋孝勇与妻子方智怡有过这样一次非常重要的谈话。当时，蒋孝勇得知他的岳父岳母等，将在一个月以后飞往祖国大陆，他就鼓励自己的妻子也随同前往。对于蒋孝勇来说，作出让方智怡去祖国大陆观光的决定，绝不是一件很容易的事情。因为他的身份毕竟是太特殊了。

"孝勇，这是真的吗？你当真希望我与父母去北京吗？"方智怡在听到丈夫这种非同寻常的鼓励之后，心中顿时兴奋地狂跳了起来。她的父母双亲前去大陆访问，是多年前就有的愿望。作为从孩提时代起就对祖国大陆充满神秘向往的方智怡来说，当然同样期盼着有一天也能回去看一看。可是，她毕竟是蒋介石的孙媳妇。如果她一旦回去，势必会在岛内外引起一系列的猜测与非议。所以，方智怡是从来不想在蒋孝勇的面前提出这个十分敏感的问题的。如今，方智怡感到惊讶的却是蒋孝勇主动地支持她去大陆，这使她既吃惊又兴奋，一再地向蒋孝勇问："这是真的吗？"

"当然是真的，智怡，我什么时候说过假话呢？"蒋孝勇眯着一双笑眯眯的小眼睛，温和地笑了："你不但可以去，还可以公开地去。怕什么呢？祖国大陆你是可以回去的，不要再顾虑你的身份特殊，也不必在意谁去说什么。他们喜欢怎么议论就怎么议论，我蒋孝勇都不怕，你又怕什么呢？"

方智怡心中激动又兴奋，她万没有想到从前处理这类事情一贯十分谨慎的丈夫，一反常态地作出如此果断的决定。她高兴得欣喜若狂，扑上去一把将丈夫的脖子紧紧搂住，叫道："谢谢你，我太谢谢你了！……"

"你不必谢我，智怡，应该说我是要感谢你的！"蒋孝勇在说这句话的时候，有些神秘兮兮的神态。可以看得出来，蒋孝勇在支持妻子去大陆访问这件事上，并不是一时的冲动，而是在经过了许久的认真考虑之后，才作出的决定。这使方智怡回忆起 1989 年她与丈夫的加拿大之行。那一次也像今天这样，蒋孝勇突然间就宣布了行动计划，并且很快就付诸了实质性的行动。方智怡深知儒弱、谨慎，处事瞻前顾后的丈夫，从来是不说空话的。特别是此次她去大陆，与当年去加拿大是两回事。前者可能遭到台北媒体的猜测及政界的非议，后者只是去一个中美洲国家旅行或定居。性质是截然不同的。

"你要感谢我？我去大陆旅行，是你支持我才能去的。我感谢你是应该的，可是你反倒说要感谢我，这是怎么回事呢？……"方智怡感到丈夫的话中还有没有说清的其他原因，所以她眨动着一双睫毛长长的大眼睛，疑惑地望着蒋孝勇。

蒋孝勇本来不想多说。因为他这个人在做什么事情之前、特别是在做大事之

前，是不喜欢在想法未想成熟之前就先说出来的。现在当方智怡目光灼灼地盯望
他的时候，欲言又止的蒋孝勇还是认真地想了一想，忽然压低嗓音，颇为秘密地
告诉妻子说："智怡，为什么要感谢你呢？就是因为你这次前去北京，是在为了
我去打前站啊！

"什么？为了你……打前站？"方才高兴得欣喜若狂的方智怡，听了蒋孝勇
的这番话之后，忽地变得惊愕起来。她睁大美丽的双眼，一时怔在那里。因为她
对蒋孝勇这样的决定，与其说是感到出乎意料的惊讶，不如说是难以克制的欢喜。
她几乎不敢相信自己的耳朵，她作为蒋介石的孙媳妇，前往从前多年被国民党称
为"匪区"的大陆，已属是一件天大的新闻，蒋孝勇是作为蒋介石的孙子，蒋经
国的儿子，如果有一天当真飞往祖国大陆，那将意味着什么呢？方智怡正是因为
这样想，才被这种突然的消息惊呆了。

蒋孝勇点点头。

"你……也要去北京！"方智怡还是不敢相信丈夫这种突如其来的大胆决定。
在此之前，蒋孝勇的内心中虽然早有去大陆、去北京的想法，可是由于时机尚未
成熟，他是不能对妻子轻易说出来的。所以，方智怡无论如何也难以接受蒋孝勇
这样的决定。蒋孝勇又点一下头，但不肯多言其他。看得出丈夫在向妻子透露这
一决定的时候，内心深处也隐含有难以言喻的紧张。

"你……打算什么时候去？是我们回来以后就去吗？还是……过一段时
间？……"方智怡手捂住怦怦狂跳的胸口问他。

"不知道！"蒋孝勇显得高深莫测，他微笑着将头一摇，只是说："智怡，
我确实也不知道什么时候能去大陆。也许很快，也许要再等待相当长的一段时间。
总之，要看你这次去大陆的情况而定……"方智怡的心情一下子变得沉重起来。
方才的冲动与喜悦渐渐消失，被一种无形的压力困扰着。她有些沉不住气了，问
蒋孝勇说："一切视我去那里的情况而定？孝勇，你的意思是担心我去北京，会
发生什么不愉快的事吗？……"

"不，不是的！你不必太紧张，目前由于两岸关系的缓和，许多人都要回
大陆去看看。就连李国鼎、梁肃戎这样的国民党高级官员，不是也回去了吗？几
年前郭婉容不是也去北京出席会议了吗？你去一次会有什么不愉快的事呢！"蒋
孝勇见妻子的神情有些紧张，他便急忙温和地笑了起来，劝慰方智怡说："你只
管放心去吧，大陆方面是会欢迎的。所以我让你以我蒋孝勇妻子的名义，公开去
那里！……"方智怡的心绪稍安，但心里仍然疑虑重重，说："孝勇，既然是这

样，你又为什么神秘兮兮地让我去打前站，还说你自己也不知道什么时候能够成行呢？……"

"啊，你是因为这个紧张？你呀，智怡，你为什么还不懂我的意思！"蒋孝勇忍不住地笑了起来，他说："我让你打前站，让你以我妻子的名义前去，本身就是在放一只试探气球嘛！说穿了，就是看看台湾一些与我过不去的人，会利用这样事情做什么文章。其实，你是我的妻子，你去北京和我本人去那里，有什么区别呢？……"

方智怡释然地嫣然一笑，一颗心终于放下了。她频频地点着头说："我懂了，我懂了！……"

方智怡与方恩绪伉俪于1995年5月17日，由台湾的桃园国际机场起飞，经香港飞赴北京。蒋孝勇便在他旧金山湾区的小红楼里，日夜遥望着大洋彼岸、遥望着他从来也没有去过，却又那么令他神往的北京！

不久，方智怡到北京观光的消息终于反馈到旧金山来。蒋孝勇是从香港地区的华人报纸上，见到了一条令他振奋，也使他放心的消息。港报上的新闻标题是：

《蒋经国儿媳首次返大陆观光》。(本报北京讯) 台湾知名人士蒋方智怡女士，在此间接受中新社记者专访时表示，北京的城市建设及绿化均很成功，少儿教育也做得比较好，令她印象颇深。

蒋方智怡女士是陪其父母及家人于本月十七日自美抵京观光旅游及考察少儿教育方面情况的，这是她首次回祖国大陆观光。

蒋方智怡对北京记者表示，来到北京后感觉良好，令她心情舒畅。

蒋方智怡印象最深的是长城及北京故宫。她说，站在长城上远眺塞外的风光和徜徉在故宫之时，深深感受到中华民族的伟大。……

不久，蒋孝勇在旧金山又收到方智怡从北京寄回的许多彩色照片。方智怡和她父母双亲满面笑容地出现在碧瓦参差、雕梁画栋的故宫禁苑中，从前传说中的明朝建筑太和殿、保和殿、乾清宫、午门等均活灵活现在蒋孝勇眼前。他情不自禁地叫道："故宫真美啊！……"

方智怡伫立在万山丛中的万里长城上。笑盈盈地翘望着远方，她身后是古朴的长城堞墙与烽火台，远景是巅连起伏的八达岭群峦。蒋孝勇端详着妻子在长城上的倩照，不由想起已故中共将军生前所写的《长城词》："八达岭上望天纱，长城逶迤万峰小，如此江山真美好！……"

"是啊，我什么时候也能像智怡那样回去呢？……"蒋孝勇坐在飞机上，默默地想着心事。他知道外国再好，生活条件再优越也终归是外国，而祖国大陆则是他的心之所系……

43. 宋美龄遥望祖国大陆

7月26日下午2时，一架从纽约肯尼迪机场起飞的波音客机，在仲夏炎炎的烈日之下，徐徐降落在华盛顿郊外的国际机场。当飞机在发热的跑道上缓缓停稳的时候，蒋孝勇和几位美国国会参议员们，恭候在停机坪下。一大群闻讯而至的中外记者们也一拥而上。只见这架包租的美国客机的舱门打开了，当宋美龄的颀长瘦消身影出现在舱门口时，机坪下方便立刻响起了一阵欢呼声。

"阿婆，您还是坐轮椅吧！"蒋孝勇见飞机刚刚停稳，他就快步地走上了舷梯。与孔令杰的儿子一起，双双扶住颤巍巍准备步下飞机的宋美龄。

"不、不，我不需要坐轮椅。我完全可以走下去嘛！"宋美龄这样说着，便大步地沿着铺有猩红地毯的舷梯走了下来。

半小时后，宋美龄由蒋孝勇等人陪同着，长长的车队驶进华盛顿国会山附近的"双橡园"。蒋孝勇事前早已来此为他年迈的老祖母安排好了休息与下榻之处。现在，当宋美龄从汽车里下来，由蒋孝勇等人搀扶着走过偌大一片绿茵茵的草坪时，她仍然坚持不坐轮椅。

宋美龄已经多年不曾来到华盛顿了，对于久违的华府，她迄今仍然一往情深。从小就在美国读书的宋美龄，历来将这里当成自己的第二故乡。方才，她从郊外的国际机场进城时，一路上宋美龄对她所熟悉的华盛顿纪念大道，投以陌生的目光。因为路两旁绿茵茵的草坪，一簇簇艳丽的花丛，点缀得如花似锦，都与战时略显荒凉的废墟，形成强烈的对比。来到风景别致、绿柳浓阴的"双橡园"时，出乎宋美龄意料之外的是，有一些老华侨们闻讯赶来，以目瞻这位从前曾风光一时的"第一夫人"风采。宋美龄也不顾旅途的劳顿，居然挥舞着一块手帕向人们致意。

当日下午5时，略作休息的宋美龄从"双橡园"住地，坐一架轮椅来到国会山庄。

"孝勇，我真没有想到国会还能为我举行一次酒会。第二次世界大战时我确实为中国来此呼吁军援，如今有人还能记得我！真了不起！"午后的斜阳投映在碧绿如茵的草坪上，在绿草间的一条青砖小路上，蒋孝勇推着宋美龄的轮椅，缓

缓地走过来。坐在轮椅上的宋美龄，昏花的目光越过偌大一片碧绿的草地，遥见与国会山对面的那座银灰色的建筑。那是林肯纪念堂。1943年她首次访问华盛顿的时候，曾经去过那里。而今，宋美龄回忆起那时的情景，难免有一种今昔之感。

"夫人，您有什么感想？""如今外界都说蒋氏家族已经走向没落了，您却一直留在美国，莫非您当真不希望你们蒋家第三代人东山再起吗？""蒋家第三代已经没有从政的希望了，请问第四代人为什么一定要经商？"……蒋孝勇推着轮椅，来到美国国会的罗素大楼的入口时，只见门前早已等候着一大群中国台湾、中国香港和纽约、华盛顿的新闻记者。他们一齐拥上来，纷纷将话筒举到宋美龄的面前。许多记者将照相机举了起来，无数镜头瞄准了端坐在一架镀镍轮椅上，穿着一袭枣红黑底条纹的紧身旗袍，肩罩披肩的宋美龄。这位双手戴有翡翠手镯子，两只耳朵上依然挂有耳环的老妪，虽然历经"蒋家王朝"覆灭及在台湾家族凋零的双重打击，可是她仍然还保持着一种看惯了人间纷争的安恬神态。在记者们都将镜头对准她的时候，她还是有些紧张，以那只瘦细的右手，情不自禁地去摸佩戴在她胸前的一块蝴蝶形翠玉。也就是在这一微小的动作中，使记者们意识到宋美龄终究是老了，不比年轻时沉着。当年她初来白宫和国会的时候，赶来采访她的新闻记者比现在还多几倍，可是，善于应酬局面的宋美龄，不慌不乱，神态自若，以娴熟纯正的英语，面对记者的唇枪舌剑可以对答如流。然而今日，宋美龄却感到记者的提问简直是无法对答，她手足失措，坐在轮椅上讷讷无声。后来，她只好回转身去，将求援的目光投向身后的蒋孝勇。

"女士们，先生们！请你们不要再提出这些难以作答的问题了！"蒋孝勇蹙了蹙双眉，他这些年来也讨厌记者。到美国来以后更是如此，所以他才决定远避加拿大。现在他见年迈的老祖母被一群黑压压的记者们纠缠着、困扰着，他从内心里产生反感。但蒋孝勇的性格使他在这种场合必须克制，并尽量保持脸上的笑容，他对记者们说："我的老祖母年事已高，她早已脱离了政治。现在她老人家旅居在美国，尽量以一个普通人的姿态出现。平时她老人家也不过问台湾的任何事情，因此请原谅她不回答各位所提出的任何问题！……"

宋美龄点点头。

记者们哗然。有些人不再询问，有人仍然不肯罢休，还在提出一些很难回答的政治性问题，例如海峡两岸关系等。可是，蒋孝勇一概代为拒绝。还有些记者见无法使宋美龄开口，只好以抢拍下一张宋的照片为荣了。

"闪开，请闪开！"就在蒋孝勇为记者们的困扰束手无策的时候，幸好防守国会大厦的几名警卫人员及时赶到，果断地驱散了记者。

大厅里忽然响起一阵热烈的掌声。宋美龄的轮椅由蒋孝勇等人簇拥着推进罗素大楼的正门，里面早已经灯火齐明。蒋孝勇抬起头来一看，只见那些赶来参加酒会的美国参、众两院的男女议员们，都已经簇拥在大厅的门前，排成两列，一齐向坐在轮椅上的宋美龄鼓起掌来。

"夫人，欢迎您的光临！"从人群里匆匆迎迓出两个美国人。宋美龄眨动着发花的眼睛，上下将一胖一瘦两位议员打量一番，却是无法叫出他们的名字来。

"阿婆，这位就是今年5月到纽约邀请您来华盛顿出席'二战'庆祝酒会的国会参议员保罗·西蒙先生！"蒋孝勇急忙指了一下那位又高又胖、西装革履的美国绅士说。

"哦哦，谢谢！我知道了，您原来就是西蒙阁下，幸会！"宋美龄急忙绽开恭维的笑容，伸出手来，让那位发起这场酒会的美国参议员西蒙紧紧地相握。她用英语致意说："多亏您能够想到我，我对您的邀请表示深深的谢意！"

西蒙拿起宋美龄的枯瘦小手，送到唇边轻吻了一下，然后说："尊敬的夫人，您能来到我们的酒会，是我们的荣幸，因为这很能使人回忆起'二战'时期您在美国到处游说抗日时的风采！"

"谢谢！"宋美龄说。

"阿婆，这位也是今日这场酒会的主持之一、著名的参院多数党领袖多尔先生！"蒋孝勇又将那位身材瘦削、举止矜持的美国议员引荐给他的老祖母。

"久仰，久仰！"宋美龄又将那只戴着金质饰物的手，递给了多尔。她在轮椅上欠了欠身子说："我为能来国会旧地重游而感到自豪。虽然目前我早已息影于政治的舞台，可是，美国国会还有多尔阁下、西蒙阁下，其他各位朋友们惦记着我——一个几乎被人遗忘了的中国女人，这是非常难能可贵的！我再次向多尔阁下表示感谢！……"

"夫人，请！"多尔和西蒙与轮椅上的宋美龄寒暄了一阵，然后由两人在左右领引着，在一群风度翩翩的参、众两院议员们的前呼后拥之下，穿过一桌又一桌摆满碟碗杯盏、菜肴酒水的座席，径直地来到罗素楼内的中央。那里是今晚酒宴的主宾席。宋美龄面对着国会宴会厅里灯红酒绿的盛况，心中难免有些激动。在多尔、西蒙两位在酒会上致词之后，宋美龄由她的孙子蒋孝勇扶了起来。她在中央的那张圆桌上，面向四座上的男男女女，发表了一个既简短明确，又不触及政治的答谢词。这使所有参加这场酒会的所有美国人，都不能不感到年已接近百

岁的宋美龄，头脑仍然是非常清晰的。

宋美龄用流利的英语讲道：

> 1943年2月18日，我应美国国会之邀，向参众两院发表演说。当时我曾说，我年少即负笈美国，在美国成长，并在美国完成了大学学业。因此，我一直把美国视为我的第二故乡，今天能够回家，自是非常欣喜。容我提请诸位回想1937年至1945年那段岁月。1937年7月7日，日本对中国发动全面战争。而在日本全面侵略中国的前4年半里，中国孤立无援地独立抗战。一直到1941年12月7日发动珍珠港事变，美国第77届国会对日本宣战后，中美两国才结为盟邦，两国的同心协力，奠定了第二次世界大战终在1945年获得最后胜利的坚实基础。在我与诸位共同纪念第二次世界大战结束50周年的这一伟大历史性时刻，我无法不想到那次战争的悲剧以及那些血泪交织的岁月，更无法忘怀中美两国人民并肩作战的道德勇气。我也要借此机会，对美国人民以精神及物质援助我的国家——中华民国，表达衷心感谢。
>
> ……

场上顿时响起了热烈掌声。

"夫人，您的口才不逊于当年在国会大厅里的讲演！"多尔在酒会开始后，第一个手擎斟满玛瑙色酒浆的高脚杯，来到宋美龄的轮椅前。他与宋美龄碰了杯。接着，西蒙参议员也过来向宋美龄祝酒，他说："夫人今天的简短祝酒词，使我们所有历经战争的人，都会回首过去！"

"谢谢，谢谢你们！"最受宋美龄宠爱的蒋孝勇，从酒会开始时起就紧紧服侍在祖母的身边。当参院多数党领袖多尔和参议员保罗·西蒙为首的一些人，频频过来向轮椅上的宋美龄敬酒的时候，善于应酬场面的蒋孝勇，便在这种场合成为最为活跃的人物。凡是来向宋美龄举杯敬酒的美国宾客，蒋孝勇都会将酒杯接过，代为饮下。那些在第二次世界大战时期与宋美龄相熟的美国人，排着队列依次地来到宋美龄的身边敬酒。每当一位议员走近宋美龄时，蒋孝勇都必须用英语或浙江的家乡话，在已经耳朵略聋的宋美龄耳边高声传达，然后他再将宋美龄的话转达给客人。有关宋美龄在华盛顿的活动，香港《快报》于7月28日刊发一篇该报记者的快讯，摘抄如下：《美国部分议员在国会宴请宋美龄，美政府以低调处理》，文称

已故蒋介石遗孀宋美龄26日出席部分美国议员在国会山庄为其举

行的致敬酒会。作为"第二次世界大战硕果仅存的重要人物"，宋美龄
在酒会上发表了简短讲话。

在两岸及中美关系处于紧张时刻，宋美龄在美国国会的活动引起外
界注目。北京外交部发言人曾表示对此事关注，而美国政府亦刻意对此
事低调处理，获邀的美国官员均没有出席，国务院发言人称此是为了改
善与中国的关系。而专程前往美国的国民党副主席郝柏村亦没有出席在
国会内的活动。宋美龄在美国国会内发表的讲话，完全没有触及目前的
两岸局势和政治问题。……

华盛顿的短暂活动结束后，蒋孝勇亲自护送宋美龄返回了东部城市纽约。

曼哈顿岛隐没在夏日黄昏的一片璀璨落霞之中。蒋孝勇伫立在宋美龄那幢高
层豪宅的阳台上，远眺着那隐没在幢幢巨厦背后的哈得逊河。在苍茫暮色中若隐
若现的河流，宛若一条曲曲折折的玉带。虽然宋美龄的住处距哈得逊河口尚远，
可蒋孝勇还是依稀遥见那屹立在海港上高达 46 米的自由女神石像。

"蒋先生，你的老祖母对在华盛顿所举行的这次酒会有何感想？"蒋孝勇昨
日陪宋美龄返回纽约，在肯尼迪机场终于没有躲过中国记者的采访。这是他最不情
愿的，可也是没有办法的事情。因为当时他走下飞机后，为防止记者前去纠缠已经
疲惫的老祖母，只好由他出面"掩护"，这才可能让那些随行人员及时将宋美龄护
送出机场。他只好勉强作答："老祖母很欣慰。这次在华府的活动，有许多人想在
酒会上和她老人家见面，拍照留念等，可由于她身边人怕老人家太累，没能全部答应。
对于不周延的地方，她老人家很过意不去，所以她请我向大家致歉！"

"老夫人在有生之年能回大陆看看吗？"有位记者突然提出个令蒋孝勇颇感
为难的问题。他沉吟了一下，只好说："大概不可能"。那个记者又问："可是
据可靠的消息说，你的妻子方智怡小姐，还有你的岳父岳母，不是已经去了北京
吗？"蒋孝勇沉吟一下，对这个问题他既不能点头又不能摇头，只是哼哼呀呀一
阵，便匆匆冲过记者群，准备往机场外边走。因为在这个时候，蒋孝勇已经发现
宋美龄等早已经安全地出了机场。他不必继续在这里与记者们周旋了，可蒋孝勇
已经吸引住了众多的新闻记者，此时他如果想一言不发就突破重围，或者说想偷
偷溜掉，已经是一件非常困难的事情了。

"蒋先生，听说你在旧金山附近的红木市，经营着一家专门出售电脑的公司。
请问，你会不会到中国大陆去发展？"一位年轻的华裔女记者拦在蒋孝勇的面前，
提出来的问题十分尖锐，使众人有耳目一新之感。因为这比询问方智怡及岳父岳

母已去大陆旅游一事，更具有敏感的新闻性。

"这个，这个问题……"一向不习惯接受访谈的蒋孝勇，对这样直露的发问有些神色惶惶。可拒不作答更会引来外界的误解，他支支吾吾一阵，只好这样委婉地说道："就企业发展的眼光来看，大陆确是有潜力的市场。但我目前并无此考虑……"

"为什么？"女记者穷追不舍。

"为什么？"蒋孝勇发出一声难言的苦笑，"怎么说呢？一些事如果发生在我的身上，原来很单纯的事情，也会被视为不单纯了。"蒋孝勇拼命地往人圈外边挤去，他必须尽快地结束这种尴尬的局面。因为许多问题他根本不想回答，也不便于公开回答。可是另一个非答不可的问题又迎面向他提了出来："请蒋先生谈一谈台湾目前的政局，你可以对两岸关系发表一些意见吗？"蒋孝勇觉得这个问题他有许多话要说，但是想了许久，终于只吐出这样一句话来："我认为，'台独'是绝不可行的！……"

"你作为蒋家的后代，在近年来家族历经重大变更后，你是否觉得压在你身上的担子有些重了？"有人这样问。

蒋孝勇又苦笑了一下，忽然将话锋一转，说："我不是政治人物，但被人视为政治人物。有时我也觉得自己不像个生意人。"

记者："请问你的现状如何？如何来评价自己的过去？在 20 年后你想成为什么样的人？……"

蒋孝勇："你问我 20 年后想成为什么？我可保证，那时候我一定退休了。我是基督徒，虽不重形式，但心里很虔诚。回顾过去，我现在是蛮满足的，因为上苍对我很好！……"

"孝勇，你在阳台上想什么！"宋美龄的轮椅从房间的阴影里，缓缓地摇了出来。从高层住宅的宽大落地窗外投映进来的一抹夕阳，映照在这位刚从华盛顿归来的老夫人身上。前夜在美国国会荣耀的一幕，很快就倏然消失了。宋美龄复又归于沉寂，她仍然成为一位在寂寞中苦熬光阴的旅美老妪。现在，昏黄的残阳映照在她那虽然风韵犹存，但却十分清癯消瘦的面庞上。她的双眼里流露出一抹淡淡的忧伤。

"阿婆，您不是在床上睡觉吗？您前天也是太累了。过分的忙碌是有害于身体的，您现在应该多多的休息才是呀！"蒋孝勇听到宋美龄的呼叫，慌忙从阳台上迎了过来。他在年迈的宋美龄面前，永远显得格外恭敬与谦恭。

　　"我睡醒了，我的身体没什么。"宋美龄也将她的轮椅摇到阳台上，在淡黄色的一抹黄昏残照之下，她的脚下是偌大一片隐于暮色中的千楼万厦。由于夕阳在远方天际冉冉下沉，西方天边又涌起一团灰褐色的暮云，所以，楼群中所笼罩的灰蓝色阴影也显得越来越沉重。宋美龄眼望着那越来越深的浓重暮霭，在她自己的心中似乎也蒙上了阴影。她忽然问蒋孝勇说："孝勇，听说你明天就要去台北？……"

　　"是的，阿婆。"

　　"你为什么不回旧金山呢？那里不是有你的一家公司吗？"

　　"我不回台北是不行的，因为我阿妈的病情近来比较重。"蒋孝勇见宋美龄以关切的眼神定定地望着他，急忙俯下身来，俯在祖母耳边大声地说："七海官邸的人越来越少了，只有大嫂每日去照顾阿妈，又怎么可以呢！大嫂她如今在经商，也是很忙的。我必须马上回去看一看，才能放心呀！……"

　　宋美龄坐在浓重的残阳里，缄默着。她知道蒋孝勇是个孝子，也知道自从去年秋天，在10月里一个非常寒冷的清早，独自幽居在台北七海官邸的儿媳妇蒋方良，突然一下子从轮椅上栽倒在地上。她猝然中风了！从此以后，蒋方良就住进了医院。在旧金山经商的蒋孝勇闻讯后，当夜就飞回台北了。宋美龄问道："你阿妈的身体近来如何？"

　　蒋孝勇对老母亲蒋方良的病情与处境很担忧。当时，如果不是他的大嫂徐乃锦及时闻讯赶到，派车护送到荣民总医院，由加护病房的副主任陈云亮紧急抢救，老母亲也许早已一命呜呼了。想起蒋方良，蒋孝勇的内心里便充满了忧虑。自从去年10月母亲住院治疗以后，蒋孝勇几乎每隔一个月，就要从旧金山飞回台北去探望一次。直到今年春夏之交，蒋方良的病情略有好转，重新回到七海官邸以后，蒋孝勇仍然保持着一个多月返回一次的规律。因为他目前只有这一位亲人了。蒋孝勇见宋美龄关注蒋方良的病情，便说："请阿婆放心，所幸母亲复健的情形很好，这真是上帝的恩典啊！……"

　　宋美龄点了点头，说："听说陈云亮医生对抢救你阿妈是功不可没的。荣民总医院这些年对咱们蒋家可是尽了最大的爱心，他们做医生不是那么势利的，以医德感动于人啊！"

　　"阿婆说得是，荣民总医院有恩于我们蒋家老少！"蒋孝勇深以为然地点一下头。又将宋美龄的轮椅推进了一间宽大的书房里，这里与士林官邸的书房几乎没有什么区别。四壁上挂有许多宋美龄晚年自绘的水墨画与国内名人赠送她的条

幅。一张黑漆大书案迎窗而放，上面是精致的文房四宝。宋美龄的话引来蒋孝勇的许多感慨，他知道老祖母所感激的是荣民总医院，接连为蒋介石、蒋经国以及他的两位兄长蒋孝文、蒋孝武，精心医治危病并直至将这些人尽责尽职地送走。而蒋孝勇所体会较深的则是，当"蒋家王朝"在台湾已经彻底地没落消亡、势利的余威及前辈的影响早已淡没之时，荣民总医院对蒋家人在医病上，几乎与祖父、父亲在世时没有太大的改变。特别是宋美龄方才所提到的陈云亮医生，在为他的母亲蒋方良多次抢救的过程中，极尽了一位医师的职责。他与陈云亮几乎成了朋友。

"孝勇，虽然还有些良心好的人没有忘旧，可是咱们蒋家在台湾，毕竟已经是凋零残败。当年的荣耀、权势均已如昨日黄花！"宋美龄示意蒋孝勇将她的轮椅移向左壁，在一抹残阳的光影里，她望见壁上有一轴龙飞凤舞般的草书条幅。宋美龄认得是国民党的已故元老于右任先生，生前所赠的古人李煜词《虞美人》："春花秋月何时了，往事知多少？小楼昨夜又东风，故国不堪回首月明中！……"

"这首词写得多好！"宋美龄迷惘的目光始终在于右任抄录的字画上盘桓。现在，当夕阳余晖快要沉入海天相接的地方时，宋美龄就会更加感到李煜当年赋诗时的心情，与她今日的心情十分相同。宋美龄叹息一声："问君能有几多愁？恰似一江春水向东流。孝勇，我心中的愁是什么？你可知道！……"

宋美龄的话使蒋孝勇茫然，他望了望墙上李煜的《虞美人》，又望了望坐在淡淡夕阳阴影里憔悴的老祖母，一时无言以对。两天前还出现在华盛顿国会山觥筹交错间的老祖母，为什么一下子又变得忧郁起来？

"有些话，我早就对你说过了！"宋美龄幽幽地望着从楼窗口泻入的残阳，她心海似乎在剧烈的翻腾。这位当年在国民党政坛风云一时的女强人，对今日这远离权势的幽居生活，显然极不甘愿。特别是有前日在华府辉煌的一瞬，尤使她去追怀早已逝去的岁月。同时，宋美龄也意识到她自己的时日有限，便对身边的孙儿交代说："我有一件很重要的事情，将来要交给你来办的。孝勇，你可要郑重起来的，一定要将此事办成才是"。蒋孝勇急忙说："阿婆有什么事情，只管吩咐。我决不敢掉以轻心的。"

"在去年冬天我们去慈湖的时候，我在小船上不是对你说过了吗？为什么还要再问？"宋美龄将目光从楼窗外收回来，盯住了蒋孝勇那张困惑不解的脸。

"啊……"蒋孝勇立刻就想了起来，他急忙躬下身来问道："您老人家是说，有关祖父和父亲移灵的事情？……"

宋美龄的面色立刻变得格外冷峻，她叹息一声，语音沉重地说："你祖父1975 年死后，他的灵柩一直还暂厝在台湾桃园县的慈湖。虽然那里山清水秀，存放灵柩的院宅又是仿照他奉化溪口老家的丰镐房而建的。可台湾终究是台湾。我最近又听说，有人下令把守陵兵也大部分撤掉了，那里也许是一天比一天清冷。因此，我一直在想这件事情，到底应该怎么办才好？什么时候才能办？……"

蒋孝勇默然。他知道宋美龄为什么连续两次向自己提起这件事。那是由于宋美龄已自知她在世间的时日屈指可数了。加之台湾方面不断发生的政局演变，更加使她急于交代这件大事。但蒋孝勇毕竟对目前海峡两岸的形势，比宋美龄有更深一层的体会。于是，他点头说："移灵大陆的事情，当然迟早是要办的。只是有个时间的问题，阿婆，目前谈这件事情是不是有些不太现实呢？……"

宋美龄却不理睬蒋孝勇的话。她仍然任自己的思路驰骋，在固执地思考问题。她喃喃地说："孝勇，我应该告诉你的是，你祖父他临故去的前几年，就曾经多次对我这样说，将来他死后应该安葬在大陆。他还对我说过，如果葬在南京紫金山办不到的话，就最好把他安葬在他的故乡奉化溪口！……"

蒋孝勇也颇有同感地说："阿婆所言极是。我阿爸生前也不止一次叮嘱我说，将来他百年之后，最好能让他和老祖父安葬在一地。当然可能性较大的还是在奉化老家！可他老人家的灵柩现在还在桃园的大溪头寮，也不知什么时候才能如愿……"

宋美龄发出长长的唉叹，无限凄凉地说："是呀！当年你祖父在世的时候，老在喊着要'光复大陆'。这个口号一直喊到现在，如今看来，'光复大陆'也不过是一句空话。中共的强大是世人尽知的，国民党又怎么能'光复大陆'呢？笑谈啊，笑谈！"

蒋孝勇深以为然地点头，说："阿婆说得很有道理。依目前的形势看，台湾岛上有些人甚至梦想搞什么'台独'，那更是一条自取灭亡之路。阿婆，我已经公开对记者说过这样的话：中华民族统一的必然是不容质疑的，虽然基础与条件仍然需要时间才能渐趋成熟，但我认为那是迟早的事情。如果两岸的关系进一步缓和了，祖父和父亲灵柩迁回大陆的愿望就一定可以实现！……"

宋美龄坐在轮椅上认真思考着。她对蒋孝勇一番话很是欣赏，当即首肯，连连点头说："我的年事已高，只怕今生再也回不去台湾了，当然也不能回大陆。孝勇，这件事也就只靠你了，你如今是咱蒋家第三代唯一可以实现你祖父、父亲遗愿的人！事情成败与否，也是谋事在人，成事在天。但愿上帝保佑！……"

蒋孝勇点头应允说："阿婆，您老人家放心，我会尽力的！……"

K 章

最后的第三代

44. 一口血，死亡的信号！

1996 年 1 月 6 日傍晚时分，蒋孝勇乘坐一辆豪华型小轿车，从荣民总医院的大门里驶出来，在冬日浓重的暮色残照里，他的小轿车很快就汇入了浩浩荡荡的车河之中。

蒋孝勇心事沉重。

在他的眼里，台北市彻底改变了模样。在状如甲虫般的大大小小汽车的行列中，他的车并不显眼。从前的台北那种秩序井然的车辆行驶规矩，似乎也随着政治局势的动荡而变得杂乱无章了。在苍茫的暮霭中，流经台北市区的基隆河，新店溪和其他几条河流，在立体交叉桥下缓慢而无声地流动着。河面上泛动着夕阳投映的粼粼光斑，在蒋孝勇的脚下闪动。以往，蒋孝勇每当驱车经过那些纵横交错的立交桥时，他会感到桥下汩汩而流的河水，称得上是台北市所特有的一景。然而今天，立交桥下所闪动的河波，却是那么混浊、那么缓慢，那么与整个城市的布局显得不协调。特别是当河水中折射的落日昏黄的光斑时，蒋孝勇的内心中越加不快，越加沉重。因为他实在不希望在此时此刻见到夕阳，甚至连河波中闪烁的黄色光斑也使他产生难言的深重感。

蒋孝勇记得，他是去年年底从旧金山飞到台北来的。那一天好像是 12 月 29 日，在几天以前，蒋孝勇携妻子方智怡，三个孩子友常、友柏和友青，在 12 月 24 日那天由旧金山飞到纽约，在曼哈顿与老祖母共同度过了圣诞之夜。那一天他和他的全家人心情十分愉快，宋美龄也再没有像前一次蒋孝勇护送她从华盛顿返纽约时，语意深沉地交代后事。宋美龄和蒋孝勇一家人在圣诞的子夜里，从高层建筑上俯瞰灯火辉煌的纽约城。她们望着地面上此起彼落、姹紫嫣红的烟火，以及街路上有人竖起的圣诞老人，不时地发出会心的笑声。节日过后，蒋孝勇、方智怡和三个孩子，告别了宋美龄，飞返旧金山。蒋孝勇因为心里装着许多要办的事情，其中当然也包含着老祖母当年 7 月里又一次叮嘱他办的那件事，所以在旧金山只住了几日，就又一次匆匆地飞到了台湾。

"智怡，你不必惦念我，我在 1 月 6 日的晚上，一定会准时飞回来的。届时你可以到海关去迎接我！" 12 月 29 日清早，行色匆匆的蒋孝勇在离开旧金山湾区那幢临靠高尔夫球场的小别墅时，他与送自己到汽车旁的妩媚妻子，做了一次亲昵的吻别。

"孝勇，也不知道为什么，你这一次回去，我心里有一种不安的感觉，会不会发生什么事情呢？" 不料，就在蒋孝勇钻进汽车的时候，方智怡情不自禁地吐出了一句不祥之语。

"你开什么玩笑？" 蒋孝勇见妻子坚持要去机场相送，并且已经坐在汽车的驾驶座席上，他情知不好阻拦，只好由方智怡驾驶着小轿车上路了。在疾驶的轿车里，蒋孝勇不以为然地哈哈大笑说："智怡，你什么时候变成这样疑神疑鬼，我又不是第一次回台湾，能有什么事情发生呢？……"

方智怡还是有些神不守舍，在向机场驶去的路上，心神显得格外慌乱。似乎有种不安和惶惑感在困扰着她。方智怡不担心台湾的政治形势，会对她的丈夫构成什么威胁。特别是去年 9 月蒋孝勇以 "中央委员" 的名义，返回台湾出席国民党推举 "总统" 的会议时，他以一张没有任何标志的 "白票"，来表示他的轻蔑立场。这件事发生后，虽然朝野上下议论纷纷，可谁也无法对蒋孝勇的这种特殊 "弃权"，做出某种报复。方智怡感到不祥的是，12 月 16 日在旧金山别墅的晚餐前，蒋孝勇忽然到卫生间里去，"哇" 地向瓷便缸里吐了一口鲜血。

"孝勇，你怎么了？你的脸色为什么变得煞白？" 方智怡赶来的时候，她发现丈夫的神色变得非常紧张。

"没什么，我吐了一口血！"

"吐血？你为什么忽然吐起血来了？" 方智怡的神色也立刻紧张起来，她急忙奔到白瓷马桶前面，俯身一看，原来蒋孝勇已经将他刚刚吐出来的鲜血，用水冲了下去，她便急切地追问说："孝勇，你平常并没有什么病的，也不过是偶尔有一些不舒服，该不会是有什么事情吧？"

"不会的，你不要大惊小怪。" 蒋孝勇又接连呕吐了几口，可是吐进白瓷马桶里的全是很常见的痰液，并没有一丝鲜血。他放心地笑了起来，自我解嘲地说道："也许只是我偶尔咳嗽，食管里的毛细血管咳破了。这样的血是鲜血，并不

可怕。如果是深色的污血，可就坏了，因为那种血往往是陈旧性的胃内积血。智怡，看你吓得脸都白了，我才 40 几岁的壮年，难道也会有什么大病吗？"

方智怡虽然放心了许多，可是她还是在为晚饭前蒋孝勇无缘无故吐出来的一口血而忧心忡忡。她只是说："没有继续吐血就好！孝勇，我老是劝你不要吸烟，可是你充耳不听，我行我素。我真是担心你将来会生什么病的！……"

蒋孝勇却突然一笑说："我正是壮年，能有什么病好生呀？天下那么多吸烟的人，你见有谁得了病呢？"

看见妻子一边开车，一边忧心忡忡，蒋孝勇说："智怡，你好好在家里替我照顾三个孩子吧，1 月 6 日我一定准时回来的！……"

今天就是 1 月 6 日。可惜的是蒋孝勇无法实践他从旧金山启程的时候，对妻子许下的诺言。

他今天回不去了！

小轿车向天母方向疾驶。那里有他和方智怡在台北的临时居所。蒋孝勇必须尽早赶回去，他今天晚饭以后，还要做几件重要的事情，因为他从美国来的时候，没有预料到的事情居然发生了！

蒋孝勇在初冬的时节返回台北，首先是要到"中兴总公司"去述职。其次他还要完成临来前宋美龄对他安排的后事。也就是 7 月里老祖母在纽约所关照过的，要求他在可能的条件下，尽早安排祖父蒋介石、父亲蒋经国两人迁陵大陆的事情。这件事蒋孝勇不是没有认真地考虑，也不是没有将宋美龄的意见当做一回事。而是他始终认为时机还很不成熟，在目前海峡两岸异常微妙的情况下，如果他代表蒋家提出将蒋介石、蒋经国两具灵柩移往大陆，十有八九会遭到台北当局某些要人的反对。

尽管如此，蒋孝勇觉得这件事还是要做，而且宜早不宜迟。他这次回到台北不久，就将半年来一直思考的移陵之事，悄悄地付诸了行动。可是，开始就阻力重重。虽然蒋孝勇回来后，通过各种渠道向台北当局的决策人物提出：将暂厝在大溪慈湖和头寮的蒋介石、蒋经国父子的遗体，尽早地移送大陆的故里安葬。可是，当局的决策人在接到蒋孝勇的上述请求后，采取了淡漠处之、束之高阁的消极态度。

"真不像话，不论同意不同意，这么大的事情，他们总是应该答复一下嘛！"蒋孝勇在去荣民总医院检查病时，顺便来到思源楼病房，探望此时也在这里住院治病的叔叔蒋纬国。蒋孝勇将他所提出的移灵建议遭到当局冷遇的前后情况，向蒋纬国诉说一遍之后，他叹息说："没有想到有些人变得如此不讲情面，真是一朝权在手，便把令来行啊！……"

蒋纬国身患多种疾病，如今变得憔悴而又消瘦。他穿着一件白底蓝条的病号服，呆呆地坐在床上。他对蒋介石和蒋经国父兄移灵于大陆这件事，几乎与蒋孝勇不谋而合。他在蒋孝勇向他诉说遭到冷遇的经过后，清癯的脸孔立刻变得满面愠色。他愤然地将一只拳头在病床上重重一捣，说："不行！这件事他们不理不睬是坚决不行的，孝勇，你既然已经开了口，索性就要坚持到最后。如果需要的话，我也要参加进来，因为我也是蒋家的人嘛。我为什么不可以向他们提出移灵大陆的请求呢？"

蒋孝勇见得到了叔父的同情与支持，心里很高兴。他说："叔叔，你如果出来说话，肯定要比我还有号召力。因为您毕竟是我的长辈，同时，您在国民党军界服务多年，又掌管过'三军大学'，有些您从前的学生，如今也身居高位。他们对您的话一定会响应的，这样一来，咱们叔侄俩共同行动，一定可以造成声势的！"

"行！我出来讲话就是。"蒋纬国很快就在蒋介石、蒋经国父子两人移灵大陆一事上，与蒋孝勇达成了一致的共识。他又将拳头在床上狠狠一捣，说："对，咱们就这样干起来，只要咱们叔侄共同行动，公开制造出一种舆论来，我料定有一天他们当权的人只有采取妥协这条路！"

"好，谢谢叔父的支持！"蒋孝勇与蒋纬国在思源楼里对移灵的事情计议已定，他就急匆匆地来到了距此不远的"荣总"加护病房。

副主任医师、蒋孝勇多年的挚友陈云亮在楼厅下等候着他。

"孝勇，你怎么才来？"昨天已经在电话里与蒋孝勇约好了时间的陈云亮，准时地伫立在一盆凤梨的盆景面前，抬腕看了一下手表说："你晚了整整一刻钟，从这件小事上也可以看出，你对自己的身体似乎根本不重视！因为你一定是去办其他什么事情去了，在你看来，那件事情好像比你检查身体还重要！所以，我对你的身体更加担心了！"

蒋孝勇笑了："是有一点小事。不过你云亮兄也别把我来检查身体看得那么过分严重。也许是一场虚惊，也许什么事情也没有的。"

"不，绝不会一点问题也没有。因为上个月你在旧金山吐的那口鲜血，实在令人生疑。"

蒋孝勇是个异常沉着的人，尽管陈云亮这么说，他仍然认为死神距他还十分

遥远,便轻松地笑了笑:"上帝至少还能允许我再活20年,即便肺内有点什么问题,我也不太在意!"

陈云亮还是说:"孝勇,不可等闲视之。你正值中年,中年人是发病的危险年龄段,一定要做一次胃镜检查!"

"我的天,胃镜检查?"蒋孝勇有些吃惊,他说:"不是说我久嗜烟酒,那天的一口血有可能是肺部有什么问题吗?为什么又要让我做什么胃镜?听说做胃镜是一件很痛苦的事情!"

"痛苦也要做,因为我判断你的那口血,很可能与胃有关系!"陈云亮以他多年行医临床的丰富经验,做出了这样的判断。

荣民总医院的肠胃科设在中正楼的四楼左侧。这里对蒋孝勇来说无疑是个陌生而神秘的科室,因为他的父亲蒋经国和母亲蒋方良在荣总住院的时候,两位老人所患的病均与此科无关。但是,今天蒋孝勇还是鬼使神差地随陈云亮副主任来到了一间光线明亮的诊室。

胃镜做得很顺利,但是也很痛苦。初次体验到胃镜从口腔中插进胃囊里的滋味,蒋孝勇当时难过得几乎无法忍受。他险些掉下泪来,可是他仍然坚持做下来。

"结果……怎么样?"陈云亮在内室里与那位负责做胃镜检查的医生,悄悄地躲在里面讨论检验结果的时候,蒋孝勇心神不安地等候在外面。一直过了两刻钟,才看见陈云亮神色沉重地走了出来。急于想弄清自己病情的蒋孝勇急切地发问。

"无可奉告!"陈云亮避而不答。

"为什么?"蒋孝勇的心一下子沉下去,他感到陈云亮不肯对他直言病情的本身,就足以说明他的病情不容乐观。远比他从旧金山来台北时所估计得要严重得多。

陈云亮说:"按照医院的规矩,不该打听的你就不要打听。"

"我懂了。"蒋孝勇在与陈云亮步出肠胃科诊室,向电梯门口走过去的路上,他的脸色很难看。

"孝勇,你应该沉住气。我现在不能告诉你的检查结果,是因为还要等候病理切片的结果才行。你不要因为我不说情况就忧心忡忡,你是一个很豁达的人。不要胡思乱想才好!"陈云亮见蒋孝勇心神不安,马上开导他。

蒋孝勇立刻又恢复了他所惯有的豁达,微微地一笑说:"请你放心,即便当真发生什么不容乐观的事,我也能想得开!"

这一天是元月4日。

翌日上午，荣民总医院院长彭芳谷教授，在中正楼小会议室里，亲自主持了一次医疗会议，主要是讨论蒋孝勇的病情。

彭芳谷与蒋家的渊源很深。在蒋经国当权的时候，他顺利地从前任院长罗光瑞手里接过管理这家台湾最大医院的权力，所以，今天当他得知蒋孝勇所患的疾病比当初预想的还要严重时，他决定拨冗前来，亲自主持会诊。彭芳谷之所以对此病如此关注，除他本人对蒋家有一种感恩的思想之外，更主要的也是出于一种莫名的同情。因为自从他接手荣民总医院的领导职权以来，蒋氏家族已有蒋孝文和蒋孝武两弟兄，先后病死在他的医院里。蒋经国如今仅剩下蒋孝勇这惟一的儿子，如果他也在如此英年就染患什么不可治愈的疾病，那么势必又是一场悲剧的开始。

"从蒋孝勇先生的病理切片看来，可以初步确诊，他是患了食道鳞状上皮癌！"一天前亲自主持为蒋孝勇做胃镜检查的肠胃科主治医师李寿东，坐在距彭芳谷院长稍远的地方。他是今天会诊的主要报告人，他面前坐满了白发苍苍的荣民总医院医学权威们。除彭芳谷、罗光瑞、姜必宁之外，出席者为该院肠胃科、肿瘤科和胸腔外科的主治医师们。加护病房的副主任陈云亮，由于与病人的特殊关系，也应邀参会。

因为会诊的患者在台湾是个很敏感的人物，所以与会者的神色颇有一些紧张。

李寿东向与会者回忆了他昨天为蒋孝勇初诊的印象。在胃镜探查时，他当时就已经十分清晰地发现了患者的病灶：在蒋孝勇的食道下方，出现了很明显的肿物，呈大小不一的棕红色溃疡状。在对溃疡状肿物进行切片之后，为慎重，又由李寿东等人对蒋孝勇的食道做了X光摄影及超声波检查。在病理切片检查完成后，可以认定该肿物为恶性！必须进行手术切除。

"这就意味着经国先生最后的一个小儿子，也将面临着死亡的挑战！"罗光瑞曾经一直守候在蒋经国的病榻边，后来蒋孝文患咽喉癌住院时，他也一直守候在身边，所以他不能不发出唏嘘。

"李医师，虽然可以初步判定孝勇先生所患是癌症，可是这种食道鳞状上皮癌，是否还有治愈的可能呢？"彭芳谷作为荣民总医院的院长，他感到接受像蒋孝勇这样身份特殊的人住院，心中更是平添了几分无形的精神压力。这是因为蒋家二公子蒋孝武死去时，由于他在这里住了一夜，就猝不及防地死去了，所以，从蒋孝武死去时就有人在社会上作出各种各样的猜测。直到他死去三年后——1994年1月，台湾发生海军上校尹清枫离奇的猝死事件时，在本来不平静的台

湾社会上，又发生了连锁性的反应。一些人不知为什么又对三年前死于荣民总医院的蒋孝武，再次表示关注。台湾的《台湾时报》在1月4日率先发表署名文章，讨伐"荣总"。颇受刺激的彭芳谷、姜必宁、罗光瑞等正副院长，对报纸上的报道余悸犹在。《台湾时报》称：

> 资政蒋纬国目前突因心脏主动脉剥离，紧急送医抢救，加上尹清枫上校离奇死亡引发的军购弊案，再度勾起人们对蒋氏家族的好奇。其中又以两年半前，蒋家第三代、前驻新加坡"代表"蒋孝武的猝死，最为离奇。

> 1991年6月30日上午，"荣总"主治医师刘正义依惯例赴蒋孝武家中，尤其进行例行血压、血糖检，结果一切均正常。当时蒋孝武仅对医师表示：胰脏略有不适，但并无大碍。但至当晚9时左右，蒋孝武因腹部疼痛住入"荣总"就诊，诊断为"急性胰脏炎"以止痛剂治疗后，病情逐渐稳定。9时40分左右，蒋孝武向医生表示"很累了，想睡觉"。并嘱咐医护人员，次晨5点半要叫醒他，准备参加"华视"董事长交接典礼。岂料，"很累了，想睡觉"一语，竟成为蒋孝武的遗言！蒋孝武死后，由于消息太过突然，外界传言纷纷，其中流传最广泛的有"自杀说"、"他杀说"两个版本，但都无证据。

> 不过，蒋孝武的死确有两项极为可疑之处，尽管医界事后解释，蒋孝武是"无症状"的"心肌梗塞"致死，可他正值壮年，而且一直受到最好的医疗照护，从无心脏病史，与常人罹患心脏病而不自知的情况不同，"无症状"心肌梗塞之说，难以令人信服。其二，依"官方"发布的新闻资料，蒋孝武被发现心跳停止之前，医护人员最后一次确定其"无异状"的时间，为清晨4点半，这一个小时的"空白时间"，为何导致蒋孝武突然死亡？

> 蒋孝武一直是蒋家第二代之中争议性最大的人，他的猝死更蒙上了神秘色彩。神秘的原因还在于：为什么正当他要结束多年的外放生涯，回到台湾掌管"华视"董事长的前夕突然死亡？

> 最近，尹清枫命案闹得台湾满城风雨，有关权贵子弟及军人掮客的消息也不胫而走，身为蒋家第三代，利用身份上优势，当然最适于中介军火买卖。尤其在蒋经国逝世前，一句话就可以解决很多问题，例如营管"鸿霖"公司等，即为蒋家第三代所掌控。

　　蒋孝武之死，是否与军售内讧有关？这是坊间所注意的。社会在呼吁侦查尹清枫命案之际，也应理清这个谜，以昭社会大信，亦平外界大奇。蒋家在"荣总"的"御医"最近谈及蒋家第二代之死，对蒋介石、蒋经国谈得较详细，谈及蒋孝武时，则语焉不详。只是说若干年之后才能说，这个表态，埋下了伏线。总有一天，蒋孝武之死，将大白天下。……

　　彭芳谷院长想到蒋经国、蒋孝武两人之死，带给荣民总医院的巨大压力，迄今仍然心有余悸。他面临着蒋孝勇的食道癌该如何来做，由谁来做这个手术的问题。他想了一下，问陈云亮说："陈医生，你觉得蒋孝勇能够受得了这一打击吗？"

　　深谙蒋孝勇性格的陈云亮说："孝勇是一个性格深沉稳重的人，他与已经死去的蒋孝文、蒋孝武两个哥哥不一样。虽然我还没有得机会将病理切片检查的最后结果转达给他，可我相信孝勇他已有充分的精神准备！"彭芳谷问："孝勇先生能够配合我们的手术吗？"陈云亮说："我认为没有任何问题！"

　　彭芳谷说："那好，就请你将我们会诊的情况委婉转达给他吧！"彭芳谷想到蒋孝武的死，心里就对蒋家第三代最后一个儿子蒋孝勇，也将在他的这所医院里进行一次关系重大的手术，感到有精神上的压力。彭芳谷非常清楚，虽然蒋氏家族的余威早已不存在了，没有任何实质上的威胁，然而，蒋孝勇终究还有相当大的社会影响。对于这样一个特殊的病人，他的病症能否顺利治愈，将直接关系到荣民总医院在社会上的威望。

　　"云亮，你在与孝勇先生通完电话以后，要将他的反应转告给我。"会诊刚一结束，彭芳谷又喊住了往会议室外走去的陈云亮，他叮嘱说："一定要让蒋孝勇同意尽早做一次手术，不要再对这种恶性病掉以轻心；以防止癌细胞的转移。……"

　　"我懂了，院长。"陈云亮恭恭敬敬地回答说。……

　　"唉，真没有想到，我这个年纪居然也能罹患这种病！……"坐在车里的蒋孝勇把头倚在车的软座上。他已经对自己所患的病有了比较清楚的认识，知道在旧金山别墅里所吐出来的那口血，其实就是自己生命走向危险时刻的一个信号！也就是从那时开始，心胸豁达、善于思考的蒋孝勇就清楚地意识到他活在这个世界上的日子，已经屈指可数了。轿车驶进天母地区时，暮霭已经很浓重了。他和方智怡从前住过的小楼窗口黑洞洞的，蒋孝勇想起他很快将要告别这个既可爱又厌恶的纷扰喧嚣世界时，心绪就变得格外怆然。轿车在楼前悄悄地刹稳了。

45. 死神已至，他竟格外平静

"咔"的一声，楼道里的吊灯开亮了。

昏黄的灯光映照着铺有雪白大理石地面的干净楼厅。四周的花盆里栽种着方智怡喜欢的台湾凤梨。这种不轻易开花，有着碧绿硕大叶片的绿色植物，在岑寂的楼厅里散发着一缕缕清冽的幽香。蒋孝勇面对着空寂无人的楼厅，他会油然想起方智怡与孩子们共居此室时的欢悦景况。本来，今天的这个时候，他应该飞回大洋彼岸的旧金山去，与方智怡和友常、友柏、友青相聚。方智怡也许早已经为自己准备好了丰盛的酒饭，一家人在湾区的那幢小楼里，欢声笑语。如果大家在饭桌上一起吃饭，必是一种令人温暖的愉快景象！可惜，他还留在台北。留在这空寂无人的旧宅里，面对着从前那些熟稔的房间、家具和陈设，还有方智怡所喜欢的一盆盆台湾凤梨，蒋孝勇的心中充满了怅惘。

"孝勇，彭院长亲自主持了你的病情会诊。切片的结果也出来了，彭院长要我告诉你，要挺得住才行！"昨天，当好友陈云亮的电话打进天母的住宅里时，蒋孝勇的心顿时悬了起来。从陈云亮沉重的语气中，他已经体察到了某种预先想到的不良结果如今已经得到了证实。因为彭芳谷院长平时是不轻易出席一般病例的会诊的。如果他的病情并不严重，彭芳谷绝不会出席并主持会诊。如果胃镜及切片中所得到的结果是很普通的疾病，那么，陈云亮也许早就打来电话，向他报告生命的平安。可惜，一切都在向相反的方向发展着。

"我挺得住，你说吧！"他说。

陈云亮的声音很不安、很沉重。他用最简洁的语言说明他的病情以及会诊结果。最后，陈云亮说："孝勇，已经没有什么可再怀疑的了，已经……确诊是食道鳞状上皮癌！"

蒋孝勇显得十分平静。因为一切都在他的预料之中。他对荣民总医院的诊疗水平，显然不存丝毫怀疑。只是向陈云亮问道："彭院长说没说，下一步怎么办？"陈云亮说："当然最好马上手术，彻底把肿物切除，不然的话，它有可能在体内扩散。孝勇，你同意这个意见吗？"

蒋孝勇似乎连想也顾不上想，只说："该怎么做，就怎么做"……

也就是在当日的晚上，陈云亮忽然陪同着荣民总医院的院长彭芳谷，亲自驱车来到天母的蒋宅。与蒋孝勇亲自讨论了几套可供选择的手术方案之后，又确定一位名叫王良顺的著名胸外科专家，来担当蒋孝勇的手术主刀。

"王医生，听说由您来为我主刀，我非常高兴。"蒋孝勇就在不久前亲自去荣民总医院面见了王良顺。这是一位四十几岁的医师，生得精明强干，为人也十分热诚。蒋孝勇与他紧紧相握以后，两人在中正楼的医生休息室里进行了短暂的交谈。"听彭院长和陈主任介绍，您在胸外科手术方面很有经验，在食道癌手术方面的造诣很深，已有200多例较为成功的病例了，是吗？"

王良顺很谦逊。他说："蒋先生，对于食道癌的手术，目前台湾的几家医院里都有较为成功的先例，但是这一般要取决于肿瘤的位置和是否进入了晚期。当然，我会尽力的，请蒋先生放心！……"

蒋孝勇对王良顺充任主刀医生十分满意，他知道荣民总医院是选出了一位在胸外科最有水平的医师来为他治病的。所以，蒋孝勇在与王良顺进行简短的交谈后，又走进了中正楼的一间特殊诊疗室。那是荣民总医院新近从美国引进的核磁共振系统。对于这种属于高科技范畴的检查，蒋孝勇还是第一次做。

他静静躺在一张狭窄的软床上，然后被医师自动地送进一个乳白色的巨大穹隆里。当医师们退出后，室内的灯光大亮，在寂静之中，蒋孝勇的耳边响起了间歇性的巨大震动声。核磁共振检查开始了！

王良顺在与此相临的一间灭菌室里，通过电脑仪器，可以十分清晰地看到屏幕上对蒋孝勇食道部位所进行的扫描。很快，他发现了位于蒋孝勇食道下方一块长10公分、厚5公分的占位性病变之所在。同时，磁共振也检查出蒋孝勇的癌细胞已有小部分的转移，一些与食道相临的淋巴结出现了肿大！

王良顺感到很棘手。但是，王良顺并没有将核磁共振检查后所拍下的片子，拿给蒋孝勇看。在分手的时候，王良顺只是关切地告诉蒋孝勇说："请您做好准备，手术将在1月10日上午准时进行。地点在这座大楼三楼的第23号手术室。我的手术助手是范徽智先生，他是一位很有手术经验和水平的医师，我们但愿手术取得成功！"

"谢谢！"蒋孝勇与王良顺紧紧地握了一下手，然后走向电梯。几分钟后他坐进了中正楼下的小轿车，在春天浓重的暮色中，心神烦乱地驶向他在天母的住地。

蒋孝勇跟跟跄跄地踏上铺有碧绿地毯的楼梯。昏黄的壁灯将他的身影投映在粉壁上。在有医生与朋友在场的时候，蒋孝勇尽量保持着他所惯有的稳重与斯文，他是一位很有心胸，很能经得住大事的人。父亲蒋经国在世时，就是因为看中了他的这一长处，才在自己的晚年要蒋孝勇留在身边，充当他与外界党政要人们之间的"联络员"。可是当他真的已经得知自己所患的是癌症，是当今世界上尚未最后解决的医疗难题时，在自己的家里，他向楼梯上爬时，就难免双脚无力，蹒蹒跚跚。

在幽幽的灯光下，蒋孝勇望见了楼上的两间卧室。那是他曾经与方智怡及友常、友柏共同生活过的地方。从前父亲在世的时候，他与方智怡结婚时住在阳明山顶上的一幢临靠蒋孝文住宅的房子里。后来他担任"中兴公司"的董事长后，决定自己出钱，以完全自立的姿态，在天母地区买下了这幢小洋房。如今，他不知不觉地已经将要走到人生的尽头！蒋孝勇想到这里，方才意识到人的一生果然是太短促了！

他来到楼上的小办公间，打开了顶灯，可以望见这间幽静的斗室中的一切。壁上有一轴父亲生前所作的山水画，似乎绘的是他所尚未去过的故乡——浙江省奉化县的溪口小镇。

"我现在是要下决心了，我要尽快回到溪口去看看。如果我再迟迟疑疑的话，将来也许永远没有这个机会了！"蒋孝勇望着画上的山山水水、断壁悬岩与那山涧中的瀑布泉水，在幽静的灯影下构思并冥想着故乡的山水，究竟会是一种什么样子？四明山据父亲蒋经国对他讲：那里可是古今名人浪迹的地方！古老的四明山曾经有过无数神秘的传说，历代的名人王安石、李清照、苏东坡等均在那里找得到履痕及墨迹。那里也是他祖父与父亲的出生地，蒋孝勇清楚地记得蒋经国在临死前夕，也就是做出可以让国民党老兵回大陆探亲的决定前夕，在七海官邸里曾经对守在身边的他叹息说："我看到这些老兵们回乡，真有一种说不出的羡慕啊！孝勇，我这一辈子肯定是没有希望了，我倒是希望你，有一天能回去看一看！……"

蒋孝勇想到这里，更加后悔1995年5月时，妻子方智怡与岳父岳母们回大陆探亲旅游的时候，自己为什么不能痛下决心，与她们一起返回。蒋孝勇始终在担心如果他回大陆去，由于身份的特殊会引来许多意想不到的猜疑。也正是由于他本人的顾虑重重，所以，他才一拖再拖，时至今日也没有成行的机会。

"这次病好了以后，我是无论如何也要回大陆去看一看的。不论有人怎样猜疑、怎样议论，反正我非要回去不可的！"蒋孝勇伫立在蒋经国的那幅山水画前面，暗暗在心里这样叮嘱自己。不久，他望见了小桌上的一部红色电话机。现在，他也许应该给远在大洋彼岸的妻子方智怡拨一个电话了，荣民总医院的医疗诊断，已经在他返回台湾短短的几天之内，就迅速地做了出来。方智怡在他从旧金山离家之前的那种忧郁的神情，恍如在眼前。也许世间果真有某种心灵上的感应，妻子临别时的那些担忧，当时蒋孝勇并不以为然。他以为偶尔地吐出一口血来，也不能确定他的内脏之中就一定会有了什么病变。方智怡作为他至爱的贤妻，担忧他那口鲜血的来历是不足为怪的。蒋孝勇也许正是因为方智怡的那种担忧，才决定回到台北之后，必来他所信任的荣民总医院做一次彻底的检查。谁能知道，他果然被方智怡不幸而言中了。自己不但有病，而且又是一种难以治愈的痼疾顽症！在死神将至的关口，应该对为自己担忧的妻子，在电话里说些什么呢？

他抓起话筒，又迟疑地放下了。蒋孝勇有十足的勇气去面对着死神，却无法去面对柔情万种的妻子那双望穿秋水般的大眸子！如此严酷的病情诊断，他又用什么样的语言来对方智怡说呢？如果将真情掩饰起来的话，那么打这次越洋电话就毫无意义；反之，如果他如实将医生的诊断与仪器探查的结果告之方智怡，那么她今天夜里还能睡觉了吗？

想到这里，蒋孝勇颓然地坐在桌前。

他信手开亮台灯，拿出纸笔，给他至爱的妻子留下一份最后的遗书。他在纸上写下：

怡：

很不希望你会打开这封信，但需要的时候也是天意。

这些年来，你对我的容忍、关心，在此再特别说一声谢谢。你的个性，就更显得容忍之不易的。你不但是好妻子、好母亲、好女儿、好媳妇，更是因为有你，我才一切都很放心，只是要更辛苦你了。

其他的事我不用说，想来你都知道，若有犹豫时，只要综合一下对过往的体会，以你的才智必定可以解决。对孩子，在他们长大立业时给予协助固然是我所愿，更重要的是让他们个个成为有用的人。

好了，不再多写。爱你，也将更辛苦你了。

祈主赐福。……

蒋孝勇给方智怡的信写成之后，又在灯下接连为他的两个儿子蒋友常和蒋友柏各写了一封信。幼小的三子蒋友青，目前还不懂事，他沉吟了一下，决定不写了。在这三封很重要的遗书写完之后，蒋孝勇倚在椅子上长长地吁出了一口气来。他仿佛将自己所有的身后事情，都全部写在几页薄薄的纸上，这样一来，无论1月10日那天的手术成功与否，哪怕他自己就是躺在手术台上，永久地合上眼睛，他也于心无憾了。

次日清晨，蒋孝勇打一个电话给他的另一位好朋友、他的秘书肖旭音，请她马上来到天母的寓所里。在此之前肖旭音已经得知了蒋孝勇染患癌症的消息，现在她突然应召而来，走进蒋宅二楼的时候，她突然惊呆了。只见往日满面堆笑的蒋孝勇，今天却是格外的严峻。他双手捧着三封已经装进了信封里的遗书，郑重地交给肖旭音说："旭音，你我相交多年，虽然你是我的秘书，可是我从来都是将你当成至友的。今天，我有一件十分重要的事情交给你来办！希望你一定 办好！"

肖旭音庄重地点了点头："孝勇，有什么话你就只管吩咐吧！"

蒋孝勇将信封交给肖旭音说："你也许知道，像患上了我这种病的人，能不能从手术台上下来，也是难以预料的。我的两位兄长，他们也都是在不情愿的情况下，一个个地走了。这也许都是上帝的安排，我蒋孝勇也无法违背。我只求你为这三封遗书的监管人，将来，有一天我当真不在这个世界上时，就请你把信交给智怡和友常、友柏……"

"孝勇，你……别说了！……"肖旭音没有想到蒋孝勇这么悲观，她不待蒋孝勇将话说完，早已经是苦泪两行，扑簌簌地沿着她的面庞流淌下来了。悲怆地笑道："我会按你的叮嘱去办的。不过，我不相信你的病会有那么严重，你会好的，你会很快就康复的！……"

"但愿如此，上帝，慈祥的主，我非常信任我们之间的友谊，也不相信你对我们蒋家过分的刻薄！……"蒋孝勇抓住肖旭音的手，喃喃地说。

1月10日清晨7时40分。

一架手术床被两位女护士推进电梯。床上卧着已经换了白地蓝条病号服的蒋孝勇。他的面庞显得更加消瘦，只是临进手术室时，这位一生性格内向稳重的蒋氏三公子，依旧保持着他多年商海浮沉中遇乱不惊的宁静与沉着。在与两位护士进行交谈时，唇边甚至还挂有笑意，丝毫也没有紧张的神色。

"孝勇，你的感觉还好吗？"守在他身边的是方智怡。这位在1月8日深夜从美国旧金山专程飞来台北的女子，她的内心里充满了紧张。在她的生命里是不能缺少蒋孝勇的，尽管她当年与此时仰卧在手术车上的人，在缔结百年之好的时候，并不会想她与他的关系会相处如此长久、深笃，甚至可以说是患难与共的情愫已经在蒋家没落之时凝成，但是，方智怡做梦也不会想到年纪还不足50岁的丈夫，居然会染患上那种意想不到的可怕之疾。所以，当1月6日的傍晚时分，她接到蒋孝勇从台北打来的电话时，心一下子就悬起来了。

　　"智怡，你就放心好了，我不会有什么事的！"蒋孝勇依然十分乐观，躺在手术床上仰望着忧心忡忡的方智怡笑了一笑。

　　电梯悄然上升。

　　方智怡也苦笑了一下，安慰即将进入手术室的丈夫说："当然不会有什么大事的，只要做了手术，一切一切都会好转的！……"

　　蒋孝勇说："我只是惦记着三个孩子，他们一下子没有你这个母亲在身边照料着，学业会不会受到什么影响？……"

　　"不会的，你放心。我来前已经将一切都安排好了！"电梯在中正楼三楼停住了。

　　荣民总医院的两名护士在电梯的两扇门悄然开启之后，立刻忙着将手术车推出去。方智怡的面前立刻就出现了荣民总医院熟悉的手术楼层。几乎所有的外科手术室全设在这里，灯光幽暗楼道里匆忙地闪动着女护士白衣的身影。浓烈的来苏水气味也扑面而来。

　　"孝勇，彭院长亲自来了！"手术车刚一推进走廊，陈云亮便迎了上来。他俯身在蒋孝勇的面前，回身一指，只见穿着白大褂，戴一副精致玳瑁眼镜的彭芳谷院长，已经走了过来。他紧紧地握住蒋孝勇那只冰冷的右手，说："孝勇，关于这场手术，王良顺医师和他的助手范徽智，已经拟订了一套较为周密的手术方案。估计是不会有什么意外的，只请你沉着冷静一些，好好地配合他们。可以吗？"

　　蒋孝勇说："彭院长放心吧，我又怎么可能不好好配合呢？……"

　　不久，手术车越推越快，在蒋孝勇手术车的前面，忽然出现了一盏亮有"手术重地，闲人免入"的红灯。两扇玻璃门自动的开启了，女护士们将手术车快速而轻捷地推了进去。须臾之间，两扇门又自动地关闭了。

　　第23号手术室的门外，廊道里只留下了方智怡。她不能随蒋孝勇、彭芳谷和陈云亮一道走进去。但是，她也无法离开这个至关重要的地方，因为她知道面前的那间手术室内，马上就得开始一场既紧张又忙碌的大手术。她的丈夫将面临生与死的严峻考验，孝勇，你当真能逃过这一关吗？方智怡坐在一张椅子上，在幽暗中注视着23号手术室门楣上亮闪闪的一盏红灯。

　　她的心里真想哭。蒋氏家族在蒋经国死去以后，接二连三地发生不幸的事情。蒋孝文虽有多年重病，可是他偏偏要在父亲死后才突染癌症故去了，留下了一位徐乃锦；蒋孝武本来没有心脏病，可是却在住进这家医院的次日凌晨，猝然间死于心肌梗塞，留下了另一位年轻的寡妇蔡惠媚。如今，莫非又一场大祸将要降临

在孝勇与她方智怡的头上吗？上帝如果当真有灵，你就应该公平一些，为什么把那么多不幸一股脑全倾注到蒋氏第三代人的身上呢？即便他们的祖父或父亲生前做下了许多不可饶恕的罪恶，也不该一股脑来找他们的子孙偿还呀！

"智怡，我可以告诉你，今天晚上我不能回旧金山了！"方智怡从 1 月 6 日傍晚时接到蒋孝勇从台北打来的越洋电话时起，一种不祥的预感便开始从她的心底升起。几天前丈夫在卫生间里无缘由地吐出一口鲜血，从那时起方智怡便有某种不祥的预感，现在当蒋孝勇告诉她不能准时返回旧金山时，更加印证了她心中的猜测。方智怡急忙追问："为什么不能回来？是不是荣民总医院方面的意见？"

"是的，你猜得很对呀！智怡，看来你是个很有预见性的人啊。"台北天母居室里传来的声音，尽管与平时没有什么两样。丈夫总是乐观和幽默地与妻子对话。可是，在方智怡听来，蒋孝勇不能如期归来是荣民总医院的决定，那就说明他的病情不轻。

"孝勇，你怎么不肯将全部的情况都告诉我？"方智怡有些心里发急了，她在这种时候希望丈夫尽快地把诊断的情况全说清了，而不喜欢他吞吞吐吐。方智怡便追问："到底是什么病，医生确诊了吗？……"

"也没有什么。"蒋孝勇的语气仍然很平和、很冷静，还像从前在家里时那样，说起话来不慌不忙，慢吞吞地对焦灼的妻子说："但是，根据医院方面的意见，恐怕也要把肚子打开！……智怡，你哭什么？其实也没有什么太大的事，手术不是医院里的常事吗？……"

方智怡不再追问。她已经从蒋孝勇简短的几句话里，体察到丈夫病情的严重性。如果仅仅是一般的病，荣民总医院会决定为蒋孝勇做一次手术吗？想到这里，方智怡只是说："后天我就去台北！"然后她就挂断了电话。1 月 8 日清早，方智怡心急如火般地飞回了台北。现在，丈夫已到了生死攸关的时刻，她已经从陈云亮与彭芳谷的口中，得悉了有关蒋孝勇所患食道癌的全部情况。这种手术的难度也是可想而知的。

"方小姐，你不必太心急。"昨天，方智怡单独来到荣民总医院拜晤彭芳谷院长，当时她希望这位颇有经验的医疗专家，能对蒋孝勇这种食道癌手术中及手术后的结果，提供一些让她放心的情况。彭芳谷说："如果孝勇的病真像核磁共振与胃镜检查所证实的那样，癌细胞没有往体内深处转移，那么手术后的情况还是比较乐观的。如果术后再施以化疗，那么至少还要活上几年的，所以，请你一定不要太紧张才好。因为这种癌目前是比较常见的，也许这与孝勇平时喜欢喝酒吸烟有些关系吧！……"

"哦，我懂了！这样一来我的心里就有底了！"方智怡那笼罩着阴云的心境，由于彭院长的一番话，说得她愁雾渐散，一抹明亮的光影仿佛出现在她的面前。

如今，丈夫他该怎么样呢？方智怡在手术室门外已经等了三个小时，这个手术做的时间实在太久了。她无法知道室内的具体情况，究竟是手术顺利，还是中途遇上了什么麻烦？方智怡在难卜吉凶的时候，心绪一直无法轻松。她急得忽而起身踱步，忽而又凑近手术室的门前屏息谛听。室内只传来清晰的刀剪之声，其他一切她是无法靠听觉来加以判断的。

直到中午时分，陈云亮才从手术室内匆匆地出来。他发现候在门外灯影里的方智怡，怔了一下，才迎着她那焦急与担忧的目光走上来，扶着她并肩坐在椅子上。

"手术已经做完了？"

"不，刚刚进行了一半。现在他们主刀的医生们正在吃便餐，彭院长也一直守在那里。估计王良顺他们休息片刻还要马上做下去的！"

"这么久的手术时间，估计孝勇的病情一定很重吧？"

"不，也不要以为手术的时间较长，病情就一定严重。"陈云亮是一位很真诚、很实在的人，他在回答方智怡询问时显得坦率而认真："我是在现场亲眼旁观的，那个食道里的肿物确实不小，它是紧紧地卡在气管的分叉处下方。好在它目前还没有侵犯气管和主动脉弓。王医师的手术方案很适应于切除这种肿瘤，在上午的手术中，他已经将四分之三以上的食道连同那个肿瘤一道给切除了。手术初步看还是很顺利的，请你不必紧张。"

"太好了！"方智怡听了陈云亮所通告的手术进展情况，她的紧张心绪渐渐变得平静下来。她说："既然是这样，孝勇的手术为什么还没有结束？"

陈云亮说："在食道附近的癌肿虽然都已经切除了，可是，发现在孝勇食道和纵膈腔附近，还有一些淋巴结已经肿大了。那是癌细胞转移的结果，所以也需要一并摘除掉，因为这样才可以彻底根除掉孝勇体内的所有癌毒！……"

"哦哦，这样做实在是太好了！"方智怡觉得十分欣慰。

46. 117 病室，艰难的化疗

浓重的暮色完全沉入地表，当荣民总医院几幢楼宇全都亮起灯盏的时候，蒋孝勇的那辆手术车才从中正楼的 23 号手术室里缓缓地推出来。

方智怡已经等得疲惫不堪了！清晨推进去，暮色黄昏时分才推了出来，蒋孝勇在手术间里整整苦熬了 12 个小时！天啊！蒋孝勇双目闭合，脸面惨白。麻醉药物的作用此时仍然在发挥着作用，一张雪白的布单罩在蒋孝勇的身上。一名护士手中高高举着一瓶紫红色的血浆，另外两位女护士在推动小手术车。彭芳谷院长、王良顺医师及其助手范医生、麻醉师等人，都紧随在其后。小车推得飞快，方智怡不得不在车后紧紧地追赶着。

大家出了电梯以后，又随着手术车走向加护病房。

"方小姐，你不必太紧张！"又是彭芳谷的声音。

"哎呀！……"直到这时，方智怡才意识到她由于过分地关注丈夫的病况，已经在无意之中将为了蒋孝勇的病，整整一天守候在手术室里的彭芳谷院长、陈云亮副主任、王良顺医师等人待慢了。她慌忙收住脚，以无限感激的语气对彭芳谷等人额首致谢，说："谢谢大家了，为了孝勇的病，害得大家整整忙了一天的时间，太让人过意不去了！……"

"没什么，应该的！"彭芳谷很大度，他将手一摆，示意方智怡暂时不要去加护病房，他却将她引向相反方向的一间休息室。王良顺也会意地随同而来。方智怡这才恍然意识到有些反常，因为她从彭芳谷与王良顺那略显沉重的脸色上，读懂了某些预想不到的事情。那就是下午又整整地做了 6 个小时的手术，显然在陈云亮所通告的情况之外，下午又发生了什么意外。她忍不住地探询："彭院长，王医师，上午的手术情况听说很顺利，莫非下午孝勇的手术……"

"是的，蒋太太。"王良顺见彭院长沉吟不语，他只好先开口，说："您已经知道，从上午的情况看，孝勇先生的病情只能算是第 3 期食道癌。愈后的结果会是比较理想的，可是，午饭以后我们进行腹腔探查。因为核磁共振检查的时候，忽略了这一部位。打开腹腔后我们大吃一惊，因为腹腔里突然发现有很长一串肿大的淋巴结。而且有一些淋巴结是处在患者的主动脉和肝脏的附近，这就已经是食道癌的第 4 期。因为大量的癌细胞已经在患者的体内广泛地转移了！……"

"啊——"方智怡听到王医师这样的一番话，顿时使她的心一下子变得冰冷，仿佛浸进了冰水里一样。上午在她心中还残留的一线希望，刹那间化为了乌有。她的眼前变得一片漆黑。楼窗外的簇簇灯光仿佛像空旷荒野里闪动着的恐怖鬼火，近在咫尺的彭院长和王医师的面庞，变得模糊不清、左右晃动。那是她的双眼里忽然间盈满了晶莹的泪光所致。方智怡已经被无情的现实再次击倒了，她忽然觉得浑身软绵无力，摇摇欲坠。

　　王良顺继续向她通告病情："虽然如此，我们还是竭尽全力地除掉了我们肉眼凡是可以见到的癌肿。即便是后来又在孝勇先生的颈部发现了一片肿大的淋巴结，我们也一一地切除掉了。现在看来，手术后的效果，是很难令人乐观的！"方智怡在那里木然地坐着。直到王医师将所有手术的细节，一一地讲述清楚之后，她才如梦方醒般地眨眨双眼，让几串遮挡视线的泪珠都流淌下来。她喃喃地问道："这么看来……孝勇的病是没有什么办法了？……"

　　"不，王医师是想把孝勇手术所遇到的全部困难，都详细地说给家属来听。"彭芳谷许久没有说话，看得出他的内心也很沉重。对蒋孝勇的手术也与王良顺一样不持乐观的态度。他劝慰着愁肠百结的方智怡说："但是，也绝不是说孝勇的病就只有死亡这一条路了。如果在术后对他加强化疗，再戒了烟酒的话，也许还有个短暂的生存空间……"

　　"短暂的……生存空间？"方智怡被彭院长的这句话击昏了，在她听起来，甚至比王良顺所报告的手术难度还令人感到失望。在这一刹那间，方智怡已经清醒地意识到，丈夫的生命已经接近了尽头，即便还存有某种希冀也是很渺茫的了。

　　王良顺见方智怡的脸色变得灰白，额头上已经沁出了细密的冷汗，就急忙以轻松的语气来劝解，以便缓解一下由于他的话所带来的紧张氛围。他说："彭院长说得很有道理。当初我们在进行这次手术之前，以为孝勇先生仅仅是食道上的局部癌变，即便癌毒略有转移，那么治起来也并不太困难。可是术中才发现已经大规模广泛转移，虽然我们对所有看得见的癌肿一一做了切除，却难以保证是否还有看不到的癌细胞在他的体内转移。这样一来，术后的效果不会太理想，不过，只要施用化疗，我想如果顺利的话，有些患者是可以再活上一两年的！"

　　方智怡已经彻底地了解了丈夫的生命已进入了倒计时。当天夜里，她在荣民总医院的加护病房里，苦苦地在蒋孝勇的病床前守候了一个晚上。方智怡呆呆地望着术后仰卧在床上、陷入昏睡中的丈夫。他那张很清瘦的面庞，由于手术的折磨变得更加苍白消瘦了。麻醉药物的作用持续的时间如此之长，是因为像蒋孝勇这样的大手术，中途必须不断地增加麻药才行。方智怡守候在失去知觉的蒋孝勇身边，她感到今后像这样在一起的机会，会随着他病情的不断发展而变得越来越少了。所以，方智怡必须格外珍惜才行

　　一直坐等到天明，方智怡才倚在床头的椅子上打了一个盹。不知什么时候，她忽然听到了一声尖厉痛苦的叫喊声："哎哟哟……"

　　方智怡急忙揉了揉惺忪的睡眼，才看见阳光已经从窗外投映进这间加护病房

里来。整整一夜陷入昏睡中的蒋孝勇，突然醒了过来。由于他的腹部及体内做过大手术，有许多已经缝合过的刀口，在麻醉药物的作用消失之后，他的刀口剧痛钻心。蒋孝勇这一声惨叫，立刻使刚刚入睡的方智怡惊醒过来，她急忙扑过来，关切地说道："孝勇，我在这里！你叫什么？你要忍耐一些，很快就会好些的……"

"智怡……太痛苦了！"蒋孝勇渐渐睁开双眼，困惑地打量着这间陌生的病房。雪白的吊灯、雪白的四壁、雪白的窗帷与被褥。当他的目光落到守候一夜，满面憔悴的方智怡身上时，才恢复了他的记忆。意识到那场至关重要的手术，已经结束了，蒋孝勇喃喃地问妻子："手术什么时候做完的？智怡，现在已是黄昏了吧？……"

"哪里是什么黄昏？"方智怡见蒋孝勇被刀口的剧痛折磨得精疲力竭、满头冷汗，就心疼地说："孝勇，手术是昨天傍晚6点钟结束的，现在已经是1月11号的早晨7点钟了。你已经平安地过了一夜了！"

"是吗？"蒋孝勇这才渐渐意识到他已经从最危险的手术中熬过来了，就问妻子："智怡，我的手术……到底怎么样？……"方智怡忍住心中的痛苦，她不想也无法将医师告诉她的全部内容，一一告诉丈夫。她只是强颜欢笑，柔情似水地安慰着丈夫，说："医生说你的手术十分顺利，所有的肿物都已经切除了。孝勇，你可以放心，不久你就可以康复的！……"

蒋孝勇还在叫伤口疼痛，这时，方智怡才意识到什么。她急忙喊来了医生与护士们，大家过来为他挂上了新的吊瓶。……

5月28日，是蒋孝勇为期12个星期化疗结束的日子。

"母亲，我的病好了，一点问题也没有了！"这一天的上午，蒋孝勇由方智怡陪着，乘一辆小轿车驶进大直地区的七海官邸。

1996年的春节过后，蒋孝勇在荣民总医院的食道癌手术化疗战开始了。所有的人都没有料到蒋孝勇那么严重的病，居然会如此之快地好转。特别是从医师那里了解到更多不利基因的方智怡，也对病弱的丈夫如此神奇的好转，而从内心里感到兴奋与欣喜。虽然她对蒋孝勇的身重增加，浑身上下不见了半点病态深感疑惑。可是作为一位贤惠善良的妻子，有什么比丈夫第二次获得身体的康复更高兴呢？

"是吗？孝勇的病当真好得这么快吗？"由女侍从后面推着、坐在一辆镀镍轮车上的蒋方良，从花丛间闪了出来。

"是啊是啊，阿妈，孝勇他真的好了，体重甚至要比生病前又有所增加！"当七海官邸内的一盆盆兰花在和煦的春阳下绽开艳丽花蕾的时候，一度在病魔的侵扰下变得枯瘦异常的蒋孝勇，满面春风地走过来。方智怡在旁小心地搀扶着他，夫妻两人已经有许久不来七海官邸了。所以，蒋孝勇和方智怡两人都显得异常高兴。

"好啊，病去了就好！当初你们在医院里住院治病，许久不来。当时我还不清楚是什么原因，后来才从别人的口中听说是孝勇得病了！"蒋方良置身在一簇簇盛开的花海里，她已经习惯了这种寂寞的生活，所以即便几个月的时间不见到蒋孝勇，她也没有任何的牢骚。

"妈妈，您老人家是不知道孝勇年初的病来得多么迅猛，多么吓人。当时，他在'荣总'做手术已是九死一生了，他是担心您老人家伤心，才不准许我告诉您的！"方智怡将丈夫扶到蒋方良的轮椅前来，俯在老人的耳边说道。蒋孝勇眯着眼睛向老母亲笑着。他只是点了点头，说："智怡说得是，我当时已经进了鬼门关呀！本来以为是无法再来见您老人家了，谁能想到，我的阳寿还不到呀！……"

说到这，蒋孝勇的眼前所出现的是一幅幅可怕的画面。1月10日手术过后，他在加护病房里险情不断，本来应该很快就痊愈的伤口，却由于他的肺内积有大量的痰液，每日只好在特定的时间内，遵医嘱进行吸痰。这样，药物消炎的进度相对地减慢了预定的速度。大约在两周以后，蒋孝勇方才脱离手术后的危险期，转移到荣民总医院内的普通病房——思源楼11层的117病室，进行恢复性的治疗。蒋孝勇是在思源楼内，才可以勉强地起来走动了。

"我始终也不知道你会得病，也不知道你是什么病？"蒋方良坐在轮椅上这样的唠叨着。方智怡代替了女侍，她将轮椅缓缓地绕过了一大片姹紫嫣红的兰花花畦，推向七海官邸内她所熟悉的简陋室舍区去。

方智怡听任婆婆的唠叨，听任着她与相待在身旁的蒋孝勇交谈。她在内心里却依然在忧虑着丈夫的病。方智怡虽然也为丈夫在术后不久，身体就可以恢复到术前的健康状况而欣喜，可是她知道这仅仅是一个短暂的假象。她之所以这样想，是因为丈夫从加护病房转移到思源楼去治疗前一天，主治医师王良顺又单独向她分析了蒋孝勇的病情："蒋太太，孝勇先生的术后可能会出现相当一段时间的康复状态。也许几年，也许几个月，无法确定。但是，由于他体内的癌细胞在手术前就发生了转移，所以很难保证它不会复发！所以，我希望家属对这种康复有一个思想上的准备才行！以防临时发生不测时手忙脚乱！"

　　方智怡的心一下子又沉下去了，她忧心忡忡地问："这么说，孝勇的病一点希望也没有吗？"

　　"也不是的。"王医师说："一般情况下，食道癌在术后如果向相反的方向发展，无非是恶性细胞继续在体内扩散，最后成为不可救药的状况。但是，孝勇先生的病情似乎也有向好的方向转化的可能。那就是体内凡肉眼可见到的癌病灶，我们在手术中均已切除干净了。如果癌细胞没有新的滋生，再佐以化疗，那么也不是没有好转的可能。如果患者抗病的意志力较强的话，也有可能出现一段较长的康复期！"

　　方智怡当时听到这些，她忧愁无望的心里突然间滋生了一抹希冀的光亮。所以，自从蒋孝勇转到思源楼11层后，方智怡全力以赴地协助丈夫战胜术后的困难，使病情一天比一天的趋于稳定。

　　"智怡，我的病已经好了，我不想住在医院里。我想尽快返回旧金山的家里去！"在1月底的某一天夜里，熟睡中的蒋孝勇忽然睁开了双眼。他向坐在灯影里打盹的方智怡提出了一个令人难以置信的请求。

　　方智怡一惊："孝勇，你疯了吗？你是刚刚做完大手术半个月的人，又怎么可以走这么远的路程呢？"蒋孝勇却固执地说："不，我可以走。如果担心有什么危险，可以请'荣总'派医生护送我回去。因为我方才做了一个梦，梦见了三个孩子。他们三个人在旧金山，又如何可以单独过旧历年呢？"

　　方智怡这才意识到2月19日是中国的旧历年。也是经蒋孝勇的提醒，她方才从为夫医病的纷扰中清醒神志，一下子想到友柏、友常和友青三人，还孤零零地生活在大洋彼岸的旧金山。作为母亲，她当然非常渴望与三个孩子尽快相聚。如果2月19日她能够伴同丈夫一起返回旧金山，与三个孩子一起度过大年夜，那自然是求之不得。可是当方智怡忧虑的双眼又落在丈夫那张枯瘦苍白的脸上时，她又心灰意冷，急忙劝阻说："孝勇，你为什么又要任性了？莫非医生的话也忘记了？……你现在这种情况是无法乘飞机远行的！……"

　　"不，我可以走！"蒋孝勇却在这种特殊的情况下变得固执起来。

　　医生们在获悉了伤口刚愈的蒋孝勇请求提前出院，并将飞回旧金山过旧历大年的消息后，自然坚决反对。

　　"请各位不要再劝了，大家的好心我全领了！对不起，我还是要回到旧金山去，和三个孩子一起过年！这也许是我和他们所过的最后一个年了！机会太难得了！"蒋孝勇虽然语气还像他平时那样温和，可是所有赶来劝阻他的医生们，都已经听得出蒋孝勇的决心是坚定不移的。因为蒋孝勇是准备最后一次去和孩子们共度旧历除夕，这种人之常情是无法劝阻的。

方智怡什么话也不说。她比医生们更加了解蒋孝勇的这种性格。凡是他说定了的事情是非要去办的，往往决定是经过他多次考虑之后才能说出口来的。一旦说出来他就一往无前。这就是蒋孝勇柔中含刚的特殊性格。

"好吧，既然你执意回旧金山去过旧历年，我们也没有什么其他的办法。"院长彭芳谷两鬓华发、慈眉善目。这位素来与蒋氏家族有很深私交的老教授，非常体谅蒋孝勇的意愿。于是他在左右权衡之后，来到蒋孝勇的117号病室内，对蒋孝勇说："但是，你的病还没有好。那么大的一次手术，恢复期至少也要一两个月的时间才行。可是你既然执意回美国，我们医院只好派一位医生随同你去旧金山。将你送到家里后再返回。不然的话如果发生什么问题，是很不好说的。"

蒋孝勇的脸上露出了胜利的微笑，他说："如果要我选，还是请陈云亮陪同我飞旧金山吧……"彭芳谷只好点头同意。

2月1日，台北气候温暖，阳光和煦。下午3时，蒋孝勇、方智怡由陈云亮副主任医师陪同，搭乘一架"华航"班机从桃园机场一跃飞上晴空，开始了一次十分紧张的夜航。身体虚弱的蒋孝勇居然在10几个小时的航程中安然无恙。

"孝勇兄，从你体内顽强的抵抗力来看，你很可能在春节后的化疗过程中创造一个奇迹的！"在旧金山逗留几日，陈云亮见已经安全抵达湾区小红楼里的朋友蒋孝勇很平安，他决定告辞返台。临行的时候他深情地对仍然只能卧床休息的蒋孝勇这样说。

"云亮，借你的吉言，也靠上帝的恩典，我将会最终战胜疾病的！"蒋孝勇伸出他那只细长冰冷的手来，与陈云亮紧紧相握，说："节后我一定准时飞回台北的。我要放下心来去接受化疗，直到我的癌细胞全部杀死为止！"

1月18日入夜时分，旧金山漆黑的夜空不时被烟火与礼花所映红。这座地处美国西海岸的城市，居住着数以千万计的华人。他们在除夕之夜，与重病未愈的蒋氏三公子共同度过1996年的良宵。对于在原名为圣弗兰西斯科，而后来由于华侨居多而更名为"旧金山"的海滨山城里，燃放节日烟火的中国人来说，这只是个很普通的旧历年，但是对于癌魔缠身的蒋孝勇来说，这个难得的除夕夜则具有了非同寻常的意义。

"智怡，咱们也要快快乐乐地过年呀！"躺在床上、身体仍然很软弱的蒋孝勇，在除夕的傍晚这样关照正在厨房里奔波忙碌着的妻子。

"放心吧，孝勇，我知道该怎么过年！"方智怡虽然在心底还有很多尚未消去的疑云，但是回到家里以后，她的精神好多了。在医院治病那段非常难熬的日子里，贤良的方智怡确实表现出一位贤妻所少见的温柔与涵养。蒋孝勇由于是在重病折磨之下，又是旷日持久的辗转床榻，他的精神自然是受到了从未有过的煎熬。所以，难免有时性格变得急躁起来，每当他发脾气的时候（特别是大便难以解下来的时候），方智怡都必须以最大的忍耐力来服侍他、照料他。有时几个昼夜也不能合眼。可是方智怡在重病在体的丈夫面前，她的脸上始终不见有一抹阴云。

年夜饭在温馨的氛围中拉开了序幕。窗外是在夜空中不断腾起来的艳丽礼花。五彩缤纷的烟火从窗外投映进来，映红了坐在桌前的蒋孝勇面庞！

他实在是太消瘦了！脸上显得瘦骨嶙峋，但是蒋孝勇却堆着和悦的笑容。他虽然身子发虚，面对着妻子精心准备了许久的一桌年夜饭，面对着他从前喜欢吃的许多浙江菜和台湾菜，他却丝毫也没有胃口。在妻子和三个孩子的劝说怂恿下，蒋孝勇只能把那些美味佳肴上吃上星星点点，可是他仍然要求自己尽量多吃一点儿。因为这样不仅对他有好处，主要的是蒋孝勇不希望让他身上的痛苦，流露出来，给节日的家宴上平添某种不愉快的阴影。特别是友柏、友常和友青，三个孩子还都不谙世事，他必须要求自己以最大的毅力来坚持始终，让脸上的笑容构成全家旧历新年中最值得回忆的细节。因为蒋孝勇的心中十分清楚，这是他今生与妻儿们所度过的最后一个旧历年的除夕夜了！

2月26日上午，是一个春节后少见的晴天。台北多雨，春天更是如此。可是蒋孝勇由他的夫人方智怡陪同着来到台北市的荣民总医院时，在中正楼内所有见到蒋孝勇的医生护士们，都情不自禁地睁大了惊愕的眼睛。

"孝勇，真是没有想到啊，你的身体会恢复得如此之快！"老院长彭芳谷第一眼见到蒋孝勇时，他真的惊呆了。没有想到几个月前躺在思源楼117号病房里、骨瘦如柴的蒋孝勇，会一下子变得如此健康。他的面庞也恢复了惯有的红润，精神也格外的好。

"谢谢荣民总医院对我的关照，也托上帝的恩典，不然的话，我是不可能侥幸活过来的。"蒋孝勇这样说。彭芳谷与他牵着手，走进了他从前住过的加护病房，陈云亮、王良顺和一张又一张亲切熟悉的面孔出现在蒋孝勇的面前。

"孝勇，也许真像你春节前所说的那样，旧金山那里的气候和环境，非常适合你养病。"陈云亮也为老朋友在转眼之间不但能健步行走，而且气色颇佳而感到振奋。

　　"孝勇先生，请你做好思想准备，化疗是一件非常痛苦的事情。"只有亲自为蒋孝勇执刀做手术、并且又具有多年食道癌手术经验的王良顺医师，才知道蒋孝勇这种病是一种非常棘手的病。他更知道目前蒋孝勇身上所出现的康复，仅仅只是一种假象。也许几个月，也许几年，蒋孝勇体内所潜伏下来的、医生在手术中又无法发现的癌细胞，必将卷土重来。而且，王医师十分清楚，如果癌细胞在化疗过程中不能彻底地杀死，那么疾病如果一旦复发，就将比前一次还要不可扼止。但是，他不能将这种可怕的危险说给患者，他不希望蒋孝勇知道那种随时都可能出现的恶变。王医师希望蒋孝勇自身培养着可以抵御癌症的抗生因素同时，也要培养出一种顽强的生存意志。这样才可能共同配合化疗，战胜癌魔。他说："对于化疗，你有思想准备吗？"

　　"请王医师放心好了，我都有思想上的准备。"蒋孝勇苦笑点头，"该怎么做，就怎么做！"

　　3月1日上午，又是一个晴天。方智怡再一次陪同蒋孝勇走进荣民总医院的中正大楼。

　　化疗正式开始了。

　　"孝勇先生，我们为你所注射的是季匡华先生精心配制的抗癌液，它由三种较为先进的化学药剂制成，对体内已经增生成继续增生的癌细胞，具有较强的杀伤力。"王良顺医生在蒋孝勇躺在病床上以后，较为详细地向他介绍了有关化疗药物的性能及效果。他告诉蒋孝勇，这种由琉可渥淋和西斯普拉汀所组成的特殊药剂，可以有效地控制分裂中细胞的DNA。同时，药液中的叶酸又可以控制肿瘤的增生，特别对食道癌的术后颇有益处。王良顺见蒋孝勇对这种药物很有好感，又说："当然，任何药物，特别是化疗所施用于控制癌细胞的药物中均有一种毒性。西药在治癌方面是采取以毒攻毒的方法，所以，化疗就有一定的副作用，你要有一定的思想准备才行。"

　　蒋孝勇很平静地笑了笑说："没有问题。只要对疾病的治疗有利，即便药物中有毒，我也在所不惜，你们尽管使用！"

　　王良顺说："主要是体内的一些正常细胞有可能遭到误杀与破坏，所以，你要注意，在化疗进行几周后，你的胃肠、口腔可能出现小面积的溃疡，还有可能发生疼痛、呕吐，甚至是脱发等现象。孝勇先生，化疗是很难受的！"

　　蒋孝勇又是一笑："该怎么做，就怎么做。"

方智怡正在这样想着，前面的蒋孝勇回转身来说："智怡，先将阿妈扶进楼里去吧，老人家已经坐得有些累了。……"

方智怡这才意识到，她已经将婆婆蒋方良的轮椅，推到七海官邸"T"字平房的正厅门前了。

"好吧，就到楼上去谈谈吧！"蒋方良坐在轮椅上点了一下头。方智怡方才上前来，将她搀扶了起来，然后与蒋孝勇一左一右，扶住这位已近暮年的俄国老妪，蹒蹒跚跚地穿过大厅，来到楼梯口处。蒋方良满心欢喜地望了望站在身边的儿子说："你的病彻底好了，我就很高兴。从今以后，你就可以安心地经商了。这样，我也就放心了呀……"

蒋孝勇一边扶住老人缓慢地向铺有地毯的楼梯上走来，一边对蒋方良说："我这条命是荣民总医院的几位医生朋友们给的，为了答谢他们几个月来的劳累，我和智怡今天晚上，要在圆山大饭店里设宴庆贺一番。让那些为我操劳的朋友们也轻松一下，阿妈，这不是很好吗？"

"好呀好呀！是该酬谢一下那些朋友们，医生也是太辛苦了！"蒋方良喃喃地说着。

47. 蒋家最后的心愿——移陵

蒋孝勇在进行较为痛苦的术后化疗期间，仍住荣民总医院思源楼的 117 号病室。恰好与也在此楼医病的叔叔蒋纬国隔邻而居，这样，在一个较为宁静的春夜里，蒋孝勇来到隔壁，与蒋纬国进行了一次较为重要的话。在此之前，蒋孝勇从病房内的几份报纸中，发现香港地区某周刊，刊载一篇与蒋氏家族有关的文章。标题也十分刺目乍眼：《四大家族油尽灯枯——孔宋子孙异域飘零》。这篇文章写得笔调悲凉，让蒋孝勇读罢泪水盈眶。该报这样写道：

> 近闻蒋孝勇罹患癌症，病体沉重。又悉，蒋纬国病重和孔二小姐的绝症缠身，使人由此想到蒋宋孔陈四大家族的油尽灯枯。"四大家族"的第一代，目前仅佘宋美龄和陈立夫，第二代人物亦已泰半步入风烛残年之地。蒋纬国不久前在纽约探望宋美龄时，曾向记者表示宋美龄的身体"上上下下"。事实上，将近 100 岁的宋美龄，比 77 岁的蒋纬国还要健康。目前宋美龄大部分时间住在曼哈顿的公寓，理由是到哥伦比亚大学附属医院看病比较方便。宋美龄的惟一消遣就是读阅书报，听听秘

书和台北访客报告台湾政情。宋家6个兄弟姐妹中，老么宋子安最早去世(1969年2月死于香港)，终年63岁；长子宋子文于1971年4月死于旧金山，终年74岁；长女宋蔼龄于1973年10月病逝纽约，终年83年；次女宋庆龄1981年5月死于北京，终年88岁；次于宋子良80年代中死于纽约州，终年80余岁。

据前美国驻华大使司徒雷登说，宋子良是"宋家最坏的一个"。20世纪50年代初期朝鲜战争爆发时，曾在芝加哥期货市场炒作大豆，大发横财。宋庆龄、宋美龄皆无所生。宋美龄一生疼爱孔祥熙(1967年8月死于纽约，86岁)与宋蔼龄的4个子女，并视为己出。

孔家第二代的长子孔令侃，已于1992年8月死于纽约，终年75岁；次子孔令杰(生于1921年)，数年前在德州休斯敦郊外盖"地下宫殿"，经《德州月刊》披露后，海内外为之侧目。孔令杰做过驻美大使官武官，平时趾高气扬，仗势小姨妈之特权，谁都瞧不起，20世纪50年代初国府有意组建海岸巡防队时，蒋介石原想叫孔令杰当司令，孔予以拒绝，但表示愿意当驻爱尔兰公使，后来公使未当上，却在华府大使馆中作威作福，连顾维钧大使都畏他三分。

俞大钧接替贪官毛邦初负责军购事务之后，再度发挥其当年在德国采购军火不贪污、不拿回扣而又讲求效率的作风，孔令杰看在眼里，颇为吃味，一心想担任俞大维的职务，乃一面拉拢顾维钧以孤立俞大维(其时俞大维的头衔为大使特别助理)，一面向蒋介石打小报告。蒋介石接获颇多对俞大维不利的小报告(皆出自孔令杰及其党羽之手)，对俞渐失信心，乃召俞返台述职。经过数次长谈之后，老蒋终于了解症结在哪里，立即下令孔令杰此后不得干预俞之工作。忠厚的俞大维对顾维钧说，孔令杰的父亲孔祥照过去对他不错，故他会善待其子作为报答。孔令杰离开华府后，就从事炒股票、炒房地产、采石油的生意。孔氏有两件事出现在美国的花边新闻，一是与好莱坞二流女星黛布拉·佩吉特演过《折箭为盟》、《大神秘》，另一件事即耗费1800万美元兴建一座防核弹的"地下宫殿"。

孔家长女孔令仪(1915年生)，曾在上海沪江大学就读。1943年与"中央银行业务局副局长"陈纪恩赴美结婚。宋蔼龄为女儿办了8大箱的嫁妆，从重庆珊瑚坝机场托运时，飞机起飞后即失事，8大箱嫁妆报

废，孔家又赶办了6大箱弥补。孔令仪数十年来一直住长岛，与小姨妈宋美龄最接近，日前返台探视其妹。孔家最出名的是孔二小姐（孔令伟，1919年生），目前正缠绵病榻，来日无多。孔二小姐一生女扮男装，为人凶悍、跛扈，独断独行。目无余子，嗜抽烟斗，但颇得宋美龄之钟爱。不久前台北某报报道孔二小姐的病况时，曾说当年孔二小姐在白宫做客，"佩戴手枪"，此为道听途说。

宋子文和张乐怡（1988年病逝纽约，终年79岁）生了三个女儿：长女宋琼颐，嫁给冯彦达；次女宋曼颐，适余经鹏；幺女宋瑞颐，嫁杨成竹，皆住美国东西南岸。去年1月，纽约"华美协进社"举办"末代皇帝生平文物展"，向北京商借了一批溥仪使用过的文物，幕后推动这项特展的人就是宋子文的长女宋琼颐。

落户新大陆的孔宋家族第二代殊少与中国人来往，他们以"白华"自视，他们要在中国人的眼中保持永恒的神秘色彩。以显示他们与一般中国人"实在不一样"。

"蒋家天下陈家党，宋家姐妹孔家财"的局面，使中国动乱了数十年，如今"四大家族"已成败柳残絮，他们第一代的结局和第二代、第三代花果飘零的下场，只是为一个已消失的时代画下休止符而已。……

蒋孝勇读到这里，恨恨地骂道："真是太不成话，这是些专为我们唱挽歌的家伙写的无聊文章！可恶，实在是可恶！……"他将那份杂志掷到地上，又恨恨地踏上了一脚。现在他决定向住在隔壁的蒋纬国一吐苦水。

"在不久前，我和智怡又陪着母亲去了大溪的陵寝，我们也去了慈湖。"蒋孝勇在谈到这个问题时，神色难免有些忧郁。他将自己所见到的慈湖、大溪头寮两座陵墓的情况用语言描绘出来，也便坐在灯影下日渐清瘦的蒋纬国仿佛看到了已被撤走大批守陵兵，空空荡荡，梁朽檩折的房宅。蒋孝勇叹道："慈湖和大溪两处的房子年久失修。要点维修的经费也很困难，守陵兵逐渐撤走以后，那里的情况更是堪忧了。后来，我还是把这件事提了出来，维修的经费总算得以解决，唉，现在包工已经解决了，我和孩子到慈湖、大溪去，跟他们讲修缮的事情。这几年谁去管过呢？根本就没有人管啊！不管怎么说，遗体总在那边嘛，总是要尽一份心意嘛。但是根本就没有人管，唉唉，我想想真是心里发酸啊！……"

蒋纬国穿着宽大的病号服，盘脚坐在床上。由于他身患有多种疾病，所以身体消瘦，白底蓝道的病号服越发显得宽大。在蒋孝勇向他提起蒋介石、蒋经国两座坟墓的凄然景况时，蒋纬国心中生气，却一言不发。

"我父亲过世八年了，这八年来的辛苦和心酸有谁了解？"蒋孝勇从来也没有与蒋纬国闲谈的机会，虽然他们是叔侄的关系，从前却因种种因由，彼此之间的往来并不十分密切。此次是由于他在思源楼内治病，与叔父住得很近，加之蒋孝勇在化疗期间的病痛要比手术时减轻了许多，所以才有了这次深夜的恳谈。在说到乃父蒋经国时，从来不轻易冲动的蒋孝勇，在叔父的面前也颇动感情。他说："先祖父的铜像不是被砍头，就是被泼了油漆。这和死后鞭尸有什么不同？前些日子有位朋友从高雄来看我，他常常到高雄的凤山陆军军官学校去跑步，在操场上他看见有50多座铜像在那里。那是全高雄县的我祖父铜像，全集中到那里。说起来也实在是太滑稽！这个景况恐怕在世界上也是绝无仅有的。"

"唉，没有办法，权在人家手里嘛！"对蒋介石铜像如此处理早有耳闻的蒋纬国，无可奈何地长叹了一口气。

蒋孝勇继续流着泪向他的叔父诉说着内心中的委屈。他说："铜像要砸掉我也不反对，可是为什么一股脑全被放在军校里呢？我心里由衷地感谢军校愿意提供地方来摆祖父的铜像。因为我实在不愿意先人在外面再受到别人的污辱，有人甚至往铜像上泼油漆，写一些侮辱性的文字。然而这种极尽污辱先祖的做法，如今还有谁站出来说过话？只有我这为人子孙的人感到心里发酸，因为这样做确实是等于鞭尸呀！……"

"说得好，是在鞭尸！"蒋纬国气咻咻地将拳头在床上一捣说："照这样发展下去，也许将来有人会闯进慈湖和大溪陵寝里去，将两座死人的棺椁也给掘了，焚尸扬灰的！"

"所以……我今夜才过来与叔父一道商量，尽快移陵的问题。"蒋孝勇见叔侄俩的意见渐趋一致，方才将他多日来想说的话说出来。

蒋纬国一惊："移灵？你是说往大陆移陵？……"

蒋孝勇点头称是。

"哎哟，此事很不容易！"蒋纬国很快就理解了这位侄儿的良苦用心，他呆呆地坐在灯影里蹙眉沉吟了半晌，才摇了摇头说："孝勇，将慈湖和大溪的两座陵移往大陆，这件事我也想过很久，也确实是应该这么做的。但是，并不是你我两个人可以做的。因为老夫人还活着，她在美国从未与我说起过这件事呀，我们两人又如何能够擅做主张？"

"可是祖母她老人家对我说过，而且还说了不止一次！"蒋孝勇见蒋纬国从

心里十分赞成此事，方才决定将许多机密事情告诉给他。便说："如果没有祖母的叮嘱，我一个晚辈又如何可以说这样重大的事情？"

蒋纬国的精神一振，问道："夫人她是怎么说的？如果当真移陵，又能将两座陵移往大陆的何处？"

蒋孝勇似乎在追忆往事，由于这几年他经常来到宋美龄的身前身后，所以宋美龄对他所叮嘱的事情自然较多。很快，他从纷乱的记忆中理出来了头绪，郑重地对叔父说道："我记得老祖母早在1995年年底，与我谈过这件事。当时她老人家是说她本人的身后事……"

蒋纬国问："老人家说她死后要在什么地方安葬了吗？"

蒋孝勇点了一下头说："当时她老人家说，她自己死后的遗骸肯定不会安葬在美国。但是也没有说希望安葬在台湾。而是说最好在大陆，不过，具体的地点她目前也不好说定，要看将来祖父的灵骨到底安葬在什么地方才可以确定的！"

"哦……"蒋纬国顿时变得肃然起来，因为像宋美龄这样的后事安排，他虽然作为次子，却从来也不曾对他说起过。当他第一次从蒋孝勇的口里听到这样的信息以后，心中立刻就感到"移陵"大陆的事情，有些迫在眉睫了。便追问说："为什么一定要等祖父的灵柩问题解决以后，才能确定夫人的归宿呢？"

蒋孝勇说："老祖母的考虑自然是更深一层的。因为据她老人家说，祖父的生前，为自己所选定的安葬地是南京的紫金山麓……"

"这个我也知道。"

蒋孝勇说："老祖父当年是看中了南京孙中山陵附近有一块名叫紫霞湖的地方，风水很好。所以，当年他老人家不但为自己确定了陵址，还在那个紫霞湖边上造了一座正气亭。他说自己将来百年之后，就安葬在那里，如今看来，我们是要力争将祖父的灵柩移葬到那里去的！"

蒋纬国点点头，但没有说话。他不仅仅担忧此事台湾当局持如何态度，更担心大陆方面持如何态度。蒋孝勇见蒋纬国未置可否，才又说："老祖母对我说，如果有一天祖父当真能够实现安葬在紫霞湖基地的夙愿，那么她老人家死后，只有安葬在上海的宋氏公墓里了！"

"这是为什么？她老人家与已故的父亲一并安葬在南京的紫霞湖不是很好吗？为什么一定去上海？"蒋纬国听了侄儿的这席话有些困惑，他不理解宋美龄与蒋介石分葬的真正原由。

"是这样，叔叔"。蒋孝勇显然对宋美龄的用心了若指掌，他娓娓地告诉坐在床榻上的蒋纬国说："老祖母她是一位很有自知之明的人。她老人家认为，如果将来祖父的遗体当真能够安葬在南京的紫霞湖，那么就在孙中山陵墓的附近。由于那里先后安葬了孙中山与老祖父，那就不会再是其他人可以随便安葬的地方。这样她老人家情愿回到上海宋氏祖墓地去！"

"哦哦，我懂了！……"蒋纬国频频地点着头，他觉得宋美龄的这些主张确实明智。

"如果祖父的遗体因为种种原因，无法安葬在南京，那就只有葬回到浙江奉化的溪口小镇了。如果那样的话，老祖母才可以与祖父的遗体合葬在一起。这是她老人家经过慎重考虑，才对我说的。"蒋孝勇从来守口如瓶的秘密，今晚一股脑对叔父蒋纬国说了出来，他心里立刻变得轻松许多。

蒋纬国沉吟了片刻，又问："那么……我的亡兄经国怎么办？他如果移回大陆去，又该葬于何处？"蒋孝勇说："父亲的心意我当然最为清楚。他不可能安葬在其他地方，只能安葬在丰镐房后面，因为那里有他老人家生身母亲的一座坟。在晚年的时候，父亲时常向我流露出对生身母亲的许多怀念，我想将他老人家移葬在那里最为合适呀！所以，我很想在化疗结束以后，先回到奉化溪口镇上去看一看……"

"什么？你……也要回大陆？"蒋孝勇的话，仿佛是将一枚炸弹突然投进了这深夜格外寂静的病室。使得多年来就期望着返回大陆的蒋纬国大吃一惊。

"嗯！"蒋孝勇又是一点头。

蒋纬国的心里充满了兴奋与激动，因为多年来他一直在梦想着有一天能返回令他魂牵梦萦的大陆去。可是由于种种顾虑，拖到今日也没有成行。他没有想到侄儿蒋孝勇会在染患了食道癌以后，还有这种勇气去做这件大事。他叹道："早几年我就公开表示回去，可是那时担心在岛上引起非议，所以一直拖至今日。我已经无力远程跋涉了。没有想到你居然有这么大的胆略，敢于回去。莫非不怕有人说三道四？如今咱们蒋家已经没有什么势力，一旦动起来，有人会趁机大造舆论的。……"

穿军装的蒋纬国

与父亲蒋介石在一起的蒋玮国

"随他们说去，我走我自己的路。"蒋孝勇坦然一笑说："我已经对李登辉当面讲清了我去大陆的原因，一是去看病，二是要回故乡老家走一走！怕什么呀！……"

"好，孝勇，你真不愧在名字里用了一个'勇'字。平时你很儒弱，可是办起事来既有勇气，又有胆量。我真是佩服你！"蒋纬国为他的侄儿将要去祖国大陆旅游探亲，心中充满了敬佩与羡慕。蒋纬国想了一下又说："你此次前去大陆，就是为着回溪口看看老家，为你父亲将来移陵，选择一块坟地吗？"

"当然有这个意思。"蒋孝勇很慎重地说："只是，我去大陆的事情，千万不能声张。我目前也仅仅是对你说过。今晚我来找您，主要是关于祖父和父亲能否移陵大陆的事情，必须及早向国民党当权者正式地提出来才行！"

蒋纬国将胸口一拍说："孝勇，你放心吧！这件事情我是责无旁贷的。……"

蒋孝勇是个雄心勃勃的人。当他的化疗进行几周，体内那些隐蔽很深的癌细胞终于得到了明显的控制以后，从来不想闲着无事的蒋孝勇，在盛夏将要到来之前，他已经开始向国民党当局提出将祖父和父亲两具遗体早日迁往大陆进行安葬的事宜。但是，无论蒋孝勇如何呼吁，当局对此依然采取不理不睬的态度。这使蒋孝勇很心焦。

他将希望寄于生病的叔父蒋纬国身上。

蒋纬国不负所望，在初夏的炎热中，他支撑着瘦弱的身躯出了院。在国民党台北党部直属第6小组的一次例会上，蒋纬国愤然地拍案而起。他当着新闻记者的面公然提出，请国民党中央尽快成立一个蒋介石、蒋经国"移陵大陆筹备委员会"，奉安落土，以促进海峡两岸的早日和平统一。他当场声泪俱下地说道："请诸位设身处地的替我想一想，不要说我作为儿子和弟弟，即使作为一个同志，遗陵如遭不测，也难辩其咎呀！……"

当场有人对蒋纬国提出质问："蒋先生，有什么根据说慈湖、大溪两个陵寝，随时都有被人突击和破坏的可能呢？"

蒋纬国大声地当场陈词："有什么根据？有人下令从两座陵寝撤退守陵兵，就已经将两座陵留下了随时可被人冲击的机会。高雄县将我父亲那么多铜像砸掉，不就是一个非常可靠的根据吗？"

……

台湾舆论大哗。

台湾《中央日报》很快就对此事作出报道，称："前'总统府资政'蒋纬国，最近提出其父蒋介石及其兄蒋经国先生移陵大陆的临时动议，引起了外界不小的争议。蒋纬国表示，移陵案并不是急于现在进行，蒋家提出迁葬的建议，主要是希望两人的灵柩早日奉安落土。"

台湾《民主进步报》称：对外界引起的疑虑，蒋纬国表示，提出移陵案主要是基于社会变迁，全台各地都曾发生过蒋介石铜像遭人污损、破坏事件，因此，对于"二蒋"，作为蒋家后人当然希望早日移回大陆落土。蒋纬国表示，移陵提议希望社会各界充分思考，让问题早日获得解决。

关于移陵提案，台湾"立法院"朝野党团最近表示，于法于情来看，外界是应尊重其权利，但其间牵涉到一定程度的政治冲击，也该慎审考虑。

"立委"施台生针对媒体报道说："叶落归根"是中国人传统的风俗习惯，现阶段两岸人民往返平常，由大陆来台的人士在临终时也大半会有叶落归根的想法，他认为，大家应该尊重蒋家后人的决定。

新党"立院"召集人朱高正说，这件事从法律上看，对两位蒋先生灵柩的处理，他们的后人有权利这样做。当然也不否认这种做法会产生一定的政治效应。对于台湾当局的合理性、正当性将是"当头棒喝"。他强调，灵柩移回大陆，可以给大家一个反思内省的机会，回头看看两位蒋"总统"给台湾做了些什么。

朱高正说，两位蒋"总统"至今不安葬，是因为希望将来国家统一后，能迁回大陆去安葬，而蒋家后人现在欲将灵柩迁回大陆，是否代表了未来国家统一已经无望？所以此事政治性的冲击很大，值得大家思考。

台湾高层人士表示，对于蒋纬国主张将"两蒋"灵柩迁葬大陆之事，牵涉的问题相当多，必须考虑到现行法律、政治现实及社会反应等各方面的影响，并且尊重蒋宋美龄及蒋方良两位遗孀的意见，因此还需要进一步审慎研究。尤其是长年居住在大直官邸的蒋方良女士，经常赴大溪探视蒋经国先生的陵寝，若灵柩奉安大陆，可能会让健康不甚理想的蒋方良女士感到为难。

因此，高层倾向于此事稍缓一缓，审慎地研究处理，不必操之过急，先让筹划小组进行周详的研究，再分析各项变数及后续影响，同时也让社会各界有时间有理性思考这个议题，再凝聚出一个处理的共识来。

对于蒋纬国的主张，也有人士建议，高层应主动与蒋纬国沟通。并分析可能发生的影响，以期让此事有圆满的解决。"行政院新闻局长"苏起表示，对于两位"蒋故'总统'"奉安大陆之事，中国国民党已经在进行研议，此时"政府"不应出面介入。如果将来协调的结果，确定要奉安大陆，"政府"可以给予必要协助。

另据台《中央日报》报道，蒋氏父子灵柩准备移往大陆安葬的消息传到北京，大陆涉台高层人士指出，大陆方面将以"人之常情"表示欢迎，并认为大陆领导人几年前就发表过欢迎两位蒋先生回故乡，这项说法没有变化。

……

就在台湾舆论中心都集中的蒋介石和蒋经国灵柩是否能够移葬祖国大陆的时候，"移陵"的倡导者之一、身患重病的蒋孝勇，已经悄悄地踏上了前往北京的求诊路程。

48. 死前要去大陆看一眼

1996年7月16日下午。

一架从美国旧金山飞来的大型波音客机，在飞越过浩瀚的太平洋后，即将飞临香港的海域。在头等舱里坐着一位虽属中年、却依旧端庄清丽的华裔女子，她就是方智怡。她的左边坐着二儿子友常，右边是最小的儿子友青。方智怡是与丈夫在上个月共同拟定好的行程，准时从大洋的彼岸飞来。她也知道，早在两天前，蒋孝勇和大儿子蒋友柏，早已经先期动身，从台北秘密地飞到维多利亚海边的香港岛。现在，蒋孝勇和蒋友柏父子，也许正等候在香港的启德机场。

"我们这次回大陆，一定要不惊动媒体才好。我这个人从来不喜欢声张，所以，你们可以不到台湾来，直接从旧金山飞到香港去，咱们一家人可以在那里会合，然后再一齐到大陆去。"方智怡在一个月前，陪着丈夫做完了最后一次化疗，认为蒋孝勇的病情得到了有效的控制后，她要返回旧金山的家里去。那里有三个孩子需要方智怡去照料，在妻子临上飞机前，蒋孝勇与她计议着此次非同寻常的大陆之行。

"放心吧，只要你这边不声张出去，我从旧金山去香港，是不会有什么人注意的。因为从旧金山飞香港的华人多得很，我和孩子们的目标小，不引人注目。"方智怡对丈夫的精心安排深表赞同，她又担忧地说："孝勇，我更担心的还是你的病，去大陆旅行这一段时间，会不会发生什么其他的问题？"

"你放心吧，我的身体我知道。这次化疗虽然痛苦一些，可是根治得非常彻底。我的自我感觉是，体内即使还存有少量癌细胞，也被荣总的化疗战给杀绝了！所以，你不必担心。"

"那样就好。我们就可以放心地在大陆到处走上一走。"

"是啊，我是1948年出生在上海，次年就来台湾了。我那时还根本不记事的，现在我真想到处去看一看，北京自然是非去不可了，因为我要到那里看一看病。"

"此外还要去奉化溪口老家去吧？"

"是的，父亲他老人家生前多次惦念着那里。他说四明山的山水风光非同一般，这么多年来他老人家无时无刻不怀念那里。可惜他老人家在有生之年无法回去，咱们一定要去的。"

"还要去黄山吗？"

"对对，去黄山。父亲他老人家曾经对我说过，1937年他从苏联回国以后，他几乎到过南方和北方的许多地方。唯独没有机会去一次黄山。他还对我说，我是回不去了，如果你有一天能去大陆的话，一定要代替我到黄山上去看一看，那儿的山水风光别具一格。智怡，我们全家都上黄山！"

"如果你的身体挺得住，我和孩子们便随你走遍祖国的名山大川！"

"是啊是啊！这也是我早就盼望的一天啊，智怡，如果时间允许的话，在北京治病之后，我还想到我的出生地上海去看看，听说从前我降生的浦东现在建设得很快。还有，父亲和母亲青年时对江西省的赣州也留有很好的印象，方便的时候也要去的！"

"好好，我听你的。总之，你说去哪里，我和孩子们都随着你去就是了！……"

"智怡，我们有这么良好的旅行计划，我不担心身体，只担心被媒体发现，来个曝光。那样对我们去各地旅行就大不方便了！"

"不会的！"

"但愿如此！"

……

"妈，您看，报上已经登出来了！"就在方智怡坐在飞机上回想在台与蒋孝勇对去大陆旅行的谈话时，不料友常却忽然将一张报纸递过来。那是"华航"的空姐们发给各位乘客的台湾版《中国时报》。方智怡吓了一跳，见那张前天——7月14日台湾出版的报纸上，居然在第二版上赫然刊有记者温贵香、张瑞文两

人采写的报道：《蒋孝勇确将赴大陆就医，日期未定》。

"天呐！消息还是走漏了，而且被人登到报上了，还怎么保密？"方智怡见到这样的报纸以后，心里非常震惊与失望。因为消息还是从台湾走漏出去的，而且《中国时报》登出这篇报道的当天下午，就是蒋孝勇和蒋友柏父子从台北启程去香港的日子。这是什么人不慎将丈夫去大陆就医的消息捅出去的呢？

方智怡见报上这样写道：

16日将卸任台北荣民总医院院长的彭芳谷昨日证实，他将在最近陪同已故"总统"蒋经国的三儿子蒋孝勇到大陆看病。至于何时启程，到大陆哪家医院，做哪些检查，"总统府资政"蒋纬国将军是否同行？据说，相关细节正由有关单位安排当中，目前尚未可知。不过，他强调，今年元月因食道癌开刀的蒋孝勇，目前健康情况良好，赴大陆之旅应该不成问题。

彭芳谷昨日出席由院内同仁为他举办的退休欢送会。在记者们的追问下，他证实在退休后，将陪同蒋孝勇赴大陆就医。主要原因是，他已经退休，不具公务人员身份，比较不敏感。他说，蒋孝勇是在两三周前向他提起要赴大陆就医。刚好他也即将退休，为了让病人安心，所以就答应了。至于选择到大陆就医，则是大陆方面有关鼻咽癌、食道癌的病例相当多，可提供治疗上的参考。而且看病也没有什么坏处，至于蒋孝勇是否会到民国83年他曾去过的北京协和医院就诊，他不愿正面答复。

"唉，彭院长，你为什么要对台湾的记者说这些话啊？"方智怡看了这则新闻，心里这样说道。在7月14日蒋孝勇与她通越洋电话的时候，并没有说此次赴大陆有彭芳谷院长随行，台湾的记者缘何发出这种报道来呢！方智怡暗想，不管怎么说，蒋孝勇和大儿子已经在香港，并已经从电话中得知他们父子平安地下榻在一家名叫丽嘉的大酒店，即使台湾传媒曝光，也无法制止她们一家人去大陆的。方智怡想到这里，紧张的心绪便稍许安定下来。

傍晚时分，这架客机飞抵了香江之畔的启德机场。

方智怡对启德机场已不陌生。这座位于九龙半岛、1924年由香港律师何启与英国商人欧德两人出资、并以两人名字各择一字所建的机场，在东方夏日的傍晚，仍然显出它所特有的繁忙景象。无数世界各地的航班，昼夜不停地在此起落，方智怡偕友常和友青匆匆走出机场时，却意外的不见有丈夫前来迎接她们。

"这是为什么？孝勇说话是从来不失信的，他……为什么不来机场接我们，莫非又遇上什么麻烦了吗？"方智怡和友常、友青伫立在启德机场候机厅的玻璃门前，眼望着暮色苍茫的广场，一时心中升起不祥之感。她记得在从旧金山来前，与已经先期抵达香港丽嘉大酒店的蒋孝勇通话时，蒋孝勇还说他和友柏抵港后一切均好，并再三说 16 日晚准时来启德机场接机的。可是他却没有来，这意味着什么呢？

"妈妈！"就在方智怡伫立在浓重的暮色里，焦灼地左顾右盼时，身后的人群里忽然闪出一个人来，原来是蒋友柏。方智怡脸上立刻又现出欣然的微笑，因为丈夫完全可能因故派友柏出来接机的。就在方智怡悬起的心刚刚放下时，却见蒋友柏的神色很紧张，她急忙问道："友柏，爸爸呢？他的情况好吗？"

蒋友柏叹了口气说："妈，你来得正好，爸爸他又出事了！"

"你爸爸……又出事了？"方智怡大吃一惊。友常也紧张起来，只有年幼的友青还不谙世事，他们都变得紧张起来。

"妈妈，到汽车里再说吧！"蒋友柏已经打好了一辆出租"的士"，他把母亲让进后座以后，小"的士"便加足油门朝繁华的香港市区驶来。

在飞驶的汽车里，蒋友柏向方智怡报告了他随父亲来到香港以后所发生的情况：蒋孝勇、蒋友柏父子住进丽嘉大酒店 9 楼一毫华套间以后，本来一切均好。他们想在这里逗留两日，以便与即将从旧金山飞来的方智、蒋友常、蒋友青会合，即赴大陆。可是，由于台湾方面传出了蒋孝勇将赴大陆就医的消息以后，香港的一批记者便开始寻觅蒋孝勇的行踪。有些人甚至每天恭候在启德机场，准备从由台湾飞来的旅客中发现蒋孝勇这一采访目标。可是记者们没有料到蒋孝勇父子早在台湾的媒体曝光之前，就神不知鬼不觉地飞抵了香港。

"请问，蒋孝勇住在这里吗？"在 15 日的上午，一件意想不到的事情还是发生了。当蒋孝勇从电梯里出来，将要穿过一楼大厅，准备到街上去时，不料几位手持摄像机的香港电视记者，忽然闯进了丽嘉大酒店的过厅。他们向总台的服务小姐们询问蒋孝勇的下落。但是，由于香港的记者们并不认识与他们走了个对面的蒋孝勇，而使他们与被采访的对象擦肩而过。

"哦，是一场虚惊，你说的不好就是这件事吗？"方智怡放下心来，她对这种有记者前来采访的事情，早已意料之中。

"不，不是记者的事情。我是说，爸爸他又发病了！"蒋友柏说。"什么？你说什么？"方智怡和蒋友常闻言一惊，脸色大变。

"妈妈，很不幸！本来，父亲这次从台湾来时，他的心情非常好，因为他的

病情好转和将去大陆旅行这两件事情，都使他心中没有半点忧虑。"蒋友柏在汽车里向母亲和弟弟们讲述着今天清早发生在香港丽嘉酒店里的一件事，他说："我和父亲订的是个套间，所以父亲他住在里面。我在外面的大间里。清早起来的时候，父亲去卫生间洗漱，我还在外间里睡觉。根本不晓得他在卫生间里出了事情！""你快说，出了什么事情？"与蒋孝勇的命运息息相关的方智怡，听到友柏的这番描述，一颗心立刻变得怦怦狂跳了起来，她急不可待地追问着。

"是这样，父亲本来就好好的。可是不知道因为什么，他的头在洗漱时，忽然一阵发晕，然后双脚没跟，还没等他明白过来，已经'扑通'一下倒在了地上！"蒋友柏将方智怡带引进一种可怕的场面中去：头晕目眩的蒋孝勇猝然跌倒在浴间的地面上后，顿时失去了知觉。一分钟后他悠悠地醒来，伸出手去朝已经触地的头后摸去。手里沾满了黏稠的液体，急忙拿到眼前一看，原来是鲜血！又是血！

蒋孝勇蓦然地联想到一年前在旧金山家中所吐的一口鲜血。如今脑后砸在镶嵌有彩色马赛克的地面上，流出了一汪殷红色的鲜血！这种血对于蒋孝勇来说是一种不吉祥的兆头。

"友……柏……！"蒋孝勇从晕厥中醒来的一刹那，他就感觉到头颅内有一种从未有过的剧痛。接着又感觉到这突如其本的一跤，摔得他腰酸腿疼。尤其是两只脚不知道为什么，一下子变得抽起筋来。由于头脑剧痛，双脚抽筋，蒋孝勇浑身无力。他想去呼喊睡在隔壁的儿子友柏，然而由于他呼喊不出来，所以蒋孝勇只能静静地躺倒在卫生间湿漉漉的地上，无论如何也爬不起来。

"友、友柏……你，你快过来！"蒋孝勇大约在卫生间的地上静静地躺过20多分钟，他方才渐渐恢复了神志与体力。他挣扎着爬了出来，越过一张偌大的英国地毯，才好不容易爬到一只小茶几下。颤抖地抓过上面的电话，蒋孝勇拨通了隔壁蒋友柏所下榻房间的电话。不久，身穿睡衣的儿子神色惊诧地闯进了父亲的房间。

"爸……这是怎么啦？"友柏大惊大骇，吓得脸面苍白。因为他不仅看到了趴在地毯上的蒋孝勇，也看到了卫生间地上的一滩鲜血。

"没、没什么……"蒋孝勇被儿子扶起来，坐在沙发上后，他紧张地喘息了一阵后，告讲了儿子一个香港酒店的号码说："友柏，快，你快给陈叔叔打个电话，请他尽快过来。告诉他，我的病又复发了……"

台北"荣总"加护病房的副主任、蒋孝勇的好友陈云亮，此次也前来香港出席一个有关医学的讨论会。他下榻在距此并不很远的另一家大酒店里。所以，当蒋友柏的电话打过去不久，陈云亮医师便气喘吁吁地赶到丽嘉大酒店蒋氏父子的房间里来。

"也许……只是一种偶然的不慎所致吧？没有什么太大的事情，现在我的感觉好多了！……"蒋孝勇很平静地向闻讯赶来为他诊视病情的好友陈云亮，简略地回忆了清早时他在酒店的卫生间里跌倒的情况。然后他又恢复了沉着与冷静的神态，故作轻松地对陈云亮说。

"不，孝勇，你不能这样看待这件事，它并不简单！"陈云亮很迅速地为蒋孝勇做了体检，他虽然没有发现什么明显的癌症复发迹象，但是经验丰富的他，很快就从蒋孝勇在平地上无故跌倒这件事上，意识到问题的严重性。他果断地对蒋孝勇说："我认为现在你必须马上去做一次 CT 扫描才行……"

蒋孝勇将头一摇说："不，不要紧的。我已经出来，就不可能回'荣总'去做扫描！……"

"不回台湾也可以，但是你必须要听我的话，做一次扫描才好。在香港的医院里也可以做嘛！"陈云亮越加感到蒋孝勇的病情有重大的改变，出于友人的关爱也是出于医师的职责，他坚持蒋孝勇必须马上随他去医院用仪器检查。

在香港玛莉医院的电疗室里，蒋孝勇平卧在 CT 电疗机的平台上，接受电脑断层扫描仪的检查。10 分钟后，两张拍摄有蒋孝勇颅脑各个侧位图像的片子，拿在了陈云亮的手中。他的脸色顿时变得阴沉冷峻起来，眉峰紧蹙着，他所预料的可怕结果终于得到了科学的证实！

原来，蒋孝勇体内的癌细胞在不知不觉间已经悄悄地转移到颅脑部。从 CT 所拍摄的片子上清晰地发现，蒋孝勇的颅内脑叶间已生出了两颗肿瘤，一大一小。大的肿瘤已有 1.5 厘米，今天早晨蒋孝勇突然在卫生间跌倒，就是脑中突生的两颗脑肿瘤压迫运动神经所至！

"天呐！……"方智怡在疾驶的小轿车里，突然闻听到如此意料不到的噩讯，犹如晴天响起了一声霹雳一般，她心中为去大陆旅行所带来的所有兴奋与喜悦，都由于蒋友柏所带来的这一不幸消息，冲淡无余。

"孝勇，大陆……你还能去吗？"方智怡在香港岛的千楼万厦均亮起了灿烂灯火的时候，终于在丽嘉大酒店的客房里见到了蒋孝勇。出现在她面前的丈夫，与她在"的士"上所构思的蒋孝勇大不相同。虽然经过了上午的病变，虽然已获知自己的癌细胞已经悄悄地转移到颅脑，形成了一大一小两颗威胁更大的脑肿瘤，但是，在如此巨大的病魔威胁之下，蒋孝勇的精神并没有垮。他见了远路赶

来的方智怡，面庞上依然挂着温和平静的笑。方智怡见丈夫的精神状态颇佳，心绪稍稍安定下来。但是她望见了守候在蒋孝勇身边的医师陈云亮，他向气喘吁吁赶来的方智怡递过一个意味深长的眼神。心性聪颖的方智怡立刻会意，并且深知从蒋孝勇那平静的表情上，是无法衡量他体内病情是否沉重的，所以她对丈夫能否在近日越过罗湖桥，到近在咫尺的祖国大陆进行观光与医病，从内心中发生了怀疑。

"爸爸，算了吧，既然病还没有好，还是马上回台湾去吧！"蒋友常也是心绪焦灼，一副恨不能马上让癌症复发的父亲返回荣民总医院治疗的神态。

蒋孝勇躺在床上，没有回答。他从大家紧张的神情中，已经体察到什么。陈云亮将两张 CT 片子交给他看过后，蒋孝勇内心中一度滋生的病体痊愈，从今后可以安心生活的希望，被彻底地粉碎了！他知道癌细胞转移进颅脑意味着什么，即使马上回台动手术，也怕难以回天。在这种情知生命将尽的时候，究竟去不去大陆，蒋孝勇一时踌躇不定起来。

"陈医生，究竟怎么办好呢？"方智怡从她的心里，十分理解并支持丈夫能在有生之年，实现返回大陆旅行的夙愿。可是已经来到了祖国大陆的门口，却突然间发现了癌病复发这种非常不幸的事情。既想成全丈夫却又担心丈夫可能中途发生不测的方智怡，左右为难，只好将求援的目光投向陈云亮。

"人体中的肿瘤，是最可恶的。"陈云亮很委婉地表示了他的态度。他说："特别是恶性的肿瘤，它的发展一般是非常迅速的。因为它在癌细胞不断分裂增加的同时，大量地吸取人体内的营养。所以，如果早日发现肿瘤、早日切除肿瘤无疑是有益的！……"

"爸爸，还是不要去大陆了，以后病治好了，不是还可以去吗？"蒋友柏劝道。

"是呀，如果去大陆，万一在半路上再发生今天早上的情况怎么办呢？"蒋友常也劝阻蒋孝勇前往大陆。

方智怡左右为难，欲言又止。

"依我看……还是去吧！"不料，卧在床上想了许久的蒋孝勇，却说出了这样一句铿锵有力的话来。蒋孝勇的这一表态，使包括方智怡在内所有的人，都大为吃惊。谁也不会想到，身患如此重病的他，会在这种关键的时候仍然坚持去大陆。蒋孝勇说："我的病况虽然不容乐观，可是我们大家好不容易来到家门口了，又怎么可以中途返回呢？……"

孩子们不敢再劝。

方智怡叹了一口气，说："要去不如就尽早去吧，以便早日回去治病！"

"不急！"蒋孝勇却将手一摇，他在这种非常的情况下却显出了非同一般的沉着和镇定。他说："现在记者们都在这里寻找我的行踪，马上过去会有人发现。不如在这里逗留几日，待媒体认为我们不会到大陆去时，再动身也不迟！"

陈云亮为蒋孝勇如此坚毅的性情所感动，他说："既然孝勇一定要去，我就为他去北京打前站吧！我可以先将病历和 CT 片子送到北京医院去，这样的话孝勇去了就马上可以接受治疗！……"

"云亮，挚友不言谢，你去北京期间，我和智怡可以去澳门转一转。"蒋孝勇仿佛没病的人一般，这样轻松自如地安排着赴大陆的行程。他之所以决定带家人先去近在咫尺的澳门，其用意显然是转移香港与台湾两地记者对他的纠缠。

"好吧！"方智怡和陈云亮同意了蒋孝勇的主张。

7 月 22 日，香港的《东方日报》上果然刊出这样一条"快讯"。题目是：《蒋孝勇取消赴京就诊计划》，快讯说：

> 台湾已故"总统"蒋经国三子蒋孝勇虽然取消到北京诊治食道癌的计划，但他仍打算到大陆私人观光访问。
>
> 台北"中国广播公司"昨日报道，由于蒋孝勇到北京医病事件给传媒广泛报道，以及形容此行会商讨两位蒋"总统"灵柩奉安大陆引起政治敏感问题，蒋孝勇已取消到北京肿瘤医院诊治食道癌的安排。
>
> 但报道提出蒋孝勇会转到澳门访问之后，以私人身份到大陆观光游览，但报道无提及他的行程和地点。
>
> 另一方面，蒋介石次子蒋纬国将军表示，如果身体情况许可，不排除今年秋天，或明年清明节前，返大陆扫墓祭祖，和安排两位"总统"灵柩奉安事宜。
>
> ……

就在 7 月 22 日香港各报发出上述这条新闻的当天，一位来自台北的神秘客人，突然出现在珠江三角洲南端的一个半岛上，他就是多年来梦想回祖国大陆来看一看的蒋氏三公子蒋孝勇！

澳门，古老而让人怀恋。明朝万历 30 年始建的大三巴教堂（即圣保罗教堂），由于清道光年间的一场大火所焚毁，经历了多年风雨沧桑的侵袭。作为澳门历史见证的大三巴，在夏日的蓝天白云下依旧风姿凛然。蒋孝勇、方智怡和他们的三

个孩子,站在这座历史陈迹下面,让摄影师为他们全家留下了一幅永远的留念照!

出现在蒋孝勇面前的澳门,对他来说十分陌生。由莲花山、炮台山、东望洋山和西望洋山所组成的澳门半岛,与近在咫尺的氹仔岛、路环岛,恰好形成了一片水中的岛群。四周碧水滔滔,中间小岛栉比,澳门虽为弹丸之地,却也显出了异常的繁华。蒋孝勇本来想从距澳门仅 60 海里的香港,直接进入祖国大陆。但是由于台湾当局在这个时候有意的将他将去大陆的消息扩散了出去,为了防止在香港受到媒体的包围或跟踪。蒋孝勇待好友只身去北京之后,他带着自己的一家人,决计取道澳门进入大陆。蒋孝勇感到澳门这个地方十分美好,鳞次栉比的千楼万厦,一幢幢的酒店、店铺等,构成了中西文化的交汇点。蒋孝勇早年就对这座"东方赌城"的历史略知一二,但是,他们一家抵达澳门以后,不住像葡京大酒店那样十分显眼的地方,只投宿在一家很普通的酒店。为了不招引记者,也为接受在香港时的教训,蒋孝勇甚至连身份也不公开。与妻儿们外出的时候,戴一副遮阳的墨镜。

本来,古老的澳门有许多可供蒋孝勇消遣的景观,例如去澳门附近的路环、氹仔两座离岛上去泛舟。或者去看赛马、赛狗或去观看大赌场。可是蒋孝勇此时却全无这种雅兴,他只有一个心思,就是尽快到北京去。两年以前,在旧金山红木市经营"中兴分公司"的蒋孝勇,便有了回祖国大陆旅游观光的欲望,可是那时他还不能果断地下决心。只是让他的妻子方智怡与岳父岳母先去北京,方智怡到北京后大开了眼界,受到了有关方面热情友好的接待。方智怡从北京回到旧金山后,以掩饰不住的激动口气,对丈夫说:"北京真大,北京真好!那里有看不尽的古老文化!"蒋孝勇从妻子的口中听到了她对故宫、长城、北海、颐和园等名胜古迹的赞美,他从那时起就暗暗地筹划着这次大陆之行。如今,蒋孝勇在自知不久于人世之后,才断然地下定了最后的决心。同时,在台北为谋求将祖父、父亲的灵柩早日迁回大陆的心愿未能实现后,蒋孝勇这种急于返回故里来看一看的心情就越加显得强烈起来。

到了香港以后,他知道体内的癌细胞又发生了转移,来日不多。妻儿们担心他的病体难以坚持这次大陆之旅,可是蒋孝勇在关键的时候显出他所特有的见地,断然决定不半途而废!他在心里说:"去吧,如果此次不去,也许今生就再也没有这个机会了!……"蒋孝勇确是一个不达目的决不罢休的人,虽然重病缠身,他还是决定借来澳门之便,迂回前往北京。

蒋孝勇在澳门逗留期间,从当地的报纸上,见到了台湾中央社于 7 月 22 日发出的电讯稿：

台国民党成立蒋氏"奉安"研究小组

（台北电讯）中国国民党中央为两位蒋"总统"奉安所组成的研究小组召集人蒋彦士今天表示，小组将在 31 日开会。会中邀请蒋公家属蒋纬国参加，表达意见。

蒋彦士同时表示，他已和蒋纬国就研究奉安案交换意见。蒋纬国向他表示，希望中央研究移陵奉安事宜，但并未指定移陵奉安的时机。

国民党中常会上周讨论先"总统"——蒋公和已故"总统"蒋经国先生奉安大陆事宜，多位中常委认为，这件事并无急迫性，适当时机应该在统一后；主席李登辉裁示，请蒋彦士代表向蒋氏家属转达中常委的意见，他并指示尽快成立研究小组研究。

蒋彦士今天在中常会后接受记者访问时表示，他已和蒋纬国沟通过，蒋纬国表示，希望中央研究移陵奉安事宜，但并未要求现在就要进行。

这个研究小组成员有 11 位，除了蒋彦士外，还有中常委俞国华、李焕、宋楚瑜、辜振甫、吴伯雄、许水德、蒋仲苓、徐立德、宋时选、中央坪议委员马树礼等人。……

"智怡，不论如何，这也是我们叔侄两人斗争的小小胜利呀！他们终于不得不坐下来研究一下移陵到大陆这件事了！"蒋孝勇从澳门的英文报纸上见到这个消息后，无法遏制他内心的高兴。

方智怡见丈夫的气色颇佳，心里也十分高兴，说："研究自然是比不研究好，可是两位老人的灵枢当真能移到大陆上来吗？"

蒋孝勇沉吟了一下说："现在移陵，也许还不是最佳的时机。不过，我作为蒋家的子孙，对这一问题是不能不办的。特别是我的病情决定了我非要提此事不可的。因为上帝留给我的时间实在是太有限了！……"

方智怡说："现在我们就要到北京去了，本来已经说清要去北京看病的，可是有些人却故意借机大加宣传，说我们去大陆如何如何，甚至还有人说我们就是为了两位老人移陵的事情专程来的。真是荒唐！"

"智怡，你别生气。越是有人千方百计阻挠我去北京，我蒋孝勇越是要去北京不可的。"心性坚韧的蒋氏三公子蒋孝勇，虽然身患重疾，但是他的决心已定，一颗心早已经飞向了北京。

49. 从北京到奉化溪口，终于见到了祖坟

台北介寿路。

这条大街在蒋氏父子时代就戒备森严，十步一岗，五步一哨。那是因为路北有一幢始建于1912年的古堡式建筑，它就是国民党的"总统府"。

1996年7月25日下午，长长的车队缓缓驶进这座重兵防范的大院子，待车队停稳以后，从中间的防弹轿车里走下一位穿深灰色笔挺西装，身材颀长，鼻梁上有一副金丝眼镜的官员，他就是国民党主席李登辉。一群便衣簇拥他走进楼内大厅，迎面是几根欧洲文艺复兴式的水泥廊柱，花岗岩的地面光可鉴人。李登辉沿着两侧的巨型棕榈盆景进入后厅，出现在他面前的是一尊孙中山先生的巨大铜像。八年前他曾经在这里举行过宣誓就职的仪式。那时他曾经信誓旦旦地向满厅国民党大员们宣称他将继承蒋经国的遗志，忠实于蒋经国的既定路线，然而八年弹指一挥间，他现在每经过这座铜像前时都会想起当年他曾经说过的话。

"总座！"在从前蒋介石宽大的办公室门前，恭恭敬敬地迎候着一位老官僚、他的心腹蒋彦士。他将李登辉迎入蒋介石从前的办公室内，在沙发上坐定以后，蒋彦士躬身报告说："蒋孝勇已经到了北京！……"

"什么？"李登辉一惊，说："这么快？不是说蒋孝勇已经取消了去北京的计划吗？"

蒋彦士急忙双手捧上一份文电，说："这是不会错的，这是中央社从北京获得的最新消息，请总座过目！"

李登辉见那份尚未见报的电讯上写道：

（中央社北京7月24日电）北京消息人士证实，蒋经国先生的三公子蒋孝勇已于今日飞抵北京。不过，目前他住在哪里，是否仍按原计划看病求诊，并未对外公开。

罹患食道癌的蒋孝勇，原订本月20日到达北京，由北京医科大学组织北京医学界治疗肿瘤的权威医生，22日起在北京医大第二附属医院——人民医院会诊病情，并负责接待安排他在北京的行程，但是后来因故取消，原因不明。

消息人士说，蒋孝勇这次到北京会逗留几天，四处转一转，至于是否会看病，了解他在此前治疗过程是否得当，就要看他自己的意愿。

据了解会诊安排的北京医疗界人士说，蒋孝勇的病历先前就已送达北京，会诊小组可就病历会诊，然后将结果告知即可，无需要病人到医院与医生面对面接受诊治……

李登辉将那份电讯看到这里，用手扶正了鼻梁上的金丝眼镜，向蒋彦士说："蒋孝勇的病真有这么严重吗？……"蒋彦士说："总座也许不太知道，据荣民总医院讲，蒋孝勇确是已经不久于人世了！年初他做完食道癌手术后，他本人曾经乐观了好一阵子，可最近得知他在香港停留的时候无故跌了一跤。原来癌细胞已经转移到他的头部去了。当然，他这次去北京看病也是真的，他很希望到大陆去求教中医，来为他的病找到起死回生的办法。其实，癌症已到晚期，去哪儿也是无济于事！……"

"哦！真没有想到，经国先生死去刚刚八年，他的三个儿子，孝文最先因患喉癌过世。不久，孝武也突然死去了。怎么搞的，蒋孝勇刚 48 岁，居然也患上了如此严重的疾病，真是太不可思议了！"李登辉不动声色地坐在沙发上想着蒋氏三兄弟接二连三的不幸，他的语气里似乎也对蒋孝勇的患病表示同情，虽然近几年来蒋孝勇对他一直敬而远之，关系不睦。特别是自去年在"总统"提名时，蒋孝勇为他投了一张空白票以后，内心的芥蒂犹深。李登辉忽又自语说："蒋孝勇此次去北京，会不会另有其他的目的呢？……"

蒋彦士急忙说："是的，对于他在这种时候去大陆看病确有许多猜测。有人认为蒋孝勇去大陆，与他和蒋纬国急于求成的两蒋灵柩移葬大陆也有关系！……"

李登辉蹙了一下眉毛，显然他对蒋纬国、蒋孝勇叔侄多次提出两蒋移陵之事，一直颇感棘手。他沉吟许久，又问蒋彦士说："这件移陵的事情困扰得我无计可施。左也不好，右也不好，你有什么主意吗？"

蒋彦士献计说："总座说得也是，因为蒋孝勇和他叔叔所提将两蒋灵柩，迁葬大陆这件事，也在情理之中。所以，台湾朝野对此事是一片同情之声。如果我们不加理睬，或者断然拒绝，那样不仅会使朝野不满，而且蒋孝勇、蒋纬国也不会罢休。须知蒋家虽然早已是瓜果凋零，大势已去，可是终究还有许多旧部老友用眼睛盯住我们。"

"我们……到底怎么办好？"李登辉打断了蒋彦士喋喋不休的高谈阔论，急于找到一个使自己摆脱尴尬的办法。

"我认为，"蒋彦士双手侍立在心绪烦躁的李登辉面前说："总座不如来个顺应潮流，假意成全。将这件事推给在美国的老夫人宋美龄，倒要看她在这种非常的形势下，到底能不能移陵成功！……"

"我懂了，很好！"李登辉心有灵犀，他决计尽早尽快地从舆论指责的困境中解脱出来。连连点头说："这件事情就由你来办吧，蒋孝勇和蒋纬国都已是重病在身的人了，即使不能让他们的移陵愿望得以实现，这种反对移灵的话，也不好由我们的口里说出来。如果方便的时候，就请辜振甫的夫人亲自到美国去一次，面见一下老夫人，如何？"

从北京起飞的波音客机，在夏日午后的浩瀚云海中，直向浙江方向飞来。

这是1996年8月上旬，雨后初晴，蒋孝勇、方智怡和他们的三个孩子蒋友柏、蒋友常、蒋友青，结束了在北京的一周逗留后，飞往他们的祖籍——浙江省宁波市。

"我想到的地方太多，可惜没有那么多时间了！"昨天上午，夏日朗朗。蒋孝勇、方智怡一家人所乘的轿车，来到什刹海，在那座一度很有名气的银锭桥附近，蒋孝勇招呼轿车停了下来。然后，他和妻儿们沿着这条绿水悠悠，生满荷花的海边，朝距此还有很长一段路的宋庆龄故居走来。

"爸爸，为什么不坐车呢？"蒋友柏见即使在北京炎热的夏日下，仍然坚持穿一件灰白色外衣的父亲，舍车步行，前往宋庆龄故居参观，就忍不住劝说。

"是呀，你的身体能行吗？"紧紧追随而来的方智怡，见身材瘦弱的蒋孝勇坚持步行，也十分担心。

"我是想多看看什刹海两边的景色，特别是北京的民宅民居，平时难得一见呀！"蒋孝勇在当年汪精卫行刺满清大臣载沣的银锭桥前驻足片刻，然后就紧挨着一泓碧绿湖波旁的青石小道，蹒蹒跚跚地向海的深处走去。小道的另一侧便是鳞次栉比的民宅，一家一户，大多是古老的小四合院。蒋孝勇对这些平民百姓的住宅看得很仔细，特别是不时从小院里出出进进的北京平民们，使他感到很有兴趣。北京对于蒋孝勇来说，毕竟是一个新奇的世界。在他担任台湾"中兴公司"董事长期间，他的经商履痕几乎遍及了欧洲、美洲及亚洲的大多数国家与地区。可惜那时他无法走进这个与自己同祖同宗的祖国，现在，由于两岸的关系日趋和缓，病入膏肓的蒋孝勇，方才得以如愿。所以他对北京的每一处街景民居，都看得十分仔细。

国家名誉主席宋庆龄故居，原为晚清一位王爷的府邸。出现在蒋孝勇一家人面前的这座深宅，古朴典雅，湖水假山，绿树浓阴。沿湖边而筑的一座楼宇，雕梁画栋。蒋孝勇许久就想来观瞻一下这位孙中山的夫人，他老祖母宋美龄的同胞姐妹的住地了。走进这座深宅大院，他为中共给这位孙中山遗孀如此尊崇的待遇而备感欣慰。蒋孝勇从这座迄今保存完好，每日对外开放的宋庆龄故居中，联想到他来北京后所受到有关方面周到得体的接待。他和方智怡分两批携孩子进入北京后，有关方面将他们一家人安排进一家宾馆。没有新闻记者来包围或打扰。蒋孝勇在稍事休息之后，就来到北京医院进行为期三天的住院治疗。当然，他此次主要是请教大陆的中医。对蒋孝勇的会诊进行得认真而仔细，一些卓有经验的中西医专家们，对他所患的疾病进行了入情入理的分析。同时，也提出了较为中肯的治疗意见。这一切均使蒋孝勇感到满意。

"智怡，我的时间实在是屈指可数了！"蒋孝勇在临离开北京医院的时候，与方智怡又认真地议定了一下在大陆观光的行程。因为在北京的会诊中，他请教了西医师。大陆医院对他的病情诊断基本上趋于一致。所不同的是，卓有经验的大陆医师在看过蒋孝勇于香港玛莉医院所拍的 CT 片子后，告诉他说："这种病从手术到死亡，最多是 9 个月到 1 年！"蒋孝勇在得到了这个对自己生命最权威的诊断后，他一直很焦烦的心，反而平静了许多。他在认真的思考后，对方智怡说："我决定从今天起，将一天的时间当十天来过了。因为到现在我才知道时间对于我来说实在是太珍贵了！"

方智怡说："既然如此，我们就该马上返回台湾去，到荣民总医院去做脑瘤的手术！……再也不能耽误了！"蒋孝勇却将头一摇说："不行，我们还要去浙江奉化。智怡，本来我还想再到安徽的黄山看看的，可惜有许多想去的地方，这次就不能去了。但是奉化的故乡，却是非要去不可的，请你和孩子们一定不要拦阻我。我要去看看咱们家的祖宅，看看祖上的墓道，否则，即使我回到台湾也是心不安的呀！……"

"好吧，我听你的！"方智怡在丈夫面前永远是顺从的……

现在，当蒋孝勇乘坐飞机即将飞抵浙江的宁波时，他的心顿时狂跳了起来。他紧紧地抓住方智怡的手说："智怡，到家了！咱们到家了！……"

方智怡和三个孩子也在飞机上激动得热泪流淌……

"智怡，你们看，这就是父亲在世时对我们说起过的雪窦寺！"在明丽的阳光下，蒋孝勇带着方智怡、蒋友柏、蒋友常、蒋友青等人。沿着巅连起伏、山势险峻的四明山间一条曲折小径，奋力地爬上山来。立刻，陡峭的山崖上便出现了一座巨大的深山古刹。碧瓦参差，红柱耀眼。寺前兀立着一块青石碑，上面镂刻有"雪窦山亭"四字。雪窦寺内依稀有清晰的钟磬之声飘了出来。蒋孝勇顿时忘记了他是个重病在身的人，忍不住高兴地吟出两句诗来："林间烟起知僧在，岩

下云开见鸟飞。僧居俯瞰万山尖,六月凉飚早送炎。"蒋友柏和蒋友常都高兴地叫了起来:"阿爸,你怎么也会念诗了?你不是从来都以经商为本的吗!"

"是呀!我怎么会念诗呢?"蒋孝勇也对自己信口念出的诗句而惊讶,他伫立在一块硕大的嶙峋怪石上,接过方智怡递过来的一块手帕拭去头上的汗,解嘲似地苦笑说:"我这个人不懂诗,你们也知道。可是你们的太爷爷在世的时候,他喜欢这首王阳明诵雪窦寺的诗。几次念给我听,又让我来背诵。我背不出,他老人家就给我把上面的几句诗,全写在一张纸上。所以,后来我也就背会了!……"

"原来是这样。"方智怡和孩子们都开心地笑了。

雪窦寺的大雄宝殿依旧保持着元朝始建时的风姿风采。蒋孝勇与妻儿们伫立在这座历经数百年风雨沧桑的江浙名刹前,追忆起许多往事。

"智怡,这里原来有一位有名的老方丈,名叫太虚法师!"蒋孝勇望着那些在前殿后殿穿梭出入的佛门僧人,悄声地告诉身边的妻儿说:"我的老祖父对我讲,这个太虚十分有本事,他能算人间许多吉凶之事。老祖父每次下野或仕途不畅时,必回奉化来找他求教。太虚每次所占卜之事,十有九准!"

一阵凉风刮过,古刹里树枝发出飒飒的轻响。方智怡望望空旷的大殿与殿后的几幢青砖瓦房,叹息说:"可惜那个会占卜的太虚早已经不在了,他在时可以求他为你的病占上一卦的!"

"唉,太虚法师早已经不在了!"蒋孝勇苦笑,本来还想在雪窦寺中继续转一转,可是由于几个小道士在廊庑下打量着这非同寻常的一家海外来客。蒋孝勇惟恐被人认出来,才匆匆地走出了雪窦寺。雪窦寺的对面就是有名的千丈岩。蒋孝勇面对那陡峭嵯峨的崖壁间倒挂着一帘日夜喧响的雪白瀑布,格外激动地对妻儿们说:"千丈岩瀑布比我从爷爷和父亲口中听说的,还要壮观百倍呀!你们看,那条瀑布从上面倾泻下来时,多么像一条白龙在飞腾呀!"

"太美了!"方智怡也忍不住地惊叹起来。因为千丈岩瀑布实在太壮观。在峭壁千仞中,一匹巨瀑从岩口处奔涌而下。那雪白的流瀑宛若一匹玉帘,在岩下的一泓深潭之内形成漩涡。水花飞溅在附近岩石上,俨如雪花飞舞!

从千丈岩下来,蒋孝勇携妻儿经过一座小小的石桥时。又回望刚才经过的山顶,隐隐地可以望见妙高台前,他的祖父1928年下野时在此栖居时所亲笔题写的匾额:"妙高台——中正题"。一家人从白岩山鱼鳞岙中垅那座由孙中山所题的"蒋母之墓"的墓道归来时,天将过午。蒋孝勇、方智怡等人这才走进山下的溪口小镇,来到他们的祖父蒋介石的旧居——丰镐房内。如今这里成为了四明山区最重要的文化景点之一。在蒋孝勇的印象中，祖父和父亲所讲给他的丰镐房，是一座中国古老的四合院。"孝勇，你到过慈湖吧？慈湖的四合院就是仿照咱们故乡的丰镐房所建的！几乎是一模一样！"蒋经国在晚年的时候曾经不止一次地对蒋孝勇这样描述故里。可是，如今当蒋孝勇真的身临其境时，方才惊愕地发现，丰镐房无论从面积、格局及建筑风格上，都比台湾的慈湖强上百倍。特别是由于当地政府多年来的精心维护，使得这座民国初年由蒋氏祖先蒋明火（肃庵）所出资建筑的宅院，依然保持完好。这与台湾慈湖多年无人照管的小四合院，恰好形成鲜明的对照。

"这就是父亲说的素居，你们看，当年父亲和阿妈从苏联回来的时候，就是在这里又一次举办中国式婚礼的！"蒋孝勇一下子忘记了疲惫，他步履快捷地领着妻儿们进了素居，就如同回到自己久别的家里一般，从内心深处滋生了一股与寻常游客截然不同的亲切感。素居雕梁画栋，内中的廊柱已被人油漆一新。两层小楼的几十间大小房间内，陈设仍旧像蒋氏父子居住在此时那样摆放着，这使蒋孝勇从内心中充满了感激。在小楼东侧的厢房里，依然还陈放着蒋氏祖宗的灵牌。上方是一方横轴，书有"浩气长存"，蒋孝勇心中一喜，立刻认出乃是他祖父蒋介石所书。历经数十年的战乱风云，想不到这些实物仍被中共完好地保存着。

在毛氏福梅生前所用的诵经堂内，吴稚晖所题的"国民第一代子"横额，还依稀可见这座经堂昔日的辉煌。特别是当蒋孝勇一家人来到素居东楼，见到那一套与这所古老院宅完全不同的西式家具时，他们会很自然地想到它的主人宋美龄，每次来溪口时所喜欢使用的家具什物，在数十年后也一样不少地陈放在那里。蒋孝勇想到台湾有人以开放士林和阳明山官邸为名，达到毁掉蒋氏旧居的目的时，心中难免有些发酸！一汪感动的热泪在他的眼眶中打旋！

1996 年蒋孝勇、方智怡夫妇与儿子们来溪口扫墓。

"智怡你看，这里也挂着大红的宫灯。"一家人从素居的正门出来后，蒋孝勇抬头一看，见巨大的回廊上依次悬挂着数盏红色的灯笼。这里显然与台湾慈湖与大溪头寮两蒋陵寝内，如今仍然在廊庑下挂红灯的格局酷肖一致。蒋孝勇悄声地告诉身边的妻儿们说："我父亲在

世的时候，常对我说起这些事来。他说爷爷在溪口的时候，只要他一进家来，就要叮嘱仆人们在素居的走廊里悬挂起红色的宫灯。而且，每天早上他老人家都会来到这里欣赏观看一番。他的这种喜好一直保持到在台湾建各个别墅时，也必须要人在门廊下悬挂宫灯的！"

"哦哦，原来是这么回事！"方智怡伫立在这座古色古香的深宅大院里，有一种恍如隔世之感。

"你们看，那边就是父亲曾经住过的房子！"蒋孝勇转过素居小楼，在一片偌大的浓阴之下，出现了与素居小楼格格不入的一排小平房。虽然屋顶为水泥平台，但四壁青砖的小屋，毕竟显得很矮小。两棵粗大挺拔的银杏树，华盖如棚，将许多浓荫洒向小屋前的一片青砖天井。

"父亲他为什么不住素居呢？"方智怡随蒋孝勇走进这几间采光并不好的小屋时，情不自禁地发出疑问。

蒋孝勇很有些难以启口。因为这毕竟是蒋家不宜外传的家丑，蒋介石在娶宋美龄为妻之后，解除了发妻毛福梅的名分。所以她在晚年只好搬出素居，住在这几间小平房里。蒋经国因是毛氏所生，故而 1937 年他偕蒋方良从俄国归来，只能与他的生母毛氏同居于此屋。蒋孝勇沉吟了半晌，对方智怡说："这栋平房虽然显得略矮一点，可它却是冬暖夏凉啊！……"

本来，蒋孝勇还想和妻儿们继续在丰镐房这个令他魂牵梦绕多年的家宅里，多逗留一段时间，不想有一位眼力很好的旧居管理人员，将照片上的蒋孝勇与出现在面前的蒋孝勇作了认真的比较，忍不住地叫出声来。这样，担心暴露身份的蒋孝勇才决定尽快地走出这座既陌生又熟稔的宅院。

50. 遗言和"两蒋"日记

夏日的阳明山万木葱茏。

一辆豪华型小轿车沿着山间的一条曲折柏油路，在清晨时飞快地向山顶上驶来。车里坐着从大陆回到台湾不足 20 天的蒋孝勇。

这一天是 8 月 23 日。国民党将在这座有名的大山顶上，那座以他祖父名字命名的大礼堂——中正楼内，召开十四届四中全会。自从蒋孝勇以经商为名远避加拿大、美国以后，虽然在名义上仍挂有"中央委员"，一般情况下他是从来也不喜欢到这种会场上公开露面的。可是今天，正在台北市北郊荣民总医院里继续接受治疗的重病患者蒋孝勇，居然不顾再次手术后所留下的诸多后遗症，由秘书肖旭音陪同着，在酷暑之中上了阳明山，蒋孝勇为何如此呢？只有他本人知道他为什么带病上山。

蒋孝勇比去大陆前更显得消瘦了。8月4日他与妻儿结束在浙江的观光后，很快就经香港飞返台北。只隔一日，蒋孝勇便又住进了荣民总医院的思源楼117号。他在这里进行了患病以来的第二次大型手术，自然，此次由于采用该医院最为先进的伽马刀，对蒋孝勇脑叶上的两处癌变———一大一小两颗肿瘤进行伽马射线的穿透性杀伤，所以，在连续18次的伽马射线的照点治疗过程中，他本人在精神上与肉体上均没有感受到任何痛苦。可是，在伽马射线杀死脑肿癌内的癌毒、使肿瘤消失后形成水肿或疤痕后，带给蒋孝勇新的痛苦是双腿不时的抽筋，以及振发性的癫痫。伽马刀与手术后所施以的化疗，使得病体软弱的蒋孝勇身体失去了惯有的平衡。所以，他这次抱病上阳明山来，必须要手里拄着拐杖，方可保持正常的蹒跚行走。

尽管如此，他还是来了！

阳明山中正楼内的会议，对于蒋孝勇来说毫无兴趣。虽然他的突然出现使许多与会者感到惊讶，会场上甚至还出现了一阵小小的骚动。可是，有病在身的蒋孝勇所期盼的倒是这个走过场的无聊会议尽快结束。因为他必须利用会议结束时的机会，会见新闻记者。并希望记者们尽早尽快地将他讲的话公布于众。从前历来对媒体敬而远之，频频逃躲犹不及的蒋氏三公子，今日为什么要特别以出席阳明山会议的名义，来接受媒体的采访呢？

原来，他所想的还是有关祖父蒋介石和父亲蒋经国两人的灵柩，尽早尽快移葬大陆这件事情。他自从在澳门的报纸上，得知台北当局委派蒋彦士来主持一个两蒋移陵大陆的研究小组时起，就从内心中对这个小组不信任。特别是在他认为，将蒋介石、蒋经国灵柩送回大陆去安葬是蒋家后人的权利，这种权利让一个以蒋彦士为首的人来决定何时实施，是一种超越或侵犯了蒋家权力的行为。尽管蒋孝勇也清楚目前将两蒋灵柩移葬大陆的可能性十分有限，可是他觉得积郁在胸臆间的一口气不吐不快。所以，好不容易盼到会议结束，蒋孝勇手拄着拐杖，一拐一瘸地向大门厅里的记者们走来。

记者也难得见到他，一拥而上，将手拄拐杖的蒋孝勇围在中间。镜光灯闪闪，一部部相机拍下了蒋孝勇重病后的清瘦形象。一只只话筒也不约而同地举到他的面前。一刹那询问声参差不齐地响了起来。但是，蒋孝勇对与两蒋移陵之外的任

何问题，充耳不闻。他所回答的只是他想说的问题，那就是：为什么要移陵大陆？

蒋孝勇对记者说："移陵是很单纯的事，每个地方有每个地方的习俗，我的家乡就是回乡入土为安！"

记者："国民党中央不是已经成立了一个'奉安'研究小组吗？蒋先生是否准备接受这个小组对移陵问题的某种决定？"

蒋孝勇："宽厚是做人的本分。但是让'让人瞧不起'的人来做这件事，来主持，即使会议有结论，我也不会接受，家里也不会接受。"

记者："蒋彦士先生主持这件奉安的事，有什么不合适吗？"

蒋孝勇："我以五十岁之龄对八十岁的蒋彦士先生批评可能不厚道，但我还是忍不住地说，我碰到的十个人中，有九个半说蒋彦士'不要脸'——可能有九点九个说'不要脸！'"

记者："对于移陵的问题，听说与蒋家有特殊关系的章孝严先生，也表示不赞同，对此您有什么评价？"

蒋孝勇十分气愤，一改他平日温和处人的谨慎态度，说道："他连蒋家的门都没入，今天以前他插不上手，今天以后他还是插不上手。这是蒋家的事，不是章家的事。面对家族大事，他没这个资格插手！"蒋孝勇由于气愤，也由于病在身上，因此手拄着拐杖在那里不住地喘息了一阵，片刻，他又大声地对记者们申明他对祖父和父亲移陵大陆的看法。蒋孝勇说："当然，移陵不是一厢情愿可以成事，以今天我们与大陆仍有意识形态的差异，不是单方面愿意即可；这也不是找几个人开会就可以决定的，交代一声，找几个老臣开会就能处理。我不会接受这种方式！……"

蒋孝勇说完了他想说的一些话后，就歉意地向大家摆了摆手，由秘书搀扶着走向他的小轿车。待蒋孝勇临钻进汽车之前，又恢复了他惯有的那种客气的性格，向围上来的新闻记者拱了拱手说："很多话讲出来非常伤人，但是能讲出来也好，吐吐怨气！……"

他钻进了车。仍然在向记者们摆手致歉。须臾，他的小汽车终于缓缓地驶去，消失在暮霭笼罩的阳明山路口，不见了……

台北的深秋，已有阵阵的凉意。

深居在荣民总医院思源楼里的蒋孝勇，在9月底这段病情稍稍稳定的阶段里，他的头脑并没有休息。有时他伫立在落地窗前，凝望着远方黛色的天际与远山，

回想着他那短暂的一生；有时他会为眼前所面临的家事而烦恼。特别是 8 月 23
日他在阳明山上对记者的谈话公布后，在台湾所引来的许多议论，对他来说也是
一种精神上的冲击。虽然对他的谈话有人赞许，有人非议。可是从前一贯以沉默
来对待外界的蒋孝勇，在自知病情日渐危重，来日无多的情况下，他决计一改以
往沉默待世人的做法，觉得在临死之前，有许多话应该对家人、对世人有个明确
的交代才好。

　　在这样的一种意识支配下，9 月里一个阴雨潇潇的上午，台湾《中国时报》
的女记者王美玉和她的助手李建荣，便得以步入他在荣总医院的 117 号病室。在
弥漫着浓郁康乃馨花香的氛围中，消瘦的蒋孝勇，第一次在生病后向外界敞开了
心扉，所谈话题似比前次在阳明山上更进了一层。9 月 22 日，该报以《蒋孝勇
病中自述》为题，发表了一篇采访记。现摘要如下：

　　作为蒋家后人，当先人纷纷走入历史时，各种的评论纷至沓来。有的歌功颂
德，有的说要讨个公道。在这两极的评价中，身为蒋家人如何面对呢？

　　已经没有蒋家余荫、必须走出蒋家光环的蒋孝勇说，对历史他有自己的看法。
他的祖父和父亲都是人，并不是神，只要是人就会犯错。像现在大家在谈"白
色恐怖"，对或不对蒋孝勇说他不谈，因为即使他长篇大论地说，别人还是会
有不同的看法。"那么就让历史的归历史吧！"他认为，大家只要不把两位先
人神化，就比较能客观地看待事实，而一切的争议留给史学家去判定，这是历
史学家的工作。

　　蒋孝勇表示，已经能够平静地看待先人的过去，所以面对不同的声音，心里
就可以不那么激动。不过，由于他的父亲蒋经国去世时，没有留下只言片语，反
而留给外界一连串的问号。对这么多的疑问，蒋孝勇说，他在父亲晚年时期经常
服侍在侧，的确耳闻了许多的大事，这些事外界的传闻很多，与其让别人去揣测
或编故事，不如在自己还有一口气时，将自己的所知所闻说出来，才不会在以讹
传讹下，让许多史实反而成为无头公案。所以他决定不愿让过去"留白"，虽然
生命极其有限，或许已到尽头，但是他要留点声音……

　　谈到他的祖母宋美龄和孤寂的母亲蒋方良时，蒋孝勇说："母亲是一位很保
守的人。"不爱讲话，但母亲的想法和感受他都能体会。她，是一位一生钟爱父
亲的人，尽管父亲过世已经八年，但是母亲仍然守着那栋充满父亲身影的房子，
一步都舍不得离开。

　　蒋方良女士一个人远从俄国嫁到中国来，除了次子蒋孝武在美国结婚时，她

代表蒋家赴美主持婚礼外，第二次出国是经国先生过世后，1992年在蒋孝勇陪同下，赴美探望亲人，停留一个月。最近，在台湾、美国两头治病的蒋孝勇说，母亲一个人在台湾真的很孤寂，身体也不好，除了气喘外，动脉氧也长期不够，需要人照料，他是一心一意地希望母亲能和他一齐到美国去，但是他知道母亲宁可一个人留在台湾的原因是，美国离大溪头寮太远了。她不希望离开父亲太远，宁愿一个人守着家。

蒋经国夫妇曾经开心的神情和举动常感染旁观者。

20世纪60年代，蒋方良难得作了一个发型，蒋经国难得穿上西装。两人头碰着头，年过半百，拍起照来仍颇为亲昵。

20世纪80年代，两位福态而慈祥的老人，一对可爱恩爱的老夫妇。两个人充满着"少年夫妻老来伴"的恩情。

一提到母亲蒋方良，蒋孝勇的情绪就无法控制，泪盈满眶。他说，母亲是一名外国人，远嫁到中国来，她和父亲的感情很好，可以从父亲以前告诉他们的一个小故事中看出来。蒋孝勇说，当年父亲在俄国时，得了盲肠炎。到医院开刀，他父亲是很现代化的人，不像一般人开完刀躺在床上不动，父亲喜欢到处走动，母亲到病房看到是一张空床时，痛哭起来，她以为父亲已经死了。蒋孝勇说，其实她母亲的身体比父亲还差，但是父亲却比母亲早走，对母亲而言是很辛酸的。想想曾经是儿孙承欢膝下的家庭，现在只有母亲一个人孤单的身影，蒋孝勇的眼眶又红起来了。他说，可能人一生病就比较容易激动。

蒋经国有三个儿子，一个女儿，长子蒋孝文、次子蒋孝武，已经先后过世，女儿蒋孝章嫁给俞大维的儿子俞维扬后旅居美国，很少回来。当时政坛盛传的说法是，蒋经国夫妇反对女儿嫁给一位大她10多岁的对象，以致女儿和父母之间的感情受到影响。蒋孝勇对这个问题不愿多谈，他只表示，妹妹对他非常好，虽然他们家兄弟姐妹间不一定经常联系，生活圈子互不干扰，但是大家心里了解就好。

曾经是第一家庭的蒋家，在失去权威后，一切逐渐归于平凡，令人感触良深的是，这个曾经是儿孙满堂，先后在两岸执政半世纪的政治豪门，在渐趋平淡之后，迅速凋零的冷清，和蒋家长期执政时的风光，几乎不可同日而语了。……

深秋，对于重病缠身的蒋孝勇来说，是一个难熬的时日。虽然脑中的恶性癌瘤已被较为现代化的伽马刀彻底地消灭了，他的身体也确实有了一点起色，可是，来自外界的困扰，与来自家族内部的烦恼，也随着他死亡时间的临近，而逐渐地向躺在病榻上的蒋孝勇袭来。蒋氏家族内部，由于蒋介石、蒋经国、蒋孝文和蒋孝武的先后辞世，所留下来的不过是越来越多的寡妇，如宋美龄、蒋方良、徐乃锦和蔡惠媚等。这些新老寡妇倒是每一位都生活得很好，尽管他的老母亲蒋方良十分的孤单，十分的令他挂怀。

在病中困扰蒋孝勇的，首先是他的叔父蒋纬国。本来，在蒋经国在世的时候，由于家族中某些不可言传的矛盾，蒋孝勇与这位叔父之间的接触一直很有限。只是在父亲蒋经国死后，善于与各种类型人物沟通思想的蒋孝勇，才与从前不甚密切的蒋纬国之间有了一种日益增多的接触。特别是他移居加拿大和美国之后，蒋孝勇与蒋纬国对台湾当局的某些作风，渐渐取得了一致的共识。这是他们之间接触变得频繁起来的思想根源。

蒋孝勇罹患食道癌以后，住进荣民总医院的思源楼 117 号病室，蒋纬国恰好也因为医治多种疾病，住在他的隔壁 116 号。这样，当蒋孝勇在手术后的卧床期间，隔壁的叔父不时地过来探望。与他交谈如何战胜疾病，如何以更大的毅力来走出困境。那一段时间，从小对叔父敬而远之的蒋孝勇，只是在他人生的最后阶段才体验到叔侄之间的一种亲情。尤其是后来因为"两蒋"移陵大陆的问题上，蒋孝勇与隔壁的蒋纬国之间共同一致的想法与行动，使他们叔侄之间有过一段从未有过的融洽关系。

蒋孝勇年初第一次手术痊愈之后，曾有一段做化疗的时期。那时他已经可以独自走路，所以可以不时地到隔壁去看望蒋纬国，两人为了"两蒋"移陵大陆的事宜，有时可以从傍晚直谈到深夜。蒋孝勇有时甚至在心里埋怨他那位早已死去的父亲，在生前不该以"湖口事件"作为口实，长期地压制本来资历深厚的蒋纬国。使得这位家叔一直到晚年也郁郁不得志，大权却交给了一个与蒋氏家族毫无渊源的台湾人。蒋氏家族今天这种凋零四散、毫无立足之地的

蒋介石父子三人

局面，不就是这种不该有的家族歧视所造成的不良恶果吗？

"唉唉，父亲这样的人也很难成为杰出的政治家，因为他在生前有权在手的时候，认不清真伪之人。他是因为担心还有资历的弟弟在祖父身后得权，才专门去愿意看那些巴结献媚的笑脸，不然的话，台湾不会是今天这种局面！"蒋孝勇在心里时常这样指责他一贯尊敬的父亲，当然这样的话他是绝不会当着蒋纬国的面讲出来的，虽然他从内心中很同情叔父蒋纬国郁郁不得志的一生。

但是，他从北京回来之后，与叔父蒋纬国的关系，一下子又变得紧张起来。最初是在 8 月初，蒋孝勇在荣民总医院刚做完伽马刀脑瘤手术不久。一天，一位台湾电视台的记者来病房准备对他进行电视采访时，无意间对蒋孝勇说："蒋纬国将军在不久前，出了一本名叫《千山独行》的自传，那本书你看过了没有？"蒋孝勇把头一摇说："我在医院里，没有机会去看那种书的，叔父他到底写了些什么？"记者说："你如果找来一看，保险能把你气炸了的。因为你叔父在书中说了许多不利于你父亲的话！你应该看看！"

当时，蒋孝勇因为与叔父的关系相当密切，所以就把记者的话打断了，说："你可不要挑拨我们叔侄之间的关系，我们叔侄的关系历来很好。"记者见蒋孝勇以如此态度将他的好意婉拒了，也就欲言又止，再也不肯多说什么了。

"叔父会说我父亲什么坏话呢？"记者告辞之后，蒋孝勇独自暗问自己。他忽然感到那位记者的目的，似乎无意中伤或挑拨他与蒋纬国的关系，因为无仇无怨的记者实在没有这种必要。他似乎在传达一种信息，也似乎想询问蒋孝勇对那本名叫《千山独行》一书的看法，以便得到一些独家的新闻。如果记者的目的并无任何恶意，那么叔父所出版的《千山独行》一书，倒也实在值得找来一读了。

一名护士受蒋孝勇所托，在台北的书市上很快就买到《千山独行》。蒋孝勇不看则已，读了这本书以后，气得病情本来很重的蒋孝勇情绪更坏了。因为这本书要比那位记者所说的严重得多，原来蒋纬国以自述的方式，在书中不但用大量的篇幅同读者诉说蒋经国在世时，如何如何地排挤他、压制他，致使蒋纬国多年来军阶无法晋升。对于这些事，蒋孝勇并没有太大的恼火，因为他知道这些均是事实，有时他也在暗自责备故去的父亲，不该如此相煎太急！《千山独行》中最令蒋孝勇气愤的是，作为叔父的蒋纬国，不该在这本书中诋毁与丑化早已过世多年的祖父蒋介石。蒋纬国不但直言不讳地自称是国民党员老戴季陶的私生子，而且又攻击蒋介石没有生育能力，蒋经国并非蒋介石亲生，他也是个私生子。系毛福梅与溪口镇上某人私通后生下来的，当时蒋介石正在日本流亡，绝没有使毛福梅受孕的机会，凡此种种，在《千山独行》中比比皆是！

　　"这是什么叔叔？哼，如此看来，我父亲在世时压制他，是对的了！"蒋孝勇在气恼时，恨恨将那本《千山独行》掷在床下！这件事情过后，蒋纬国有几次通过护士请求过来探望生病的蒋孝勇，都遭到了无情的拒绝。有时，蒋孝勇偶尔在病房走廊里，与散步的叔父见面，他也连招呼都不打了。叔侄俩忽然又形同路人了！

　　另一个令蒋孝勇烦恼的人，就是章孝严！

　　章孝严在蒋孝勇的眼睛里一直没有好印象。早在他父亲在世时，关于这位蒋经国与一位叫章亚若的女子私生子的传说，蒋孝勇就略有耳闻。似乎是来自海外某一记者的文章。台湾岛内是没有任何人敢于公开议论此事的。直到 1988 年 1 月蒋经国殁后，章孝严与章孝慈兄弟俩，忽然成为了台湾媒体采访的热点。由于章氏兄弟公开说出与蒋经国有血缘的关系，所以，蒋经国与章亚若当年在江西赣州的婚外恋已成公开的秘密。对于父亲这一段风流韵事，蒋孝勇自己无可奈何。可对于章孝严、章孝慈这一对事实上的同父异母弟兄，蒋孝勇从心里却一直难以接受。当然他也就更不能相容，特别是蒋经国死后不久，章孝严就公开向台湾报界透风，说蒋经国在临终前几天，向国民党一位大老说起过允许章孝严、章孝慈两兄弟，在适当时机认祖归宗之事。也就是从那时起，在台湾"外交部"很得宠的章孝严，开始与他的二哥、当时在新加坡当"商务副代表"的蒋孝武，关系拉得格外热乎。有时章孝严携全家去新加坡，与蒋孝武联络感情。章孝严做的所有一切，在蒋孝勇眼里，都是为急于实现认祖归宗的目标而奋斗的行为。所以，蒋孝勇很不以为然。

　　"孝勇，父亲已经死去了，他老人家生前既然已经表示过，章氏弟兄可以认祖归宗，我们为什么不能尽快帮助他们实现呢？"大约是 1990 年春天，有一次，二哥蒋孝武从新加坡回到台北，约蒋孝勇去日月潭赏花。在两人泛舟于碧水泱泱的潭水之上时，蒋孝武煞有介事地向心情很好的胞弟孝勇，正式提出章孝严、章孝慈昆仲进入蒋氏家门的事情。

　　"二哥，这件事情我认为应该慎重，因为……"蒋孝勇没有想到社会上纷纷扬扬传说的风流丑闻，竟会如此之快地反映到自己家里来了。如果说章氏兄弟到处以蒋经国、章亚若的历史艳闻，当作自身抬高身价、并最终实现进入蒋家的目的，是一种可以理解与谅解的行为，那么在蒋孝勇看来，自己的二哥蒋孝武也介入这件棘手的事情，则是他甚为反感的。所以，蒋孝勇当即表示无法接受的反感。

他说："首先母亲这一关是过不了的，她老人家能够接受父亲有婚外恋，又有私生子这样的历史事实吗？……"

蒋孝武虽然被弟弟击中了要害，非常尴尬难堪，但由于他对关系热乎的章孝严有过私下许诺，故而还对弟弟据理相争。他说："这有什么呢？我们大家都同意，然后可以向母亲慢慢地说明情况嘛！我想她老人家也许不会在意几十年前发生的事情！……"

"你在说笑话！二哥，我不能同意你这种荒唐的想法。"蒋孝勇坐在小船上，因为气愤而涨得满面发红。他甚至忘记了摇桨，致使那只小舢板在幽深的日月潭中摇摆不定起来。蒋孝勇激动地对蒋孝武说："老母亲如今正在生着病呀！她老人家如果当真听到这种有关父亲生前做下对不起她的事，还不要老病复发吗？退一步说，即便母亲可以原谅父亲从前对她的不忠，又怎么可能接受章亚若生下的两个孩子呢？莫非章家兄弟的归宗之事，还比老母亲的晚年幸福更重要吗？"

蒋孝武被三弟一番话驳得哑口无言，他还想继续去为章孝严、章孝慈兄弟来争一争，可惜却没有找到可以说服胞弟的理由。

"算了吧，我的二哥！"蒋孝勇以不容置疑的语气表达了他对此事的意见："对于这件事情，至少在老母亲在世的时候不能办。不但不能做，甚至连提也不要提！因为实在没有什么必要！……"

蒋孝武无可奈何地叹了一口气，说："那就顺其自然好了！"……

蒋孝武死去以后，章孝严便从此与蒋家的人失去了联系。蒋孝勇携全家去了加拿大以后，他虽在远方的异域，却对发生在台湾岛上的诸多事情观察得格外仔细。犹令蒋孝勇为之不解或愤慨的是，章孝严在蒋氏家族备遭冷落的时候，他却极力去巴结台湾政界的主要当权者李登辉，以致他的职位一再地得到升迁。凡是在蒋家人反对的事情上，章孝严必要大唱反调；凡是蒋家人想做的事情，章孝严却又每每在公开的场合说三道四。例如几年前蒋纬国准备与林洋港共同竞选"总统"时，作为与蒋家人有某种血缘关系的章孝严，居然也跳出来去攻击蒋纬国，主张蒋家的人应按照蒋经国生前所说的"蒋家人不能接班"的遗训来做。虽然蒋纬国此举未必得到蒋孝勇的认同，然而他仍对章孝严的这种见风使舵，讨好权贵之举，心怀反感。

特别令蒋孝勇为之愤慨的，是不久前台湾所发生的"两蒋"移陵大陆的舆论纷争中，章孝严也扮演了一个专与蒋家唱对台戏的不光彩角色。他多次在公开的场合，大谈蒋纬国、蒋孝勇叔侄，主张两蒋移陵大陆，是一件如何如何不切合实际的事情。这件事越加使蒋孝勇不满，他认为章孝严的所作所为，是在破坏蒋氏家族的利益。

在这一年 10 月的一个深夜里，蒋孝勇在一盏孤灯之下，想着他自己的身后之事。由于对这位父亲生前的私生子渐渐增多的不满情绪，他决定在临死之前对有关章孝严认祖归宗之事，有一个明确的交代，以便在他死后再发生什么意外之事。所以，蒋孝勇决计马上写一篇文章，刊登在台湾的报纸上。

这天夜里，荣民总医院思源楼的 117 号病室里，灯光幽幽，蒋孝勇抱病写下了如下文字：

"对一个不太愿意开口而且看上去又难以亲近的人来说，当他要开始讲一些事实的时候，更当本乎戒慎恐惧之心，不但心境如此，措词用字亦然。我从小就根植了两个观念，一个是'诚'，一个是'厚'。可能由于平时太少对外接触，或是对某些事情虽有批评，原本仅期点到为止，却又招人在辞藻的运用上有一种一时冲动的感觉。

留人余地原本是做人应有的道理，而我对先人的尊崇与敬奉，自问不致愧疚，亦绝不会为了某种目的而假借先人之名，若此，何以对祖上在天之灵。前此，应记者问有关孝严、孝慈贤昆仲之事，提出了一些看法，亦应本乎点到为止的原则，惟报章频频报道有违初旨之意者，久之必对原本单纯事引起不必要的、积非成是的困扰，思之，颇有另加说明的必要。

一、先父在世之时，确实不曾对我揭示有关章氏兄弟之事，自示未有任何交代。见诸报道或曾与外人言及，对我而言诚难以遗命受之。许多时候做一个决定是痛苦的，尤其先要体念先人的感受再做抉择，而且又有谁愿意去做看似不必要的，得罪人的事呢？由于父亲另有超过此一事项的其他遗命交代，自谨遵守以对。

二、蒋家祠堂绝非爱来即来、爱走即走之地，度以常情、存以戒律，认祖归宗何其神圣，岂可既又要舍且又能处之淡然的予取予求？个人以蒋氏之后，仅感能够成为蒋门中的一员，只有荣誉却不曾觉得是一种口口声声的包袱，更不曾感受身处阴影的感觉，又何来走出阴影的遐想？只提受损，忘怀所获，何言以对？

三、今天的'外交'政策乃李登辉先生个人的方向与企望，实与先祖、先父所订的方圆规矩南辕北辙，个中或有时空的变化，审之，度之，绝不至改变如斯。由于先父从未示知归祖之事，今潜以'如果这一层或有关系存在的话'，弃官仕学又有何不好？甘为所用，也只有当事人自己能够担负起这个责任来。

四、历次民调显示，给予'部长'级中高度的评价，此绝系个人努力的结果，

岂有不乐见其成的道理，但当行为上违背了祖上的原则，绝不能以安分守己的公务员或人各有志就能够一言以蔽之。不希望有朝一日本乎光宗耀祖之心却换得适得其反之名，孝心若此，不堪了了。言重之处，暂此致歉。……"

蒋孝勇将积郁在他心底的话都诉诸笔端之后，他搁笔在床头柜上，然后倒在床上，长长地吁出了一口气。

1996 年 11 月 24 日，也就是距感恩节还有几天的时间，一架"华航"大型波音客机，在天将进入昏黑的暮色里，从台北的桃园机场起飞了。病体沉重的蒋孝勇躺在飞机的前客舱里。他在飞机升上几千米高空的时候，呼吸忽然变得短促起来。虽然此刻他的身边守候着台北荣民总医院两位医生，虽然他的身边有一瓶备用的氧气，面部罩有一个可供他吸氧的面罩，可是，蒋孝勇还是进入了因为吸氧困难而造成的昏厥状态。

在昏迷中他似乎回到了旧金山。东湾区靠近高尔夫球场的小洋房里，有他可爱的妻子与友柏、友常、友青三个儿子；那里有他难以忘怀的温馨回忆；那里有他许多未竟的心事要去处理。

"我要回一次旧金山！"在 10 月里秋色渐渐转浓的时候，有一天上午，在医生来检查病房的时候，有气无力的蒋孝勇忽然向医护们提出了这个让所有的人大吃一惊的要求。

"这……怎么能行呢！"值班医生对蒋孝勇这近乎荒唐的要求不敢做主，于是请来了与蒋孝勇有特殊关系的陈云亮、王良顺等人。大家齐集在蒋孝勇的床前，纷纷对他回旧金山一事苦苦劝阻。但是在意志力特别坚韧的蒋孝勇面前，任何苦口婆心的劝阻都显得无能为力。

陈云亮、王良顺等人都知道，病床上的蒋孝勇对妻子方智怡的感情格外深，对住在美国的三个儿子牵肠挂肚，对那幢美国旧金山东湾区的小洋房也一往情深。总之，即使蒋孝勇深知自己的体力难以抵御长时间高空飞行的煎熬，可是他仍然在今年 9 月下旬，坚持请求飞返一次旧金山。在那里蒋孝勇本来希望能与他的妻儿多待一段时间，遗憾的是飒爽的金秋景色还没有欣赏，蒋孝勇的病情又有了新的发展。这样，他在 10 月中旬又飞回到台北来，住进台北荣民总医院以后，在先进的设备检查中发现，已经被伽马刀杀死的脑肿瘤虽然已经化为了两片脑中小疤，可是那冥顽不化的癌细胞居然又开始了新的转移。这次，癌肿瘤出现在蒋孝勇的肝脏里！

"你必须要做一次新的化疗才行，不然的话，肝脏内的肿瘤是绝不亚于脑部肿瘤的！"医生们虽然已经知道这次体内癌细胞的再次出现，并且又是在人体内仅次于头部的肝脏中露头，无疑是一种濒临死亡的危险信号。荣民总医院的医生们感到为难的却是，在蒋孝勇的身上，所有能够施用的医疗方案都用过了，所有新式的抗癌药品也都用过了，然而潜伏在蒋孝勇体内的癌魔，依旧十分顽强地与各种抗癌药进行搏斗，并且到了不畏惧任何毒性很强抗癌药的程度。

怎么办？只有施用塔克索了！这是一种国际上绝少施用的巨毒性抗癌药剂。它无疑具有杀伤癌肿的特殊能量，然而施用塔克索剧毒药品的可怕性就在于，它可以在杀伤癌细胞的同时，必不可少地杀伤人体内的正常细胞及白血球！可是如果不施用塔克索，那么在蒋孝勇肝脏内的几个癌肿瘤必然会无法遏制地任其生长！当医生们将施用塔克索后可能产生的正负两方面的结果，全向躺在病床上的蒋孝勇公开时，这个虽然骨瘦如柴、但却不甘向癌魔投降的人，居然选择了再一次施用化疗的方案！

遗憾的却是，荣民总医院对蒋孝勇接连两次施用的化疗，最后以失败告终。肝脏的恶瘤非但未能杀死，而且体内的白血球又被大量地杀伤，这样，蒋孝勇所有的治疗都由根治转为保守性疗法。蒋孝勇自知这种以药物维持生存的日子不会太久，所以才决定返回旧金山去料理后事。想不到的是，他这种瘦弱的病体在千余米高空中，居然一下子陷入了昏厥。

幸好有荣民总医院的两位医生在场，幸好飞机上载着可供蒋孝勇使用的大量氧气。经过半小时的紧急抢救，已经停止呼吸几分钟的蒋孝勇终于又可以大口地吸取氧气了。他终于又熬过了一关……

旧金山的东湾区是美丽的。虽然已经进入了初冬，可是这里的气温并不见太大的寒意。蒋家红色小洋房后面那偌大一片绿茵茵草坪上，还可以见到在惨淡阳光下挥杆打高尔夫球的人。

"回来就好了，智怡，如果我不回旧金山来，死也很难瞑目！"蒋孝勇在回到家里后，气色好多了。虽然如今他已经不能像两个月前回来时，可以由方智怡搀扶着，在小楼前面的花畦前散步，更不能像从前那样与妻子一道，去后面的高尔夫球场上去挥杆打球。可是，他可以与妻儿们在这温馨的小家里共享有限的天伦之乐。

"爸爸，我们很想和您再打一圈麻将的！"蒋友常见蒋孝勇的身体渐渐好些，便这样过来打趣。为了在父亲生命的最后阶段，能够不断地在台湾和旧金山陪陪他，方智怡早在年初台湾荣民总医院确诊丈夫为食道癌时，就为蒋友常和蒋友柏

两人办理了休学一年的手续。如今蒋孝勇飞回旧金山来与妻儿们共度最后的时光，蒋友柏、蒋友常和刚刚懂事的小弟弟友青，都来到蒋孝勇的膝下，希望能看着从前喜欢和孩子们在一起打麻将的父亲，再像从前那样与大家开心地玩上一玩。可是，方智怡在旁急忙给儿子们丢了一个眼神，她担心蒋孝勇万一真的坐起来，那样将会消耗他仅有的体力的。

孩子们很识趣地退出去了。

"智怡，你把它打开吧！……"待孩子们退出去后，蒋孝勇示意妻子将放在卧室一角的那个小保险柜开启。方智怡立刻意识到什么，她急忙在抽屉里找到一枚用信封封好的铜钥匙，那是蒋孝勇在1990年从台湾去加拿大的时候就封好的。里面的那把钥匙，是蒋孝勇留给蒋经国从前的机要秘书王家骅的。现在，这把钥匙又由王家骅转送回来，那是因为装有蒋介石和蒋经国两人日记和手札的保险柜早从台北运到美国来了。

方智怡手里捧着从信封里拿出来的钥匙，知道蒋孝勇这次回来主要是要向她交代这件事。小保险柜里装有的是蒋介石、蒋经国生前大量日记与手札的原件。其中蒋介石的日记是1949年逃台以前就记起的，全是些毛笔字小楷，一直记到1972年他在阳明山车祸后，生病在床不能记为止；蒋经国的也是从大陆时期伊始，直到他死前为止。方智怡将小保险柜打开以后，将那些文件一袋一袋地拿给躺在床上的蒋孝勇看。

蒋孝勇小心地从口袋里拣出几页，只见上面大多是蒋介石晚年所写的毛笔小楷，许多写给蒋经国的信函，是外界无法得到的。其中蒋介石致儿子蒋经国的信件最多。这些从前他看过多少次的信件与《日记》，蒋孝勇今天读来，均备感亲切。他记得1988年1月初，也就是蒋经国快要死去的前几天，有一天，蒋经国将蒋孝勇叫到七海官邸的楼上卧室，对他严肃地说："孝勇，我的时日可能不多了。有一件事情想交代给你，那就是你阿爷生前所记下的那么多日记，还有他老人家写给家人的一些信函，都十分紧要。现在全在王家骅那里保存着，我想还是将这批手稿全交给你吧，至于什么时候公开发表出来，要靠你来整理。总之，你要好好地保存！"

13日，蒋经国故去之后，王家骅依蒋经国生前的嘱咐，将所有保存在他手上的蒋介石日记数本、信札多件；还有蒋经国生前所写的所有日记，以及由侍卫们所记载下蒋介石、蒋经国每日行止的《扈从日志》，一并转交到蒋孝勇的手中。

开始时，蒋孝勇只将这些文件放在七海官邸楼上的机要室内，小保险柜的钥匙共有两把。蒋孝勇本身携一把在身边，又将另一把用信封封好，加盖印章，交于王家骅："家骅，你知道我经常乘飞机到世界各地去，这样就难以排除各种意想不到的危险。如果我万一出了什么事时，你可以用这支钥匙打开保险柜，将我祖父和父亲的日记千万保护好！"

不久，蒋孝勇一家人决定定居在北美洲的加拿大蒙特利尔。这样就将这个小保险柜连同王家骅保管的钥匙，一并运至海外。如今，这些装有两蒋生前文函的小保险柜，就在蒋孝勇旧金山的卧室里。

"智怡，这些祖上传下来的东西，我本来是想由自己整理出来，再找一个适当的机会发表的。可惜我因为太忙，没有做完！现在，这些东西只有委托你来替我完成了……"蒋孝勇连翻弄口袋里的信札手稿的气力也没有了。他躺在床榻上，有气无力地向守在身边的方智怡交代说。

"让我来整理？……"方智怡听了丈夫的话，忽然感到有些手足无措，她一时从内心里感到慌乱与紧张，讷讷地说："这么大的事，我不知道能不能做得下来呢！……"

"智怡，你不要怕！"蒋孝勇很郑重、很严肃地叮嘱与关照妻子说："你要记住，这不是短时间能够完成的事。你只要尽心尽力，能做多少，就做多少。你做不完，儿子去做；儿子做不完，孙子去做。我们家不会无法完成这个工作！……"

"我懂了！孝勇，你放心吧！"方智怡是个很聪明、很通情达理的女人，见丈夫在行将入木之前，将蒋介石和蒋经国的所有日记信札手稿全部交给她，她知道这是一种非常特殊的信任。想了一想，便说："我可以保证，我们这个家会把这些史料妥为珍藏，完完整整地保存下来的，对历史做个交代。到那个时候，我们会交出来，不会让这两位先人执政这段时间留白！……"

"好，那就好！……"蒋孝勇见方智怡终于答应了下来，他才放心地呼出了一口气。

51. "移陵"计划无疾而终

就在蒋孝勇回到美国西海岸城市旧金山，向妻儿们交代后事的同一时间，一架由台北飞来的波音飞机，也来到了美国的东部城市纽约的上空。

这架飞机在层云密布的纽约州上空盘旋一阵之后，终于在郊外肯尼迪机场的水泥跑道上缓缓地降落了。很快，从这架"华航"客机的舷梯上走下一伙身份特

殊的人。几个便衣陪同着一位衣饰华贵、富丽端庄的妇人，在凛冽的寒风中匆匆走过停机坪，来到跑道外的几辆小轿车前面。

这位贵妇名叫严倬云。她是台湾海基会会长、大财阀辜振甫的夫人。严倬云此次专程由台湾飞到美国来，是受以蒋彦士为首的两蒋"奉安"研究小组的委派，前来美国曼哈顿拜访居住在这里的蒋介石遗孀宋美龄。严倬云女士是携带着两蒋"奉安"研究小组，关于如何将蒋介石、蒋经国灵柩"奉安"的两套方案，请求宋美龄定夺的。因为蒋孝勇自今年7月以来，一直坚决要求国民党尽快将他的祖父、父亲的两具遗骸，运回到祖国大陆来安葬。在社会上越来越强烈的舆论压力下，台湾当局不得不尽快地搞出两套安葬"两蒋"的方案来。

这两套"奉安"的方案是：（一）"国葬"奉安在台湾，并等两岸关系变化之适当时机，予以迁葬大陆；（二）在现阶段两岸关系紧张的情况下不宜实现归乡安葬。

当日下午，严倬云女士就在纽约曼哈顿那幢15层豪华公寓里，拜见了龙钟老态、腰背微驼的宋美龄。严倬云委婉地向宋陈述了国民党两蒋"奉安"研究小组的意见，宋美龄听后沉吟了一阵子，她也知道在目前的情况下，继续坚持在近期实现将"两蒋"灵柩移至大陆，是一种徒劳无益事情，所以，她只好用一只颤抖的手，抓起笔来，在那套"先在台湾奉安，等统一后再迁葬大陆"的方案上，极不情愿地写下"同意"两个字。然后，宋美龄凄然地发出了一声长叹，将那支重如千斤的毛笔撂在砚台的边上，叹道："事到如今，也只好这么办了！……"

蒋孝勇为之抗争、为之奋斗的两蒋"奉安大陆"的主张，至此彻底地失败了！

此事发生不久，台湾的报纸上相继刊登出两则来自官方的消息。

其一是：台湾《联合报》上的新闻《蒋宋美龄批示同意，两蒋奉安暂缓》，内称：

> "总统府资政"蒋彦士与"考试院长"许水德昨天都证实，海基会董事长辜振甫夫人辜严倬云女士，曾在11月中旬将两位"蒋总统"奉安移灵小组所拟订的两项方案带给在美国的蒋宋美龄女士，蒋夫人在公文上以红笔批了"同意"二字，奉安移灵小组才会在前天的会议上，做成先在台湾"国葬"，等统一后再迁葬大陆的决定。

其二是：台湾《中国时报》上刊发《宋美龄亲批葬台湾，李登辉将任奉安主任》的报道：

> 据了解，在蒋宋美龄女士同意两位"蒋总统"遗体在台湾奉安后，

高层将积极规划奉安事宜，以隆重的仪式为两蒋举行奉安大典。而李登辉可望担任奉安委员会之主任委员。

　　针对蒋夫人宋美龄同意蒋介石、蒋经国以"暂时奉安台湾，并等两岸关系变化之适当时机予以迁葬大陆"的处理原则，昨日在台北荣民总医院接受洗肾治疗的蒋纬国将军表示，老夫人所有指示，大家应该参照办理。但是，不管以何种方式处理，把两位"蒋故总统"早日送回大陆安葬是最重要的。……

此时，在美国旧金山东湾区的那幢小楼里，病体愈加沉重的蒋孝勇，对"两蒋"奉安大陆一事早已经顾不得了。有关宋美龄同意暂时不回大陆的消息，方智怡也不准将刊登这样消息的报纸送到丈夫的面前。她不希望即将辞世的蒋孝勇，再去管这些既费精神又不会有任何结果的事情。

　　蒋孝勇在生命即将结束之时，他在别墅的病榻上，断断续续地写下一篇生命中最后的文字——他的病中感言：

　　……有句话"英雄有泪不轻弹"，中国人对男人相当羞辱的一个形容方式，就说对方是一个娘娘腔的男人，不男不女的成何体统。过往我只有在祖父和父亲逝世的时候有过痛哭的经验，除此而外自己对感情还蛮能控制与压抑的，病后却在态度上有了一些改变，尤其面对好友谈到感情深处，不免泪水盈眶，但却不觉得自己软弱，反倒是一种真情表露的坚强。……

　　这几个月来，深深感到人生有一个重点，那就是如何去追求意义的存在，意义对每一个人来说并不是必须一致的，有的人认为读书最重要，有的人认为修身重要，也有的人认为富贵荣华重要，其间并没有绝对的对错，人也没有权力去主观的因我对所以你就错。如果每一个人都能多一点这样的达观，相信今天的社会就必然少了一分纷乱之源，但重要的是不能够没有信仰来做基础，否则人云亦云其所谓的意义，也只不过是空谈罢了……

　　多年来，我一直界定是一个生意人，扪心自问，好些时候有点四不像。去年初，本来想暂时可以将理念放在一边的时候，好好为自己做些规划与发展，因而做了一个计划，原来希望从七月份开始推展，哪里知道因为一些原因一延再延，直到一月份手术完毕，放疗、化疗并行治疗开始，当然一切计划也就此作罢，无形中这不正是上帝告诉我不要再以

为自己是一个生意人了，当上帝要求接你的时候，他必有他的道理，所以对信仰不能够迷，也不能够带有疑问。

今年以来让我最愉快的一件事，莫过于内人的受洗，因此当时我把我对信仰的看法告诉了她："信上帝是一种信赖关系，而不是一种依靠。上帝也必会帮助值得帮助的人，但来自于主的帮助往往是无形的，而有形看得见的，却经常反倒是一种试探。"今天我要再一次道出我内心的感激，我也深切的自己知道，就对过往的自我了解，如果主耶稣基督不用这种方式来鞭策我，要我能够豁然觉悟，实在难以想象。

因此，今天我才会产生希望能够多做些有意义的事来自勉，也了解到我们是人而不是神，所以我们更应该多帮助人而不要自认为有救人的本事，我自己更感谢上帝让我这次生病的体会，我要抛弃非分，由小至今获自于上帝的恩赐如此之多，让我经历了多少别人不曾经历过的机会，忆及年轻时一句自勉的话——"友贵知心，人贵识相"，如果再想不当的祈求，这过错不应当是人子做人的基本要求……

蒋孝勇写到这里，忽然浑身无力、双眼一黑，就昏倒在桌边了……

冬天来到了台北。

虽然台北四季如春，并没有冬季的低温与寒冷。但是再次住进了台北市荣民总医院的蒋孝勇，却不知为什么感到思源楼117号病室的寒意袭人。也许是户外几天来不断的降雨、气温比平时有些低；也许是由于蒋孝勇的体质过于太弱，没有可以抵御外面冷风寒气的能力，所以，他的身子在被子里时常发抖。

本来，11月底历经莫大风险，由荣民总医院的两位医生随机照料护理，蒋孝勇准备在旧金山与妻儿们共度一段美好的时光。谁知感恩节刚刚过了，他的身体竟然又一次出现了可怕的病危状况。这样，他就不得不提前飞返台北，因为蒋孝勇始终认为如果有一天他的生命将要结束时，最好还是在台湾的荣民总医院里咽气为好。12月的第1天，蒋孝勇在方智怡和荣民总医院两位医生的陪同下，再一次经历了高空飞行的生死折磨。好不容易经历了最难熬的11个小时长途飞行，回到了他魂牵梦绕的台北。现在，蒋孝勇又回到这间他所熟悉的特护病房——原本是为他祖父蒋介石所建的117号病房，没等建成蒋介石便溘然长逝了。后来，117号病房成为了蒋经国、蒋方良夫妇相继住院的特殊病室。蒋经国殁后，他的两位兄长蒋孝文和蒋孝武，也相继在这所病室里过世。如今，蒋孝勇莫非也要在这间记录着蒋家三代人最后岁月的117号病房里，走完他人生的最后一步吗？

　　从美国回到台湾以后，蒋孝勇的疾病曾发生一小段转机。他在医生与药物的双重作用下，曾经可以从床上起来，在妻子方智怡及两个儿子友柏、友常的扶持下，坐在床边的椅子上，休息半小时左右。

　　可就在这同时，先进的医疗仪器已经测试出蒋孝勇的病情仍在不断地发展。非但肝脏的肿瘤有增无减，而且肺部也发现有恶性肿瘤在若隐若现。这样，进入12月中旬后，蒋孝勇的呼吸便非常困难了。

　　在严冬将至的时候，蒋孝勇进入了生命的弥留阶段。

　　"要不要使用一些诸如心脏起搏器之类的新设备？如果用上这类东西，你的生命大概还可以维持相当长的一段时间！"医生们向神志尚十分清醒的蒋孝勇征求另一种可以延长生命时间的办法。

　　"不……我不需要那样做！"蒋孝勇对医生们的这种善意的建议，表示了坚决的否定。虽然他的身体已经被越来越猖獗的恶性癌瘤困扰与包围，可是他的精神仍然体现出一个人所特有的理智与达观。蒋孝勇情愿早一天魂归西域，也不愿意继续延续痛苦的生命之旅，成为既为自己痛苦也为别人痛苦的植物人！

　　12月21日清早，他要求妻子用电动剃须刀为他剪除了所有腮边唇上的胡须。在神志清醒的时候，又同意了友柏、友常两人想去街上买西装的请求。

　　友柏、友常两兄弟自知乃父的最后时日临近了，所以各自买了一套黑色的西装，其用意自然也是不言而喻的。从当日下午开始，蒋孝勇进入了昏睡之中。当沉沉的夜幕渐渐笼罩台北市的时候，蒋孝勇的脉搏与心跳均呈现临危的状态。这时，平时静悄悄的117病房里已经集聚了许多人。除方智怡、蒋友柏和蒋友常外，还有蔡惠媚等家人、朋友及医生，这些与蒋孝勇同样煎熬了近一年的亲朋好友们，在病房里静候着蒋孝勇最后时刻的到来。

　　蒋孝勇在荣民总医院进入生命最后弥留时，方智怡的电话接通了寂静的七海官邸。此时，蒋方良——这位年已耄耋的俄裔老妪，正染患着脑缺血性中风。当她听到自己唯一的儿子蒋孝勇不久于人世时，坚持到医院里来和他见最后的一面。侍从和儿媳妇徐乃锦劝阻无效，只好允许她鼻子上仍然戴着治疗慢性阻塞式肺炎所必需的氧气管，深夜驱车赶来。这时，躺在病床上因癌痛折磨而脉若游丝的蒋孝勇，已经危在旦夕！

　　"孝勇，你醒醒，我来了……"蒋方良记得两个月前，蒋孝勇还对前来医院探视他的母亲说："我当然不想死，谁想死？我的病情并不严重啊！……"秋季

20 世纪 50 年代，孝勇热情的亲吻妈咪。孝武像个小大人似的站着。姐姐孝章已经是大人了，笑容成熟，手搭着妈妈和么弟。

1951 年，全家为孝勇庆祝三岁生日，孝勇和二哥孝武享受蛋糕的美味。孝文和孝章长大了，没加入抢蛋糕的行列，只一旁分享老爸和老妈耍宝的温馨喜悦。

年轻时的蒋方良是蒋孝文、蒋孝章眼中漂亮的母亲。

1951 年，全家为孝勇庆祝三岁生日，孝勇和二哥孝武享受蛋糕的美味。孝文和孝章长大了，没加入抢蛋糕的行列，只一旁分享老爸和老妈耍宝的温馨喜悦。

里，蒋孝勇在这里接受记者的采访时，还不止一次地说到这位老母亲："我母亲一个人在七海官邸里很孤寂，身体也不好，除了气喘之外，动脉氧也长期不够，需要人照料。我是一心一意希望母亲能和我一起到美国去，可是我知道母亲宁愿一个人留在台湾，因为美国离大溪头寮太远了。她不希望离开父亲太远，宁愿一个人守在家！……"可是现在令蒋方良为之痛断肝肠的是，自 1988 年以来，先是蒋经国离去，接下来便是长子孝文、次子孝武一个个地死去了。如今，她的三儿子蒋孝勇也要离她而去!

"苍天啊, 你真是太残忍了, 孝勇才刚刚 48 岁啊!……" 蒋方良见她最宠爱的儿子蒋孝勇在夜深时突然撒手归西, 她泪飞如雨般地扑倒在病床前失声恸哭!

1997 年 1 月 12 日, 蒋孝勇的遗体火化前, 在台北荣民总医院的怀远堂里, 为他草草地举行了公祭。长夏无冬的台北, 在那一天上午居然阴云忽至, 不久, 天穹间竟开始飘洒下濛濛细雨。

当天, 台湾的《中国时报》刊登记者王美玉所写的文章:《清冷七海官邸 独留方良向晚》。文称:

拥有甜美爱情却一生坎坷, 晚景凄凉的蒋方良。

蒋方良对小儿子蒋孝勇十分依赖, 所以当蒋孝勇知道自己的生命已经走到尽头时, 他最感到遗憾和放心不下的是他的母亲蒋方良。深恐她又要再一次以白发人送黑发人。蒋方良虽然嫁在第一家庭, 曾经是第一夫人, 但是在儿女亲情上, 可以说是尝遍了人世间的生离死别。

蒋经国去世以后, 蒋孝勇是蒋家里里外外的代表。他是蒋方良的依靠, 也是她三个儿子中仅存的一个, 但是坎坷的命运并没有就此终止, 死神还是夺走了蒋孝勇的生命, 让本来就孤苦无依的蒋方良更是凄苦不已。

一直以家庭为重心的蒋方良, 面对家庭频繁的生离死别, 每一次都在她的心上烙下伤痕。蒋孝勇生前就表示, 从荣总到七海官邸, 这条路是蒋方良最不愿意走的路, 因为每一趟都是伤心的路程。然而, 她还是不能避免地为小儿子蒋孝勇再走上这段伤心路程。

三个儿子都走了, 留下的是一栋曾经

2004 年 5 月 15 日, 蒋氏家族欢庆蒋故总统经国先生遗孀蒋方良女士 89 岁大寿。在暖寿场合中, 蒋氏家族留下了难得的合影, 据蒋方智怡表示蒋方良女士的气色相当良好。左起为蒋孝文女蒋友梅(左一)、蒋孝文之妻徐乃锦(左二)、着红色旗袍的寿星蒋方良女士(左三)、蒋孝武遗孀蔡惠媚(左四)、蒋孝勇遗孀蒋方智怡(左五)、蒋孝武之子蒋友松(后左一)、蒋孝勇之子蒋友柏(后左二)。(图片蒋方智怡提供)

充满权力与欢笑，而现在却只有凄清冷落的七海官邸。在这里，只有蒋方良这位蒋家最平凡、最孤单的人苦守着蒋家这个没落的家族……

旧金山。冬日的上午。

金门大桥下的碧蓝色的碧波，汹涌澎湃地流向远方的圣弗兰西斯入海口。在1977年元月的最后一天，方智怡素服白花，带着她的三个儿子友柏、友常和友青，捧着蒋孝勇的骨灰盒，乘着家里的那辆凯迪拉克轿车，从湾区的家里出来，驶向旧金山城外的一块新购的墓地。她们全家在途经旧金山金门大桥的时候，故意将车速放缓，然后停了下来。

面对着金门大桥下面那汹涌的波涛，方智怡的双眼里汪着泪光。她知道自大桥始建以来，已有700余人从这座高耸的大桥上纵身跳下，以海葬的方式求得人间痛苦的彻底解脱。如今，处于失去丈夫痛苦中的方智怡真想在此一跃而下。可是不能那样，因为她望见了守候在身边的三个孩子。她必须尽快地从痛苦中挣脱出来才行。

她拿出了蒋孝勇在生命最后时期所写下的病中感言，那无疑是一个基督徒留给同样也是基督徒的妻子的遗嘱：

> 我感谢上帝让我跟他更接近；感谢上帝抹去我脑海中的污垢；感谢上帝重新擦亮了我的老花眼镜；我的病，根据医学报告与统计，第四期的食道癌是不可能根治的，由于医生的成绩，早已出乎个人当初之所期，我仍然感谢主让我因病而得到清明……

> 我们是人而不是神，在日常的俗事中，过了太多见人讲人话、见鬼讲鬼话的日子，而且几乎把这种不正常的方式在有形无形中变成了习惯的一部分，今天我们有了信仰，要切记来到基督面前凡事要讲真话，因为我们骗得了别人，却骗不了自己，更遑论去隐瞒上帝！……

蒋方智怡

方智怡的脚下响起了海涛的喧响，她果敢地挺起了女人的胸膛，带着孩子们向前走去。几年后，她靠自己的力量把三个孩子抚养成人，而且蒋友柏经商成绩斐然，还把他的企业从旧金山开到了上海，生意越做越大，蒋家后继有人。特别让人振奋的是，方智怡这个蒋孝勇的未亡人，并没有让她故去的丈夫失望，几年后终于经过她的努力，把蒋孝勇生前委托她负责的《蒋介石日记》和《蒋经国日记》，作为蒋氏家族最重要的精神遗产，交给了美国加州的胡佛研究院代为收藏。从而让"两蒋日记"发挥作用，成为海内外学者研究蒋氏家族、研究中国近代史时最为重要的史料。方智怡女士为中国历史研究的贡献功不可没，她在保存史料方面所做的不懈努力，无疑是历史性的建树。

52. 历史帷幕徐徐而落，蒋家第四代远离政治

蒋氏家族开始在台湾政坛上销声匿迹。

1988年元月蒋经国去世以后，《新新闻》杂志曾经发表南方朔的文章：《"蒋家政治"不会消失》。他写道："蒋经国逝世了，然而，我们并不能说这就是一个'朝代'的结束。因为。蒋经国虽然'个人'已经不在，然而'蒋家'仍然长存。他所遗留的社会关系和权力关系也就依然存在。而社会关系和权力关系乃是政治的一部分。而且是很重要的一部分。因此，蒋家朝代或许消亡，但是'蒋家政治'却不会消失。往后，'蒋家政治'对台湾的民主发展有可能扮演'正面的角色'，亦有可能扮演'负面的角色'，正面与负面之间，则有赖于他们家族成员的历史认知与人生智慧了。……"南方朔的这番话，在蒋经国殁后的几十年间，果然应验了。但是，让人意外的是，蒋家的后人在此后的台湾，既没有扮演"正面的角色"，也没有扮演"负面的角色"。而是蒋家人彻底地淡出了台湾波谲云诡的政治角逐，全然隐居在海外各个不引人注目的地方，从事着他们各自认为有益于社会的职业。让人感到震惊的是，蒋家的后人尽管无意继续在台湾政治舞台上表演，然而蒋经国的后裔，如蒋孝文、蒋孝武和蒋孝勇等人先后死去以后，有关他们的相关传闻仍然余波荡漾。其中相对比较，蒋孝文和蒋孝勇两弟兄去世后，台湾舆论对他们的反映基本上是比较平静的。

然而蒋孝武神秘死去以后，身后却仍然不得安宁。2005年6月，台湾高雄出版的《人民周刊》，仍以"人民的眼睛是雪亮的"为标题，在卷首赫然发表了《蒋孝武当年下台的真正原因》一文，副标题则冠以"蒋孝武沦为文凭贩卖集团的人头"。该文在否认了蒋孝武因"江南事件"失去权柄的事实时，又以大量事实撰文宣称："若干年前一度震撼日台两地的《明治大学假文凭风波》，现在终于有人揭开了伪装的面纱。原来真正在东京倒贩假文凭的人，竟然就是蒋经国的次子、

当年有'江南血案'罪恶的蒋孝武。这起要案，从表面上看它只是一桩'不正当图利'的官商勾结弊案，而事实上背后却牵涉极为复杂的国际政治斗争内幕。引人注目的蒋孝武当时就是驻日代表。他一手操纵，才有人敢于做此伤天害理的弊案。现在甚至有人这样说，蒋孝武当年从驻日代表被撤换下台，其实并不是李登辉为他安排要职的体面撤离，而原本就是李登辉的政治伎俩，有人把它被视为当年李氏内阁局部改组的重要一环，不料因为在蒋氏调离之前，假文凭案的突然曝光，扯出了另一段不为人知的日台外交恩怨。其实那次被日本媒体扯进贩卖假文凭案的主角之一Y氏，据悉即为时任亚东关系协会的文化组长杨秋雄。而杨秋雄正是蒋孝武的爱将。据现在日本方面披露的大量文件证明，该贩卖假文凭的丑闻就与蒋孝武下台同时发生，因此两者也绝非偶然。其中由杨秋雄策划推动的'信睦会'成立，可能才是造成蒋孝武下台、买卖文凭案爆发的真正导火线。日本和台湾自一九七二年断交之后，双方的官方式往来，虽然大多透过亚东关系协会进行，但由于日方碍于中共的强大压力，亚东关系协会的作用一直无法发挥。……可是，蒋孝武接任驻日代表以后，情况大变。由于蒋孝武的亲祖母毛福梅是被日本飞机轰炸而死，母亲蒋方良的祖国苏联与日本还有北方三岛领土主权纠纷，诸多纠缠不清的历史情结，使蒋孝武试图扬弃老一代的政治接触，反倒和少壮派政客往来密切。蒋孝武驻日期间，除了不把'恳谈会'这班老人看在眼里外，更授权其爱将杨秋雄着手策划另一个民间社团组织，试图与'恳谈会'分庭抗礼。而这位被卷进明治大学贩卖学历的杨秋雄，鉴于本身已年届六旬，行将退休，乃计划捞个日台之间一个像样组织的顾问，于是他在蒋孝武的支持下，透过一批明治大学的校友，居间凑合政商交情，成立了一个组织，专为私下贩卖假文凭，从中牟取暴利。而蒋孝武当年就是杨秋雄的幕后操刀人。现在看来，蒋孝武当年从东京奉调回到台湾，而且当年7月1日就在蒋孝武前往接任台湾'中华电视公司'参加新董事长的履新典礼前夜，在荣民总医院里猝然病逝，其中更有外界无法猜透的秘密。……"

正因为在蒋孝武死后多年又一次传出他当年从日本卸任的内幕，因而很容易让人联想起几年前蒋孝武被人无端牵涉的"军售人命案"。继而，台湾媒体再次追问起蒋孝武当年的死因。可叹蒋家一位因病猝死的第三代人，在他入土为安的多年以后，其天国中的灵魂仍然不得安宁。

谁知一波不平，一波又起。2007年11月5日，香港《星岛日报》率先刊登一条新闻《"江南案"主角陈启礼病逝香港》。隔日，台湾和美国的华文报纸，也纷纷闻风而动，接连报导陈启礼病逝的消息。11 月 8 日，当年在美国奉台湾当局之命行刺华裔作家江南的"竹联帮"首脑人物陈启礼的遗体，从香港被空运至台北。纽约《世界日报》用头版头条显著位置刊载《陈启礼在台公祭，逾万人冒雨送灵，五百警力担任警戒》的新闻。

这是作家江南在旧金山遭到惨杀 20 多年后，行刺他的凶手陈启礼首次走出隐匿状态并成为中国港台地区和美国华人世界关注的焦点。正因为陈启礼这个"江南命案"的凶手死后备受舆论界的高度关注，因而一度销声匿迹 20 年之久的"江南命案"再次引起广泛关注。在媒体纷纷报导陈启礼死后哀荣的间隙，另一个新闻焦点的是：江南当年究竟死于何人之手？陈启礼虽为众所周知的头号杀手，可他身后的指使者究竟是何人？

值得注意的是，江南死去 20 多年，他的遗孀崔蓉芝一直在呼吁台湾追查陈启礼等凶犯幕后的真正指使者。她曾发表震撼一时的《江南案水落石未出》战斗性檄文，传媒也一度推波助澜，先是认定蒋孝武为隐藏台湾情治机关背后的指挥者，后又进一步深化，认为江南遇刺的真正原因是他撰写的《蒋经国传》，因此人们有理由认为，行刺江南的真正幕后指使者，必是蒋经国无疑。

陈启礼死时距江南惨死已经过去了整整 26 年，在美国旧金山居住的江南夫人崔蓉芝仍在追究行凶者幕后的黑手，她认为："对于陈启礼等'江南案'的台前案犯，我心中从来就没有仇恨和恩怨，他们只是被利用的棋子，而真正可恶的当然还是躲在幕后的指使者。"由此看来，直到这时行刺江南的真凶仍然没有曝光。当年行刺江南的幕后黑手，莫非真是蒋经国和蒋孝武父子吗？

陈启礼虽被台湾法院判处无期徒刑，然而，他和前情报局长汪希苓等人一样，在监狱里始终受着优待。汪希苓收监不久即得到假释，出狱后隐藏起来。而陈启礼尽管没有得到假释，但他在监狱里即已收到相关信息，其妻陈怡帆派人送进的条子显示，有人已经答应在适当时机开释他出狱。1988 年 1 月 13 日，蒋经国在台北病逝的新闻公布不久，陈启礼的母亲和妻子就悲恸大哭了起来。当然，她们并不是哭蒋经国，而是在哭她们的亲人陈启礼，会不会因为蒋经国的突然去世，失去提前释放出狱的机会。没想到就在蒋经国死去不久，1991 年——当陈启礼坐牢 6 年之际，奇迹居然出现了。被判无期徒刑的陈启礼竟被无罪释放了。是谁下达了释放他的命令？此事一直到陈启礼去世，香港地区记者才披露了鲜为人知的内情，说："蒋经国去世，陈妈妈急得像热锅上的蚂蚁。幸而，透过台籍大老某某某直通李登辉的管道，李默许点头，答应让陈启礼早一点出狱，有了李这句

话，陈妈妈心中的石头才终于放下了。在此之前，'刑法'杀人罪从来没有列为减刑范围之内，为了陈启礼，终于把'刑法'第二百七十一条第一款，第二款纳入了减刑范围，陈启礼在二次减刑以后，无期徒刑变成了六年半就出狱，这也是所谓的'陈启礼条款'。……"

陈启礼获释之初，其行为极为谨慎。尽管"江南命案"已经过去6年之久，可他仍然如重负在身。尤其是每当他想起惨死在"竹联帮"枪口下的作家江南，心中就有说不出的愧疚。早在入监之前，陈启礼在台湾就自费创办一家报社，名叫《美华导报》，这也是他的主要家产，因此他出狱后决定和"竹联帮"分道扬镳，而《美华导报》则成了陈启礼惟一的职业。由于陈启礼从前是"江南案"的首犯，因此他刚出狱那几年，一些台湾地区和香港地区的记者便会不时来向他探究1984年那场发生在旧金山枪杀案的根由。然而陈启礼对此讳莫如深，只要有人问他们为何要杀江南，他必然顾左右而言他，陈启礼喜欢说的话是："我现在什么也不想，只是一心向佛，永生远离政治。专心经商，照料好家人。"

不久，陈启礼才惊醒地意识到，他留在台湾并不安全。因为他和同时被释放的前情报局长汪希苓有所不同。这时他也看江南夫人崔蓉芝在美国仍然没有放松对"江南案"真相的追究。1984年江南遇害的当年冬天，崔蓉芝即于12月3日向美国圣马刁县高等法院提出了民事诉讼，要求台湾当局对江南进行经济赔偿。同时也要求美国联邦调查局对在逃的"竹联帮"另一杀手董桂森进行全球通缉，1988年3月，董桂森落入法网并被美国加州红木城高等法院判处有期徒刑27年。同年8月，崔蓉芝诉讼台湾国民党民事赔偿案在圣马刁县高等法院进行调解，台湾当局在无奈情况下不得不同意支付崔蓉芝150万美元的赔款。1991年陈启礼、吴敦获释后，台湾当局又批准汪希苓和前台湾"法务部长"出境避难。于是，陈启礼也潜逃到柬埔寨过起隐居的生活。好在逃离台湾的陈启礼家资丰厚，到柬埔寨还可继续办《美华导报》，这样，他从此就在柬埔寨过起了与世无争的日子，并与他患难多年的妻子陈怡帆终于结束20多年的同居生涯，在柬埔寨正式结婚了。这时的陈启礼已五旬开外，而他妻子也是43岁的中年妇女了。

陈启礼在柬埔寨不再过问政治。多年的隐居生活，让陈自感孤独和寂寞，于是在2001年春天，他忽然决定接受某电视台的采访。不料因陈启礼在记者面前展示他身边藏有枪支，马上就惊动了柬埔寨警方，于是一道命令下来，把陈启礼以"携带枪支罪"判刑入狱13个月。陈启礼经此打击以后，越加变得神志紧张，深感抛头露面的危险性。他从此深居简出，有时甚至不敢见阳光。2004年陈父在台北去世，他很想返回台湾奔丧，然而陈母百般不同意儿子回来。她担心陈启礼只要回来就可能被当局关进牢里。陈母逢人便说："我已经死了丈夫，不能再失去儿子了。"也有人说，陈启礼是担心回台湾后会遭到灭口，所以才不敢回来。因此，一直到 2006 年底，陈启礼的胰腺癌已到晚期，也不敢回到台湾就医，最后他没有办法才不得不去香港住院。

2007 年 10 月 4 日陈的尸体运回台湾安葬，历史有时惊人的相似。23 年前的这一天，恰好就是陈启礼去美国指挥"竹联帮"杀手行刺作家江南的日子。两个不同意义的祭日刚好重叠在一起，让所有对"江南命案"记忆犹新的人们不能不大吃一惊。只是，江南的夫人崔蓉芝在旧金山听说陈启礼下葬时有众多人冒雨送灵时，非但不恼反而同情，她说她并不恨陈启礼这些命令的执行者，仍然呼吁台湾当局让知情者彻底曝光，从而让她了解"江南命案"的全部真相。

当年参与策划并派遣陈启礼去美刺杀江南的前台湾情报局副处长陈虎门，早在 1987 年就走出了监狱。出狱以后，他一度继续在情报局任职，并于 1993 年晋升为"少将"，2001 年退休后到曼谷经商并开了一家餐馆。在得知当年行刺江南的"竹联帮"杀手陈启礼死于香港的消息后，他在曼谷首次公开接受媒体采访，并透露"江南命案"的幕后隐情。陈虎门对台湾《时报周刊》记者说："为了还陈启礼一个清白，我现在可以说实话了。情报局当年确实下达了制裁刘宜良的命令，这个命令就是我们老板直接下的。"他所指的"老板"究竟是汪希苓，还是蒋孝武，因其并未讲明，当然不得而知。

但陈虎门却公开承认了这样一个事实："当时情报局确有一个专案是针对江南的。……汪希苓看了报告非常生气，明白说要惩治江南。"关于江南命案是否蒋经国父子的幕后指使，陈虎门以知情人的口气告诉记者："其实那时蒋经国的病情已经很严重了，时常处于昏迷状态。应该是完全不知情才对。至于蒋孝武，他跟我们情报局一点渊源也没有，从来就没有走进情报局的大门。'江南案'也不太可能跟蒋孝武有关。……"

陈虎门对蒋氏父子涉案的否定性排除，是近年来惟一当事人的说法。真伪虚实，不得而知。一时舆论哗然，猜测不一。蒋经国和蒋孝武是否涉案，在这两位蒋家当事人过世二十年以后，越加显得扑朔迷离。正如新加坡《南华早报》在一篇社论中所言："蒋经国父子当真与江南案无涉吗？今人不得而知。陈虎门的上述说法可信度虽然很高，但仍有许多疑团，有待破解。还有一点，陈虎门的说法，与当年'江南案'发生时台湾媒体透露的许多内幕歧见较大，因此这让江南案发生以后，蒋经国违心派蒋孝武前往新加坡等公开的史实，又发生了不可思议的历史性碰撞。从史家的眼光与理性加以分析，上述诸点疑惑也就只能史海存疑了。……"

蒋介石、蒋经国父子永远地走入了历史。台湾的国民党进入了全新的历史时期。随着蒋氏家族在台湾的潮起潮落，蒋家的影响也正在中国的政治舞台悄然消退，这无疑是不以世人意志为转移的事实。尤其是 2003 年宋美龄在美国纽约的与世长辞，更加标志着蒋介石身后的蒋家第二代和第三代已经彻底淡出了历史。诚如台湾作家杨素和王丰所说的那样："蒋家如今固然已经失去了一切权力，中

任台"立委"的蒋孝严

蒋方智怡，蒋经国三子蒋孝勇之妻，蒋友柏、蒋友常之母。目前是国民党中常委，手里保存着蒋介石和蒋经国的日记。她也是目前惟一活跃在公众视野中的蒋家女性。

蒋孝勇之子蒋友柏

蒋友柏（中）和蒋友常兄弟推出新书《悬崖边的贵族》，纪念父亲蒋孝勇；国民党荣誉主席连战（右一）夫妇到场致词。

国古谚也说：'富不过三代'。可是蒋介石家族真正
在台湾发家致富，乃是从蒋经国的子孙辈开始的。……
蒋家第三代基本上已完全淡出台湾政治舞台，孝文、
孝武、孝勇相继过世，蒋经国的孩子当中，只剩余女
儿蒋孝章，儿子孝严。蒋孝章身体状况不佳，现居美国。
蒋孝严现为台湾'立法委员'，在台北政坛相当活跃，
近年推动两岸交流不遗余力。不过蒋孝勇的遗孀蒋方
智怡，先在 2000 年大选返台为连战助选，接着又当选
国民党中央委员，算是最活跃的蒋家人，又如蒋经国
的私生子章孝严，当选'立委'后动作频仍，不但申
请身份证时在父亲栏改为蒋经国，搞得台湾沸沸扬扬，
又申请改姓蒋，也算大有斩获。惟独蒋家第四代则是
另有所属，完全脱离政治。因此虽然父亲蒋孝勇曾是

蒋友常，1978 年出生，
蒋经国三子蒋孝勇次子。
1988 年随父母移居加拿大，
后定居美国旧金山。近年来
回台湾与哥哥蒋友柏合作开
设橙果设计公司。

蒋经国最宠爱的幺儿，母亲蒋方智怡也还是国民党的中常委，但是蒋友柏、蒋友
常这对顶着蒋家光环出生的兄弟，始终没有走上政治道路，而是选择了与先祖迥
然不同的人生路向。"

杨素、王丰又说："不过蒋家的低调，在政坛上的自我抑制，却让原本有志
于政治的蒋友柏有志难伸，只能转而从商，生活细节也按照蒋家家风，一切低调，
就是因为蒋家身份太特殊、太容易造成大家困扰。但是没有想到，就是这样的转
变，让他在文化创意产业找到了一扇通往世界之窗。蒋家无须再透过政治而吸引
目光焦点。蒋友柏凭借着个人独特的魅力，结合人们对蒋家的想象，正成为当代
时尚的新代言人。"

蒋家的第四代人，在蒋经国病逝二十多年以后，他们都走上了与蒋介石、蒋
经国截然不同的谋生创业之路。蒋家第四代当中，现有人在学界潜心做学问；有
人在欧洲成为著名的油画家和学者；有人在银行当高级白领或银领，她们往往以
普通劳动者姿态成为业界的精英；当然，也有一些人此时正在海外的商海中打拼，
而且他们在经过多年生意场的磨炼后，成为了资金雄厚的青年企业家。他们经过
自食其力的不懈奋斗，不仅已在波谲云诡的商海潮头站稳了脚跟，而且有人已经
成为独当一面的商界翘楚。还有人创基立业，建树颇丰，现已成为一方楷模。在
回首蒋家失去政权，父辈因病离去、为了生计要依靠自身奋斗时，蒋孝勇的长子
蒋友柏曾在他的博客上发文《"蒋"这个姓带给我的成长过程》，蒋友柏感慨地

回忆说：那时"我需要到外边去找订单。我要面对形形色色的公司、各种不同的行业，甚至这些跟我接触的老板或高级主管，拥有各种不同的出身，不同的性格；在政治立场上更是南辕北辙，从深蓝到深绿，从无色到无心（不关心政治的意思）；有些人因为我是蒋家的一分子，一开始就对我有好印象。有些人，在与我正式进入生意的话题之前，会先把我的曾祖父、祖父骂一顿；刚开始很不习惯，但为了生意，很简单，因为从小开始，我周围可以听到的声音，都是对他们的歌功颂德，突然之间，听到对他们的批评，还真的是很不习惯。但为了生意，我也就忍了下来。……"

蒋友柏的这番话发自内心。他的这番话也很可能同时代表了他的两个胞弟。甚至还可以代表蒋家整个第四代自食其力者共同的心声。因为他们如今早已从"两蒋"的光环或阴影中走了出来，正以普通人姿态在开始他们各自的全新生活。

2012 年 4 月第三次修改于北京，
2013 年 8 月再改于长春。